JUS PUBLICUM

Beiträge zum Öffentlichen Recht

Band 54

Johannes Hellermann

Örtliche Daseinsvorsorge und gemeindliche Selbstverwaltung

Zum kommunalen Betätigungs- und Gestaltungsspielraum unter den Bedingungen europäischer und staatlicher Privatisierungs- und Deregulierungspolitik

Mohr Siebeck

Johannes Hellermann, geboren 1957; 1974–1980 Studium der Rechtswissenschaft in Bielefeld und Freiburg; 1980–1983 Referendariat in Freiburg; 1984–89 wissenschaftlicher Mitarbeiter an der Universität Freiburg; 1989–1991 Tätigkeit im Bauverwaltungs- und Rechtsamt der Stadt Freiburg; 1991–1998 wissenschaftlicher Mitarbeiter bzw. Assistent an der Universität Bielefeld; 1992 Promotion, 1998 Habilitation.

Als Habilitationsschrift auf Empfehlung der Fakultät für Rechtswissenschaft der Universität Bielefeld gedruckt mit Unterstützung der Deutschen Forschungsgemeinschaft.

Die Deutsche Bibliothek – CIP-Einheitsaufnahme

Hellermann, Johannes:
Örtliche Daseinsvorsorge und gemeindliche Selbstverwaltung : zum kommunalen Betätigungs- und Gestaltungsspielraum unter den Bedingungen europäischer und staatlicher Privatisierungs- und Deregulierungspolitik / Johannes Hellermann. – Tübingen : Mohr Siebeck, 2000
Jus publicum ; Bd. 54)
ISBN 3-16-147220-9

Das Buch wurde von Computersatz Staiger in Pfäffingen aus der Garamond-Antiqua gesetzt, von Gulde-Druck in Tübingen auf alterungsbeständiges Werkdruckpapier der Papierfabrik Niefern gedruckt und von der Großbuchbinderei Heinr. Koch in Tübingen gebunden.

ISSN 0941-0503

Einleitung

I. Gegenstand der Untersuchung

1. Kommunale Betätigung in der örtlichen Daseinsvorsorge

Vor mehr als 60 Jahren hat Ernst Forsthoff der Verfassungs- und Verwaltungsrechtswissenschaft die Erkenntnis vermittelt, daß der einzelne Mensch im industriell-technischen Zeitalter an beherrschtem Lebensraum verloren und damit auch die Möglichkeit zur Erhaltung seiner Lebensgrundlagen aus eigener Kraft eingebüßt hat. Daraus ist dem Gemeinwesen die Aufgabe der Sicherstellung der Daseinsbedingungen des Einzelnen erwachsen[1], die Aufgabe der öffentlichen Daseinsvorsorge, unter der Forsthoff zunächst nur die Befriedigung lebensnotwendiger Bedürfnisse verstehen wollte[2], später die Gesamtheit der Leistungen zur Befriedigung der Bedürfnisse der Bürger für eine normale, dem jeweiligen Lebensstandard entsprechende Lebensführung[3]. Unter diesen Bedingungen haben sich – soviel ist einhellig anerkannt, welche rechtliche Bedeutung man des näheren auch immer dem Begriff der Daseinsvorsorge beimessen mag – auch die Aufgaben der staatlichen Verwaltungsträger grundlegend verändert.

Es waren – wie Forsthoff weiter feststellte – »... die Gemeinden, die sich als erste Verwaltungsträger dem Ansturm der Probleme gegenüber sahen, die mit dem industriell-technischen Prozeß für die öffentliche Verwaltung entstanden.«[4] Etwa seit der ersten Hälfte, verstärkt seit der Mitte des 19. Jahrhunderts haben sie als die Träger der örtlichen Verwaltung sich der Daseinsvorsorge für ihre Bürger angenommen. Ihr Engagement hat nach und nach zahlreiche Felder der Daseinsvorsorge erfaßt: die klassischen Bereiche der Wasser- und

---

[1] *Forsthoff*, Deutsches Recht 5 (1935), 398; *ders.*, Die Verwaltung als Leistungsträger, S. 4 ff.

[2] *Forsthoff*, Die Verwaltung als Leistungsträger, S. 7; vgl. auch BGHZ 52, 325 (328 f.).

[3] *Forsthoff*, Verwaltungsrecht I, S. 370; *Klein*, Die Teilnahme des Staates am wirtschaftlichen Wettbewerb, S. 17; *Ossenbühl*, DÖV 1971, 513 (516, 518); *Rüfner*, in: Handbuch des Staatsrechts III, § 80 Rn. 5.

[4] *Forsthoff*, Die Daseinsvorsorge und die Kommunen, S. 9 f.

Energieversorgung sowie des öffentlichen Personennahverkehrs, weiter etwa die der Abwasserbeseitigung und Abfallentsorgung oder auch der kulturellen, sozialen oder Sporteinrichtungen. Und es hat dabei unterschiedliche Erscheinungsformen gefunden: Die Kommunen erbringen einen Teil der Daseinsvorsorgeleistungen unmittelbar, durch eigene Verwaltungseinrichtungen und Eigenbetriebe oder durch gemeindeeigene Unternehmen privater Rechtsform; sie schließen sich – in öffentlich- oder privatrechtlicher Form – mit anderen Gebietskörperschaften zur gemeinsamen, überörtlichen Aufgabenerledigung zusammen; sie kooperieren mit Privaten in gemischtwirtschaftlichen Unternehmen der Daseinsvorsorge oder beziehen private Unternehmen in die Leistungserbringung ein, wofür der Abschluß von Konzessionsverträgen über die örtliche Energieversorgung das wichtigste Beispiel ist. Unter den Bedingungen des Sozial- und Wohlfahrtsstaates entwickelte sich die kommunale Daseinsvorsorge geradezu zum Charakteristikum gemeindlicher Betätigung, und so konnte Rupert Scholz 1976 schreiben: »Die Gemeindewirtschaft, die gemeindliche Daseinsvorsorge und die Verwaltung der gemeindlichen öffentlichen Einrichtungen prägen seit jeher das Wesen der kommunalen Selbstverwaltung. Vor allem sie bestimmen das Maß politisch aktueller Selbstverwaltungspotenz; und gerade im System einer sozialstaatlich verfaßten Selbstverwaltung ist ihr Mandat schlechthin typusbestimmend für die kommunale Selbstverwaltung insgesamt. In diesem Sinne gehört die Gemeindewirtschaft und gehören die gemeindlichen öffentlichen Einrichtungen zum funktionellen Kern der gemeindlichen Selbstverwaltung, zählt die gemeindliche Wirtschaftsbetätigung ... zum unantastbaren Wesensgehalt der gemeindlichen Selbstverwaltungsgarantie.«[5]

2. Privatisierungspolitik

Seit einigen Jahren steht das kommunale Engagement in der örtlichen Daseinsvorsorge in einem veränderten rechtlichen und tatsächlichen Umfeld. Gestützt auf die ordnungspolitische Überzeugung vom prinzipiellen Vorrang der privaten Wirtschaftsbetätigung, auf Grund der Annahme einer größeren Effizienz privatwirtschaftlicher Aufgabenwahrnehmung und – gewiß nicht zuletzt – in der Erwartung kurzfristiger fiskalischer Vorteile angesichts einer schwierigen Finanzlage der öffentlichen Haushalte[6] ist auf allen Ebenen staat-

---

[5] *Scholz*, DÖV 1976, 441 (446).

[6] Zu den verschiedenen Gründen und Motiven der Privatisierungspolitik vgl. etwa *Ambrosius*, StWissStPr 1994, 415 (418 ff.); *Schoch*, DVBl. 1994, 962 (967 ff.); *Wieland*, der landkreis 1994, 259. Zum finanzpolitischen Motiv insbes. *Osterloh*, in: VVDStRL 54 (1995), S. 204 (213 f.).

Vorwort

Seit der zweiten Hälfte des 19. Jahrhunderts spielen die Kommunen eine bedeutende Rolle in der – nach einem von Ernst Forsthoff in den 30er Jahren in die Rechtswissenschaft eingeführten Begriff so genannten – Daseinsvorsorge: Sie engagieren sich in der Versorgung ihrer Einwohner mit Wasser, Strom und Gas, in der Abfallbeseitigung und Abwasserentsorgung, im Personennahverkehr, Wohnungsbau usw. Im Zuge der etwa seit Beginn der 80er Jahre anhaltenden Privatisierungsdiskussion ist dieses gemeindliche Engagement in eine veränderte und sich weiter verändernde Situation geraten, in der es zunehmend mit Deregulierungs- und Privatisierungsvorgaben des Europäischen Gemeinschaftsrechts und der staatlichen Gesetzgebung konfrontiert ist; hervorstechende Beispiele dafür sind die durch eine EG-Richtlinie angestoßene, vom Bundesgesetzgeber mit dem neuen Energiewirtschaftsgesetz vollzogene Liberalisierung des Stromsektors sowie Verschärfungen des Kommunalwirtschaftsrechts einzelner Bundesländer. Die durch Deregulierung und Privatisierung bewirkte Aufgabenverschiebung hin zur Privatwirtschaft betrifft die Kommunen in besonderem Umfang und in besonderer Weise in dem ihnen als Selbstverwaltungskörperschaften zugewiesenen Aufgabenkreis. Den Stellenwert der gemeindlichen Selbstverwaltung in der örtlichen Daseinsvorsorge unter den neuen Vorzeichen von Privatisierung und Deregulierung herauszuarbeiten, ist das Anliegen der vorliegenden Untersuchung; mit Blick auf die gemeinschaftsrechtlichen und verfassungsrechtlichen Grundlagen und die darauf aufbauende einfachrechtliche Ausgestaltung geht sie den verbleibenden Spielräumen der Gemeinden zur eigenen wirtschaftlichen Betätigung und zur regulierenden Einwirkung auf die privatwirtschaftliche Aufgabenwahrnehmung in der örtlichen Daseinsvorsorge nach.

Die Arbeit ist im April 1998 abgeschlossen worden und im Sommersemester 1998 von der Fakultät für Rechtswissenschaft der Universität Bielefeld als Habilitationsschrift angenommen worden. Für die Drucklegung ist sie – unter vereinzelter Berücksichtigung auch späterer Veröffentlichungen – auf den Stand von Frühjahr 1999 gebracht worden. Die Deutsche Forschungsgemeinschaft hat dankenswerterweise die Publikation durch einen Druckkostenzuschuß gefördert.

Mein tief empfundener Dank gilt zunächst noch einmal Herrn Richter des Bundesverfassungsgerichts i.R. Prof. Dr. Dr. Dr. h.c. mult. Ernst-Wolfgang Böckenförde als meinem ersten akademischen Lehrer – die Jahre der Zugehörigkeit zu seinem Lehrstuhl bis 1989 sind mir die Grundlage für alles spätere wissenschaftliche Arbeiten – und sodann Herrn Prof. Dr. Joachim Wieland, ihm als Lehrer und Freund zugleich. Als wissenschaftlicher Assistent an seinem Lehrstuhl an der Fakultät für Rechtswissenschaft der Universität Bielefeld habe ich die Habilitationsschrift verfaßt. Für die Ermutigung zu diesem Projekt und seine umsichtige Betreuung und Förderung, für die Gewährung von vielfältigem Rat und Einblick und für die freundschaftlich-vertrauensvolle Zusammenarbeit bin ich ihm sehr dankbar. Es waren für mich lehrreiche und schöne Jahre.

Herzlich danke ich auch Herrn Prof. Dr. Christoph Gusy. Er hat über all' die Jahre am Fortschritt der Arbeit Anteil genommen, ihren Abschluß befördert und danach trotz großer anderweitiger Arbeitsbelastung binnen kurzer Frist ein Zweitgutachten erstellt, das mir wertvolle Hinweise und Anregungen gegeben hat.

Für redaktionelle Unterstützung während der letzten Tage der Fertigstellung der Habilitationsschrift sage ich schließlich meinen damaligen Lehrstuhlkolleginnen und -kollegen und dabei vor allem Susanne Reinemann Dank, für tatkräftige Hilfe bei den Vorarbeiten zur Drucklegung Herrn stud. iur. Jonas Wittgens, Münster.

Gewidmet ist die Arbeit Susanne und Niclas, Philipp und Julius, meiner Ehepartnerin und unseren Kindern, die ihre Entstehung liebevoll begleitet haben.

Bielefeld, im Herbst 1999 Johannes Hellermann

Inhaltsübersicht

Vorwort V
Inhaltsverzeichnis IX
Abkürzungsverzeichnis XXII

Einleitung 1

I. Teil

Entwicklung und heutige Problemlage
der kommunalen Daseinsvorsorge und ihrer hoheitlichen
Reglementierung

1. Kapitel: Die tatsächliche und rechtliche Entwicklung
seit dem Anfang des 19. Jahrhunderts 16

2. Kapitel: Die aktuelle Problemlage unter den Bedingungen
europäischer und staatlicher Privatisierungsvorgaben 46

II. Teil

Europa- und verfassungsrechtliche Grundlagen
der Regelung kommunaler Daseinsvorsorge

*1. Abschnitt: Grundlagen der Regelung im Europäischen
Gemeinschaftsrecht* 65

3. Kapitel: Der grundgesetzliche Schutz kommunaler
Selbstverwaltung und das Recht der Europäischen Gemeinschaft 66

4. Kapitel: Freiräume und Grenzen kommunaler Daseinsvorsorge
nach dem Primärrecht der Europäischen Gemeinschaft 79

2. Abschnitt: Verfassungsrechtliche Vorgaben für den nationalen Gesetzgeber 131

5. Kapitel: Die verfassungsrechtliche Gewährleistung kommunaler Daseinsvorsorge 132

6. Kapitel: Privatisierungsvorgaben für die kommunale Daseinsvorsorge und Verteilung der Gesetzgebungskompetenzen 182

III. Teil

Die einfachrechtliche Aufgabenverteilung zwischen Kommunen und Privatwirtschaft nach Maßgabe von Europa- und Verfassungsrecht

1. Abschnitt: Der allgemeine Rahmen kommunaler Betätigung in der Daseinsvorsorge 203

7. Kapitel: Das Kommunalwirtschaftsrecht 204

8. Kapitel: Das allgemeine Wirtschafts-, insbesondere das Wettbewerbsrecht 245

2. Abschnitt: Die Ordnung exemplarischer Bereiche der Daseinsvorsorge aus kommunaler Perspektive 263

9. Kapitel: Elektrizitätsversorgung 264

10. Kapitel: Telekommunikation 322

Schluß 350

Literaturverzeichnis 355

Sachverzeichnis 383

Inhaltsverzeichnis

Vorwort V
Inhaltsübersicht VII
Abkürzungsverzeichnis XXII

Einleitung 1

I. Gegenstand der Untersuchung 1
1. Kommunale Betätigung in der örtlichen Daseinsvorsorge 1
2. Privatisierungspolitik 2
a. Begriff und Erscheinungsformen von Privatisierungspolitik 3
b. Privatisierungspolitik und Kommunen 5
aa. Privatisierungsvorgaben von Bund und Ländern 6
(1) Bund 6
(2) Länder 8
bb. Privatisierungsanstöße der Europäischen Union 9
3. Fragestellung der vorliegenden Untersuchung 10

II. Gang der Untersuchung 12

I. Teil

Entwicklung und heutige Problemlage der kommunalen Daseinsvorsorge und ihrer hoheitlichen Reglementierung

1. Kapitel: Die tatsächliche und rechtliche Entwicklung seit dem Anfang des 19. Jahrhunderts 16

I. Von der ersten Hälfte des 19. Jahrhunderts bis zum Ersten Weltkrieg 17

1. Die Entstehung und Entwicklung kommunaler Daseinsvorsorge . 17
a. Ansätze in der vor- und frühindustriellen Phase 17
b. Der Ausbau in der Phase der Hochindustrialisierung 20

2. Die Kommunalwirtschaft in der staatlichen Rechtsordnung 24
a. Die Entwicklung der örtlichen Daseinsvorsorge
zur kommunalen Selbstverwaltungsaufgabe 24
b. Spezielle staatliche Regelungen einzelner Betätigungen 27
c. Die Gemeindebetriebe im Steuerrecht 28
d. Die Regelung des Benutzungsverhältnisses 29

II. Die Weimarer Republik und das Dritte Reich 31

1. Die Entwicklung der Gemeindewirtschaft
nach dem Ersten Weltkrieg 31
a. Die Weimarer Republik 31
b. Zur Entwicklung im Dritten Reich 33

2. Gesetzgeberische Restriktionen 34
a. Kommunalrecht 34
aa. Die Entwicklung in den Ländern 34
bb. Die Deutsche Gemeindeordnung von 1935 36
b. Wirtschaftsrecht einzelner Zweige der Daseinsvorsorge 38
c. Steuerrecht 40

III. Die Entwicklung in der Bundesrepublik 41

1. Die tatsächliche Entwicklung 41
2. Die rechtliche Entwicklung 42
a. Gemeinderecht 42
b. Wirtschaftsrechtliche Regelungen 44
c. Steuerrecht 45

2. Kapitel: Die aktuelle Problemlage unter den Bedingungen europäischer und staatlicher Privatisierungsvorgaben 46

I. Europäische und staatliche Privatisierungsvorgaben 46

1. Das Europäische Gemeinschaftsrecht
– Insbesondere: Der Einfluß auf die örtliche Elektrizitäts-
versorgung 46
a. Primärrechtliche Zulässigkeit geschlossener kommunaler
Versorgungsgebiete 47
b. Sekundärrecht 48

2. Die nationale Rechtsordnung 50
a. Bundesrechtliche Privatisierungsimpulse an die Kommunen 50
aa. Steuerrecht 50
bb. Das Recht der Haushaltsgrundsätze 51
cc. Wettbewerbsrecht 52
dd. Örtliche Elektrizitätsversorgung 54
ee. Telekommunikation 55
b. Das Gemeindewirtschaftsrecht der Länder 56
aa. Materiellrechtliche Beschränkungen gemeindlicher Wirtschaftsbetätigung 57
bb. Organisatorische Rahmenbedingungen gemeindlicher Wirtschaftstätigkeit 58

II. Folgerungen für die Kommunen 59

1. Die Veränderung der Rahmenbedingungen kommunaler Daseinsvorsorge 59
2. Kommunale Reaktionsmöglichkeiten 61
a. Verteidigung angestammter Vorrechte kommunaler Daseinsvorsorge 61
b. Expansion der Kommunalwirtschaft in neue Märkte 61

II. Teil

Europa- und verfassungsrechtliche Grundlagen der Regelung kommunaler Daseinsvorsorge

1. Abschnitt

Grundlagen der Regelung im Europäischen Gemeinschaftsrecht

3. Kapitel: Der grundgesetzliche Schutz kommunaler Selbstverwaltung und das Recht der Europäischen Gemeinschaft .. 66

I. Art. 28 Abs. 2 GG und Gemeinschaftsrechtsakte 67

II. Die Garantie kommunaler Selbstverwaltung als Grenze der Übertragung von Hoheitsgewalt 68

1. Das Verhältnis von Art. 23 Abs. 1 GG und Art. 28 Abs. 2 GG ... 69
2. Art. 23 Abs. 1 GG 70

a. Art. 23 Abs. 1 S. 1 GG ... 72
aa. Inhaltliche Konkretisierung der Vorgaben ... 72
bb. Rechtlicher Gewährleistungsgehalt ... 75
b. Art. 23 Abs. 1 S. 3 i.V.m. Art. 79 Abs. 3 GG ... 76

4. Kapitel: Freiräume und Grenzen kommunaler Daseinsvorsorge nach dem Primärrecht der Europäischen Gemeinschaft ... 79

I. Die Teilnahme kommunaler Unternehmen am Wettbewerb ... 80

1. Die Anerkennung der Existenz kommunaler Unternehmen ... 81
2. Gleichheit im Wettbewerb ... 82
a. Gleiche Rechte ... 82
b. Gleiche Bindungen ... 83
aa. Bindungen der Unternehmen ... 83
bb. Die Verhinderung staatlicher Wettbewerbsverfälschungen im Verhältnis zu öffentlichen und privilegierten Unternehmen ... 84

II. Die gemeinschaftsrechtliche Beurteilung von Sonderrechten in der kommunalen Daseinsvorsorge ... 85

1. Gemeinschaftsrechtliche Deregulierungsvorgaben für die kommunale Daseinsvorsorge ... 87
a. Unmittelbare Deregulierungsvorgaben des Primärrechts ... 88
aa. Die Grundfreiheiten ... 89
(1) Art. 31 Abs. 1 EGV ... 89
(2) Art. 28 EGV ... 92
(3) Die Dienstleistungsfreiheit ... 94
bb. Art. 86 Abs. 1 EGV und die Wettbewerbsregeln ... 96
b. Befugnisse zu weitergehenden sekundärrechtlichen Deregulierungsvorgaben ... 101
aa. Die einzelnen Kompetenzen ... 101
(1) Art. 86 Abs. 3 EGV ... 102
(2) Binnenmarktkompetenzen ... 104
bb. Die Kompetenzausübungsgrenzen des Subsidiaritätsprinzips und der Erforderlichkeit ... 105

2. Die gemeinschaftsrechtliche Anerkennung mitgliedstaatlicher Regulierungsbefugnisse in der kommunalen Daseinsvorsorge ... 109
a. Art. 86 Abs. 2 EGV als gemeinschaftsrechtliche Garantie mitgliedstaatlicher Regulierungsbefugnisse ... 109
aa. Der Wandel im Verständnis von Art. 86 Abs. 1 und 2 EGV ... 109
bb. Voraussetzungen und Rechtsfolgen des Art. 86 Abs. 2 EGV ... 111
(1) Die erfaßten Dienstleistungen ... 112

(2) Das allgemeine wirtschaftliche Interesse an der Dienstleistung ... 113
(3) Die mitgliedstaatliche Betrauung ... 115
(4) Rechtliche oder tatsächliche Verhinderung der übertragenen besonderen Aufgabe ... 117
(5) Art. 86 Abs. 2 S. 2 EGV ... 118
(6) Unmittelbare Anwendbarkeit ... 119
(7) Reichweite der Freistellung von Bestimmungen des EG-Vertrages ... 120
b. Gemeinschaftsrechtlicher Schutz der kommunalen Selbstverwaltung ... 121
aa. Schutz durch den allgemeinen Rechtsgrundsatz der Demokratie ... 123
bb. Die Annahme eines allgemeinen Rechtsgrundsatzes der kommunalen Selbstverwaltung ... 124
(1) Die den mitgliedstaatlichen Rechtsordnungen gemeinsamen Rechtsgrundsätze ... 124
(2) Die Europäische Charta der kommunalen Selbstverwaltung ... 126
cc. Die Achtung der kommunalen Selbstverwaltung als eines identitätsstiftenden Elements der mitgliedstaatlichen Verfassungsordnung ... 128

2. Abschnitt

Verfassungsrechtliche Vorgaben für den nationalen Gesetzgeber

5. Kapitel: Die verfassungsrechtliche Gewährleistung kommunaler Daseinsvorsorge ... 132

I. Art. 28 Abs. 2 GG als verfassungsrechtliche Grundlage kommunaler Daseinsvorsorge ... 133

1. Eigenart und Schutzrichtung der Verfassungsgarantie ... 133
a. Die fehlende grundrechtliche Handlungsfreiheit ... 134
aa. Mangelnde Grundrechtsqualität der Garantie kommunaler Selbstverwaltung ... 134
bb. Exkurs: Der fehlende Grundrechtsschutz für das Recht auf wirtschaftliche Betätigung ... 135
b. Struktur und Wirkungsrichtungen der institutionellen Gewährleistung der kommunalen Selbstverwaltung ... 136

aa. Schutz eines eigenen Wirkungskreises innerhalb der staatlichen Organisation 137
bb. Bedeutung im Verhältnis zum privaten Sektor 138
(1) Die These von der ausschließlich staatsgerichteten Funktion des Art. 28 Abs. 2 GG 138
(2) Die Mehrdimensionalität der institutionellen Garantie der kommunalen Selbstverwaltung 140

2. Die örtliche Daseinsvorsorge als Gewährleistungsgegenstand der kommunalen Selbstverwaltung 143

a. Örtliche Daseinsvorsorge als gemeindliche Aufgabe 143
b. Insbesondere: Wahrnehmung örtlicher Daseinsvorsorgeaufgaben durch gemeindliche Wirtschaftsbetätigung 145
aa. Kommunale Wirtschaftsbetätigung als (Selbst-)Verwaltung und/oder privatwirtschaftliche Betätigung 146
bb. Die Verfolgung örtlicher Gemeinwohlzwecke mit dem Mittel der wirtschaftlichen Betätigung 149

II. Verfassungsrechtliche Beschränkungen kommunaler Wirtschaftsbetätigung im Verhältnis zum privaten Sektor 153

1. Sachliche Einschränkungen kommunaler Wirtschaftsbetätigung 153

a. Das Erfordernis einer öffentlichen Zwecksetzung 153
b. Art. 28 Abs. 2 GG als kompetentielle Begrenzung kommunaler Wirtschaftsbetätigung 155
aa. Wirtschaftliche Betätigung als kompetenzgebundene Selbstverwaltung 156
bb. Die funktionale Unterscheidung von kompetenzgebundener Selbstverwaltung und privatwirtschaftlicher Betätigung 157
c. Zum verfassungsrechtlichen Vorrang der Privatwirtschaft 158
aa. Die einzelnen verfassungsrechtlichen Ansatzpunkte 158
(1) Der Verfassungsgrundsatz der Wirtschaftlichkeit 159
(2) Die Wirtschaftsverfassung des Grundgesetzes 161
(3) Subsidiaritätsprinzip 162
(4) Die Grundrechte 164
bb. Die staatliche Aufgabenwahl als Gegenstand der demokratischen Entscheidung 166

2. Der Vorbehalt des Gesetzes im Staat-Bürger-Verhältnis 167

a. Die Wesentlichkeitstheorie und die staatliche Wirtschaftsbetätigung 168
b. Der Vorbehalt des Gesetzes für die staatliche Wirtschaftsbetätigung und die Garantie der kommunalen Selbstverwaltung .. 169

III. Verfassungsrechtliche Grenzen für Privatisierungs- und Deregulierungsvorgaben des staatlichen Gesetzgebers 170

1. Der Kernbereich der institutionellen Garantie................ 172
a. Der Kernbereich des gemeindlichen Aufgabenkreises 172
aa. Inhaltliche Bestimmung des Kernbereichs gemeindlicher Aufgaben 172
bb. Das gesetzesunabhängige Aufgabenzugriffsrecht als Wesensgehalt gemeindlicher Selbstverwaltung 173
(1) Schutz vor rechtlicher Aufhebung 173
(2) Verbot faktischer Aushöhlung 174
b. Der Kernbereich der Eigenverantwortlichkeit 174

2. Der so genannte Randbereich der institutionellen Garantie..... 175
a. Der Verhältnismäßigkeitsgrundsatz als allgemeine Begrenzung gesetzlicher Beschränkungen kommunaler Selbstverwaltung..... 175
aa. Anwendung des Verhältnismäßigkeitsgrundsatzes.......... 175
bb. Unanwendbarkeit des Verhältnismäßigkeitsgrundsatzes 176
b. Rechtmäßigkeitsanforderungen an gesetzliche Regelungen im so genannten Randbereich 177
aa. Grenzen der gesetzgeberischen Aufgabenentziehung 178
(1) Das Aufgabenverteilungsprinzip für die »Hochzonung«.. 178
(2) Übertragung auf staatliche Deregulierungs- und Privatisierungsvorgaben 179
bb. Anforderungen an Beschränkungen der Eigenverantwortlichkeit 180

6. Kapitel: Privatisierungsvorgaben für die kommunale Daseinsvorsorge und Verteilung der Gesetzgebungskompetenzen . 182

I. Das Kommunalrecht als kompetenzrechtliches Regelungsgebiet .. 184

1. Die kommunalen Handlungsbefugnisse als Gegenstand der sachgebietsbestimmten Regelungsbefugnisse des Bundes ... 184
a. Burmeisters Position 184
b. Immanente Kritik 186

2. Die kommunalen Handlungsbefugnisse als spezifisch kommunalrechtlicher Regelungsgegenstand...... 187

II. Privatisierungskompetenzen des Bundes im Bereich der kommunalen Daseinsvorsorge 189

1. Bundeskompetenzen zum Durchgriff auf die Kommunen als Selbstverwaltungsträger – Insbesondere: Art. 109 Abs. 3 GG 189

a. Die Erstreckung auf das Gemeindehaushaltsrecht 191
aa. Gemeindehaushaltsrecht als Teil des Haushaltsrechts der Länder 191
bb. Direkte Verpflichtung der Gemeinden durch den Bundesgesetzgeber 192
b. Sachliche Reichweite 193
aa. Privatisierungsdirektiven als Gegenstand des Haushaltsrechts 194
bb. Die Beschränkung auf Grundsätze des Haushaltsrechts 196

2. Bundeskompetenzen zur Regelung der wirtschaftlichen Betätigung 196
a. Zur Reichweite der Kompetenz für das Recht der Wirtschaft gegenüber den Kommunen 197
aa. Die Einbeziehung der kommunalen Unternehmen in allgemeine Regelungen des Rechts der Wirtschaft 198
bb. Spezielle Regelungen für die kommunalen Unternehmen und die Kommunen als Unternehmensträger 199
b. Art. 72 Abs. 2 GG 201

III. Teil

Die einfachrechtliche Aufgabenverteilung zwischen Kommunen und Privatwirtschaft nach Maßgabe von Europa- und Verfassungsrecht

1. Abschnitt

Der allgemeine Rahmen kommunaler Betätigung in der Daseinsvorsorge

7. Kapitel: Das Kommunalwirtschaftsrecht 204

I. Sachliche Beschränkungen der kommunalen Wirtschaftstätigkeit .. 206

1. Anforderungen an die Aufnahme einer wirtschaftlichen Betätigung 207
a. Das Erfordernis eines rechtfertigenden öffentlichen Zwecks 207
aa. Auslegung des Gesetzes 207
bb. Die verfassungsgebotene Offenheit der gemeindlichen Zwecksetzung 208
b. Die räumliche Beschränkung kommunaler Wirtschaftstätigkeit auf das Gemeindegebiet 209

aa. Zwecke der örtlichen Gemeinschaft als Zulässigkeitsgrenze kommunaler Wirtschaftstätigkeit ... 210
bb. Das Gemeindegebiet als räumliche Begrenzung der Betätigung kommunaler Unternehmen ... 211
c. Funktionssperre und Subsidiaritätsklausel im Verhältnis zur Privatwirtschaft ... 213
aa. Die Gesetzeslage ... 213
bb. Vereinbarkeit der Subsidiaritätsklauseln mit Art. 28 Abs. 2 S. 1 GG ... 217
(1) Der Kernbereich der Selbstverwaltungsgarantie ... 217
(2) Der so genannte Randbereich der Selbstverwaltungsgarantie ... 218

2. Erstreckung der Anforderungen auf bestehende Unternehmungen ... 220
a. Die Gesetzeslage ... 220
b. Verfassungsrechtliche Beurteilung ... 222

II. Organisation sowie Kontrolle und Steuerung kommunaler Unternehmen ... 224

1. Die Organisation gemeindlicher Unternehmen vor dem Hintergrund der gemeindlichen Aufgabenwahlfreiheit. 225
a. Die vorherrschende Sicht als Problem der Organisation staatlicher Aufgabenwahrnehmung ... 226
aa. Die Wahl der Unternehmensform als gemeindliche Organisationsentscheidung ... 226
bb. Verfassungsrechtliche Einschränkungen der gemeindlichen Organisationsfreiheit ... 227
b. Die Organisation der gemeindlichen Unternehmen und die kommunale Aufgabenverantwortlichkeit ... 228
aa. Die Tätigkeit privatrechtsförmiger kommunaler Unternehmen als privatwirtschaftliche Verwaltungshilfe ... 229
(1) Allgemeine Bedenken gegen die Qualifizierung der Tätigkeit privatrechtsförmiger öffentlicher Unternehmen als Verwaltung ... 229
(2) Insbesondere: Der kommunalwirtschaftsrechtlich erforderliche öffentliche Zweck ... 231
bb. Art. 28 Abs. 2 GG und gesetzliche Organisations- und Verfahrensanforderungen ... 233

2. Folgerungen für gesetzliche Beschränkungen von Formenwahlfreiheit und Autonomiegewährung an kommunale Unternehmen ... 235

a. Vorrangregelungen zugunsten öffentlich-rechtlicher Rechtsformen ... 235
aa. Beteiligungsgesellschaften ... 236
bb. Eigengesellschaften ... 237
b. Besondere Kontroll- und Ingerenzpflichten im Verhältnis von Kommune und Unternehmen ... 238
aa. Die Reichweite der Einwirkungsmöglichkeiten der Kommune unter dem Vorbehalt des Gesellschaftsrechts ... 239
(1) Die These vom Vorrang des Gesellschaftsrechts ... 239
(2) Zulässige Modifikationen des Gesellschaftsrechts durch das Kommunalwirtschaftsrecht ... 240
bb. Die Verpflichtung zur Kontrolle und Steuerung des privatrechtsförmigen Unternehmens ... 242
(1) Die verfassungsrechtliche Einwirkungspflicht ... 242
(2) Art. 28 Abs. 2 GG ... 243

8. Kapitel: Das allgemeine Wirtschafts-, insbesondere das Wettbewerbsrecht ... 245

I. Die kommunale Wirtschaftsbetätigung unter dem Wettbewerbsrecht ... 246

1. Unterwerfung unter die allgemeinen Regeln ... 246
a. Anwendbarkeit ... 246
b. Gleiche Regeln und Maßstäbe ... 248

2. Maßstabsverschärfungen und Rückgriff auf öffentlich-rechtliche Sondervorschriften ... 249
a. Die Tendenz zur Anwendung verschärfter Maßstäbe ... 249
b. Kritik ... 251

II. Voraussetzungen der Privilegierung kommunaler Daseinsvorsorge 253

1. Der öffentliche Zweck bzw. die Daseinsvorsorgeaufgabe als Privilegierungsgrund ... 254
2. Gesetzliche Privilegierungen kommunaler Daseinsvorsorge ... 255
a. Das Kommunalwirtschaftsrecht ... 255
aa. Die Annahme einer Privilegierung durch das Kommunalwirtschaftsrecht ... 255
bb. Kritik ... 256
b. Spezielle gesetzliche Regelungen ... 257

3. Privilegierung durch die Kommune ... 257
a. Die gesetzesunabhängige kommunale Begründung von Sonderrecht ... 258

b. Art. 28 Abs. 2 GG als Grundlage von Privilegierungen 259
aa. Die Garantie eigener wirtschaftlicher Betätigung zu Zwecken der örtlichen Daseinsvorsorge 259
bb. Kommunale Befugnisse zu Marktstruktureingriffen 260

2. Abschnitt

Die Ordnung exemplarischer Bereiche der Daseinsvorsorge aus kommunaler Perspektive

9. Kapitel: Elektrizitätsversorgung 264

I. Das kommunale Engagement zwischen staatlicher Daseinsvorsorge und privatwirtschaftlicher Betätigung 265

1. Energieversorgung als staatliche Aufgabe oder privatwirtschaftliche Betätigung 265
a. Die widerstreitenden Positionen 266
aa. Energieversorgung als staatliche Aufgabe der Daseinsvorsorge 266
bb. Die Energieversorgung als privatwirtschaftliche Betätigung .. 268
b. Die Unauflöslichkeit des Konflikts 269

2. Die Unterscheidung wirtschaftlicher und hoheitlich-regulierender Betätigungen der Kommunen 271
a. Energieverteilung und -erzeugung 271
b. Die Entscheidung über die Nutzung des kommunalen Wegenetzes 273
aa. Die Vergabe des Wegenutzungsrechts als privatwirtschaftliches Handeln der Kommune 274
bb. Die Wegerechtsvergabe zu Zwecken der örtlichen Energieversorgung als Wahrnehmung einer Aufgabe kommunaler Selbstverwaltung 276
(1) Die Sachherrschaft über das gemeindliche Wegenetz als Selbstverwaltungskompetenz 277
(2) Gemeindliche Wegehoheit und örtliche Energieversorgung 281

II. Die gesetzliche Neuregelung des Energiesektors 286

1. Die Durchbrechung geschlossener kommunaler Versorgungsgebiete 286
a. Einwirkungen des Europäischen Gemeinschaftsrechts 288

aa. Vereinbarkeit geschlossener kommunaler Versorgungsgebiete mit dem europäischen Primärrecht ... 288
(1) Vereinbarkeit mit Grundfreiheiten und Wettbewerbsregeln ... 289
(2) Art. 86 Abs. 2 EGV ... 293
bb. Sekundärrechtliche Vorgaben zur Beseitigung kommunaler Ausschließlichkeitsrechte ... 296
(1) Primärrechtliche Grenzen ... 296
(2) Sekundärrechtliche Anpassungsanforderungen an das nationale Recht ... 298
b. Verfassungsrechtliche Zulässigkeit ... 301
aa. Grundrechtlicher Vorbehalt des Gesetzes ... 301
bb. Materielle Vereinbarkeit mit der Garantie kommunaler Selbstverwaltung ... 303
(1) Der Kernbereich der Garantie ... 304
(2) Der so genannte Randbereich der Garantie ... 304
cc. Kompetenzrechtliche Grenzen ... 307
(1) Der Kompetenztitel des Art. 74 Abs. 1 Nr. 11 GG und seine Grenzen ... 307
(2) Art. 72 Abs. 2 GG ... 312

2. Regelungen der Tätigkeit kommunaler Energieversorgungsunternehmen ... 312
a. Gleiche Wettbewerbschancen der örtlichen Verteilungsunternehmen ... 313
aa. Energiewirtschaftsrechtliche Regelungen ... 313
bb. Kommunalwirtschaftsrechtliche Zulässigkeit wettbewerbsgerechter energiewirtschaftlicher Betätigung ... 314
b. Die Ermöglichung von Umweltschutz und Ressourcenschonung durch kommunale Unternehmen ... 316
aa. Energiewirtschaftsrecht ... 316
(1) Bisherige Situation ... 316
(2) Umweltschutz und Ressourcenschonung nach dem neuen Energiewirtschaftsrecht ... 318
bb. Kommunalwirtschaftsrechtliche Zulässigkeit der Betätigung zu Zwecken des Umweltschutzes und der Ressourcenschonung ... 319

10. Kapitel: Telekommunikation ... 322

I. Das Wegerecht für Telekommunikationslinien ... 323

1. Die materiellrechtliche Zulässigkeit der Inanspruchnahme des kommunalen Wegenetzes ... 323

a. Gemeindliche Wegehoheit und Verwaltungszuständigkeit des Bundes für die Telekommunikation ... 323
aa. Die Verfassungslage bis zur Postreform II ... 324
bb. Der Infrastruktursicherungsauftrag des Bundes gemäß Art. 87f GG ... 325
b. Insbesondere: Die Unentgeltlichkeit des Nutzungsrechts des Bundes ... 328
aa. Art. 28 Abs. 2 GG ... 328
(1) Der Einwand der unzulässigen Subventionierung eines Wirtschaftszweigs ... 330
(2) Die Unentgeltlichkeit als ungerechtfertigter Eingriff im Verhältnis zu den Kommunen ... 331
bb. Das Eigentumsgrundrecht ... 333

2. Die Gesetzgebungskompetenz des Bundes ... 333

II. Das Angebot von Telekommunikationsnetzen und -diensten ... 337

1. Telekommunikationsrechtliche Zulässigkeit wirtschaftlicher Betätigung der Kommunen ... 337
a. Das Telekommunikationsgesetz ... 337
b. Verfassungsrechtliche Vorgaben ... 339
aa. Art. 87f Abs. 2 S. 1 GG ... 339
bb. Art. 87f Abs. 1 GG und Art. 28 Abs. 2 GG ... 341

2. Kommunalwirtschaftsrechtliche Probleme der Betätigung auf dem Telekommunikationssektor ... 342
a. Das Erfordernis eines rechtfertigenden öffentlichen Zwecks ... 343
aa. Der spezielle Erlaubnistatbestand des § 107 Abs. 1 Nr. 1b GO NW a.F. ... 343
bb. Rechtfertigende öffentliche Zwecke ... 344
b. Subsidiarität gegenüber privaten Anbietern ... 346
c. Räumliche Begrenzung ... 347
d. Angemessenes Verhältnis zu Leistungsfähigkeit und Bedarf ... 348

Schluß ... 350

Literaturverzeichnis ... 355
Sachverzeichnis ... 383

Abkürzungsverzeichnis

AfK	Archiv für Kommunalwissenschaften
AfP	Archiv für Presserecht
AG	Die Aktiengesellschaft
ArchivPT	Archiv für Post und Telekommunikation
BbgGO	Gemeindeordnung für das Land Brandenburg
BHO	Bundeshaushaltsordnung
BKartA	Bundeskartellamt
BStBl.	Bundessteuerblatt
CMLRev.	Common Market Law Review
CR	Computer und Recht
DGO	Deutsche Gemeindeordnung
DVP	Deutsche Verwaltungspraxis
DZWir	Deutsche Zeitschrift für Wirtschaftsrecht
ECLR	European Competition Law Review
ELR	European Law Review
EnWG	Energiewirtschaftsgesetz
et	Energiewirtschaftliche Tagesfragen
Ew	Elektrizitätswirtschaft
EWS	Europäisches Wirtschafts- und Steuerrecht
GemO BW	Gemeindeordnung für das Land Baden-Württemberg
GemO RhPf	Gemeindeordnung (Rheinland-Pfalz)
GO NW	Gemeindeordnung für das Land Nordrhein-Westfalen
GO LSA	Gemeindeordnung für das Land Sachsen-Anhalt
GRUR	Gewerblicher Rechtsschutz und Urheberrecht
GWU	Geschichte in Wissenschaft und Unterricht
HGO	Hessische Gemeindeordnung
HGrG	Gesetz über die Grundsätze des Haushaltsrechts des Bundes und der Länder (Haushaltsgrundsätzegesetz)
KSVG Saarl	Kommunalselbstverwaltungsgesetz (Saarland)
KV DDR	Gesetz über die Selbstverwaltung der Gemeinden und Landkreise in der DDR (Kommunalverfassung)

KV M-V	Kommunalverfassung Mecklenburg-Vorpommern
LKV	Landes- und Kommunalverwaltung
NdsVBl.	Niedersächsische Verwaltungsblätter
NGO	Niedersächsische Gemeindeordnung
NWVBl.	Nordrhein-Westfälische Verwaltungsblätter
PrVBl.	Preußisches Verwaltungsblatt
RabelsZ	Rabels Zeitschrift für ausländisches und internationales Privatrecht
RdA	Recht der Arbeit
RdE	Recht der Energiewirtschaft; Recht der Elektrizitätswirtschaft
RiA	Das Recht im Amt
RIW	Recht der internationalen Wirtschaft
SächsGemO	Gemeindeordnung für den Freistaat Sachsen
StabG	Gesetz zur Förderung der Stabilität und des Wachstums der Wirtschaft
StrWG NW	Straßen- und Wegegesetz des Landes Nordrhein-Westfalen
StuGR	Städte- und Gemeinderat
StWissStPr	Staatswissenschaften und Staatspraxis
ThürKO	Thüringer Gemeinde- und Landkreisordnung (Thüringer Kommunalordnung)
ThürVbl.	Verwaltungsblätter für Thüringen
TKG	Telekommunikationsgesetz
TWG	Telegraphenwegegesetz
VBlBW	Verwaltungsblätter für Baden-Württemberg
VOP	Verwaltungsführung, Organisation, Personalwesen
VR	Verwaltungsrundschau
WiVerw	Wirtschaft und Verwaltung
WM	Wertpapiermitteilungen
WRP	Wettbewerb in Recht und Praxis
WuW	Wirtschaft und Wettbewerb
ZBR	Zeitschrift für Beamtenrecht
ZEuP	Zeitschrift für Europäisches Privatrecht
ZG	Zeitschrift für Gesetzgebung
ZGR	Zeitschrift für Unternehmens- und Gesellschaftsrecht
ZHR	Zeitschrift für das gesamte Handelsrecht und Wirtschaftsrecht
ZögU	Zeitschrift für öffentliche und gemeinwirtschaftliche Unternehmen
ZUM	Zeitschrift für Urheber- und Medienrecht
ZUR	Zeitschrift für Umweltrecht

licher und europäischer Politik Privatisierung zu einem wichtigen Thema und Ziel geworden. Diese Privatisierungsdiskussion erfaßt auch die gemeindlichen Daseinsvorsorgeaktivitäten.

a. Begriff und Erscheinungsformen von Privatisierungspolitik

Wenn in Politik und Rechtswissenschaft von Privatisierung die Rede ist, ist der Gehalt dieses Begriffs freilich alles andere als klar definiert; vielmehr erweist er sich als in mancher Hinsicht offen, ja schillernd. Es handelt sich um ein Schlagwort, das – ohne juristisch-dogmatische Trennschärfe – verschiedene Strategien der externen Staatsentlastung, der Verlagerung vom Staat auf die Privatwirtschaft und von staatlicher auf Marktsteuerung zusammenfassend bezeichnet[7]. Der Privatisierungsbegriff ist dabei in seiner Verwendung in sich mehrdeutig und überlappt sich zudem mit anderen, sachlich verwandten Begriffen, namentlich dem der Deregulierung.

Privatisierung tritt in verschiedenen Formen auf. Für diese hat sich im neueren Schrifttum inzwischen, ohne daß freilich vollständige Einigkeit und Einheitlichkeit erzielt wäre, die Unterscheidung bestimmter Typen eingebürgert[8]. Zunächst wird regelmäßig nach dem Privatisierungsgegenstand zwischen drei Grundmodellen differenziert. Als *formelle oder Organisationsprivatisierung* gilt danach die bloße Überführung von Verwaltungseinrichtungen oder öffentlichen Unternehmen in privatrechtliche Organisationsformen bei fortbestehender staatlicher Trägerschaft und unverändert staatlichem Aufgabencharakter. Als *Vermögensprivatisierung* wird die Übertragung staatlichen Eigentums an Unternehmen oder Liegenschaften auf Private bezeichnet. Die so genannte *materielle oder Aufgabenprivatisierung* schließlich meint die (vollständige) Aufgabenverlagerung aus dem staatlichen in den privaten Sektor, wobei die Definition nicht immer übereinstimmend ist: Zumeist wird unter Aufgabenprivatisierung der tatsächliche Rückzug des Staates aus der Aufgabenwahrnehmung verstanden, verbunden mit der Übertragung von Verfügungsgewalt über Vermögensgegenstände oder über die Erstellung und das Angebot von Produkten und Leistungen auf Private[9]; gelegentlich wird allein

---

[7] Zu dieser Funktion des Privatisierungsbegriffs vgl. etwa *Bauer*, in: VVDStRL 54 (1995), S. 243 (251).

[8] Vgl. zum folgenden – mit Unterschieden im einzelnen – die Überblicke im Neunten Hauptgutachten der Monopolkommission 1990/1991, BT-Drs. 12/3031, Tz. 44, sowie bei *Bauer*, in: VVDStRL 54 (1995), S. 243 (251 f.); *Möschel*, JZ 1988, 885 (885 ff.); *ders.*, in: Festschrift Gernhuber, S. 905 (906 ff.); *Schoch*, DVBl. 1994, 962 (962 f.); *Schuppert*, StWissStPr 1994, 541 (545).

[9] *Osterloh*, in: VVDStRL 54 (1995), S. 204 (210).

darauf abgestellt, ob die Aufgabe dem Modus privatwirtschaftlicher Erledigung überstellt wird, unabhängig davon, ob nur private oder auch öffentliche Unternehmen sie in dieser Weise wahrnehmen[10]. Weiter werden bestimmte Typen teilweiser Verlagerung in den privaten Bereich genannt: Unter *funktionaler Privatisierung* werden die verschiedenen Formen der Einschaltung Privater in den Vollzug einer in der Zuständigkeit und Verantwortlichkeit der öffentlichen Verwaltung verbleibenden Aufgabe verstanden. Zuletzt ist noch der Typ der *Finanzierungsprivatisierung* ergänzend eingeführt worden, bei der es um die (Vor-)Finanzierung öffentlicher Einrichtungen mit privatem Kapital statt aus staatlichen Haushaltsmitteln geht[11]. Im übrigen wird mit der Unterscheidung verschiedener Privatisierungstypen zu Recht sogleich der Hinweis verbunden, daß diese keineswegs immer rein verwirklicht werden, vielmehr auch eine bloß teilweise Umsetzung oder eine Vermischung verschiedener Typen von Privatisierung in Betracht kommt[12].

Privatisierung gilt mitunter, weil auch das staatliche Eigentum an Unternehmen als staatlicher Markteingriff und staatliche Wirtschaftsregulierung angesehen wird, nur als ein Unterfall von – wirtschaftsspezifischer[13] – Deregulierung[14]; von anderen werden Privatisierung und Deregulierung bewußt unterschieden und getrennt, weil es bei ersterer um die Frage der unmittelbaren Verfügungsbefugnis des Staates oder Privater über Ressourcen, bei letzterer hingegen um das davon zu unterscheidende Problem der Verhaltenssteuerung durch staatliche Regulierung oder wettbewerbliche Verhaltensanforderungen gehe[15]. Als die durch Deregulierung abzubauende wirtschaftsspezifische Regulierung gilt dabei nach einem engeren Verständnis nur die Einschränkung des Geltungsbereichs des Wettbewerbsrechts für bestimmte Be-

---

[10] *Loschelder*, Strukturreform der Bundeseisenbahnen durch Privatisierung?, S. 45, unterscheidet zwischen formeller und materieller Privatisierung nicht nach der staatlichen oder nichtstaatlichen Trägerschaft, sondern danach, ob nach leistungsstaatlichen Maßstäben oder privatautonom bzw. erwerbswirtschaftlich orientiert gehandelt wird.

[11] *Schuppert*, StWissStPr 1994, 541 (545).

[12] *Bauer*, in: VVDStRL 54 (1995), S. 243 (252 f.); *Schoch*, DVBl. 1994, 962 (963).

[13] Es geht im vorliegenden Zusammenhang nicht um Deregulierung in einem sehr weiten, unspezifischen Sinn als »Sammelbegriff für Liberalisierung, Privatisierung, Subsidiarität, Entstaatlichung, Aufgabenkritik, Dezentralisierung, Eigenverantwortung, Subventionsabbau, Rechts- und Verwaltungsvereinfachung«, als »Synonym für Entbürokratisierung« (*Stober*, in: ders. [Hrsg.], Deregulierung im Wirtschafts- und Umweltrecht, S. 1); insbesondere interessieren hier auch nicht die zuletzt unter dem Stichwort Deregulierung diskutierten Beschleunigungsvorhaben im Planungs- und Umweltrecht.

[14] *Hoffmann-Riem*, DVBl. 1996, 225 (226); *Möschel*, JZ 1988, 885 (888); *Windisch*, in: ders. (Hrsg.), Privatisierung natürlicher Monopole im Bereich von Bahn, Post und Telekommunikation, S. 1 (8, 15 f.).

[15] *Osterloh*, in: VVDStRL 54 (1995), S. 204 (211); *Peine*, DÖV 1997, 353 (355).

reiche, wie die so genannten Bereichsausnahmen des Gesetzes gegen Wettbewerbsbeschränkungen sie – auch weiterhin – vornehmen; ein weiteres Verständnis des Regulierungsbegriffs bezieht darüber hinaus auch die gesamte sonstige staatliche Steuerung des Verhaltens der Wirtschaftssubjekte in Bezug auf bestimmte Gruppen oder spezielle Branchen und Bereiche ein, also z.B. Vor- oder Sonderrechte im Wettbewerb bzw. umgekehrt Marktzugangshindernisse oder Preis-, Mengen-, Qualitätsbeschränkungen für private Wirtschaftssubjekte[16]. Mit Recht wird zwischen hiergegen gerichteter Deregulierung und Privatisierung begrifflich unterschieden. Jedoch kann es Zusammenhänge zwischen beidem geben. Insbesondere kann Deregulierung staatliche Wettbewerbsbeschränkungen aufheben, die eine staatliche Wirtschaftsbetätigung überhaupt erst möglich oder sinnvoll machen; Deregulierung kann damit auf den staatlichen Unternehmensträger einen Privatisierungsdruck ausüben, jedenfalls in Richtung auf eine Aufgabenprivatisierung in dem Sinne, daß das staatliche Unternehmen sich verstärkt nach den Regeln des Wettbewerbs verhalten muß, mittelbar aber auch hin zur vollständigen Privatisierung[17]. Unter einem weiten, alle Maßnahmen der Aufgabenverlagerung vom Staat zur Privatwirtschaft einschließenden Verständnis von Privatisierungspolitik verbinden sich daher Deregulierung und Privatisierung[18].

b. Privatisierungspolitik und Kommunen

Die Frage der Privatisierung – in diesem weiten und allgemeinen Sinn – stellt sich für die Gemeinden wegen ihrer Aktivitäten in der örtlichen Daseinsvorsorge in besonderem Umfang und in besonderer Weise[19]. Zum einen verfügen die Gemeinden dem bloßen Volumen ihrer bisherigen wirtschaftlichen Betätigung, aber auch sonstigen Aufgabenwahrnehmung nach über ein großes Privatisierungspotential; ein Großteil der als privatisierungsfähig angesehenen öffentlichen Einrichtungen und Unternehmen befindet sich in ihrer Hand[20]. Zum anderen zeichnet sich die Privatisierung auf gemeindlicher Ebene dadurch aus, daß sie im wesentlichen nicht – wie etwa bei der Veräußerung des industriell-kommerziellen (Beteiligungs-)Vermögens des Bundes – auf eine

---

[16] Vgl. *Hartwig*, in: Thieme (Hrsg.), Privatisierungsstrategien im Systemvergleich, S. 41 (41 f.); *Schmidt*, Öffentliches Wirtschaftsrecht. Allgemeiner Teil, S. 48 f.

[17] Vgl. – mit Blick auf das Europäische Gemeinschaftsrecht – etwa *Schmidt*, Die Verwaltung 28 (1995), 281 (290 f.).

[18] Vgl. *Benz*, Die Verwaltung 28 (1995), 337 (337 Fn. 1); *Schmidt*, in: Biernat u.a. (Hrsg.), Grundfragen des Verwaltungsrechts und der Privatisierung, S. 210 (216).

[19] Dies heben etwa hervor *Arndt*, Kreislaufwirtschaft und kommunale Entsorgung, S. 28 ff.; *Schumacher*, LKV 1995, 135 (137).

[20] *Ehlers*, DVBl. 1997, 137; *Witte*, der städtetag 1994, 524.

bloße Vermögensprivatisierung zielt, sondern ganz überwiegend mit einer (zumindest partiellen) Aufgabenprivatisierung einhergeht[21]. Die bisherige wirtschaftliche Betätigung der Kommunen auf dem Gebiet der Daseinsvorsorge ist nicht bloß erwerbswirtschaftlich orientiert, sondern dient der staatlichen bzw. gemeindlichen Wahrnehmung von öffentlichen Aufgaben; Privatisierung bedeutet insoweit also nicht nur die Übergabe von Produktivvermögen an Private, sondern zugleich auch, daß eine bislang kommunal wahrgenomme Aufgabe nunmehr auf die Privatwirtschaft verlagert und verstärkt unter Wettbewerbsbedingungen erbracht wird.

Die Kommunen stehen in dieser Diskussion in einer Doppelrolle: Sie sind potentiell Subjekt und Objekt der Privatisierungspolitik. Einerseits waren sie selbst geradezu Vorreiter der heutigen Privatisierungspolitik, weil sie schon früh und teils in beträchtlichem Umfang Privatisierungsmaßnahmen ergriffen haben; auf kommunaler Ebene spielen Organisationsprivatisierungen durch Errichtung gemeindlicher Eigengesellschaften, funktionale Privatisierungen durch Einschaltung privater Dritter in die Durchführung gemeindlicher Aufgaben etwa in der Abfallentsorgung und Abwasserbeseitigung, aber auch Vermögensprivatisierungen und Aufgabenprivatisierungsmaßnahmen eine erhebliche Rolle[22]. Andererseits befinden sich die Gemeinden aber auch in einer Objektstellung als Adressat von Privatisierungsvorgaben der staatlichen oder europäischen Rechtsetzung, durch die ihnen Möglichkeiten zur eigenen (wirtschaftlichen) Betätigung oder auch zur Einflußnahme auf die Aufgabenwahrnehmung durch private Unternehmen genommen werden.

aa. Privatisierungsvorgaben von Bund und Ländern

Solche Vorgaben können zunächst vom staatlichen Gesetzgeber kommen.

(1) Bund. Auf der Ebene des Bundes hat es bereits in den Jahren 1959 bis 1965 eine erste Phase der (Vermögens-)Privatisierung gegeben, als der Bund – im Interesse der Beteiligung breiter Bevölkerungsschichten am Produktivvermögen – durch die Ausgabe von Volksaktien (Teil-)Privatisierungen der Preussag AG, der Volkswagen AG und der VEBA AG vorgenommen hat[23]. Eine zweite, anders motivierte und weiter ausgreifende Privatisierungsphase, die bis

---

[21] *Schoch*, DVBl. 1994, 962 (964); *Witte-Wegmann*, in: Festgabe Sandrock, S. 333 (335 f.).

[22] *Benz*, Die Verwaltung 28 (1995), 337 (344); *Krölls*, GewArch 1995, 129 (129 f.); *Schoch*, in: Biernat u.a. (Hrsg.), Grundfragen des Verwaltungsrechts und der Privatisierung, S. 329 (329 ff.).

[23] Vgl. dazu *v. Loesch*, Privatisierung öffentlicher Unternehmen, S. 25 f.; *ders.*, in: Brede (Hrsg.), Privatisierung und die Zukunft der öffentlichen Wirtschaft, S. 127.

heute anhält, begann in den 80er Jahren. Ihre Vorankündigung waren bereits 1975 die Privatisierungsforderungen in einem Gutachten des Wissenschaftlichen Beirats beim Bundesministerium der Finanzen[24], der die Verschuldung der öffentlichen Haushalte durch die als effizienter eingeschätzte private Erbringung öffentlicher Leistungen zurückführen wollte. Zu einem erklärten Ziel der Politik wurde die Privatisierung mit dem Regierungswechsel des Jahres 1982. Bereits in der Regierungserklärung vom 4. Mai 1983 verkündete die neue, von CDU/CSU und F.D.P. gebildete Bundesregierung, daß sie eine größere Zurückhaltung des Staates in der Wirtschaftsordnung und insgesamt »weniger Staat« anstrebe[25]. 1985 und 1990 wurden – seither weiter fortgeschriebene – »Gesamtkonzepte für die Privatisierungs- und Beteiligungspolitik des Bundes« vorgelegt[26]. Darin werden die Privatisierungsbestrebungen sehr grundsätzlich, ordnungspolitisch begründet: »In der Sozialen Marktwirtschaft gebührt grundsätzlich privater Initiative und privatem Eigentum Vorrang vor staatlicher Zuständigkeit und staatlichem Eigentum (Subsidiaritätsprinzip). Privates Eigentum und privatwirtschaftliche, durch Markt und Wettbewerb gesteuerte und kontrollierte unternehmerische Tätigkeit gewährleisten am besten wirtschaftliche Freiheit, ökonomische Effizienz und Anpassung an sich verändernde Marktverhältnisse und damit Wohlstand und soziale Sicherheit für die Bürger. Soweit eine soziale Flankierung des Marktgeschehens erforderlich ist, erfolgt sie durch die Ausgleichs- und Förderinstrumente der Sozial-, Arbeitsmarkt- und Strukturpolitik, nicht dagegen durch die unternehmerische Betätigung des Staates.«[27]

In seinem eigenen Bereich hat der Bund zunächst seit 1984 eine Reihe von Industrieunternehmen bzw. -beteiligungen aufgegeben, weiter eine Reihe von kleinen Bundesunternehmen mit Sonderaufgaben und dann zentrale Bereiche seiner eigenen Verwaltung privatisiert, insbesondere Bahn, Post und Telekommunikation, Arbeitsvermittlung, Flugsicherung[28]. Zunehmend ist – über

---

[24] Wissenschaftlicher Beirat beim BMF, Zur Lage und Entwicklung der Staatsfinanzen in der Bundesrepublik Deutschland. Gutachten, in: Bulletin der Bundesregierung, Nr. 103 vom 16. August 1975, S. 1001 (1007 ff.). Vgl. auch das Jahresgutachten 1975 des Sachverständigenrates zur Begutachtung der gesamtwirtschaftlichen Entwicklung, BT-Drs. 7/4326, Tz. 333 ff.

[25] Vgl. Verhandlungen des Dt. Bundestages, 10. Wahlperiode, S. 57.

[26] Gesamtkonzept für die Privatisierungs- und Beteiligungspolitik des Bundes, in: Bulletin der Bundesregierung, Nr. 34 vom 28. März 1985, S. 281; Gesamtkonzept 1990 für die Privatisierungs- und Beteiligungspolitik des Bundes, in: Bulletin der Bundesregierung, Nr. 141 vom 5. Dezember 1990, S. 1489.

[27] Gesamtkonzept 1990 für die Privatisierungs- und Beteiligungspolitik des Bundes, in: Bulletin der Bundesregierung, Nr. 141 vom 5. Dezember 1990, S. 1489 (1490).

[28] *Benz*, Die Verwaltung 28 (1995), 337 (344 f.).

den eigenen Bereich hinaus – aber auch die öffentliche Aufgabenwahrnehmung und Unternehmenstätigkeit der Länder und Gemeinden in das Blickfeld des Bundes geraten. In einer Reihe einschlägiger Stellungnahmen wiesen Bundesregierung und Koalitionsfraktionen immer wieder darauf hin, daß das größte Privatisierungspotential nach den erfolgten Privatisierungen auf Bundesebene nunmehr bei den Ländern und Gemeinden liege; insbesondere die Bereiche des Nahverkehrs, der Planungsleistungen, der Wasser- und Energiewirtschaft, der Abfallentsorgung, der Banken, Sparkassen und Versicherungen wurden in diesem Zusammenhang genannt[29]. Seinen an die anderen Gebietskörperschaften gerichteten Privatisierungsaufforderungen hat der Bund versucht auch rechtlichen Nachdruck zu verleihen[30], unter anderem – bislang allerdings ohne erfolgreichen Abschluß im Gesetzgebungsverfahren – über das Recht der für Bund und Länder gemeinsam geltenden Haushaltsgrundsätze und über das Steuerrecht, vor allem aber durch in den letzten Jahren vollzogene oder derzeit betriebene Änderungen des Fachrechts für einzelne Zweige der Daseinsvorsorge mit dem Ziel der Deregulierung und Privatisierung; insbesondere das Kreislaufwirtschafts- und Abfallgesetz vom 27. September 1994[31] und das am 29. April 1998 in Kraft getretene Gesetz zur Neuregelung des Energiewirtschaftsrechts vom 24. April 1998[32] betreffen zentrale Betätigungsfelder der Kommunen.

(2) Länder. Auf die Ebene der Länder hat die Privatisierungsdiskussion erst später und insgesamt – mit allerdings von Land zu Land beträchtlichen Unterschieden – weniger intensiv ausgegriffen. Das gilt für die Privatisierung eigener Unternehmen, wo bereits die Ausgangslage sehr unterschiedlich ist und das Privatisierungsziel politisch verschieden gewichtet wird[33]; ebenso gilt es für die landesrechtliche Einwirkung auf die Kommunen mit dem Ziel der Privatisierung auf ihrer Ebene[34]. Den Ländern steht hierfür im Gemeindewirt-

---

[29] Vgl. BT-Drs. 12/5620, S. 52; BT-Drs. 12/6720, S. 3; BT-Drs. 12/6889, S. 3.

[30] Vgl. die Empfehlung der Monopolkommission in ihrem Neunten Hauptgutachten 1990/91, »durch eine Änderung der einschlägigen Vorschriften in der Bundeshaushaltsordnung, den verschiedenen Landeshaushaltsordnungen und den Kommunalgesetzen der Länder sehr viel engere Grenzen für eine Wirtschaftstätigkeit der öffentlichen Hand vorzusehen« (BT-Drs. 12/3031, Tz. 53). Näher zu den bundesrechtlichen Privatisierungsanstößen vgl. unten 2. Kap. I. 2. a.

[31] BGBl. I S. 2705.

[32] BGBl. I S. 730.

[33] Vgl. *Püttner*, LKV 1994, 193 (195). Kritisch zur zögerlichen Privatisierungspolitik der Länder das Elfte Hauptgutachten der Monopolkommission 1994/95, BT-Drs. 13/5309, Tz. 105.

[34] Vgl. dazu etwa Sächsische Staatskanzlei, Privatisierungskonzept der Staatsregierung, LT-Drs. 1/3524, S. 14 f.

schaftsrecht das allgemeine Instrument zur Verfügung; einzelne zunächst der neuen, dann auch der alten Bundesländer haben davon in den letzten Jahren Gebrauch gemacht, indem sie die kommunale Wirtschaftsbetätigung im Verhältnis zur Privatwirtschaft unter erhöhte Rechtfertigungsanforderungen gestellt oder in anderer Weise in ihren Möglichkeiten beschränkt haben, um eine Privatisierung bislang kommunaler Betätigungsfelder zu fördern[35].

bb. Privatisierungsanstöße der Europäischen Union

Die Ebene des Europarechts ist mitunter als für die Privatisierungsfrage irrelevant angesehen und aus der Betrachtung ausgeklammert worden[36]. Der Grund dafür ist, daß die Europäische Gemeinschaft durch Art. 295 EGV zur Neutralität gegenüber der Eigentumsordnung der Mitgliedstaaten und damit – wie allgemein abgeleitet wird – auch gegenüber dem staatlichen Eigentum an Unternehmen und der staatlichen Wirtschaftsbetätigung verpflichtet ist[37]; ihr Primärrecht hindert die Gemeinschaft deshalb, den Mitgliedstaaten und damit auch den Kommunen unmittelbare Verpflichtungen zu (Vermögens-)Privatisierungen aufzuerlegen.

Dennoch gehen – wie zunehmend erkannt worden ist[38] – von der Europäischen Gemeinschaft wesentliche Deregulierungs- und daraus mittelbar folgend auch Privatisierungsimpulse in Richtung der Mitgliedstaaten aus. Daß die staatliche und auch kommunale Daseinsvorsorge stärker in den Einzugsbereich solcher gemeinschaftsrechtlichen Liberalisierungs- und Deregulierungsvorgaben geraten ist, geht insbesondere zurück auf die Einführung des Gemeinschaftsziels der Herstellung eines Binnenmarktes[39]. Es ist programmatisch entfaltet worden in dem »Weißbuch der Kommission über die Vollendung des Binnenmarktes vom 14. Juni 1985«, das einleitend als Voraussetzung

---

[35] Dazu näher unten 2. Kap. I. 2. b.

[36] *Püttner*, in: Brede (Hrsg.), Privatisierung und die Zukunft der öffentlichen Unternehmen, S. 257 (261); *Schoch*, DVBl. 1994, 962 (969).

[37] Vgl. dazu vorläufig nur *Schweitzer*, in: Grabitz/Hilf, KommEU, Art. 222 EGV Rn. 1 f. m.w.N.

[38] *v. Arnim*, Rechtsfragen der Privatisierung, S. 143 ff.; *Basedow*, in: Festschrift Helmrich, S. 769 (779 f.); *Bauer*, in: VVDStRL 54 (1995), S. 243 (260 ff.); *Ehlers*, DVBl. 1998, 497 (507); *Emmerich*, AfP 1987, 385 (388); *Kahl*, Die Verwaltung 29 (1996), 341 (353 f.); *Kämmerer*, JZ 1996, 1042 (1045 f. m.w.N. in Fn. 31); *Lecheler*, BayVBl. 1994, 555 (555, 557); *Möschel*, in: Festschrift Deringer, S. 328 (344 f.); *Schmidt*, in: Biernat u.a. (Hrsg.), Grundfragen des Verwaltungsrechts und der Privatisierung, S. 210 (231); *ders.*, Die Verwaltung 28 (1995), 281 (311).

[39] Zur deregulierenden Wirkung des Binnenmarktziels gegenüber den mitgliedstaatlichen Rechtsordnungen vgl. *Müller-Graff*, Binnenmarktziel und Rechtsordnung, S. 31 ff., der ihm weiter eine angleichende und eine relativierende Einwirkung auf die nationalen Rechtsordnungen zuschreibt.

für die Vollendung des Binnenmarktes die Notwendigkeit sieht, »daß die Mitgliedstaaten alle Arten von Schranken abschaffen, ihre Regeln harmonisieren, ihre Rechtsvorschriften ... angleichen ...«, und anschließend ein umfangreiches Rechtsetzungsprogramm entwirft[40]. In das geltende Primärrecht der EG wurde das Binnenmarktkonzept durch die Einheitliche Europäische Akte vom 10. Februar 1986 umgesetzt. Sie verankerte in dem heutigen Art. 14 EGV das – bis zum 31. Dezember 1992 zu erreichende – Ziel eines Binnenmarktes als eines Raums »ohne Binnengrenzen, in dem der freie Verkehr von Waren, Personen, Dienstleistungen und Kapital gemäß den Bestimmungen dieses Vertrages gewährleistet ist« (Art. 14 Abs. 2 EGV). Damit zusammenhängend hat die Kommission der Europäischen Gemeinschaft etwa seit Mitte der 80er Jahre konkrete Bemühungen um die Deregulierung insbesondere von Dienstleistungssektoren unternommen, wobei ihre ersten Betätigungsfelder der Rundfunk und die Telekommunikation, dann auch die Energieversorgung waren[41]. Wie insbesondere auf dem Energiesektor offenkundig ist, können sie auch für die kommunale Betätigung in der Daseinsvorsorge erhebliche Bedeutung erlangen[42].

3. Fragestellung der vorliegenden Untersuchung

In der rechtswissenschaftlichen Diskussion um Privatisierung im kommunalen Bereich dominiert bislang die Frage nach den Grenzen des eigenen Privatisierungsspielraums der Kommunen[43]. Insbesondere die Zulässigkeit von Maßnahmen der bloßen Organisationsprivatisierung, von der im kommunalen Bereich schon länger intensiv Gebrauch gemacht worden ist, wird kritisch untersucht, auch die Möglichkeit materieller und vor allem funktionaler Privatisierung durch die Kommunen etwa in den Bereichen der Abfallentsorgung oder der Abwasserbeseitigung, schließlich die Rechtmäßigkeit von Maßnahmen der Finanzierungsprivatisierung. Diesen Fragen soll hier nicht weiter nachgegangen werden. Vielmehr nimmt die vorliegende Untersuchung die Kommunen in ihrer Rolle als Objekt staatlicher und europäischer Privati-

---

[40] Kommission der Europäischen Gemeinschaften, Vollendung des Binnenmarktes. Weißbuch der Kommission an den Europäischen Rat, KOM 85 (310), S. 4 und insbes. 25 ff. zum gemeinsamen Dienstleistungsmarkt.

[41] Vgl. *Everling*, EuR 1994, 386 (393).

[42] Vgl. dazu näher unten 2. Kap. I. 1.

[43] Vgl. beispielsweise Deutscher Städte- und Gemeindebund (Hrsg.), Privatisierung in Städten und Gemeinden, S. 28 ff.; *Gröpl*, in: Hoffmann u.a. (Hrsg.), Kommunale Selbstverwaltung im Spiegel von Verfassungsrecht und Verwaltungsrecht, S. 99 (104 ff.); *Hofmann*, VBlBW 1994, 121; *Pappermann*, der städtetag 1984, 246; *Schoch*, Privatisierung der Abfallentsorgung, insbes. S. 41 ff.; *Vitzthum*, AöR 104 (1978), 580.

sierungspolitik in den Blick. Sie gilt damit den rechtlichen Problemen in einer Dreiecksbeziehung zwischen den Kommunen und der mit diesen aktuell oder potentiell konkurrierenden Privatwirtschaft sowie schließlich der nationalen bzw. supranationalen Hoheitsgewalt, die auf die Aufgabenverteilung zwischen diesen beiden zugunsten der Privatwirtschaft normativ einwirkt. Dieses Problemdreieck verdient nähere Untersuchung, weil ein etwaiger hoheitlicher Privatisierungszwang die Kommunen – wie gesehen – in ihren eigentlichen und zentralen Verwaltungsaufgaben betreffen und letztlich in ihrer Daseinsberechtigung als Selbstverwaltungskörperschaft in Frage stellen kann. Die Untersuchung fragt daher nach den rechtlichen Grenzen, die der Bund und die Länder der Bundesrepublik sowie die Organe der Europäischen Gemeinschaft zu respektieren haben, wenn sie die Kommunen zu Privatisierungsmaßnahmen auf den angestammten oder auch auf neuen Betätigungsfeldern der Daseinsvorsorge anhalten wollen.

Diese Fragestellung hat gewisse Begrenzungen und Gewichtungen hinsichtlich des Untersuchungsgegenstandes zur Folge. Zunächst richtet sich das Interesse, auch wenn übergreifend von Kommunen die Rede ist, mit Rücksicht auf deren hervorgehobenes Engagement in der Daseinsvorsorge in erster Linie auf die Städte, also weder auf die Kreise noch auf die (kleineren) Gemeinden. Weiter stehen vor allem solche – potentiell privatisierungstauglichen – Sektoren im Vordergrund, auf denen eine Konkurrenz von privater und staatlicher Aufgabenwahrnehmung bislang schon besteht oder mit Rücksicht auf die erwartete Rentabilität des Engagements naheliegend scheint. Dabei sollen zwei Sektoren exemplarisch näher betrachtet werden, die örtliche Energieversorgung und die Telekommunikation. Der Grund dafür ist zum einen, daß es sich beide Male um Dienstleistungen handelt, die – jedenfalls im wesentlichen – leitungsgebunden und deshalb auf der Ortsebene auf die Nutzung des gemeindlichen Wegenetzes angewiesen sind; das verleiht den Kommunen sozusagen kraft der Natur der Sache zunächst eine hervorgehobene, besondere Gestaltungs- und Betätigungsspielräume verheißende Position. Diese aus der Herrschaft über das gemeindliche Wegenetz folgende Position wird für den Bereich der Energieversorgung, wo sie den Kommunen zuvor in der Tat eine herausgehobene Rolle verschafft hat, durch das neue Energiewirtschaftsrecht wesentlich eingeschränkt. Im Bereich der Telekommunikation, wo ihre Herrschaft über das gemeindliche Wegenetz herkömmlich zugunsten eines Wegenutzungsrechts der staatlichen Post beschränkt war, bleibt diese Beschränkung auf Grund des Telekommunikationsgesetzes auch nach der Privatisierung des Sektors bestehen, nunmehr im Ergebnis zugunsten der privatwirtschaftlichen Anbieter. Zum anderen gilt auf beiden Sektoren die versorgungswirtschaftliche Betätigung als Anbieter als rentabel, wobei die kommunalen Unternehmen auf dem Sektor der Energieversorgung eher eine bislang starke Marktposition zu verteidigen haben, während sie auf dem Telekommunikationssektor einen neuen, unter Umständen auch für sie lukrativen Markt sehen. Schließlich interessiert Privatisierungspolitik hier nicht unmittelbar im Hinblick auf Maßnahmen bloß formeller Privatisierung, wie die Kommunen selbst aus unterschiedlichen Gründen sie nicht selten favorisieren und praktizieren. Vielmehr geht es hier um Privatisierungspolitik, soweit sie rechtliche Vorgaben für die Aufgabenverteilung zwischen Gemeinde und Privatwirtschaft macht, durch die die gemeindliche Ingerenz im Bereich der örtlichen Daseinsvorsorge ganz oder teilweise beschränkt und zurückgedrängt wird; es geht also um die materielle und die Zwischenformen der funktionalen Privatisierung sowie um (marktspezifische) Deregulierung. Das Interesse konzentriert sich deshalb auf die Rechtsgebiete, die vornehmlich mit dieser Zielrichtung eingesetzt werden, nämlich insbesondere das Gemeindewirtschaftsrecht, das allgemeine Wirtschaftsrecht, insbesondere des Kartell- und Wettbewerbsrecht, und das Fachrecht der beiden genannten, einzelnen Bereiche der Daseinsvorsorge.

Die zentrale Frage lautet also: Wieweit können die staatliche und die europäische Rechtsordnung den Gemeinden einen Rückzug aus – bereits wahrgenommenen oder angestrebten – gemeindlichen Aufgaben in der Daseinsvorsorge zugunsten der privatwirtschaftlichen Erledigung im Wettbewerb aufgeben? Oder umgekehrt: Wieweit muß den Gemeinden die Freiheit der Entscheidung darüber bleiben, ob sie (selbst oder durch gemeindeeigene Unternehmen) Aufgaben der Daseinsvorsorge erledigen oder die private Aufgabenerledigung regulierend beeinflussen wollen?

II. Gang der Untersuchung

Die vorliegende Studie will dieser Frage in drei großen Schritten nachgehen.

Der I. Teil soll dazu dienen, die erforderliche Grundlage in tatsächlicher und rechtlicher Hinsicht zu gewinnen. Es soll deshalb zunächst die historische Entwicklung der gemeindlichen Aktivitäten in der Daseinsvorsorge und ihrer staatlichen Reglementierung seit Beginn des 19. Jahrhunderts bis unter das Grundgesetz in ihren Konturen nachgezeichnet werden (1. Kapitel). Anschließend wird die heutige Problemlage der kommunalen Betätigung in der örtlichen Daseinsvorsorge angesichts europäischer und staatlicher Privatisierungsvorgaben, also der eigentliche Gegenstand dieser Untersuchung, näher dargestellt (2. Kapitel).

Im folgenden II. Teil sollen die europa- und verfassungsrechtlichen Grundlagen für die kommunale Betätigung in der örtlichen Daseinsvorsorge und für die Möglichkeiten und Grenzen ihrer Einschränkung zugunsten der Privatwirtschaft entwickelt werden. Der erste Abschnitt gilt dabei – mit Rücksicht auf den prinzipiell anerkannten Anwendungsvorrang des Europäischen Gemeinschaftsrechts vor dem nationalen Recht – den europarechtlichen Vorgaben. Hier fragt sich zum einen, ob die Zulässigkeit europäischer Regelungen der kommunalen Wirtschaftsbetätigung mit Blick auf die nationale Verfassungsgarantie der kommunalen Selbstverwaltung Grenzen findet (3. Kapitel). Zum anderen ist den Grenzen europäischer Regelungsbefugnis im Bereich der kommunalen Daseinsvorsorge nachzugehen, die sich aus dem Primärrecht der Europäischen Gemeinschaft selbst ergeben (4. Kapitel). Der zweite Abschnitt dieses Teils wendet sich dann den verfassungsrechtlichen Vorgaben für den nationalen Gesetzgeber zu. Er unternimmt es zunächst und vor allem, die verfassungsrechtliche Gewährleistung der kommunalen Daseinsvorsorge in dem spezifischen Spannungsfeld von Staat, Gemeinde, Wirtschaft zu bestimmen; das wird insbesondere erfordern, zunächst der verfassungsrechtlichen Gewährleistung kommunaler Daseinsvorsorge, insbesondere eigener wirtschaftlicher Betätigung der Kommunen zu Daseinsvorsorgezwecken nachzugehen, anschließend eventuelle verfassungsrechtliche Begrenzungen für kommunale Daseinsvorsorgeaktivitäten im Verhältnis zur Wirtschaft zu untersuchen und darauf aufbauend schließlich die Frage zu beantworten, inwieweit die danach verfassungsrechtlich zulässigen kommunalen Daseinsvorsorgeaktivitäten verfassungsrechtlichen Schutz gegenüber gesetzgeberischen Privatisierungs- und Deregulierungsvorgaben genießen (5. Kapitel). Zum Abschluß dieses Abschnitts soll die grundgesetzliche Verteilung der Gesetzgebungskompetenzen zwischen Bund und Ländern in Angelegenheiten kommunaler Daseinsvorsorge untersucht werden (6. Kapitel).

Der III. Teil untersucht – vor dem Hintergrund dieser europa- und verfassungsrechtlichen Vorgaben – die nähere, einfachrechtliche Ausgestaltung der kommunalen Daseinsvorsorgeaktivitäten im Hinblick auf allfällige Privatisierungs- und Deregulierungsvorgaben in Richtung der Kommunen. Dabei geht es in einem ersten Abschnitt um den allgemeinen, nicht auf einzelne Sektoren der Daseinsvorsorge bezogenen Rahmen, den der Gesetzgeber gemeindlichen Aktivitäten steckt; erörtert werden zum einen die spezifisch auf die Kommunen zielenden organisatorischen und materiell-rechtlichen Regelungen des Gemeindewirtschaftsrechts (7. Kapitel) und zum anderen die Begrenzungen, die das allgemeine Wirtschafts-, insbesondere das Kartell- und Wettbewerbsrecht den Kommunen auferlegt (8. Kapitel). Der zweite Abschnitt nimmt dann – exemplarisch – die rechtliche Ausgestaltung der beiden oben erwähnten einzelnen Sektoren der Daseinsvorsorge aus kommunaler Perspektive in den Blick; die kommunalen Betätigungs- und Gestaltungsspielräume in der Energieversorgung (9. Kapitel) sowie in der Telekommunikation (10. Kapitel) sollen ausgelotet werden.

Der Schluß läßt die Arbeit in einer kurzen Zusammenfassung ihrer Ergebnisse zur europäischen und nationalen Rechtslage und einer Bewertung der danach den Kommunen verbleibenden Gestaltungs- und Betätigungsspielräume enden.

I. Teil

Entwicklung und heutige Problemlage der kommunalen Daseinsvorsorge und ihrer hoheitlichen Reglementierung

1. Kapitel

Die tatsächliche und rechtliche Entwicklung seit dem Anfang des 19. Jahrhunderts

Gemeindliche Wirtschaftsbetätigungen lassen sich schon in frühen Zeiten lange vor Beginn der Neuzeit feststellen. Insbesondere die Städte des späten Mittelalters entfalteten, begünstigt durch kaiserliche Privilegien, rege wirtschaftliche Aktivitäten, mit denen sie umfangreiche soziale Zwecke, z.B. in der Krankenpflege und Armenfürsorge, und Ziele der Wirtschaftsregulierung und -förderung, daneben auch fiskalische Absichten verfolgten[1]. Auch nachdem der sich ausbildende Absolutismus der Territorialstaaten weithin diese kommunalen Aktivitäten im 17. und 18. Jahrhundert zurückgedrängt und der staatlichen Verwaltung unterstellt hatte[2], wiesen die Städte gegen Ende des 18. Jahrhunderts – unter polizeistaatlicher Ägide – eine große Zahl wohlfahrtsfördernder Veranstaltungen auf. Einzelne der frühen gemeindlichen Aktivitäten, z.B. Forstwirtschaft, Leihämter, Häfen, Ziegeleien, Ratskeller[3], haben sich bis heute erhalten, und einige, z.B. der Betrieb kommunaler Banken oder Hospitäler, waren Vorläufer späterer kommunal(wirtschaftlich)er Betätigungen in der Daseinsvorsorge. Dennoch erscheint es berechtigt, die historischen Wurzeln der heutigen kommunalen Wirtschaftsbetätigung insgesamt nicht bis dahin zurückzuverfolgen, sondern erst mit dem 19. Jahrhundert anzusetzen[4], in dem die Kommunalwirtschaft – in doppelter Hinsicht – auf eine neue Grundlage gestellt wurde: Zum einen begann nach dem Niedergang im 17. und 18. Jahrhundert, zunächst und vor allem in Preußen mit den Stein'schen Reformen, die (Re-)Etablierung der kommunalen Selbstverwaltung; zum anderen erfuhren die öffentlichen, insbesondere auch gemeindlichen Aufgaben im Verhältnis zur Wirtschaft durch deren Freisetzung in so-

---

[1] *Pohl*, in: ders. (Hrsg.), Kommunale Unternehmen, S. 1 (4 f.).

[2] *Pohl*, in: ders. (Hrsg.), Kommunale Unternehmen, S. 1 (5); *Stern*, AfK 1964, 81 (82).

[3] *Stern/Püttner*, Die Gemeindewirtschaft, S. 11.

[4] *Koch*, Die wirtschaftliche Betätigung der Gemeinden, S. 156; *Stern/Püttner*, Die Gemeindewirtschaft, S. 13. Die These von *Gröttrup*, Die kommunale Leistungsverwaltung, S. 37, von den mannigfachen »Veranstaltungen« der Stadt des späten 18. Jahrhunderts bis zur gegenwärtigen kommunalen Leistungsverwaltung gebe es eine ununterbrochene Linie, unterschätzt die Veränderung der Grundlagen und den daraus resultierenden Wandel der Kommunalwirtschaft.

zialer und technischer Hinsicht eine grundlegende Veränderung. Auf diese Zeit – genauer: aus einer an Rechtsnormen und Institutionen orientierten verfassungsgeschichtlichen Perspektive in ihren Anfängen auf die noch vor- und frühindustrielle, frühkonstitutionelle Zeit der ersten Hälfte des 19. Jahrhunderts[5], aus wirtschafts- und sozialgeschichtlicher Sicht erst auf die Hochindustrialisierungssphase im Kaiserreich[6] – geht die heutige Kommunalwirtschaft wesentlich zurück.

Die Grundzüge der tatsächlichen und rechtlichen Entwicklung der Kommunalwirtschaft seit der ersten Hälfte des 19. Jahrhunderts bis in die ersten Jahrzehnte der Bundesrepublik hinein sind deshalb Gegenstand dieses Kapitels. Das Augenmerk soll dabei einerseits gerichtet sein auf die Aufgabenverteilung zwischen Kommunen und Privatwirtschaft hinsichtlich der Wahrnehmung von (Daseinsvorsorge-)Aufgaben; andererseits interessiert, wie die staatliche Rechtsordnung sich zu den kommunalwirtschaftlichen Aktivitäten verhalten hat. Diesen Fragen soll jeweils in drei zeitlich gegliederten Abschnitten nachgegangen werden, die sich mit dem 19. Jahrhundert und dem Ersten Weltkrieg (I.), der Weimarer Zeit und dem Dritten Reich (II.) sowie den ersten Jahrzehnten der Bundesrepublik (III.) befassen.

I. Von der ersten Hälfte des 19. Jahrhunderts bis zum Ersten Weltkrieg

Die erste hier zu erörternde Phase ist – knapp charakterisiert – die des Aufbaus und der Etablierung der kommunalwirtschaftlichen Betätigung zu Zwecken der Daseinsvorsorge; bis zum Beginn des Ersten Weltkriegs hatte sich die kommunale Daseinsvorsorge dem Prinzip nach tatsächlich entfaltet und auch in der staatlichen Rechtsordnung ihren Niederschlag gefunden.

1. Die Entstehung und Entwicklung kommunaler Daseinsvorsorge

a. Ansätze in der vor- und frühindustriellen Phase

Für den Beginn des 19. Jahrhunderts wird – als Folge der Einführung der Gewerbefreiheit und des Fortfalls städtischer Vorrechte wie des Stapelrechts[7] und der Zwangsrechte der Stadtwaagen, städtischen Schlachthäuser etc. – ein

---

[5] *Stern/Püttner*, Die Gemeindewirtschaft, S. 13.

[6] *Klein*, Die Teilnahme des Staates am wirtschaftlichen Wettbewerb, S. 63; *Krabbe*, Kommunalpolitik und Industrialisierung, S. 16.

[7] Vgl. zum Beispiel Kölns *Stern/Püttner*, Die Gemeindewirtschaft, S. 11 f.

gewisser Rückgang der kommunalen Wirtschaftsaktivitäten angenommen[8]. Allerdings besaßen die Städte auch in dieser Zeit – wenn auch zumindest weithin als polizeiliche Gemeindeanstalten unter staatlichem Zugriff[9] – zahlreiche Einrichtungen der Wohlfahrtspflege wie etwa Feuerschutzeinrichtungen, Straßenbeleuchtung, -reinigung und -pflasterung, Bestattungsanlagen, Kanalisationsanlagen, Fäkalienabfuhr, Bedürfnisanstalten, Schlachthäuser, Armen- und sonstige Wohlfahrtsanstalten, Nachtwachwesen, Seuchen- und Krankenanstalten, Desinfektionsanstalten, Müllabfuhr, städtische Brunnen und Uhren. Dem traditionellen Bereich der gemeindlichen Armenfürsorge entsprang auch die – im übrigen an die reichsstädtische Tradition kommunaler Banken[10] anknüpfende – Gründung kommunaler Pfandleihanstalten und Sparkassen, die üblicherweise als erstes Feld moderner kommunaler Wirtschaftstätigkeit zur Daseinsvorsorge genannt wird. Nachdem bereits 1778 in Hamburg die »Allgemeine Versorgungsanstalt« als erste (freie) Sparkasse und 1801 eine erste städtische Sparkasse in Göttingen[11] gegründet worden waren, entstanden ab 1818 die ersten städtischen Sparkassen in Preußen (Berlin), Württemberg, Sachsen und Bayern und ab 1830 auch Kreissparkassen; die Zahl dieser kommunalen Institute wuchs schnell auf 280 im Jahr 1836 und 1200 im Jahr 1850[12].

Das technisch-industriell geprägte Engagement der Kommunen in der Daseinsvorsorge und Infrastruktursicherung nahm seinen Anfang gegen Mitte des Jahrhunderts in der Gas- und Wasserversorgung. Vornehmlich zu Zwekken der Straßenbeleuchtung wurden die ersten Gaswerke in Deutschland, zuerst in Hannover und Berlin, zwischen 1825 und 1850 gebaut, so daß 1850 33 Städte Gaswerke besaßen; eine größere Zahl, nun auch in Mittel- und Kleinstädten, folgte dann zwischen 1850 und 1870[13]. Anfangs überließen die meisten Städte die Gasversorgung allerdings erfahrenen – insbesondere englischen – Unternehmen, denen sie eine Konzession zur Verlegung der Versorgungsleitungen in den städtischen Straßen (zumeist bereits mit Ausschließlichkeitsrecht[14]) gaben; teils wurden auch in städtischem Eigentum stehende Gaswerke zum Betrieb an Privatunternehmen verpachtet. Hintergrund für die kommunale Zurückhaltung war zum einen der Mangel an Erfahrung und

---

[8] *Rüfner*, Formen öffentlicher Verwaltung im Bereich der Wirtschaft, S. 87; *Stern*, AfK 1964 , 81 (82).

[9] Vgl. *Scholz*, Das Wesen und die Entwicklung der gemeindlichen öffentlichen Einrichtungen, S. 64 f.

[10] Vgl. dazu, z.B. zu der 1619 gegründeten Hamburger Bank, *Ambrosius*, Der Staat als Unternehmer, S. 48.

[11] *Koch*, Die wirtschaftliche Betätigung der Gemeinden, S. 186.

[12] *Ambrosius*, Der Staat als Unternehmer, S. 49.

[13] *Brunckhorst*, Kommunalisierung im 19. Jahrhundert, S. 15 f.

[14] *Brunckhorst*, Kommunalisierung im 19. Jahrhundert, S. 118.

an Fachkräften in den städtischen Verwaltungen, die für den Betrieb solcher gewerblichen Unternehmen erforderlich waren, zum anderen die fehlende Bereitschaft zu den hohen und als riskant beurteilten Investitionen, die mit den zu dieser Zeit in der bürgerlichen Honoratiorenverwaltung der Städte noch vorherrschenden hausväterlichen Sparsamkeitsvorstellungen und auch mit wirtschaftsliberalen Idealen nicht vereinbar waren[15]. Nur wenige Kommunen betrieben Gaswerke – mit Rücksicht auf deren soziale Funktion und zur Vermeidung von Konflikten mit privaten Betreibern – in eigener Regie[16].

Gegen Mitte des Jahrhunderts entstanden auch die ersten modernen, zentralen Wasserversorgungs-Anstalten. Die schon seit langem bestehenden – teils öffentlichen, staatlichen oder städtischen, teils privaten, teils auch gemischtwirtschaftlichen oder genossenschaftlichen – Wasserversorgungseinrichtungen in den Städten wurden in Folge von Stadtwachstum und Industrialisierung hinsichtlich der Wassermenge und -qualität unzureichend[17]. Die Lösung dieses durchaus erkannten Problems verzögerte sich zunächst wegen mangelnder hydrologischer und technischer Kenntnisse und der nötigen hohen Aufwendungen. Den Anstoß zur Errichtung des ersten Wasserwerks gab dann die Feuersbrunst des Jahres 1842 in Hamburg, wo daraufhin der Bau eines Wasserwerks zur Wasserversorgung der Stadt und zu Feuerlöschzwecken beschlossen wurde; es wurde 1848 als privater Erwerbsbetrieb gegründet, ebenso wie in Preußen die Wasserwerke in Magdeburg, Berlin (1858) und Altona (1859). Allerdings war bei der Wasserversorgung, deren Ausbau neben der Trinkwasserversorgung vor allem Feuerlösch- und Straßenreinigungszwecken dienen sollte, wegen der sicherheitspolizeilichen, gesundheits- und sozialpolitischen Bedeutung das kommunale Engagement von Beginn an unumstrittener und stärker[18]. So wurden bereits 1856 die Wasserwerke in Nürnberg und Würzburg und 1861/2 das Stuttgarter Wasserwerk als städtische Einrichtungen gebaut[19].

---

15 *Brunckhorst*, Kommunalisierung im 19. Jahrhundert, S. 83, 89, 161 ff.; *Krabbe*, Kommunalpolitik und Industrialisierung, S. 42 f.

16 *Brunckhorst*, Kommunalisierung im 19. Jahrhundert, S. 91, nennt Dresden (1828 staatlich gegründet, 1833 in städtischen Besitz gewechselt), Leipzig (1838) und – in Konkurrenz zu dem bestehenden privaten Werk – Berlin (1847); *Krabbe*, Kommunalpolitik und Industrialisierung, S. 43, erwähnt auch Halle und Königsberg.

17 Vgl. dazu *Hofmann*, in: Jeserich u.a. (Hrsg.), Deutsche Verwaltungsgeschichte, Bd. 3, S. 578 (590); *Wessel*, in: Wysocki (Hrsg.), Kommunalisierung im Spannungsfeld von Regulierung und Deregulierung im 19. und 20. Jahrhundert, S. 49 (52 ff.).

18 *Krabbe*, Kommunalpolitik und Industrialisierung, S. 271.

19 *Wessel*, in: Wysocki (Hrsg.), Kommunalisierung im Spannungsfeld von Regulierung und Deregulierung im 19. und 20. Jahrhundert, S. 49 (56, 58).

b. Der Ausbau in der Phase der Hochindustrialisierung

Der entscheidende Ausbau der Kommunalwirtschaft fand im Gefolge des Industrialisierungs- und zugleich Urbanisierungsprozesses seit 1870 im Kaiserreich statt[20]. Teil dieser Entwicklung waren etwa die Errichtung zahlreicher Schlachthöfe seit den 70er Jahren bis zur Jahrhundertwende und die Gründung einer Reihe von Wasserwerken, deren Zahl von 126 Mitte der 1870er Jahre auf 621 im Jahr 1883 und mehr als 3400 um die Jahrhundertwende anstieg[21]. Sie waren überwiegend von Anfang an in städtischer Hand[22], doch gab es neben den kommunal getragenen auch verbandliche, genossenschaftliche, gemischt-wirtschaftliche und private Einrichtungen der Wasserversorgung, die teils überörtlich tätig waren[23].

Wie der Aufbau der modernen zentralen Wasserversorgung wurde auch die Entsorgung durch den Erkenntnisfortschritt in technischer und hygienischer Hinsicht entscheidend gefördert. Zuerst in den 1850'er und 1860'er Jahren in Hamburg und Frankfurt, dann seit den 1870'er Jahren in zahlreichen weiteren Städten und vor allem in den Jahren ab 1880 erfolgte der Aufbau moderner Schwemmkanalisationen in städtischer Regie[24]. Die Straßenreinigung und die Beseitigung fester häuslicher Abfallstoffe, die in den Städten meist in so genannten Müllgruben am Haus, in Süd- und Westdeutschland auch in Gefäßen gesammelt wurden, waren herkömmlich Aufgabe des Hausbesitzers, der sich zur Abfuhr privater Unternehmer bediente; in größeren Städten beteiligten sich die Kommunen bereits an der Abfuhr[25]. Als dieses System in den Großstädten immer unzureichender wurde, übernahmen ab der Jahrhundertwende zunehmend die Städte diese Aufgabe und bauten einen Apparat zur Straßenreinigung und Müllabfuhr auf; das schwierige Problem der Abfallbeseitigung lösten die Städte durch Deponien auf dem eigenen Stadtgebiet oder im Umland, vereinzelt auch durch frühe Müllverbrennungsanlagen[26].

---

[20] *Himmelmann*, in: Brede/v. Loesch (Hrsg.), Unternehmen der öffentlichen Wirtschaft in der Bundesrepublik Deutschland, S. 31 (39); *Krabbe*, Kommunalpolitik und Industrialisierung, S. 16.

[21] *Wessel*, in: Wysocki (Hrsg.), Kommunalisierung im Spannungsfeld von Regulierung und Deregulierung im 19. und 20. Jahrhundert, S. 49 (63).

[22] *Wessel*, in: Wysocki (Hrsg.), Kommunalisierung im Spannungsfeld von Regulierung und Deregulierung im 19. und 20. Jahrhundert, S. 49 (57).

[23] *Wessel*, in: Wysocki (Hrsg.), Kommunalisierung im Spannungsfeld von Regulierung und Deregulierung im 19. und 20. Jahrhundert, S. 49 (63 f.).

[24] *Krabbe*, GWU 30 (1979), 265 (276).

[25] Vgl. *Fischer*, Kommunale Leistungsverwaltung im 19. Jahrhundert, S. 166 ff., zur Entwicklung in Frankfurt, wo die Stadt die Abfuhr ab 1855 zunächst an ein privates Konsortium verpachtete und ab 1872 durch das städtische Fuhramt übernahm.

[26] *Hofmann*, in: Jeserich u.a. (Hrsg.), Deutsche Verwaltungsgeschichte, Bd. 3, S. 578 (593); zur Müllverbrennung vgl. *Hösel*, Unser Abfall aller Zeiten, S. 187.

In der Gasversorgung gab es eine deutliche Ausweitung kommunaler Betätigung. Insbesondere gegen Ende des Jahrhunderts und bis zum Ersten Weltkrieg stieg der Bedarf, u.a. weil das zunächst beinahe ausschließlich zur Beleuchtung verwandte Gas jetzt auch in den Haushalten zum Kochen und Heizen und als Antriebsenergie in der Industrie eingesetzt wurde; daraus folgten erhebliche Produktionserweiterungen und zahlreiche Neugründungen[27]. Zugleich stieg der kommunale Anteil deutlich. Bei den Neugründungen gegen Ende des Jahrhunderts überwogen die in kommunaler Hand[28]. Außerdem kam es in den Jahren 1860 bis 1874 zu einer ersten kleineren, ab 1885 dann – mit dem Auslaufen der ersten Konzessionsverträge – zu einer zweiten Kommunalisierungswelle[29]. Die Gründe für die Überführung der Gasversorgung in die Hand der Kommunen waren mehrschichtig. Es bestand Unzufriedenheit mit der Wahrnehmung der Versorgung durch die privaten Unternehmen, anfangs in Bezug auf die Gasqualität, dann vor allem in Bezug auf die Ausdehnung des Versorgungsgebiets, nötige technische Verbesserungen und Erweiterungen sowie die Preisgestaltung. Es spielten aber auch, insbesondere in der zweiten Kommunalisierungsphase, fiskalische Aspekte eine Rolle. Angesichts der inzwischen stabilen, hohen Gewinne der Unternehmen, die im übrigen eine liberale Monopolfeindlichkeit und die Kommunalisierungsneigung nährten, schien der kommunale Regiebetrieb nunmehr wenig risikoträchtig und versprach eine höhere Einnahme für den städtischen Haushalt als die angebotene Gewinnbeteiligung durch Konzessionsabgaben bei privatem Betrieb. Ging es bei der Verwendung der Mittel anfangs noch stärker um Versorgungsverbesserung und -verbilligung, dominierte zunehmend die Gewinnerzielungsabsicht, um angesichts wachsender Gemeindeausgaben Gemeindesteuersteigerungen zu vermeiden[30].

Nicht zuletzt die ausgebaute und bewährte, durch – mitunter auch insoweit erfolgreich entgegengehaltene – Monopolrechte geschützte[31] Gasversorgung hatte die Entwicklung der Elektrizitätsversorgung gehemmt[32]. Nachdem zuvor bereits eigene Stromerzeugungsanlagen einzelner Industrieunternehmen und 1882 in Stuttgart sowie 1884 in Berlin die ersten, von privaten Gesellschaften betriebenen Blockanlagen erstellt worden waren, entstanden

---

[27] *Brunckhorst*, Kommunalisierung im 19. Jahrhundert, S. 22.

[28] *Brunckhorst*, Kommunalisierung im 19. Jahrhundert, S. 25.

[29] *Krabbe*, Kommunalpolitik und Industrialisierung, S. 46. Vgl. auch *Brunckhorst*, Kommunalisierung im 19. Jahrhundert, S. 25 ff.

[30] *Krabbe*, GWU 30 (1979), 265 (272, 275). Vgl. im einzelnen *Brunckhorst*, Kommunalisierung im 19. Jahrhundert, S. 116 ff., 160 ff., 211 ff.

[31] Vgl. *Brunckhorst*, Kommunalisierung im 19. Jahrhundert, S. 142 ff.

[32] *Wessel*, in: Wysocki (Hrsg.), Kommunalisierung im Spannungsfeld von Regulierung und Deregulierung im 19. und 20. Jahrhundert, S. 49 (77).

1885 in Metz und 1886 in Berlin die ersten zentralen Elektrizitätswerke zur Versorgung eines größeren, vernetzten Gebietes[33]. Diese ersten, privaten Anlagen arbeiteten auf der Grundlage von Konzessionsverträgen mit den Gemeinden, so erstmalig geschlossen zwischen der Stadt Berlin und der Deutschen Edison-Gesellschaft für angewandte Elektrizität im Jahr 1884[34]. Zunehmend erfolgte die Versorgung dann durch eigene Werke der Gemeinden, erstmals errichtet 1887 in Lübeck und Elberfeld, 1888 in Bremen und Darmstadt[35]. Eine wichtige Verstärkung der kommunalen Elektrizitätsversorgung bedeutete in den beiden Jahrzehnten um die Jahrhundertwende die Elektrifizierung des städtischen Nahverkehrs. Die seit den 60er Jahren – privatwirtschaftlich – betriebenen Pferdebahnen wurden in den Städten insbesondere in diesen Jahren von der elektrischen Straßenbahn abgelöst, weil die Kommunen darin ein wichtiges Instrument der Stadtentwicklung, insbesondere der Stadterweiterung, erkannten. Etwa seit Ende des 19. bzw. Beginn des 20. Jahrhunderts setzte zum Teil die überregionale Erzeugung und Belieferung der Kommunen ein[36], beispielhaft durch die 1898 gegründete, gemischtwirtschaftliche »Rheinisch-Westfälische Elektrizitätswerk AG (RWE)«[37]. Nachdem die technischen Voraussetzungen für den Bau von Überlandzentralen und den Stromtransport über große Strecken geschaffen waren, begann seit der Jahrhundertwende auch die Stromversorgung der kleinen Städte und des flachen Landes, an der sich sowohl genossenschaftliche Versorgungsunternehmen wie auch Städte, die sie umgebende Landkreise versorgten, und auch private Unternehmen beteiligten[38].

Der städtische Personennahverkehr blieb im übrigen zunächst überwiegend in privater Hand. Seine Entwicklung hatte, nachdem es zuvor schon Omnibusbetrieb gab, mit privat betriebenen Pferdestraßenbahnen begonnen, zuerst 1865 in Berlin, wo auch 1881 die erste – ebenfalls private – elektrische Straßenbahn den Betrieb aufnahm. Im Jahr 1893 gab es in Deutschland erst 3 kommunale Straßenbahnen und 1899/1900 erst 19. Erst mit Beginn des neuen Jahrhunderts kam es vermehrt zu Kommunalisierungsmaßnahmen, doch verfügte auch um die Mitte des ersten Jahrzehnts des neuen Jahrhunderts nur die Hälfte der größeren deutschen Städte über Straßenbahn-Regiebetriebe, und

---

33 *Evers*, Das Recht der Energieversorgung, S. 23.

34 *Wieland*, Die Konzessionsabgaben, S. 80.

35 *Ambrosius*, Der Staat als Unternehmer, S. 45 f.; *Evers*, Das Recht der Energieversorgung, S. 25.

36 *Brunckhorst*, Kommunalisierung im 19. Jahrhundert, S. 7 f.; *Klein*, Die Teilnahme des Staates am wirtschaftlichen Wettbewerb, S. 61.

37 *Löwer*, Energieversorgung zwischen Staat, Gemeinde und Wirtschaft, S. 37.

38 *Evers*, Das Recht der Energieversorgung, S. 25.

noch 1913 war gut die Hälfte der vorhandenen Straßenbahnen in privater Hand. Immerhin bemühten sich die Städte mit dem Mittel des Konzessionsvertrages um Einfluß auf die Betriebssicherheit, die Tarifgestaltung, die Linienführung (und ihre Erweiterung) und die Wagenfolge[39].

In den Jahren vor Ausbruch des Ersten Weltkrieges war – wie am Beispiel der im Rahmen dieser Untersuchung besonders interessierenden Stromversorgung resümiert werden kann – das Modell kommunaler Daseinsvorsorge grundgelegt. Im Jahr 1913 war keine Stadt mehr ohne elektrische Versorgung, und rund 75 % der Bevölkerung konnte Strom beziehen[40]. Soweit die Versorgung durch private Unternehmen erfolgte, zeigen die zugrunde liegenden Konzessionsverträge – nachdem frühere Verträge mit Gasunternehmen im Hinblick auf Laufzeit, Erweiterungen des Versorgungsgebiets, Endschaftsregelungen, Gewinnbeteiligung über Konzessionsabgaben etc. mangelhaft gewesen waren und zahlreiche, die Kommunalisierungsneigung fördernde Streitigkeiten ausgelöst hatten[41] – die gewachsene Erfahrung der Städte, die nun vorteilhaftere Konditionen aushandeln konnten[42]. Es bestand aber – schneller als etwa in der Gasversorgung – eine Tendenz zur kommunalen Eigenwahrnehmung. Die Erzeugung von Elektrizität lag 1913 zu 40 % in öffentlicher Hand, wovon 94 % auf Kommunen entfielen, daneben zu 17 % bei gemischtwirtschaftlichen und zu 43 % bei privaten Unternehmen[43]. Die Motive der Kommunalisierung lagen auf verschiedenen Ebenen. Einerseits waren fiskalische Gesichtspunkte von wesentlicher Bedeutung[44], wobei die gewachsene Erfahrung der Kommunen in der Führung eigener Betriebe und der Lernprozeß in der Übernahme unternehmerischer Verhaltensweisen eine wichtige Rolle spielten[45]. Die gemeindliche Wirtschaftsbetätigung auch in der zumeist als rentabel geltenden Elektrizitätsversorgung war andererseits nicht rein erwerbswirtschaftlich orientiert; vielmehr spielten das Motiv der Vermeidung von Konflikten mit einem privaten Monopolunternehmen und darüber hinaus sozial-, wirtschafts- und stadtentwicklungspolitische Absichten eine

---

[39] Vgl. *Hofmann*, in: Jeserich u.a. (Hrsg.), Deutsche Verwaltungsgeschichte, Bd. 3, S. 578 (594); *Stern/Püttner*, Die Gemeindewirtschaft, S. 24.

[40] *Wessel*, in: Wysocki (Hrsg.), Kommunalisierung im Spannungsfeld von Regulierung und Deregulierung im 19. und 20. Jahrhundert, S. 49 (78); vgl. auch *Löwer*, Energieversorgung zwischen Staat, Gemeinde und Wirtschaft, S. 36.

[41] *Krabbe*, Kommunalpolitik und Industrialisierung, S. 43 f.

[42] *Krabbe*, Kommunalpolitik und Industrialisierung, S. 55.

[43] *Evers*, Das Recht der Energieversorgung, S. 26.

[44] Nach *Stern/Püttner*, Die Gemeindewirtschaft, S. 27, machten die Einnahmen aus den wirtschaftlichen Unternehmen vor dem Ersten Weltkrieg meist 10 bis 20, z.T. 30 % der Gemeindeeinnahmen aus.

[45] *Ambrosius*, in: Pohl (Hrsg.), Kommunale Unternehmen, S. 125 (128); *Brunckhorst*, Kommunalisierung im 19. Jahrhundert, S. 10.

wichtige Rolle[46]. Auch bei dem Elektrizitätswerk als einem rentablen Gewerbebetrieb stellte die Versorgungsfunktion wohl das primäre Ziel dar. Konflikte mit privaten Betreibern um Aspekte des gemeinwohlgerechten Leistungsangebots, z.B. die Tarifgestaltung oder Erweiterungen des Versorgungsgebiets, hatten die Kommunalisierung maßgeblich gefördert. Hierin spiegelt sich der Wandel in der Auffassung von den kommunalen Aufgaben hin zu wirtschaftlichen und sozialen Funktionen in der Erfüllung der Bedürfnisse von Bevölkerung und Wirtschaft[47].

2. Die Kommunalwirtschaft in der staatlichen Rechtsordnung

Die einheitlich-genossenschaftliche Gemeindekonzeption des Mittelalters, nach der polizeiliche Zwecke (Feuerschutz, Nachtwachen etc.), soziale Zwekke (Kranken-, Armenfürsorge etc.) und wirtschaftliche Zwecke (Lagerhäuser, Märkte, Bergwerke etc.) in der einheitlichen Kompetenz der Gemeinde lagen, entfiel – im Polizeistaat des Absolutismus ausgehöhlt – durch die kommunalverfassungsrechtliche Entwicklung des 19. Jahrhunderts. Statt dessen trat eine Funktionstrennung ein, indem die Gemeinde einerseits an der staatlichen Hoheitsverwaltung beteiligt wurde und ihr andererseits nicht-staatliche, privatrechtliche oder gesellschaftliche Betätigungsfelder eröffnet wurden[48]. Diese Unterscheidung zwischen verschiedenen Funktionsbereichen prägte auch die Ansätze zur rechtlichen Erfassung der neu sich entwickelnden Kommunalwirtschaft im 19. Jahrhundert, die freilich sowohl auf der Ebene der Gesetzgebung als auch auf der der Rechtsdogmatik bruchstückhaft blieb[49].

a. Die Entwicklung der örtlichen Daseinsvorsorge zur kommunalen Selbstverwaltungsaufgabe

Die seit Beginn des 19. Jahrhunderts, beginnend mit der Preußischen Städteordnung von 1808, neu erlassenen Verfassungen, Städte- und Gemeindeord-

---

[46] *Krabbe*, GWU 30 (1979), 265 (275); *ders.*, Kommunalpolitik und Industrialisierung, S. 57.

[47] *Hofmann*, in: HKWP I, S. 71 (79); *Krabbe*, GWU 30 (1979), 265 (274). Nach *Hofmann*, in: Jeserich u.a. (Hrsg.), Deutsche Verwaltungsgeschichte, Bd. 3, S. 578 (586), machten sich selbst liberal-konservative Kommunalpolitiker vorsichtig den von den Fabianern in England entwickelten, in Deutschland übernommenen Begriff des Munizipalsozialismus zu eigen.

[48] *Ambrosius*, in: Wysocki (Hrsg.), Kommunalisierung im Spannungsfeld von Regulierung und Deregulierung im 19. und 20. Jahrhundert, S. 141 (146); *Krabbe*, Kommunalpolitik und Industrialisierung, S. 19.

[49] *Köttgen*, in: Festschrift zum hundertjährigen Bestehen des DJT I, S. 577 (577 f.).

nungen enthielten noch keine Regelungen der sich entwickelnden Daseinsvorsorgeaktivitäten der Städte. Wohl fanden sich Regelungen der überkommenen, sozial motivierten gemeindlichen Einrichtungen und des Benutzungsrechts der Bürger bzw. Einwohner[50]; die späteren wirtschaftlichen Betätigungen etwa in der Wasser- oder Energieversorgung konnten noch keine Berücksichtigung finden, wurden weder besonders anerkannt noch beschränkt[51]. Im wesentlichen zwei einander ergänzende rechtliche Entwicklungen gaben die allgemeine Grundlage dafür ab, daß die Städte in eigener Verantwortung diese neuartigen öffentlichen Dienstleistungen aufbauen konnten.

Die eine liegt in dem allmählichen Schwinden der staatlichen Polizeigewalt über die kommunalen Anstalten. Die Städte- und Gemeindeordnungen, so etwa die Preußische Städteordnung von 1808 in ihren §§ 167, 168, unterstellten die kommunale Betätigung in Angelegenheiten der Ortspolizei der staatlichen Polizeigewalt. Der Polizeibegriff umfaßte dabei über die bloße Gefahrenabwehr hinaus auch den Komplex wohlfahrtsfördernder Staatstätigkeit und erstreckte sich folgerichtig auch auf das kommunale Anstaltswesen; Feuerschutz, Straßenbeleuchtung, Kanalisation, Schlachthäuser, Brunnen usw. galten als polizeiliche Gemeindeanstalten[52]. So war anfänglich auch die Errichtung von Gas- und Wasserwerken polizeilich inspiriert: In verschiedenen Städten war es die staatliche Polizeiverwaltung, die auf die Installierung einer Gas-Straßenbeleuchtung drängte[53]; in Berlin schloß der Polizeipräsident – aus Erwägungen des Feuerschutzes und der Straßenreinigung – im Namen des preußischen Staates 1852 mit einem englischen Unternehmen einen Vertrag über die Errichtung eines Wasserwerks, das dann 1873 kommunalisiert wurde[54]. Kennzeichnend ist, daß in Preußen § 6 des Polizeiverwaltungsgesetzes vom 11. März 1850[55] die Grundlage für die Begründung eines Anschluß- und

---

[50] Vgl. *Scholz*, Das Wesen und die Entwicklung der gemeindlichen öffentlichen Einrichtungen, S. 72 Anm. 102, zum Benutzungsrecht der Bürger; *Stern/Püttner*, Die Gemeindewirtschaft, S. 15 (mit Fn. 39). Vgl. etwa § 2 Abs. 3 Landgemeindeordnung für Westfalen vom 19. März 1856 (GS S. 256).

[51] *Stern*, AfK 1964, 81 (83).

[52] *Scholz*, Das Wesen und die Entwicklung der gemeindlichen öffentlichen Einrichtungen, S. 64 f.

[53] *Baar*, in: Wysocki (Hrsg.), Kommunalisierung im Spannungsfeld von Regulierung und Deregulierung im 19. und 20. Jahrhundert, S. 165 (167), zur Berliner Gasversorgung; *Brunckhorst*, Kommunalisierung im 19. Jahrhundert, S. 57 ff.; *Hofmann*, in: Jeserich u.a. (Hrsg.), Deutsche Verwaltungsgeschichte, Bd. 3, S. 578 (587 f.); *Krabbe*, Kommunalpolitik und Industrialisierung, S. 41; *Wessel*, in: Wysocki (Hrsg.), Kommunalisierung im Spannungsfeld von Regulierung und Deregulierung im 19. und 20. Jahrhundert, S. 49 (66), in Bezug auf Köln.

[54] *Wessel*, in: Wysocki (Hrsg.), Kommunalisierung im Spannungsfeld von Regulierung und Deregulierung im 19. und 20. Jahrhundert, S. 49 (55 f.).

[55] GS S. 265.

Benutzungszwangs für gemeindliche Anlagen und Anstalten schuf, deren Benutzung im polizeilichen Interesse erforderlich war, z.B. die Wasserversorgung oder die Kanalisation[56]. Ansätze dazu, die gemeindliche Wohlfahrtspflege und die ihr dienenden Gemeindeanstalten ein Stück weit dem staatlichen Zugriff zu entziehen, zeigten sich in der Rechtsprechung des Preußischen Oberverwaltungsgerichts[57]. Das Kreuzberg-Urteil aus dem Jahr 1882[58], das den materiellen Polizeibegriff inhaltlich durch Eliminierung der Wohlfahrtspflege auf die Gefahrenabwehr verengte, gab die Grundlage dafür, die staatliche Polizeiaufsicht entscheidend zurückzudrängen und damit zugleich das kommunale Engagement zu einem rechtlich selbständigen werden zu lassen[59]. Allerdings galten in Rechtsprechung und Rechtslehre auch danach noch einzelne Anstalten wie etwa die Kanalisation oder die Müllabfuhr als polizeiliche Gemeindeanstalten, deren Herstellung und Benutzung als vorwiegend im polizeilichen Interesse geboten schien und zu deren Erhaltung in polizeigemäßem Zustand die Gemeinde von der Polizeiverwaltung verpflichtet werden konnte[60]. Gemeindeanstalten mit Anschluß- und Benutzungszwang mußten in Preußen – wie auch in den meisten anderen Ländern – weiterhin ihre rechtliche Grundlage in einer Verbindung von Ortsstatut, also gemeindlicher Satzung, und Polizeiverordnung haben[61].

Dem allmählichen Weichen polizeistaatlicher Ingerenz korrespondierte die rechtliche Anerkennung der Allzuständigkeit der Gemeinden für die örtlichen Angelegenheiten. Sie war bereits in § 108 der Preußischen Städteordnung von 1808 angesprochen. Später fand sie in der Rechtsprechung des Preußischen Oberverwaltungsgerichts weitere Absicherung[62]. Das Gericht anerkannte – auch ohne ausdrückliche Bestimmung im anzuwendenden preußischen Recht – als einen Satz des gemeinen deutschen Rechts, daß es die rechtliche Bestimmung der Gemeinde sei, alle Beziehungen des öffentlichen Lebens, soweit sie die örtliche Gemeinschaft betreffen, in sich aufzunehmen und

---

56 *Stern/Püttner*, Die Gemeindewirtschaft, S. 17 f.

57 PrOVGE 7, 354 (359); 12, 382 (386 f.); 23, 87 (103).

58 PrOVGE 9, 353.

59 Vgl. *Scholz*, Das Wesen und die Entwicklung der gemeindlichen öffentlichen Einrichtungen, S. 65 ff., der hierin sogar die entscheidende Voraussetzung für die Entfaltung der gemeindlichen Aktivitäten gegen Ende des Jahrhunderts sieht; vgl. dazu weiter *Gröttrup*, Die kommunale Leistungsverwaltung, S. 37 f., der mit Recht die These kritisiert, erst diese Befreiung von polizeilicher Kuratel habe in den Gemeinden die Entfaltung ihrer Aktivitäten ermöglicht.

60 Vgl. *Buck*, in: Stier-Somlo (Hrsg.), Handbuch des kommunalen Verfassungs- und Verwaltungsrechts in Preußen, Zweiter Band, II. Hauptteil, S. 129 f.

61 *Buck*, in: Stier-Somlo (Hrsg.), Handbuch des kommunalen Verfassungs- und Verwaltungsrechts in Preußen, Zweiter Band, II. Hauptteil, S. 131.

62 *Hofmann*, in: HKWP I, S. 71 (79).

der freien Selbstverwaltung des Volkes zuzuführen; sie dürfe alles in den Bereich ihrer Wirksamkeit ziehen, was die Wohlfahrt des Ganzen, die materiellen Interessen und die geistige Entwicklung der Einzelnen fördert[63]. Dies erlaubte den Gemeinden – unter der allgemeinen Staatsaufsicht über die Kommunen – den Ausgriff auf neue, örtlich radizierbare Aufgaben und ermöglichte so auch die Wahrnehmung neuer Aufgaben der örtlichen Daseinsvorsorge[64]. Die kommunalwirtschaftlichen Betätigungen, z.B. die Errichtung städtischer Gas- oder Elektrizitätswerke, bedurften deshalb als solche in kommunalrechtlicher Hinsicht keiner Genehmigung. Allerdings war zumeist die Genehmigung der Aufsichtsbehörde für die Finanzierung durch Anleihen oder sonstige Einzelakte erforderlich[65]; in der Anfangsphase – wie in der Gasversorgung zu belegen ist – verhinderte die Verweigerung der Genehmigung wegen fiskalischer Bedenken manche kommunale Betätigung[66], während für die spätere Kommunalisierungsphase das nicht mehr gilt[67].

b. Spezielle staatliche Regelungen einzelner Betätigungen

Einzelne der neuen Betätigungsfelder der Kommunen fanden als solche besondere Berücksichtigung in der Rechtsordnung. Das gilt recht früh schon für das kommunale Sparkassenwesen: In Preußen kam es bereits durch die Allerhöchste Kabinettsorder vom 28. Juni 1826 zu gewissen Privilegierungen der kommunalen Pfandleihämter[68], und 1838 erging das Preußische Sparkassenreglement, das die organisatorischen und geschäftlichen Grundlagen für die Errichtung und die Verwaltung von Sparkassen, insbesondere die Staatsaufsicht, regelte[69]; 1880 folgte das Großherzogtum Baden mit dem ersten umfassenden Sparkassengesetz, und mit dem Scheckgesetz von 1908 fand der Weg der Sparkassen zur Teilnahme am allgemeinen Bankverkehr seinen Abschluß[70]. Ab 1862 ergingen in den Ländern Wassergesetze, die sich im einzelnen deutlich unterschieden, insgesamt jedoch die gemeindliche Kompetenz

---

63 Vgl. PrOVGE 2, 186 (190); OVGE 12, 155 (158); 14, 76 (86 f.).

64 Vgl. dazu zeitgenössisch *Buck*, in: Stier-Somlo (Hrsg.), Handbuch des kommunalen Verfassungs- und Verwaltungsrechts in Preußen, Zweiter Band, II. Hauptteil, S. 126 f., 198; *Genzmer*, AöR 25 (1909), 161 (180 ff.).

65 *Stern/Püttner*, Die Gemeindewirtschaft, S. 21.

66 Vgl. *Brunckhorst*, Kommunalisierung im 19. Jahrhundert, S. 59 f.

67 *Brunckhorst*, Kommunalisierung im 19. Jahrhundert, S. 66.

68 *Stern/Püttner*, Die Gemeindewirtschaft, S. 14.

69 GS 1839 S. 5. Vgl. dazu *Ambrosius*, Der Staat als Unternehmer, S. 49; *Stern*, AfK 1964, 81 (82).

70 *Himmelmann*, in: Brede/v. Loesch (Hrsg.), Unternehmen der öffentlichen Wirtschaft in der Bundesrepublik Deutschland, S. 31 (40).

für die Wasserversorgung festschrieben[71]. Ab 1868 gab es in Preußen – andere Länder folgten – eine gesetzliche Ermächtigung an die Städte, durch Ortsstatut mit Schlachthaus- und Beschauzwang ausgestattete Anstalten ins Leben zu rufen; das war die rechtliche Grundlage für den Ausbau des – seit dem Anfang des Jahrhunderts niedergegangenen – gemeindlichen Schlachthauswesens[72].

Die neuen daseinsvorsorgenden Tätigkeiten der Städte, die sich aus der privaten Wirtschaftsbetätigung heraus in deren rechtlichen Raum entwickelten, aber blieben im wesentlichen ohne besondere staatliche Regelung. Insbesondere für den wichtigen Sektor der Energiewirtschaft gab es – abgesehen von einigen speziellen Sicherheitsvorschriften – keine besonderen Regelungen[73]. Erst mit dem Entstehen der Überlandversorgung wuchs in den Ländern – mit inhaltlich teils entgegengesetzter, mal kommunal-, mal zentralisierungsfreundlicher Zielsetzung – das Regulierungsinteresse, ohne daß es aber vor dem Weltkrieg noch zu gesetzgeberischen Maßnahmen gekommen wäre[74].

c. Die Gemeindebetriebe im Steuerrecht

Anders als die Frage der Besteuerung der Betriebe des Reichs durch Länder und Gemeinden, die praktische Unsicherheiten, gerichtliche Streitigkeiten und staatsrechtliche Erörterungen über die Vereinbarkeit mit der Einheit der juristischen Person des öffentlichen Rechts und der Souveränität des Reichs auslöste[75] und schließlich ihre Regelung im Reichsbesteuerungsgesetz vom 15. April 1911[76] fand, gewann die Frage nach der Besteuerung der Gemeindebetriebe bis zum Ersten Weltkrieg kein größeres Gewicht. Die Reichssteuern waren für die Gemeindebetriebe schon tatbestandlich ohne wesentliche Bedeutung[77]. Auf der Länderebene war die Besteuerung der Gemeindebetriebe

---

[71] *Wessel*, in: Wysocki (Hrsg.), Kommunalisierung im Spannungsfeld von Regulierung und Deregulierung im 19. und 20. Jahrhundert, S. 49 (63).

[72] *Krabbe*, GWU 30 (1979), 265 (277); *ders.*, Kommunalpolitik und Industrialisierung, S. 37.

[73] *Evers*, Das Recht der Energieversorgung, S. 31 f.

[74] Vgl. *Löwer*, Energieversorgung zwischen Staat, Gemeinde und Wirtschaft, S. 39 ff.

[75] Vgl. *Louis*, Die Besteuerung der öffentlichen Unternehmen und Einrichtungen der Daseinsvorsorge, S. 21 ff.; *Müller-Werth*, Entwicklung und Grundgedanken der Gegenseitigkeitsbesteuerung, S. 4 ff.; *Schmölder*, in: Ritschl, Die Besteuerung der öffentlichen Unternehmen, Anhang, S. 63 (65).

[76] RGBl. S. 187. Vgl. dazu *Müller-Werth*, Entwicklung und Grundgedanken der Gegenseitigkeitsbesteuerung, S. 17 ff.

[77] *Müller-Werth*, Entwicklung und Grundgedanken der Gegenseitigkeitsbesteuerung, S. 15; *Püttner*, Das Recht der kommunalen Energieversorgung, S. 220.

im einzelnen sehr vielgestaltig geregelt[78]. Es dominierte für die Besteuerungsfrage die Betrachtung der Gemeindebetriebe als Teil der Gemeindeverwaltung, wofür sowohl ihre übliche Organisationsform als unselbständiger Regiebetrieb wie auch ihre – als interventionistisch und nicht als erwerbswirtschaftlich angesehene – Funktion eine Grundlage gaben; noch spielte deshalb, zumal die Gemeindebetriebe meist eine gewisse Monopolstellung innehatten, ein Konkurrenzverhältnis zur Privatwirtschaft für ihre Besteuerung keine große Rolle[79]. Im Ergebnis blieben deshalb die gemeindlichen Unternehmungen in dieser Zeit zumeist und weitgehend steuerfrei[80]; vielmehr war ihnen kommunalrechtlich aufgegeben, durch Gewinnabführung den gemeindlichen Haushalt zu stärken und so die Erhebung von Gemeindesteuern zu mindern[81]. Erst zur Jahrhundertwende hin zeigen sich Ansätze dazu, die Gemeindebetriebe steuerlich besonders zu berücksichtigen, dabei zwischen ihren verschiedenen Tätigkeitsbereichen zu differenzieren und sie nicht mehr insgesamt von der Besteuerung freizuhalten.

d. Die Regelung des Benutzungsverhältnisses

Da hier vornehmlich das Verhältnis von Kommune und Staat interessiert, bedarf es keiner besonderen Vertiefung jener Rechtsprobleme, die die neu entstandenen gemeindlichen Einrichtungen und Betriebe im Verhältnis von Kommune und Gemeindeangehörigen aufwarfen. Die rechtliche Einordnung bereitete Rechtsprechung und Rechtslehre insoweit, namentlich im Zusammenhang mit den Fragen nach der Reichweite des Benutzungsrechts und der Art des zu erbringenden Entgelts, erhebliche Probleme[82]. Nach dem damaligem Verständnis der Abgrenzung von öffentlichem und Privatrecht war die öffentlich-rechtliche Qualifizierung klar, wo ein Benutzungszwang vorgesehen war; das galt für die Schlachthäuser, wo die erwähnten Gesetze wie das Preußische Schlachthausgesetz Benutzungszwang und Gebührenerhebung regelten, und auch für die mit Anschluß- und Benutzungszwang betriebene

---

[78] Vgl. den Überblick bei *Schmölder*, in: Ritschl, Die Besteuerung der öffentlichen Unternehmen, Anhang, S. 63 (66 ff.).

[79] Vgl. *Püttner*, Das Recht der kommunalen Energieversorgung, S. 220; *Schmölder*, in: Ritschl, Die Besteuerung der öffentlichen Unternehmen, Anhang, S. 63 (68).

[80] *Püttner*, Das Recht der kommunalen Energieversorgung, S. 220.

[81] *Püttner*, Das Recht der kommunalen Energieversorgung, S. 220, unter Hinweis auf §§ 2, 3 PreußKAG vom 14. Juli 1893 (GS S. 152), § 73 Badische Städteordnung vom 24. Juni 1874 (GVBl. S. 337) und § 73 Badische Gemeindeordnung i.d.F. vom 14. August 1896 (GVBl. S. 261).

[82] Vgl. *Gröttrup*, Die kommunale Leistungsverwaltung, S. 39 f.; *Rüfner*, Formen öffentlicher Verwaltung im Bereich der Wirtschaft, S. 100 ff.

Kanalisation sowie Straßenreinigung und Müllabfuhr. Im übrigen aber blieb die für diese Rechtsfragen maßgebliche Abgrenzung zwischen öffentlichen Gemeindeanstalten und gemeindlichen Privatanstalten oder gewerblichen Unternehmen, bei der vor allem auf die Gewinnerzielungsabsicht abgestellt wurde, in ihren rechtlichen Maßstäben unsicher und darüber hinaus einzelfallabhängig, weil den Kommunen, selbst bei der Ausgestaltung des Benutzungsverhältnisses einer Anstalt gegenüber verschiedenen Nutzern, etwa in verschiedenen Stadtbezirken, ein Wahlrecht zugestanden wurde[83]. Selbst bei den Wasserwerken, die gemeinhin zu den öffentlichen Gemeindeanstalten gezählt werden[84], eröffnete das Preußische Oberverwaltungsgericht den Kommunen auch die Möglichkeit der privatrechtlich-gewerblichen Gestaltung[85]. Die kommunalen Gaswerke wie auch die Elektrizitätswerke und Straßenbahnen wurden als rentabel arbeitende Betriebe regelmäßig den privaten Gemeindeanstalten zugerechnet[86].

Insbesondere die Unübersichtlichkeit der Entgeltregelung wurde schon seit Mitte der 1860er Jahre als problematisch erkannt[87]. Die einsetzenden Reformbestrebungen führten, nachdem in Gemeindeordnungen anderer Länder bereits früher Rechtsgrundlagen für die Gebührenerhebung geschaffen worden waren[88], in Preußen zunächst 1891 zu einer Regelung in der Landgemeindeordnung für die sieben östlichen Provinzen und dann 1893 – im Rahmen der Miquelschen Reform – zum Erlaß des Preußischen Kommunalabgabengesetzes (KAG)[89]. Es unterschied zwischen den »gewerblichen Unternehmungen der Gemeinden«, deren Betrieb auch einem öffentlichen Zweck sollte dienen dürfen, jedoch regelmäßig gewinnbringend zu sein hatte (§ 3 KAG), und den »im öffentlichen Interesse unterhaltenen Veranstaltungen (Anlagen, Anstalten und Einrichtungen)«; die Kommunen wurden ermächtigt, für deren Nutzung kostendeckende Gebühren zu erheben (§ 4 KAG). Die Neuregelung brachte zwar keine generelle Klärung des Entgeltproblems zugunsten öffent-

---

83 PrOVGE 45, 155 (159 ff.); vgl. überblicksweise *Buck*, in: Stier-Somlo (Hrsg.), Handbuch des kommunalen Verfassungs- und Verwaltungsrechts in Preußen, Zweiter Band, II. Hauptteil, S. 127 ff.

84 *Krabbe*, GWU 30 (1979), 265 (270), der daneben die Kanalisation und die Straßenreinigung als typische Beispiele nennt.

85 PrOVGE 52, 28.

86 *Krabbe*, GWU 30 (1979), 265 (270); vgl. PrOVGE 20, 22 (23 ff.), wo eine Gasanstalt – freilich unter Abstellen auf die konkrete Ausgestaltung – nicht als öffentliche Gemeindeanstalt mit Benutzungsrecht der Einwohner, sondern als Privatunternehmen qualifiziert wird.

87 *Gröttrup*, Die kommunale Leistungsverwaltung, S. 40.

88 Vgl. *Rüfner*, Formen öffentlicher Verwaltung im Bereich der Wirtschaft, S. 100 f. m.w.N.

89 GS S. 152.

lich-rechtlich verfaßter Gebühren für die Inanspruchnahme öffentlicher Gemeindeanstalten, da weiter auch öffentliche Gemeindeanstalten mit privatrechtlicher Nutzungs- und Entgeltregelung zulässig blieben[90]. Für das Verhältnis der Gemeinde zum Staat bedeutsam ist aber, daß das KAG erstmals den Rechtsbegriff der »gewerblichen Unternehmungen der Gemeinde« im Unterschied zu den Anlagen, Anstalten und Einrichtungen in die staatliche Rechtsordnung einführte. Es folgte Art. 126 der Württembergischen Gemeindeordnung vom 28. Juli 1906[91], der von den »wirtschaftlichen Unternehmungen« der Gemeinden handelte. Mit der Etablierung dieses Rechtsbegriffs im deutschen Kommunalwirtschaftsrecht gegen Ende des Jahrhunderts fand die – über die Wirtschaftspflege und -förderung hinausgehende – gemeindliche Eigenwirtschaft gesetzliche Anerkennung[92].

II. Die Weimarer Republik und das Dritte Reich

In der Periode zwischen den beiden Weltkriegen erfuhr die Kommunalwirtschaft einen weiteren Ausbau, jedoch keine grundlegende Veränderung mehr. Während sie sich aber im Kaiserreich anders als die Staatswirtschaft von Kritik weitgehend unbehelligt, auch von liberal-konservativen Rathausmehrheiten getragen, hatte etablieren können, wurde im weiteren Verlauf nun auch sie Gegenstand der politischen Auseinandersetzung, in der sich insbesondere Interessenverbände der Wirtschaft und der Städte gegenüberstanden[93], und verstärkter gesetzlicher Regelung.

1. Die Entwicklung der Gemeindewirtschaft nach dem Ersten Weltkrieg

a. Die Weimarer Republik

Während des Krieges waren den Gemeinden neue Aufgaben etwa in der Familienfürsorge für die Eingezogenen, Fürsorge für die Hinterbliebenen der Gefallenen, Bekleidungs-, Wohnungs- und Lebensmittelversorgung zugewachsen. Die Folgen dieser Kriegswirtschaft reichten zwar teils noch über das Kriegsende hinaus und haben mit beigetragen zu einem weiteren Ausbau der

---

[90] *Gröttrup*, Die kommunale Leistungsverwaltung, S. 41.
[91] RegBl. S. 323.
[92] Vgl. dazu RGZ 99, 96 (100); *Stern*, AfK 1964, 81 (83 f.).
[93] Vgl. *Böhret*, Aktionen gegen die »kalte Sozialisierung« 1926 – 1930, sowie *Stern/Püttner*, Die Gemeindewirtschaft, S. 28 ff.

Kommunalwirtschaft[94], diese in ihrer weiteren Entwicklung zwischen den beiden Weltkriegen aber doch nicht grundlegend beeinflußt[95]. Nachdem der Krieg und die revolutionäre Nachkriegsphase vorüber waren, knüpfte die kommunale Wirtschaftstätigkeit im wesentlichen an die Jahre vor 1914 an. Der Schwerpunkt der Aktivitäten galt der sozialen Vorsorge und Infrastrukturverbesserungen für die private Wirtschaft[96]. Die Kommunen kümmerten sich weiter um die traditionellen Aufgabenfelder der Wasser-, Gas- und Stromversorgung sowie des Personennahverkehrs, daneben verstärkt um Häfen und Lagerhäuser, Märkte und Markthallen, Straßenreinigung und Müllabfuhr etc.[97]. Eine wesentliche Vermehrung ihres Anteils an der Erbringung dieser Leistungen gab es nicht mehr[98]. Insbesondere im Wohnungsbau, wo es vor dem Ersten Weltkrieg nur zurückhaltende Ansätze etwa bei Dienstwohnungen gegeben hatte, allerdings wuchs das kommunale Engagement deutlich[99]. Wohl das einzige in dieser Zeit dauerhaft neu eröffnete kommunale Aufgabenfeld stellt der Betrieb von Flughäfen dar[100].

Die Gemeindewirtschaft der Weimarer Zeit stand unter den Vorzeichen einer schwierigen Finanzlage der Städte, die nicht zuletzt auf die Folgen der Erzbergerschen Finanzreform von 1920 zurückging, die die Steuerhoheit der Kommunen durch die Beseitigung ihres Zuschlagrechts zur Einkommensteuer entscheidend schwächte und ihnen nur einen unzureichenden Finanzausgleich ließ[101]. Daraus folgte eine erhebliche Bedeutung der Einnahmen aus den Gewerbebetrieben für die Deckung der Gemeindehaushalte[102]. Viele Städte führten deshalb ihre Versorgungs- und Verkehrsunternehmen mit einer deutlichen Erwerbsorientierung, suchten also insbesondere im Interesse der Einnahmeverbesserung die Tarife hochzuhalten[103]. Außerdem gründen hierin die Ansätze zum Ausgreifen auf rein erwerbsorientierte Betätigungen, die die Kommunen – ohne daß eine generelle Ausdehnung auf eine kommunale Erwerbswirtschaft festgestellt werden könnte – unternommen haben, etwa durch die Gründung kommunaler Banken und insbesondere durch die Übernahme kommerzieller Randnutzungen z.B. im Bereich des Anschlagwesens,

---

[94] *Pohl*, in: ders. (Hrsg.), Kommunale Unternehmen, S. 1 (11).
[95] *Rebentisch*, in: HKWP I, S. 86 (94).
[96] *Rebentisch*, in: HKWP I, S. 86 (95).
[97] *Ambrosius*, Der Staat als Unternehmer, S. 69.
[98] *Stern/Püttner*, Die Gemeindewirtschaft, S. 30 f.
[99] *Pohl*, in: ders. (Hrsg.), Kommunale Unternehmen, S. 1 (11).
[100] *Stern/Püttner*, Die Gemeindewirtschaft, S. 30 Fn. 65.
[101] *Rebentisch*, in: HKWP I, S. 86 (90 f.).
[102] Vgl. dazu ausführlich *Ambrosius*, Die öffentliche Wirtschaft in der Weimarer Republik, S. 123 ff.
[103] *Rebentisch*, in: HKWP I, S. 86 (95); *Stern/Püttner*, Die Gemeindewirtschaft, S. 28.

die Übernahme stadtfremder Fuhraufträge, den Geräteverkauf durch Gas- und Elektrizitätswerke etc.; auch die Fortführung kriegswirtschaftlich begründeter Aktivitäten etwa in der Lebensmittelversorgung gehört in diesen Zusammenhang[104]. Insbesondere diese Aktivitäten außerhalb des traditionellen kommunalen Aufgabenkreises waren Gegenstand der Kritik von privatwirtschaftlicher Seite[105].

Mit Blick auf den Stromsektor hervorzuheben ist schließlich die sich verstärkende Tendenz zur überörtlichen Erzeugung und zur Konzentration in der Elektrizitätswirtschaft[106]. Kennzeichnend für die Entwicklung ist ein starker Verbrauchsanstieg und ein entsprechender Ausbau von Hoch- und Höchstspannungsleitungen, die zu Verbundsystemen zusammenwuchsen. Der für die nötige Kapazitätserweiterung erforderliche Kapitalbedarf führte in der Stromerzeugung zu einem Konzentrationsprozeß. Zwar war die öffentliche Hand mit einem Anteil von fast 80 % an der Stromerzeugung beteiligt, jedoch zu einem großen Teil durch Reichs- und Landesunternehmen[107]; der Konzentrationsprozeß zugunsten der großen Verbunderzeuger und zu Lasten der Kommunen wurde noch verstärkt, als in der Wirtschaftskrise ein starker Nachfragerückgang viele kommunale Elektrizitätswerke untergehen ließ[108].

b. Zur Entwicklung im Dritten Reich

Die Kommunalwirtschaft blieb als solche im Dritten Reich zunächst unangetastet. Die Jahre von 1934 bis 1939 brachten ihr sogar einen – nach dem Ersten Weltkrieg wegen der erwähnten fiskalischen Probleme bis dahin so nicht erlebten – Aufschwung[109]. Eine entscheidende Schwächung bewirkte dann jedoch die Schlechterstellung der Kommunen im Finanzausgleich angesichts der Priorität staatlicher Zielsetzungen der Autarkiepolitik und der Aufrüstung, die sich im Krieg noch verstärkte[110]. Der Zweite Weltkrieg führte die Kommunalwirtschaft zunächst in eine scharfe Beschränkung der Investitionsmöglichkeiten, dann in eine allgemeine Versorgungs- und Ertragsverschlechterung und am Ende in eine weitgehende Zerstörung der Anlagen[111].

---

104 *Stern/Püttner*, Die Gemeindewirtschaft, S. 27.

105 *Stern/Püttner*, Die Gemeindewirtschaft, S. 31.

106 Vgl. dazu *Gröner*, Die Ordnung der deutschen Elektrizitätswirtschaft, S. 51 f.; *Löwer*, Energieversorgung zwischen Staat, Gemeinde und Wirtschaft, S. 52 ff.

107 *Löwer*, Energieversorgung zwischen Staat, Gemeinde und Wirtschaft, S. 55.

108 *Hermes*, Staatliche Infrastrukturverantwortung, S. 288.

109 *Stern/Püttner*, Die Gemeindewirtschaft, S. 26.

110 *Matzerath*, in: HKWP I, S. 101 (111).

111 *Stern/Püttner*, Die Gemeindewirtschaft, S. 26.

Die Aufgabe der Kommunen verengte sich auf die Sicherstellung der Grundbedürfnisse der Bevölkerung[112].

2. Gesetzgeberische Restriktionen

Nach dem Ende des Ersten Weltkriegs mit seinen kriegswirtschaftlichen Reglementierungen und der unmittelbaren Nachkriegszeit, deren revolutionäre Sozialisierungs- bzw. Kommunalisierungsbestrebungen im Ergebnis folgenlos geblieben waren[113], hatte die kommunale Selbstverwaltung eine neue reichseinheitliche Grundlage in der Weimarer Reichsverfassung gefunden, die den Gemeinden und Gemeindeverbänden das Recht der Selbstverwaltung innerhalb der Schranken der Gesetze gewährte; auch in die neuen Länderverfassungen wurden ähnliche Garantien aufgenommen[114]. Das auf Carl Schmitt zurückgehende Verständnis des Art. 127 WRV als einer institutionellen Garantie[115] verhinderte zwar, daß es sich dabei nur um ein leerlaufendes Versprechen handelte, und schützte das Rechtsinstitut der Selbstverwaltung vor der Abschaffung und der Verletzung seines wesentlichen Bestandes; eine verfassungsrechtliche status quo-Absicherung der gemeindlichen Aufgaben, insbesondere der gemeindlichen Wirtschaftsbetätigung, aber war Art. 127 WRV nicht abzugewinnen. Jenseits der Grenze einer Abschaffung oder faktischen Aushöhlung war die Verfassungsgarantie der kommunalen Selbstverwaltung gesetzesabhängig, und die einfachrechtliche Ausgestaltung des Rahmens für die kommunale Wirtschaftsbetätigung intensivierte sich – ohne daß insoweit verfassungsrechtliche Bedenken diskutiert worden wären[116] – unter der Weimarer Reichsverfassung entscheidend.

a. Kommunalrecht

aa. Die Entwicklung in den Ländern

Soweit in den Ländern neue Gemeindeordnungen ergingen, nahmen sie die gegen Ende des 19. Jahrhunderts entwickelte gesetzliche Unterscheidung von Hoheitsbetrieben und gewerblichen oder wirtschaftlichen Unternehmen, der

---

[112] *Matzerath*, in: HKWP I, S. 101 (112 f.); *v. Mutius*, in: Jeserich u.a. (Hrsg.), Deutsche Verwaltungsgeschichte, Bd. 4, S. 1055 (1079 f.).

[113] Vgl. *Rebentisch*, in: HKWP I, S. 86 (94); *Stern/Püttner*, Die Gemeindewirtschaft, S. 29 f.

[114] Vgl. *Gönnenwein*, Gemeinderecht, S. 21.

[115] *Schmitt*, Verfassungslehre, S. 170; *ders.*, in: ders., Verfassungsrechtliche Aufsätze aus den Jahren 1924 – 1954, S. 140.

[116] *Stern*, AfK 1964, 81 (86).

gemeinnützigen von der werbenden Tätigkeit der Kommunen – mitsamt den damit verbundenen Abgrenzungsproblemen – auf[117]. Anfänglich sahen sie, auch etwa noch die Württembergische Gemeindeordnung vom 19. März 1930[118], keine Beschränkung der Wirtschaftstätigkeit aus äußeren, jenseits des Gemeindeinteresses liegenden Gründen vor; nur zum Schutz der Gemeinden selbst vor wirtschaftlichen Risiken wurden ihr Schranken gezogen. Die Zielrichtung war übereinstimmend, den Kommunen die wirtschaftliche Betätigung zu gestatten, die wirtschaftlichen Unternehmen kaufmännisch, d.h. im Hinblick auf das vorgegebene Rentabilitätsziel zu führen und ihnen zu diesem Zweck auch organisatorisch eine Verselbständigung gegenüber der Gemeindeverwaltung zu gewähren[119].

Gegen Ende der 20er Jahre setzten restriktivere Tendenzen ein. Eine erste generelle Beschränkung nahm Art. 61 BayGO vom 17. Oktober 1927[120] vor, der die Einrichtung und den Betrieb von kommunalen Erwerbsunternehmen und Einrichtungen zur Versorgung der Bevölkerung mit Gegenständen des täglichen Bedarfs von der Genehmigung durch die staatliche Aufsichtsbehörde abhängig machte, Versorgungs- und Verkehrsbetriebe, Einrichtungen der Wohlfahrts- und Gesundheitspflege davon aber ausnahm; die Regelung war, zum Schutz des gewerblichen Mittelstandes, gegen Kommunalisierungsbestrebungen insbesondere auf dem Gebiet der Lebensmittelversorgung gerichtet. Das Preußische Gemeindefinanzgesetz vom 15. Dezember 1933[121] beschränkte dann in seinem § 87 Abs. 1 erstmals die Gründung und Errichtung wirtschaftlicher Unternehmen durch die Kommunen (und über § 90 auch die Unternehmensbeteiligung) materiell durch das dreifache Erfordernis, daß (1.) ein rechtfertigender öffentlicher Zweck vorliegt, (2.) dieser nicht besser und wirtschaftlicher durch einen anderen öffentlich-rechtlichen oder privaten Träger erfüllt werden kann und (3.) die Unternehmung nach Art und Umfang in einem angemessenen Verhältnis zur Leistungsfähigkeit der Gemeinde steht und die Erfüllung ihrer öffentlich-rechtlichen Aufgaben nicht beeinträchtigt.

---

117 Vgl. dazu *Scholz*, Das Wesen und die Entwicklung der gemeindlichen öffentlichen Einrichtungen, S. 78 f.; *Stern*, AfK 1964, 81 (84).

118 RegBl. S. 15. Vgl. dazu *Klein*, Die Teilnahme des Staates am wirtschaftlichen Wettbewerb, S. 74.

119 *Ambrosius*, Der Staat als Unternehmer, S. 83 f.

120 GVBl. S. 293.

121 GS S. 442.

bb. Die Deutsche Gemeindeordnung von 1935

Eine neue reichseinheitliche Regelung der kommunalen Aktivitäten in der örtlichen Daseinsvorsorge brachte die Deutsche Gemeindeordnung (DGO) vom 30. Januar 1935[122]. Die im 19. Jahrhundert allmählich entstandene Differenzierung zwischen öffentlichen und privaten Gemeindeanstalten und ihre Weiterentwicklung im Weimarer Kommunalrecht aufnehmend, unterschied sie nun deutlich zwischen Einrichtungen und nicht-wirtschaftlichen Unternehmen einerseits und den wirtschaftlichen Unternehmen der Gemeinden andererseits. Aus dem Begriff des wirtschaftlichen Unternehmens herausgenommen und von gemeindewirtschaftsrechtlichen Beschränkungen frei blieben nach § 67 Abs. 2 DGO die Unternehmen, zu denen die Gemeinde gesetzlich verpflichtet ist, sowie die gemeindlichen Einrichtungen des Unterrichts-, Erziehungs- und Bildungswesens, der körperlichen Ertüchtigung, der Kranken-, Gesundheits- und Wohlfahrtspflege; hier fanden z.B. Straßenreinigung, Stadtentwässerung, Müllbeseitigung und – verwertung, Schlachthöfe, Feuerlöschwesen ihre kommunalrechtliche Verankerung[123]. Hinsichtlich der wirtschaftlichen Unternehmen der Gemeinden forderte § 67 Abs. 1 DGO – in der Umschreibung der Zulässigkeitsvoraussetzungen dem Preußischen Gemeindefinanzgesetz bewußt folgend – für die Zulässigkeit ihrer Errichtung und wesentlichen Erweiterung, daß (1.) der öffentliche Zweck das Unternehmen rechtfertigt, (2.) das Unternehmen nach Art und Umfang in einem angemessenen Verhältnis zu der Leistungsfähigkeit der Gemeinde und zum voraussichtlichen Bedarf steht und (3.) der Zweck nicht besser und wirtschaftlicher durch einen anderen erfüllt wird oder erfüllt werden kann. Wie der amtlichen Begründung hierzu[124] zu entnehmen ist, anerkannte der Gesetzgeber dabei die traditionelle Wirtschaftsbetätigung der Kommunen insbesondere in der so genannten öffentlichen Versorgungswirtschaft und sah als Gegenstand der öffentlichen Kritik und gesetzgeberischen Beschränkung vor allem ein »Übergreifen der Gemeindewirtschaft auf sonstige Gebiete, die bisher ausschließlich privater Wirtschaftsbetätigung vorbehalten waren«. Hieraus leitet die Begründung mit Blick auf die erste Zulässigkeitsbeschränkung des öffentlichen Zwecks ab, die gemeindliche Wirtschaftstätigkeit müsse »nach der ganzen Entwicklung und den herrschenden Anschauungen eine im öffentlichen Interesse gebotene Versorgung der Einwohnerschaft zum Gegenstand haben«. Die zweite Voraussetzung wurde – vor dem Hintergrund der schwierigen

---

[122] RGBl. I S. 49.
[123] *Surén/Loschelder*, DGO, § 67 Erl. 2 a) bb) (S. 91 f.).
[124] Abgedruckt bei *Surén/Loschelder*, DGO, § 67 Erl. 1 (S. 88 ff.).

kommunalen Finanzsituation[125] – als Sicherung kommunaler Eigeninteressen, mit Rücksicht auf die Haushaltssicherheit und die in § 72 DGO aufgegebene Rentabilität der Gemeindeunternehmen, begründet. Bei der dritten Voraussetzung kamen Aspekte der gesamtwirtschaftlichen Effektivität hinzu; »... bei der heutigen Gesamtlage des Reichs ...« komme es »... entscheidend darauf an, die deutsche Wirtschaft so zweckmäßig und rationell zu organisieren, als dies irgend möglich ist. Deshalb bedarf auch bei jeder gemeindlichen Wirtschaftsbetätigung die Frage der Prüfung, ob bei Berücksichtigung des Gesamtaufbaus der Wirtschaft die Gemeinde im einzelnen Falle der geeignetste Träger dieser Betätigung ist.«

Die Deutsche Gemeindeordnung verzichtete auf eine nähere, positive Definition des wirtschaftlichen Unternehmens; die amtlichen Ausführungen und ihnen folgend die Kommentierungen legten jedoch das so genannte Popitz-Kriterium zugrunde, so daß als wirtschaftliche Unternehmen alle gemeindlichen Einrichtungen und Anlagen – mit Ausnahme der Fälle des § 67 Abs. 2 DGO – gelten sollten, die auch von einem Privatunternehmer mit der Absicht der Gewinnerzielung betrieben werden können[126]. Sie hat damit die kommunale Wirtschaftsbetätigung in deutlicher Absetzung von den nichtwirtschaftlichen Einrichtungen im privatrechtlich-gesellschaftlichen Tätigkeitssektor verortet und grundsätzlich für zulässig angesehen[127], um sie dann Begrenzungen zu unterwerfen.

Diese kommunalwirtschaftsrechtliche Regelung gilt im allgemeinen als von spezifisch nationalsozialistischen Einflüssen frei[128]. Nicht übersehen werden darf jedoch, daß es sich allenfalls um einen Kompromiß zwischen überkommenen landesrechtlichen Regelungen einerseits und staatsautoritären und zentralwirtschaftlichen Einflüssen andererseits handelt mit der Folge einer erheblichen Einengung gemeindlicher Bewegungsräume[129]. Immerhin betonte die Kommentierung Loschelders, daß andere Träger danach erst zum Zuge kommen, wenn sie die »verfolgten Zwecke besser und wirtschaftlicher, nicht nur gleich gut und gleich wirtschaftlich zu erfüllen« in der Lage sind. Mit Blick auf höherstufige staatliche Aufgabenträger werde »stets zu prüfen

---

[125] *Stern/Püttner*, Die Gemeindewirtschaft, S. 32.

[126] Vgl. die Ausführungsanweisung Altreich, abgedruckt bei: *Surén/Loschelder*, DGO, S. 87 (87 f.), sowie die Kommentierung ebd., § 67 Erl. 2 (S. 90).

[127] *Forsthoff*, Verwaltungsrecht I, S. 501; *Scholz*, Das Wesen und die Entwicklung der gemeindlichen öffentlichen Einrichtungen, S. 81 f.

[128] So z.B. *Burmeister*, in: HKWP V, S. 3 (10); *Stern/Püttner*, Die Gemeindewirtschaft, S. 32.

[129] *Matzerath*, Nationalsozialismus und kommunale Selbstverwaltung, S. 156 ff. Vgl. auch *Stern/Püttner*, Die Gemeindewirtschaft, S. 32 f.

sein, ob nicht nach Lage der Verhältnisse eine überörtliche Wirtschaftsbetätigung ... den Vorzug verdient«. Im Verhältnis zur privaten Wirtschaft sei »stets zu würdigen, ob eine bessere und wirtschaftlichere Betriebsführung evtl. nicht zu einer Beeinträchtigung des öffentlichen Zwecks führt ... Allgemein ist deshalb davon auszugehen, daß namentlich gemeindliche Versorgungsbetriebe die Voraussetzung ... im Verhältnis zu privaten Unternehmen stets erfüllen.«[130]

b. Wirtschaftsrecht einzelner Zweige der Daseinsvorsorge

In der Weimarer Zeit, auch schon vor der Vereinheitlichung des Kommunalrechts, hatten reichsrechtliche Bestimmungen zunehmend Einfluß auf die Tätigkeit der Kommunalverwaltung gewonnen[131]. Auf dieser Entwicklungslinie lag auch der Erlaß einer Reihe von Fachgesetzen zur Regelung einzelner Sektoren der Daseinsvorsorge in den 30er Jahren[132]. Auch diese Gesetze gelten zwar als in ihren zentralen Regelungsgehalten nicht von spezifisch nationalsozialistischen Vorstellungen bestimmt, die in der Wirtschaftspolitik ohnehin recht undeutlich geblieben sind; der Einfluß der damaligen Verfassungslage macht sich in ihnen jedoch in dem Anliegen einer Stärkung der zentralstaatlichen Aufsicht und der Leistungsfähigkeit der (Groß-)Industrie bemerkbar. Indem sie – ohne Differenzierung zwischen privaten und öffentlichen, insbesondere kommunalen Unternehmen – das Wirtschaftsrecht einzelner Branchen regelten, ging es ihnen deshalb nicht allein und allgemein um die staatliche Aufsicht über die (privaten) Wirtschaftssubjekte; vielmehr war ihnen auch und gerade durch diese allgemeine Durchnormierung von Wirtschaftssektoren – bezeichnenderweise wurden den kommunalen Unternehmen anders als den Staatsunternehmen im Bahn-, Post- und Bankensektor Privilegierungen versagt – objektiv eine Tendenz zur Zurückdrängung der kommunalen Aufgabenwahrnehmung im Verhältnis zum Staat und zur Wirtschaft eigen[133].

---

[130] *Surén/Loschelder*, DGO, § 67 Erl. 3 c) (S. 98 f.).

[131] *Rebentisch*, in: HKWP I, S. 86 (89, 91); vgl. die 1931 erhobene Klage von *Köttgen*, Die Krise der kommunalen Selbstverwaltung, S. 4, die Gemeinden würden »auch im Rahmen ihrer Selbstverwaltungsangelegenheiten vielfach zu bloßen Vollzugsorganen des Reiches oder der Länder herabgedrückt«.

[132] Kreditwesengesetz vom 5. Dezember 1934 (RGBl. I S. 1203); Gesetz über die Beförderung von Personen zu Lande (Personenbeförderungsgesetz) vom 4. Dezember 1934 (RGBl. I S. 1217), geändert durch Gesetz vom 6. Dezember 1937 (RGBl. I S. 1319).

[133] *Ambrosius*, in: Wysocki (Hrsg.), Kommunalisierung im Spannungsfeld von Regulierung und Deregulierung im 19. und 20. Jahrhundert, S. 141 (161), der hinsichtlich des Energiewirtschaftsgesetzes auch den Aspekt der Kriegsvorbereitung hervorhebt; *Püttner*, Das

Für den Sektor der Strom- und Gasversorgung erging – nach heftigen internen Auseinandersetzungen zwischen unternehmens- und eher kommunalfreundlichen Beteiligten, u.a. auch zwischen Reichswirtschafts- und Reichsinnenministerium[134] – das Gesetz zur Förderung der Energiewirtschaft (Energiewirtschaftsgesetz) vom 13. Dezember 1935[135] mit den dazugehörigen untergesetzlichen Regelungen[136]. Das Gesetz unterwarf alle Betriebe der öffentlichen Energieversorgung ohne Rücksicht auf Rechtsformen und Eigentumsverhältnisse – und damit auch die kommunalen Energieversorgungsunternehmen – einer intensiven Aufsicht des Reichswirtschaftsministers, die unter anderem allgemeine Auskunftsrechte, Genehmigungsrechte, das Recht zur allgemeinverbindlichen Festsetzung von Versorgungs- und Tarifbedingungen sowie die Befugnis einschloß, u.U. die Fortführung des Betriebs zu untersagen und die Versorgung einem anderen Unternehmen zuzuweisen. Diese Regelungen bedeuteten einen tiefen Einschnitt in die kommunale Position[137]. Ergänzt wurde das Gesetz durch die – nicht auf dieser gesetzlichen Grundlage, sondern gemäß § 2 des Gesetzes zur Durchführung des Vierjahresplans vom Reichskommissar für die Preisbildung erlassene – Konzessionsabgabenanordnung vom 4. März 1941 sowie die Ausführungsanordnung hierzu und die Durchführungsbestimmungen, die einen sehr restriktiven Rahmen für gemeindliche Konzessionsabgaben zogen[138]. Die Konzessionsabgabenanordnung zielte nach ihrer Präambel darauf, die Versorgungsunternehmen von betriebsfremden Ausgaben zu entlasten und eine fortschreitende Verbilligung von Elektrizität, Gas und Wasser herbeizuführen. Konzessionsabgaben durften danach nicht mehr neu eingeführt oder erhöht werden, mußten einheitlich nach Vomhundertsatz von den Einnahmen bemessen werden und den Unternehmen einen Mindestgewinn lassen. Nach § 2 Abs. 2 der Anordnung sollten sie – was freilich nicht verwirklicht wurde – weiter herabgesetzt und in angemessener Frist ganz beseitigt werden.

Recht der kommunalen Energieversorgung, S. 34. Hingegen betont *Löwer*, Energieversorgung zwischen Staat, Gemeinde und Wirtschaft, S. 102, 240, die Rücksichtslosigkeit des Energiewirtschaftsgesetzes bezüglich der Eigentumsverhältnisse an den Unternehmen als Charakteristikum.

[134] Vgl. dazu *Hermes*, Staatliche Infrastrukturverantwortung, S. 302 f.; *Matzerath*, Nationalsozialismus und kommunale Selbstverwaltung, S. 396 ff.

[135] RGBl. I S. 1451.

[136] Überblick bei *Surén/Loschelder*, DGO, § 67 Erl. 9 a) (S. 106).

[137] *Matzerath*, Nationalsozialismus und kommunale Selbstverwaltung, S. 401.

[138] *Wieland*, Die Konzessionsabgaben, S. 83.

c. Steuerrecht

Schon früher hatte sich schrittweise die steuerrechtliche Stellung der kommunalen Unternehmen verändert. Vor dem Hintergrund der beträchtlichen Ausweitung der kommunalen Wirtschaftstätigkeit hatte die Frage ihrer Besteuerung in zwei Hinsichten eine erheblich größere Bedeutung gewonnen: zum einen mit Blick auf den Finanzausgleich zwischen den verschiedenen Gebietskörperschaften, zum anderen für das Verhältnis von Kommunal- und Privatwirtschaft. In dieser letzteren Hinsicht waren die mit der Besteuerung angestrebten Wirkungen ambivalent: Einerseits und vor allem zielten die Forderungen der Privatwirtschaft in ihrem Kampf gegen die öffentliche Wirtschaft – unter Berufung auf das Ziel der Wettbewerbsgleichheit – auf die Beseitigung der so genannten Steuerprivilegien der öffentlichen Hand; andererseits sollte die Besteuerung der kommunalen Unternehmen aber auch deren Chance zur (Teil-)Privatisierung und so zur Erschließung privater Kapitalquellen verbessern[139].

Die Steuerpflichtigkeit auch von öffentlichen einschließlich der kommunalen Unternehmen setzte sich prinzipiell durch. Das Körperschaftssteuergesetz vom 10. August 1925[140] reduzierte die zuvor noch bestehende Steuerfreiheit von Betrieben und Verwaltungen öffentlich-rechtlicher Körperschaften auf die Ausübung öffentlicher Gewalt, worunter auch Schlachthöfe und Müllbeseitigungsbetriebe fielen, und – eine neue Differenzierung in das Steuerrecht einführend[141] – auf Versorgungsbetriebe, auf die die Bevölkerung zur Befriedigung lebenswichtiger Bedürfnisse angewiesen war, namentlich Wasser-, Gas- und Stromversorgungs-, öffentliche Verkehrs- und Hafenbetriebe (§§ 2 S. 1 Nr. 3b, 7 Abs. 1 KStG, §§ 1 Abs. 1 Nr. 2, 3 KStDVO). Auch diese Regelung wurde schließlich gestrichen durch das Gesetz vom 16. Oktober 1934[142], das nunmehr die »Betriebe gewerblicher Art« von Körperschaften des öffentlichen Rechts sowie rechtlich selbständige gewerbliche Betriebe, im Ergebnis also auch sämtliche Versorgungsbetriebe der Steuer unterwarf. Hinsichtlich der Körperschafts- und auch der Gewerbesteuer wurde die Differenzierung zwischen Gewerbebetrieben und Hoheitsbetrieben der öffentlichen Hand zum maßgeblichen Kriterium, während im Umsatz- und Vermögensteuerrecht weitergehend die Versorgungsbetriebe noch steuerfrei blieben[143].

---

[139] So insbes. bereits *Popitz*, Der künftige Finanzausgleich zwischen Reich, Ländern und Gemeinden, S. 54; vgl. dazu *Püttner*, Die öffentlichen Unternehmen, S. 272 mit Fn. 53.

[140] RGBl. I S. 208.

[141] *Köttgen*, in: Festschrift zum hundertjährigen Bestehen des DJT I, S. 577 (578 Fn. 5).

[142] RGBl. I S. 1031.

[143] Vgl. *Püttner*, Das Recht der kommunalen Energieversorgung, S. 221.

III. Die Entwicklung in der Bundesrepublik

Nach dem Zweiten Weltkrieg und der unmittelbaren Nachkriegszeit konnte die Kommunalwirtschaft in den ersten Jahrzehnten der Bundesrepublik ihre Entwicklung – frei von den die Weimarer Zeit prägenden grundsätzlichen, öffentlichen Auseinandersetzungen über ihre Berechtigung[144] – fortsetzen.

1. Die tatsächliche Entwicklung

Nach dem Zweiten Weltkrieg litt auch die Kommunalwirtschaft anfänglich unter den kriegsbedingten Zerstörungen ihrer Betriebe und Einrichtungen. Seit dem Jahr 1948 erfuhr sie jedoch – im Zuge des allgemeinen Wirtschaftsaufschwungs – einen raschen und stabilen Aufstieg, der sie auf ihren traditionellen Betätigungsfeldern schnell das Vorkriegsniveau wieder erreichen und überschreiten ließ[145]. Die weitere Entwicklung bedarf hier, da sie keine prinzipielle Veränderung brachte, keiner ausführlicheren Darstellung. Die kommunalen Aktivitäten erstreckten sich zwar in Einzelfällen auf zahlreiche verschiedenartige Unternehmungen, von Apotheken bis zu Zuckerfabriken[146]; Schwerpunkte des Engagements aber blieben neben dem Sparkassenwesen und der Wohnungswirtschaft weiter die Wasser- und Energieversorgung sowie die Entsorgung und der Personennahverkehr[147].

In der hier exemplarisch interessierenden Elektrizitätsversorgung wird die Entwicklung bis zum Ende der 70'er Jahre als eine Phase weiterer Expansion und Konzentration beschrieben[148]. Die öffentliche Energieversorgung liegt danach in der Hand überwiegend gemischtwirtschaftlicher und öffentlicher Unternehmen, die durch eine gewisse, allerdings nicht strikt durchgehaltene Funktionsteilung eine dreistufige Versorgungsstruktur darstellen. Der weit überwiegende Teil der Stromerzeugung und der weiträumige Transport werden von großen Verbundunternehmen wahrgenommen; die Regionalversorgungsunternehmen betreiben die Weiterverteilung über Mittel- und Niederspannungsnetze entweder, insbesondere im ländlichen Raum, an Endverbraucher oder an lokale Versorgungsunternehmen; diese lokalen, zumeist kommunalen Unternehmen versorgen die Endverbraucher in der Regel eines Ge-

[144] *Stern/Püttner*, Die Gemeindewirtschaft, S. 37 f.

[145] *Stern/Püttner*, Die Gemeindewirtschaft, S. 37.

[146] Vgl. den Überblick bei *Hidien*, Gemeindliche Betätigungen rein erwerbswirtschaftlicher Art und »öffentlicher Zweck« kommunaler wirtschaftlicher Unternehmen, S. 35 ff.

[147] *Ambrosius*, Der Staat als Unternehmer, S. 118; vgl. auch *Stern/Püttner*, Die Gemeindewirtschaft, S. 38 ff.

[148] *Evers*, Das Recht der Energieversorgung, S. 28.

meindegebiets[149]. Die Kommunen sind zum einen beteiligt an den großen Verbund- und den Regionalunternehmen[150]. Zum anderen betreiben sie ganz überwiegend die lokalen Versorgungsunternehmen, deren Anteil an der Stromerzeugung jedoch auf unter 10 % gesunken ist; ihr Tätigkeitsschwerpunkt liegt also in der Weiterverteilung fremdbezogenen Stroms[151]. Über die lokale Stromverteilung befinden nach wie vor die Kommunen, indem sie entweder einem Versorgungsunternehmen durch einen Konzessionsvertrag ein – in aller Regel ausschließliches – Nutzungsrecht am kommunalen Wegenetz einräumen oder die Versorgung ihrem eigenen Unternehmen vorbehalten.

2. Die rechtliche Entwicklung

Auch in der Rechtsordnung spiegelt sich die Anknüpfung an die Weimarer Situation wider.

a. Gemeinderecht

Nach dem Zweiten Weltkrieg stand die Deutsche Gemeindeordnung Pate, als die neu- bzw. wiederentstandenen Bundesländer in ihren Gemeindeordnungen die wirtschaftliche Betätigung der Kommunen regelten. Anfängliche Überlegungen, die Kommunalwirtschaft stärker einzuschränken, führten in einigen Ländern zu punktuellen Verschärfungen der Zulässigkeitsvoraussetzungen, bewirkten aber keine prinzipielle Veränderung des gemeindewirtschaftsrechtlichen Rahmens[152]. Die neuen Gemeindeordnungen[153] folgten – mit teils verschärfenden, teils aber auch lockernden Modifikationen – dem Vorbild der §§ 67 ff. DGO.

Auch sie nahmen bestimmte Unternehmen als »nichtwirtschaftliche« von den Restriktionen gemeindlicher Wirtschaftsbetätigung aus. Hierunter fielen – bei nicht ganz einheitlicher landesgesetzlicher Definition – Unternehmen, zu denen die Gemeinde gesetzlich verpflichtet ist, darunter die Feuerwehr, das Friedhofswesen, auch die Abwasser- und Abfallbeseitigung, außerdem Ein-

---

[149] Vgl. etwa *Hermes*, Der Staat 31 (1992), 281 (282); *Krebs*, Rechtliche Grundlagen und Grenzen kommunaler Elektrizitätsversorgung, S. 6 ff.; *Wesener*, Energieversorgung und Energieversorgungskonzepte, S. 58 ff.

[150] *Wesener*, Energieversorgung und Energieversorgungskonzepte, S. 71 f.

[151] *Hermes*, Der Staat 31 (1992), 281 (282).

[152] Vgl. dazu *Zeiß*, in: HKWP III (1959), S. 611 (614 ff.).

[153] Zum folgenden vgl. die Übersicht über die einschlägigen Normen bei *Hidien*, Gemeindliche Betätigungen rein gewerblicher Art und »öffentlicher Zweck« kommunaler wirtschaftlicher Unternehmen, S. 27 ff.

richtungen des Unterrichts-, Erziehungs- und Bildungswesens, der Kultur, des Sports, der Erholung, der Kranken-, Gesundheits- und Wohlfahrtsvorsorge, daneben teils ausdrücklich auch Entsorgungs- und Wasserversorgungsunternehmen. Im Ergebnis blieben danach wesentliche Bereiche der traditionellen kommunalen Daseinsvorsorge, allerdings in der Regel mit den wichtigen Ausnahmen des Energie- und Wasserversorgungs- und des Verkehrssektors, von kommunalwirtschaftsrechtlichen Beschränkungen freigestellt. Für die verbleibenden, die wirtschaftlichen Unternehmen folgten die Gemeindeordnungen – mit gewissen Abweichungen im einzelnen – § 67 Abs. 1 DGO. Ihre Anforderungen richteten sich an die Errichtung, teils auch ausdrücklich die Übernahme sowie die (wesentliche) Erweiterung eines wirtschaftlichen Unternehmens. In einer ersten Zulässigkeitsvoraussetzung forderten sie übereinstimmend die Rechtfertigung der Unternehmensgründung oder -beteiligung durch einen öffentlichen Zweck; insoweit hatte vor allem die nordrhein-westfälische Gemeindeordnung eine Verschärfung eingeführt, indem sie forderte, daß ein dringender öffentlicher Zweck das Unternehmen nicht nur rechtfertigt, sondern erfordert. Eine zweite Voraussetzung bestand in dem angemessenen Verhältnis zwischen Art und Umfang der Betätigung und der Leistungsfähigkeit der Gemeinde sowie dem voraussichtlichen Bedarf. Bei der dritten, für die Aufgabenverteilung zwischen Kommunen und Privatwirtschaft in der öffentlichen Daseinsvorsorge zentralen Zulässigkeitsvoraussetzung ist die Bandbreite der landesgesetzlichen Formulierungen am größten: Sie reicht von dem Verzicht auf diese Klausel über die wörtliche Übernahme des § 67 Abs. 1 Nr. 3 DGO bis hin zur Bestimmung der Bayerischen Gemeindeordnung, zunächst in Art. 75 Abs. 1 BayGO (a.F.), danach gleichlautend in Art. 89 Abs. 1 BayGO (a.F.), daß die Gemeinde wirtschaftliche Unternehmen nur errichten, übernehmen oder erweitern darf, wenn »der Zweck nicht ebenso gut und wirtschaftlich durch einen anderen erfüllt wird oder werden kann«; ergänzend bestimmte die Bayerische Gemeindeordnung, daß gemeindliche Wirtschaftsunternehmen keine wesentliche Schädigung und keine Aufsaugung selbständiger Betriebe in Landwirtschaft, Handel, Gewerbe und Industrie bewirken dürfen.

Die Sperrwirkung dieser Bestimmungen, auch der insoweit weitreichendsten bayerischen Regelung, für die Kommunalwirtschaft mit Blick auf die konkurrierende Privatwirtschaft ist gering geblieben, wie an zwei prominenten verwaltungsgerichtlichen Entscheidungen demonstriert sei. Zum einen wurde die zuletzt erwähnte Regelung der Bayerischen Gemeindeordnung, die im Ergebnis die rentabel, darum auch privatwirtschaftlich zu erbringenden Daseinsvorsorgeleistungen den Kommunen zu entziehen und sie auf die unrentablen zu verweisen drohte, durch den Bayerischen Verfassungsgerichtshof in einem – umstrittenen – Urteil vom 23. Dezember 1957[154] wesentlich entschärft. Der Gerichtshof befand, daß die Regelung in Art. 75 Abs. 1 Nr. 1 und 3 sowie Abs. 2 BayGO (a.F.) zwar nicht verfassungswidrig sei, jedoch verfassungskonform so ausgelegt werden müsse, daß sie auf kommunale Versorgungs- und Verkehrsunternehmen nicht anzuwenden sei, weil es sich insoweit um Verwaltungsaufgaben im engeren Sinne handele; damit entzog der Gerichtshof wesentliche Teile der gemeindlichen Daseinsvorsorge, indem er sie nicht als wirtschaftliche Unternehmen im Sinne der Gemeindeordnung qualifizierte, den Beschränkungen insbesondere der Subsidiaritätsklausel und nahm dieser weitgehend ihre beschränkende Wirkung. Das zweite Beispiel ist die bis heute grundlegend wirkende Entscheidung des Bundesverwaltungsgerichts vom 22. Februar 1972[155] zur wirtschaftlichen Betätigung der Gemeinden auf dem Gebiet des Bestattungswesens, in der das Gericht die Entscheidung über das Vorliegen eines die wirtschaftliche Betätigung rechtfertigenden öffentlichen Zwecks hauptsächlich den Anschauungen und Entschließungen der maßgebenden Gemeindeorgane überließ und von den örtlichen Verhältnissen, finanziellen Möglichkeiten, Bedürfnissen der Einwohnerschaft und weiteren Faktoren abhängig, der Beurteilung durch den Richter jedoch weitgehend entzogen sah.

b. Wirtschaftsrechtliche Regelungen

An wichtigen, neuen fachgesetzlichen Regelungen einzelner Bereiche kommunaler Daseinsvorsorge sind etwa das neue Personenbeförderungsgesetz vom 21. März 1961[156] oder die erstmalige bundesgesetzliche Regelung des Abfallrechts durch das Abfallbeseitigungsgesetz des Bundes vom 7. Juni 1972[157], später abgelöst vom Abfallgesetz vom 27. August 1986[158], zu nennen. Auf dem Energiesektor galt – gemäß Art. 123 Abs. 1, 125 Nr. 1, 74 (Abs. 1) Nr. 1 GG – das Energiewirtschaftsgesetz aus dem Jahre 1935, trotz einiger Änderungen in seiner Grundkonzeption unverändert, fort; verschiedene, seit

---

[154] BayVerfGH, VGH n.F. 10 II, 113 (insbes. 120 ff.). Dem Urteil stimmten zu: *Forsthoff*, Verwaltungsrecht I, S. 567; *Kratzer*, BayVBl. 1962, 133. Gegen die verfassungskonforme Interpretation des Bayerischen Verfassungsgerichtshofs, für die Annahme der Verfassungswidrigkeit von Art. 75 Abs. 1 BayGO (a.F.) sprachen sich aus: *Stern*, BayVBl. 1962, 129; *ders.*, AfK 1964, S. 81 (100); *Stern/Püttner*, Die Gemeindewirtschaft, S. 178. Ablehnend zu der Entscheidung äußerte sich: *Fischerhof*, DÖV 1960, 41.

[155] BVerwGE 39, 329 (insbes. 332 ff.).

[156] BGBl. I S. 241.

[157] BGBl. I S. 873.

[158] BGBl. I S. 1410.

1950 unternommene Reformvorstöße blieben erfolglos[159]. Auch das 1957 zustandegekommene Gesetz gegen Wettbewerbsbeschränkungen[160] ließ den bisherigen rechtlichen Rahmen der Elektrizitätsversorgung unangetastet; die in § 103 GWB a.F. vorgesehene Bereichsausnahme erlaubte auch weiterhin den Abschluß von Demarkationsverträgen zwischen verschiedenen Elektrizitätsversorgungsunternehmen und von Konzessionsverträgen zwischen Elektrizitätsversorgungsunternehmen und Kommunen, auf denen das bestehende System geschlossener Versorgungsgebiete beruhte.

c. Steuerrecht

Die Besteuerung öffentlicher Unternehmen blieb auch unter dem Grundgesetz von den beiden Gesichtspunkten des innerstaatlichen Finanzausgleichs und der Gewährleistung gleicher Wettbewerbsbedingungen im Verhältnis zur Privatwirtschaft bestimmt. Die Beseitigung der so genannten Steuerprivilegien der öffentlichen Unternehmen im Verhältnis zu konkurrierenden Privatunternehmen ist gesetzlich dem Grundsatz nach vollendet worden. Die bereits weitgehend durchgesetzte Körperschaftsteuerpflicht blieb im wesentlichen unverändert bestehen. Auch der Gewerbesteuer blieben alle kommunalen Unternehmen mit Ausnahme der Hoheitsbetriebe unterworfen; eine wesentliche Veränderung bedeutete hier das Gemeindefinanzreformgesetz von 1969[161], das durch die Einführung der Gewerbesteuerumlage anstelle der bisherigen Ertragshoheit der Gemeinde die Identität von Steuerempfänger und Träger des besteuerten Unternehmens aufgehoben hat. Die Befreiung kommunaler Unternehmen von der Umsatzsteuer gemäß § 4 Nr. 5 b UStG a.F. wurde, um Teilprivatisierungen zu erleichtern, durch Gesetz vom 26. März 1965[162] abgeschafft; ähnlich verhielt es sich mit der Aufhebung der Befreiung von der Vermögensteuer[163]. Damit war die Unterscheidung zwischen – steuerpflichtigen – Betrieben gewerblicher Art und – steuerfreien – Hoheitsbetrieben der öffentlichen Hand zum maßgeblichen, um einzelne sachliche Befreiungstatbestände ergänzten gesetzlichen Tatbestandsmerkmal geworden.

---

[159] Vgl. den Überblick bei *Evers*, Das Recht der Energieversorgung, S. 36 ff.
[160] BGBl. I S. 1081.
[161] BGBl. I S. 1587.
[162] BGBl. I S. 156.
[163] *Püttner*, Das Recht der kommunalen Energieversorgung, S. 221.

2. Kapitel

Die aktuelle Problemlage unter den Bedingungen europäischer und staatlicher Privatisierungsvorgaben

Seit einigen Jahren befindet sich die kommunale Daseinsvorsorge in einer neuen Problemlage. Sie ist dadurch gekennzeichnet, daß die Deregulierungs- und Privatisierungspolitik der Europäischen Union sowie des Bundes und der Länder zunehmend auch die kommunale Wahrnehmung von Aufgaben der Daseinsvorsorge für die örtliche Gemeinschaft erfaßt und auf eine Verlagerung bisher kommunaler Aufgaben hin zur Privatwirtschaft drängt.

Im folgenden sollen zunächst die einschlägigen Vorgaben des europäischen und des nationalen Rechts (I.) und anschließend die dadurch tangierten Interessen und Positionen der Kommunen (II.) vorgestellt werden.

I. Europäische und staatliche Privatisierungsvorgaben

1. Das Europäische Gemeinschaftsrecht – Insbesondere: Der Einfluß auf die örtliche Elektrizitätsversorgung

Ähnlich wie in der Weimarer Zeit das Reichsrecht an Einfluß auf die kommunale Selbstverwaltung gewann, ist in den letzten Jahren zunehmend die Europäische Gemeinschaft als weitere, die Aufgabenwahrnehmung der Kommunen reglementierende Instanz hinzugetreten. Es handelt sich dabei im wesentlichen nicht um spezifische Einwirkungen des Gemeinschaftsrechts gerade auf die Kommunen und ihre Selbstverwaltung[1]; die Blindheit des Gemeinschaftsrechts für die innerstaatliche Untergliederung der Mitgliedstaaten, als Länder- und auch Kommunalblindheit[2] wegen fehlender besonderer Rücksichtnahmen des Gemeinschaftsrechts zumeist kritisch vermerkt, hat insofern

---

[1] *Magiera*, in: Grupp/Ronellenfitsch (Hrsg.), Kommunale Selbstverwaltung in Deutschland und Europa, S. 13 (19f.), der als eine Ausnahme die Richtlinie des Rates 91/27/EWG vom 21. Mai 1991 über die Behandlung kommunaler Abwässer, ABl. EG 1991 Nr. L 135/40, nennt.

[2] Vgl. etwa mit Blick auf die Länder *Ipsen*, in: Festschrift Hallstein, S. 248 (256); mit Blick (auch) auf die Kommunen *Faber*, DVBl. 1991, 1126 (1132).

auch eine für die Europäische Gemeinschaft kompetenzbegrenzende und die innerstaatlichen Gebietskörperschaften in ihrer Autonomie begünstigende Wirkung. Die früher geäußerte Annahme, bereits die allgemeinen Grenzen der europäischen Regelungsbefugnisse verhinderten ein Vordringen des Gemeinschaftsrechts in den Garantiebereich der kommunalen Selbstverwaltung[3], jedenfalls aber in deren Kernbereich[4], ist im Zuge der gewachsenen Rechtsetzungsaktivitäten der Europäischen Gemeinschaft allerdings widerlegt, jedenfalls fragwürdig geworden. Die Auswirkungen der europäischen Rechtsetzung treffen in der Bundesrepublik mit ihrer ausgeprägten kommunalen Selbstverwaltung, die eine große Freiheit in der Aufgabenwahl und ein hohes Maß an Eigenverantwortlichkeit in der Aufgabenwahrnehmung gewährt, die Kommunen auf zahlreichen Regelungsfeldern ganz erheblich. Für die zunehmende gemeinschaftsrechtliche Beeinflussung der kommunalen Aufgabenwahrnehmung wird eine Reihe von Beispielen genannt: das Personalwesen, die Auftragsvergabe, die Bauleitplanung, der kommunale Umweltschutz, schließlich auch die Aktivitäten der Kommunen in der Daseinsvorsorge, z.B. im Sparkassen- und Versicherungswesen und in der Energieversorgung[5].

In dem letzteren, hier besonders interessierenden Bereich der Elektrizitätsversorgung hat das Gemeinschaftsrecht vor allem das überkommene System der geschlossenen Versorgungsgebiete auf lokaler Ebene in Frage gestellt.

a. Primärrechtliche Zulässigkeit geschlossener kommunaler Versorgungsgebiete

Bereits die Vereinbarkeit solcher geschlossenen Versorgungsgebiete in der Energieversorgung mit dem Primärrecht der Europäischen Gemeinschaft ist angezweifelt worden. Die von der Kommission der Europäischen Gemeinschaft im Jahr 1994 angestrengten Vertragsverletzungsverfahren gegen mehrere Mitgliedstaaten wegen ausschließlicher Ein- und Ausfuhrrechte für Strom bzw. Gas, die nach Auffassung der Kommission insbesondere gegen die Be-

---

[3] *Knopf*, DVBl. 1980, 106 (110).

[4] *Mombaur/v. Lennep*, StuGR 1989, 95 (98); *v. Mutius*, Städte- und Gemeindebund 1989, 299 (304); *Zuleeg*, in: Festgabe v. Unruh, S. 91 (93).

[5] Vgl. dazu allgemein *v. Ameln*, DVBl. 1992, 477 (478 ff.); *Bleckmann*, NVwZ 1990, 820; *Ehlers*, NVwZ 1990, 810 (815); *Folz*, in: Festschrift Hahn, S. 611 (614 ff.); *Hill*, ThürVBl. 1992, 251 (254); *Hoppe*, NVwZ 1990, 816; *Kaltenborn*, Der Schutz der kommunalen Selbstverwaltung im Recht der Europäischen Union, S. 12 f. (m.w.N. in Fn. 14 ff.); *Mombaur/v. Lennep*, DÖV 1988, 988; *Müller*, Die Entscheidung des Grundgesetzes für die gemeindliche Selbstverwaltung im Rahmen der europäischen Integration, S. 29 ff.; *Rengeling*, DVBl. 1990, 893 (895 f.); *Spannowsky*, DVBl. 1991, 1120 (1124 ff.).

stimmungen des EG-Vertrages zur Warenverkehrsfreiheit verstießen, zielten allerdings nur auf Regelungen landesweiter nationaler Monopole; die Bundesrepublik mit ihrem dezentralisierten, auf lokalen und regionalen Monopolen aufgebauten System der Energieversorgung war nicht einbezogen[6]. Die primärrechtliche Unzulässigkeit der in Deutschland bis dahin üblichen ausschließlichen Konzessionsverträge zwischen Kommunen und Elektrizitätsversorgungsunternehmen hat jedoch das Bundeskartellamt mit Blick auf die gemeinschaftlichen Wettbewerbsvorschriften angenommen. Ein erstes, gegen einen Stromkonzessionsvertrag zwischen der Stadt Kleve und der RWE Energie AG gerichtetes Verfahren erledigte sich mit dem Auslaufen des Vertrages im Jahr 1994 ergebnislos[7]. Ein zweites, 1995 eingeleitetes Verfahren, einen Stromkonzessionsvertrag zwischen der Stadt Nordhorn und der RWE Energie AG betreffend, führte, nachdem die Kommission der Europäischen Gemeinschaft dem Bundeskartellamt die Fortführung des Verfahrens überlassen hatte, zu einer materiell auf den heutigen Art. 81 Abs. 1 EGV gestützten Untersagungsverfügung des Kartellamts vom 28. Februar 1996[8]. In dem hiergegen eingeleiteten Gerichtsverfahren ist eine Vorlage an den Europäischen Gerichtshof erfolgt, doch ist das Verfahren im Oktober 1998 ohne Entscheidung in der Sache beendet worden[9]. Zu einer verbindlichen Äußerung des Gerichtshofs in dieser Frage ist es deshalb vor der Weiterentwicklung der Rechtslage auf sekundärrechtlicher und nationaler Ebene nicht mehr gekommen.

b. Sekundärrecht

Die nach dem Weißbuch »Der Binnenmarkt für Energie«[10], in dem die Kommission 1988 ihre energiepolitische Grundsatzposition niedergelegt hat, angestrebte Beseitigung der Abschottung der Märkte in der Strom- und Gas-

---

[6] Zum Vorbringen der Kommission in den verbundenen Rechtssachen C 156 bis 160/94 vgl. ABl. EG 1994 Nr. C 202/9. Vgl. dazu jetzt EuGH, Slg. 1997, I-5815 – Kommission/Frankreich; Slg. 1997, I-5851 – Kommission/Spanien.

[7] Zum Verfahrensverlauf vgl. *Hermes*, Staatliche Infrastrukturverantwortung, S. 461 Fn. 329: Auf die Ankündigung einer Untersagungsverfügung des Bundeskartellamts hin (vgl. et 1993, 347 f.) hatte die RWE Energie AG bei der Kommission ein Negativattest nach Art. 2 Abs. 1 EG-VO Nr. 17/62, hilfsweise die Freistellung des Vertrages gemäß Art. 81 Abs. 3 EGV beantragt.

[8] BKartA, RdE 1996, 160.

[9] Rs. C-34/97 – RWE und Stadt Nordhorn/Bundeskartellamt. Zum Verfahrensverlauf vgl. die Information in: et 1999, 199.

[10] Kommission der Europäischen Gemeinschaften, Der Binnenmarkt für Energie, KOM (88) 238 endg. (abgedruckt in BR-Drs. 264/88).

versorgung durch Richtlinien der Gemeinschaft berührte in ihrer ersten Stufe die örtliche Ebene noch nicht. Als diese erste Stufe der Liberalisierung sieht die Kommission die 1990 erlassene Transparenzrichtlinie[11] und die so genannten Transitrichtlinien[12] aus den Jahren 1990 bzw. 1991 an[13]; ihr Regelungsgegenstand waren die Preistransparenz für industrielle Abnehmer und der Strom- und Gastransport über große Netze.

Das kommunale Engagement in der örtlichen Energieversorgung ist jedoch mit der als zweite Liberalisierungsstufe vorgesehenen Elektrizitätsbinnenmarkt-Richtlinie in den Einwirkungsbereich des sekundären Gemeinschaftsrechts gekommen. Die langwierigen Bemühungen um ihr Zustandekommen, die auf einen ersten Entwurf der Kommission aus dem Jahr 1992[14] zurückgehen, haben ihren Abschluß gefunden in der Richtlinie des Europäischen Parlaments und des Rates vom 19. Dezember 1996 betreffend gemeinsame Vorschriften für den Elektrizitätsbinnenmarkt[15]. Wie Art. 1 der Richtlinie einleitend aufzählt, enthält sie gemeinsame Vorschriften für die Elektrizitätserzeugung, -übertragung und -verteilung; weiter regelt sie die Organisation und Funktionsweise des Elektrizitätssektors, den Marktzugang, die Kriterien und Verfahren für die Ausschreibungen und die Vergabe von Genehmigungen sowie den Betrieb der Netze. Für die Kommunen von besonderer Bedeutung sind dann die Regelungen der Art. 10 ff. über den Betrieb des Verteilernetzes sowie vor allem der Art. 16 ff. über die Organisation des Netzzugangs. Art. 16 der Richtlinie geht dabei von dem Grundsatz aus, daß die Mitgliedstaaten den Netzzugang nach den in den nachfolgenden Artikeln näher geregelten Systemen des verhandelten oder geregelten Netzzugangs oder nach dem so genannten Alleinabnehmersystem zu gewähren haben. Den Mitgliedstaaten ist

---

[11] Richtlinie 90/377/EWG des Rates vom 29. Juni 1990 zur Einführung eines gemeinschaftlichen Verfahrens zur Gewährleistung der Transparenz der vom industriellen Endverbraucher zu zahlenden Gas- und Strompreise, ABl. EG 1990 Nr. L 185/16.

[12] Richtlinie 90/547/EWG des Rates vom 29. Oktober 1990 über den Transit von Elektrizitätslieferungen über große Netze, ABl. EG 1990 Nr. L 313/30; Richtlinie 91/296/EWG des Rates vom 31. Mai 1991 über den Transit von Erdgas über große Netze, ABl. EG Nr. L 147/37.

[13] Zur Qualifizierung dieser Richtlinien als erste Liberalisierungsstufe s. Kommission der Europäischen Gemeinschaften, Vorschlag für eine Richtlinie des Rates betreffend gemeinsame Vorschriften für den Elektrizitätsbinnenmarkt vom 24. Februar 1992, ABl. EG 1992 Nr. C 65/4 (4 f.), sowie die Richtlinie 96/92/EG des Europäischen Parlaments und des Rates vom 19. Dezember 1996 betreffend gemeinsame Vorschriften für den Elektrizitätsbinnenmarkt, ABl. EG 1997 Nr. L 27/20 (Begründungserwägung 7).

[14] Kommission der Europäischen Gemeinschaften, Vorschlag für eine Richtlinie des Rates betreffend gemeinsame Vorschriften für den Elektrizitätsbinnenmarkt vom 24. Februar 1992, ABl. EG 1992 Nr. C 65/4.

[15] ABl. EG 1997 Nr. L 27/20.

die Umsetzung bis zum 19. Februar 1999 aufgegeben. Ob diese gemeinschaftsrechtlichen Vorgaben die Aufrechterhaltung von Konzessionsverträgen mit Ausschließlichkeitsklauseln noch zulassen, erscheint jedenfalls fraglich.

2. Die nationale Rechtsordnung

Auch auf der Ebene des nationalen Rechts hat sich in den letzten Jahren der Druck auf die Kommunen, Unternehmen und Aufgaben zu privatisieren und bislang kommunale Aufgaben der Daseinsvorsorge der Wahrnehmung durch die Privatwirtschaft und der Steuerung durch den Wettbewerb zu übertragen, verstärkt.

a. Bundesrechtliche Privatisierungsimpulse an die Kommunen

Das Bundesrecht bietet verschiedene Ansatzpunkte für verstärkte Privatisierungsimpulse in Richtung der Kommunen, und zwar teils auf Grund von gesetzlichen Neuregelungen bzw. Änderungen, teils auch schon auf der Ebene der Anwendung des gegebenen Rechts.

aa. Steuerrecht

Ein bundesrechtliches Mittel indirekten Privatisierungsdrucks[16] ist zunächst das Steuerrecht. Insoweit ist zuletzt die steuerliche Privilegierung der Hoheitsbetriebe im Bereich der kommunalen Entsorgung fraglich geworden, allerdings bislang unangetastet geblieben.

In deutlichem Zusammenhang mit ihrer generellen Privatisierungszielsetzung hatte die Bundesregierung in den Jahren seit 1994 rechtspolitische Vorstöße unternommen, insbesondere Abfallentsorgungs- und Abwasserbeseitigungsbetriebe zukünftig als Betriebe gewerblicher Art der Umsatzsteuer zu unterwerfen, um die Möglichkeit von Privaten zum Bau und Betrieb solcher Anlagen zu verbessern. Anfang 1995 vorgelegte Gesetzesänderungsvorschläge des Bundesfinanzministeriums sahen für die Abfallbeseitigung und auch die Straßenreinigung den vollen Umsatzsteuersatz vor, für die Abwasserbeseitigung ein gesplittetes Modell mit einem ermäßigten Steuersatz von 7 % bei gleichzeitiger Aufrechterhaltung des vollen Vorsteuerabzuges in Höhe von 15 %. Nachdem diese Vorschläge auf erheblichen Widerstand insbesondere

---

[16] Zum steuerrechtlichen Privatisierungsdruck vgl. etwa *Bauer*, in: VVDStRL 54 (1995) S. 243 (259 Fn. 77); *Schoch*, DÖV 1993, 377 (377, 379); *ders.*, DVBl. 1994, 962 (966, 972).

der Kommunen stießen, sind sie im Verlauf dieser Legislaturperiode jedoch nicht weiterverfolgt worden[17].

Im übrigen ist auch bereits auf der Grundlage des geltenden Umsatz- und Körperschaftsteuergesetzes die Behandlung der kommunalen Abfallentsorgungs- und Abwasserbeseitigungsbetriebe als Hoheitsbetriebe in zwei auf das Jahr 1993 zurückgehenden finanzgerichtlichen Streitigkeiten angegriffen worden. In dem einen, die Umsatzsteuerpflicht der Lieferung von Strom und Fernwärme aus einem Müllheizkraftwerk eines Kreises betreffenden Verfahren hatte der Bundesfinanzhof im Rahmen des Revisionsverfahrens einen Gerichtsbescheid erlassen, der die Abfallbeseitigung insgesamt als gewerblichen Betrieb wertete[18]; das Verfahren endete ohne Urteil durch eine einvernehmliche Klagerücknahme. Das andere Revisionsverfahren galt der Körperschaftsteuerpflicht kommunaler Abfallentsorgung; in seinem hierzu ergangenen Urteil[19] qualifizierte der Bundesfinanzhof die Hausmüllentsorgung jedenfalls für den streitigen Zeitraum der Jahre 1984/85 noch einmal als eine hoheitliche, nicht körperschaftsteuerpflichtige Betätigung, ließ aber insbesondere die umsatzsteuerrechtliche Beurteilung offen.

bb. Das Recht der Haushaltsgrundsätze

Einen Ansatzpunkt für eine generelle Beschränkung der staatlichen Wirtschaftstätigkeit zugunsten des privaten Sektors hat der Bund im Haushaltsrecht gesucht. 1993 hat der Bundesgesetzgeber im Rahmen des Ersten Gesetzes zur Umsetzung des Spar-, Konsolidierungs- und Wachstumsprogramms zunächst durch eine Änderung von § 7 BHO[20] mit Wirkung zum 1. Januar 1994 für seinen eigenen Haushaltsplan vorgeschrieben, daß die Grundsätze der Wirtschaftlichkeit und Sparsamkeit zur Prüfung verpflichten, inwieweit staatliche Aufgaben oder öffentlichen Zwecken dienende wirtschaftliche Tätigkeiten durch Ausgliederung und Entstaatlichung oder Privatisierung erfüllt werden können; außerdem ist in geeigneten Fällen im Rahmen eines Interessenbekundungsverfahrens festzustellen, inwieweit und unter welchen Bedingungen private Lösungen möglich sind. Diesem Vorbild folgend hat der Bundesgesetzgeber in der zwölften Legislaturperiode den Versuch unternommen, entsprechende allgemeine Privatisierungsvorgaben auch für die anderen Gebietskörperschaften im Rahmen des Haushaltsgrundsätzegesetzes des Bundes verpflichtend zu machen. Ein geänderter § 6 HGrG sollte auch inso-

---

[17] Vgl. *Cronauge*, Kommunale Unternehmen, Rn. 716 f.
[18] BFH, Steuer und Wirtschaft 1996, 84.
[19] BFH, BStBl. II 1997, 139.
[20] BGBl. I 1993 S. 2353.

weit vorschreiben, daß die Grundsätze der Wirtschaftlichkeit und Sparsamkeit zur Prüfung verpflichten, inwieweit staatliche Aufgaben oder öffentlichen Zwecken dienende wirtschaftliche Tätigkeiten durch Ausgliederung und Entstaatlichung oder Privatisierung erfüllt werden können; in geeigneten Fällen sollte in einem Interessenbekundungsverfahren privaten Anbietern die Möglichkeit gegeben werden darzulegen, ob und inwieweit sie staatliche Aufgaben oder öffentlichen Zwecken dienende wirtschaftliche Tätigkeiten nicht ebenso gut oder besser erbringen können. Ausweislich der Gesetzentwurfsbegründung sollten damit die Initiativen zur Privatisierung öffentlicher Unternehmen und Aufgaben deutlich verstärkt werden, und zwar mit Blick auf die Länder und Gemeinden, in deren Infrastruktureinrichtungen das größte Privatisierungspotential liege[21]. Die Gesetzesinitiative stieß jedoch bei der Bundestagsopposition sowie im Bundesrat und bei einzelnen Ländern – wegen politischer Bedenken gegen die Einführung eines besonderen Prüfverfahrens und rechtlicher Zweifel hinsichtlich der Beschränkungen der Haushaltsautonomie der Länder und des Selbstverwaltungsrechts der Kommunen sowie der Gesetzgebungskompetenz des Bundes – auf Widerstand[22]. Das Gesetzesänderungsvorhaben ist kurz vor Ende der Legislaturperiode an der Versagung der erforderlichen Zustimmung des Bundesrates gescheitert[23], doch galt der Plan einer derartigen Änderung des Haushaltsgrundsätzerechts damit noch nicht als endgültig aufgegeben[24].

cc. Wettbewerbsrecht

Im Zuge der Privatisierungsdiskussion hat auch das allgemeine Wirtschaftsrecht des Bundes, namentlich das Wettbewerbsrecht, an Bedeutung für die rechtliche Eingrenzung kommunaler Wirtschaftsbetätigung gewonnen. In den letzten Jahren wird eine Zunahme und Intensivierung der wettbewerbsrechtlichen Kontrolle des Handelns der öffentlichen Hand, gestützt sowohl auf das Recht des unlauteren Wettbewerbs wie auch die kartellrechtlichen Be-

---

[21] BT-Drs. 12/6720, S. 3, unter Bezugnahme auf den Bericht der Bundesregierung zur Zukunftssicherung des Standortes Deutschland, BT-Drs. 12/5620; vgl. auch die Wiedergabe der Stellungnahme der Koalitionsfraktionen bei den Beratungen des Haushaltsausschusses, BT-Drs. 12/7292, S. 4.

[22] Vgl. die Wiedergabe der Stellungnahme der SPD-Fraktion bei den Beratungen des Haushaltsausschusses, BT-Drs. 12/7292, S. 4 f., die Empfehlungen des Finanzausschusses, des Ausschusses für Innere Angelegenheiten und des Wirtschaftsausschusses des Bundesrates, BR-Drs. 326/1/94, sowie den Antrag des Landes Baden-Württemberg, BR-Drs. 326/2/94.

[23] Vgl. BR-Drs. 326/94; BT-Drs. 12/7717.

[24] Vgl. den Hinweis bei *Schliesky*, DÖV 1996, 109 (110 Fn. 3).

stimmungen des GWB, beobachtet[25]. Zahlreiche kommunale Aktivitäten sind zum Gegenstand gerichtlicher Verfahren geworden, so etwa erneut die schon früher umstrittene Vermietung von Räumen zum Schilderverkauf im Gebäude der KfZ-Zulassungsstelle[26], Krankentransporte von Gemeinden als Krankenhausträgern[27], das Angebot schulischen Nachhilfeunterrichts durch eine kommunale Volkshochschule[28], die Anzeigenschaltung in einem Amtsblatt[29], privatwirtschaftliche Bestattungsdienstleistungen der Kommunen[30] oder gärtnerische Betätigungen eines kommunalen Betriebs[31]. Dabei ist aus kommunaler Perspektive von besonderer Bedeutung die wachsende Neigung von Zivilgerichten, im Rahmen wettbewerbsrechtlicher Streitigkeiten auch die besonderen rechtlichen Begrenzungen in ihre Prüfung mit einzubeziehen, denen die Kommunen als öffentlich-rechtliche Körperschaften insbesondere nach dem Kommunalwirtschaftsrecht unterliegen[32].

Die Reichweite wettbewerbsrechtlicher Beschränkungen kommunaler Daseinsvorsorgeaktivitäten ist darüber hinaus dadurch zu einem besonders wichtigen Thema geworden, daß der Bundesgesetzgeber zunächst in Art. 2 des Gesetzes zur Neuregelung des Energiewirtschaftsrechts vom 24. April 1998[33] durch Einfügung eines § 103b GWB die Anwendung der früheren Ausnahmebereichsregelungen der §§ 103, 103a GWB a.F. auf die Versorgung mit Elektrizität und Gas ausgeschlossen hat; in der sechsten Novelle[34] und anschließenden Neubekanntmachung des Gesetzes gegen Wettbewerbsbeschränkungen vom 26. August 1998[35] sind die Bestimmungen der §§ 103 ff. GWB a.F. dann mit Wirkung vom 1. Januar 1999 für die Elektrizitäts- und Gasversorgung ersatzlos entfallen. Bis dahin waren nach diesen Bestimmungen – unter näher geregelten Voraussetzungen – die §§ 1, 15 und 18 GWB a.F. auf Vereinbarungen zwischen den kommunalen Gebietskörperschaften und Energieversorgungsunternehmen über die leitungsgebundene öffentliche

---

25 *Broß*, VerwArch 87 (1996), 731; *Piper*, GRUR 1986, 574.

26 Früher dazu bereits BGH, NJW 1974, 1333. Zuletzt: OLG Stuttgart, WRP 1996, 369 (im Ergebnis keinen Wettbewerbsverstoß annehmend); OLG Karlsruhe, WRP 1996, 447; OLG Rostock, WRP 1996, 465. Vgl. auch *Immenga*, NJW 1995, 1921.

27 BGHZ 101, 72.

28 OLG Düsseldorf, WRP 1997, 42.

29 OLG Frankfurt, NVwZ 1993, 706. Vgl. dazu *Fuhrmann*, der städtetag 1995, 623; *Püttner*, JuS 1995, 1069 (1070).

30 Vgl. BGH, NJW 1987, 60; NJW 1987, 62; NJW-RR 1989, 1120.

31 OLG Hamm, NJW 1998, 3504.

32 So zuletzt etwa deutlich OLG Düsseldorf, WRP 1997, 42; OLG Hamm, NJW 1998, 3504.

33 BGBl. I S. 730.

34 BGBl. I S. 2521.

35 BGBl. I S. 2546.

Elektrizitäts- und Wasserversorgung nicht anzuwenden; nach § 103 Abs. 1 Nr. 2 GWB a.F. galten diese Bestimmungen insbesondere nicht für Konzessionsverträge von Kommunen mit Strom-, Gas- und Wasserversorgungsunternehmen unter Vereinbarung ausschließlicher Wegenutzungsrechte zu Zwecken der öffentlichen Versorgung von Letztverbrauchern. Die Abschaffung dieses Ausnahmebereichs, durch den bisher das Gesetz gegen Wettbewerbsbeschränkungen selbst seine Anwendung zurückgenommen hatte, wirft nun umso dringlicher die Frage auf, ob das Kartellrecht diese kommunale Betätigung in der örtlichen Energieversorgung seinen Regelungen unterwerfen darf.

dd. Örtliche Elektrizitätsversorgung

Die Elektrizitätsversorgung, ein der geschichtlichen Entwicklung und der aktuellen Bedeutung nach zentraler Sektor kommunaler Daseinsvorsorge, ist also – zeitlich parallel zu den Rechtsetzungsbemühungen auf gemeinschaftsrechtlicher Ebene – auch zum Gegenstand eines Reformvorhabens des Bundesgesetzgebers geworden. Das auf der Grundlage eines von der Bundesregierung eingebrachten Entwurfs[36] beschlossene Gesetz zur Neuregelung des Energiewirtschaftsrechts vom 24. April 1998 hat mit Wirkung vom 29. April 1998 an das bis dahin geltende, auf das Jahr 1935 zurückgehende Energiewirtschaftsgesetz abgelöst.

Die Neuregelung verändert die kommunale Position in der örtlichen Elektrizitätsversorgung wesentlich, weil sie die bisherigen geschlossenen kommunalen Versorgungsgebiete nicht mehr zuläßt. Art. 2 des Gesetzes hat – wie soeben bereits gesehen – die Anwendung der §§ 103, 103a GWB a.F. auf die Versorgung mit Elektrizität und Gas ausgeschlossen. Sein Art. 1 enthält ein neues Gesetz über die Elektrizitäts- und Gasversorgung (Energiewirtschaftsgesetz). Der neue § 13 Abs. 1 EnWG verpflichtet die Kommunen, ihre öffentlichen Verkehrswege für die Verlegung und den Betrieb von Leitungen zur unmittelbaren Versorgung von Letztverbrauchern im Gemeindegebiet diskriminierungsfrei zur Verfügung zu stellen; dabei soll ihnen die Zahlung von Konzessionsabgaben gesichert bleiben und in einer Übergangsfrist bis Ende 2005 gestattet sein, bei der Wegerechtsvergabe eventuelle nachteilige Folgen für Elektrizität aus fernwärmeorientierten, umwelt- und ressourcenschonenden sowie technisch-wirtschaftlich sinnvollen Kraft-Wärme-Kopplungsanlagen oder aus Anlagen zur Nutzung erneuerbarer Energien zu berücksichtigen.

[36] BT-Drs. 13/7274.

Einer Forderung der kommunalen Interessenvertreter[37] folgend, ist in § 7 EnWG der zuständigen Behörde die Möglichkeit eingeräumt worden, einem Elektrizitätsversorgungsunternehmen für die Versorgung von Letztverbrauchern eine – bis zum Ende des Jahres 2005 befristete – Bewilligung zu erteilen, durch die anderen Energieversorgern der Netzzugang verwehrt wird; in diesem Falle ist das Energieversorgungsunternehmen als so genannter Alleinkäufer in seinem Gebiet verpflichtet, die von einem Letztverbraucher in seinem Gebiet bei einem anderen Elektrizitätsversorgungsunternehmen gekaufte Elektrizität abzunehmen (§ 7 Abs. 2 EnWG). Von dieser Sonderregelung abgesehen folgt das neue Energiewirtschaftsgesetz dem Modell des verhandelten Netzzugangs (vgl. §§ 5, 6 EnWG), wonach Betreiber eines Elektrizitätsversorgungsnetzes dieses anderen Unternehmen für Durchleitungen zur Verfügung zu stellen haben.

ee. Telekommunikation

Die mit der Postreform I des Jahres 1989 eingeleiteten grundlegenden Reformen im Bereich der Telekommunikation betreffen einen Sektor, der bislang außerhalb des Bereichs kommunaler Daseinsvorsorge gelegen hat. Für die Kommunen unmittelbar bedeutsame und wesentliche Veränderungen hat insofern erst das neue Telekommunikationsgesetz vom 25. Juli 1996[38] gebracht, das mit Wirkung zum 1. Januar 1998 abschließend auch das bis dahin bestehende Sprachtelefondienstmonopol beseitigt und den Telekommunikationssektor auch insoweit liberalisiert hat. Das Gesetz hat zum einen – in Anknüpfung an das bisherige kostenlose Wegerecht zugunsten der Deutschen Bundespost bzw. des Monopolunternehmens Deutsche Telekom AG – den Kommunen aufgegeben, die Benutzung des gemeindlichen Wegenetzes kostenlos dem Bund zu überlassen, der dieses Recht dann an einzelne privatwirtschaftliche Telekommunikationsunternehmen weitergibt (§ 50 TKG); insoweit hat es eine bereits früher bestehende Beschränkung der gemeindlichen Rechte am eigenen Wegenetz unter den veränderten Bedingungen eines liberalisierten Marktes der Telekommunikationsnetze und -dienste fortgeführt und verschärft. Zum anderen hat das Gesetz aber auch, indem es insbesondere das Netz- und Sprachtelefondienstmonopol der Deutschen Telekom AG beendet hat, ein neues Feld möglicher wirtschaftlicher Betätigung eröffnet, das damit erstmals – möglicherweise – auch kommunalen Unternehmen offensteht.

---

[37] Vgl. dazu das Positionspapier des Verbandes kommunaler Unternehmen, abgedruckt in: der städtetag 1997, 39 (41).

[38] BGBl. I S. 1120.

b. Das Gemeindewirtschaftsrecht der Länder

Auf der Ebene des Landesrechts setzen die Gemeindeordnungen mit ihrem Kommunalwirtschaftsrecht den Gemeinden den allgemeinen rechtlichen Rahmen für ihre Daseinsvorsorgebetätigungen. In den letzten Jahren hat es hier vielfältige Neuregelungen gegeben, und es stehen fortlaufend in einzelnen Ländern Novellierungen an; diese sind hier im einzelnen nicht nachzuzeichnen[39].

Festzuhalten ist, daß diese Änderungen keineswegs durchgängig auf eine – privatisierungsfördernde – Verschärfung der kommunalwirtschaftsrechtlichen Einschränkungen der Kommunen zielen; vielmehr finden sich auch Lokkerungen bislang bestehender Bindungen. So ist etwa in Nordrhein-Westfalen 1994 das bis dahin gemäß § 88 Abs. 1 GO NW (a.F.) geltende, § 67 Abs. 1 Nr. 3 DGO entsprechende Erfordernis, daß ein anderer den Zweck der gemeindlichen Wirtschaftsbetätigung nicht besser und wirtschaftlicher erreichen darf, gestrichen und in dem neuen § 107 Abs. 1 GO NW nicht übernommen worden, außerdem der Kreis der nichtwirtschaftlichen Einrichtungen sogar noch – wenn auch wohl nur dem Wortlaut, nicht der Sache nach[40] – erweitert worden[41]; 1997 ist die Zulässigkeit von kommunaler Wirtschaftsbetätigung auf dem Telekommunikationssektor von der Voraussetzung eines sie erfordernden dringenden öffentlichen Zwecks freigestellt worden[42]. Bayern hat 1995 seine frühere Vorrangregelung zugunsten öffentlich-rechtlicher Organisationsformen aufgegeben und bietet nunmehr in Gestalt des Kommunalunternehmens als einer Anstalt des öffentlichen Rechts eine besondere, flexiblere Rechtsform an[43]; eine 1998 in Kraft gesetzte Neufassung des Art. 87 BayGO[44] hat die überkommene Subsidiaritätsklausel ausdrücklich auf ein Tätigwerden außerhalb der kommunalen Daseinsvorsorge beschränkt und außerdem ein Tätigwerden gemeindlicher Unternehmen außerhalb des Gemeindegebiets vom früheren Genehmigungserfordernis freigestellt.

In einer Reihe von Ländern, zunächst vor allem nach der deutschen Einigung im Zuge der Schaffung des Gemeinderechts in den neuen Ländern, dann

---

[39] Für einen Überblick über neuere Entwicklungen vgl. zuletzt *Schönershofen/Binder-Falcke*, VR 1997, 109.

[40] *Decker*, in: Held u.a. (Hrsg.), Kommunalverfassungsrecht Nordrhein-Westfalen. GO, § 107 Erl. 10.1.

[41] § 107 GO NW i.d.F. der Bekanntmachung vom 14. Juli 1994 (GVBl. S. 666).

[42] § 107 Abs. 1 Nr. 1b GO NW i.d.F. des Änderungsgesetzes vom 25. November 1997 (GVBl. S. 422).

[43] Änderungsgesetz vom 26. Juli 1995 (GVBl. S. 376). Vgl. dazu *Schulz*, BayVBl. 1996, 97 und 129.

[44] Änderungsgesetz vom 24. Juli 1998 (GVBl. S. 424).

auch in einigen der alten Länder, sind jedoch auch deutliche Verschärfungen der kommunalwirtschaftsrechtlichen Regelungen vorgenommen worden.

aa. Materiellrechtliche Beschränkungen gemeindlicher Wirtschaftsbetätigung

Nachdem die materiellen Zulässigkeitsvoraussetzungen gemeindlicher Wirtschaftstätigkeit sich bis dahin – mit Ausnahme der jedenfalls dem Wortlaut nach strengeren Regelungen in der Bayerischen Gemeindeordnung – im wesentlichen im Rahmen von § 67 Abs. 1 DGO bewegt hatten, hat es seit der Wiedervereinigung restriktivere, privatisierungsbegünstigende Regelungsansätze gegeben.

Dazu gehört die zuletzt in einige Gemeindeordnungen aufgenommene ausdrückliche Beschränkung der gemeindlichen Wirtschaftsbetätigung auf die Erledigung von Angelegenheiten der örtlichen Gemeinschaft[45], die die räumliche Beschränkung gemeindlicher Wirtschaftstätigkeit betont. Die aus ordnungspolitischer Perspektive gewichtigste, entsprechend auch am heftigsten umstrittene Veränderung betrifft jedoch die Einführung einer Subsidiaritätsklausel zugunsten der Privatwirtschaft, wie sie sich zunächst nur in der bayerischen Gemeindeordnung gefunden hatte, dort jedoch auf Grund der korrigierenden verfassungskonformen Auslegung durch den Bayerischen Verfassungsgerichtshof für die kommunalen Verkehrs- und Versorgungsunternehmen als Betriebe der gemeindlichen Daseinsvorsorge noch keine Wirksamkeit erlangt hatte[46]. Eine vergleichbare Regelung findet sich jetzt, ohne daß Verkehrs- oder Versorgungsbetriebe als Daseinsvorsorgeunternehmen ausgenommen wären, in § 71 Abs. 1 Nr. 3 ThürKO, der – dem Wortlaut nach etwas schwächer – verlangt, daß der Zweck des gemeindlichen Unternehmens nicht ebenso gut und wirtschaftlich durch einen anderen erfüllt wird oder erfüllt werden kann; ergänzend wird die Durchführung eines Markterkundungsverfahrens vorgeschrieben. Im Gemeinderecht Mecklenburg-Vorpommerns hatte § 68 Abs. 1 Nr. 3 KV M-V a.F. zunächst noch schärfer formuliert, daß die Gemeinde sich nur wirtschaftlich betätigen dürfe, wenn sie die gemeindlichen Aufgaben besser und wirtschaftlicher als Dritte erfüllen kann; nach einer Änderung der Kommunalverfassung genügt mit Wirkung vom 29. November 1997 an nun, daß sie die Aufgabe ebenso gut und wirtschaftlich

[45] § 100 Abs. 2 BbgGO; § 108 Abs. 1 S. 1 NGO. Auch § 107 Abs. 1 S. 1 GO NW a.F. enthielt diese Wendung; § 107 Abs. 1 S. 1 GO NW i.d.F. des Ersten Modernisierungsgesetzes vom 15. Juni 1999 (GVBl. S. 386) beschränkt sich jetzt auf die Formulierung »zur Erfüllung ihrer Aufgaben«, und § 107 Abs. 3, 4 GO NW enthält Regelungen für ein Tätigwerden außerhalb des Gemeindegebietes bzw. auf ausländischen Märkten.

[46] Vgl. BayVerfGH, VGH n.F. 10 II, 113.

wie Dritte erfüllen kann[47]. Entsprechende Regelungen sind inzwischen auch in anderen Ländern vorgeschlagen bzw. getroffen worden[48]. Schließlich wollen einige Gemeindeordnungen die bislang an die Errichtung, Übernahme und (wesentliche) Erweiterung eines Unternehmens gerichteten Anforderungen nunmehr an die wirtschaftliche Betätigung als solche[49] bzw. die Unterhaltung von Unternehmen[50] stellen und damit offenbar eine nicht nur auf die Aufnahme der Betätigung beschränkte, sondern dauernde Rechtfertigungslast für die Kommunen begründen.

bb. Organisatorische Rahmenbedingungen gemeindlicher Wirtschaftstätigkeit

Zu diesen materiellrechtlichen Begrenzungen treten Einengungen der kommunalen Wirtschaftsbetätigung in organisatorischer und verfahrensmäßiger Hinsicht hinzu. Auch sie können im Ergebnis – aus tatsächlichen oder auch rechtlichen Gründen, im Zusammenspiel mit den materiellrechtlichen Zulässigkeitsvoraussetzungen, die etwa eine im Vergleich zu anderen unwirtschaftlichere gemeindliche Betätigung nicht zulassen – privatisierungsfördernd wirken, wenn sie die Wirtschaftlichkeit der kommunalen Aufgabenwahrnehmung im Vergleich zur Privatwirtschaft beeinträchtigen. Die verschiedenen Gemeindeordnungen weisen eine Vielzahl einschlägiger Regelungen auf, die sich in zahlreichen Einzelheiten voneinander unterscheiden, doch lassen sich immerhin einige übereinstimmende Ansatzpunkte benennen. Der erste betrifft die Einschränkung des Rechts zur Wahl privater Organisationsformen für kommunale Unternehmen durch Vorrangregeln zugunsten öffentlich-rechtlicher Rechtsformen, sei es bei nichtwirtschaftlicher, sei es bei wirtschaftlicher Betätigung im Sinne der kommunalwirtschaftlichen Bestimmungen[51]. Ein zweiter betrifft die Anforderungen an die nähere Ausgestaltung des Verhältnisses der Kommune zu ihren privatrechtsförmigen Unternehmen mit dem Ziel einer engeren Anbindung des Unternehmens an die Kommune und einer intensivierten kommunalen Steuerung; dazu zählen über die Verpflich-

---

[47] Vgl. das Änderungsgesetz vom 26. November 1997 (GVBl. S. 694) und die Neubekanntmachung vom 13. Januar 1998 (GVBl. S. 29, ber. in GVBl. S. 890).

[48] Vgl. den Antrag der CDU-Fraktion, Landtag Nordrhein-Westfalen, LT-Drs. 12/1940, sowie § 85 Abs. 1 Nr. 3 GemO RhPf i.d.F. des Änderungsgesetzes vom 2. April 1998 (GVBl. S. 108).

[49] § 107 Abs. 1 GO NW, wobei die wirtschaftliche Betätigung als »Betrieb von Unternehmen« definiert wird; vgl. auch § 68 Abs. 1 KV M-V.

[50] § 97 Abs. 1 S. 1 SächsGemO; § 116 Abs. 1 GO LSA. Vgl. bereits § 57 Abs. 1 KV DDR.

[51] Vgl. dazu den kurzen Überblick über die Rechtslage in den verschiedenen Ländern bei *Schönershofen/Binder-Falcke*, VR 1997, 109 (113 f.).

tung zur Ausrichtung der Satzung der Gesellschaft auf den zu erfüllenden öffentlichen Zweck und die Verpflichtung zur Sicherstellung eines angemessenen gemeindlichen Einflusses in der Gesellschaft hinaus etwa auch die Verpflichtung zur Aufstellung von Wirtschaftsplänen und einer fünfjährigen Finanzplanung oder Regelungen über die Bestellung und die Stimmabgabe der gemeindlichen Vertreter in den Organen der Gesellschaft oder die Verpflichtung der Gemeinde, sich die Rechte aus §§ 53, 54 HGrG einräumen zu lassen[52]. Der dritte Ansatz betrifft die Intensivierung der staatlichen Kontrolle über die kommunalen Unternehmen, sei es durch die Kommunalaufsicht, sei es durch den Rechnungshof, indem etwa der Kommune die Unternehmensbeteiligung nur gestattet wird, wenn die Gesellschaft sich der staatlichen Rechnungsprüfung unterwirft.

II. Folgerungen für die Kommunen

Die beschriebenen Veränderungen der Rechtslage verändern die Rahmenbedingungen kommunaler Daseinsvorsorge allgemein bzw. hinsichtlich einzelner, wichtiger Betätigungsfelder. Was sind die wesentlichen Auswirkungen, und welche Reaktionsmöglichkeiten bestehen für die Kommunen?

1. Die Veränderung der Rahmenbedingungen kommunaler Daseinsvorsorge

Am Beispiel des Elektrizitätssektors, auf dem die Kommunen bislang sowohl als Inhaber des Wegenutzungsrechts mit dem Recht zur Vergabe ausschließlicher Nutzungsrechte wie auch mit eigenen Versorgungsunternehmen vertreten waren, wird deutlich, daß aus kommunaler Perspektive eine doppelte Veränderung ansteht. Zum einen – das betrifft das mit der Reform des Energiewirtschaftsrechts verfolgte Ziel der Beseitigung geschlossener Versorgungsgebiete – soll die Wahrnehmung hergebrachter kommunaler Daseinsvorsorgeaufgaben verstärkt dem privatwirtschaftlichen Wettbewerb ausgesetzt werden, indem bislang mögliche Wettbewerbsbeschränkungen nicht mehr zugelassen werden. Zum anderen und darüber hinaus sehen die Kommunen in den kommunalwirtschaftsrechtlichen Regelungen ihre Möglichkeiten zur gleichberechtigten Teilnahme am Wettbewerb spezifisch eingeschränkt.

Aus der Perspektive der Kommunen und ihrer Unternehmen gefährden diese Neuregelungen zum einen die Wahrnehmung ihrer gemeinwohlorien-

---

[52] Dazu ebenfalls im Überblick *Schönershofen/Binder-Falcke*, VR 1997, 109 (114 f.).

tierten Aufgaben. Insbesondere im Zusammenhang mit der Reform des Energiewirtschaftsrechts sind insoweit Umweltbelange ins Feld geführt worden: Die Aufhebung der geschlossenen Versorgungsgebiete erlaube zukünftig aus technisch-wirtschaftlichen Gründen nicht mehr den Einsatz von Kraft-Wärme-Kopplungsanlagen, weil diese auf einen kontinuierlichen Absatz von Wärme und Strom angewiesen seien, der durch die Eröffnung von branchen-internem Wettbewerb um große Stromkunden innerhalb eines Gebiets gestört werde[53]; auch die Fortführung kommunaler CO_2-Minderungskonzepte werde behindert[54].

Außerdem sehen die Kommunen durch die aufgezeigte Entwicklung fiskalische Interessen gefährdet. Die kommunalen Bedenken gegen die Energierechtsnovelle beruhen auch auf der Sorge um den Verlust der bisherigen Einnahmen aus Konzessionsabgaben, die mit etwa 6 Mrd. DM bundesweit angegeben werden[55]. Das gleiche fiskalische Interesse hat auch maßgeblich hinter den – erfolglos gebliebenen[56] – Verfassungsbeschwerden einer Reihe von Kommunen gegen die Verpflichtung zur kostenlosen Überlassung der Wegenutzung für Telekommunikationslinien gemäß § 50 Abs. 1 TKG gestanden. Dieser Aspekt gewinnt dadurch zusätzlich an Gewicht, daß die Diskussion um die Privatisierung im kommunalen Bereich vor dem Hintergrund einer insgesamt schwerwiegenden Finanznot der Kommunen stattfindet, die ihren Grund – bei steigenden Einnahmen – in einer noch größeren Steigerung der kommunalen Ausgaben vor allem in Folge der kommunalen Lasten für die deutsche Einheit, steigender Sozialhilfelasten und neuer Leistungsgesetze hat[57]. So haben die Haushalte der bundesdeutschen Kommunen in den Jahren seit 1985, abgesehen von einer kleinen Konsolidierungspause im Jahr 1988, regelmäßig steigende Finanzierungsdefizite aufgewiesen, in den Jahren 1992 bis 1995 jeweils in Höhe zweistelliger Milliardenbeträge; nach einer kurzen Milderung auf Grund drastischer Rückführung der Investitionsausgaben mit einem Defizit von etwa 7,5 Mrd. DM im Jahr 1996 rechnen die kommunalen Spitzenverbände auch für 1998 wieder mit einer Neuverschuldung von annähernd 10 Mrd. DM[58]. Nach Feststellungen des Statistischen Bundesamtes war Ende 1996 ein Rekord-Schuldenstand der Städte und Gemeinden in Deutsch-

---

53 *Weigt*, RdE 1994, 209 (210).

54 Positionspapier des Verbandes kommunaler Unternehmen, abgedruckt in: der städtetag 1997, 39.

55 *Löwer*, et 1997, 304 (306).

56 Vgl. BVerfG (2. Kammer des Zweiten Senats), NVwZ 1999, 520.

57 Vgl. zum folgenden die Darstellungen bei *Schoch*, Verfassungsrechtlicher Schutz der kommunalen Finanzautonomie, S. 20 ff.; *Schoch/Wieland*, Finanzierungsverantwortung für gesetzgeberisch veranlaßte kommunale Aufgaben, S. 22 ff., 209 ff.

58 Vgl. FAZ vom 20. Januar 1998, Nr. 16, S. 19.

land in einer Gesamthöhe von 167,5 Mrd. DM, Ende September 1997 ein Schuldenstand von 166,8 Mrd. DM erreicht[59].

2. Kommunale Reaktionsmöglichkeiten

Ihre gemeinwohlorientierten und ihre fiskalischen Interessen suchen die Kommunen und ihre Unternehmen gegenüber der europäischen und staatlichen Privatisierungs- und Deregulierungspolitik auf zweierlei Weise zu wahren, nämlich zum einen durch eine defensive, den Bestand an kommunalen Unternehmen und die angestammten Vorrechte der kommunalen Daseinsvorsorge verteidigende Haltung und zum anderen durch eine offensive und expansive Reaktion, die sich im Eintritt kommunaler Unternehmen in neue (Wettbewerbs-)Märkte äußert.

a. Verteidigung angestammter Vorrechte kommunaler Daseinsvorsorge

Zunächst geht es aus kommunaler Perspektive um die Bewahrung des angestammten Bereichs kommunaler Daseinsvorsorge. Dieses Anliegen hat vor allem Ausdruck gefunden in den Einwänden, die der Bundesrat gegen die Energierechtsnovelle vorgebracht hat[60], und in den dagegen angestrengten, derzeit anhängigen verfassungsgerichtlichen Verfahren.

b. Expansion der Kommunalwirtschaft in neue Märkte

Die Kommunen haben jedoch nicht nur abwehrend auf die an sie adressierten Deregulierungs- und Privatisierungsvorgaben reagiert, sondern versuchen zunehmend, mit ihren Unternehmen sich den veränderten Rahmenbedingungen anzupassen, indem sie sich den Wettbewerbsbedingungen stellen und auf dem Markt, in Konkurrenz zu privaten Unternehmen wirtschaftlichen Erfolg suchen. Das hat – teils gerade in Reaktion insbesondere auf die Deregulierungspolitik – eine Tendenz zur Ausdehnung kommunaler Wirtschaftstätigkeit zur Folge[61].

In diesen Erweiterungen kommunaler Wirtschaftstätigkeit macht sich – vor dem beschriebenen Hintergrund der allgemeinen kommunalen Finanznot und der verschärften Wettbewerbssituation für die einzelnen kommunalen Betriebe – das fiskalische bzw. wirtschaftliche Interesse an der Erzielung von

[59] Vgl. FAZ vom 13. Dezember 1997, Nr. 290, S. 6.

[60] Vgl. Stellungnahme des Bundesrates, BR-Drs. 806/96 (Beschluß), S. 2.

[61] So auch die – kritische – Feststellung im Elften Hauptgutachten der Monopolkommission 1994/95, BT-Drs. 13/5309, Tz. 105.

Gewinnen verstärkt geltend[62]. Befördert wird die Tendenz zu einem rentabilitätsorientierten Verwaltungshandeln noch durch die – nicht allein, aber doch vor allem von der Finanzkrise angestoßenen – Reformkonzepte für die kommunale Selbstverwaltung, die seit einigen Jahren entwickelt und in einer Reihe von Städten umgesetzt worden sind. Ihr Leitbild ist zumeist das – in Anlehnung an die in der niederländischen Stadt Tilburg erfolgte Verwaltungsreform entwickelte – so genannte Neue Steuerungsmodell[63]. Die Zielrichtung liegt in der Gewährung einer größeren Autonomie und Verantwortung an die einzelnen Fachbereiche der Verwaltung, die innerhalb ihres Budgets ihre Mittel eigenverantwortlich bewirtschaften und unter anderem auch darüber entscheiden, ob sie benötigte Dienstleistungen auf dem Markt von Privaten kaufen oder innerhalb der Kommunalverwaltung erbringen lassen. Die kommunalen Dienstleistungsstellen geraten dadurch in einen erheblich verstärkten Wettbewerb zu privaten Anbietern. Der Druck auf die einzelnen kommunalen Betriebe, in dieser Konkurrenz mit privaten Unternehmen wettbewerbsfähig sein zu müssen, führt zu einem verstärkten Bemühen um wirtschaftliche Betätigungen auch außerhalb der Verwaltung, um etwa auf Grund von Schwankungen der internen Nachfrage unausgelastete Kapazitäten zu vermarkten oder auf Grund der vorhandenen Ressourcen günstig erschließbare neue, rentable Geschäftsfelder zu besetzen[64].

Für die daraus resultierende Erweiterung kommunaler Wirtschaftsbetätigung werden zahlreiche Beispiele genannt, die vom Vordringen der Kommunen in den privaten Teilbereich der Abfallentsorgung über die Vermarktung von Datenverarbeitungsprogrammen[65], Werkstattleistungen und Autorecycling, Gartenpflege, Vermessungsarbeiten und Reinigungsaufgaben bis hin zu entlegeneren Aktivitäten wie dem Betrieb von Kneipen, Nagelstudios oder Reisebüros[66] reichen. Vor allem aber steht für diese Tendenz der von einer Reihe von Städten vollzogene oder beabsichtigte Einstieg in das Telekommu-

---

[62] *Ehlers*, DVBl. 1997, 137 (138), eine Parallele zur Entwicklung in der Weimarer Zeit ziehend. Vgl. an Stellungnahmen aus kommunaler Perspektive dazu: *Gleitze*, in: Gesellschaft für öffentliche Wirtschaft (Hrsg.), Kommunale Wirtschaft zwischen Wettbewerb und Gemeindewirtschaftsrecht, S. 33 (33 f.); *Hartung*, der städtetag 1996, 635 (639); *Steckert*, der städtetag 1996, 281 (283).

[63] Vgl. dazu *Otting*, Neues Steuerungsmodell und rechtliche Betätigungsspielräume der Kommunen, S. 12 ff.

[64] *Badura*, DÖV 1998, 818 (819); *Ehlers*, DVBl. 1997, 137 (138); *ders.*, DVBl. 1998, 497 (497 f.); *Otting*, Neues Steuerungsmodell und rechtliche Betätigungsspielräume der Kommunen, S. 46 ff.

[65] Vgl. dazu *Zundel*, VR 1996, 340.

[66] Vgl. *Ehlers*, DVBl. 1998, 497 (498); *Hill*, BB 1997, 425; *Moraing*, WiVerw 1998, 233 (239 f.).

nikationsgeschäft[67]. Dieser neu eröffnete Markt wird nicht nur generell als lukrativ eingeschätzt; darüber hinaus verfügen viele Kommunen schon länger über alternative Infrastrukturen, Einrichtungs- und Betriebs-Know-how und freie Übertragungskapazitäten, die eine günstige Basis für die Vermarktung gegenüber Dritten darstellen[68]. Diese kommt in verschiedenen Erscheinungsformen – mit unterschiedlich hohem Investitionsbedarf, aber auch entsprechend unterschiedlichen Gewinnchancen – in Betracht. Die erste Möglichkeit besteht in der bloßen Verwertung des Rechts zur Wegebenutzung; insoweit haben sich die Kommunen – wie gesehen: erfolglos – zunächst dagegen gewandt, daß gemäß § 50 Abs. 1 TKG auch nach der Privatisierung der Telekommunikation dem Bund zu Lasten der Kommunen ein unentgeltliches Wegerecht für Telekommunikationslinien zusteht, doch bleibt jedenfalls eine Verwertung des Wegenutzungsrechts in dem durch § 50 Abs. 1 und 2 TKG nicht entzogenen Bereich möglich, insbesondere für Telekommunikationsdienste für geschlossene Benutzergruppen. Darüber hinaus kommt die Vermietung von Trassen und Leerrohren und weiter das Bereitstellen von Kabeln/Übertragungswegen in Betracht. Den Schlußpunkt bildet die Vermarktung von Vermittlungs-, Netz- und Mehrwertdiensten[69]. Kommunale Unternehmen können insoweit unmittelbar selbst als Netzbetreiber oder Diensteanbieter auftreten, aber auch die Beteiligung an Betreibergesellschaften bzw. Allianzen und Kooperationen suchen.

Diese offensive, auf eine Behauptung unter Wettbewerbsbedingungen gerichtete Strategie führt die kommunalen Unternehmen allerdings unter Umständen in einen Konflikt mit den besonderen rechtlichen Beschränkungen ihrer Wirtschaftstätigkeit im Kommunalwirtschaftsrecht der Länder. Das gilt vor allem unter zwei Aspekten: zum einen in gegenständlicher Hinsicht, wenn die Unternehmensbetätigung nicht mehr (unmittelbar) der Erfüllung von spezifisch öffentlichen Zwecken dient, und zum anderen in räumlicher Hinsicht, wenn die Betätigung sich auf fremde Gemeindegebiete erstreckt. Es wächst ein Interesse daran, von Zweck- und Zuständigkeitsbindungen möglichst frei gemäß den Bedingungen des Wettbewerbs wirtschaftlich handeln zu können[70].

---

[67] *Hartung*, der städtetag 1996, 635 (639).
[68] Vgl. *Voeth*, der städtetag 1996, 97.
[69] Vgl. *te Reh*, ZögU 19 (1996), 399 (403 ff.).
[70] Vgl. *Steckert*, der städtetag 1996, 281 (284).

II. Teil

Europa- und verfassungsrechtliche Grundlagen der Regelung kommunaler Daseinsvorsorge

1. Abschnitt

Grundlagen der Regelung im Europäischen Gemeinschaftsrecht

3. Kapitel

Der grundgesetzliche Schutz kommunaler Selbstverwaltung und das Recht der Europäischen Gemeinschaft

Auch für die Rechtsstellung der Kommunen ist von dem Vorrang des Gemeinschaftsrechts auszugehen, den der Europäische Gerichtshof seit dem grundlegenden Costa/ENEL-Urteil[1] und seither in ständiger Rechtsprechung[2] in Anspruch nimmt. Daran hat auch die Maastricht-Entscheidung des Bundesverfassungsgerichts nichts geändert. Zwar stehen sich nach dieser Entscheidung die Geltungs- und Vorranganspruche von nationalem und Gemeinschaftsrecht offener als zuvor[3] grundsätzlich entgegen, wenn das Gericht die innerstaatliche Verbindlichkeit des Gemeinschaftsrechts auf den Anwendungsbefehl des nationalen Zustimmungsgesetzes zurückführt und von daher unter verfassungsrechtliche Vorbehalte stellt[4]. Andererseits will aber auch das Bundesverfassungsgericht den Konflikt begrenzt halten. Es erkennt wie früher[5] so auch im Maastricht-Urteil[6] und in der bald darauf folgenden Fernsehrichtlinien-Entscheidung[7] das Gemeinschaftsrecht prinzipiell als eine eigene und besondere, für die Mitgliedstaaten und ihre Angehörigen verbindliche und innerstaatlich mit Vorrang vor dem nationalen Recht anwendbare Rechtsordnung an. Es ist auch nicht erkennbar, daß es seine aktuelle Jurisdiktion über Gemeinschaftsrechtsakte entscheidend ausweiten wollte[8]; vielmehr

---

[1] EuGH, Slg. 1964, 1251 (1269 ff.).

[2] Vgl. etwa EuGH, Slg. 1970, 1125 (1135, Tz. 3) – Internationale Handelsgesellschaft; Slg. 1978, 629 (643 ff., Tz. 13 ff.) – Simmenthal; Slg. 1991, I-297 (321, Tz. 19) – Nimz.

[3] Vgl. etwa früher BVerfGE 37, 271 (277 f.): »Der Senat hält – insoweit in Übereinstimmung mit der Rechtsprechung des Europäischen Gerichtshofs – an seiner Rechtsprechung fest, daß das Gemeinschaftsrecht weder Bestandteil der nationalen Rechtsordnung noch Völkerrecht ist, sondern eine eigenständige Rechtsordnung bildet, die aus einer autonomen Rechtsquelle fließt.«

[4] BVerfGE 89, 155 (186 ff.).

[5] BVerfGE 31, 145 (173); 73, 339 (375); 75, 223 (244); 85, 191 (204).

[6] Vgl. BVerfGE 89, 155 (174 f.).

[7] BVerfGE 92, 203 (227), spricht in der Zulässigkeitsprüfung ohne besonderen Aufhebens von »Rechtsakten der EWG, die durch ihren Anwendungsvorrang die Ausübung der innerstaatlichen Kompetenzen der Länder beschränken«.

[8] So etwa *Jarass*, Grundfragen der innerstaatlichen Bedeutung des EG-Rechts, S. 2; *Schneider*, AöR 119 (1994), 294 (297).

sieht es sich – wie es hinsichtlich der Grundrechtskontrolle bemerkt – in einem Kooperationsverhältnis zum Europäischen Gerichtshof[9].

Die zunehmende Einwirkung des Europäischen Gemeinschaftsrechts auf die kommunalen Aktivitäten, auch in der Daseinsvorsorge, hat jedoch die Frage dringlicher gemacht, ob auch für die Garantie kommunaler Selbstverwaltung eine spezifische verfassungsrechtliche Begrenzung der Übertragung von Hoheitsgewalt auf die Europäische Gemeinschaft und des Vorrangs des Gemeinschaftsrechts hergeleitet, die Garantie kommunaler Selbstverwaltung in diesem Sinne als »europafest« bezeichnet werden kann. Dieser Frage soll zunächst kurz mit Blick auf die Bindung von Gemeinschaftsrechtsakten unmittelbar an Art. 28 Abs. 2 GG (I.), anschließend mit Blick auf die verfassungsrechtliche Regelung für die Übertragung von Hoheitsgewalt auf die Europäische Union in Art. 23 Abs. 1 GG nachgegangen werden (II.).

I. Art. 28 Abs. 2 GG und Gemeinschaftsrechtsakte

Die Verfassungsgarantie des Art. 28 Abs. 2 GG selbst entfaltet gegenüber Gemeinschaftsrechtsakten, wie mit Recht anerkannt ist, unmittelbar keinen verfassungsrechtlichen Schutz[10]. Maßnahmen der Europäischen Gemeinschaft sind keine Äußerungen der grundgesetzgebundenen deutschen Hoheitsgewalt, sondern Akte einer zwar auf Ermächtigung beruhenden, aber eigenständigen Hoheitsgewalt. Als solche unterliegen sie nicht den einzelnen Bestimmungen des Grundgesetzes, die die deutsche Staatsgewalt binden. Allein die besonderen Verfassungsbestimmungen, die sich mit der Übertragung von Hoheitsgewalt durch die Bundesrepublik auf die supranationale Einrichtung der Europäischen Gemeinschaft und deren Grenzen befassen, vermögen daher auch etwas über die Grenzen ihrer Ausübung in der Bundesrepublik aussagen. Auch der Schutz der kommunalen Selbstverwaltung gegenüber Hoheitsakten der Europäischen Gemeinschaft kann nicht aus Art. 28 Abs. 2 GG folgen, sondern nur nach Maßgabe von Art. 23 Abs. 1 GG bestehen.

Auch wenn es inhaltlich folgenlos bleiben mag, ist es danach rechtlich-konstruktiv nicht überzeugend, wenn gemeinschaftsrechtliche Beschränkungen kommunaler Selbstverwaltung als – von den für nationales rahmensetzendes Recht geltenden Beschränkungen freigestelltes – rahmensetzendes Recht im Sinne von Art. 28 Abs. 2 S. 1 GG gekennzeichnet werden[11]. Diese Kennzeich-

---

[9] BVerfGE 89, 155 (175, 178).

[10] Vgl. *Blanke*, DVBl. 1993, 819 (821); *Stern*, in: Festschrift Friauf, S. 75 (80 f.).

[11] *v. Ameln*, DVBl. 1992, 477 (478); *Frenz*, in: Hoffmann u.a. (Hrsg.), Kommunale

nung ist richtig im Hinblick auf nationale Umsetzungsakte; insoweit handelt es sich um Äußerungen der bundesdeutschen Staatsgewalt, auch wenn sie auf gemeinschaftsrechtlichen Verpflichtungen beruhen und verfassungsrechtlichen Bindungen nicht unterfallen, soweit die vorrangig anwendbaren gemeinschaftsrechtlichen Vorgaben reichen. Gemeinschaftsrechtsakte selbst aber sind kein rahmensetzendes Recht im Sinne dieser Verfassungsbestimmung[12]. Zwar ist es in rechtstatsächlicher Perspektive zutreffend, daß das unmittelbar anzuwendende Gemeinschaftsrecht ebenso wie das nationale Recht die Selbstverwaltungstätigkeit bundesdeutscher Kommunen determiniert und seine Regelungen insofern auf Inkorporation in die innerstaatliche Struktur angelegt sind[13]. Rechtlich entspringen jedoch die grundgesetzliche Garantie kommunaler Selbstverwaltung und das Gemeinschaftsrecht verschiedenen Quellen, da das Gemeinschaftsrecht seinen Geltungs- und Anwendungsanspruch aus der von der des Grundgesetzes verschiedenen, autonomen Rechtsordnung der Gemeinschaft bezieht. Daß Art. 28 Abs. 2 GG und das Gemeinschaftsrecht Bestandteile unterschiedlicher Rechtsordnungen sind, steht einer partiellen Integration von Gemeinschaftsrecht als rahmensetzendes Recht in die Norm des Art. 28 Abs. 2 GG entgegen.

II. Die Garantie kommunaler Selbstverwaltung als Grenze der Übertragung von Hoheitsgewalt

Nicht von Art. 28 Abs. 2 GG her, sondern von den verfassungsrechtlichen Anforderungen an den Akt der Übertragung von Hoheitsgewalt auf die Europäische Gemeinschaft her ist also zu bestimmen, ob die kommunale Selbstverwaltung im Verhältnis zur Hoheitsgewalt der Europäischen Gemeinschaft verfassungsrechtlichen Schutz genießt. Maßgeblich wird damit die Bestimmung des Art. 23 Abs. 1 GG. Sie entscheidet über die materiell- verfassungsrechtlichen Grenzen für die Übertragung von Hoheitsgewalt auf die Europäische Union und damit zugleich auch über einen möglichen Verfassungsvorbe-

---

Selbstverwaltung im Spiegel von Verfassungsrecht und Verwaltungsrecht, S. 9 (10 f. m.w.N. in Fn. 13); *Mombaur/v. Lennep*, DÖV 1988, 988 (991); *dies.*, StuGR 1989, 95 (98); *v. Mutius*, Städte- und Gemeindebund 1989, 299 (304); *Spannowsky*, DVBl. 1991, 1120 (1123).

[12] So im Ergebnis zutreffend *Faber*, DVBl. 1991, 1126 (1133); *dies.*, Europarechtliche Grenzen kommunaler Wirtschaftsförderung, S. 75 f.; zustimmend *Kaltenborn*, Der Schutz der kommunalen Selbstverwaltung im Recht der Europäischen Union, S. 18 Fn. 54.

[13] Vgl. *Frenz*, in: Hoffmann u.a. (Hrsg.), Kommunale Selbstverwaltung im Spiegel von Verfassungsrecht und Verwaltungsrecht, S. 9 (10).

halt zugunsten der kommunalen Selbstverwaltung gegenüber der Anwendung von Gemeinschaftsrechtsakten[14].

1. Das Verhältnis von Art. 23 Abs. 1 GG und Art. 28 Abs. 2 GG

Noch zu Art. 24 Abs. 1 GG, als dieser für den Prozeß der europäischen Einigung einschlägig war, ist die These vertreten worden, die dort geregelte Ermächtigung des Gesetzgebers zur Übertragung von Hoheitsgewalt auf die Europäische Gemeinschaft bzw. Union erfahre unmittelbar aus Art. 28 Abs. 2 GG eine Beschränkung. Art. 24 Abs. 1 GG und Art. 28 Abs. 2 GG stünden als ranggleiche Verfassungsrechtssätze in einem Spannungsverhältnis, das nach dem Grundsatz der Einheit der Verfassung gemäß dem Gebot praktischer Konkordanz so aufzulösen sei, daß beide Bestimmungen zu größtmöglicher Wirkung kämen[15]. Danach soll unter bestimmten Voraussetzungen auch die verfassungsrechtliche Befugnis zur Übertragung von Hoheitsgewalt auf die Europäische Gemeinschaft bzw. Union in ihrem Umfang begrenzt werden durch die verfassungsrechtliche Garantie der kommunalen Selbstverwaltung. Diese verfassungsrechtliche Annahme ist im übrigen wohl auch zugrundegelegt worden bei der These, das Bundesverfassungsgericht habe in seinem so genannten Goldenstedt-Beschluß vom 29. Oktober 1993 die Selbstverwaltungsgarantie »europafest« gemacht[16]; in diesem Beschluß hat das Gericht eine gegen das Ratifikationsgesetz zum Maastricht-Vertrag erhobene kommunale Verfassungsbeschwerde nicht zur Entscheidung angenommen, »weil die Beschwerdeführerin nicht hinreichend substantiiert dargelegt hat, daß eine Verletzung ihres Rechts auf Selbstverwaltung nach Art. 28 GG durch das Zustimmungsgesetz möglich erscheint. Zwar sichert Art. 28 Abs. 2 Satz 1 GG den Gemeinden einen Aufgabenbereich, der grundsätzlich alle Angelegenheiten der örtlichen Gemeinschaft umfaßt (vgl. BVerfGE 79, 127 [150]; 83, 363 [382]). Dieses Recht besteht aber nur ›im Rahmen der Gesetze‹, wobei der zuständigkeitsverteilende Gesetzgeber allerdings durch Art. 28 Abs. 2 Satz 1 GG gebunden ist (vgl. BVerfGE 79, 127 [143]; 83, 363 [382])«[17].

---

[14] Dazu, daß die verfassungsrechtliche Grenze der zulässigen Übertragung von Hoheitsrechten zugleich die Grenze des Anwendungsvorrangs des Gemeinschaftsrechts markiert, vgl. *Streinz*, Bundesverfassungsgerichtlicher Grundrechtsschutz und Europäisches Gemeinschaftsrecht, S. 250 ff.; *ders.*, in: Sachs, GG, Art. 23 Rn. 49.

[15] *Martini/Müller*, BayVBl. 1993, 161 (162 f.); *Müller*, Die Entscheidung des Grundgesetzes für die gemeindliche Selbstverwaltung im Rahmen der europäischen Integration, insbes. S. 237 ff.

[16] *v. Hoerner*, Stadt und Gemeinde 1994, 80; vgl. auch *Gern*, NVwZ 1996, 532 (534).

[17] BVerfG, Beschluß. v. 29.10.1993 – 2 BvR 2203/93, insoweit wiedergegeben bei *v. Hoerner*, Stadt und Gemeinde 1994, 80.

Diesem Hinweis ist zunächst nur die Verfassungsbindung des nationalen Gesetzgebers im Rahmen einer ihm nach gemeinschaftsrechtlichen Vorgaben noch verbleibenden Zuständigkeitsverteilung zu entnehmen; auf eine Verfassungsbindung auch des Hoheitsgewalt übertragenden Gesetzgebers läßt sich aus dieser Bemerkung nicht schließen[18]. Die zugrunde liegende These ist verfassungsrechtlich auch nicht zutreffend; sie war schon nicht überzeugend, als Art. 24 Abs. 1 GG noch die Rechtsgrundlage für die Übertragung von Hoheitsgewalt im Prozeß der europäischen Einigung war, und ist es erst recht nicht, seit Art. 23 GG hierfür maßgeblich ist[19]. Art. 23 Abs. 1 GG benennt nun selbst explizit die formellen und materiellen Grenzen einer Übertragung von Hoheitsgewalt auf die Europäische Union; allein dieser Verfassungsbestimmung sind diese Grenzen daher abzugewinnen. Für eine inhaltliche Anreicherung durch Rückgriff auf andere Bestimmungen des Grundgesetzes ist kein Raum. Sie ist nicht durch den Topos der Einheit der Verfassung gerechtfertigt, würde vielmehr die Spezialität der Regelung des Art 23 GG überspielen. Der spezielle Regelungsgehalt der Art. 23 Abs. 1, 24 Abs. 1 GG liegt gerade darin, den (einfachen) Gesetzgeber zu Übertragungen von Hoheitsgewalt zu ermächtigen, die sich der Sache nach verfassungsändernd auswirken; dieser spezielle Regelungsgehalt würde konterkariert, wenn er in der Wahrnehmung dieser verfassungsrechtlich eingeräumten und begrenzten Befugnis wieder durch die sonstigen, den einfachen Gesetzgeber insgesamt bindenden Verfassungsbestimmungen beschränkt würde. Das gilt auch für die Garantie des Art. 28 Abs. 2 GG; ob und inwieweit die Übertragung von Hoheitsgewalt auf die Europäische Union bzw. die innerstaatliche Anwendung von Gemeinschaftsrecht, die der Sache nach eine Beschränkung der grundgesetzlich gewährleisteten kommunalen Selbstverwaltung bewirkt oder ermöglicht, verfassungsrechtlich zulässig ist, hängt allein von Art. 23 Abs. 1 GG ab.

2. Art. 23 Abs. 1 GG

Die verfassungsrechtlichen Grenzen der Übertragung von Hoheitsgewalt auf die Europäische Gemeinschaft hatte Art. 24 Abs. 1 GG in seinem Wortlaut nicht ausdrücklich genannt, sondern der wissenschaftlichen und richterlichen Ermittlung überlassen. Das Bundesverfassungsgericht hat diese Grenzen materiell in den identitätsbestimmenden, konstituierenden Strukturen, den un-

---

[18] Im Ergebnis ebenso *Heberlein*, DVBl. 1994, 1213 (1220); *Kaltenborn*, Der Schutz der kommunalen Selbstverwaltung im Recht der Europäischen Union, S. 23.

[19] So auch *Frenz*, in: Hoffmann u.a. (Hrsg.), Kommunale Selbstverwaltung im Spiegel von Verfassungsrecht und Verwaltungsrecht, S. 9 (25); *Mandelartz*, in: Festschrift Böckenförde, S. 163 (166).

verzichtbaren, zum Grundgefüge des Grundgesetzes gehörenden Essentialia, namentlich den dem Grundrechtsteil des Grundgesetzes zugrundeliegenden Rechtsprinzipien gefunden[20]. Die Literatur hat sich zur näheren Bestimmung des unbedingt zu wahrenden Mindeststandards zumeist an Art. 79 Abs. 3 GG orientiert, ohne sich jedoch ganz einig darüber zu sein, ob die im Rahmen von Art. 24 Abs. 1 GG zu beachtenden Grenzen damit identisch oder aber enger oder weiter zu ziehen seien[21] Im Ergebnis haben nur vereinzelt Autoren angenommen, die kommunale Selbstverwaltung zähle, jedenfalls in ihrem Kerngehalt, zu den tragenden Prinzipien des Grundgesetzes, die auch gegenüber dem Europäischen Gemeinschaftsrecht Bestand und Vorrang haben müßten[22]. Die vorherrschende Ansicht zu Art. 24 Abs. 1 GG hat Art. 28 Abs. 2 GG für nicht »europafest« erklärt[23]. Danach kann hier – ohne daß diese Diskussion noch einmal ausführlich aufgerollt werden müßte – davon ausgegangen werden, daß nach Art. 24 Abs. 1 GG die Verfassungsgarantie des Art. 28 Abs. 2 GG weder der Übertragung von Hoheitsrechten auf die Europäische Union noch der innerstaatlichen Anwendung von Gemeinschaftsrechtsakten entgegengehalten werden kann.

Allerdings hat die mit Blick auf den Maastricht-Vertrag erfolgte, zukünftig anstelle von Art. 24 Abs. 1 GG für die europäische Einigung einschlägige Neufassung von Art. 23 GG, vor allem wegen der Verankerung des Subsidiaritätsprinzips, die Erwartung eines weitergehenden Schutz auch der kommunalen Selbstverwaltung ausgelöst[24]. Art. 23 Abs. 1 GG nimmt die inhaltlich

---

[20] Vgl. BVerfGE 37, 271 (297 f.); 73, 339 (375 f.).

[21] Vgl. dazu etwa *Herdegen*, EuGRZ 1989, 309 (312); *Pernice*, in: Dreier, GG, Art. 24 Rn. 32; *Streinz*, Bundesverfassungsgerichtlicher Grundrechtsschutz und Europäisches Gemeinschaftsrecht, S. 221 ff.; *Randelzhofer*, in: Maunz/Dürig, GG, Art. 24 Abs. I Rn. 84 ff.

[22] *Martini/Müller*, BayVBl. 1993, 161 (163 m.w.N. in Fn. 32); *Müller*, Die Entscheidung des Grundgesetzes für die gemeindliche Selbstverwaltung im Rahmen der europäischen Integration, S. 183 ff., 227; *v. Mutius*, Städte- und Gemeindebund 1989, 299 (304); *Stern*, in: BK, Art. 28 (Zweitbearb.) Rn. 73 ff. Vgl. auch – im Ergebnis unentschieden – *Rengeling*, DVBl. 1990, 893 (898).

[23] *v. Ameln*, DVBl. 1992, 477 (479); *Blanke*, DVBl. 1993, 819 (822 f.); *Faber*, DVBl. 1991, 1126 (1131 f.); *dies.*, Europarechtliche Grenzen kommunaler Wirtschaftsförderung, S. 69 ff.; *Heberlein*, BayVBl. 1993, 676 (677); *Hofmann/Muth/Theisen*, Kommunalrecht in Nordrhein-Westfalen, S. 125; *Hoppe*, NVwZ 1990, 816 (818); *Kreiner*, RiA 1989, 141 (142 f.); *Mombaur/v. Lennep*, DÖV 1988, 988 (990 f.); *dies.*, StuGR 1989, 95 (97); *Rengeling*, DVBl. 1990, 893; *Schoch*, VerwArch 81 (1990), 18 (51); *Siedentopf*, DÖV 1988, 981 (983 f.); *Spannowsky*, DVBl. 1991, 1120 (1123); Weitere Nachweise bei *Müller*, Die Entscheidung des Grundgesetzes für die gemeindliche Selbstverwaltung im Rahmen der europäischen Integration, S. 51 m.w.N. in Fn. 2 ff., S. 272 f. m.w.N. in Fn. 3 ff.

[24] Vgl. BR-Drs. 501/92, S. 13; BT-Drs. 12/3338, S. 6; BT-Drs. 12/3896, S. 17; BT-Drs. 12/6000, S. 20 f. Aus der Literatur vgl. *Brockmeyer*, in: Schmidt-Bleibtreu/Klein, GG, Art. 23 Rn. 11; *Scholz*, NJW 1992, 2593 (2599).

schon im Rahmen von Art. 24 Abs. 1 GG erörterten Aspekte auf und entwickelt sie weiter, indem er den möglichen Konflikt zwischen europäischen und bundesrepublikanischen (Verfassungs-)Strukturen in einer differenzierten Weise zweifach, in Art. 23 Abs. 1 S. 1 GG und in Art. 23 Abs. 1 S. 3 i.V.m. Art. 79 Abs. 3 GG, thematisiert. An diesen beiden Regelungen muß heute die Prüfung ansetzen, inwieweit der Verfassungsschutz der kommunalen Selbstverwaltung einer innerstaatlichen Anwendung von Gemeinschaftsrechtsakten entgegenstehen kann.

a. Art. 23 Abs. 1 S. 1 GG

Nach Art. 23 Abs. 1 S. 1 GG wirkt »die Bundesrepublik Deutschland bei der Entwicklung der Europäischen Union mit, die demokratischen, rechtsstaatlichen, sozialen und föderativen Grundsätzen und dem Grundsatz der Subsidiarität verpflichtet ist und einen dem Grundgesetz im wesentlichen vergleichbaren Grundrechtsschutz gewährleistet«. Es handelt sich um eine Staatszielbestimmung, die zugleich zentrale Strukturen der anzustrebenden und unter bundesdeutscher Mitwirkung zu entwickelnden Europäischen Union angibt. Insoweit weist die Bestimmung eine positiv-gestaltend orientierte Funktion auf[25]. Sie will auf diesem Wege – als verfassungsrechtliches Pendant zur Selbstverpflichtung der Europäischen Union in Art. 6 EUV – das Mindestmaß an materieller Kongruenz zur verfassungsstaatlichen Ordnung der Bundesrepublik sicherstellen. Dieser neuen Regelung ist – teils negativ als Integrationshindernis[26], teils positiv als Schutzinstrument nationaler Verfassungselemente, auch der kommunalen Selbstverwaltung, bewertet[27] – eine große Wirksamkeit beigemessen worden, die ihr näher betrachtet jedoch nicht zukommt[28].

aa. Inhaltliche Konkretisierung der Vorgaben

Der Grund dafür liegt zunächst in dem sachlichen Gehalt der dort gemachten Vorgaben. Konkret geht es um die Frage, ob und in welcher Weise diese auch eine Bestandsgarantie der kommunalen Selbstverwaltung einschließen.

Nach den Vorstellungen der Gemeinsamen Verfassungskommission von Bundestag und Bundesrat soll die von ihr vorgeschlagene Struktursicherungs-

---

25 *Breuer*, NVwZ 1994, 417 (422); *Everling*, DVBl. 1993, 936 (944).
26 *Götz*, JZ 1993, 1081 (1083); *Schwarze*, JZ 1993, 585 (590).
27 *Scholz*, NJW 1992, 2593 (2599).
28 Im Ergebnis übereinstimmend *Enders*, in: Festschrift Böckenförde, S. 29 (37).

klausel dies mit der Aufnahme des Subsidiaritätsgrundsatzes leisten[29]. Im Anschluß daran wird auch in der Literatur die kommunale Selbstverwaltung als Schutzobjekt der Bestimmung angesehen[30]. Erläuternd wird darauf verwiesen, daß das Subsidiaritätsprinzip im Rahmen von Art. 23 Abs. 1 S. 1 GG – anders als das in Art. 5 Abs. 2 EGV statuierte gemeinschaftsrechtliche Subsidiaritätsprinzip, das eine Kompetenzausübungsregelung enthalte – die Verteilung der Kompetenzen im Verhältnis von Europäischer Union und Mitgliedstaat begrenzend regele[31]. Die Konkretisierung der Grenzen der Kompetenzübertragung, insbesondere auch soweit sie aus dem Subsidiaritätsprinzip abzuleiten sind, habe allein aus dem Grundgesetz heraus und deshalb auch mit Rücksicht auf die Gewährleistung der kommunalen Selbstverwaltung zu erfolgen[32].

Auch wenn zu Recht auf die Maßgeblichkeit des Grundgesetzes hingewiesen wird, muß der normative Gehalt der These von der Bestandsgarantie der kommunalen Selbstverwaltung doch relativiert werden[33]. Die Kompetenzverteilungsregelung des Art. 23 Abs. 1 S. 1 GG formuliert die dort genannten Prinzipien einschließlich des Subsidiaritätsgrundsatzes als solche, denen die Europäische Union als Adressat möglicher Kompetenzübertragungen verpflichtet sein müsse. Schon darin wird deutlich, daß die in Art. 23 Abs. 1 S. 1 GG aufgeführten Prinzipien gerade nicht unmittelbar auf die Bewahrung binnenstaatlicher Strukturen, sondern auf die Ausgestaltung der Europäischen Union in ihrer Binnenstruktur und ihren Beziehungen zu den Mitgliedstaaten abzielen. Das bestätigt sich weiter mit Blick auf die dort aufgenommenen Strukturprinzipien, die denen des Grundgesetzes, insbesondere des Art. 79 Abs. 3 GG, zwar weithin, aber keineswegs vollständig entsprechen. Vielmehr stellt Art. 23 Abs. 1 S. 1 GG selbst insofern nur eine lokkere Verbindung zu den spezifisch grundgesetzlichen Verfassungsregelungen her. Nur hinsichtlich des Grundrechtsschutzes bezieht er sich – mit der Forderung einer Vergleichbarkeit im wesentlichen – überhaupt auf die grundgesetzliche Verbürgung. Die demokratischen, rechtsstaatlichen und sozialen Grundsätze werden ohne Bezug auf das Grundgesetz, als allgemeine Prinzipien herangezogen. Weiter werden bezeichnenderweise föderative

---

29 BT-Drs. 12/6000, S. 21. Vgl. auch die Gesetzesentwurfsbegründung der Bundesregierung, BR-Drs. 501/92, S. 13.

30 *Ehlers*, in: Erichsen (Hrsg.), Kommunale Verwaltung im Wandel, S. 21 (31 ff.); *Frenz*, in: Hoffmann u.a. (Hrsg.), Kommunale Selbstverwaltung im Spiegel von Verfassungsrecht und Verwaltungsrecht, S. 9 (17 ff.); *Scholz*, NJW 1992, 2593 (2599).

31 *Pernice*, in: Dreier, GG, Art. 23 Rn. 73.

32 *Ehlers*, in: Erichsen (Hrsg.), Kommunale Verwaltung im Wandel, S. 21 (31).

33 Vgl. auch *Pernice*, in: Dreier, GG, Art. 23 Rn. 72; *Stern*, in: Festschrift Friauf, S. 75 (87).

– nicht etwa entsprechend dem Sprachgebrauch des Grundgesetzes für den innerstaatlichen Aufbau: bundesstaatliche[34] – Grundsätze eingefordert, was verdeutlicht, daß es um besondere Anforderungen an die supranationale Gemeinschaft und nicht um die Bewahrung spezifisch grundgesetzlicher Ausgestaltungen geht[35]. Das Subsidiaritätsprinzip schließlich ist als im Grundgesetz bis dahin nicht genanntes Strukturprinzip in bewußter Anlehnung an seine Aufnahme in den EG-Vertrag in Art. 23 Abs. 1 S. 1 GG aufgenommen worden[36]. Indem Art. 23 Abs. 1 S. 1 GG derartige Strukturanforderungen an die Europäische Union stellt, entzieht er die Interpretation der einzelnen dort aufgeführten Prinzipien einer nationalen Sichtweise nach spezifisch grundgesetzlichen Maßstäben[37]; das Grundgesetz selbst verweist insofern, der Zielrichtung der Bestimmung entsprechend, auf eine gesamteuropäische Perspektive. Zwischenstaatliche Einrichtungen können, wie schon früher der Forderung nach struktureller Kongruenz mit Recht entgegengehalten worden ist, nicht ohne weiteres etwa den demokratischen und rechtsstaatlichen Prinzipien, wie sie sich für den Nationalstaat herausgebildet haben, unterworfen werden, müssen diese Prinzipien vielmehr notwendig in modifizierter Form umsetzen[38]. Darüber hinaus steht bereits der Umstand, daß die Union derzeit aus fünfzehn Mitgliedstaaten besteht, deren Verfassungen die genannten Strukturprinzipien auf jeweils unterschiedliche Weise verwirklichen, der Orientierung an der besonderen Ausprägung dieser Prinzipien in der Verfassungsordnung eines einzelnen Mitgliedstaates einschließlich der eigenen, bundesdeutschen Verfassungsordnung entgegen[39]. Der in Art. 23 Abs. 1 S. 1 GG ausgesprochenen Verpflichtung auf föderative Grundsätze kann deshalb nicht mit Rücksicht auf die grundgesetz-

---

[34] Dies betonen auch *Randelzhofer*, in: Maunz/Dürig, GG, Art. 24 Abs. I Rn. 202; *Rojahn*, in: v. Münch/Kunig, GG, Art. 23 Rn. 28; *Scholz*, NJW 1992, 2593 (2599).

[35] Uneinheitlich insoweit die amtliche Begründung, BR-Drs. 501/92, S. 12 (»...; auch die europäische Union soll föderativ gegliedert sein.«) und S. 13 (»Verpflichtung der Europäischen Union, föderative Strukturen ihrer Mitgliedstaaten angemessen zu berücksichtigen«). Für eine Kombination beider Sichtweisen *Frenz*, in: Hoffmann u.a. (Hrsg.), Kommunale Selbstverwaltung im Spiegel von Verfassungsrecht und Verwaltungsrecht, S. 9 (17 f.); *Randelzhofer*, in: Maunz/Dürig, GG, Art. 24 Abs. I Rn. 202; *Scholz*, NJW 1992, 2593 (2599).

[36] BT-Drs. 12/6000, S. 20; BR-Drs. 501/92, S. 5. Dazu, daß deshalb nur das Verhältnis von nationaler und supranationaler Rechtsordnung, nicht die innerstaatliche Ordnung Gegenstand der Regelung ist, vgl. *Blumenwitz*, in: Gedächtnisschrift Grabitz, S. 1 (14).

[37] A.A., ausgehend von der Annahme einer spezifischen Schutzrichtung zugunsten bundesdeutscher Binnenstrukturen, *Frenz*, in: Hoffmann u.a. (Hrsg.), Kommunale Selbstverwaltung im Spiegel von Verfassungsrecht und Verwaltungsrecht, S. 9 (18).

[38] *Scheuner*, AöR 100 (1975), 30 (45); *Stern*, Staatsrecht I, S. 536. Vgl. auch BVerfGE 89, 155 (182 ff.).

[39] *Everling*, DVBl. 1993, 936 (944).

liche Ausgestaltung ein Schutz auch der kommunalen Ebene entnommen werden[40]. Auch das dort genannte Subsidiaritätsprinzip schließt nicht unmittelbar den Schutz der kommunalen Selbstverwaltung ein. Mit gutem Grund hat die Gemeinsame Verfassungskommission von dem Vorschlag »einer dahin gehenden ausdrücklichen Aussage in dem Verfassungstext selbst ... mit Rücksicht auf die unterschiedliche Verfassungslage in den Mitgliedstaaten« abgesehen[41].

Auch wenn man die Frage, ob Art. 23 Abs. 1 S. 1 GG die kommunale Selbstverwaltung in der Bundesrepublik Deutschland unmittelbar zu seinem Schutzobjekt macht, danach verneint, bleibt es aber dabei, daß die Forderung nach einer dem Subsidiaritätsprinzip verpflichteten Europäischen Union mittelbar auch die Bewahrung von Entfaltungsmöglichkeiten der kommunalen Selbstverwaltung in Deutschland einschließt[42]. Sie zielt auf eine Europäische Union, deren Tätigkeit nach Maßgabe des Grundsatzes vom kompetentiellen Vorrang der kleineren vor der größeren Einheit zugunsten der Mitgliedstaaten und damit auch ihrer (lokalen) Untergliederungen begrenzt ist. In diesem Sinne erstreckt der verfassungsrechtliche Schutz des Art. 23 Abs. 1 S. 1 GG sich auch auf die Kommunen.

bb. Rechtlicher Gewährleistungsgehalt

Die auf eine bestimmte positive Gestaltung der Europäischen Union zielende Funktion begrenzt Art. 23 Abs. 1 S. 1 GG, der als nationale Verfassungsbestimmung von vornherein keinen Anspruch gegen die Europäische Union begründen kann und will, weiter auch in den innerstaatlichen Rechtswirkungen, die dieser Bestimmung zukommen können.

Diese Rechtswirkungen liegen allein darin, einen objektiv-rechtlichen Maßstab für Zustimmungsgesetze und das Mitwirkungsverhalten bundesdeutscher Organe bei der Entwicklung der Europäischen Union zu geben[43]. Das Mitwirkungsverhalten der deutschen Organe mag diesen grundgesetzlichen Anforderungen nicht genügt haben, wenn die unter Mitwirkung der deutschen Organe gestaltete Gemeinschaftsrechtsordnung den Anforderungen des Art. 23 Abs. 1 S. 1 GG nicht entspricht; daraus ergeben sich jedoch keine verfassungsrechtlichen Grenzen für das Gemeinschaftsrecht und

---

[40] So aber *Frenz*, in: Hoffmann u.a. (Hrsg.), Kommunale Selbstverwaltung im Spiegel von Verfassungsrecht und Verwaltungsrecht, S. 9 (19); *Scholz*, NJW 1992, 2593 (2599).

[41] BT-Drs. 12/6000, S. 21.

[42] Vgl. auch unten 4. Kap. II. 1. b. bb. zu der Debatte darüber, ob das gemeinschaftsrechtliche Subsidiaritätsprinzip auch im Verhältnis zu den Kommunen Anwendung findet.

[43] *Enders*, in: Festschrift Böckenförde, S. 29 (37). Zur Bindung des Mitwirkungsverhaltens durch Art. 23 Abs. 1 S. 1 GG vgl. BVerfGE 89, 155 (211).

dessen innerstaatliche Anwendung. Ein Anspruch auf eine bestimmte positive Gestaltung der Gemeinschaftsrechtsordnung kann nicht geltend gemacht werden; das Bundesverfassungsgericht hat im Maastricht-Urteil die Rüge der Nichtverwirklichung der in Art. 23 Abs. 1 S. 1 GG genannten Strukturprinzipien knapp damit zurückgewiesen, aus Art. 38 GG könne »nicht abgeleitet werden, wie der institutionelle Rahmen der Europäischen Union auszugestalten ist«[44]. Ebensowenig wie einen solchen Erfüllungsanspruch können die Strukturanforderungen des Art. 23 Abs. 1 S. 1 GG auch einen Abwehranspruch gegenüber Rechtsakten der Europäischen Union begründen; die Behauptung, die Europäische Union genüge den Strukturanforderungen des Art. 23 Abs. 1 S. 1 GG nicht, würde es nicht erlauben, einzelnen Gemeinschaftsrechtsakten die Anwendbarkeit zu verweigern[45]. Das bestätigt auch der Aufbau von Art. 23 Abs. 1 GG, der in Satz 1 nur die deutsche Mitwirkung bei der Entwicklung der Europäischen Union zum Gegenstand hat und erst in Satz 2 und 3 die Übertragung von Hoheitsrechten, auf der der innerstaatliche Rechtsanwendungsbefehl für Gemeinschaftsrechtsakte beruht; erst dort setzt folglich auch die Ermittlung von dessen Grenzen an.

b. Art. 23 Abs. 1 S. 3 i.V.m. Art. 79 Abs. 3 GG

Als verfassungsrechtliche Abwehrposition gegenüber der Hoheitsgewalt der Europäischen Union und deren Rückwirkungen auf den innerstaatlichen Bereich, die gerade in dieser negativ begrenzenden und abwehrenden, bundesrepublikanische Verfassungsstrukturen bewahrenden Funktion ihre gegenüber Art. 23 Abs. 1 S. 1 GG eigenständige Bedeutung hat[46], bleibt demnach Art. 23 Abs. 1 S. 3 i.V.m. Art. 79 Abs. 3 GG. Er verbietet die Zustimmung zur Änderung oder Ergänzung der vertraglichen und vergleichbarer Rechtsgrundlagen der Europäischen Union, durch die der Sache nach eine Änderung oder Ergänzung des Grundgesetzes vorgenommen oder ermöglicht wird, wenn sie mit Art. 79 Abs. 3 GG nicht vereinbar ist. Nur die hier auch gegenüber Verfassungsänderungen und Hoheitsgewaltübertragungen auf die Europäische Union fest garantierten Verfassungsgrundsätze können auch materielle Verfassungsvorbehalte gegenüber der innerstaatlichen Anwendung sekundären Gemeinschaftsrechts begründen. Damit ist, was angesichts der ungeschriebenen und ungewissen, möglicherweise mit

---

[44] BVerfGE 89, 155 (179).

[45] A.A. *v. Zimmermann-Wienhues*, Kommunale Selbstverwaltung in einer Europäischen Union, S. 161 f.

[46] Vgl. mit Blick auf bundesstaatliche Strukturen *Jarass*, in: Jarass/Pieroth, GG, Art. 23 Rn. 25.

Art. 79 Abs. 3 GG nicht deckungsgleichen Grenzen der Integrationsermächtigung des Art. 24 Abs. 1 GG noch nicht zwingend schien, unter der Geltung des neuen Art. 23 Abs. 1 GG klargestellt: Die so genannte Europafestigkeit der grundgesetzlichen Selbstverwaltungsgarantie entscheidet sich daran, ob Art. 79 Abs. 3 GG eine Ewigkeitsgarantie der kommunalen Selbstverwaltung entnommen werden kann.

Das aber ist, wie schon immer praktisch einhellig angenommen worden ist[47], nicht der Fall. Die Garantie der kommunalen Selbstverwaltung ist in Art. 79 Abs. 3 GG als solche nicht aufgeführt und kann auch den dort ausdrücklich genannten verfassungsänderungsfesten Prinzipien, namentlich den Grundsätzen der Bundesstaatlichkeit (Art. 20 Abs. 1 GG) und der Demokratie (Art. 20 Abs. 2 GG), nicht zugerechnet werden. Kommunale Selbstverwaltung ist weder ein notwendiges Element des Grundsatzes der Bundesstaatlichkeit[48] noch eines des Demokratieprinzips. Für die Einbeziehung der kommunalen Selbstverwaltung in das Demokratieprinzip scheint freilich auf Anhieb ihre – vom Bundesverfassungsgericht mit Recht hervorgehobene[49] – demokratisch-politische Funktion zu streiten. In der Tat hat die demokratische Teilhabe der Bürger an den Entscheidungen auf Gemeindeebene in der Verfassungsordnung des Grundgesetzes eine erhebliche Bedeutung für die Ausgestaltung der Demokratie. Es hat daher auch vereinzelte Versuche ihrer verfassungsänderungsfesten, auch vor der Hoheitsgewaltübertragung geschützten Verankerung im Demokratieprinzip gegeben[50]. Mit Recht wird ihnen aber entgegengehalten, daß die demokratische Teilhabe auf Gemeindeebene nur eine – wenn auch verfassungspolitisch bewahrenswerte – Ausgestaltung des Demokratieprinzips ist, nicht aber zu dem unabdingbaren Kernbestand des Demokratieprinzips zählt, der nach Art. 79 Abs. 3 GG garantiert ist[51].

---

[47] Vgl. etwa *Faber*, DVBl. 1991, 1126 (1131 m.w.N. in Fn. 65); *Folz*, in: Festschrift Hahn, S. 611 (622); *Maunz*, in: Maunz/Dürig, GG, Art. 28 Rn. 45.

[48] Vgl. *Frenz*, in: Hoffmann u.a. (Hrsg.), Kommunale Selbstverwaltung im Spiegel von Verfassungsrecht und Verwaltungsrecht, S. 9 (16 f.), mit dem zutreffenden Hinweis, daß Art. 79 Abs. 3 GG nur die Bundesstaatlichkeit als solche im Sinne von Art. 20 GG, nicht darüber hinaus auch die die Kommunen erfassende Regelung der verfassungsmäßigen Ordnung der Länder im Bundesstaat in Art. 28 GG absichert.

[49] Vgl. BVerfGE 79, 127 (147 ff., 153); vgl. auch BVerfGE 83, 37 (53 ff.); 83, 60 (71 ff.).

[50] *Seele*, Der Kreis aus europäischer Sicht, S. 57 f. Vgl. auch die – allerdings eher beiläufige – Überlegung von *Zuleeg*, in: Festgabe v. Unruh, S. 91 (93), auf gemeinschaftsrechtlicher Ebene die kommunale Selbstverwaltung als Bestandteil der Demokratie zu gewährleisten.

[51] *Frenz*, in: Hoffmann u.a. (Hrsg.), Kommunale Selbstverwaltung im Spiegel von Verfassungsrecht und Verwaltungsrecht, S. 9 (17); *Martini/Müller*, BayVBl. 1993, 161 (161 Fn. 8); *Schmidt-Aßmann*, in: Festschrift Sendler, S. 121 (124); *Stern*, in: Festschrift Friauf, S. 75 (82 f.).

Auch auf der Grundlage des neuen Art. 23 Abs. 1 GG und nach der Maastricht-Entscheidung des Bundesverfassungsgerichts besteht also, wie das auch zuvor bereits der ganz vorherrschenden Auffassung entsprach, kein spezifischer verfassungsrechtlicher Schutz der kommunalen Selbstverwaltung gegenüber dem Europäischem Gemeinschaftsrecht und seiner innerstaatlichen Anwendung.

4. Kapitel

Freiräume und Grenzen kommunaler Daseinsvorsorge nach dem Primärrecht der Europäischen Gemeinschaft

Die Position der Kommunen – vor dem Europäischen Gerichtshof wie auch vor den nationalen Gerichten, insbesondere dem Bundesverfassungsgericht – gegenüber gemeinschaftsrechtlichen Beschränkungen ihres Engagements in der örtlichen Daseinsvorsorge ist, da ihnen das nationale Recht insoweit materiell keinen spezifischen Schutz bietet, ganz abhängig von den Vorgaben des europäischen Primärrechts, d.h. hier namentlich des EG-Vertrages.

Der EG-Vertrag begegnet dem mitgliedstaatlichen Engagement in der Daseinsvorsorge nicht mit einem geschlossenen und eindeutigen Regelungskonzept, sondern mit einer Reihe unterschiedlicher Vorschriften, die zur Grundlage von geradezu gegensätzlich scheinenden Charakterisierungen seiner wirtschaftsverfassungsrechtlichen Position gemacht worden sind. Einerseits wird dem EG-Vertrag – in Anknüpfung insbesondere an die Grundfreiheiten und die Wettbewerbsregeln sowie die Zielbestimmungen einer offenen Marktwirtschaft mit freiem Wettbewerb, die der Maastrichter Vertrag mit den heutigen Art. 4 Abs. 1 und 2, 98 S. 2, 105 Abs. 1 S. 3 EGV eingefügt hat – in den letzten Jahren zunehmend eine eigene ordnungspolitische Grundentscheidung zugunsten einer vorrangig marktwirtschaftlich orientierten Wirtschaftsverfassung zugeschrieben[1]. Andererseits wird – insbesondere unter Berufung auf Art. 86 und Art. 295 EGV – die Neutralität des EG-Vertrages gegenüber den Wirtschaftsverfassungen der Mitgliedstaaten und damit auch dem jeweiligen öffentlichen Sektor betont[2]; zusätzliche Unterstützung erfährt diese Position durch den neuen, die Grundsätze der Gemeinschaft ergänzenden Art. 16 EGV, der der Gemeinschaft und den Mitgliedstaaten im Rahmen ihrer jeweiligen Befugnisse nach dem EG-Vertrag aufgibt, für eine aufgabengerechte Ge-

---

[1] *Basedow*, Von der deutschen zur europäischen Wirtschaftsverfassung, insbes. S. 26 ff.; *ders.*, in: Festschrift Everling, S. 49 (54, 67 f.); *Schmidt*, Die Verwaltung 28 (1995), 281 (288 ff.).

[2] *Frotscher*, Wirtschaftsverfassungs- und Wirtschaftsverwaltungsrecht, Rn. 30a; *Hailbronner*, NJW 1991, 593 (m.w.N. in Fn. 1); *Stober*, Allgemeines Wirtschaftsverwaltungsrecht, S. 73 ff. Vgl. auch *Bach*, Wettbewerbsrechtliche Schranken für staatliche Maßnahmen nach europäischem Gemeinschaftsrecht, S. 50 ff., 56; *Kilian*, Europäisches Wirtschaftsrecht, Rn. 196 ff.; *Schoch*, DVBl. 1994, 962 (969).

staltung der Grundsätze und Bedingungen für das Funktionieren der Dienste von allgemeinem wirtschaftlichem Interesse zu sorgen[3]. Der Diskussion um das Bestehen einer eigenständigen Wirtschaftsverfassung des EG-Vertrages und deren zutreffende Kennzeichnung soll hier nicht allgemein nachgegangen werden. Vielmehr soll konkreter untersucht werden, was aus diesen unterschiedlichen, vielleicht gegenläufigen Bestimmungen des Vertrages für das kommunale Engagement in der Daseinsvorsorge folgt.

Der Frage geht dieses Kapitel in zwei Schritten nach. Im ersten geht es dabei um das Recht auch der Kommunen zur wirtschaftlichen Betätigung nach den allgemeinen Regeln des Wettbewerbs (I.), im zweiten dann um die gemeinschaftsrechtliche Beurteilung bestimmter Sonderrechte zugunsten kommunaler oder auch anderer Unternehmen in der kommunalen Daseinsvorsorge (II.).

I. Die Teilnahme kommunaler Unternehmen am Wettbewerb

Soweit Leistungen der örtlichen Daseinsvorsorge unter Wettbewerbsbedingungen zu erbringen sind, fehlen den Kommunen zwar die spezifischen Vorrechte gegenüber anderen Wirtschaftssubjekten, die ihnen sonst eine im Ansatz gemeinwohl-, nicht wettbewerbsorientierte Versorgung der Bürger ermöglichen. Doch ist – wie etwa im Bereich der Telekommunikationsdienstleistungen zu sehen – auch auf diesen Feldern ein kommunales Engagement nicht ausgeschlossen; vielmehr kommt die Teilnahme von Kommunen bzw. kommunalen Unternehmen an dem so eröffneten wirtschaftlichen Wettbewerb – sei es aus Gründen der Verfolgung von Gemeinwohlzwecken etwa der Wirtschaftsförderung, sei es aus fiskalischem Interesse – in Betracht. Damit stellt sich auch gemeinschaftsrechtlich die Frage, inwieweit eine solche kommunale Wettbewerbsteilnahme zulässig oder gar garantiert ist, welchen Begrenzungen sie unterworfen ist oder unterworfen werden kann.

---

[3] Zur Einschätzung, daß diese neue Regelung des Amsterdamer Vertrages die Bedeutung öffentlicher Versorgungsaufträge in der Anwendung bereits zuvor bestehender Regelungen des EG-Vertrages, insbesondere der Wettbewerbsregeln, hervorhebt und stärkt, vgl. etwa *Hochbaum*, in: von der Groeben/Thiesing/Ehlermann, EU-/EG-V, Art. 90 EGV Rn. 55; *Lecheler*, JuS 1998, 392 (397); *Streinz*, EuZW 1998, 137 (144). Tendenziell kritisch wegen möglicher Beeinträchtigungen des Binnenmarktes *Tettinger*, DVBl. 1997, 341 (insbes. 346); *ders.*, RdE 1999, 45 (48 f.).

1. Die Anerkennung der Existenz kommunaler Unternehmen

Nach Art. 295 EGV läßt der Vertrag die Eigentumsordnung in den verschiedenen Mitgliedstaaten unberührt. Auch die Verteilung des Eigentums an Unternehmen zwischen staatlichen und privaten Inhabern ist damit dem Regelungsbereich des EG-Vertrages entzogen. Das führt dazu, daß die Entscheidung über den Umfang und den Aufgabenbereich öffentlicher Unternehmen außerhalb gemeinschaftsrechtlicher Beeinflussung und allein in der Entscheidung der einzelnen Mitgliedstaaten steht[4]. Die in Art. 295 EGV verankerte Neutralität gegenüber den mitgliedstaatlichen Eigentumsordnungen reicht jedenfalls soweit, daß das Gemeinschaftsrecht keine unmittelbare Verpflichtung zu Vermögensprivatisierungen durch die Mitgliedstaaten enthält oder zuläßt[5]; darüber hinaus bleibt auch die Freiheit zu neuen Verstaatlichungsmaßnahmen grundsätzlich erhalten[6]. Art. 295 EGV bleibt in seiner Bedeutung allerdings auf die Frage der Eigentumsverhältnisse beschränkt; er äußert sich nicht zu Funktion und Verhalten öffentlicher Unternehmen, weshalb die dort begründete mitgliedstaatliche Befugnis zur Bestimmung über das private oder staatliche Eigentum an Unternehmen von vornherein nicht das Recht einschließen kann, staatliche Unternehmen den Wettbewerbsregeln zu entziehen[7], also etwa öffentliche Monopolrechte zu begründen[8].

Mit Recht wird deshalb für die gemeinschaftsrechtliche Anerkennung der Existenz öffentlicher Unternehmen ergänzend auch auf Art. 86 EGV hingewiesen, der diese – als einzige Bestimmung des EG-Vertrages – ausdrücklich erwähnt. Damit werden öffentliche Unternehmen nicht allein im Hinblick auf die eigentumsrechtliche Zuordnung, sondern darüber hinaus auch in ihrer

---

[4] *Fesenmair*, Öffentliche Dienstleistungsmonopole im europäischen Recht, S. 131; *Fikentscher*, Wirtschaftsrecht, Bd. I, S. 524 f.; *Hailbronner*, NJW 1991, 593 (598 f.); *Heinemann*, Grenzen staatlicher Monopole im EG-Vertrag, S. 46; *Ipsen*, Europäisches Gemeinschaftsrecht, S. 658. Nicht überzeugend demgegenüber *Hochbaum*, in: von der Groeben/Thiesing/Ehlermann, EU-/EG-V, Art. 90 EGV Rn. 2, 26, wonach Art. 295 EGV die Frage des Eigentums an Produktionsmitteln nicht betreffe und daher nicht Grundlage der diesbezüglichen Neutralität des EG-Vertrages sei.

[5] Vgl. etwa *Basedow*, in: Festschrift Helmrich, S. 769 (779); *van der Esch*, Revue de Droit des Affaires Internationales 1992, 419 (438); *Gramlich*, RabelsZ 55 (1991), 91 (130); *Heinemann*, Grenzen staatlicher Monopole im EG-Vertrag, S. 7, 191; *Schmidt*, in: Biernat u.a. (Hrsg.), Grundfragen des Verwaltungsrechts und der Privatisierung, S. 210 (231); *Schmidhuber/Hitzler*, ZögU 1990, 397 (399).

[6] *Müller-Graff/Zehetner*, Öffentliche und privilegierte Unternehmen im Recht der Europäischen Gemeinschaften, S. 33.

[7] Vgl. EuGH, Slg. 1995, I-1985 (2010 f., Tz. 16 ff.) – Spanien/Rat. Ebenso zu Recht etwa *Ehlermann*, EuR 1991, 307 (323, 325); *van der Esch*, ZHR 155 (1991), 274 (284).

[8] Anders wohl z.B. Schlußanträge des Generalanwalts Tesauro, in: EuGH, Slg. 1991, I-1223 (1247, Tz. 24) – Telekommunikationsendgeräte; *de Nanclares*, ZUM 1992, 607 (608).

spezifischen Funktion als unternehmerisch handelnde Instrumente staatlicher Zielverwirklichung gemeinschaftsrechtlich anerkannt[9].

2. Gleichheit im Wettbewerb

Die Bestimmung des heutigen Art. 86 EGV ist anfänglich – bevor man ihren Abs. 1 als mögliche Grundlage besonderer Pflichten und Begrenzungen der Mitgliedstaaten im Hinblick auf die staatliche Wirtschaftsbetätigung erkannte und diskutierte[10] – ganz mit Blick auf die Gleichstellung der öffentlichen mit den privaten Unternehmen interpretiert worden[11]. Mit Recht gilt sie bis heute als Ausdruck des Prinzips der Gleichbehandlung von öffentlichen und privaten Unternehmen im EG-Vertrag[12].

a. Gleiche Rechte

Diese gemeinschaftsrechtliche Gleichbehandlung der öffentlichen mit den privaten Unternehmen betrifft zunächst ihre Rechte. Das Gemeinschaftrecht läßt öffentliche Unternehmen, ohne sie spezifischen Beschränkungen zu unterwerfen, nach den auch für private Unternehmen geltenden Regeln zum Wettbewerb zu. Darüber hinaus gewährt das Gemeinschaftsrecht grundsätzlich auch den öffentlichen (einschließlich der kommunalen) Unternehmen die Grundfreiheiten, also insbesondere die Warenverkehrs-, die Dienstleistungs- und die Niederlassungsfreiheit[13] und verschafft ihnen damit auch gegenüber mitgliedstaatlichen Beschränkungen ihrer grenzüberschreitenden Wirtschaftstätigkeit den gleichen rechtlichen Schutz wie privaten Unternehmen; ein – für öffentliche Unternehmen unter Umständen in Betracht kommender, für kommunale Unternehmen der Daseinsvorsorge jedoch kaum aktuell werdender – Vorbehalt gilt insoweit nach Art. 45 Abs. 1, 55 EGV mit Blick auf die Warenverkehrs- und Dienstleistungsfreiheit nur dann, wenn die fragliche Tä-

---

[9] *Burgi*, EuR 1997, 261 (274).

[10] Vgl. dazu unten in diesem Kap. II. 1. a. bb.

[11] Vgl. *Heinemann*, Grenzen staatlicher Monopole im EG-Vertrag, S. 55.

[12] Vgl. Schlußanträge des Generalanwalts Reischl, in: EuGH, Slg. 1982, 2545 (2588) – Transparenzrichtlinie, sowie *Badura*, ZGR 1997, 291 (298); *Müller-Graff/Zehetner*, Öffentliche und privilegierte Unternehmen im Recht der Europäischen Gemeinschaften, S. 31; *Oppermann*, Europarecht, Rn. 916; *Pernice*, in: Grabitz/Hilf, KommEU, Art. 90 EGV Rn. 3; *Püttner*, in: Gesellschaft für öffentliche Wirtschaft (Hrsg.), Die Zukunft der öffentlichen Wirtschaft in der Europäischen Gemeinschaft, S. 37 (38); *Schmidhuber/Hitzler*, ZögU 13 (1990), 397 (399).

[13] *Badura*, ZGR 1997, 291 (299); *Burgi*, EuR 1997, 261 (286 f.).

tigkeit in einem Mitgliedstaat mit der Ausübung öffentlicher Gewalt verbunden ist.

b. Gleiche Bindungen

Umgekehrt folgt aus dem Prinzip der Gleichbehandlung im Wettbewerb auch, daß auf öffentliche, damit auch kommunale Unternehmen prinzipiell gleichermaßen wie auf private Unternehmen auch die beschränkenden Regelungen des Gemeinschaftsrechts Anwendung finden.

aa. Bindungen der Unternehmen

Die öffentlichen Unternehmen müssen daher zunächst jedenfalls die unternehmensgerichteten Vorschriften des primären Gemeinschaftsrechts, namentlich die – hier im Hinblick auf das Konkurrenzverhältnis der Kommunalwirtschaft zur Privatwirtschaft besonders interessierenden – Wettbewerbsvorschriften des EG-Vertrages beachten. Ihre unmittelbare, gleiche Geltung für öffentliche oder durch Sonder- und Ausschließlichkeitsrechte privilegierte Unternehmen, früher teils nur vermittelt über Art. 86 Abs. 1 EGV angenommen[14], ist heute allgemein anerkannt[15]. Art. 86 Abs. 2 S. 1 EGV bestätigt das für die mit besonderen Dienstleistungen betrauten Unternehmen, die danach ebenfalls den Vorschriften des EG-Vertrages, insbesondere den Wettbewerbsvorschriften unterworfen sind, soweit der dort getroffene besondere Vorbehalt nicht greift. Allerdings bleiben die Aktivitäten kommunaler Unternehmen, solange sie rein lokalen oder regionalen Charakters sind, außerhalb der Reichweite der Wettbewerbsregeln[16]. So verlangt Art. 81 EGV die Eignung zur Beeinträchtigung des Handels zwischen Mitgliedstaaten; allerdings will der Europäische Gerichtshof insoweit mit Blick auf regionale und lokale Versorgungsunternehmen auf die – in anderem Zusammenhang entwickelte – so genannte Bündeltheorie zurückgreifen, d.h. eine unter Art. 81 Abs. 1 EGV fallende Vereinbarung in ihrem wirtschaftlichen und rechtlichen Zusammenhang prüfen und eine kumulative Wirkung berücksichtigen, die sich gegebenenfalls aus dem Bestehen anderer entsprechender

---

[14] Nachweise zur früheren, abweichenden Auffassung, wonach die Wettbewerbsregeln für öffentliche Unternehmen nur über Art. 86 (ex-Art. 90) Abs. 1 EGV gelten sollten, bei *Marenco*, CMLRev. 20 (1983), 495 (498 Fn. 4).

[15] S. etwa *Deringer*, CMLRev. 2 (1964/65), 129 (130 f.); *Page*, ELR 1982, 19 (21). Zur Anwendbarkeit von Art. 82 EGV auf Unternehmen mit gesetzlichen Monopolen vgl. EuGH, Slg 1991, I-5889 (5928, Tz. 14) – Merci; Slg. 1991, I-5941 (5979, Tz. 17) – RTT.

[16] *Emmerich*, in: Festschrift v. Gamm, S. 581 (591).

Vereinbarungen ergibt[17]. Auch im Rahmen von Art. 82 EGV wird es regelmäßig an der vorausgesetzten beherrschenden Stellung eines kommunalen Unternehmens auf dem Gemeinsamen Markt oder auf einem wesentlichen Teil desselben fehlen.

Darüber hinaus wird teilweise auch eine Bindung der öffentlichen Unternehmen an die staatsgebundenen Vorschriften namentlich der Grundfreiheiten angenommen[18]. Dafür lassen sich die in Art. 86 EGV thematisierte Sonderbeziehung der öffentlichen Unternehmen zu ihren staatlichen Trägern und die Schwierigkeit der Zuordnung von Maßnahmen zu einer der beiden Seiten ins Feld führen. Art. 86 EGV nimmt sich dieser Fragen freilich auf der Grundlage einer deutlichen Unterscheidung zwischen der unternehmerischen und der hoheitlichen Staatstätigkeit an. So ist Art. 86 Abs. 2 EGV zunächst als unternehmensbezogene Vorschrift formuliert, was jedenfalls in ihrer Anwendung auf Unternehmen[19] für eine Verweisung nur auf die unternehmensbezogenen Vorschriften des Vertrages spricht und gegen die Annahme, aus Art. 86 Abs. 2 EGV ergebe sich eine Bindung auch der öffentlichen Unternehmen an die staatsgerichtete Vorschriften.

bb. Die Verhinderung staatlicher Wettbewerbsverfälschungen im Verhältnis zu öffentlichen und privilegierten Unternehmen

Eine spezifische Ergänzung erfährt diese Bindung des unternehmerischen Handelns der Kommunen durch die gemeinschaftsrechtliche Begrenzung und Kontrolle ihres Verhaltens als staatliche Untergliederungen gegenüber ihren öffentlichen und den so genannten privilegierten, mit besonderen oder ausschließlichen Rechten ausgestatteten Unternehmen in Art. 86 Abs. 1 und 3 EGV. Auch wenn das Gemeinschaftsrecht sich prinzipiell neutral zur Eigentumsordnung der Mitgliedstaaten und auch zur privaten oder staatlichen Trägerschaft an Unternehmen verhält, stellt es sich nicht blind für die besonderen Probleme der Wettbewerbsteilnahme staatlicher oder staatsnaher Unternehmungen; wegen ihrer besonderen Staatsnähe und des besonderen Eigeninteresses der Mitgliedstaaten unterwirft es das Verhalten der Mitgliedstaaten im

---

[17] EuGH, Slg. 1994, I-1477 (1519, Tz. 37 ff.) – Almelo. Vgl. EuGH, Slg. 1967, 543 (556) – Brasserie de Haecht; Slg. 1991, I-935 (984, Tz. 14) – Delimitis.

[18] *Burgi*, EuR 1997, 261 (284); *Pernice*, in: Grabitz/Hilf, KommEU, Art. 90 EGV Rn. 49, unter Bezugnahme insbesondere auf EuGH, Slg. 1974, 409 (430, Tz. 14) – Sacchi, wo von einer Bindung an die Diskriminierungsverbote die Rede ist.

[19] Dazu, daß Art. 86 Abs. 2 EGV auch eine staatsbezogene Bedeutung (gewonnen) hat, vgl. unten in diesem Kap. II. 2. a. aa.

Verhältnis zu diesen Unternehmen einer besonderen Kontrolle durch die Kommission[20].

Die Bestimmung des Art. 86 Abs. 3 EGV ist insbesondere die Rechtsgrundlage für den Erlaß der Richtlinie der Kommission über die Transparenz der finanziellen Beziehungen zwischen den Mitgliedstaaten und den öffentlichen Unternehmen gewesen[21]. Diese erfaßt auch kommunale Unternehmen, sofern nicht ihre Tätigkeit den Handel zwischen den Mitgliedstaaten nicht merklich beeinträchtigt oder sie zu den kleineren Unternehmen mit einem zweijährigen Umsatz von nicht mehr als 40 Millionen ECU zählen. Sie dient insbesondere einer effizienten Kontrolle des Beihilfeverbots der Art. 87 ff. EGV, das auch Beihilfen innerstaatlicher Untergliederungen wie insbesondere der Gemeinden[22] erfaßt. Zu solchen Beihilfen zählen etwa auch Kapitalzuführungen der öffentlichen Hand an Beteiligungs- oder Tochterunternehmen, wenn nicht auch ein privater Investor in einer gleichartigen Situation unter Rentabilitätsgesichtspunkten und unabhängig von allen sozialpolitischen oder regionalpolitischen Erwägungen eine solche Kapitalhilfe gewährt hätte (market economy investor principle)[23]. Da der Europäische Gerichtshof betont hat, daß auch weder der verhältnismäßig geringe Umfang einer Beihilfe noch die verhältnismäßig geringe Größe des begünstigten Unternehmens von vornherein die von Art. 87 EGV vorausgesetzte Möglichkeit der Beeinträchtigung des Handels zwischen Mitgliedstaaten ausschließe[24], liegt auch das Verhältnis von Kommunen und kommunalen Unternehmen nicht außerhalb der Reichweite dieses Verbots.

II. Die gemeinschaftsrechtliche Beurteilung von Sonderrechten in der kommunalen Daseinsvorsorge

Der Betätigungs- und Gestaltungsspielraum der Kommunen in der örtlichen Daseinsvorsorge ist vor allem abhängig von ihren Möglichkeiten, in spezifisch leistungsverwaltender oder gemeinwirtschaftlicher Weise tätig zu werden,

---

[20] EuGH, Slg. 1982, 2545 (2575, Tz. 12) – Transparenzrichtlinie.

[21] Transparenzrichtlinie der Kommission 80/723 vom 25. Juni 1980, ABl. EG 1980 Nr. L 198/35, i.d.F. der Richtlinien 85/413 vom 24. Juli 1985, ABl. EG 1985 Nr. L 229/20, und 93/84 vom 30. September 1993, ABl. EG 1993 Nr. L 254/16.

[22] EuGH, Slg. 1987, 4013 – Regionalförderungsprogramm. Vgl. auch z.B. die Entscheidung 91/389/EWG der Kommission vom 18. Juli 1990 über Beihilfen der Freien und Hansestadt Hamburg, ABl. EG 1991 Nr. L 215/1, sowie *Bleckmann*, NVwZ 1990, 820 (821).

[23] EuGH, Slg. 1991, I-1603 (1640, Tz. 18 ff.) – Italien/Kommission.

[24] EuGH, Slg. 1994, I-4103 (4159, Tz. 42) – Spanien/Kommission.

also selbst Leistungen anzubieten oder regulierend auf deren privatwirtschaftliche Erbringung Einfluß zu nehmen, ohne dabei den allgemeinen Rechtsregeln des wirtschaftlichen Wettbewerbs unterworfen zu sein. Erst damit verfügen sie nämlich über besondere rechtliche Mittel für die Erbringung eigener oder die Sicherstellung fremder Daseinsvorsorgeleistungen, die nicht von vornherein an Marktbedingungen orientiert sein müssen, sondern – unter Umständen auch um den Preis der Rentabilität – gemeinwohlorientierte, also soziale, ökologische oder andere öffentliche Zwecke berücksichtigen können. Daher ist es eine zentrale Frage, inwieweit der EG-Vertrag so motivierte Regulierungsbedürfnisse – sei es der Kommunen selbst, sei es des sie oder ihre Unternehmen ermächtigenden staatlichen Gesetzgebers – zuläßt.

Hier entsteht nun freilich ein offenkundiges Spannungsverhältnis zu dem grundlegenden Gemeinschaftsziel eines Binnenmarktes als eines Raums ohne Grenzen auf der Grundlage eines Systems unverfälschten Wettbewerbs. Vor dem Hintergrund dieses Gemeinschaftsziels werden mit Recht den Mitgliedstaaten insoweit pauschale Souveränitätsvorbehalte nicht zuerkannt. Art. 295 EGV, der die mitgliedstaatlichen Eigentumsordnungen für unberührt erklärt, verschafft den Mitgliedstaaten damit – wie gesehen – keine Souveränitätsreserve zur Gestaltung der Tätigkeitsbedingungen von Unternehmen in öffentlicher Hand, also etwa zur Begründung öffentlicher Monopol- oder Sonderrechte[25]. Auch ein auf Art. 39, 45, 55 EGV gestützter, generalisierender Souveränitätsvorbehalt zugunsten der öffentlich-rechtlichen Verwaltung, der den Mitgliedstaaten die Verwirklichung ihrer spezifischen Gemeinwohlziele auch im Bereich der Leistungsverwaltung ermöglichen soll[26], ist mit der Rechtsprechung des Europäischen Gerichtshofs nicht vereinbar[27] und auch nicht vertretbar, weil er die gemeinschaftliche Wirtschafts- und Wettbewerbsordnung ganz der – gemeinschaftsrechtlich nicht begrenzten und kontrollierten – mitgliedstaatlichen Disposition überließe. Schließlich enthält der EG-Vertrag auch – über die ausdrücklichen Ausnahmebestimmungen wie Art. 36 EGV hinaus – keine Bereichsausnahmen für einzelne Sektoren, auf denen sich kommunale Daseinsvorsorge gemeinschaftsrechtlich ungebunden entfalten könnte; vielmehr ist der Vertrag, wie insbesondere seit dem Assekuranz-Urteil des Europäischen Gerichtshofs wohl feststeht, in seinem Anwendungsbereich

---

[25] Vgl. oben in diesem Kap. I. 1.

[26] *Hailbronner*, Rechtsstellung und Tätigkeitsbereich der öffentlich-rechtlichen Pflicht- und Monopolversicherungsanstalten in der EG, S. 47 ff.; *ders.*, NJW 1991, 593 (596 f.).

[27] Vgl. nur EuGH, Slg. 1991, I-1223 – Telekommunikationsendgeräte; Slg. 1991, I-1979 – Höfner.

prinzipiell unbeschränkt[28]. Kommunale Spielräume müssen sich deshalb aus einzelnen Bestimmungen des Vertrages ergeben, die bestimmte Vorrechte einräumen oder den gemeinschaftlichen Zugriff beschränken.

Die zentrale Regelung des Verhältnisses der Mitgliedstaaten zu den öffentlichen und den sonst durch hoheitlich begründete Vorrechte privilegierten Unternehmen im EG-Vertrag ist dabei Art. 86 EGV[29]. Art. 86 Abs. 1 EGV untersagt zunächst den Mitgliedstaaten dem Vertrag, insbesondere Art. 12 und Art. 81 bis 89 EGV, widersprechende Maßnahmen in Bezug auf öffentliche Unternehmen und auf solche Unternehmen, denen sie besondere oder ausschließliche Rechte gewähren; nach Art. 86 Abs. 2 EGV gelten für Finanzmonopole und für Unternehmen, die mit Dienstleistungen von allgemeinem wirtschaftlichem Interesse betraut sind, die Vorschriften, insbesondere die Wettbewerbsregeln des EG-Vertrags, soweit deren Anwendung nicht die Erfüllung der ihnen übertragenen besonderen Aufgabe rechtlich oder tatsächlich verhindert, wobei die Entwicklung des Handelsverkehrs nicht in einem dem Interesse der Gemeinschaft zuwiderlaufenden Ausmaß beeinträchtigt werden darf. Die Bestimmung ist als Kompromiß zwischen Mitgliedstaaten, die ihren ausgeprägten öffentlichen Sektor nicht vorbehaltlos der gemeinschaftlichen Wettbewerbsordnung unterwerfen wollten, namentlich Italien und insbesondere Frankreich, und anderen Mitgliedstaaten, die Wettbewerbsnachteile für ihre eigene, privatwirtschaftlich organisierte Industrie fürchteten, in den EG-Vertrag aufgenommen und dabei mit Rücksicht auf diesen Konflikt bewußt unklar gefaßt worden[30]. Hierin gründet die überaus divergierende, im Laufe der Zeit sich wandelnde Interpretation der Bestimmung.

1. Gemeinschaftsrechtliche Deregulierungsvorgaben für die kommunale Daseinsvorsorge

Der deregulierende Zugriff der Europäischen Gemeinschaft auf die mitgliedstaatliche Daseinsvorsorge findet seine Begrenzung von vornherein in der Reichweite der gemeinschaftsrechtlichen Regelungen und Rechtsetzungsbefugnisse; sie wirken insoweit – negativ – als Kompetenzschranke der Gemein-

---

[28] EuGH, Slg. 1987, 405 (449 ff., Tz. 7 ff.). Vgl. auch bereits EuGH, Slg. Slg. 1974, 359 (370, Tz. 17/23) – Kommission/Französische Republik; 1986, 1425 (1463 ff., Tz. 27 ff.) – Ministère public/Asjes, sowie in der Literatur z.B. *Emmerich*, in: Festschrift v. Gamm, S. 581 (587 f.); *Krebs*, Rechtliche Grundlagen und Grenzen kommunaler Elektrizitätsversorung, S. 220 (m.w.N.).

[29] *Ipsen*, Europäisches Gemeinschaftsrecht, S. 662; *ders./Nicolaysen*, NJW 1964, 2336 (2336 f.).

[30] *Fesenmair*, Öffentliche Dienstleistungsmonopole im europäischen Recht, S. 29; *Ipsen/Nicolaysen*, NJW 1964, 2336 (2336 f.); *Page*, ELR 1982, 19 (20).

schaft im Verhältnis zu den Mitgliedstaaten und damit auch den Kommunen. Gerade für die Daseinsvorsorge auf örtlicher Ebene wird das bedeutsam.

a. Unmittelbare Deregulierungsvorgaben des Primärrechts

In der früheren Rechtsprechung des Europäischen Gerichtshofs galt die mitgliedstaatliche Begründung von Sonder- und Ausschließlichkeitsrechten für Unternehmen als gemeinschaftsrechtlich – zumindest weithin – unbeschränkt. Im Sacchi-Urteil aus dem Jahr 1974 nahm der Gerichtshof an, daß der heutige Art. 86 Abs. 1 EGV den Mitgliedstaaten die Gewährung besonderer oder ausschließlicher Rechte an Unternehmen gestatte; der EG-Vertrag hindere die Mitgliedstaaten in keiner Weise daran, aus (nicht wirtschaftlichen) Gründen, die im öffentlichen Interesse liegen, Dienstleistungen dem Wettbewerb zu entziehen[31]. Nachdem er jedoch schon 1983 entschieden hatte, die Vereinbarkeit der Einräumung ausschließlicher Rechte mit Art. 86 Abs. 1 EGV befreie die Mitgliedstaaten nicht von der Verpflichtung zur Beachtung der anderen Vorschriften des Vertrages[32], haben spätestens die Entscheidungen zu den Telekommunikationsendgeräten[33] und zum deutschen Arbeitsvermittlungsmonopol[34] klargestellt, daß auch ein mitgliedstaatlich verliehenes Ausschließlichkeitsrecht als solches mit dem EG-Vertrag unvereinbar sein kann. Art. 86 Abs. 1 EGV setzt danach immerhin noch die Möglichkeit der Existenz von Unternehmen mit ausschließlichen oder besonderen Rechten voraus, verbürgt aber nicht die generelle Zulässigkeit der mitgliedstaatlichen Verleihung solcher Rechte; die Zulässigkeit dieser Verleihung kann vielmehr durch andere Bestimmungen des EG-Vertrages, insbesondere durch die Grundfreiheiten oder Art. 86 Abs. 1 EGV i.V.m. mit den Wettbewerbsvorschriften, beschränkt sein. Entsprechend hat sich auch in der Literatur die Einschätzung der möglichen Wirkung des EG-Vertrages gegenüber hoheitlich begründeten Sonder- und Ausschließlichkeitsrechten grundlegend gewandelt, weg von der früheren These, er lasse sie grundsätzlich unberührt[35], und hin zu den Annahmen der jeweiligen Überprüfungsbedürftigkeit im Einzelfall[36] oder – weitergehend – einer Rechtswidrigkeitsvermutung zu ihren

---

[31] EuGH, Slg. 1974, 409 (430, Tz. 14) – Sacchi; der eingeklammerte Vorbehalt der »nicht wirtschaftlichen« Gründe findet sich im italienischen Originaltext, fehlt hingegen im amtlichen deutschen Text.

[32] EuGH, Slg. 1983, 555 (567, Tz. 15) – Inter-Huiles.

[33] EuGH, Slg. 1991, I-1223.

[34] EuGH, Slg. 1991, I-1979 – Höfner.

[35] *Ipsen/Nicolaysen*, NJW 1964, 2336 (2338).

[36] *Grabitz*, EWS 1990, 4 (7); *Hochbaum*, in: von der Groeben/Thiesing/Ehlermann, EU-/EG-V, Art. 90 EGV Rn. 27.

Lasten[37]; man sah das Ende der Dienstleistungsmonopole eingeläutet[38] und erwog die Annahme einer prinzipiellen – nur durch Art. 86 Abs. 2 EGV begrenzten – Unvereinbarkeit von staatlichen Monopolen mit dem Vertrag[39]. Diese durch die deregulierungsfreundliche Rechtsprechungswende ausgelöste Einschätzung bedarf allerdings – auch im Lichte jüngerer Entscheidungen des Europäischen Gerichtshofs – einer Revision, gerade mit Blick auf Sonderrechte im Bereich kommunaler Daseinsvorsorge.

Die danach gegebenen Möglichkeiten und Grenzen primärrechtlicher Deregulierungsvorgaben in Richtung der mitgliedstaatlichen Rechtsordnung sollen – ohne hier schon auf ihre Anwendung auf einzelne Felder kommunaler Daseinsvorsorge eingehen zu können – umrissen werden.

aa. Die Grundfreiheiten

Grundlage gemeinschaftsrechtlich begründeter Deregulierung, etwa in der von der Kommission betriebenen und vom Europäischen Gerichtshof[40] gutgeheißenen Beseitigung des Monopols für Einfuhr und Vertrieb von Telekommunikationsendgeräten, waren in den vergangenen Jahren zunächst die an die Mitgliedstaaten adressierten Grundfreiheiten im Bereich des Warenverkehrs und der Dienstleistungsfreiheit. Auch Vor- und Sonderrechte des nationalen Rechts, die die Kommunen für ihre eigenen Unternehmungen in Anspruch nehmen oder fremden Unternehmen einräumen, etwa in der örtlichen Energieversorgung[41], sind mit Blick auf die Grundfreiheiten kritisch diskutiert worden.

(1) Art. 31 Abs. 1 EGV. In diesem Zusammenhang behandelt der EG-Vertrag die Schaffung von Monopolen durch den Staat unmittelbar nur mit Blick auf Handelsmonopole in Art. 31 EGV, neben Art. 86 EGV der zweiten Spezialvorschrift des EG-Vertrages für staatliche Ausschließlichkeitsrechte. Zur staatlichen Begründung von Warenproduktions- und Dienstleistungsmonopolen hingegen fehlen explizite Regelungen. Art. 31 Abs. 1 EGV ist nach Wortlaut und systematischer Stellung auf Dienstleistungsmonopole auch

---

[37] *Heinemann*, Grenzen staatlicher Monopole im EG-Vertrag, S. 202. Vgl. auch *Emmerich*, AfP 1987, 385 (388); *ders.*, BB Beil. 3/1989, 9 (14 f.); *Gröner/Knorr*, EWS 1990, 16 (18); *Müller*, Dienstleistungsmonopole im System des EWG-Vertrages, S. 152 f.

[38] *Ewenz-Sandten*, ArchPT 1993, 69 (71).

[39] Zu einer solchen Interpretation der Corbeau-Entscheidung vgl. *Hancher*, CMLRev. 31 (1994), 104 (111).

[40] EuGH, Slg. 1991, I-1223 (1267 f.; Tz. 33 ff.) -Telekommunikationsendgeräte.

[41] Vgl. *Ehlermann*, et 1992, 96 (98 ff.).

nicht analog anwendbar[42]. Nur soweit der Warenverkehr betroffen ist, könnte daher zunächst Art. 31 Abs. 1 EGV mit seinem Gebot zur Umformung staatlicher Handesmonopole eingreifen.

Im Bereich der kommunalen Daseinsvorsorge sind staatliche Handelsmonopole jedoch kaum denkbar. Nach der Rechtsprechung des Gerichtshofs setzt Art. 31 Abs. 1 EGV einen Sachverhalt voraus, »in dem die staatlichen Behörden in der Lage sind, den Handel zwischen Mitgliedstaaten zu kontrollieren oder zu lenken oder ihn über eine zu diesem Zweck geschaffene Einrichtung oder ein auf andere Rechtsträger übertragenes Monopol merklich zu beeinflussen«[43]. Mit Blick auf den möglichen Inhaber der Monopolstellung wird zwar – schon wegen der Gefahr der Umgehung – zu Recht angenommen, daß dies nicht etwa der (Zentral-)Staat sein muß, sondern auch eine Kommune sein kann; darüber hinaus kommen auch andere Träger, insbesondere private Unternehmen in Betracht, denen eine Kommune ein Monopol eingeräumt hat. Allerdings setzt das Bestehen eines staatlichen Handelsmonopols in diesem Falle voraus, daß die Kommune dabei in ihrer Funktion als Trägerin hoheitlicher Gewalt und nicht etwa in unternehmerischer Funktion handelt, denn nur insoweit ist Art. 31 Abs. 1 EGV als staatsgerichtete Vorschrift einschlägig, andernfalls, bei unternehmerischen Monopolverabredungen unter Beteiligung der Kommune, hingegen Art. 81 EGV[44]. Anders als bei den Monopolrechten für das gesamte Gebiet eines Mitgliedstaats, auf die Art. 31 Abs. 1 EGV jedenfalls zumeist angewandt wird, ist dann allerdings zweifelhaft, unter welchen Voraussetzungen lokale Monopole den nach Art. 31 Abs. 1 EGV erforderlichen tatsächlichen und merklichen Einfluß auf den Handel zwischen den Mitgliedstaaten besitzen. Dies wird man bejahen können, wo die Wahrnehmung der Monopolrechte durch eine Zusammenarbeit der Kommunen untereinander oder mit der staatlichen (Zentral-)Verwaltung hoheitlich so koordiniert ist, daß ein bestimmter Sektor der einheimischen Wirtschaft insgesamt gesteuert werden kann[45]. Das bloße Bestehen eines

---

[42] EuGH, Slg. 1974, 409 (429, Tz. 10) – Sacchi; Slg. 1983, 2057 (2072 f., Tz. 8 ff.) – Béarn; Slg. 1988, 2479 (2511, Tz. 10) – Bodson/Pompes funèbres.

[43] EuGH, Slg. 1988, 2479 (2511, Tz. 13) – Bodson/Pompes funèbres; Slg. 1994, I-1477 (1517, Tz. 29) – Almelo.

[44] Vgl. EuGH, Slg. 1988, 2479 (2511, Tz. 13) – Bodson/Pompes funèbres; Slg. 1994, I-1477 (1517 ff., Tz. 29 ff.) – Almelo.

[45] Vgl. Schlußanträge des Generalanwalts da Cruz Vilaça, in: EuGH, Slg. 1988, 2479 (2493, Tz. 37) – Bodson/Pompes funèbres. Dem Gerichtshof fehlt es im vorliegenden Fall an einer solchen hoheitlichen Koordination; daß eine größere Zahl von Kommunen in Wahrnehmung ihres Monopols Unternehmen konzessioniert haben, die einer Unternehmensgruppe angehören und daher den zwischenstaatlichen Handel beeinflussen können, begründet kein staatliches Handelsmonopol, sondern beruht auf dem Verhalten der fragli-

kommunalen Monopols genügt jedenfalls nicht[46]. Im übrigen müßte, wo ein staatliches Handelsmonopol in der kommunalen Daseinsvorsorge vorläge, dieses nicht ohne weiteres aufgehoben werden. Mit Recht entnimmt der Europäische Gerichtshof Art. 31 Abs. 1 EGV nicht ein Gebot zur Abschaffung, sondern lediglich ein Gebot zur Umformung von Handelsmonopolen dergestalt, daß eine diskriminierende Wahrnehmung der Monopolstellung verhindert wird[47]. Zwar hat der Gerichtshof weiter entschieden, daß ein Handelsmonopol von vornherein als mit Art. 31 Abs. 1 EGV unvereinbare Diskriminierung gegenüber den Exporteuren unzulässig sei, soweit ihm das ausschließliche Recht zur Einfuhr von gewerblichen Erzeugnissen zustehe[48]; dahinter steht die Erkenntnis, daß im Falle eines staatlichen Importmonopols nur so die Möglichkeit der Diskriminierung von Waren aus anderen Ländern zufriedenstellend verhindert werden kann[49]. Die Annahme, daß jedenfalls praktisch den Anforderungen des Art. 31 Abs. 1 EGV allgemein nur die Abschaffung der Monopolstellung gerecht werde[50], läßt sich daraus nicht ableiten. Das gilt jedenfalls und insbesondere für lokale Handelsmonopole; gerade hier ist bei Fortbestand der Monopolrechte eine Ausgestaltung denkbar, die eine diskriminierende Beeinflussung des mitgliedstaatlichen Handels bei deren Ausübung verhindern könnte[51]. Bereits die Verteilung der Wahrnehmungszuständigkeiten auf eine Vielzahl von Kommunen hindert eine koordinierte Diskriminierung der Waren aus anderen Mitgliedstaaten. Hinzu kommt, daß lokale Handelsmonopole regelmäßig keine ausschließlichen Einfuhrrechte haben, sondern auf späteren Stufen des Handels, insbesondere auf der Ebene der örtlichen Verteilung von Waren angesiedelt sind, so daß die Möglichkeit der Diskriminierung von Exporteuren aus anderen Mitgliedstaaten ferner liegt.

Art. 31 EGV stellt allerdings keine abschließende, die nicht unter das Umformungsgebot fallenden staatlichen Monopole in ihren Bestand garantie-

---

chen Unternehmen und kann deshalb allenfalls ein Problem unternehmensbezogener Vertragsbestimmungen sein (vgl. a.a.O., 2511, Tz. 14).

46 Vgl. auch *Zuleeg*, in: Festgabe v. Unruh, S. 91 (95). Entgegen der Auffassung von *Britz*, Örtliche Energieversorgung nach nationalem und europäischem Recht, S. 266, läßt sich anderes auch EuGH, Slg. 1988, 2479 (2511, Tz. 13 f.) – Bodson/Pompes funèbres, nicht entnehmen.

47 EuGH, Slg. 1976, 91 (100, Tz. 4/5) – Manghera; Slg. 1995, 4663 (4692, Tz. 27) – Banchero.

48 EuGH, Slg. 1976, 91 (100 f., Tz. 9/12) – Manghera.

49 Vgl. Schlußanträge des Generalanwalts Warner, in: EuGH, Slg. 1976, 91 (107 f.) – Manghera.

50 *Fesenmair*, Öffentliche Dienstleistungsmonopole im europäischen Recht, S. 132; *Pappalardo*, ECLR 1991, 29 (33).

51 Vgl. auch *Britz*, Örtliche Energieversorgung nach nationalem und europäischem Recht, S. 264.

rende Sonderregelung dar[52], schirmt also auch kommunale Handels- oder Dienstleistungsmonopole nicht vor anderweitigen gemeinschaftsrechtlichen Beschränkungen ab. Für den Bereich des Warenverkehrs hat der Europäische Gerichtshofs insbesondere mit der Telekommunikationsendgeräte-Entscheidung der abweichenden Auffassung eine Absage erteilt, indem er die Ausschließlichkeitsrechte staatlicher Fernmeldeunternehmen, ohne auf den von der Kommission geltend gemachten Art. 31 Abs. 1 EGV einzugehen, an Art. 28 EGV gemessen hat[53]. Zutreffend wird damit Art. 31 EGV als eine das Verbot mengenmäßiger Begrenzungen nicht verdrängende, sondern ergänzende Bestimmung angesehen, die den besonderen Gefährdungen eines freien Warenverkehrs durch das – von Art. 28 EGV nicht erfaßte – unternehmerische Verhalten eines staatlichen Handelsmonopols entgegenwirken will[54], indem sie über das Verbot von Diskriminierungen hinaus ein Gebot zu einer Diskriminierungen ausschließenden Umformung aufstellt. Ähnlich verhält es sich auch im Verhältnis zur Dienstleistungsfreiheit; die Existenz des speziellen Umformungsgebots für staatliche Handelsmonopole und das Fehlen einer entsprechenden Regelung für Dienstleistungsmonopole erlaubt noch nicht den Schluß auf die Zulässigkeit von Dienstleistungsmonopolen, solange sie nicht beeinträchtigende Wirkung für den freien Warenverkehr entfalten.

(2) Art. 28 EGV. Soweit kommunale Vor- und Sonderrechte den Warenverkehr betreffen, müssen die daraus folgenden Beschränkungen des Handelsverkehrs sich also messen lassen an dem Verbot mengenmäßiger Einfuhrbeschränkungen und Maßnahmen gleicher Wirkung. Darunter fallen nach der Dassonville-Formel alle Handelsregelungen, die geeignet sind, den innergemeinschaftlichen Handel unmittelbar oder mittelbar, tatsächlich oder potentiell zu behindern[55]. Das Verbot gilt den Mitgliedstaaten und damit auch den hoheitlich handelnden Kommunen[56].

---

[52] Ein Gegenschluß von Art. 31 (ex-Art. 37) EGV insbesondere auf die Zulässigkeit von – den Warenverkehr nicht beeinträchtigenden – Dienstleistungsmonopolen deutet sich etwa an bei *Hailbronner*, NJW 1991, 593; *Schatzschneider*, MDR 1988, 529 (532 f.). Vgl. auch *Seidel*, EuR 1988, 129 (140); *Würdinger*, WuW 1965, 265 (270 f.).

[53] EuGH, Slg. 1991, I-1223 (1267 ff., Tz. 33 ff.). Vgl. dazu *Britz*, Örtliche Energieversorgung nach nationalem und europäischem Recht, S. 264; *Fesenmair*, Öffentliche Dienstleistungsmonopole im europäischen Recht, S. 134; *Rapp-Jung*, EuZW 1994, 464.

[54] Vgl. *Britz*, Örtliche Energieversorgung nach nationalem und europäischem Recht, S. 265 (m.w.N. in Fn. 548, 549).

[55] St. Rspr. seit EuGH, Slg. 1974, 837 (852, Tz. 5) – Dassonville.

[56] Vgl. EuGH, Slg. 1988, 4929 (4962 ff., Tz. 12 ff.) – Kommission/Irland.

Auch mit Blick auf Art. 28 EGV herrschte lange die Ansicht, daß der Bestand staatlicher Monopole durch die Bestimmung nicht in Frage gestellt, sondern allein deren Betätigung beschränkt werde. Daß hoheitliche Sonder- und Ausschließlichkeitsrechte, insbesondere Monopole, den innergemeinschaftlichen Handel behindernde Maßnahmen in diesem Sinne sein können, hat der Gerichtshof insbesondere für die ausschließlichen Einfuhr- und Vertriebsrechte für Telekommunikationsendgeräte dargelegt und damit begründet, daß zum einen sie den Wirtschaftsteilnehmern die Möglichkeit nähmen, die Verbraucher zum Kauf ihrer Erzeugnisse zu veranlassen, und zum anderen der Monopolinhaber angesichts der Vielfalt und des technischen Charakters der Erzeugnisse die Kunden nicht umfassend versorgen könne[57]. Ob und inwieweit kommunale Monopolrechte im Warenverkehr zu Daseinsvorsorgezwecken tatbestandlich mit Art. 28 EGV in Konflikt geraten können, hängt allerdings von einer näheren Prüfung in zumindest zwei Hinsichten ab. Zum einen hat der Gerichtshof seine im Keck-Urteil[58] entwickelte Unterscheidung zwischen warenbezogenen und – Art. 28 EGV nicht unterfallenden – vermarktungsbezogenen nationalen Regelungen auch auf staatliche Vertriebsmonopolregelungen übertragen und entschieden, daß sie nicht in den Anwendungsbereich von Art. 28 EGV fallen, wenn sie für alle im Inland tätigen, betroffenen Wirtschaftsteilnehmer gelten und den Absatz von Erzeugnissen aus anderen Mitgliedstaaten nicht behindern oder stärker erschweren als den Zugang einheimischer Erzeugnisse zum Vertriebsnetz[59]; danach ist also nach der Art der verliehenen Monopolrechte zu differenzieren. Auch bei Beschränkungen, die im Sinne dieser Differenzierung nicht als bloß vermarktungsbezogen gelten, ist zum anderen darüber hinaus gerade bei kommunalen Monopolen – auch wenn bei Art. 28 EGV keine tatsächliche Beeinträchtigung des grenzüberschreitenden Warenverkehrs im Einzelfall gefordert und ein Spürbarkeitsvorbehalt nicht angenommen wird[60] – zu fragen, ob der zwischenstaatliche Warenverkehr überhaupt betroffen ist. Wo einzelne Kommunen kraft ihres Selbstverwaltungsrechts für ihren eigenen Hoheitsbereich Sonder- und Ausschließlichkeitsrechte in Anspruch nehmen oder fremden Trägern einräumen, kann je nach Gegebenheiten sehr fraglich sein, ob das einzelne kommunale Monopol den innergemeinschaftlichen Handel auch nur potentiell behindert. Zwar hat der Gerichtshof Art. 28 EGV auch in einem Fall angewandt, in dem die Beschränkung auf einer kommunalen Anordnung beruhte

---

[57] Vgl. EuGH, Slg. 1991, I-1223 (1268, Tz. 34 f.).

[58] EuGH, Slg. 1993, I-6097 (6131, Tz. 14 ff.).

[59] EuGH, Slg. 1995, I-4663 (4694 ff., Tz. 34 ff.) – Banchero.

[60] EuGH, Slg. 1984, 1299 (1326, Tz. 20) – Prantl; Slg. 1984, 1797 (1812, Tz. 11 f.) – van de Haar.

und sich auf das Gebiet einer Gemeinde beschränkte[61]; die Entscheidung galt aber der Verpflichtung von Fleischimporteuren, sich im Hafen von Genua eines bestimmten Transportunternehmens zu bedienen oder andernfalls einen Abstandsbetrag zu zahlen, so daß der Bezug zum grenzüberschreitenden Warenverkehr hier auf der Hand lag.

Soweit eine den innergemeinschaftlichen Handel beeinträchtigende Maßnahme gleicher Wirkung vorliegt, bleibt nach dem Recht der Warenverkehrsfreiheit deren Rechtfertigung durch zwingende Erfordernisse im Sinne der »Cassis-Formel«, sofern es sich – wie bei lokalen Monopolen regelmäßig der Fall – um nichtdiskriminierende Maßnahmen handelt, und nach Maßgabe des eng ausgelegten Art. 30 EGV zu prüfen.

(3) Die Dienstleistungsfreiheit. Die Dienstleistungsfreiheit des Art. 49 EGV hat in der Rechtsprechung des Gerichtshofs erst allmählich Bedeutung für die Zulässigkeit von staatlichen Dienstleistungsmonopolen gewonnen. Seine frühere Rechtsprechung spiegelt die Auffassung wider, daß reine Dienstleistungsmonopole mit dem EG-Vertrag vereinbar seien und mit den Grundfreiheiten, nämlich mit Art. 28 EGV, erst dann in Konflikt geraten könnten, wenn sie den freien Warenverkehr beeinträchtigten[62]. Noch die Entscheidung zu den Telekommunikationsendgeräten bestätigt diese Annahme, indem sie die Ausschließlichkeitsrechte nicht nur hinsichtlich der Einfuhr und des Vertriebs, sondern auch hinsichtlich der Dienstleistungen der Einrichtung, Inbetriebsetzung und Wartung der Geräte (nur) am heutigen Art. 28 EGV gemessen und scheitern lassen hat[63]. Eine deregulierende Wirkung der Dienstleistungsfreiheit des Art. 49 EGV selbst gegenüber staatlichen Dienstleistungsmonopolen hat der Gerichtshof erst danach im Mediawet-Urteil[64] angenommen. Die Grundlage dafür war die Weiterentwicklung der Dienstleistungsfreiheit von einem Diskriminierungsverbot bzw. Gebot der Inländergleichbehandlung hin zu einem Beschränkungsverbot, das auch unterschiedslos für einheimische Dienstleistende wie für Dienstleistende anderer Mitgliedstaaten geltende Maßnahmen erfaßt, wenn sie geeignet sind, die Tätigkeiten des Dienstleistenden, der in einem anderen Mitgliedstaat ansässig ist und

---

[61] EuGH, Slg. 1993, I-6621 (6661, Tz. 36 ff.) – Ligur carni; vgl. auch EuGH, Slg. 1991, I-4179 (4186, Tz. 24) – Aragonesa de Publicidad.

[62] Vgl. EuGH, Slg. 1974, 409 (428, Tz. 7 f.; 430, Tz. 14) – Sacchi; Slg. 1983, 2057 (Leitsatz) – Béarn. Zur entsprechenden These in der Literatur vgl. *Hailbronner*, NJW 1991, 593; *Müller*, Dienstleistungsmonopole im System des EWG-Vertrages, S. 24; *Otto*, Entmonopolisierung der Telekommunikation, S. 16.

[63] EuGH, Slg. 1991, I-1223 (1269, Tz. 40-44) – Telekommunikationsendgeräte.

[64] EuGH, Slg. 1991, I-4069 – Mediawet. Zustimmend etwa *Schwintowski*, RabelsZ 58 (1994), 232 (272).

dort rechtmäßig ähnliche Dienstleistungen erbringt, zu unterbinden oder zu behindern[65]. Die Anwendung auch gegenüber staatlichen Dienstleistungsmonopolen erfordert insofern noch einen weiteren Schritt, als es nicht mehr nur um die Beseitigung von Beschränkungen des freien Dienstleistungsverkehrs auf prinzipiell dem Wettbewerb offenstehenden Sektoren geht, sondern um die Aufhebung nationaler Monopole, die in- und ausländischen Anbietern insgesamt den Marktzugang vorenthalten[66]; der Europäische Gerichtshof hat diesen Einwand zurückgewiesen, weil die Schutzwirkung zugunsten eines inländischen Unternehmens eine entsprechende Benachteiligung von Anbietern gleichartiger Leistungen in anderen Mitgliedstaaten bewirke und im übrigen die Bevorzugung eines inländischen Dienstleistungserbringers durch eine nationale Vorzugsregelung gegenüber ausländischen Unternehmen genüge[67].

Danach können auch kommunale Dienstleistungsmonopole an Art. 49 EGV zu messen sein[68]. Die praktische Relevanz des Art. 49 EGV gerade für kommunale Dienstleistungsmonopole wird aber entscheidend dadurch gemindert, daß die Bestimmung – wie die Höfner-Entscheidung des Europäischen Gerichtshofs noch einmal hervorgehoben hat – nur Anwendung auf Sachverhalte mit eindeutigem Auslandsbezug findet; die allein theoretische Möglichkeit einer Auslandsberührung genügt nicht[69]. Für Dienstleistungen, die innerhalb eines lokalen Radius erbracht werden, wie das bei kommunalen Betätigungen häufig der Fall sein wird, wird deshalb die Freiheit des grenzüberschreitenden Dienstleistungsverkehrs wenig Bedeutung gewinnen können und allenfalls in grenznahen Regionen in Betracht kommen.

Soweit jedoch die Dienstleistungsfreiheit betroffen ist, ist die Begründung einer Monopolstellung nicht etwa als diskriminierende Regelung nur nach Maßgabe der engen Ausnahmen von Art. 55 i.V.m. Art. 45 und 46 EGV gerechtfertigt[70]. Vielmehr ist sie als unterschiedslos anwendbare Regelung weitergehend zulässig, soweit sie durch zwingende Gründe des Allgemeininteresses gerechtfertigt und verhältnismäßig ist[71]. Ein Dienstleistungsmonopol

---

[65] EuGH, Slg. 1991, I-4221 (4243, Tz. 12) – Säger.

[66] Den Unterschied betont mit Recht *Hailbronner*, NJW 1991, 593 (598).

[67] EuGH, Slg. 1991, I-4069 (4095, Tz. 23 ff.) – Mediawet.

[68] *Zahn*, Kommunale Dienstleistungsmonopole, S. 148.

[69] EuGH, Slg. 1991, I-1979 (2020, Tz. 39) – Höfner; vgl. bereits EuGH, Slg. 1980, 833 (Leitsatz 2) – Debauve, sowie EuGH, Slg. 1993, I-6621 (6662, Tz. 42 f.) – Ligur carni. Vgl. dazu *Edward/Hoskins*, CMLRev. 32 (1995), 157 (175); *Fesenmair*, Öffentliche Dienstleistungsmonopole im europäischen Recht, S. 98.

[70] So Schlußanträge des Generalanwalts Tesauro, in: EuGH, Slg. 1991, I-4007 (4025, Tz. 7) – Stichting; zustimmend *Fesenmair*, Öffentliche Dienstleistungsmonopole im europäischen Recht, S. 92.

[71] Vgl. EuGH, Slg. 1991, I- 4069 (4096 f., Tz. 29 ff.) – Mediawet.

differenziert nicht zwischen in- und ausländischen Anbietern, sondern allein zwischen dem – u.U. auch ausländischen – Monopolunternehmen und den ausgeschlossenen in- und ausländischen Unternehmen. Bei der Beurteilung der rechtfertigenden Gründe hat der Europäische Gerichtshof im übrigen – in seiner das britische Glücksspielmonopol betreffenden Schindler-Entscheidung – erstmals den Mitgliedstaaten einen gewissen Einschätzungsspielraum eingeräumt[72]; ähnlich wie in der Keck-Entscheidung wird man hierin eine vorsichtige Berücksichtigung mitgliedstaatlicher Regelungsfreiheit sehen dürfen[73].

bb. Art. 86 Abs. 1 EGV und die Wettbewerbsregeln

Daß den Mitgliedstaaten Maßnahmen verboten sind, die die praktische Wirksamkeit der Wettbewerbsregeln ausschalten könnten, leitet der Gerichtshof allgemein aus Art. 10 Abs. 2 EGV ab[74]; in Bezug auf öffentliche oder durch besondere oder ausschließliche Rechte privilegierte Unternehmen untersagt darüber hinaus die Spezialregelung des Art. 86 Abs. 1 EGV[75] explizit mitgliedstaatliche Maßnahmen, die insbesondere den Art. 81 ff. EGV widersprechen. Daß auf diesem Wege auch die Wettbewerbsregeln deregulierende, staatlich begründete Sonderrechte beseitigende Wirkung entfalten können, belegt in der Rechtsprechung des Europäischen Gerichtshofs insbesondere die Entscheidung zum Arbeitsvermittlungsmonopol der Bundesanstalt für Arbeit, die für den Teilbereich der Führungskräftevermittlung einen Verstoß hiergegen erkannt hat[76].

Der von Art. 86 Abs. 1 EGV zugrundegelegte Unternehmensbegriff ist nach gefestigter Rechtsprechung des Europäischen Gerichtshofs ein funktionaler, der – wie der Gerichtshof in Fortführung früherer Ansätze in der Höfner-Entscheidung definiert hat – jede eine wirtschaftliche Tätigkeit ausübende Einheit, unabhängig von ihrer Rechtsform und der Art ihrer Finanzierung einschließt[77]. In der Höfner-Entscheidung hat der Gerichtshof dabei

---

[72] EuGH, Slg. 1994, I-1039 (1097, Tz. 61) – Schindler.

[73] *Stein*, EuZW 1994, 315; *Voßkuhle*, VerwArch 87 (1996), 395 (421 f.).

[74] Grundlegend EuGH, Slg. 1977, 2115 (2145, Tz. 30, 35) – GB-Inno-BM/ATAB; vgl. zuletzt etwa EuGH, Slg. 1991, I-2925 (2962, Tz. 35) – ERT.

[75] Zum Vorrang dieser Spezialregelung vgl. EuGH, Slg. 1989, 803 (852, Tz. 50) – Ahmed Saeed -; Slg. 1991, I-2925 (2962, Tz. 36) – ERT. In der Literatur vgl. *Müller-Graff/Zehetner*, Öffentliche und privilegierte Unternehmen im Recht der Europäischen Gemeinschaften, S. 32; *Pernice*, in: Grabitz/Hilf, KommEU, Art. 90 EGV Rn. 4.

[76] EuGH, Slg. 1991, I-1979 – Höfner.

[77] EuGH, Slg. 1991, I-1979 (2016, Tz. 21) – Höfner. Vgl. weiter EuGH, Slg. 1993, I-637 (669, Tz. 17) – Poucet; Slg. 1995, I-4013 (4028, Tz. 14) – Fédération française des sociétés d'assurance.

einen weiten Unternehmensbegriff zugrundegelegt: Daß eine Tätigkeit normalerweise öffentlich-rechtlichen Einrichtungen übertragen ist, soll, wenn dies nicht immer der Fall gewesen und nicht notwendig ist, den wirtschaftlichen Charakter der Betätigung nicht ausschließen[78]; auch die Unentgeltlichkeit der Leistung für den Empfänger und das Fehlen einer Gewinnerzielungsabsicht sollen der Unternehmenseigenschaft hier nicht entgegenstehen. In seiner nachfolgenden Rechtsprechung hat der Gerichtshof den Unternehmensbegriff in zwei Richtungen eingeengt. Zum einen hat er mit seiner Eurocontrol-Entscheidung klargestellt, daß Einrichtungen, die im Rahmen ihrer Tätigkeit wesentlich Vorrechte ausüben, die typischerweise hoheitlicher Natur sind, im vorliegenden Fall bei der Kontrolle und Überwachung des Luftraums, keine Unternehmen sind[79]; damit scheiden insbesondere Einrichtungen der staatlichen Eingriffsverwaltung aus[80]. Darüber hinaus hat er – in einer gegenüber der Höfner-Entscheidung tendenziell engeren Interpretation für den Bereich staatlicher Daseinsvorsorge, konkret: staatlicher Sozialversicherungssysteme – auch solche Einrichtungen aus dem Unternehmensbegriff herausgenommen, die eine Aufgabe mit ausschließlich sozialem Charakter ausüben, wofür er auf eine Leistungserbringung nach dem Grundsatz nationaler Solidarität, auf gesetzlicher Grundlage und unabhängig von der Höhe der erbrachten Beiträge sowie auf das Fehlen jeglichen Gewinnzwecks abstellte[81]; ein ergänzendes freiwilliges, nach dem Kapitalisierungsprinzip arbeitendes Rentenversicherungssystem hat der Gerichtshof hingegen – ungeachtet fehlender Gewinnerzielungsabsicht – als Unternehmen angesehen[82]. Diese beiden Entscheidungen bringen gewiß noch keine trennscharfe Begriffsklärung; ihre Gegenüberstellung zeigt aber als ausschlaggebenden Gesichtspunkt für eine wirtschaftliche Betätigung, daß eine staatliche Daseinsvorsorgeleistung dem Prinzip nach in Abhängigkeit von einer konkreten, an Äquivalenz orientierten Gegenleistung erbracht wird, so daß sie in einem – nicht notwendig aktuellen, aber jedenfalls potentiellen[83] – Wettbewerb mit anderen Unternehmen angeboten wird. Danach sind auch kommunale Stellen, und zwar

---

[78] EuGH, Slg. 1991, I-1979 (2016, Tz. 22)- Höfner.

[79] EuGH, Slg. 1994, I-43 (63 f., Tz. 30 f.) – Eurocontrol.

[80] Im Ergebnis entspricht das etwa dem Vorschlag, den Unternehmensbegriff an der Reichweite von Art. 39 Abs. 4 EGV zu orientieren; vgl. *Ehlermann*, ECLR 1993, 61 (66).

[81] EuGH, Slg. 1993, I-637 (670, Tz. 18 ff.) – Poucet. Kritisch dazu *Burgi*, EuR 1997, 261 (265); *Fesenmair*, Öffentliche Dienstleistungsmonopole im europäischen Recht, S. 37 ff., der nur die Verwaltung typischer öffentlicher Güter aus dem Unternehmensbegriff herausnehmen will.

[82] EuGH, Slg. 1995, I-4013 (4028 ff., Tz. 17 ff.) – Fédération française des sociétés d'assurance.

[83] Vgl. dazu *Schwintowski*, ZEuP 1994, 294 (299).

auch dann, wenn sie – etwa als gemeindliche Eigenbetriebe – keine eigene Rechtspersönlichkeit besitzen und organisatorisch der staatlichen Verwaltung zugehören[84], ein Unternehmen im Sinne dieser Bestimmung, sofern sie unternehmerisch tätig sind. Im Bereich der kommunalen Daseinsvorsorge wird das allenfalls bei sozialen oder kulturellen Einrichtungen, die unentgeltlich Leistungen anbieten, nicht der Fall sein; im übrigen betätigen sich die typischen kommunalen Daseinsvorsorgeunternehmen und -einrichtungen etwa der Energie- und Wasserversorgung, der Abwasser- und Abfallentsorgung oder des Personennahverkehrs – auch soweit sie nach deutschem Gemeindewirtschaftsrecht als nichtwirtschaftliche gelten sollten – ebenso im Sinne des EG-Vertrages unternehmerisch[85] wie auch die entsprechenden privaten Unternehmen, deren sich die Kommunen unter Umständen bedienen.

Daß – wie dem Sacchi-Urteil des Europäischen Gerichtshofs[86] zu entnehmen gewesen war – das Verbot des Art. 86 Abs. 1 EGV die hoheitliche Begründung von Ausschließlichkeits- oder sonstigen Sonderrechten für diese Unternehmen noch nicht erfasse, sondern erst Maßnahmen in Bezug auf solcherart privilegierte Unternehmen, ist in dieser Form nicht mehr aufrechtzuerhalten. Vielmehr hat der Gerichtshof in seiner jüngeren Rechtsprechung sowohl die staatliche Einführung wie auch die Beibehaltung von Sonder- und Ausschließlichkeitsrechten der Begrenzung durch Art. 86 Abs. 1 (i.V.m. Art. 81 und 82) EGV unterworfen. In der Entscheidung zu den Telekommunikationsendgeräten heißt es gegenüber dem Einwand, die Aufrechterhaltung von besonderen und ausschließlichen Rechten als solche konne keine Maßnahme im Sinne von Art. 86 (ex-Art. 90) Abs. 1 EGV sein, »daß dieser Artikel zwar von der Existenz von Unternehmen ausgeht, die bestimmte besondere und ausschließliche Rechte innehaben, daß damit jedoch nicht alle besonderen und ausschließlichen Rechte notwendigerweise mit dem Vertrag vereinbar sind. Das hängt vielmehr von den einzelnen Vorschriften ab, auf die Art. 90 Abs. 1 EGV verweist.«[87] Auch die staatliche Begründung oder Beibehaltung

---

[84] EuGH, Slg. 1993, I-5335 (5379, Tz. 15) – Decoster; Slg. 1993, I-5383 (5403, Tz. 14) – Taillandier. *Heinemann*, Grenzen staatlicher Monopole im EG-Vertrag, S. 74 f., hält – überzeugend – mit Rücksicht auf den zugrunde liegenden funktionalen Unternehmensbegriff Art. 90 Abs. 1 EGV auch dann für anwendbar, wenn die Mitgliedstaaten selbst unternehmerisch tätig werden; a.A. wegen der Identität von Handlungssubjekt und -objekt *Benesch*, Die Kompetenzen der EG-Kommission aus Art. 90 Abs. 3 EWG-V, S. 8 f.; *Grill*, in: Lenz, EGV, Art. 90 Rn. 4; *Pernice*, in: Grabitz/Hilf, KommEU, Art. 90 EGV Rn. 14.

[85] *Schmidt*, Die Verwaltung 28 (1995), 281 (299).

[86] EuGH, Slg. 1974, 409 (430, Tz. 14) – Sacchi. Vgl. weiter EuGH, Slg. 1991, I-2925 (2957, Tz. 10) – ERT.

[87] EuGH, Slg. 1991, I-1223 (1265, Tz. 22) – Telekommunikationsendgeräte; vgl. auch Slg. 1991, I-4069 (4098, Tz. 34) – Mediawet.

von Sonder- und Ausschließlichkeitsrechten zugunsten von Unternehmen ist danach verboten, wenn sie den effet utile der Wettbewerbsbestimmungen auszuschalten geeignet wären[88]. Dabei wird insbesondere Art. 82 EGV mit dem Verbot des Mißbrauchs einer marktbeherrschenden Stellung aktuell.

Art. 86 Abs. 1 i.V.m. Art. 82 EGV setzt zunächst voraus, daß eine staatliche Maßnahme einem oder mehreren Unternehmen eine beherrschende Stellung auf dem Gemeinsamen Markt oder auf einem wesentlichen Teil desselben verschafft. Als ein wesentlicher Teil des Gemeinsamen Marktes anerkannt sind die Mitgliedstaaten[89] oder auch bedeutende Teile einzelner Mitgliedstaaten[90]. Eine marktbeherrschende Stellung wird deshalb durch die Verleihung eines Monopols für ein solches Gebiet[91], aber auch durch nationale Rechtsvorschriften begründet, die territorial begrenzte Monopole zugunsten mehrerer Unternehmen nebeneinanderstellen, die in ihrer Gesamtheit dann das ganze Hoheitsgebiet eines Mitgliedstaates erfassen[92]. Auch kann ein lokal begrenztes Monopolrecht eine marktbeherrschende Stellung für einen größeren Teil des mitgliedstaatlichen Gebiets herbeiführen; so hat der Gerichtshof ein lokal, auf den Hafen von Genua begrenztes Monopol mit Rücksicht auf den Umfang des ihm unterfallenden Frachtverkehrs und die Bedeutung für die gesamte Ein- und Ausfuhr des Mitgliedstaates ausreichen lassen[93]. Kleinere regionale und insbesondere lokale Monopole als solche, ohne weitere räumliche Auswirkungen, aber begründen keine marktbeherrschende Stellung i.S.v. Art. 82 EGV und unterfallen schon daher nicht dem Verbot des Art. 86 Abs. 1 i.V.m. Art. 82 EGV[94].

Art. 82 EGV verlangt darüber hinaus einen Mißbrauch der marktbeherrschenden Stellung. Entsprechend hält der Gerichtshof in Anknüpfung an frühere Entscheidungen auch in seiner Höfner-Entscheidung daran fest, daß die

---

[88] EuGH, Slg. 1993, I-2533 (2567, Tz. 11) – Corbeau; vgl. auch Slg. 1991, I-2925 (2962, Tz. 35) – ERT.

[89] EuGH, Slg. 1983, 483 (507, Tz. 44) – GVL.

[90] EuGH, Slg. 1988, 2479 (2514, Tz. 25) – Bodson/Pompes funèbres.

[91] EuGH, Slg. 1991, I-1979 (2018, Tz. 28) – Höfner; Slg. 1991, I-2925 (2961, Tz. 31) – ERT; Slg. 1991, I-5889 (5928, Tz. 14) – Merci.

[92] EuGH, Slg. 1994, I-5077 (5104, Tz. 17) – Centre d'insémination de la Crespelle.

[93] EuGH, Slg. 1991, I-5889 (5928, Tz. 15) – Merci; Slg. 1994, I-1783 (1824 f., Tz. 41) – Corsica Ferries.

[94] In EuGH, Slg. 1994, I-5077 (5104, Tz. 17) – Centre d'insémination de la Crespelle, bestätigt der Gerichtshof das implizit, indem er – der Argumentation des Generalanwalts Gulmann (vgl. Schlußanträge, ebd., 5094, Tz. 45 Fn. 20) folgend – auf die gesetzliche Begründung von Monopolen für das gesamte Staatsgebiet abstellte und damit eine marktbeherrschende Stellung der jeweils einzelnen, für das französische Hoheitsgebiet insgesamt 54 Monopolunternehmen nicht annahm. Vgl. auch *Grabitz*, EWS 1990, 4 (9), in Bezug auf lokale Rundfunkanstalten.

staatliche Gewährung von Ausschließlichkeitsrechten, die eine marktbeherrschende Stellung begründet, für sich allein mit Art. 86 Abs. 1 i.V.m. Art. 82 (ex-Art. 86) EGV noch nicht unvereinbar ist[95]. Eine dem effet utile dieser Bestimmung zuwiderlaufende Maßnahme soll allerdings bereits in der Schaffung einer Monopolstellung liegen können, »wenn das betreffende Unternehmen durch die bloße Ausübung des ihm übertragenen ausschließlichen Rechts seine beherrschende Stellung mißbräuchlich ausnutzt«[96] oder – noch großzügiger – »wenn durch diese Rechte eine Lage geschaffen werden könnte, in der das Unternehmen ... gegen Art. 86 EWG-Vertrag verstößt«[97]. Diese Rechtsprechung dehnt , indem die Begründung und die (mißbräuchliche) Ausübung einer Monopolstellung enger miteinander verknüpft, die staatliche Verantwortlichkeit aus. Der Mißbrauch der marktbeherrschenden Stellung wird dem Staat nicht nur zugerechnet, wo er ihn durch eigenes Tun – z.B. durch die Genehmigung von diskriminierenden Tarifen eines Monopolunternehmens[98] – unmittelbar veranlaßt. Bereits die Gewährung einer Monopolstellung als solche kann einen Mißbrauch implizieren[99], wenn das Monopolunternehmen offenkundig nicht in der Lage ist, die Nachfrage auf dem Markt nach den monopolisierten Leistungen zu befriedigen[100], oder die in der betreffenden nationalen Regelung festgelegten Modalitäten der Monopolverleihung eine Neigung des Unternehmens zu mißbräuchlichem Verhalten begründen[101]. Daraus folgt jedoch keine unbegrenzte Verantwortlichkeit des Staates für ein mißbräuchliches Verhalten des Monopolunternehmens; sie bleibt auf Konstellationen beschränkt, in denen die Ausgestaltung des Monopols unmittelbar und erkennbar einen Mißbrauch veranlaßt. Der Gerichtshof hat das in nachfolgenden Entscheidungen verdeutlicht, in denen er ausdrücklich betont, daß die fragliche staatliche Maßnahme den vermeintlichen Mißbrauch unmittelbar veranlassen muß, ein allein dem Unternehmen zurechenbarer Mißbrauch, etwa ein kraft autonomer unternehmerischer Entscheidung überhöht angesetzter Preis, hingegen nicht zureicht[102].

---

[95] EuGH, Slg. 1991, I-1979 (2018, Tz. 29) – Höfner; vgl. auch EuGH, Slg. 1991, I-5889 (5928, Tz. 16) – Merci.

[96] EuGH, Slg. 1991, I-1979 (2018, Tz. 29) – Höfner.

[97] EuGH, Slg. 1991, I-2925 (2962, Tz. 37) – ERT; vgl. auch EuGH, Slg. 1991, I-5889 (5928, Tz. 17) – Merci.

[98] EuGH, Slg. 1994, I-1783 (1825, Tz. 43) – Corsica Ferries.

[99] *Basedow*, EuZW 1994, 359 (360); *Schmidt*, Die Verwaltung 28 (1995), 281 (312).

[100] EuGH, Slg. 1991, I-1979 (2018, Tz. 31) – Höfner.

[101] EuGH, Slg. 1991, I-5889 (5929, Tz. 19) – Merci.

[102] Vgl. EuGH, Slg. 1994, I-5077 (5105, Tz. 20 f.) – Centre d'insémination de la Crespelle; Slg. 1995, I-4663 (4699, Tz. 51) – Banchero.

Schließlich greift das Verbot des Art. 86 Abs. 1 i.V.m. Art. 82 EGV nur, wenn die vom Staat zu verantwortende mißbräuchliche Ausnutzung einer marktbeherrschenden Stellung zu einer Beeinträchtigung des Handels zwischen den Mitgliedstaaten führt. Gegenüber Dienstleistungsmonopolen ist das insofern weiterreichend als Art. 49 EGV, als nicht ein realer Auslandsbezug gefordert wird, vielmehr die bloße Möglichkeit der Beeinträchtigung genügt – insbesondere mit der Folge, daß auch Inländer die Wettbewerbsvorschriften gegen bestehende Dienstleistungsmonopole geltend machen können[103]. Die Möglichkeit einer zwischenstaatlichen Wirkung bleibt jedoch als Erfordernis bestehen, das auch vom Europäischen Gerichtshof und der Kommission ernst genommen wird[104].

b. Befugnisse zu weitergehenden sekundärrechtlichen Deregulierungsvorgaben

Weitergehende gemeinschaftsrechtliche Deregulierungsdirektiven für die kommunale Daseinsvorsorge können sich im Rahmen der nach dem EG-Vertrag bestehenden Kompetenzen aus dem europäischen Sekundärrecht, also aus Verordnungen und Richtlinien der Gemeinschaftsorgane, ergeben.

aa. Die einzelnen Kompetenzen

Für die Rechtsetzungsbefugnisse der Europäischen Gemeinschaft im Verhältnis zu den Mitgliedstaaten gilt, wie schon früher aus dem EG-Vertrag ableitbar war[105] und seit dem Maastrichter Vertrag ausdrücklich im heutigen Art. 5 Abs. 1 EGV festgeschrieben ist, das Prinzip der konkreten Einzelermächtigung. Aus der Geltung dieses Prinzips folgt, daß der Schluß von einer allgemeinen Zielumschreibung oder Aufgabenzuweisung an die Gemeinschaft auf eine gemeinschaftliche Befugnis nach dem EG-Vertrag unzulässig ist[106]. Anders klingende Äußerungen des Europäischen Gerichtshofs[107] sind allenfalls in einer restriktiven Interpretation damit vereinbar. Die allgemeine Festle-

---

[103] *Fesenmair*, Öffentliche Dienstleistungsmonopole im europäischen Recht, S. 229, unter Hinweis auf die Rechtssache Corbeau, wo ein belgischer Gewerbetreibender gegen ein belgisches Monopol vorgegangen ist.

[104] Vgl. *Steinberg/Britz*, Der Energieliefer- und -erzeugungsmarkt nach nationalem und europäischem Recht, S. 123 ff.; *Steinberg/Britz/Schaub*, RdE 1996, 165 (171).

[105] *v. Bogdandy/Nettesheim*, in: Grabitz/Hilf, KommEU, Art. 3b EGV Rn. 3.

[106] So ausdrücklich BVerfGE 89, 155 (192). Vgl. auch *Jarass*, AöR 121 (1996), 173 (175).

[107] EuGH, Slg. 1987, 3203 (3253, Tz. 28) – Deutschland u.a./Kommission; vgl. – kritisch – dazu *v. Bogdandy/Nettesheim*, in: Grabitz/Hilf, KommEU, Art. 3b EGV Rn. 6; *Jarass*, AöR 121 (1996), 173 (176).

gung der Aufgabe der Gemeinschaft und ihrer Tätigkeitsfelder in Art. 2, Art. 3 und Art. 4 EGV begründet daher, wie schon im Wortlaut deutlich wird, wenn ein Handeln »nach Maßgabe dieses Vertrages« statuiert wird, noch keine Handlungsbefugnisse[108]. Auch die diesen Bestimmungen zu entnehmende allgemeine Verpflichtung der Gemeinschaft auf die Errichtung eines Gemeinsamen Marktes bzw. eines Binnenmarktes, der dem Grundsatz einer offenen Marktwirtschaft mit freiem Wettbewerb verpflichtet ist, verleiht den Gemeinschaftsorganen also noch keine Handlungs-, insbesondere Rechtsetzungsbefugnisse zur Verwirklichung dieser Ziele. Insoweit kommen vornehmlich zwei Kompetenzgrundlagen in Betracht.

(1) Art. 86 Abs. 3 EGV. Zu denken ist zunächst an die Befugnis gemäß Art. 86 Abs. 3 EGV. Von ihr hat die Kommission erst relativ spät, erstmals mit der so genannten Transparenzrichtlinie aus dem Jahre 1980[109], Gebrauch gemacht. Nach deren Bestätigung durch den Gerichtshof[110], der diese Kompetenzgrundlage in seiner Entscheidung nach verbreiteter Einschätzung großzügig interpretierte[111], ist dann jedoch eine ganze Reihe von Entscheidungen und Richtlinien hierauf gestützt worden, z.B. die zur Liberalisierung im Bereich der Telekommunikationsendgeräte und der Telekommunikationsdienste[112]. Teilweise wird gerade dieser Vorschrift zentrale Bedeutung für die Deregulierungspolitik der Gemeinschaft beigemessen[113].

Die zugrunde liegende Einschätzung des Art. 86 Abs. 3 EGV als einer weit reichenden Kompetenzgrundlage trifft zwar insoweit zu, als der Gerichtshof sie in der Transparenzrichtlinienentscheidung mit Blick auf das institutionelle Gefüge und die Zuständigkeitsabgrenzungen insbesondere im Verhältnis zum Rat nicht einengend interpretiert hat; vielmehr sieht er Art. 86 Abs. 3 EGV als die speziellere Vorschrift für das Verhältnis der Mitgliedstaaten zu öffentlichen und privilegierten Unternehmen, die in ihrem Anwendungsbereich unbeschränkt durch andere Kompetenzen Anwendung finden könne[114]. Es ist

---

108 *Beutler*, in: Beutler/Bieber/Pipkorn/Streil, Die Europäische Union, S. 55.

109 Richtlinie 80/723/EWG, ABl. EG 1980 Nr. L 195/35, heute i.d.F. der Richtlinien 85/413 vom 24. Juli 1985, ABl. EG 1985 Nr. L 229/20, und 93/84 vom 30. September 1993, ABl. EG 1993 Nr. L 254/16.

110 EuGH, Slg. 1982, 2545 – Transparenzrichtlinie.

111 Vgl. etwa *Schmidt*, Die Verwaltung 28 (1995), 281 (298 Fn. 108).

112 Richtlinie der Kommission 88/301/EWG, ABl. EG 1988 Nr. L 131/73; Richtlinie der Kommission 90/388/EWG vom 28. Juni 1990, ABl. EG 1990 Nr. L 192/10. Weitere Nachweise zu einschlägigen Entscheidungen der Kommission bei *Heinemann*, Grenzen staatlicher Monopole im EG-Vertrag, S. 57 Fn. 296.

113 *Tettinger*, DVBl. 1994, 88 (91).

114 EuGH, Slg. 1982, 2545 (2572 ff., Tz. 4 ff.) – Transparenzrichtlinie.

gerade der Sinn und Zweck des Art. 86 Abs. 3 EGV, die Kontrolle des Verhaltens der Mitgliedstaaten im Verhältnis zu diesen Unternehmen wegen ihrer besonderen Staatsnähe und des besonderen Eigeninteresses der Mitgliedstaaten der Kommission als einer insoweit unbeteiligten Instanz – und nicht etwa dem Rat als einem von den mitgliedstaatlichen Regierungen besetzten Gremium – zuzuweisen[115]. Auch die Einbeziehung der – materiell ohnehin staatsgerichteten – Grundfreiheiten in die mitgliedstaatlichen Pflichten nach Art. 86 Abs. 1 EGV hat ihre eigentliche Bedeutung darin, daß so die Kontrollkompetenz der Kommission nach Art. 86 Abs. 3 EGV darauf erstreckt wird. Mit Recht hat der Europäische Gerichtshof Art. 86 Abs. 3 EGV als umfassende Grundlage für eine Sicherstellung des vertragsgemäßen Verhaltens der Mitgliedstaaten im Verhältnis zu den öffentlichen und privilegierten Unternehmen angesehen.

Die Eignung als Grundlage spezifischer Deregulierungsvorgaben relativiert sich jedoch mit Blick auf die materielle Reichweite der Kompetenz aus Art. 86 Abs. 3 EGV. Die wesentliche Begrenzung folgt daraus, daß Art. 86 Abs. 3 EGV nur die Konkretisierung oder Präzisierung bereits bestehender primärrechtlicher Pflichten, nämlich der mitgliedstaatlichen Pflichten aus Art. 86 Abs. 1 und 2 EGV gegenüber öffentlichen und privilegierten Unternehmen, insbesondere mit Blick auf die Wettbewerbsregeln sowie die Grundfreiheiten, nicht jedoch die sekundärrechtliche Begründung weitergehender, neuer Pflichten erlaubt[116]. Darüber hinausgehende Rechtsetzungsbefugnisse verleiht die Bestimmung deshalb nicht. Hinzu kommt, daß in Wahrnehmung der Rechtsetzungskompetenz gemäß Art. 86 Abs. 3 EGV – so wie generell auch die Ermächtigungen des EG-Vertrages zum Erlaß von Rechtsnormen zu den von Art. 86 Abs. 2 EGV erfaßten und unter Umständen in ihrer Geltung eingeschränkten Normen zu zählen sind[117] – bereits auf Art. 86 Abs. 2 EGV Rücksicht zu nehmen ist. Dabei kann Art. 86 Abs. 3 EGV nicht ohne weiteres die Kompetenz der Kommission zur Konkretisierung auch der auslegungsbedürftigen Merkmale des Art. 86 Abs. 2 EGV entnommen werden[118]. Vor dem Hintergrund der erweiterten Bedeutung, die Art. 86 Abs. 2 EGV als Grundlage mitgliedstaatlicher Regulierungsbefugnisse auch in der Rechtsprechung

---

[115] *Pernice*, in: Grabitz/Hilf, KommEU, Art. 90 EGV Rn. 63.

[116] Vgl. EuGH, Slg. 1991, I-1223 (1263, Tz. 14, und 1265, Tz. 20 f.) – Telekommunikationsendgeräte, wo zwar der Einwand, eine Politik der Umstrukturierung eines Sektors falle allein in die Zuständigkeit des Rats gemäß Art. 95 (ex-Art. 100a) EGV, zurückgewiesen wird, jedoch die Beschränkung auf die Präzisierung primärrechtlicher Pflichten festgehalten wird.

[117] *Jarass*, Europäisches Energierecht, S. 86 f.

[118] So *Heinemann*, Grenzen staatlicher Monopole im EG-Vertrag, S. 68 Fn. 344.

des Europäischen Gerichtshofs gewonnen hat[119], erscheint die Regelungsbefugnis der Kommission im Rahmen von Art. 86 Abs. 3 EGV deutlich eingeschränkt, sobald eine Anwendung des Art. 86 Abs. 2 EGV in Betracht kommt[120].

(2) Binnenmarktkompetenzen. Wie die inzwischen auf der Grundlage von Art. 95 (ex-Art. 100a) EGV erlassene Richtlinie betreffend gemeinsame Vorschriften für den Elektrizitätsbinnenmarkt vom 19. Dezember 1996[121] belegt, sind als mögliche Rechtsgrundlage für Deregulierungsvorgaben der Europäischen Gemeinschaft weiter von hervorgehobener Bedeutung die so genannten Binnenmarktkompetenzen, namentlich die Richtlinienkompetenzen gemäß Art. 47 Abs. 2, Art. 55, Art. 95 EGV. Art. 47 Abs. 2 EGV ermächtigt den Rat zu Richtlinien zur Koordinierung der Rechts- und Verwaltungsvorschriften der Mitgliedstaaten über die Aufnahme und Ausübung selbständiger Tätigkeiten; die Bestimmung ist nach Art. 55 EGV auch auf Dienstleistungen anwendbar. Art. 95 EGV erlaubt Maßnahmen zur Angleichung der Rechts- und Verwaltungsvorschriften der Mitgliedstaaten, welche die Errichtung und das Funktionieren des Binnenmarkts zum Gegenstand haben.

Diese Kompetenzbestimmungen, namentlich der der Verwirklichung der Binnenmarktziele nach Art. 14 EGV dienende Art. 95 EGV, erfassen ihrer gegenständlichen Ausdehnung nach das gesamte Feld insbesondere des Waren- und Dienstleistungsverkehrs; damit befinden sich auch die Gegenstände kommunaler Daseinsvorsorge in ihrem thematischen Einzugsbereich. Für ihre mögliche Reichweite von zentraler Bedeutung wird deshalb die – kontrovers diskutierte – Frage nach der Intensität der damit eröffneten gemeinschaftlichen Regelungsbefugnis, die unabhängig von der Wahl der Begriffe Koordinierung und Rechtsangleichung bzw. Harmonisierung jeweils gleich sein soll[122]; zugespitzt geht es darum, ob der Gemeinschaft im Ergebnis eine Vollregelungskompetenz eingeräumt wird oder aber nur eine inhaltlich beschränktere Rechtsetzungsbefugnis zur Koordinierung bzw. Angleichung nationaler Rechtsvorschriften. Die Auslegung insbesondere von Art. 95 EGV wird insoweit nicht außer acht lassen können, daß die Bestimmung entgegen einem Vorschlag der Kommission, der von einem Raum ohne Grenzen

---

[119] Vgl. dazu unten in diesem Kap. II. 2. a.

[120] Vgl. *Everling*, EuR 1994, 386 (404 f.), der deshalb eine einheitliche Regelung für die Postdienste aller Mitgliedstaaten gemäß Art. 86 Abs. 3 EGV für unzulässig hält; *Hermes*, Staatliche Infrastrukturverantwortung, S. 395 f., in Bezug auf den Elektrizitätsbinnenmarkt; *Tettinger*, DVBl. 1997, 341 (345).

[121] ABl. EG 1997 Nr. L 27 /20.

[122] *Langeheine*, in: Grabitz/Hilf, KommEU, Art. 100 EGV Rn. 8.

sprach, in dem Personen, Waren, Dienstleistungen und Kapital unter denselben Bedingungen wie in einem Mitgliedstaat verkehren, den Begriff Binnenmarkt verwendet[123]. Das begrenzt die im Rahmen von Art. 95 EGV in Anspruch genommene Kompetenz auch zur Schaffung neuer, in den nationalen Rechtsordnungen noch nicht vorfindlicher Lösungen[124] jedenfalls auf die Beseitigung von Binnenmarkthindernissen; eigenständige Regelungsbefugnisse in Bezug auf die innere Ordnung der nationalen Märkte eröffnen sich dadurch jedoch nicht[125].

bb. Die Kompetenzausübungsgrenzen des Subsidiaritätsprinzips und der Erforderlichkeit

Die Wahrnehmung der durch diese einzelnen Titel verliehenen Rechtsetzungskompetenzen durch die Gemeinschaftsorgane unterliegt nach dem EG-Vertrag weiter dem Subsidiaritätsprinzip (Art. 5 Abs. 2 EGV) und dem Gebot der Erforderlichkeit (Art. 5 Abs. 3 EGV)[126]. Die ausführliche Debatte insbesondere um das Subsidiaritätsprinzip[127] kann und muß hier nicht aufgerollt werden. Wie sich nach mehrheitlicher und überzeugender Auffassung aus Wortlaut, Entstehungsgeschichte und systematischer Stellung ergibt, findet sich in Art. 5 Abs. 2 EGV nicht nur eine als politische Richtschnur gemeinte, sondern rechtsverbindliche und justiziable Grenze der Kompetenzausübung durch die Gemeinschaftsorgane mit Blick auf die mitgliedstaatliche Aufgabenwahrnehmung[128]; auch dem Subsidiaritätsprinzip kommt richtigerweise nur eine solche das Tätigwerden der Gemeinschaft im Rahmen ihrer einzelnen Kompetenzen begrenzende, nicht etwa auch eine die Gemeinschaftskompe-

---

[123] Vgl. dazu, freilich mit anderer Bewertung, *Langeheine*, in: Grabitz/Hilf, KommEU, Art. 100a EGV Rn. 21.

[124] *Langeheine*, in: Grabitz/Hilf, KommEU, Art. 100 EGV Rn. 13, Art. 100a EGV Rn. 40.

[125] Vgl. dazu bereits *Wieland/Hellermann*, Der Schutz des Selbstverwaltungsrechts der Kommunen gegenüber Einschränkungen ihrer wirtschaftlichen Betätigung im nationalen und europäischen Recht, S. 156.

[126] Vgl. dazu das »Protokoll über die Anwendung der Grundsätze der Subsidiarität und der Verhältnismäßigkeit« zum Vertrag von Amsterdam, wiedergegeben in: BR-Drs. 784/97, S. 54.

[127] Vgl. dazu etwa *v. Borries*, EuR 1994, 263; *Kahl*, AöR 118 (1993), 414; *Lecheler*, Das Subsidiaritätsprinzip, jeweils m.w.N.

[128] Rechtsverbindlichkeit und Justiziabilität bejahen: *Blumenwitz*, in: Gedächtnisschrift Grabitz, S. 1 (8); *v. Bogdandy/Nettesheim*, in: Grabitz/Hilf, KommEU, Art. 3b EGV Rn. 41; *Kahl*, AöR 118 (1993), 414 (440); *Lambers*, EuR 1993, 229 (240). Aus verfassungsrechtlicher Perspektive vgl. BVerfGE 89, 155 (211). A.A. *Toth*, CMLRev. 29 (1992), 1079 (1102).

tenzen erweiternde Bedeutung zu[129]. Diese Begrenzung besteht aus zwei Elementen: Die erste Voraussetzung ist, daß die verfolgten Gemeinschaftsziele auf innerstaatlicher Ebene nicht ausreichend erreicht werden können; das ist, da nicht auf einen Vergleich mit der Zweckerreichung auf Gemeinschaftsebene abgestellt wird, eine deutliche Ablehnung des Effizienzprinzips, das bereits bei besserer Zweckerreichung auf höherer Ebene ein gemeinschaftliches Tätigwerden erlauben würde. Erst das Vorliegen der Voraussetzungen dieses ersten Halbsatzes führt zur weiteren Prüfung, ob die in Betracht gezogenen Ziele auf Gemeinschaftsebene besser ereicht werden können[130]. Ergänzt wird das Subsidiaritätsprinzip durch Art. 5 Abs. 3 EGV, der für die Wahrnehmung sämtlicher EG-Kompetenzen vorschreibt, daß die Maßnahmen der Gemeinschaft nicht über das für die Erreichung der Ziele der Gemeinschaft erforderliche Maß hinausgehen dürfen. Damit wird der Verhältnismäßigkeitsgrundsatz, wie sich aus dem systematischen Zusammenhang ergibt, auch im Verhältnis von Gemeinschaft und Mitgliedstaaten einschließlich ihrer Untergliederungen zur Anwendung gebracht. Hierin wird zugleich deutlich, daß Art. 5 Abs. 3 EGV sowohl das Prinzip des schonendsten Mittels – und als dessen Voraussetzung auch das Erfordernis der Geeignetheit des Mittels – als auch das Prinzip der Angemessenheit im Verhältnis von verfolgten Gemeinschaftszielen und daraus resultierenden Belastungen für die Mitgliedstaaten enthält[131].

Der Anwendungsbereich des Subsidiaritätsprinzips beschränkt sich nach dem ausdrücklichen Wortlaut des Art. 5 Abs. 2 EGV allerdings auf die nicht ausschließlichen, also die konkurrierenden und die so genannten parallelen[132] Regelungszuständigkeiten der Gemeinschaft[133]. Damit wird für die Gemeinschaftskompetenzen mit Blick auf ihr Verhältnis zu mitgliedstaatlichen Rechtsetzungskompetenzen eine Unterscheidung getroffen, die sich grundsätzlich nur schwer in das Kompetenzgefüge des EG-Vertrages einfügt[134] und entsprechende Schwierigkeiten im einzelnen aufwirft. Nach der Rechtsprechung des Europäischen Gerichtshofs gelten als ausschließliche EG-Kompetenzen solche, kraft deren die Gemeinschaft allein zuständig sein soll und

---

[129] Vgl. BVerfGE 89, 155 (193, 210 f.).

[130] Vgl. *v. Bogdandy/Nettesheim*, in: Grabitz/Hilf, KommEU, Art. 3b EGV Rn. 31 ff.

[131] Vgl. *v. Bogdandy/Nettesheim*, in: Grabitz/Hilf, KommEU, Art. 3b EGV Rn. 46, 50 ff.

[132] Mit guten Gründen kritisch zur Anerkennung dieser weiteren Kategorie von Kompetenzen *Jarass*, AöR 121 (1996), 173 (190).

[133] Gelegentliche Versuche, seinen Anwendungsbereich auf die gesamten Regelungszuständigkeiten der Gemeinschaft zu erstrecken (vgl. dazu *Lambers*, EuR 1993, 229 [234]) müssen am Wortlaut der Bestimmung scheitern.

[134] So zu Recht *Pieper*, Subsidiarität, S. 263.

Mitgliedstaaten – außer in Notfällen als Sachwalter des gemeinsamen Interesses – nicht mehr zum Handeln befugt sind[135]. Der Europäische Gerichtshof hat darüber hinaus angenommen, ausschließliche Gemeinschaftskompetenzen könnten auch durch (sekundärrechtliche) Maßnahmen der Gemeinschaft begründet werden, durch die die Mitgliedstaaten ihnen bis dahin zustehende Kompetenzen verlieren könnten[136]. Die Sperrwirkung für mitgliedstaatliche Rechtsetzungsmaßnahmen folgt hier freilich nicht bereits aus der Kompetenzverteilung, sondern erst aus dem Vorrang des Gemeinschaftsrechts, der auch Maßnahmen auf Grund konkurrierender Kompetenzen zukommt[137]; die Annahme einer ausschließlichen Kompetenz im Sinne von Art. 5 Abs. 2 EGV kann sich hierauf nicht gründen. Es muß also im EG-Vertrag selbst eine vollständige und endgültige Übertragung eines Aufgabenbereichs auf die Gemeinschaft erfolgt sein[138]. Das hat der Europäische Gerichtshof für eine Reihe von Sachgegenständen angenommen[139]. Mit Blick auf die Deregulierungsbestrebungen der Gemeinschaft stellt sich insbesondere die Frage, ob auch die Kompetenztitel zur Herstellung des Binnenmarktes – wie die Kommission jedenfalls in einigen Stellungnahmen annimmt[140] – eine ausschließliche Kompetenz begründen. Aus den einschlägigen einzelnen Kompetenzbestimmungen, etwa aus Art. 47 Abs. 2 oder Art. 95 EGV, läßt sich das nicht ableiten. Indem sie die Koordinierung oder Angleichung von Rechtsvorschriften der Mitgliedstaaten zulassen, setzen sie vielmehr das (Fort-)Bestehen von mitgliedstaatlichen Regelungen im jeweiligen Regelungsgebiet gemeinschaftlicher Richtlinien gerade voraus. Auch aus der zusammenfassenden Bestimmung des Art. 14 Abs. 1 EGV ergibt sich nichts anderes. Indem sie der Gemeinschaft die erforderlichen Maßnahmen nach den Binnenmarktkompetenzen zur schrittweisen Verwirklichung des Binnenmarktes aufgibt, begründet sie eine Handlungspflicht der Gemeinschaft im Rahmen der anderweitig eingeräumten Binnenmarktkompetenzen, nicht aber eine eigenständige, möglicherweise

---

135 Vgl. EuGH, Slg. 1975, 1355 (1363 ff.) – Gutachten 1/75; Slg. 1979, 2871 (2909 f., Tz. 36 ff.) – Gutachten 1/78.

136 EuGH, Gutachten 2/91, ABl. EG 1993 Nr. C 109/1 (7, Tz. 9). Für einen solchen Umschlag einer konkurrierenden in eine ausschließliche Kompetenz etwa *Möschel*, NJW 1993, 3025 (3026); *Müller-Graff*, ZHR 159 (1995), 34 (60); *Pieper*, Subsidiarität, S. 263 f.

137 So zutreffend *Jarass*, AöR 121 (1996), 173 (187).

138 *v. Borries*, EuR 1994, 263 (274).

139 EuGH, Slg. 1970, 69 (80): Zolltarif und materielles Zollrecht; EuGH, Slg. 1975, 1355: Handelspolitik; EuGH, Slg. 1976, 1279: Erhaltung der Fischereiressourcen. Vgl. dazu *Schmidhuber/Hitzler*, NVwZ 1992, 720 (721).

140 Vgl. *v. Bogdandy/Nettesheim*, in: Grabitz/Hilf, KommEU, Art. 3b EGV Rn. 28; *Schwartz*, AfP 1993, 409 (413 ff.). *Jarass*, AöR 121 (1996), 173 (191 Fn. 111), weist dagegen auch auf gegenteilige Ausführungen der Kommission in SEK (92) 1990 endg., Anh. III 1, hin.

ausschließliche Kompetenz der Gemeinschaft. Weder aus dieser Bestimmung des Art. 14 Abs. 1 EGV noch sonst aus dem EG-Vertrag läßt sich eine vollständige und endgültige Übertragung aller Regelungsbefugnisse im Bereich der Verwirklichung des Binnenmarkts auf die Gemeinschaft, also eine ausschließliche Gemeinschaftskompetenz herleiten[141]. Für die Richtigkeit dieser Annahme spricht bereits, daß andernfalls Art. 5 Abs. 2 EGV für den Bereich der Verwirklichung des Binnenmarktes praktisch leerliefe[142]; gerade die mit dem Binnenmarktziel verbundene Ausweitung der Gemeinschaftskompetenzen aber war der Anlaß für die Einfügung des Subsidiaritätsprinzips. Auf die Binnenmarktkompetenzen gestützte Richtlinien, die einen Abbau mitgliedstaatlicher Regulierung in der örtlichen Daseinsvorsorge anstreben, unterfallen also den Anforderungen des Art. 5 Abs. 2 EGV.

Auch wenn Art. 5 Abs. 2 EGV ausdrücklich nur das Verhältnis der Gemeinschaft zu den Mitgliedstaaten erfaßt und innerstaatliche Untergliederungen wie die Länder oder Kommunen nicht erwähnt[143], entfaltet das Subsidiaritätsprinzip doch auch eine Schutzwirkung für die Länder, auf deren Forderung die Verankerung des Subsidiaritätsprinzips im EG-Vertrag vor allem zurückgeht[144], und auch die Kommunen[145]. Die Debatte darüber, ob das Subsidiaritätsprinzip auch im Verhältnis zu ihnen Anwendung finde[146], erscheint weithin müßig. Bei der im Rahmen von Art. 5 Abs. 2 EGV anzustellenden Prüfung, ob ein Tätigwerden der Gemeinschaft zulässig ist, sind von dem Blick auf die Ebene der Mitgliedstaaten auch deren Untergliederungen einschließlich der Kommunen erfaßt. Soweit ein von der Gemeinschaft im Rahmen der ihr zustehenden nicht ausschließlichen Kompetenzen ins Auge ge-

---

[141] *v. Borries*, EuR 1994, 263 (275); *Jarass*, AöR 121 (1996), 173 (191 m.w.N. in Fn. 113); *Ress*, DÖV 1992, 944 (948), der sämtliche Harmonisierungsbereiche für konkurrierende Zuständigkeitsbereiche erklärt; *Winter*, EuR 1996, 247 (265). A.A. *Müller-Graff*, ZHR 159 (1995), 34 (69f.). Bzgl. der Verwirklichung der Grundfreiheiten für ausschließliche Gemeinschaftskompetenz: *Heinemann*, Grenzen staatlicher Monopole im EG-Vertrag, S. 48; *Pieper*, Subsidiarität, S. 263; *Schwartz*, AfP 1993, 409 (414).

[142] *v. Borries*, EuR 1994, 263 (275).

[143] Vgl. jetzt jedoch die »Erklärung Deutschlands, Österreichs und Belgiens zur Subsidiarität« im Zusammenhang mit dem Vertrag von Amsterdam, wiedergegeben in: BR-Drs. 784/97, S. 72.

[144] Vgl. *v. Borries*, EuR 1994, 263 (298f.); *Lambers*, EuR 1993, 229 (235).

[145] *Bleckmann*, DVBl. 1992, 335 (336); *v. Borries*, EuR 1994, 263 (272); *Folz*, in: Festschrift Hahn, S. 611 (623); *Magiera*, in: Grupp/Ronellenfitsch (Hrsg.), Kommunale Selbstverwaltung in Deutschland und Europa, S. 13 (18).

[146] Bejahend: *Bleckmann*, DVBl. 1992, 335 (336); *Kaltenborn*, Der Schutz der kommunalen Selbstverwaltung im Recht der Europäischen Union, S. 39f.; *Magiera*, in: Grupp/Ronellenfitsch (Hrsg.), Kommunale Selbstverwaltung in Deutschland und Europa, S. 13 (18). Verneinend: *Heberlein*, DVBl. 1994, 1213 (1217f.); *ders.*, BayVBl. 1996, 1 (7); *Lambers*, EuR 1993, 229 (235).

faßtes Ziel bereits von den Kommunen ausreichend erreicht wird, was insbesondere bei kleinräumig, regional oder lokal auftretenden Problemen naheliegt, ist ein gemeinschaftliches Vorgehen unzulässig. Das gilt auch und insbesondere im Rahmen der Wahrnehmung von Binnenmarktkompetenzen, die sich als die zentrale Grundlage für gemeinschaftsrechtliche Deregulierungsvorgaben für die kommunale Daseinsvorsorge erwiesen haben.

2. Die gemeinschaftsrechtliche Anerkennung mitgliedstaatlicher Regulierungsbefugnisse in der kommunalen Daseinsvorsorge

Soweit ungeachtet der aufgezeigten Regelungs- und Rechtsetzungsgrenzen gemeinschaftsrechtliche Deregulierungsvorgaben in Bezug auf die kommunale Daseinsvorsorge in Betracht kommen, bleibt zu prüfen, ob das Gemeinschaftsrecht selbst im Rahmen seiner Regelungen zu beachtende und respektierende Garantien mitgliedstaatlicher Gestaltungs- und Betätigungsspielräume in der örtlichen Daseinsvorsorge aufweist.

a. Art. 86 Abs. 2 EGV als gemeinschaftsrechtliche Garantie mitgliedstaatlicher Regulierungsbefugnisse

Als eine solche besondere Gewährleistung mitgliedstaatlicher Regulierungsbefugnisse erweist sich in der jüngeren Rechtsprechung des Europäischen Gerichtshofs die Bestimmung des Art. 86 Abs. 2 EGV. Sie eröffnet mitgliedstaatlichen Stellen – in einem bis dahin meist nicht erkannten Umfang – die Möglichkeit, Unternehmen im Interesse einer gemeinwohlgerechten Daseinsvorsorge von den gemeinschaftsrechtlichen Wettbewerbs- und sonstigen Regeln freizustellen. Diese Möglichkeit kommt auch den Kommunen zugute[147], sei es auf der Grundlage von sie begünstigenden Regelungen des nationalen Gesetzgebers, sei es auf Grund eigener Betätigungs- und Gestaltungsmöglichkeiten.

aa. Der Wandel im Verständnis von Art. 86 Abs. 1 und 2 EGV

Hinter dem Bedeutungszuwachs des Art. 86 Abs. 2 EGV steht das bereits deutlich gewordene, grundlegend veränderte Verständnis des Art. 86 EGV insgesamt.

Solange die Rechtsprechung des Europäischen Gerichtshofs Art. 86 Abs. 1 EGV entnahm, daß den Mitgliedstaaten das Recht zur Gewährung besonde-

---

[147] Vgl. dazu allgemein etwa *Stewing*, Gasdurchleitung nach europäischem Recht, S. 171.

rer und ausschließlicher Rechte an Unternehmen zustehe und der EG-Vertrag sie in keiner Weise daran hindere, aus Gründen des öffentlichen Interesses Dienstleistungen dem Wettbewerb zu entziehen, mußte und konnte Art. 86 Abs. 2 EGV keine besondere Bedeutung gewinnen. Die Bestimmung wurde lediglich in ihrer Funktion als unternehmensbezogene Regelung gesehen[148], die – über die mit der Wahrnehmung der Monopolrechte zwangsläufig verbundenen, dem Staat zurechenbaren und gemeinschaftsrechtlich unbeanstandeten Wettbewerbsbeschränkungen hinaus – Monopolunternehmen in ihrem Wirtschaftsgebaren von der Bindung an die (Wettbewerbs-)Vorschriften dispensierte, soweit dies zur effektiven Erfüllung ihrer öffentlichen Aufgabe geboten schien. In dieser Funktion blieb die Regelung ohne große Bedeutung, so daß sie verbreitet als praktisch irrelevant[149], mitunter gar als obsolet[150] bezeichnet wurde.

Die Grundlage für diese Einschätzung hat sich geändert, seit der Gerichtshof eine gemeinschaftsrechtliche Überprüfung der mitgliedstaatlichen Verleihung von Ausschließlichkeits- und Sonderrechten anhand der Grundfreiheiten und des Art. 86 Abs. 1 EGV i.V.m. den Wettbewerbsregeln vornimmt. Art. 86 Abs. 1 EGV setzt danach zwar immer noch die Möglichkeit der Existenz von Unternehmen mit ausschließlichen oder besonderen Rechten voraus, regelt aber nicht mehr die generelle Zulässigkeit der mitgliedstaatlichen Verleihung solcher Rechte, sondern trifft vornehmlich eine Regelung für den Fall der zulässigen Verleihung solcher Rechte. Diese veränderte Sicht des Art. 86 Abs. 1 EGV verleiht nun auch Art. 86 Abs. 2 EGV eine neue, jetzt zentrale Bedeutung für die Lösung des Konflikts zwischen nationaler Regulierung und gemeinschaftlicher Binnenmarkt- und Wettbewerbsordnung[151]. Der Europäische Gerichtshof hat das bereits in der Entscheidung zu den Telekommunikationsendgeräten angedeutet[152] und in der Corbeau-Entscheidung aus dem Jahr 1993 durch die Bemerkung verdeutlicht, Art. 86 (ex-Art. 90) Abs. 1 EGV sei in Verbindung mit Art. 86 (ex-Art. 90) Abs. 2 EGV zu lesen[153]. Bei

---

148 *Roth*, in: Festschrift Steindorff, S. 1313 (1322). Vgl. noch EuGH, Slg. 1991, I-2925 (2961, Tz. 28) – ERT.

149 Vgl. *Faber*, Europarechtliche Grenzen kommunaler Wirtschaftsförderung, S. 142, mit sehr zurückhaltender Einschätzung der Bedeutung der Norm; *Grabitz*, EWS 1990, 4 (10), unter Hinweis auf die sehr restriktive Judikatur des Europäischen Gerichtshofs; *Müller*, Dienstleistungsmonopole im System des EWG-Vertrages, S. 237; *Schmidt*, Die Verwaltung 28 (1995), 281 (306 Fn. 163).

150 *Emmerich*, Kartellrecht, 7. Aufl., S. 586; *Reich*, in: Hoffmann-Riem (Hrsg.), Rundfunk im Wettbewerbsrecht, S. 224 (229); *v. Wilmowsky*, ZHR 155 (1991), 545 (547, 553 ff.).

151 Vgl. *Everling*, EuR 1994, 386 (401).

152 EuGH, Slg. 1991, I-1223 (1263, Tz. 12).

153 EuGH, Slg. 1993, I-2533 (2568, Tz. 13).

der nach Art. 86 Abs. 1 EGV gebotenen Überprüfung der hoheitlichen Begründung von Sonder- und Ausschließlichkeitsrechten für Unternehmen an den Bestimmungen des EG-Vertrages ist also zu beachten, daß diese Bestimmungen hinsichtlich bestimmter Unternehmen nach Maßgabe des Art. 86 Abs. 2 EGV nicht gelten. Art. 86 Abs. 2 EGV gewinnt damit nunmehr auch eine – früher umstrittene, jedenfalls in ihrer Bedeutung nicht erkannte – staatsgerichtete Funktion[154], in der er die mitgliedstaatliche Verleihung von Sonder- und Ausschließlichkeitsrechten als solche ermöglicht und gewährleistet. Der Gerichtshof umschreibt sie im Corbeau-Urteil einleitend so: »Die ... Bestimmung erlaubt es somit den Mitgliedstaaten, Unternehmen, die sie mit Dienstleistungen von allgemeinem wirtschaftlichem Interesse betrauen, ausschließliche Rechte zu verleihen, die der Anwendung der Wettbewerbsregeln des Vertrags entgegenstehen können, soweit Wettbewerbsbeschränkungen oder sogar der Ausschluß jeglichen Wettbewerbs von seiten anderer Wirtschaftsteilnehmer erforderlich sind, um die Erfüllung der den Unternehmen, die über die ausschließlichen Rechte verfügen, übertragenen besonderen Aufgaben sicherzustellen.«[155]

bb. Voraussetzungen und Rechtsfolgen des Art. 86 Abs. 2 EGV

Wenn nicht der in Art. 86 EGV insgesamt angestrebte Kompromiß verfehlt werden soll, muß die Interpretation des Art. 86 Abs. 2 EGV seiner veränderten, für das Verhältnis von gemeinschaftlicher Wettbewerbsordnung und nationaler Regulierung nunmehr ausschlaggebenden Bedeutung Rechnung tragen. Sein Tatbestand und seine Rechtsfolgen waren, solange er zur Rechtfertigung der hoheitlichen Verleihung von Sonder- und Ausschließlichkeitsrechten nicht erforderlich schien und die über die bloße Wahrnehmung staatlich verliehener Monopolrechte hinausgehende Durchbrechung der Wettbewerbsregeln durch Monopolunternehmen begrenzen sollte, sehr restriktiv verstanden worden[156]. Nachdem aber die hoheitliche Begründung von Mono-

---

[154] Für die Annahme einer staatsgerichteten Funktion *Ehricke*, EuZW 1993, 211 (214 m.w.N. in Fn. 41); *Hochbaum*, in: von der Groeben/Thiesing/Ehlermann, EU-/EG-V, Art. 90 EGV Rn. 51; *Müller-Graff/Zehetner*, Öffentliche und privilegierte Unternehmen im Recht der Europäischen Gemeinschaften, S. 141; *Page*, ELR 1982, 19 (27); *Pernice*, in: Grabitz/Hilf, KommEU, Art. 90 EGV Rn. 51. A.A. *Heinemann*, Grenzen staatlicher Monopole im EG-Vertrag, S. 67 f.

[155] EuGH, Slg 1993, I-2533 (2568, Tz. 14) – Corbeau.

[156] EuGH, Slg. 1974, 313 (318, Tz. 19/22) – BRT/Sabam und Fonior. Zustimmend *Ehricke*, EuZW 1993, 211 (215 f.); *Hochbaum*, in: von der Groeben/Thiesing/Ehlermann, EU-/EG-V, Art. 90 EGV Rn. 49; *Jarass*, Europäisches Energierecht, S. 90; *Müller-Graff/Zehetner*, Öffentliche und privilegierte Unternehmen im Recht der Europäischen Gemeinschaften, S. 142; *Pernice*, in: Grabitz/Hilf, KommEU, Art. 90 EGV Rn. 53.

polrechten selbst gemeinschaftsrechtlich rechtfertigungsbedürftig geworden ist und Art. 86 Abs. 2 EGV die Funktion gewonnen hat, die mitgliedstaatliche Befugnis zur Betrauung von Unternehmen mit besonderen öffentlichen Aufgaben zu umschreiben, kann diese Interpretation nicht unreflektiert beibehalten werden. Der Europäische Gerichtshof rückt zwar zwar von dem Gebot einer engen Auslegung bis heute nicht ausdrücklich ab[157]; in der Sache aber weisen seine Entscheidungen in den Rechtssachen Corbeau und Almelo sowie jüngst seine Entscheidung zum französischen Ein- und Ausfuhrmomopol für Gas und Elektrizität[158] den Weg zu einer angemessenen, großzügigeren Interpretation. Diese ist nunmehr auch geboten im Hinblick darauf, daß der neue Art. 16 EGV fordert, die Grundsätze und Bedingungen für das Funktionieren der Dienste von allgemeinem wirtschaftlichem Interesse so zu gestalten, daß sie ihren Aufgaben nachkommen können; mit Recht sieht man hierin gerade die Bedeutung des Art. 86 Abs. 2 EGV unterstrichen und die in seiner Anwendung zu gewährenden Spielräume mitgliedstaatlicher Regulierung tendenziell erweitert[159].

(1) Die erfaßten Dienstleistungen. Die mitgliedstaatliche Regulierungsbefugnis nach Art. 86 Abs. 2 EGV erstreckt sich der Sache nach – abgesehen von den hier nicht näher interessierenden Finanzmonopolen – auf Unternehmen, die Dienstleistungen von allgemeinem wirtschaftlichem Interesse wahrnehmen sollen. Der Dienstleistungsbegriff ist nach allgemeiner Ansicht hier weit zu verstehen. Er ist nicht etwa identisch mit dem Begriff der Dienstleistung, wie ihn die Gewährleistung der Dienstleistungsfreiheit in Art. 49 ff. EGV in Abgrenzung zu den Freiheiten des Waren- und Kapitalverkehrs sowie der Freizügigkeit der Personen verwendet[160]. Vielmehr erstreckt er sich auch auf das Bereithalten, Bereitstellen und Verteilen von Waren. Alle Einrichtungen und Unternehmen, deren sich die Kommunen zu Zwecken der örtlichen Daseinsvorsorge bedienen, soweit sie nicht gemeinschaftsrechtlich als Träger öffentlicher Verwaltung aus dem Unternehmensbegriff herausfallen und damit von vornherein insbesondere den Wettbewerbsregeln des EG-Vertrages nicht unterfallen, sind daher Dienstleistungsunternehmen im Sinne dieser Bestimmung[161].

---

157 EuGH, Slg. 1997, I-5815 (5834, Tz. 53) – Kommission/Frankreich.

158 EuGH, Slg 1993, I-2533 – Corbeau; Slg. 1994, I-1477 – Almelo; Slg. 1997, I-5815 – Kommission/Frankreich.

159 *Lecheler*, JuS 1998, 392 (397); *Tettinger*, RdE 1999, 45 (49).

160 *Fesenmair*, Öffentliche Dienstleistungsmonopole im europäischen Recht, S. 200.

161 *Britz*, Örtliche Energieversorgung nach nationalem und europäischem Recht, S. 183. Vgl. auch *Fesenmair*, Öffentliche Dienstleistungsmonopole im europäischen Recht,

(2) Das allgemeine wirtschaftliche Interesse an der Dienstleistung. Art. 86 Abs. 2 EGV beschränkt die gemeinschaftsrechtliche Zulässigkeit der Betrauung dem Gegenstand nach auf Dienstleistungen von allgemeinem wirtschaftlichem Interesse. Daraus folgt zunächst, daß Privatinteressen zur Rechtfertigung allein nicht zureichen[162], sondern allgemeine, öffentliche Interessen gefordert sind. Umstritten ist, ob darüber hinaus Anforderungen an die Art des erforderlichen öffentlichen Interesses gestellt sind. In Äußerungen der Europäischen Kommission[163] und teils auch in der Literatur[164] werden nur wirtschaftlich begründete Interessen zugelassen, kulturelle, soziale oder andere Gründe dagegen scharf davon unterschieden und für unzureichend erklärt. Diese Annahme kann sich zunächst auf den Wortlaut berufen, der ein wirtschaftliches Interesse fordert; ihren Hintergrund hat sie in der Annahme einer prinzipiellen Ausrichtung des EG-Vertrages auf das Wettbewerbsprinzip. Richtigerweise genügen jedoch allgemeine oder öffentliche Interessen, ohne daß es auf eine solche Differenzierung ankäme[165]. Dafür spricht nicht nur, daß wirtschaftliche und sonstige, außerwettbewerbliche Gründe sich bei einzelnen Dienstleistungen nicht sicher trennen lassen. Der entscheidende Einwand gegen eine Beschränkung auf streng wirtschaftliche Interessen ist, daß dadurch Art. 86 Abs. 2 EGV insbesondere in seinem Verhältnis zu Art. 86 Abs. 1 EGV i.V.m. den Wettbewerbsregeln weitgehend funktionslos gestellt wird; die von Art. 86 Abs. 2 EGV ermöglichte Freistellung von diesen Beschränkungen wäre nicht erforderlich, weil aus wirtschaftlichen Gründen zu rechtfertigende staatliche Wettbewerbsbeschränkungen ohnehin nach Art. 86 Abs. 1 i.V.m. Art. 82 EGV zulässig sein werden, solange hinreichende Vorkehrungen gegen einen Mißbrauch der Monopolstellung getroffen werden.

S. 200; *Müller-Graff/Zehetner*, Öffentliche und privilegierte Unternehmen im Recht der Europäischen Gemeinschaften, S. 143; *Pernice*, in: Grabitz/Hilf, KommEU, Art. 90 EGV Rn. 35.

162 EuGH, Slg. 1974, 313 (318, Tz. 23) – BRT/Sabam und Fonior.

163 Entscheidung vom 2. Juni 1971 – 71/224/EWG (IV/26.760 – »GEMA«), ABl. EG 1971 Nr. L 134/ 15 (27); Fernsehen ohne Grenzen – Grünbuch über die Errichtung des Gemeinsamen Marktes für den Rundfunk, insbesondere über Satellit und Kabel, KOM (84) 300 endg., S. 192 ff. (abgedruckt in BR-Drs. 360/84).

164 *Bauer*, Wettbewerbsbeschränkungen durch Staaten?, S. 236 f.; *Ehricke*, EuZW 1993, 211 (214); *Pernice*, in: Grabitz/Hilf, KommEU, Art. 90 EGV Rn. 37. Auch *Emmerich*, in: Dauses, Handbuch des EG-Wirtschaftsrechts, H II Rn. 42, hatte eine Privilegierung aus kulturellen oder sozialen Gründen für von vornherein ausgeschlossen erklärt; *ders.*, in: Dauses, Handbuch des EU-Wirtschaftsrechts, 2. Aufl., H II Rn. 150 ff., betont hingegen jetzt die Durchdringung von wirtschaftlichen und anderen Interessen und will jeweils auf den Schwerpunkt abstellen; ähnlich *Hochbaum*, in: von der Groeben/Thiesing/Ehlermann, EU-/EG-V, Art. 90 EGV Rn. 56.

165 Vgl. *van der Esch*, ZHR 155 (1991), 274 (286).

Art. 86 Abs. 2 EGV hat seinen Sinn vielmehr – wie jetzt auch der Europäische Gerichtshof deutlich formuliert – als Ausnahmevorschrift darin, den Mitgliedstaaten in Anerkennung ihres »Interesse(s) ... am Einsatz bestimmter Unternehmen, insbesondere solcher des öffentlichen Sektors, als Instrument der Wirtschafts- und Fiskalpolitik« zu gestatten, »bei der Umschreibung der Dienstleistungen von allgemeinem wirtschaftlichem Interesse ... die eigenen Ziele ihrer staatlichen Politik zu berücksichtigen und diese vermittels von Verpflichtungen und Beschränkungen zu verwirklichen zu suchen, die sie den fraglichen Unternehmen auferlegen.«[166] Das erlaubt keinen Ausschluß der erwähnten kulturellen, sozialen oder vergleichbarer Gründe. Das allgemeine wirtschaftliche Interesse ist richtigerweise zu lesen als das allgemeine Interesse an der wirtschaftlichen Erbringung der Dienstleistung. Ein solches Verständnis findet im übrigen auch in der Rechtsprechung des Europäischen Gerichtshofs Unterstützung. Es steht nicht nur in der Kontinuität der alten Sacchi-Formel[167]. Es klingt auch in jüngeren Entscheidungen an, wenn der Gerichtshof etwa in der Rechtssache Merci convenzionali porto di Genova bei der Prüfung von Art. 86 Abs. 2 EGV ein »Interesse, das sich von dem Interesse an anderen Tätigkeiten des Wirtschaftslebens besonders unterscheidet«[168], vermißt oder in der Almelo-Entscheidung – unter Verzicht auf das Attribut »wirtschaftlich« – nur nach dem Vorliegen eines allgemeinen Interesses fragt[169]; entsprechend werden dort auch bei der späteren Prüfung, ob die Wettbewerbsregeln die Erfüllung der übertragenen besonderen Aufgabe verhindern würden, die mit der Betrauung verbundenen ökologischen Anliegen berücksichtigt[170]. Auch in der Entscheidung zum französischen Ein- und Ausfuhrmonopol für Gas und Elektrizität fragt der Gerichtshof allein nach den »besonderen Aufgaben« des betrauten Unternehmens und untersucht dabei auch ihm obliegende Umwelt- und Raumordnungsverpflichtungen, hinsichtlich derer er freilich eine konkrete und spezifische Verpflichtung vermißt; die Verpflichtung zur Lieferung bzw. Versorgung und zur Gleichbehandlung der Kunden sieht er hingegen als nachgewiesen und hinreichend an[171].

---

[166] EuGH, Slg. 1997, I-5815 (5834, Tz. 55 f.) – Kommission/Frankreich.

[167] EuGH, Slg. 1974, 409 (430, Tz. 14) – Sacchi, wonach der EG-Vertrag die Mitgliedstaaten in keiner Weise daran hindert, aus (nicht wirtschaftlichen) Gründen, die im öffentlichen Interesse liegen, Dienstleistungen dem Wettbewerb zu entziehen.

[168] EuGH, Slg. 1991, I-5889 (5931, Tz. 27) – Merci.

[169] EuGH, Slg. 1994, I-1477 (1520 f., Tz. 47) – Almelo.

[170] EuGH, Slg. 1994, I-1477 (1521, Tz. 49) – Almelo; vgl. auch EuGH, Slg. 1997, I-5815 (5837, Tz. 71) – Kommission/Frankreich.

[171] EuGH, Slg. 1997, I-5815 (5835 ff., Tz. 60 ff., insbes. Tz. 68 f., 89) – Kommission/Frankreich.

Für das diesen gemeinschaftsrechtlichen Kriterien genügende allgemeine wirtschaftliche Interesse ist nicht das Interesse der Europäischen Gemeinschaft maßgeblich, sondern das mitgliedstaatliche Interesse[172]. Dieses muß nicht mit Blick auf die gesamte Gemeinschaft bestehen; vielmehr genügt eine entsprechende Bedeutung der Dienstleistung für ein einzelnes Land oder auch eine Region oder eine Gemeinde[173]. Entscheidend muß insoweit die Kongruenz mit der Reichweite der Betrauung sein; für den durch sie begünstigten Bevölkerungskreis muß ein allgemeines wirtschaftliches Interesse vorliegen.

(3) Die mitgliedstaatliche Betrauung. Wie auch dieser Zusammenhang verdeutlicht, setzt Art. 86 Abs. 2 S. 1 EGV voraus, daß ein Unternehmen mit einer Dienstleistung von solchem allgemeinem wirtschaftlichem Interesse betraut wird. Die Befugnis hierzu hat der Mitgliedstaat, genauer – nach Maßgabe der internen mitgliedstaatlichen Organisation und Funktionsteilung – der für eine allfällige Betrauung zuständige innerstaatliche Hoheitsträger. Soweit es um unternehmerische Betätigungen in der örtlichen Daseinsvorsorge geht, kommen danach gemeinschaftsrechtlich als betrauende Stellen sowohl der staatliche Gesetzgeber wie auch – für ihr Hoheitsgebiet – die Kommunen als Träger der örtlichen Selbstverwaltung in Betracht. Auch hinsichtlich des Vorliegens eines mitgliedstaatlichen Betrauungsakt scheinen frühere Entscheidungen des Europäischen Gerichtshofs eine strenge Beurteilung vornehmen zu wollen[174], doch ist nicht abschließend geklärt, welche Anforderungen insoweit zu stellen sind.

Umstritten sind insbesondere formelle Kriterien. Unter Berufung auf ältere Entscheidungen des Europäischen Gerichtshofs, die in ihrer deutschen Übersetzung einen »Hoheitsakt der öffentlichen Gewalt« gefordert haben[175], ist bislang für die deutsche Rechtsordnung zumeist eine öffentlich-rechtliche Maßnahme gefordert worden[176]. In letzter Zeit werden – mit Recht – ver-

---

[172] *Ehricke*, EuZW 1993, 211 (214); *Mestmäcker*, RabelsZ 52 (1988), 526 (564).

[173] *Müller-Graff/Zehetner*, Öffentliche und privilegierte Unternehmen im Recht der Europäischen Gemeinschaften, S. 144 f.

[174] So *Hochbaum*, in: von der Groeben/Thiesing/Ehlermann, EU-/EG-V, Art. 90 EGV Rn. 57, unter Bezugnahme auf EuGH, Slg. 1971, 720 (730, Tz. 8/12) – Hafen von Mertert; Slg. 1981, 2021 (2030, Tz. 7) – Züchner/Bayerische Vereinsbank.

[175] EuGH, Slg. 1974, 313 (318, Tz. 19/22) – BRT/Sabam und Fonior; Slg. 1981, 2021 (2030, Tz. 7) – Züchner/Bayerische Vereinsbank. In der neueren Entscheidung EuGH, Slg. 1994, I-1477 (1520 f., Tz. 47) – Almelo, wird das Vorliegen einer öffentlich-rechtlichen Konzession festgestellt, jedoch ohne Äußerung zur gemeinschaftsrechtlichen Erforderlichkeit dieser Form.

[176] *Britz*, Örtliche Energieversorgung nach nationalem und europäischem Recht, S. 184 ff.; *Steinberg/Britz*, Der Energieliefer- und -erzeugungsmarkt nach nationalem und europäischem Recht, S. 129 Fn. 29.

mehrt zurückhaltendere Anforderungen gestellt[177]. Dafür spricht zunächst, daß bereits in den genannten Entscheidungen des Gerichtshofs die Anforderungen nicht eindeutig formuliert sind, denn anders als die deutsche Übersetzung spricht die französische Urfassung nur von »un acte de la puissance publique« und die englische Fassung von einem »act of the public authority«[178], womit jeweils allein auf die öffentliche Gewalt als Urheber, nicht aber auf weitere formelle Qualifizierungen des ihr zuzurechnenden Betrauungsaktes abgestellt wird. Für die Maßgeblichkeit dieser Fassung spricht nicht allein, daß nach der Praxis des Gerichtshofs die Urfassung der Entscheidung in Französisch abgefaßt worden ist, weshalb eine Ungenauigkeit der Übersetzung als Erklärung für die abweichende deutsche Formulierung naheliegt; auch in der Sache hat diese Interpretation die besseren Gründe für sich. Der Verzicht auf nähere formelle Anforderungen an den Betrauungsakt entspricht der gebotenen Rücksichtnahme des Gemeinschaftsrechts auf die Unterschiedlichkeit der mitgliedstaatlichen Rechtsordnungen, die z.B. in Großbritannien die Unterscheidung von öffentlich- und privatrechtlichem Verwaltungshandeln nicht kennen, in Frankreich eine teilweise öffentlich-rechtliche Regelung für die Begründung eines service public genügen lassen oder in Deutschland der Verwaltung grundsätzlich ein Wahlrecht zwischen öffentlich- und privatrechtlichem Handeln zugestehen. Gegenüber diesen unterschiedlichen mitgliedstaatlichen Regelungsformen können sich formelle Anforderungen an den Betrauungsakt im Sinne von Art. 86 Abs. 2 EGV nur rechtfertigen, soweit sie nach Sinn und Zweck der Bestimmung gemeinschaftsrechtlich geboten sind. Dieser liegt in der Einräumung einer begrenzten Regulierungsbefugnis der Mitgliedstaaten. Danach genügt jeder Akt, der erkennen läßt, daß ein Mitgliedstaat – in seiner Funktion als Hoheitsträger und nicht etwa in unternehmerischer Funktion, in der er selbst der gemeinschaftsrechtlichen Wettbewerbsordnung unterworfen ist – die Betrauung mit der Folge der Durchbrechung der (Wettbewerbs-)Regeln des EG-Vertrages verantwortet.

Damit gewinnen die inhaltlichen Merkmale einer Betrauung im Sinne von Art. 86 Abs. 2 EGV ausschlaggebende Bedeutung[179]. Mit Recht wird einer-

---

[177] Vgl. etwa *Fesenmair*, Öffentliche Dienstleistungsmonopole im europäischen Recht, S. 206; *Grill*, in: Lenz, EGV, Art. 90 Rn. 19; *Hermann*, in: Tettinger (Hrsg.), Strukturen der Versorgungswirtschaft in Europa, S. 105 (113); *Rapp-Jung*, RdE 1994, 165 (168); *Tettinger*, DVBl. 1997, 341 (344).

[178] Vgl. dazu bereits *Wieland/Hellermann*, Der Schutz des Selbstverwaltungsrechts der Kommunen gegenüber Einschränkungen ihrer wirtschaftlichen Betätigung im nationalen und europäischen Recht, S. 170 f.

[179] So bereits dezidiert *Emmerich*, Das Wirtschaftsrecht der öffentlichen Unternehmen, S. 446 f., sowie *Ipsen/Nicolaysen*, NJW 1964, 2336 (2338).

seits betont, daß eine bloße staatliche Erlaubnis oder Konzession[180] oder auch eine besonders intensive staatliche Aufsicht über das Unternehmen nicht hinreichen. Andererseits geht es zu weit zu fordern, in einem betrauten Unternehmen müsse insgesamt die Gewinnmaximierung als treibende Kraft ausgeschaltet sein[181], denn auch private, auf Gewinnerzielung angelegte Unternehmen sollen betraut werden können[182]. Entscheidend für die Betrauung ist vielmehr – wie auch der Gerichtshof zutreffend sieht – die hoheitliche Verpflichtung eines Unternehmens zur Erbringung von (einzelnen) Dienstleistungen, auch wenn sie aus kommerzieller Sicht nicht rentabel sind[183]. Eine solche Betrauung wird wirtschaftlich häufig die Verleihung von besonderen oder ausschließlichen Rechte erfordern, muß aber damit nicht unmittelbar verbunden sein[184]; es ist vielmehr nur eine – mittelbare – Rechtsfolge einer zulässigen Betrauung, daß unter Umständen die durch Art. 86 Abs. 2 EGV statuierte Freistellung von Bestimmungen des EG-Vertrages die Verleihung von besonderen oder ausschließlichen Rechten im Sinne von Art. 86 Abs. 1 EGV an betraute Unternehmen zuläßt.

(4) Rechtliche oder tatsächliche Verhinderung der übertragenen besonderen Aufgabe. Art. 86 Abs. 2 S. 1 EGV gewährt eine Ausnahme von den Vorschriften des EG-Vertrages nur, soweit deren Anwendung die Erfüllung der den Unternehmen übertragenen Aufgaben rechtlich oder tatsächlich verhindern würde. Insoweit hatte der Europäische Gerichtshof noch 1991 – sehr restriktiv – den Nachweis gefordert, daß die Anwendung der Regeln mit der Erfüllung der besonderen Aufgabe unvereinbar sei[185]. Auch insoweit ist seit der Corbeau-Entscheidung des Gerichtshofs eine deutliche Milderung der Anforderungen eingetreten[186]. Ausschlaggebend dafür ist nicht, eine bloße Be-

---

180 Vgl. dazu Kommission, Entscheidung vom 21. Dezember 1988, ABl. EG 1989 Nr. L 43/27 (46).

181 *Stewing*, EuR 1993, 41 (52).

182 So zu Recht *Fesenmair*, Öffentliche Dienstleistungsmonopole im europäischen Recht, S. 207.

183 EuGH, Slg. 1989, 803 (853, Tz. 55) – Ahmed Saeed; *Fesenmair*, Öffentliche Dienstleistungsmonopole im europäischen Recht, S. 207; *Löwer*, et 1997, 304 (309); *Mestmäcker*, RabelsZ 52 (1988), 526 (565); *v. Wilmowsky*, ZHR 155 (1991), 545 (552).

184 *Jarass*, Europäisches Energierecht, S. 89; *Müller-Graff/Zehetner*, Öffentliche und privilegierte Unternehmen im Recht der Europäischen Gemeinschaften, S. 142. A.A. wohl *Birkenmaier*, EuR 1988, 144 (150 f.).

185 EuGH, Slg. 1991, I-1979 (2017, Tz. 24) – Höfner; Slg. 1991, I-2925 (2962, Tz. 33) – ERT.

186 Vgl. Schlußanträge des Generalanwalts Darmon, in: EuGH, Slg. 1994, I-1477 (1501, Tz. 144) – Almelo, dazu, daß diese Wendung in das Urteil in der Rechtssache Corbeau (EuGH, Slg. 1993, I-2533) nicht aufgenommen worden ist.

hinderung[187] anstelle der geforderten Verhinderung der Aufgabenerfüllung[188] reichen zu lassen; wichtiger ist, daß für die Definition der zu erfüllenden Aufgabe eine materielle Bewertung anhand der einschlägigen nationalen Rechtsvorschriften vorgenommen wird[189]. Der Gerichtshof bestätigt das nun deutlich, indem er die Vorschriften des EG-Vertrages gemäß Art. 86 Abs. 2 EGV dann nicht anwenden will, »wenn ihre Anwendung die Erfüllung der besonderen Verpflichtungen, die diesem Unternehmen obliegen, sachlich oder rechtlich gefährden würde. Es ist nicht erforderlich, daß das Überleben des Unternehmens gefährdet ist.«[190] Das entspricht dem Aufbau der Vorschrift: Die Freistellung von den Vertragsbestimmungen findet ihre materielle Rechtfertigung in dem allgemeinen (wirtschaftlichen) Interesse, das der mitgliedstaatlichen Betrauung zugrundeliegt. Dieses Interesse ist ein solches, das die Erbringung der Dienstleistung um besonderer öffentlicher Zwecke willen gerade auch erfordert, wenn sie unter Wettbewerbsbedingungen nicht gesichert wäre. Soweit die Dienstleistung in der Art und Weise, wie sie auf Grund des zugrundeliegenden öffentlichen Interesses angeboten werden soll, unter Wettbewerbsbedingungen nicht angeboten werden kann, soll die Freistellung von den Vertragsbestimmungen greifen.

(5) Art. 86 Abs. 2 S. 2 EGV. Eine – in ihrer Reichweite dogmatisch als nicht hinreichend geklärt empfundene[191] – beschränkende Klausel enthält Art. 86 Abs. 2 S. 2 EGV mit dem Abwägungsvorbehalt zugunsten des Gemeinschaftsinteresses an der Entwicklung des Handelsverkehrs. Auf Grund systematischer Überlegungen sicher scheint, daß dieses Gemeinschaftsinteresse jedenfalls nicht schon wegen einer bloßen Beeinträchtigung des Handelsverkehrs zwischen den Mitgliedstaaten, wie sie Tatbestandsvoraussetzung aller unternehmensrelevanten Vertragsbestimmungen ist, Vorrang verdient[192]. Weiter kann auch der Versuch nicht überzeugen, Art. 86 Abs. 2 S. 2 EGV angesichts der zuletzt großzügigeren Handhabung des Art. 86 Abs. 2 S. 1 EGV durch den Europäischen Gerichtshof jetzt eine zentrale Bedeutung zuzuweisen, um den dort eröffneten Spielraum nationaler Regulierung wieder entscheidend einzuengen[193]. Vielmehr wird das besondere Interesse der Gemeinschaft jeweils im

[187] So etwa – beiläufig – *Seidel*, EuR 1988, 129 (142).

[188] So – zu Recht – *Ehricke*, EuZW 1993, 211 (214); *Emmerich*, Kartellrecht, 7. Aufl., S. 589; *Müller-Graff/Zehetner*, Öffentliche und privilegierte Unternehmen im Recht der Europäischen Gemeinschaften, S. 150.

[189] *Tettinger*, DVBl. 1997, 341 (344).

[190] EuGH, Slg. 1997, I-5815 (5835, Tz. 59) – Kommission/Frankreich.

[191] *Ehricke*, EuZW 1993, 211 (215); *Tettinger*, DVBl. 1994, 88 (90).

[192] *Ehricke*, EuZW 1993, 211 (215).

[193] In diese Richtung etwa *Ehricke*, EuZW 1993, 211 (215); *Fesenmair*, Öffentliche

Einzelfall anhand der Vertragsziele, gegebenenfalls auch einschlägigen Sekundärrechts, zu ermitteln und in die Abwägung einzubringen sein. Daß der Gerichtshof dabei zuletzt der Kommission deutlich die Darlegungs- und Definitionslast auferlegt hat[194], darf als weiterer Beleg für den gewachsenen Spielraum mitgliedstaatlicher Regulierung im Rahmen des Art. 86 Abs. 2 EGV gedeutet werden.

(6) Unmittelbare Anwendbarkeit. Art. 86 Abs. 2 EGV ist nicht etwa nur hinsichtlich der prinzipiellen Geltung der Wettbewerbsvorschriften für Unternehmen, die mit besonderen Aufgaben betraut sind[195], sondern auch hinsichtlich des partiellen Dispenses von den Regeln des EG-Vertrages für diese Unternehmen unmittelbar anwendbar. In seiner frühen Rechtsprechung hatte der Europäische Gerichtshof noch mehrfach entschieden, Art. 86 (ex-Art. 90) Abs. 2 EGV sei nach dem Stand der Integration nicht geeignet, Rechte der Einzelnen hinsichtlich der Ausnahme von den Vorschriften des EG-Vertrages zu begründen, die von den Gerichten der Mitgliedstaaten zu beachten wären[196]. Mit Recht hat der Gerichtshof diese Rechtsprechung, beginnend mit den Entscheidungen »Ahmed Saeed«[197] und ERT[198], nach und nach aufgegeben; in der Corbeau- und der Almelo-Entscheidung wird unmißverständlich erklärt, daß die Ausnahme von den Wettbewerbsvorschriften nach Art. 86 Abs. 2 EGV nicht erst eine Entscheidung der Europäischen Kommission nach Art. 86 Abs. 3 EGV voraussetzt, sondern unmittelbar anwendbar ist, d.h. auch ohne vorgängige Kommissions-Entscheidung von den (nationalen) Behörden und Gerichten zu beachten ist[199].

Dienstleistungsmonopole im europäischen Recht, S. 21, 213 ff.; *v. Wilmowsky*, ZHR 155 (1991), 545 (546 ff.).

[194] EuGH, Slg. 1997, I-5815 (5848, Tz. 113) – Kommission/Frankreich.

[195] So etwa *Mestmäcker*, RabelsZ 52 (1988), 526 (559).

[196] EuGH, Slg. 1971, 723 (730, Tz. 13/16) – Hafen von Mertert; Slg. 1983, 555 (567, Tz. 15) – Inter-Huiles. In der Literatur zustimmend etwa *Mestmäcker*, RabelsZ 52 (1988), 526 (559), und zuletzt noch *Badura*, ZGR 1997, 291 (304). *Hochbaum*, in: von der Groeben/Thiesing/Ehlermann, EU-/EG-V, Art. 90 EGV Rn. 73, hält Art. 90 Abs. 2 EGV nur dann für unmittelbar anwendbar, wenn das Interesse der Gemeinschaft eindeutig feststellbar ist.

[197] EuGH, Slg. 1989, 803 (853, Tz. 55 ff.).

[198] EuGH, Slg. 1991, I-2925 (2962, Tz. 33 f.).

[199] EuGH, Slg. 1993, I-2533 (2569 f., Tz. 20 f.) – Corbeau; Slg. 1994, I-1477 (1521, Tz. 50) – Almelo; vgl. auch die Schlußanträge des Generalanwalts Darmon, ebd. (1498 ff., Tz. 124 ff.). In der Literatur vgl. etwa *Heinemann*, Grenzen staatlicher Monopole im EG-Vertrag, S. 72; *Marenco*, CMLRev. 20 (1983), 495 (520); *Pernice*, in: Grabitz/Hilf, Komm-EU, Art. 90 EGV Rn. 13.

(7) Reichweite der Freistellung von Bestimmungen des EG-Vertrages. Soweit die formellen und materiellen Voraussetzungen der Bestimmung vorliegen, entfällt für die betrauten Unternehmen die Geltung der Vorschriften des EG-Vertrages. Diese Rechtsfolge gilt insbesondere hinsichtlich der im Wortlaut von Art. 86 Abs. 2 EGV hervorgehobenen Wettbewerbsregeln. Umstrittener war die Frage des Dispenses von anderen Bestimmungen des EG-Vertrages, insbesondere den Grundfreiheiten der Warenverkehrs- und der Dienstleistungsfreiheit. Die Rechtsprechung des Europäischen Gerichtshofs neigte früher der Auffassung zu, eine nach Art. 86 Abs. 2 EGV zulässige und wirksame Betrauung könne nicht so weit reichen, die Mitgliedstaaten zu weitergehenden Beschränkungen oder Durchbrechungen der Grundfreiheiten zu ermächtigen[200]. Die Kommission scheint nach wie vor davon auszugehen, daß Art. 86 Abs. 2 EGV die Mitgliedstaaten nicht von den Verboten des Art. 28 EGV befreit[201]. Zunehmend hat setzt sich jedoch in der Rechtsprechung[202] wie auch in der Literatur[203] die zutreffende Auffassung durchgesetzt, daß Art. 86 Abs. 2 EGV eine Ausnahme von allen Bestimmungen des Vertrages, also insbesondere auch von den Grundfreiheiten rechtfertigen könne; in diesem Sinne hat der Europäische Gerichtshof zuletzt auch die Berufung auf Art. 86 Abs. 2 EGV mit Blick auf die Verleihung ausschließlicher Rechte gestattet, die gegen Art. 31 EGV verstoßen[204].

Für diese Einbeziehung auch der Bestimmungen über die Grundfreiheiten spricht zunächst, daß Art. 86 Abs. 2 EGV seine Wirkung schon dem Wortlaut nach nicht auf die Wettbewerbsregeln beschränkt[205], sondern auf alle Bestimmungen dieses Vertrages erstreckt; er bestätigt prinzipiell, relativiert aber auch die Geltung aller Bestimmungen des EG-Vertrages in Bezug auf betraute Unternehmen. Seine Reichweite kann auch nicht auf die unternehmensbezo-

---

[200] Nach EuGH, Slg. 1984, 2727 (2747, Tz. 19) – Campus Oil, befreit Art. 86 (ex-Art. 90) Abs. 2 EGV den Mitgliedstaat nicht von dem Verbot, zugunsten eines von ihm betrauten Unternehmens gegen Art. 28 (ex-Art. 30) EGV verstoßende Maßnahmen zu ergreifen.

[201] *Tettinger*, DVBl. 1997, 341 (343 f.), unter Hinweis auf das Vorbringen der Kommission in den verbundenen Rechtssachen C 156 bis 160/94 (vgl. ABl. EG 1994 Nr. C 202/9).

[202] Vgl. EuGH, Slg. 1991, I-5889 (5930 f., Tz. 25 ff.) – Merci, sowie Schlußanträge des Generalanwalts Darmon, in: EuGH, Slg. 1994, I-1477 (1502, Tz. 144 Fn. 111) – Almelo, der die Ausführungen im Campus-Oil-Urteil durch das Corbeau-Urteil zurückgenommen sieht.

[203] *Jarass*, EuR 1986, 75 (81 f.); *ders.*, RIW 1993, 1 (4); *ders.*, Europäisches Energierecht, S. 86; *Marenco*, CMLRev. 20 (1983), 495 (519); *Seidel*, EuR 1988, 129 (142 f.); *Steindorff*, Grenzen der EG-Kompetenzen, S. 79 f.

[204] EuGH, Slg. 1997, I-5815 (5833, Tz. 49) – Kommission/Frankreich.

[205] Fälschlich anders *Fesenmair*, Öffentliche Dienstleistungsmonopole im europäischen Recht, S. 222.

genen Regelungen des Vertrages beschränkt werden, so daß aus diesem Grund ein Dispens wohl von den Wettbewerbsregeln der Art. 81, 82 EGV in Betracht kommt, nicht aber von staatsbezogenen Regelungen wie den Grundfreiheiten[206]. Soweit Art. 86 Abs. 2 EGV eine (auch) staatsbezogene Regelung trifft, indem er die mitgliedstaatliche Regulierungsbefugnis begründet, setzt er sich auch gegenüber staatsgerichteten Verboten des EG-Vertrages durch.

b. Gemeinschaftsrechtlicher Schutz der kommunalen Selbstverwaltung

Es bleibt die Frage, ob das Gemeinschaftsrecht über die Anerkennung allgemein mitgliedstaatlicher Befugnisse hinaus einen besonderen Schutz gerade der Kommunen und ihrer Selbstverwaltung in Bezug auf die örtlichen Angelegenheiten und damit auch die örtliche Daseinsvorsorge kennt. Dabei kann es – wegen der nach wie vor zwischenstaatlichen oder staatenbündischen Struktur der Gemeinschaft, die die innerstaatliche Organisation und Kompetenzverteilung den Mitgliedstaaten beläßt – von vornherein nicht um eine Gewährleistung in dem Sinne gehen, daß das Gemeinschaftsrecht lokale Selbstverwaltungskörperschaften für die Mitgliedstaaten verpflichtend vorsähe; wohl aber kann sich die Frage nach einem gemeinschaftsrechtlichen Schutz der in einzelnen Mitgliedstaaten vorhandenen lokalen Selbstverwaltungskörperschaften stellen[207]. Sie findet – zugleich mit der Erkenntnis, daß das Gemeinschaftsrecht in seinen Auswirkungen nicht landes- und kommunalblind ist, die mitgliedstaatlichen Untergliederungen vielmehr zunehmend in ihrem Wirkungskreis einschränkend betrifft – in den zurückliegenden Jahren zunehmend Beachtung.

Zum Beleg für die gestiegene Berücksichtigung kommunaler Belange im Gemeinschaftsrecht wird vor allem hingewiesen auf die Beteiligung kommunaler Vertreter im Ausschuß der Regionen nach Art. 263 bis 265 EGV, der den 1988 von der Kommission eingesetzten EG-Beirat der Regionalen und Lokalen Gebietskörperschaften[208] mit den Maastrichter Verträgen 1993 abgelöst

---

[206] So etwa *Heinemann*, Grenzen staatlicher Monopole im EG-Vertrag, S. 62 f.; *Roth*, in: Festschrift Steindorff, S. 1313 (1322); Diese Sichtweise scheint auch der vorgenannten Campus-Oil-Entscheidung des EuGH, Slg. 1984, 2727, zugrundezuliegen, die Art. 86 Abs. 2 EGV ganz in seiner unternehmensbezogenen Wirkung sieht.

[207] Zu dieser Unterscheidung im möglichen Garantiegehalt vgl. *Kaltenborn*, Der Schutz der kommunalen Selbstverwaltung im Recht der Europäischen Union, S. 24 f., und zur Beschränkung auf die gemeinschaftsrechtliche Sicherung vorhandener Selbstverwaltungskörperschaften *Kaltenborn*, a.a.O., S. 41, 50 f., 63, 110; *Rengeling*, ZG 1994, 277 (290), sowie mit Bezug auf die Länder *Epiney*, EuR 1994, 301 (306).

[208] Beschluß der Kommission vom 24. Juni 1988, ABl. EG 1988 Nr. L 247/23 f.; vgl.

hat[209]. In der Tat findet sich hier ein erster Ansatz zur institutionellen Absicherung der kommunalen Selbstverwaltung im europäischen Primärrecht. Er bleibt allerdings in doppelter Hinsicht noch unbefriedigend. Zum einen ist gemeinschaftsrechtlich nicht sichergestellt, daß sich der Ausschuß als spezifisch kommunale Interessenvertretung konstituiert, da der Begriff der »Vertreter der regionalen und lokalen Gebietskörperschaften« in Art. 263 EGV zwar Vertreter rein zentralstaatlicher Instanzen ausschließt, im weiteren aber mit Rücksicht auf die mitgliedstaatliche Freiheit in der inneren Organisation und Kompetenzordnung sehr unbestimmt bleibt und jedenfalls die Zahl der kommunalen Repräsentanten nicht vorgibt, sondern den vorschlagsberechtigten Mitgliedstaaten freistellt. Das Problem spiegelt der in der Bundesrepublik ausgebrochene Streit zwischen den Bundesländern und den Kommunen um die Besetzung der 24 bundesdeutschen Sitze[210] wider; daß im Ergebnis nur die Benennung von drei Kommunalvertretern sichergestellt ist, belegt, daß der Ausschuß nicht eigentlich ein kommunales Vertretungsorgan ist[211]. Zum anderen sind die Mitwirkungsmöglichkeiten des Ausschusses innerhalb des institutionellen Gefüges der Europäischen Gemeinschaft auch nach der durch den Amsterdamer Vertrag vorgenommenen Erweiterung seiner Rechte begrenzt[212]. Ihm kommt keine Entscheidungsfunktion, sondern nach Art. 7 Abs. 2 EGV nur eine beratende Aufgabe zu. In einer – größer gewordenen – Zahl von Fällen ist seine vorherige Anhörung obligatorisch (vgl. Art. 71 Abs. 1, 128 Abs. 2, 129, 137 Abs. 2 und 3, 149 Abs. 4, 148, 150 Abs. 4, 151 Abs. 5, 152 Abs. 4, 156 Abs. 1, 159 Abs. 3, 161 Abs. 1 und 2, 162 Abs. 1, 175 Abs. 1, 2 und 3 EGV). Im übrigen können Rat und Kommission, wenn sie es für zweckmäßig halten, sowie nunmehr auch das Europäische Parlament den Ausschuß hören (vgl. Art. 265 Abs. 1, 4 EGV), und der Ausschuß seinerseits kann aus eigener Initiative Stellungnahmen abgeben (vgl. Art 265 Abs. 3, 5 EGV). Die Wirksamkeit des Ausschusses als einer kommunalen Interessenvertretung bleibt danach wesentlich von der politischen Entwicklung abhängig, von der Wahrnehmung der Beratungsaufgabe durch den Ausschuß und vor allem von der Berücksichtigung seiner Stellungnahmen durch die Ge-

---

dazu *Kaltenborn*, Der Schutz der kommunalen Selbstverwaltung im Recht der Europäischen Union, S. 27 f.

[209] Vgl. dazu u.a. *v. Ameln*, DVBl. 1992, 477 (478 ff.); *Folz*, in: Festschrift Hahn, S. 611 (621 f.), mit betont positiver Bewertung; *Hoffschulte*, der landkreis 1992, 120; *Leitermann*, der städtetag 1991, 753 (755); *Stern*, in: Festschrift Friauf, S. 75 (77), mit Kritik an zu geringer Besetzung mit Kommunalvertretern.

[210] Vgl. dazu *Blumenwitz*, in: Gedächtnisschrift Grabitz, S. 1 (11 f.).

[211] Vgl. *Hoffschulte*, der landkreis 1992, 120 (125).

[212] Zu der – nach wie vor als schwach beurteilten – Stellung des Ausschusses nach dem Amsterdamer Vertrag vgl. *Wiedmann*, EuR 1999, 49 (insbes. 54 ff.).

meinschaftsorgane in Wahrnehmung ihrer Entscheidungskompetenzen. Die ansatzweise institutionelle Berücksichtigung der Kommunen auf Gemeinschaftsebene kann deshalb eine materiell-rechtliche Garantie nicht entbehrlich machen, weder unter dem Gesichtspunkt einer angemessenen Partizipation an gemeinschaftsrechtlicher Rechtsetzung, die ohnehin – das gilt hier wie auf verfassungsrechtlicher Ebene – den Verlust eigener Handlungsbefugnisse nicht kompensieren könnte, noch unter dem der hinreichenden Abwehrmöglichkeit gegenüber gemeinschaftsrechtlichen Beschränkungen der kommunalen Betätigungs- und Gestaltungsmöglichkeiten in der örtlichen Daseinsvorsorge.

Eine materielle Gewährleistung des Selbstverwaltungsrechts der lokalen Behörden, die gegenüber solchen Beschränkungen wirksam werden könnte, findet sich im Gemeinschaftsrecht jedoch zumindest ausdrücklich nicht. Die Forderung nach der Aufnahme einer solchen speziellen Garantie in das geschriebene Gemeinschaftsrecht ist zwar verschiedentlich erhoben worden[213], hat jedoch keine hinreichende Unterstützung gefunden und ist im Ergebnis erfolglos geblieben. Das Fehlen einer expliziten Garantie hat allerdings eine Reihe von – unterschiedlich ansetzenden und verschieden weit reichenden – Versuchen der anderweitigen Herleitung eines materiell-rechtlichen Schutzes der kommunalen Selbstverwaltung als Bestandteil des ungeschriebenen – primären[214] – Gemeinschaftsrechts provoziert.

aa. Schutz durch den allgemeinen Rechtsgrundsatz der Demokratie

Gemeinschaftsrechtsimmanent argumentiert der – zunächst eher beiläufig von Zuleeg[215] unternommene, vereinzelt und vorsichtig aufgegriffene[216] – Versuch, einen ungeschriebenen Schutz der kommunalen Selbstverwaltung aus dem gemeinschaftsrechtlichen Demokratieprinzip abzuleiten. Dieser Ansatz geht mit dem Europäischen Gerichtshof[217] zutreffend davon aus, daß das Demokratieprinzip ein Grundsatz nicht nur aller mitgliedstaatlichen Rechtsordnungen, sondern auch des Gemeinschaftsrechts selbst ist; ihm ist jedoch

---

[213] *Erichsen*, in: Blümel/Hill (Hrsg.), Die Zukunft der kommunalen Selbstverwaltung, S. 89 (110); *Knemeyer*, DÖV 1988, 997 (1001); *Rengeling*, ZG 1994, 277 (293 f.).

[214] Dazu, daß ein allgemeiner Rechtsgrundsatz der Garantie kommunaler Selbstverwaltung ggf. dem Primärrecht zugehörte, jedenfalls aber dem Sekundärrecht vorginge, vgl. *Kaltenborn*, Der Schutz der kommunalen Selbstverwaltung im Recht der Europäischen Union, S. 48; *Martini*, Gemeinden in Europa, S. 145.

[215] *Zuleeg*, in: Festgabe v. Unruh, S. 91 (93).

[216] Vgl. *Häberle*, in: ders., Europäische Rechtskultur, S. 33 (42); *Rengeling*, ZG 1994, 277 (287).

[217] EuGH, Slg. 1980, 3393 (3424, Tz. 34) – Maizena/Rat.

entgegenzuhalten, daß das gemeinschaftsrechtliche Demokratieprinzip die Gewährleistung der kommunalen Selbstverwaltung nicht einschließt. Bereits auf staatlicher Ebene gehört die kommunale Selbstverwaltung – wie zumeist eingewandt und mit dem Hinweis auf die unterschiedliche Ausgestaltung der lokalen Verwaltungsebene in den Mitgliedstaaten der Union belegt wird[218] – nicht zu den unabdingbaren Elementen einer demokratischen Ordnung. Darüber hinaus ist zu bedenken, daß das gemeinschaftsrechtliche Demokratieprinzip auf die demokratische Organisation einer zwischenstaatlichen Gemeinschaft zielt und insoweit nicht notwendig den gleichen Gehalt aufweist wie das auf die staatliche Organisation bezogene Prinzip. Das gilt auch im vorliegenden Zusammenhang; selbst wenn man daher die Bedeutung der Kommunen für die demokratische Ordnung namentlich der Mitgliedstaaten anders beurteilen wollte, wäre das nicht ohne weiteres auch auf die Gemeinschaft übertragbar. Für die demokratische Konstituierung ihrer supranationalen Hoheitsgewalt aber besitzen die Kommunen jedenfalls keine zentrale Bedeutung, die es rechtfertigen könnte, den Schutz ihrer Selbstverwaltung dem gemeinschaftsrechtlichen Demokratieprinzip zu entnehmen. Daß das Gemeinschaftsrecht eine Unionsbürgerschaft (Art. 17 EGV) und damit verbunden das aktive und passive Kommunalwahlrecht aller Unionsbürger bei Kommunalwahlen (Art. 19 Abs. 1 EGV) eingeführt hat, ändert daran im übrigen nichts; dieses Kommunalwahlrecht vermittelt allen Unionsbürgern die – den jeweiligen nationalen Bedingungen für die eigenen Staatsangehörigen folgende und nach dieser Maßgabe gleichberechtigte – demokratische Teilhabe an der mitgliedstaatlichen Hoheitsgewalt auf lokaler Ebene, es verstärkt aber nicht die Bedeutung der kommunalen Selbstverwaltung für die demokratische Legitimation der gemeinschaftlichen Hoheitsgewalt.

bb. Die Annahme eines allgemeinen Rechtsgrundsatzes der kommunalen Selbstverwaltung

Stärkere Zustimmung erfahren in der Literatur Versuche, einen allgemeinen Rechtsgrundsatz des Schutzes der kommunalen Selbstverwaltung für das Gemeinschaftsrecht in Anknüpfung an andere Rechtsquellen herzuleiten.

(1) Die den mitgliedstaatlichen Rechtsordnungen gemeinsamen Rechtsgrundsätze. Ein auch sonst in der Rechtsprechung des Europäischen Gerichtshofs bedeutsamer Weg zur Lückenschließung im Gemeinschaftsrecht ist der Rück-

---

218 *Blanke*, DVBl. 1993, 819 (824); *Faber*, DVBl. 1991, 1126 (1127f.); *Martini*, Gemeinden in Europa, S. 169ff.; *Martini/Müller*, BayVBl. 1993, 161 (165); *Siedentopf*, DÖV 1988, 981 (983f.).

griff auf den Rechtsordnungen der Mitgliedstaaten gemeinsame Rechtsgrundsätze[219]. In jüngerer Zeit haben einzelne Autoren auf diesem Wege auch einen allgemeinen Rechtsgrundsatz der kommunalen Selbstverwaltung begründen wollen[220]. Zugrundegelegt wird dabei die Annahme, daß allen mitgliedstaatlichen Rechtsordnungen eine – unterschiedlich stark ausgeprägte – Gewährleistung der kommunalen Selbstverwaltung gemeinsam sei.

Die Rechtslage in den Mitgliedstaaten weist insoweit jedoch erhebliche Unterschiede auf[221]. Zwar finden sich in allen Mitgliedstaaten Kommunen als lokale Verwaltungsträger, denen eine gewisse Autonomie zukommt; Art und Umfang der ihnen gewährten Autonomie und die Ausgestaltung ihrer Rechtsstellung insgesamt unterscheiden sich freilich wesentlich. Eine den Verhältnissen in der Bundesrepublik entsprechende Gewährleistung findet sich kaum. Immerhin kennen einige Mitgliedstaaten, insbesondere Finnland, Schweden und Österreich, ebenfalls eine stark ausgeprägte kommunale Selbstverwaltung. Andere hingegen eröffnen dem Gesetzgeber und der staatlichen Verwaltung weitreichende Befugnisse zum Eingriff in die kommunale Verwaltung; insbesondere Großbritannien kennt keine rechtliche Begrenzung des gesetzgeberischen Zugriffs auf die Kommunen.

Auch wenn man nicht nach der Theorie des kleinsten gemeinsamen Nenners nur die allen mitgliedstaatlichen Rechtsordnungen gemeinsamen Regelungen anerkennt, sondern mit dem Europäischen Gerichtshof[222] im Rahmen einer wertenden Rechtsvergleichung großzügiger solche rechtlichen Lösungen akzeptiert, an denen die verglichenen Rechtsordnungen sich tendenziell orientieren und die sich zugleich am besten in die Struktur und die Ziele der Gemeinschaft einfügen, läßt sich hierauf ein allgemeiner Rechtsgrundsatz des Gemeinschaftsrechts nicht stützen[223]. Für die Annahme eines dem Schutzniveau des Art. 28 Abs. 2 GG entsprechenden oder eines überhaupt gehaltvol-

---

219 Vgl. etwa EuGH, Slg. 1960, 1163 (1188) – Humblet; Slg. 1969, 43 (51, Tz. 13) – Klomp/Inspektie der Belastingen.

220 *Martini*, Gemeinden in Europa, S. 186 ff.; *Martini/Müller*, BayVBl. 1993, 161 (164 ff.); vgl. auch – allerdings im Ergebnis vorsichtiger – *Müller*, Die Entscheidung des Grundgesetzes für die gemeindliche Selbstverwaltung im Rahmen der europäischen Integration, S. 260 ff.

221 *Kaltenborn*, Der Schutz der kommunalen Selbstverwaltung im Recht der Europäischen Union, S. 49. Vgl. zum folgenden die Darstellung bei *Blair*, DÖV 1988, 1002, die Länderberichte zur Akzeptanz der europäischen Kommunalcharta in *Knemeyer* (Hrsg.), Die Europäische Charta der kommunalen Selbstverwaltung, S. 57 ff., sowie den Materialüberblick bei *Deubert/Liegmann*, Rechtsgrundlagen kommunaler Selbstverwaltung und regionale Strukturen in Europa, S. 15 ff.

222 Vgl. dazu *Streil*, in: Beutler/Bieber/Pipkorn/Streil, Die Europäische Union, S. 241.

223 So auch *Blanke*, DVBl. 1993, 819 (824 f.); *Faber*, DVBl. 1991, 1126 (1129); *Heberlein*, BayVBl. 1993, 676 (677 f.).

len, insbesondere die Freiheit der kommunalen Aufgabenwahl oder einen gewissen kommunalen Aufgabenbestand garantierenden Rechtsgrundsatzes fehlt es danach an einer hinreichenden Übereinstimmung der mitgliedstaatlichen Rechtsordnungen. Auch aus einer möglicherweise feststellbaren Übereinstimmung in ganz elementaren Gewährleistungen, so etwa der der Existenz kommunaler Verwaltungsträger, wäre im übrigen ein gemeinschaftsrechtlicher Rechtsgrundsatz nicht herzuleiten. Ein derart rudimentärer gemeinschaftsrechtlicher Schutz der kommunalen Selbstverwaltung wäre, weil er den gemeinschaftsrechtlich begründeten Gefährdungen nicht begegnen könnte, nicht nur praktisch leerlaufend, sondern darüber hinaus rechtlich nicht begründbar, weil er Struktur und Zielen der Gemeinschaft nicht entspräche; er würde rechtsgrundsätzlich etwas schützen wollen, was die Gemeinschaft, da ihr der Zugriff auf das innerstaatliche Organisations- und Kompetenzgefüge der Mitgliedstaaten, damit auch auf den Bestand oder elementare Ordnungsprinzipien der Kommunen versagt ist, prinzipiell nicht antasten kann.

(2) Die Europäische Charta der kommunalen Selbstverwaltung. Ein zweiter Anknüpfungspunkt ist die am 1. September 1988 in Kraft getretene Europäische Charta der kommunalen Selbstverwaltung[224]. Sie verpflichtet die Vertragsparteien grundsätzlich zur Anerkennung des Grundsatzes der kommunalen Selbstverwaltung. Diese wird in Art. 3 der Charta als das Recht und die tatsächliche Fähigkeit der kommunalen Gebietskörperschaften umschrieben, im Rahmen der Gesetze einen wesentlichen Teil der öffentlichen Angelegenheiten in eigener Verantwortung zum Wohl der Einwohner zu regeln und zu gestalten. Im weiteren werden der Umfang und einzelne Aspekte kommunaler Selbstverwaltung näher umschrieben, wobei die Charta freilich die ratifizierenden Staaten nicht zur Annahme aller, sondern nur einer bestimmten Mindestzahl von Bestimmungen verpflichtet und auch Beschränkungen des Anwendungsbereichs der Charta auf bestimmte Arten von kommunalen Gebietskörperschaften zuläßt.

Die in der Charta umschriebenen Verpflichtungen zum Schutz der kommunalen Selbstverwaltung treffen als solche die Europäische Gemeinschaft nicht. Sie wird nicht von der unmittelbaren Bindungswirkung der Charta als einer völkerrechtlichen Vereinbarung erfaßt. Nach Art. 15 Abs. 1 S. 1 der Charta liegt sie für die Mitgliedstaaten des Europarats zur Unterzeichnung aus; ein Beitritt der Europäischen Union bzw. Gemeinschaft ist danach recht-

---

[224] BGBl. 1987 II S. 66 ff.; auch abgedruckt bei *Knemeyer* (Hrsg.), Die Europäische Charta der kommunalen Selbstverwaltung, S. 259 ff.

lich nicht möglich[225]. Auch die früher in der Literatur mit Blick auf die Europäische Menschenrechtskonvention erwogene[226], vom Europäischen Gerichtshof für das allgemeine Zoll- und Handelsabkommen GATT bejahte[227] Bindung der Gemeinschaft an die völkerrechtlichen Vertragspflichten ihrer Mitgliedstaaten greift hier jedenfalls nicht; ihr steht entscheidend bereits entgegen, daß nicht alle Mitgliedstaaten die Charta unterzeichnet und ratifiziert haben[228]. Schließlich existiert auch eine ausdrückliche Selbstverpflichtung zur Beachtung der Charta, wie sie nun Art. 6 Abs. 2 EUV hinsichtlich der Europäischen Konvention zum Schutze der Menschenrechte und Grundfreiheiten ausspricht, im Unions- bzw. Gemeinschaftsrecht nicht. Im übrigen stößt jeder Versuch, die Charta selbst für die Europäische Union bzw. Gemeinschaft verpflichtend zu machen, auf das Hindernis, daß deren Verpflichtungen sich ihrem Inhalt nach an souveräne Staaten richten, denen eine entsprechende Gestaltung ihrer Rechtsordnung aufgegeben wird; der Europäischen Gemeinschaft als einer supranationalen Einrichtung aber fehlen die Kompetenzen zu einer der Charta gemäßen Gestaltung der mitgliedstaatlichen Rechtsordnungen[229].

Rechtliche Bedeutung könnte die Charta deshalb für die Europäische Gemeinschaft nur auf eine vermittelte Weise gewinnen, so daß sie zwar nicht deren die Staaten treffende Verpflichtungen zu erfüllen, aber doch die den Maßgaben der Charta folgende Gewährung kommunaler Selbstverwaltung durch die Mitgliedstaaten zu beachten hätte. Den Weg hierzu könnte wiederum die Figur der allgemeinen Rechtsgrundsätze des Gemeinschaftsrechts eröffnen. Ihrer hat sich der Europäische Gerichtshof in vergleichbarer Weise bei der Heranziehung der Europäischen Menschenrechtskonvention zur Entwicklung des gemeinschaftsrechtlichen Grundrechtsschutzes[230] bedient. In der Tat wird zur Herleitung eines allgemeinen, die kommunale Selbstverwaltung schützenden Rechtsgrundsatzes – teils ergänzend und unterstützend zum

---

225 *Hofmann*, in: Knemeyer (Hrsg.), Die Europäische Charta der kommunalen Selbstverwaltung, S. 211 (217), hat einen solchen Beitritt der Union – nach einer entsprechenden Änderung der Charta – vorgeschagen; kritisch dazu *Faber*, DVBl. 1991, 1126 (1128 f.); *Kaltenborn*, Der Schutz der kommunalen Selbstverwaltung im Recht der Europäischen Union, S. 61 Fn. 301.

226 Vgl. insbes. *Bleckmann*, Die Bindung der Europäischen Gemeinschaft an die Europäische Menschenrechtskonvention, S. 79 ff.

227 EuGH, Slg. 1972, 1219 (1227 f., Tz. 14/18) – Fruit Company.

228 Vgl. dazu *Kaltenborn*, Der Schutz der kommunalen Selbstverwaltung im Recht der Europäischen Union, S. 59 f.

229 So zu Recht *Kaltenborn*, Der Schutz der kommunalen Selbstverwaltung im Recht der Europäischen Union, S. 60 f.

230 Vgl. etwa EuGH, Slg. 1975, 1219 (1232, Tz. 32) – Rutili; Slg. 1986, 1663 (1682, Tz. 18) – Johnston/Chief Constable of the Royal Ulster Constabulary.

Hinweis auf die mitgliedstaatlichen Rechtsordnungen – auf die Charta verwiesen[231]. Auch sie vermag jedoch – bislang jedenfalls – den erforderlichen Nachweis einer den Mitgliedstaaten gemeinsamen Grundüberzeugung nicht zu erbringen[232]. Der Grund dafür ist wiederum, daß nur ein Teil der Mitgliedstaaten bislang die Charta unterzeichnet und ratifiziert hat, andere hingegen, insbesondere Großbritannien, nach wie vor eine prinzipiell ablehnende Haltung ihr gegenüber einnehmen. Über eine solche Ablehnung durch eine mitgliedstaatliche Rechtsordnung kann auch eine wertende Rechtsvergleichung nicht hinweghelfen.

cc. Die Achtung der kommunalen Selbstverwaltung als eines identitätsstiftenden Elements der mitgliedstaatlichen Verfassungsordnung

Wenn die Herleitung eines generellen gemeinschaftsrechtlichen Schutzes der kommunalen Selbstverwaltung im Kern daran scheitert, daß diese nicht in al len Mitgliedstaaten annähernd gleichermaßen garantiert ist, bleibt schließlich – mit Blick insbesondere auf Deutschland – die Frage, ob die Gemeinschaft nicht zumindest die Selbstverwaltung der Kommunen in jenen Mitgliedstaaten, in denen sie ein identitätsstiftendes Merkmal der jeweiligen Verfassungsordnung darstellt, zu respektieren hat.

Daß eine gemeinschaftsrechtliche Verpflichtung der Europäischen Gemeinschaft zur Respektierung elementarer mitgliedstaatlicher Verfassungsstrukturen besteht, soll hier zugrundegelegt werden, ohne auf insoweit bestehende dogmatische Probleme und Unsicherheiten näher einzugehen. Als Grundlage einer solchen Pflicht kommt zunächst der auch die Europäische Gemeinschaft als einen Bestandteil der Union (vgl. Art. 1 Abs. 3 EUV) erfassende Art. 6 Abs. 1 und 3 EUV in Betracht, der jedoch den gravierenden Nachteil aufweist, daß nach Art. 46 EUV insoweit keine Zuständigkeit des Europäischen Gerichtshofs begründet ist[233]. In dem seiner Jurisdiktion unterliegenden Gemeinschaftsrecht bleibt als möglicher Verpflichtungsgrund die – insbesondere bei Art. 10 EGV verortete – Rechtsfigur der Gemeinschaftstreue. Sie wird inzwischen weithin anerkannt[234] und findet nicht dem

---

[231] Vgl. *Haneklaus*, DVBl. 1991, 295 (299); *Klein*, in: VVDStRL 50 (1991), S. 56 (76); *Martini*, Gemeinden in Europa, S. 206 ff.; *Martini/Müller*, BayVBl. 1993, 161 (167); *Mombaur/v. Lennep*, DÖV 1988, 988 (996); *Rengeling*, DVBl. 1990, 893 (899); *ders.*, ZG 1994, 277 (287); *Spannowsky*, DVBl. 1991, 1120 (1124).

[232] Vgl. *Knemeyer*, der landkreis 1990, 108 (108), der die Entwicklung dieser Grundüberzeugung als Zukunftsaufgabe sieht.

[233] Vgl. dazu – mit Blick auf den Föderalismus – *Epiney*, EuR 1994, 301 (307).

[234] *v. Bogdandy*, in: Grabitz/Hilf, KommEU, Art. 5 EGV Rn. 79 ff., insbes. 82.

Begriff, aber der Sache nach auch beim Europäischen Gerichtshof[235] Unterstützung.

Die Garantie der kommunalen Selbstverwaltung ist jedoch kein danach zu respektierendes Element der bundesdeutschen Verfassungsordnung. Das gilt auch dann, wenn man die gemeinschaftsrechtliche Pflicht zur Respektierung identitätsstiftender Elemente der Mitgliedstaaten nicht – mit Blick auf die Handlungsfähigkeit der Gemeinschaft – auf solche Strukturen beschränken will, die zumindest in einer gewissen Mindestzahl von Mitgliedstaaten Bedeutung besitzen[236], sondern ganz darauf abstellt, was eine einzelne mitgliedstaatliche Verfassung als elementar festlegt[237]. Auch nach dem Grundgesetz ist die kommunale Selbstverwaltung nämlich – ungeachtet ihres im mitgliedstaatlichen Vergleich intensiven rechtlichen Schutzes – kein in diesem Sinne identitätsstiftendes Verfassungselement. Der Umfang der gemeinschaftsrechtlich zu beachtenden Verfassungselemente kann jedenfalls nicht über das hinausgehen, was der einzelne Mitgliedstaat verfassungsrechtlich als auf die Gemeinschaft nicht übertragbar definiert hat; deshalb kann insofern auf die aus der umgekehrten, mitgliedstaatlichen Perspektive angestellten Überlegungen zur mangelnden Europafestigkeit der Verfassungsgarantie kommunaler Selbstverwaltung verwiesen werden[238]. Auch mit Blick auf die Bundesrepublik Deutschland ist also eine gemeinschaftsrechtliche Pflicht zur Respektierung der kommunalen Selbstverwaltung nicht herzuleiten.

---

[235] EuGH, Slg. 1983, 255 (287, Tz. 37) – Luxemburg/Parlament; Slg. 1990, I-3365 (3372, Tz. 17 f.) – Zwartveld u.a.

[236] Dazu tendieren etwa *Blanke*, DVBl. 1993, 819 (825 f.); *Ress*, EuGRZ 1986, 549 (550 f.).

[237] *Epiney*, EuR 1994, 301 (315 ff.).

[238] Vgl. oben 3. Kap.

2. Abschnitt

Verfassungsrechtliche Vorgaben für den nationalen Gesetzgeber

5. Kapitel

Die verfassungsrechtliche Gewährleistung kommunaler Daseinsvorsorge

Die Begriffe der Daseinsvorsorge und Privatisierung haben ihre verfassungsrechtliche Relevanz zunächst in dem zweipoligen Verhältnis von Staat und Wirtschaft: Während unter dem Begriff der Daseinsvorsorge darüber diskutiert wird, ob die Wahrnehmung bestimmter Aufgaben zur Versorgung der Bürger mit Leistungen eine spezifisch oder notwendig staatliche Aufgabe darstellt, steht der Begriff der Privatisierung für die Verlagerung von Aufgaben und Unternehmen aus dem Bereich des Staates heraus in den der Wirtschaft. Wenn die kommunale Daseinsvorsorge unter den Bedingungen staatlicher Privatisierungspolitik zum Gegenstand der Überlegungen gemacht wird, weitet sich das Problemfeld, und es entsteht ein dreipoliger Konflikt; die Frage, wem die Entscheidung über die Wahrnehmung einer bestimmten Aufgabe bzw. deren Wahrnehmung selbst zusteht, entscheidet sich zwischen Staat, Gemeinde und Wirtschaft[1]. Den verfassungsrechtlichen Direktiven für die Bewältigung dieses dreipoligen Konflikts will das folgende Kapitel nachgehen.

Das soll in drei Schritten erfolgen. Den Ausgangspunkt bildet die Frage nach der maßgeblichen Rechtsposition der Kommunen; vor dem Hintergrund der Unterscheidung von staatlichen und wirtschaftlichen Aufgabenfeldern geht es zunächst grundsätzlich darum, ob und in welcher Weise Art. 28 Abs. 2 GG als die zentrale verfassungsrechtliche Bestimmung ihnen ein Recht auf Betätigung in der örtlichen Daseinsvorsorge gewährleistet (I.). Im nächsten Schritt soll die Reichweite der verfassungsrechtlich eröffneten Betätigungsmöglichkeiten der Kommunen im Verhältnis zur Privatwirtschaft näher bestimmt werden; es soll gefragt werden, ob sich für das kommunale Engagement in der Daseinsvorsorge aus der Verfassung im übrigen Begrenzungen ergeben (II.). Nachdem so die verfassungsrechtlichen Vorgaben im Verhältnis von Kommunen und Privatwirtschaft mit Blick auf die Wahrnehmung von Daseinsvorsorgeaufgaben ermittelt worden sind, stellt sich abschließend dann die Frage, unter welchen Voraussetzungen der staatliche Gesetzgeber diese

---

[1] Vgl. den die Konfliktlage treffend kennzeichnenden Titel der Schrift von *Löwer*, Energieversorgung zwischen Staat, Gemeinde und Wirtschaft, sowie *ders.*, DVBl. 1991, 132.

verfassungsrechtlich vorgegebene Grenzziehung zwischen Kommunen und Privatwirtschaft verschieben darf, indem er von Verfassungs wegen den Kommunen offenstehende Betätigungen in der örtlichen Daseinsvorsorge ihnen gesetzlich entzieht, um sie der Privatwirtschaft zu überantworten; damit geht es also um die Reichweite des verfassungsrechtlichen Schutzes der Gemeinden gegenüber gesetzgeberischen Privatisierungsvorgaben (III.).

I. Art. 28 Abs. 2 GG als verfassungsrechtliche Grundlage kommunaler Daseinsvorsorge

Als verfassungsrechtliche Grundlage kommunaler Handlungsbefugnisse in der örtlichen Daseinsvorsorge kommt die Garantie der kommunalen Selbstverwaltung in Art. 28 Abs. 2 GG – und den entsprechenden landesverfassungsrechtlichen Bestimmungen – in Betracht.

1. Eigenart und Schutzrichtung der Verfassungsgarantie

Zunächst soll der Frage nachgegangen werden, wie – vor dem Hintergrund der Unterscheidung von grundrechtlicher Freiheitsbetätigung und staatlicher Verwaltungsfunktion – die kommunalen Handlungsbefugnisse und deren verfassungsrechtliche Gewährleistung zu verorten sind. In der Diskussion um die kommunale Wahrnehmung bzw. Privatisierung von Daseinsvorsorgeaufgaben wird ihr eine vorentscheidende Bedeutung beigemessen. So stellt von Arnim die – hypothetisch gemeinte – Frage, »ob die öffentliche Hand, die sich wirtschaftlich betätigt, sich ihrerseits auf grundrechtliche Freiheiten berufen kann. Wäre dies zu bejahen, stände Freiheit gegen Freiheit; es stände die Freiheit des Staates gegen die Freiheit des privaten Konkurrenten, und es wäre nicht ersichtlich, warum die eine der anderen weichen sollte.«[2] Das läßt sich auch speziell auf die Kommunen übertragen: Stünde ihnen das Recht zur Wahrnehmung von Daseinsvorsorgeaufgaben als ein grundrechtliches Freiheitsrecht zu, wäre nicht ersichtlich, mit welchem Grund der staatliche Gesetzgeber ihnen eine derartige Betätigung zugunsten Privater entziehen dürfte. Umgekehrt meint Löwer, Art. 28 Abs. 2 GG als eine staatsorganisationsrechtliche Garantie sage »seinem Wortlaut und seiner systematischen Stellung nach nichts darüber aus, ob und unter welchen Voraussetzungen die Gemeinde im Verhältnis zu ihren Bürgern Aktivitäten entfalten darf.«[3] In dieser Per-

[2] *v. Arnim*, Rechtsfragen der Privatisierung, S. 55.
[3] *Löwer*, Energieversorgung zwischen Staat, Gemeinde und Wirtschaft, S. 218.

spektive kann Art. 28 Abs. 2 GG von vornherein keinen Schutz bieten, wenn der staatliche Gesetzgeber den Gemeinden die Befugnis zur Wahrnehmung von Daseinsvorsorgeaufgaben im Verhältnis zur Privatwirtschaft vorenthält oder nimmt.

a. Die fehlende grundrechtliche Handlungsfreiheit

Eine grundrechtliche Freiheit, die ihnen ein Recht darauf gewährte, sich wie Private in der Daseinsvorsorge zu betätigen, steht den Kommunen nicht zu.

aa. Mangelnde Grundrechtsqualität der Garantie kommunaler Selbstverwaltung

Der verfassungsrechtlichen Garantie kommunaler Selbstverwaltung kommt ein grundrechtlicher Charakter nicht zu.

Die Zuordnung der kommunalen Selbstverwaltung zum Bereich gesellschaftlicher Freiheitsbetätigung kann sich zwar auf eine verfassungsgeschichtliche Traditionslinie[4] berufen, die ihren plakativen Ausdruck in § 20 der Bayerischen Gemeindeordnung von 1834 gefunden hat mit der Formulierung: »Die Gemeinden haben alle Rechte wie Gemeindebürger, soweit sie ihnen nicht besonders versagt sind.«[5] Auch die Paulskirchenverfassung garantierte die Selbstverwaltung in § 184 als Grundrecht, und noch Art. 127 WRV befand sich im Grundrechtsteil der Verfassung, wenn sich auch die Interpretation der Bestimmung von der grundrechtlichen Charakterisierung entfernt hat[6]. Auch in der Bundesrepublik gibt es noch Anklänge an ein grundrechtliches Verständnis der Garantie kommunaler Selbstverwaltung. Das gilt insbesondere auf der Ebene des Landesverfassungsrechts. So führt die Verfassung von Rheinland-Pfalz sie im Grundrechtsteil, und insbesondere der Bayerische Verfassungsgerichtshof hat die landesverfassungsrechtliche Gewährleistung kommunaler Selbstverwaltung – wohl im wesentlichen aus prozessualen Gründen[7] – als ein grundrechtsähnliches Freiheitsrecht qualifiziert[8]. Auch auf grundgesetzlicher Ebene sind vereinzelt die Kommunen als staatsferne Bürgerverbände gekennzeichnet worden[9].

---

[4] Zu dem Widerstreit zweier unterschiedlicher Traditionslinien vgl. *v. Unruh*, in: HKWP I, S. 57 (57).

[5] Vgl. dazu *Stern*, AfK 1964, 81 (83 Fn. 8).

[6] Nachweise zur Weimarer Diskussion bei *Bethge*, in: Festgabe v. Unruh, S. 149 (158); *Gröttrup*, Die kommunale Leistungsverwaltung, S. 35 Fn. 79.

[7] *Löwer*, in: v. Münch/Kunig, GG, Art. 28 Rn. 39.

[8] BayVerfGH, VGH n.F. 29, 105 (119 ff.); 31, 99 (117); 34, 1 (6).

[9] *Stern*, AfK 1964, 81 (91 ff.), der diese Auffassung später jedoch wohl nicht aufrechter-

Desungeachtet ist unter dem Grundgesetz aber prinzipiell unbestritten, daß die Kommunen kein dem Staat gegenüberstehender, gesellschaftlicher Verband sind und Art. 28 Abs. 2 GG die gemeindliche Selbstverwaltung nicht grundrechtlich oder grundrechtsähnlich als gesellschaftliche Freiheitsbetätigung, sondern als Teil der staatlichen Verwaltung schützt[10]. Wie das Bundesverfassungsgericht formuliert hat, sind die Kommunen »zunehmend in den staatlichen Bereich einbezogen und eingefügt worden. Vollends in der parlamentarischen Demokratie steht die kommunale Selbstverwaltung nicht mehr in Abwehrstellung zur Staatsorganisation. Sie wird, wie Art. 28 GG zeigt, im Rahmen der staatlichen Organisation konstituiert und in den staatlichen Aufbau integriert.«[11]

bb. Exkurs: Der fehlende Grundrechtsschutz für das Recht auf wirtschaftliche Betätigung

Ein Recht darauf, sich ebenso wie auch Private in der Daseinsvorsorge betätigen zu dürfen, können die Kommunen im übrigen auch nicht aus den Grundrechten, namentlich aus Art. 12 Abs. 1 GG, herleiten[12]. Nach der Auffassung des Bundesverfassungsgerichts und der ihm folgenden, wohl herrschenden Literaturauffassung folgt das schon daraus, daß den Kommunen als juristischen Personen des öffentlichen Rechts die Grundrechte insgesamt nicht zustehen, unabhängig davon, ob sie öffentliche Aufgaben wahrnehmen oder erwerbswirtschaftlich tätig sind[13]. Dieser strikten Ablehnung jeglichen Grundrechtsschutzes wird mit guten Gründen entgegengehalten, daß auch juristische Personen des öffentlichen Rechts sich insoweit auf Grundrechte berufen können, wie sie sich gegenüber dem eingreifenden Hoheitsträger in einem Außenrechtsverhältnis und einer grundrechtstypischen Gefährdungslage be-

---

halten hat; vgl. etwa *ders.*, in: HKWP I, S. 204 (204 ff.); *ders.*, Staatsrecht I, S. 405 ff., wo vergleichbare Kennzeichnungen nicht mehr erscheinen.

[10] Vgl. etwa *Bethge*, in: Festgabe v. Unruh, S. 149 (158); *Blümel*, in: VVDStRL 36 (1978), S. 171 (189); *Löwer*, Energieversorgung zwischen Staat, Gemeinde und Wirtschaft, S. 145 f.; *Nierhaus*, in: Sachs, GG, Art. 28 Rn. 34; *Stern*, Staatsrecht I, S. 405; *Stüer*, Funktionalreform und kommunale Selbstverwaltung, S. 84 f. (m.w.N.).

[11] BVerfGE 83, 37 (54). Vgl. auch BVerfGE 11, 266 (274 f.); 48, 64 (79); 58, 177 (189); 73, 118 (191).

[12] *v. Arnim*, Rechtsfragen der Privatisierung, S. 55 ff.; *Löwer*, Energieversorgung zwischen Staat, Gemeinde und Wirtschaft, S. 145; *Stern/Püttner*, Die Gemeindewirtschaft, S. 137.

[13] Vgl. insbes. BVerfGE 45, 63 (78 f.); 61, 82 (102), sowie *Dreier*, in: ders., GG, Art. 19 III Rn. 40 ff., insbes. 43 f. m.w.N.; *Gubelt*, in: v. Münch/Kunig, GG, Art. 12 Rn. 6; *Krebs*, in: v. Münch/Kunig, GG, Art. 19 Rn. 41 m.w.N.

finden[14]. Eine solche gleiche Unterworfenheit unter die staatliche Hoheitsgewalt läßt sich bejahen, soweit kommunale Unternehmen bei der Teilnahme am wirtschaftlichen Wettbewerb die gleichen staatlichen Regeln beachten müssen wie auch private Unternehmen. Anders verhält es sich hingegen mit gesetzgeberischen Vorgaben, die gerade und spezifisch das Recht der Gemeinden als Gliedern der Staatsorganisation zur wirtschaftlichen Betätigung regeln und beschränken; diese Regelungen des Zugangs zum Wettbewerb gelten den Kommunen und ihren Unternehmen gerade nicht in gleicher Weise wie auch privaten Wirtschaftssubjekten, sondern in ihrem speziellen Status. Insoweit sind nicht die Grundrechte, sondern ist das Staatsorganisationsrecht angesprochen.

b. Struktur und Wirkungsrichtungen der institutionellen Gewährleistung der kommunalen Selbstverwaltung

Gemeindliche Betätigungen finden insoweit also gegenüber gesetzgeberischen Beschränkungen ihren verfassungsrechtlichen Schutz allein in der besonderen staatsorganisationsrechtlichen Garantie des Art. 28 Abs. 2 GG.

Unter Übernahme des von Carl Schmitt zu Art. 127 WRV entwickelten Begriffs der institutionellen Garantie, welche eine rechtlich anerkannte Institution dem beliebigen Zugriff des einfachen Gesetzgebers entziehen soll[15], wird auch Art. 28 Abs. 2 GG von Beginn an ganz vorherrschend als eine institutionelle Garantie interpretiert, die die Einrichtung der gemeindlichen Selbstverwaltung schützt. Ihre verschiedenen Gehalte sind insbesondere von Stern entfaltet worden, der drei Teilgarantien unterscheidet: eine *institutionelle Rechtssubjektsgarantie*, die – als staatsorganisatorisches Aufbauprinzip in Verbindung mit Art. 28 Abs. 1 S. 2 und Abs. 3 GG – den Bestand der Institutionen Gemeinde und Gemeindeverband sichert, eine *objektive Rechtsinstitutionsgarantie* der kommunalen Selbstverwaltung, die die eigenverantwortliche Erledigung von kommunalen Aufgaben gewährleistet, sowie eine *subjektive Rechtsstellungsgarantie*, die den Gemeinden und Gemeindeverbänden die Abwehr von Verletzungen der Rechtssubjektsgarantie und der Rechtsinstitutionsgarantie ermöglicht[16]. Dieses institutionelle Verständnis ist nach seiner Bestätigung in der Rastede-Entscheidung des Bundesverfassungsgerichts[17] weithin unangefochten[18].

---

[14] *Bettermann*, NJW 1969, 1321 (1324, 1326ff.); *Stern/Püttner*, Die Gemeindewirtschaft, S. 136f.

[15] Vgl. *Schmitt*, Verfassungslehre, S. 170f.

[16] *Stern*, Staatsrecht I, S. 409.

[17] Vgl. BVerfGE 79, 127 (143).

[18] Zu der auch danach noch geübten Kritik, die die historische, unter der Weimarer

An der objektiven Rechtsinstitutionsgarantie muß sich die hier interessierende Frage nach der Gewährleistung kommunaler Handlungsbefugnisse in der Daseinsvorsorge entscheiden.

aa. Schutz eines eigenen Wirkungskreises innerhalb der staatlichen Organisation

Aus der ausdrücklichen Umschreibung des Aufgabenfeldes kommunaler Selbstverwaltung in Art. 28 Abs. 2 S. 1 GG folgt zunächst, daß den Gemeinden innerhalb der staatlichen Organisation verfassungsrechtlich ein eigener gemeindlicher, gegenüber den sonstigen staatlichen Aufgaben abgegrenzter Wirkungskreis zusteht.

Dies ist unter dem Grundgesetz von einer Reihe von – im einzelnen unterschiedlichen – Neuansätzen zur Interpretation des Art. 28 Abs. 2 GG bestritten worden. Sie gehen im Kern übereinstimmend von dem Realbefund aus, daß die gemeindliche Aufgabenwahrnehmung verzahnt ist mit der Erledigung anderer, überörtlicher staatlicher Aufgaben[19]. Die übereinstimmende Folgerung daraus für das Verständnis des Art. 28 Abs. 2 GG ist, daß es einen abgrenzbaren eigenen Aufgabenbereich der örtlichen Angelegenheiten nicht gibt, Art. 28 Abs. 2 GG also keine Garantie eines eigenen kommunalen Kompetenz- und Funktionsbereichs mehr enthält. Die weiteren Folgerungen sind dann im einzelnen unterschiedlich. Nach der theoretischen Neukonzeption der kommunalen Selbstverwaltungsgarantie durch Burmeister reduziert sich die kommunale Selbstverwaltung auf ein staatsorganisatorisches Aufbauprinzip, das die Gemeinden als unterste Vollzugsinstanz für die staatlichen Verwaltungsaufgaben, soweit sie ihnen gesetzlich zugewiesen sind, installiert[20]. Das insbesondere von Roters vertretene funktionale Selbstverwaltungsverständnis betont – ähnlich wie auch andere so genannte Verbundmodelle – den Übergang von eigenverantwortlicher gemeindlicher Aufgabenwahrnehmung

---

Reichsverfassung gegebene Funktion einer Verstärkung des verfassungsrechtlichen Schutzes unter dem Grundgesetz überholt und in eine unangemessene Abschwächung der Gewährleistung verkehrt sieht, vgl. *Knemeyer*, LKV 1991, 49 (51); *Kronisch*, Aufgabenverlagerung und gemeindliche Aufgabengarantie, S. 89 ff.; *Maurer*, DVBl. 1995, 1037 (1041); *Schink*, VerwArch 81 (1990), 385 (396 f.). Früher bereits ähnlich: *Knemeyer*, in: Festgabe v. Unruh, S. 209 (219); *Richter*, Verfassungsprobleme der kommunalen Funktionalreform, S. 85 f.

[19] Vgl. *Burmeister*, Verfassungstheoretische Neukonzeption der kommunalen Selbstverwaltungsgarantie, S 24 ff.; *Roters*, Kommunale Mitwirkung an höherstufigen Entscheidungsprozessen, S. 12 ff.

[20] *Burmeister*, Verfassungstheoretische Neukonzeption der kommunalen Selbstverwaltungsgarantie, S. 105.

hin zur gemeindlichen Mitwirkung an höherstufigen staatlichen Entscheidungsprozessen[21].

Diese Interpretationsansätze sind bereits früher mit Recht kritisiert und zurückgewiesen worden, weil sie mit den normativen Anforderungen des Art. 28 Abs. 2 GG nicht in Einklang stünden[22]. Mit der Rastede-Entscheidung des Bundesverfassungsgerichts[23], die auch die interkommunale Geltung des gemeindlichen Selbstverwaltungsrechts bestätigt und verfassungsrechtliche Begrenzungen für die so genannte Hochzonung, also die Verlagerung bislang gemeindlicher Aufgaben auf übergeordnete kommunale oder staatliche Träger entwickelt hat, ist ihnen eine deutliche und endgültige Absage erteilt worden[24]. Die verfassungsrechtliche Gewährleistung eines eigenen, gegenüber den Aufgaben anderer staatlicher Verwaltungsträger abzugrenzenden kommunalen Aufgabenbereichs ist danach nicht mehr zu bestreiten.

bb. Bedeutung im Verhältnis zum privaten Sektor

Für die Bedeutung der Garantie kommunaler Selbstverwaltung im Hinblick auf die Verteilung der Daseinsvorsorgeaufgaben zwischen den Kommunen und der Privatwirtschaft ausschlaggebend wird die weitere Frage, ob diese Gewährleistung eines eigenen, von dem anderer Hoheitsträger abzugrenzenden Aufgabenkreises rechtliche Bedeutung über die Zuständigkeitsverteilung innerhalb der staatlichen Organisation hinaus auch für die verfassungsrechtliche Grenzziehung im Außenverhältnis zum Bürger bzw. zur Privatwirtschaft haben kann.

(1) Die These von der ausschließlich staatsgerichteten Funktion des Art. 28 Abs. 2 GG. Eine solche Wirkung für das Staat-Bürger-Verhältnis ist Art. 28 Abs. 2 GG zuletzt zunehmend abgesprochen worden[25].

---

[21] *Roters*, in: HKWP I, S. 288 (296); *ders.*, Kommunale Mitwirkung an höherstufigen Entscheidungsprozessen, passim.

[22] Vgl. nur etwa *Knemeyer*, in: Festgabe v. Unruh, S. 209 (215 ff.); *Stern*, Staatsrecht I, S. 424 ff.

[23] BVerfGE 79, 127 (insbes. 150).

[24] So *Schoch*, VerwArch 81 (1990), 18 (28, 41).

[25] So früher bereits *Emmerich*, Die kommunalen Versorgungsunternehmen zwischen Wirtschaft und Verwaltung, S. 22 ff.; *Thieme*, JZ 1961, 280 (283). Aus der Literatur der letzten Jahre vgl. insbesondere *Badura*, DÖV 1998, 818 (823); *Britz*, Örtliche Energieversorgung nach nationalem und europäischem Recht, S. 81; *Büdenbender*, JZ 1999, 62 (69); *Ganzer*, Kommunale und privatwirtschaftliche Aufgabenverteilung im Bereich der Elektrizitätswirtschaft, S. 336 ff.; *Henneke*, NdsVBl. 1998, 273 (280); *Isensee*, in: Handbuch des Staatsrechts IV, § 98 Rn. 166 Fn. 453; *Kluth*, Grenzen kommunaler Wettbewerbsteilnahme, S. 47 f.; *Krebs*, Rechtliche Grundlagen und Grenzen kommunaler Elektrizitätsversorgung,

Bei Art. 28 Abs. 2 GG soll es sich danach um eine rein staatsorganisatorische Regelung handeln. Hierfür wird in erster Linie auf die Stellung der Bestimmung im zweiten Abschnitt des Grundgesetzes, der dem Bund-Länder-Verhältnis gilt, verwiesen. Art. 28 Abs. 2 GG wird verstanden als eine innerstaatliche Kompetenzverteilungsvorschrift, die den Gemeinden die Verbandskompetenz für die Verwaltungsangelegenheiten auf der örtlichen Ebene gewährleistet. Regelungsadressat der Garantie sei der staatliche Gesetzgeber, und entsprechend sei auch ihre Schutzrichtung allein staatsgerichtet; sie solle allein der Kompetenzverlagerung von den Gemeinden hin zu anderen staatlichen Verwaltungsträgern, also der – in der Rastede-Entscheidung des Bundesverfassungsgerichts mit Blick auf das Abfallrecht diskutierten – so genannten Hochzonung wehren.

Die Abgrenzung im Staat-Bürger-Verhältnis hingegen sei nicht Regelungsgegenstand des Art. 28 Abs. 2 GG. Die Bestimmung grenze nicht selbst die staatlichen, hier: gemeindlichen Angelegenheiten vom Bereich privater Freiheit ab, sondern setze voraus, daß es sich bei den den Gemeinden zugewiesenen Selbstverwaltungsangelegenheiten um Verwaltungsagenden, um staatliche Aufgaben handele; deshalb bedürfe es einer vorausliegenden ausdrücklichen gesetzlichen Begründung[26]. Das Merkmal der Angelegenheiten der örtlichen Gemeinschaft sei schon wegen seiner Weite und Unbestimmtheit untauglich zur Abgrenzung zulässiger staatlicher Aufgabenwahrnehmung vom Bereich gesellschaftlicher Betätigung. Insbesondere ermächtige Art. 28 Abs. 2 GG nicht zu Eingriffen in die grundrechtlich geschützte Sphäre der Bürger; eine grundrechtlich oder demokratisch-rechtsstaatlich erforderliche Ermächtigungsgrundlage für ein gemeindliches Handeln gegenüber Privaten könne sie nicht ersetzen oder entbehrlich machen. Das Staat- Bürger-Verhältnis werde verfassungsrechtlich allein durch die Grundrechte – ergänzend wäre auf das Rechtsstaats- und das Demokratieprinzip hinzuweisen – bestimmt[27].

S. 70 ff.; *Krebs*, in: Ehlers (Hrsg.), Kommunale Wirtschaftsförderung, S. 205 (210 ff.); *Lecheler*, NVwZ 1995, 8 (10); *Löwer*, Energieversorgung zwischen Staat, Gemeinde und Wirtschaft, S. 217 ff.; *ders.*, DVBl. 1991, 132 (140 f.); *ders.*, in: v. Münch/Kunig, GG, Art. 28 Rn. 40; *Matthiesen*, Die staatliche Einwirkung zur Sicherung der Energieversorgung und ihre Grenzen, S. 95; *Müller*, DVBl. 1998, 1256 (1262); *Ossenbühl*, DÖV 1992, 1 (8); *ders.*, et 1997, 773; *Schmidt-Aßmann*, in: Festschrift Fabricius, S. 251 (261); *ders.*, in: Festschrift Sendler, S. 121 (131); *ders.*, Kommunalrecht, in: ders. (Hrsg.), Besonderes Verwaltungsrecht, S. 1 (15 Rn. 9); *Scholz*, Gemeindliche Gebietsreform und regionale Energieversorgung, S. 38.

[26] *Löwer*, Energieversorgung zwischen Staat, Gemeinde und Wirtschaft, S. 217 ff.

[27] Vgl. *Krebs*, Rechtliche Grundlagen und Grenzen kommunaler Elektrizitätsversorgung, S. 70 ff.

(2) Die Mehrdimensionalität der institutionellen Garantie der kommunalen Selbstverwaltung. Dieser Auffassung ist zuzugestehen, daß Art. 28 Abs. 2 GG dort, wo gemeindliches Handeln nach den näheren verfassungsrechtlichen Vorgaben für das Staat-Bürger-Verhältnis einer gesetzlichen Grundlage bedarf, insbesondere im Falle gemeindlicher Grundrechtseingriffe, eine solche gesetzliche Grundlage nicht darstellt und auch nicht entbehrlich macht[28]; in diesem Falle bedarf die Gemeinde der Ermächtigung durch eine gesetzliche Befugnisnorm. Die weitere Annahme, daß Art. 28 Abs. 2 GG als einer staatsorganisationsrechtlichen Garantie von vornherein keine Bedeutung für das gemeindliche Handeln nach außen, im Verhältnis zum privaten Sektor zukomme und die Gemeinde zum Handeln nach außen, insbesondere zum Wirtschaften nur kraft ausdrücklicher kompetenzrechtlicher Ermächtigung befugt sei[29], geht jedoch darüber hinaus, indem sie für *jegliches* Handeln nach außen eine gesetzliche Befugnisnorm verlangt. Allein auf die strikte Unterscheidung der Bereiche kompetenzgebundenen Verwaltungshandelns, wo auch die staatsorganisationsrechtliche Norm des Art. 28 Abs. 2 GG ihren Platz haben soll, und grundrechtsgeschützter wirtschaftlicher Betätigung gestützt, ohne nähere Herleitung und Differenzierung anhand der weiteren das Staat-Bürger-Verhältnis betreffenden Verfassungsbestimmungen setzt sie damit stillschweigend einen Totalvorbehalt für jegliches Verwaltungshandeln der Gemeinde nach außen voraus. Art. 28 Abs. 2 GG erscheint als eine bloß staatsinterne Gewährleistung der Wahrnehmung zuvor gesetzlich begründeter Verwaltungsaufgaben.

Die darin liegende Reduzierung der Bedeutung des Art. 28 Abs. 2 GG wird der Verfassungsgarantie nicht gerecht. Insbesondere darf hinsichtlich Art. 28 Abs. 2 GG die systematische Stellung in ihrer Aussagekraft nicht überschätzt

---

[28] Insoweit zutreffend *Löwer*, Energieversorgung zwischen Staat, Gemeinde und Wirtschaft, S. 220; *Schmidt-Aßmann*, in: Festschrift Fabricius, S. 251 (261); *ders.*, in: Festschrift Sendler, S. 121 (131). Nicht so eindeutig ist jedoch die Frage zu beantworten, ob Art. 28 Abs. 2 GG u.U. einen Anspruch gegen den Gesetzgeber darauf begründen kann, eine grundrechtlich zulässige Eingriffsgrundlage zugunsten der Kommunen zu erlassen. Die von vornherein ablehnende Beurteilung durch *Schmidt-Aßmann*, in: Festschrift Sendler, S. 121 (132), sieht durch die Annahme eines solchen Anspruchs zu Unrecht das grundlegende Verteilungsprinzip zwischen grundrechtlicher Freiheit und staatlicher Kompetenz verletzt, denn die Rechtfertigungsanforderungen für staatliche Grundrechtseingriffe blieben unberührt, allein die staatsinterne Willensbildung über die Vornahme zulässiger Eingriffe nach außen würde tangiert. Vgl. dazu auch BVerwG, NVwZ 1986, 754 (755), wonach ein gesetzlich zu begründender Benutzungszwang nicht von Art. 28 Abs. 2 GG umschlossen sei, sowie – im Ergebnis ebenfalls ablehnend – *Clemens*, NVwZ 1990, 834 (838); bejahend hingegen hinsichtlich der gesetzlichen Grundlagen für gemeindliche Steuererhebungen *Grawert*, in: Festgabe v. Unruh, S. 587 (604).

[29] *Löwer*, Energieversorgung zwischen Staat, Gemeinde und Wirtschaft, S. 224.

werden[30]. Aus ihr folgt nicht etwa schon eine bloß staatsinterne, kompetentielle Bedeutung, denn: »Kommunale Selbstverwaltung ist Sachgestaltung und nicht behördliche Selbstbeschäftigung; nicht die Organisationsgröße ›Gemeinde‹ soll sich selbst verwalten, sondern in der Gemeinde sollen die Bürger sich selbst verwalten.«[31] Als institutioneller Garantie, die eine bestimmte Einrichtung mit den für sie wesentlichen und typusbildenden Merkmalen einschließlich der Handlungsmöglichkeiten nach außen schützt, ist ihr vielmehr eine Mehrdimensionalität oder potentielle Allseitigkeit der rechtlichen Wirkungen eigen. Ihr kommt eine rechtliche Bedeutung auch für das Staat-Bürger- bzw. Gemeinde-Bürger-Verhältnis zu, wie in der Literatur früher verbreitet und auch zuletzt anerkannt worden ist[32] und sich auch aus der Rechtsprechung des Bundesverfassungsgerichts insbesondere in der Rastede-Entscheidung ableiten läßt, auch wenn das Gericht sich explizit zu dieser Frage bislang nicht verhalten hat.

Ausschlaggebend dafür sind die beiden – miteinander zusammenhängenden – Aspekte der demokratischen Legitimation gemeindlicher Selbstverwaltung und der sogenannten Allzuständigkeit oder Universalität des gemeindlichen Wirkungskreises. Grundlegend für die Bedeutung der Garantie auch nach außen hin ist zunächst der demokratische Aspekt, den das Bundesverfassungsgericht schon früher betont[33] und in seiner Rastede-Entscheidung noch einmal besonders in den Vordergrund gerückt hat[34]. Nach Art. 28 Abs. 1 S. 2 GG muß in den Gemeinden eine gewählte Volksvertretung bestehen. Damit wird eine spezifische, anderen staatlichen Stellen nicht eigene demokratische Partizipation der Bürger an der gemeindlichen Selbstverwaltung begründet, die diese zwar nicht wieder dem grundrechtlichen Freiheitsbereich zuordnet, aber doch eine besondere Vermittlungsfunktion zwischen demokratischer und grundrechtlicher Freiheit besitzt[35] und Rückwirkungen auch auf den grundrechtlichen oder rechtsstaatlichen Schutz der Freiheit gegenüber der

---

[30] Vgl. auch *Maurer*, DVBl. 1995, 1037 (1041 f.).

[31] *Schmidt-Jortzig*, Kommunalrecht, Rn. 506.

[32] So etwa *Erichsen*, Kommunalrecht des Landes Nordrhein-Westfalen, S. 278, 378; *Frenz*, VerwArch 28 (1995), 33 (50); *Friauf*, in: Baur/Friauf, Energierechtsreform zwischen Europarecht und kommunaler Selbstverwaltung, S. 55 (73 ff.); *Notthoff*, DZWir 1995, 147 (151); *Schmidt-Jortzig*, Kommunalrecht, Rn. 523; *Stern/Püttner*, Die Gemeindewirtschaft, S. 156, 173; *Waechter*, Kommunalrecht, Rn. 147. Vgl. auch *Arndt*, Kreislaufwirtschaft und kommunale Entsorgung, S. 25 f., sowie *Maurer*, DVBl. 1995, 1037 (1044 Fn. 65).

[33] Vgl. BVerfGE 11, 266 (276); 52, 95 (111 f.); 69, 92 (107).

[34] BVerfGE 79, 127 (147 ff., 153); vgl. dazu *Schmidt-Aßmann*, in: Festschrift Sendler, S. 121 (123).

[35] *Nierhaus*, in: Sachs, GG, Art. 28 Rn. 34; *Schmidt-Aßmann*, in: Festschrift Sendler, S. 121 (125).

Gemeinde haben kann. Das konzediert prinzipiell sogar Löwer als entschiedener Vertreter eines strikt staatsorganisatorischen Verständnisses von Art. 28 Abs. 2 GG, wenn er an die – seiner Auffassung nach auf Grund der Wesentlichkeitstheorie gebotene – gesetzliche Ermächtigung der Gemeinden zur wirtschaftlichen Betätigung nur sehr großzügige Anforderungen stellt, weil der Gesetzgeber auf »die eigene Legitimationsquelle der repräsentativen Demokratie auf der Ortstufe« bzw. auf die »Besonderheiten des Regelungsadressaten, der seine Aufgaben selbstverwaltend mit besonderer Legitimationsstruktur wahrnimmt,« Rücksicht nehmen dürfe[36]. Die besondere demokratische Legitimation der Selbstverwaltungskörperschaft trägt aber noch darüber hinaus eine staatsaufgabenrechtliche Bedeutung des Art. 28 Abs. 2 GG im Verhältnis zum privaten Sektor. Art. 28 Abs. 2 GG verleiht den Gemeinden – wie das Bundesverfassungsgericht ebenfalls in der Rastede-Entscheidung hervorgehoben hat[37] – das Recht, auf alle Angelegenheiten der örtlichen Gemeinschaft zuzugreifen, und garantiert ihnen damit ein Recht zur Kompetenz- bzw. Aufgabenbegründung auch im Verhältnis zum privaten Sektor. Daß dieses Recht nur durch den bloßen Bezug auf die örtlichen Angelegenheiten weiter eingegrenzt ist, spricht nicht dagegen; der Einwand mangelnder Bestimmtheit verkennt, daß Art. 28 Abs. 2 GG eben nicht selbst schon eine – alle Angelegenheiten der örtlichen Gemeinschaft umfassende – Aufgabenverstaatlichung vornimmt[38], sondern nur den Kreis der potentiellen kommunalen Selbstverwaltungsaufgaben umreißt; die Verstaatlichung bzw. Kommunalisierung einzelner dieser Aufgaben aktualisiert sich erst in einer demokratisch legitimierten Entscheidung, die nach Art. 28 Abs. 2 GG in erster Linie die jeweilige Kommune trifft, in zweiter Linie auch der staatliche Gesetzgeber beeinflußt, soweit er den Rahmen der Selbstverwaltung konkretisieren darf. In dieser primär der Gemeinde zustehenden Entscheidung über die Kommunalisierung einer Aufgabe des örtlichen Wirkungskreises realisiert sich gerade die demokratische Teilhabe der Bürger an der Wahrnehmung der Angelegenheiten der örtlichen Gemeinschaft.

Art. 28 Abs. 2 GG kann deshalb nicht schon aus sich heraus – im Sinne einer strikten Unterscheidung und Entgegensetzung der Aufgabenbereiche von Verwaltung und Gesellschaft bzw. Wirtschaft – auf eine bloß staatsinterne Funktion beschränkt werden, sondern garantiert der Gemeinde das Recht, auf der Grundlage eigener demokratischer Entscheidung die örtlichen Angele-

---

36 *Löwer*, Energieversorgung zwischen Staat, Gemeinde und Wirtschaft, S. 147 f.

37 BVerfGE 79, 127 (149).

38 So deutlich bei *Kluth*, Grenzen kommunaler Wettbewerbsteilnahme, S. 47, der deshalb zu Unrecht jede staatsaufgabenrechtliche Bedeutung verneint und eine bloß kompetenzverteilende Funktion für möglich hält.

genheiten auch durch Handeln nach außen wahrzunehmen. Die Notwendigkeit einer besonderen gesetzlichen Ermächtigung für gemeindliches Handeln kann nicht schon aus dem Charakter des Art. 28 Abs. 2 GG als einer staatsorganisatorischen Garantie abgeleitet werden, sondern besteht nur insoweit, wie sie sich aus dem Zusammenspiel des Art. 28 Abs. 2 GG mit den für das Staat-Bürger-Verhältnis geltenden Verfassungsbestimmungen im einzelnen herleiten läßt[39].

2. Die örtliche Daseinsvorsorge als Gewährleistungsgegenstand der kommunalen Selbstverwaltung

Im Anschluß an diese allgemeinen Überlegungen zur Verortung und zu den Schutzrichtungen der verfassungsrechtlichen Gewährleistung kommunaler Betätigungsmöglichkeiten soll nun in der Sache näher untersucht werden, ob und inwieweit die kommunale Daseinsvorsorge – und insbesondere die ihr dienende wirtschaftliche Betätigung der Kommunen – in den verfassungsrechtlich geschützten Bereich der so genannten objektiven Rechtsinstitutionsgarantie der kommunalen Selbstverwaltung fällt.

a. Örtliche Daseinsvorsorge als gemeindliche Aufgabe

Wie das Bundesverfassungsgericht in ständiger Rechtsprechung formuliert, sichert Art. 28 Abs. 2 GG den Gemeinden einen grundsätzlich alle Angelegenheiten der örtlichen Gemeinschaft umfassenden Aufgabenbereich sowie die Befugnis zu eigenverantwortlicher Führung der Geschäfte in diesem Bereich[40], d.h. die Freiheit der Gemeindeorgane, die in ihrer Verbandskompetenz liegenden Aufgaben – im Rahmen der Rechtsordnung – nach eigenem Gestaltungswillen, unabhängig von staatlicher Weisung oder sonstiger Vormundschaft zu erfüllen[41]. Die Angelegenheiten der örtlichen Gemeinschaft, auf die sich Aufgabenwahlfreiheit und Eigenverantwortlichkeit der Aufgabenwahrnehmung beziehen, definiert das Bundesverfassungsgericht als diejenigen Bedürfnisse und Interessen, die in der örtlichen Gemeinschaft wurzeln oder auf sie einen spezifischen Bezug haben, die also den Gemeindeeinwohnern gerade als solchen gemeinsam sind, indem sie das Zusammenleben und -wohnen der Menschen in der Gemeinde betreffen[42]. Daß die Anwendung dieser Definition Schwierigkeiten und Unsicherheiten aufwirft, ist unbe-

---

[39] Vgl. dazu unten in diesem Kap. II. 2.

[40] BVerfGE 26, 228 (237 f.); 56, 298 (312); 59, 216 (226); 79, 127 (143); 91, 228 (236).

[41] Vgl. etwa *Schmidt-Jortzig*, Kommunalrecht, Rn. 480; *Stern*, Staatsrecht I, S. 413.

[42] BVerfGE 79, 127 (Leitsatz 4, 151 f.).

streitbar; sie gründen in den Größen- und Strukturunterschieden der Gemeinden, in der unauflösbaren Verbindung örtlicher und überörtlicher Bezüge vieler Aufgaben und schließlich in der historischen Veränderlichkeit des örtlichen oder überörtlichen Bezugs einzelner Aufgaben[43]. Die wesentlichen Anhaltspunkte für die verfassungsrechtliche Verortung einzelner Aufgaben wird im allgemeinen zunächst in einer historischen Betrachtung und dann – mit Rücksicht auf die Wandelbarkeit des Aufgabencharakters – einer funktionalen, auf den aktuellen Stand bezogenen Betrachtung gesucht[44]. Auch danach bleiben bei der Gewichtung der örtlichen und überörtlichen Bezüge Wertungsspielräume. Das ist der Grund dafür, daß das Bundesverfassungsgericht insoweit zur Bewältigung verbleibender Unsicherheiten dem Gesetzgeber eine – verfassungsrechtlich allerdings nicht unbegrenzte – Einschätzungsprärogative zuweist[45].

Zu den Aufgaben des so umschriebenen gemeindlichen Aufgabenkreises werden gerade auch Aufgaben der Daseinsvorsorge gezählt[46]. Schon mit Rücksicht auf die geschichtliche Entwicklung seit der zweiten Hälfte des 19. Jahrhunderts gilt die gemeinwohlgerechte Versorgung der Einwohner mit bestimmten Dienstleistungen und Gütern als wesentliche Aufgabe gemeindlicher Selbstverwaltung. Ein Blick auf den heutigen Aufgabenbestand der Kommunen bestätigt diese historisch begründete Annahme. Allerdings können hinsichtlich einzelner dieser Aufgaben durch gesellschaftliche und wirtschaftliche sowie technische Veränderungen Wanderungsprozesse zur überörtlichen Ebene stattgefunden haben; so hat das Bundesverfassungsgericht angenommen, daß die Abfallbeseitigung im engeren Sinne aus dem örtlichen Aufgabenkreis der kreisangehörigen Gemeinden herausgewachsen sei[47], und hinsichtlich der Energieerzeugung ist die Entörtlichung heftig umstritten. Umgekehrt ist aber auch eine (Re-)Kommunalisierung bestimmter Aufgaben möglich[48]. Insoweit bleibt jeweils im einzelnen zu untersuchen, ob ein hinreichender örtlicher Bezug besteht.

---

[43] *Löwer*, in: v. Münch/Kunig, GG, Art. 28 Rn. 45; *Schmidt-Aßmann*, in: Festschrift Sendler, S. 121 (129 f.); *Stern/Püttner*, Die Gemeindewirtschaft, S. 143.

[44] *Stern/Püttner*, Die Gemeindewirtschaft, S. 151.

[45] BVerfGE 79, 127 (153). Vgl. dazu *Schmidt-Aßmann*, in: Festschrift Sendler, S. 121 (130).

[46] *Erichsen*, Kommunalrecht des Landes Nordrhein-Westfalen, S. 373; *v. Mutius*, in: Festgabe v. Unruh, S. 227 (247); *Stern*, Staatsrecht I, S. 412.

[47] BVerfGE 79, 127 (156 f.).

[48] *Hermes*, Der Staat 31 (1992), 281 (297); *Tettinger*, NWVBl. 1989, 1 (2).

b. Insbesondere: Wahrnehmung örtlicher Daseinsvorsorgeaufgaben durch gemeindliche Wirtschaftsbetätigung

Wie schon der historische Rückblick gezeigt hat, erfolgt kommunale Daseinsvorsorge von Beginn an, seit der zweiten Hälfte des 19. Jahrhundert auch und vor allem in der Form der eigenen Leistungserbringung durch wirtschaftliche Betätigung, und auch heute nehmen Kommunen Angelegenheiten der örtlichen Gemeinschaft wahr, indem sie sich wirtschaftlich betätigen. Mit Recht sieht deshalb eine gefestigte Meinung in Rechtsprechung und Literatur den Gemeinden das Recht auf wirtschaftliche Betätigung zu Zwecken der örtlichen Daseinsvorsorge durch Art. 28 Abs. 2 GG garantiert[49]. Die rechtliche Konstruktion und Reichweite dieses verfassungsrechtlichen Schutzes jedoch ist alles andere als klar und unumstritten: Während eine verbreitete kommunalrechtliche Auffassung das Recht zur wirtschaftlichen Betätigung geradezu zum Wesensgehalt kommunaler Selbstverwaltung zählt, jedenfalls aber durch Art. 28 Abs. 2 GG geschützt sieht, entnimmt Löwer dem Art. 28 Abs. 2 GG – ausgehend von der Annahme fehlender Rechtswirkung der Garantie im Verhältnis zur Wirtschaft – nicht mehr als die bloße Chance zur wirtschaftlichen Betätigung nach Maßgabe der speziellen kommunalwirtschaftsrechtlichen und allgemeinen wirtschaftsrechtlichen Gesetze[50].

In diesen Unsicherheiten und Uneinigkeiten kehrt ein – schon aus dem Disput über die bürgergerichtete Wirksamkeit der Garantie kommunaler Selbstverwaltung bekanntes – Dilemma wieder. Einerseits ist schon in historischer Perspektive und mit Blick auf die heutigen Verwirklichungsbedingungen kommunaler Selbstverwaltung anzuerkennen, daß die Wahrnehmung der Angelegenheiten der örtlichen Gemeinschaft, die Art. 28 Abs. 2 GG den Kommunen als ihren spezifisch hoheitlichen Aufgabenbereich garantiert, sich auch und vor allem auf dem Wege wirtschaftlicher Betätigung vollzieht. Andererseits setzt das Grundgesetz aber – wie Art. 87e Abs. 3, 87f Abs. 2 GG nun

---

[49] BVerwGE 98, 273 (275); *Badura*, DÖV 1998, 818 (823); *Britz*, Örtliche Energieversorgung nach nationalem und europäischem Recht, S. 71; *Burmeister*, in: Festgabe v. Unruh, S. 623 (623 ff. m.w.N. in Fn. 3); *Erichsen*, Gemeinde und Private im wirtschaftlichen Wettbewerb, S. 13; *ders.*, Kommunalrecht des Landes Nordrhein-Westfalen, S. 271; *Gerke*, Jura 1985, 349 (356); *Grabbe*, Verfassungsrechtliche Grenzen der Privatisierung kommunaler Aufgaben, S. 90; *Gromoll*, Rechtliche Grenzen der Privatisierung öffentlicher Aufgaben, S. 226; *Henneke*, NdsVBl. 1998, 273 (280); *Kluth*, Grenzen kommunaler Wettbewerbsteilnahme, S. 48 f. m.w.N.; *Lerche*, Juristische Analysen 1970, 821 (847); *v. Mutius*, Jura 1982, 28 (32); *Nagel*, Gemeindeordnung als Hürde?, S. 23; *Scholz*, DÖV 1976, 441 (442); *ders.*, Gemeindliche Gebietsreform und regionale Energieversorgung, S. 38; *Stern/ Püttner*, Die Gemeindewirtschaft, S. 160 ff.

[50] *Löwer*, Energieversorgung zwischen Staat, Gemeinde und Wirtschaft, S. 225; *ders.*, DVBl. 1991, 132 (140 f.).

auch im Wortlaut ganz deutlich machen – gerade eine kategoriale Unterscheidung zwischen hoheitlichen und privatwirtschaftlichen Betätigungen, zwischen Verwaltung im materiellen oder funktionellen Sinn und Wirtschaft voraus; es benötigt diese Unterscheidung zur Beantwortung einer Reihe von Fragen, etwa der Grundrechtsbindung und -berechtigung, der staatlichen Kompetenzordnung, der Anforderungen an die demokratische Legitimation des Handelns, die allein etwa in Anknüpfung an das handelnde oder betroffene Rechtssubjekt nicht befriedigend zu beantworten sind[51]. Daraus entsteht die Frage, in welcher Weise und in welchem Umfang die Garantie der kommunalen Selbst*verwaltung* die *wirtschaftliche* Betätigung der Kommunen gewährleisten kann.

aa. Kommunale Wirtschaftsbetätigung als (Selbst-)Verwaltung und/oder privatwirtschaftliche Betätigung

Dazu, wie in der kommunalen Wirtschaftsbetätigung *Verwaltung* und *Wirtschaft* sich zueinander verhalten, finden sich ganz unterschiedliche Äußerungen. In einer dezidiert publizistischen Perspektive soll Art. 28 Abs. 2 GG den Kommunen das Recht zur Teilnahme am Wirtschaftsverkehr nur insoweit einräumen und garantieren, wie »die kommunale Wirtschaftstätigkeit aus Gründen des Gemeinwohls gerechtfertigt oder gar gefordert wird. Allein diese Zwecksetzung der gemeinwohlorientierten öffentlichen Aufgabenerfüllung rechtfertigt und gebietet die Qualifizierung dieser Tätigkeit – auch soweit sie in den Formen des Privatrechts wahrgenommen wird – als öffentliche Verwaltungserfüllung und die Einordnung der betrauten Unternehmen als Einrichtungen der Verwaltung. Zwischen Wirtschaft und Verwaltung besteht also nicht, wie oft fälschlich angenommen wird, ein qualitativer Gegensatz, sondern kommunale Wirtschaftsteilnahme in Erfüllung eines öffentlichen Auftrags ist verwaltende Tätigkeit ...«[52]. »Gemeindliche Betätigung auf wirtschaftlichem Gebiet ist folglich identisch mit öffentlicher Aufgabenerfüllung, und zwar in dem Sinne, daß die Handlungsvollmacht für eine konkrete Funktion von deren Qualifizierung als öffentliche Aufgabe abhängt.«[53] Andere

---

[51] Zur Unentbehrlichkeit eines materiellen Begriffs der wirtschaftlichen im Unterschied zur hoheitlichen Betätigung vgl. etwa *Hermes*, Staatliche Infrastrukturverantwortung, S. 73, 92; *Püttner*, Die öffentlichen Unternehmen, S. 26; *Schmidt*, Öffentliches Wirtschaftsrecht. Allgemeiner Teil, S. 504 f.

[52] *Burmeister*, in: Festgabe v. Unruh, S. 623 (645 f.); *ders.*, in: HKWP V, S. 3 (40). Vgl. auch *Gönnenwein*, Gemeinderecht, S. 475; *Siedentopf*, Grenzen und Bindungen der Kommunalwirtschaft, S. 53 f.

[53] *Burmeister*, in: HKWP V, S. 3 (39); vgl. auch *ders.*, in: Festgabe v. Unruh, S. 623 (645).

vermeiden diese vollständige Einbeziehung zulässiger Kommunalwirtschaft in die Verwaltung. Entweder suchen sie der klaren Zuordnung durch eine Doppelqualifikation zu entgehen, indem sie Verwaltung und Wirtschaft nicht als Gegenbegriffe verstehen wollen[54], sondern als sich teils überlappende Aufgabenbereiche, bildlich gesprochen: als einander teilweise überschneidende Kreise[55], so daß die gemeindliche Wirtschaftsbetätigung in der Folge als verwaltende und wirtschaftende Betätigung zugleich angesehen wird[56]. Oder sie ziehen innerhalb der kommunalen Wirtschaftstätigkeit eine gegenständliche Trennlinie in der Tradition von Forsthoffs bekannter These: »Alles, was von seiten der Verwaltung geschieht, um die Allgemeinheit oder nach objektiven Merkmalen bestimmte Personenkreise in den Genuß nützlicher Leistungen zu versetzen, ist Daseinsvorsorge. Diese Feststellung ist auch der Umkehrung fähig: alle öffentliche Daseinsvorsorge in diesem Sinne ist öffentliche Verwaltung, gleichgültig, in welchen Formen sie ausgeübt wird.«[57] Entsprechend soll auch die wirtschaftliche Betätigung der Kommunen materiell Verwaltung sein, soweit sie der örtlichen Daseinsvorsorge dient, und ansonsten dem Bereich der Wirtschaft zuzurechnen sein[58]. In einer wirtschaftsrechtlich geprägten Beurteilung schließlich, die insbesondere dem Rechtsbegriff der Daseinsvorsorge die Leistungsfähigkeit zur Abgrenzung staatlicher Aufgaben vom Bereich der Privatwirtschaft abspricht, bleibt auch die kommunale Wirtschaftsbetätigung eine Betätigung im Aufgabenbereich der Wirtschaft mit der Folge, daß sie jedenfalls keine besonderen öffentlich-rechtlichen Privilegien in Anspruch nehmen kann[59] oder überhaupt nur kraft ausdrücklicher gesetzlicher Ermächtigung zulässig sein soll, weil die Garantie der Selbstverwaltung

---

[54] *Köttgen*, Festschrift zum hundertjährigen Bestehen des DJT I, S. 577 (590); zustimmend *Scholz/Pitschas*, Gemeindewirtschaft zwischen Verwaltungs- und Unternehmensstruktur, S. 29 f.; *Stern*, AfK 1964, 81 (98).

[55] *Stern/Püttner*, Die Gemeindewirtschaft, S. 59.

[56] *Knemeyer*, Bayerisches Kommunalrecht, Rn. 255; *Scholz*, Gemeindliche Gebietsreform und regionale Energieversorgung, S. 39; *Starck*, JuS 1977, 732 (736); *Stern/Püttner*, Die Gemeindewirtschaft, S. 54 ff. sowie insbes. S. 59, 64, S. 87, 120. Vgl. auch *Badura*, in: Festschrift Steindorff, S. 835 (836): »leistungsverwaltungsrechtliche Teilnahme der öffentlichen Hand am Wirtschaftsverkehr«.

[57] *Forsthoff*, Verwaltungsrecht I, S. 370; vgl. auch, auf die Kommunen bezogen, ebd., S. 567.

[58] *Badura*, in: Festschrift Schlochauer, S. 3 (6 f.); *Klein*, Die Teilnahme des Staates am wirtschaftlichen Wettbewerb, S. 87, 90 ff.; *Ronellenfitsch*, in: König/Benz (Hrsg.), Privatisierung und staatliche Regulierung, S. 118 (121); *Rüfner*, Formen öffentlicher Verwaltung im Bereich der Wirtschaft , S. 414, 421.

[59] *Emmerich*, Die kommunalen Versorgungsunternehmen zwischen Wirtschaft und Verwaltung, S. 62; vgl. auch *ders.*, Das Wirtschaftsrecht der öffentlichen Unternehmen, S. 160.

als staatsorganisationsrechtliche Garantie aus sich heraus kein Recht zur Aufnahme wirtschaftlicher Betätigungen geben könne[60].

Aus dem einleitend aufgezeigten Dilemma führen diese Stellungnahmen noch nicht heraus, weil sie noch nicht plausibel machen können, wie die beiden Tätigkeitsbereiche der (Selbst-)Verwaltung und der Privatwirtschaft unterschieden bleiben und doch eine Verfassungsgarantie der kommunalen Wirtschaftsbetätigung möglich ist. Die beiden im Ergebnis gegenläufigen Positionen, die die Kommunalwirtschaft als Verwaltung bzw. als Wirtschaft qualifizieren, grenzen die Aufgabenbereiche der Verwaltung und der Privatwirtschaft in einer solchen Striktheit voneinander ab, daß die kommunale Wirtschaftsbetätigung in ihrer Zwischenstellung nicht mehr erkennbar ist. Das gilt einerseits für den Versuch, die kommunale einschließlich der kommunalwirtschaftlichen Betätigung nach ihrem sachlichen Gegenstand – in ihrem gesamten zulässigen Umfang als Erfüllung einer öffentlichen Aufgabe oder jedenfalls für den Bereich der Daseinsvorsorge – mit Selbstverwaltung zu identifizieren und damit als Verwaltung im materiellen Sinn zu qualifizieren; das führt, da die Kommunen doch wirtschaftlich handeln, nicht nur in große Schwierigkeiten und Unsicherheiten in der Abgrenzung jener Tätigkeitsfelder, auf denen öffentliche Aufgaben erfüllt werden bzw. Daseinsvorsorge betrieben wird[61], sondern kann darüber hinaus die parallele Betätigung Privater auf diesen Feldern der staatlichen Aufgabenerfüllung bzw. staatlichen Daseinsvorsorge nicht befriedigend erfassen. Andererseits vermag die Definition der kommunalen Wirtschaftsbetätigung als bloß privatwirtschaftliche Betätigung, die die kommunale Wirtschaftstätigkeit von dem Tätigkeitsbereich der Verwaltung ganz unberührt sieht, noch nicht zu erklären, wie sie Teil der Garantie der kommunalen Selbstverwaltung sein kann. Dieser Mangel beider Positionen kommt in den Stellungnahmen zum Ausdruck, die die kommunale Wirtschaftsbetätigung als privatwirtschaftliche Aktivität und Selbstverwaltungsbetätigung zugleich ansehen wollen; diese Doppelqualifikation stellt zwar die gesuchte Beziehung zu beiden Aufgabenbereichen her, benennt jedoch die nötige Unterscheidung zwischen den spezifisch hoheitlichen Funktionen und der privatwirtschaftlichen Betätigung noch nicht hinreichend. Alle diese Äußerungen kranken – indem sie die Betätigung auf einem bestimmten Aufgabengebiet als Wahrnehmung einer staatlichen Aufgabe, als

---

[60] *Löwer*, Energieversorgung zwischen Staat, Gemeinden und Wirtschaft, S. 217f.; *ders.*, DVBl. 1991, 132 (140).

[61] Zu den Zweifeln an der Tragfähigkeit der Unterscheidung zwischen der der Daseinsvorsorge dienenden und der rein erwerbswirtschaftlich betriebenen Kommunalwirtschaft vgl. *Badura*, in: Festschrift Schlochauer, S. 3 (5); *Ulmer*, ZHR 146 (1982), 466 (469); *Wilke/Schachel*, WiVerw 1978, 95 (106f.).

bloß privatwirtschaftliche Betätigung oder auch ohne nähere Differenzierung als beides zugleich ansehen – an einem zu pauschalen Verständnis von staatlichen Aufgaben, das das Neben- und Miteinander kommunaler und privater Betätigung auf einzelnen Sektoren der Daseinsvorsorge und auch die spezifische Verbindung spezifisch hoheitlicher und privatwirtschaftlicher Elemente in der kommunalen Wirtschaftsbetätigung nicht erkennbar macht.

bb. Die Verfolgung örtlicher Gemeinwohlzwecke mit dem Mittel der wirtschaftlichen Betätigung

Die – hier mit Blick auf die kommunalen Selbstverwaltungsaufgaben deutlich werdende – Schwierigkeit, bestimmte Betätigungen ihrem Gegenstand nach insgesamt entweder dem staatlichen oder dem privatwirtschaftlichen Aufgabenbereich zuzuordnen, wird allgemein und zunehmend beobachtet. Im Zuge immer weitergehender Verflechtung staatlicher und privater Initiative ist es schwer geworden, einen Tätigkeitsbereich als solchen einem der beiden Aufgabenfelder zuzuschlagen. Die Privatisierungsbestrebungen der letzten Jahre haben dieser Entwicklung hin zu Zwischenformen der staatlichen und/oder privatwirtschaftlichen Erledigung von Aufgaben weiteren Anschub gegeben, weil ihnen nicht der vollständige Rückzug des Staates, sondern die weitere Wahrnehmung seiner Gemeinwohlverantwortung in den unterschiedlichsten Formen staatlicher Reglementierung und Regulierung, Einflußnahme und Überwachung korrespondierte[62]; die unmittelbare Wahrnehmung von Daseinsvorsorgeaufgaben in öffentlich-rechtlich organisierter, staatlicher Leistungsverwaltung wurde abgelöst z.B. durch die vollständige Übertragung einer Verwaltungsaufgabe auf ein verselbständigtes privatrechtsförmiges staatliches Unternehmen (wie bei der Flugsicherung), durch die partielle Einbeziehung eines gemischt-öffentlichen Unternehmens in die Erledigung einer staatlichen Aufgabe (wie bei der Einschaltung der DEGES in die staatliche Straßenplanung[63]), durch die Einbeziehung vertraglich beauftragter privater Unternehmen oder auch durch die ausdrückliche Freigabe einer Aufgabe zur privatwirtschaftlichen Wahrnehmung durch staatliche oder private Unternehmen unter hoheitlicher Steuerung und Kontrolle (wie bei der Privatisierung der Telekommunikation). Vor allem die großen Privatisierungsmaßnahmen auf der Ebene des Bundes, die Reformen des Eisenbahnwesens sowie der Post und der Telekommunikation, haben das deutlich hervortreten lassen, weil sie bislang verfassungsrechtlich vollständig der staatlichen

---

[62] Vgl. dazu etwa *Bauer*, in: VVDStRL 54 (1995), S. 243 (277 f.); *Osterloh*, in: VVDStRL 54 (1995), S. 204 (229); *Wieland*, Die Verwaltung 28 (1995), 315 (330 ff.).

[63] Vgl. dazu *Wahl*, DVBl. 1993, 517.

Leistungsverwaltung vorbehaltenen Bereichen der Daseinsvorsorge galten und nun im Verfassungstext selbst die Zurücknahme der staatlichen Funktion auf eine Gewährleistungsaufgabe und ihre Verknüpfung mit dem privatwirtschaftlichen Dienstleistungsangebot dokumentiert haben. Spätestens damit ist deutlich geworden, daß Daseinsvorsorge auf einzelnen Sachgebieten nicht nur in Form staatlicher Leistungsverwaltung, sondern in verschiedenen Formen des Zusammenwirkens von Staat und Wirtschaft möglich ist[64]. Die so entstandene Funktionsteilung zwischen Staat und Privatwirtschaft kann die gegenstandsbezogene, einzelne Sachbereiche entweder als Staatsaufgabe oder aber als Feld privatwirtschaftlicher Betätigung deklarierende Unterscheidung kaum noch angemessen auf den Begriff bringen. Der Begriff der Staatsaufgabe, der in einer verbreiteten pauschalisierenden Verwendung leicht die Vorstellung von einer umfassenden, vollständigen Wahrnehmung und Erledigung durch die öffentliche Hand suggeriert, ist deshalb insgesamt in die Kritik geraten[65]. Für die Beurteilung staatlichen Verhaltens auf einzelnen Feldern der Daseinsvorsorge ergeben sich aus dieser feineren funktionellen Differenzierung Folgerungen nach zwei Richtungen. Zum einen konzentriert und verengt sich die Suche nach dem spezifisch hoheitlichen Aufgabenanteil – unter dem Schlagwort: von der Staatsaufgabe zur Steuerungsverantwortung[66] – darauf, die spezifisch staatliche Steuerungsleistung zu ermitteln. Zum anderen, dem korrespondierend, öffnet sich der Blick dafür, daß die staatliche Betätigung zu Daseinsvorsorgezwecken auf einem bestimmten Sektor, die nicht mehr ohne weiteres und umfassend als Wahrnehmung einer staatlichen Aufgabe gilt, in weiterem Umfang als funktionell privatwirtschaftlich anzusehen ist[67].

---

[64] *Rüfner*, in: Handbuch des Staatsrechts III, § 80 Rn. 6, unterscheidet deshalb zwischen der Daseinsvorsorge im weiteren Sinne und der Daseinsvorsorge im engeren Sinne (Erbringung von Sach- und Dienstleistungen durch die öffentliche Hand).

[65] Zur Kritik an dem pauschalen Rekurs auf die Wahrnehmung einer staatlichen Aufgabe als einer untauglichen Grobformel vgl. *Osterloh*, in: VVDStRL 54 (1995), S. 204 (234 f.); *Tettinger*, DÖV 1996, 764 (766). *Wahl*, in: Schmidt-Aßmann/Hoffmann-Riem (Hrsg.), Verwaltungsorganisationsrecht als Steuerungsressource, S. 301 (336), will daher die Begriffe Gemeinwohl und Gemeinwohlziele anstelle von Staatsaufgabe verwenden.

[66] *Hermes*, Staatliche Infrastrukturverantwortung, S. 152.

[67] Vgl. etwa – für das Verhältnis zum Bürger bzw. Kunden – *Bullinger*, in: Hoffmann-Riem/Schmidt-Aßmann (Hrsg.), Öffentliches Recht und Privatrecht als wechselseitige Auffangordnungen, S. 239 (256 f.), der die pauschale Annahme eines Verwaltungsprivatrechts für alle privatrechtsförmigen Handlungen der öffentlichen Hand zur unmittelbaren Verfolgung öffentlicher Aufgaben in Zweifel zieht, weil sie die zur zweckgerechten Verfolgung von Daseinsvorsorgeaufgaben erforderliche, vom Privatrecht gebotene Beweglichkeit einenge.

Eine derart differenzierende Sichtweise entspricht schon immer und in besonderem Maße den Verwirklichungsbedingungen kommunaler Selbstverwaltung; die Unangemessenheit einer sachgebietsbezogenen Unterscheidung zwischen staatlichen und privaten Aufgabenfeldern gilt erst recht auf der örtlichen Ebene für die Unterscheidung zwischen kommunalen Selbstverwaltungsaufgaben und Feldern privatwirtschaftlicher Betätigung. Wollte man das den Kommunen garantierte autonome Aufgabenzugriffsrecht für den Bereich der Angelegenheiten der örtlichen Gemeinschaft so verstehen, daß die Kommunen bestimmte Sachgebiete der Daseinsvorsorge als solche und umfassend zu kommunalen Selbstverwaltungsaufgaben machen dürften, müßte es weithin leerlaufen. Die Kommunen verfügen – jedenfalls aus eigener Kraft, ohne Mithilfe des Gesetzgebers – nicht über die rechtliche Möglichkeit, ein bestimmtes Sachgebiet insgesamt, unter Ausschluß der privatwirtschaftlichen Betätigung zu kommunalisieren. Vielmehr kann sich gerade die kommunale Selbstverwaltung nur durch die mehr oder weniger weitreichende, punktuelle Wahrnehmung lokaler Gemeinwohlbelange in Bezug auf bestimmte Bereiche der örtlichen Daseinsvorsorge realisieren: Die Kommune kann, z.B. kraft der gesetzlichen Einräumung der Befugnis zur Anordnung von Anschluß- und Benutzungszwang, über einzelne hoheitliche Eingriffsbefugnisse in Bezug auf eine wirtschaftliche Betätigung verfügen, sie kann schlichthoheitlich durch die Vergabe von Subventionen oder die sonstige finanzielle Förderung Dritter auf die Aufgabenwahrnehmung einwirken[68], sie hat kraft ihrer Herrschaft über das gemeindliche Wegenetz eine besondere Einflußmöglichkeit hinsichtlich der leitungsgebundenen Versorgung ihrer Einwohner, sie kann sich schließlich auch selbst als Anbieter von Leistungen der Daseinsvorsorge (privat-)wirtschaftlich betätigen. Daß auch hierdurch die Verfolgung spezifisch öffentlicher Zwecke möglich ist, hat schon das Bundesverwaltungsgericht in seiner Entscheidung zur wirtschaftlichen Betätigung der Gemeinden auf dem Gebiet des Bestattungswesens treffend hervorgehoben: »Ob diese Betätigung zur sogenannten Daseinsvorsorge gezählt oder diese Ansicht abgelehnt wird, weil die gleichen Leistungen in Konkurrenz zur privaten Wirtschaft erbracht werden ..., ist unerheblich. Öffentliche Zwecke können das wirtschaftliche Unternehmen auch dann rechtfertigen, wenn damit keine Daseinsvorsorge betrieben wird. Im sozialen Rechtsstaat des Grundgesetzes können die Gemeinden durch ihre wirtschaftlichen Unternehmen im öffentlichen Interesse zahlreiche und vielgestaltige Aufgaben übernehmen, die durch die genannte Zweckbestimmung gedeckt sind ...«[69].

---

[68] BVerfGE 83, 363 (385).

[69] BVerwGE 39, 329 (333); vgl. auch BVerwGE 98, 273 (275), zur versorgungswirt-

Vor diesem Hintergrund ist auch differenzierter und genauer zu erfassen, in welcher Weise Art. 28 Abs. 2 GG den Kommunen die Aufnahme von Betätigungen gewährleistet, die als wirtschaftliche Betätigung auch anderen offenstehen. In der wirtschaftlichen Betätigung der Kommune selbst und der sie gewährleistenden Verfassungsgarantie begegnen sich Verfolgung öffentlicher Aufgaben oder Gemeinwohlzwecke und privatwirtschaftliche Betätigung, ohne daß der Unterschied zwischen beiden Funktionsbereichen aufgehoben wäre; insbesondere kann die wirtschaftliche Betätigung der Kommune nicht insgesamt in den Bereich der Verwaltungstätigkeit einbezogen werden, weil und soweit sie der Daseinsvorsorge dient[70], da dieser Begriff aus sich heraus zur Unterscheidung spezifisch staatlicher und privatwirtschaftlicher Funktionen nicht in der Lage ist. Art. 28 Abs. 2 GG garantiert den Kommunen als Selbstverwaltungskörperschaften um der Verfolgung ihrer örtlichen Gemeinwohlzwecke willen die Möglichkeit zum Übertritt in das Feld privatwirtschaftlicher Betätigung, zur wirtschaftlichen Betätigung, ohne daß diese sich von einer wirtschaftlichen in eine (Selbst-)Verwaltungsbetätigung verwandelte[71]. Kommunale Wirtschaftsbetätigung bleibt also privatwirtschaftliche Betätigung und ist als solche nicht (Selbst-)Verwaltungstätigkeit, so daß die Kommunen auch nicht etwa kraft ihrer durch Art. 28 Abs. 2 S. 1 GG gewährleisteten Eigenverantwortlichkeit über die Art und Weise ihrer Betätigung prinzipiell selbst befinden können; vielmehr bleiben sie ohne weiteres an die allgemeinen, ohne Rücksicht auf den Unternehmensträger geltenden wirtschaftsrechtlichen Regelungen gebunden[72]. Die so nach Maßgabe der rechtlichen Rahmenbedingungen für die wirtschaftliche Betätigung vorgefundene Möglichkeit zur eigenen wirtschaftlichen Betätigung verschafft den Kommunen jedoch ein Mittel zur Verwirklichung von örtlichen Gemeinwohlzielen; als ein Mittel oder Medium der Wahrnehmung von Selbstverwaltungsaufgaben wird das Recht zur wirtschaftlichen Betätigung den Kommunen deshalb verfassungsrechtlich zur Verfügung gestellt. Die eigentliche Betätigung von Selbstverwaltung, um deretwillen Art. 28 Abs. 2 GG das Recht zur wirtschaft-

---

schaftlichen Betätigung in der Energieversorgung. Ähnlich etwa *Badura*, in: Festschrift Schlochauer, S. 3 (8).

[70] *Löwer*, Energieversorgung zwischen Staat, Gemeinde und Wirtschaft, S. 121, sieht bei Forsthoff den mit dem Daseinsvorsorge-Begriff verbundenen Affekt gerade gegen die Regelung der DGO gerichtet, die der Gemeinde bestimmte Aktivitäten als Wirtschaften und nicht als Verwalten gestattet.

[71] Vgl. *Stern*, BayVBl. 1962, 129 (130), der zwar den erforderlichen öffentlichen Zweck als Wesensmerkmal ansieht, daraus jedoch nicht ableiten will, daß etwa die Versorgungswirtschaft in ihrer Gesamtheit zur öffentlichen Verwaltung gehöre.

[72] BVerfG (Vorprüfungsausschuß), NVwZ 1982, 306 (308); *Stern*, in: BK, Art. 28 (Zweitbearb.) Rn. 164.

lichen Betätigung garantiert, liegt in der kommunalen Steuerung dieses Instruments der wirtschaftlichen Betätigung im örtlichen Gemeinwohlinteresse[73]. Soweit die Verfolgung örtlicher Gemeinwohlzwecke dies rechtfertigt, garantiert deshalb Art. 28 Abs. 2 GG den Kommunen auch das Recht zur wirtschaftlichen Betätigung.

II. Verfassungsrechtliche Beschränkungen kommunaler Wirtschaftsbetätigung im Verhältnis zum privaten Sektor

Wenn Art. 28 Abs. 2 GG den Kommunen grundsätzlich das Recht garantiert, sich zum Zweck der Verfolgung örtlicher Gemeinwohlzwecke (privat-) wirtschaftlich zu betätigen, bedarf jetzt die Frage näherer Untersuchung, welche Spielräume und Grenzen für eine solche wirtschaftliche Betätigung sich aus der Garantie des Art. 28 Abs. 2 GG selbst und den sonstigen Verfassungsbestimmungen über das Verhältnis von Staat und Wirtschaft ergeben.

1. Sachliche Einschränkungen kommunaler Wirtschaftsbetätigung

In erster Linie fragt sich, inwieweit das Grundgesetz mit Blick auf das Gemeinde-Bürger-Verhältnis die Betätigung der Kommunen in der Sache beschränkt. Insoweit würden gesetzliche Privatisierungsvorgaben die verfassungsrechtlichen Grenzen allenfalls nachzeichnen, und die Garantie der kommunalen Selbstverwaltung könnte ihnen nicht entgegengehalten werden.

a. Das Erfordernis einer öffentlichen Zwecksetzung

Die elementarste verfassungsrechtliche Anforderung an jede staatliche und auch gemeindliche Wirtschaftsbetätigung soll sein, daß ihr öffentliche Zwecke oder Gründe des Gemeinwohls zugrundeliegen müssen. Die Frage, ob dieses – für spezifisch hoheitliches Handeln unbestrittene – Erfordernis auch gilt, wenn der Staat (privat-)wirtschaftlich tätig wird, ist umstritten. Nach verbreiteter Ansicht soll die wirtschaftliche Eigenbetätigung der öffentlichen Hand nur zulässig sein, wenn ihr Gemeinwohlgründe bzw. ein öffentlicher Zweck zugrunde liegen, und eine rein gewinnorientierte, erwerbswirtschaftlich aus-

---

[73] *Osterloh*, in: VVDStRL 54 (1995), S. 204 (228), bezeichnet deshalb mit Recht die staatliche/kommunale Unternehmensträgerschaft, nicht die wirtschaftliche Betätigung des staatlichen/kommunalen Unternehmens als solche als Verwaltungsaufgabe. Vgl. auch *Gusy*, DÖV 1984, 872 (880).

gerichtete Betätigung untersagt sein[74]; andere bezweifeln das Bestehen oder jedenfalls den rechtlichen Gehalt einer solchen verfassungsrechtlichen Anforderung[75]. Der Disput ist insbesondere in Bezug auf dic Kommunen von begrenzter Relevanz, weil hier einfachgesetzlich bereits, ohne daß insoweit verfassungsrechtliche Bedenken bestünden, durchgängig die Verpflichtung auf die Verfolgung eines öffentlichen Zwecks bei wirtschaftlicher Betätigung besteht. Der Frage soll deshalb hier nicht umfassend nachgegangen werden, doch sei immerhin angemerkt, daß erhebliche Zweifel daran bestehen, daß schon die Verfassung eine erwerbswirtschaftliche Staatstätigkeit verbietet.

Die weithin und auch vom Bundesverfassungsgericht geteilte Ansicht, daß alle Staatstätigkeit von Verfassungs wegen gemeinwohlgebunden sei[76], rechtfertigt die Annahme, eine erwerbswirtschaftliche Betätigung sei verboten, noch nicht. Auch eine erwerbswirtschaftliche Betätigung, die Einnahmen für den Staatshaushalt erzielt, verfolgt einen legitimen Zweck; schließlich rechtfertigt doch eben dieser Zweck, Einnahmen für den staatlichen Haushalt zu erzielen, den Grundrechtseingriff der Steuererhebung[77]. Erst eine wirtschaftlich unvernünftige, staatliche Haushaltsmittel – ohne rechtfertigenden öffentlichen Zweck – vergeudende erwerbswirtschaftliche Betätigung ließe sich danach als gemeinwohlwidrig verurteilen.

Die Unzulässigkeit staatlicher Erwerbswirtschaft kann sich deshalb nicht auf die Illegitimität des Zieles, sondern allenfalls auf die Unzulässigkeit gerade des Mittels wirtschaftlicher Betätigung zu seiner Verfolgung stützen. Den Ansatz dafür geben nicht mehr allgemein verfassungs- oder rechtsstaatliche Argumente, sondern – enger ansetzend – der Hinweis auf den durch das

---

[74] *v. Arnim*, Rechtsfragen der Privatisierung, S. 70 ff.; *Badura*, ZHR 146 (1982), 448 (459); *Berg*, GewArch 1990, 225 (228); *Burmeister*, in: Festgabe v. Unruh, S. 623 (649); *ders.*, in: HKWP V, S. 3 (40); *Ehlers*, Verwaltung in Privatrechtsform, S. 92 ff.; *ders.*, JZ 1990, 1089 (1091); *ders.*, DVBl. 1998, 497 (499); *Held*, WiVerw 1998, 264 (270); *Hidien*, Gemeindliche Betätigungen rein erwerbswirtschaftlicher Art und »öffentlicher Zweck« kommunaler wirtschaftlicher Unternehmen, S. 20; *Köttgen*, in: Festschrift zum hundertjährigen Bestehen des DJT I, S. 577 (587); *Ossenbühl*, Bestand und Erweiterung des Wirkungskreises der Deutschen Bundespost, S. 106; *Püttner*, Die öffentlichen Unternehmen, S. 128 ff.; *Ronellenfitsch*, in: Handbuch des Staatsrechts III, § 84 Rn. 39; *Schmidt*, in: Biernat u.a. (Hrsg.), Grundfragen des Verwaltungsrechts und der Privatisierung, S. 210 (221 f.); *Scholz*, in: Duwendag (Hrsg.), Der Staatssektor in der sozialen Marktwirtschaft, S. 113 (115, 131); *ders.*, in: Maunz/Dürig, GG, Art. 12 Rn. 403; *Stober*, BB 1989, 716 (719).

[75] Sehr zurückhaltend insoweit etwa *Badura*, in: Schmidt-Aßmann (Hrsg.), Besonderes Verwaltungsrecht, S. 219 (299 f. Rn. 114); *Kirchhof*, in: Handbuch des Staatsrechts IV, § 88 Rn. 309 ff.

[76] Vgl. BVerfGE 12, 354 (364).

[77] So auch *Wilke/Schachel*, WiVerw 1978, 95 (108).

Grundgesetz konstituierten Steuerstaat[78]. Diese Steuerstaatthese wird im wesentlichen auf – später eingehender zu diskutierende – wirtschaftsverfassungsrechtliche sowie auf finanzverfassungsrechtliche Argumente gestützt. Insbesondere mit Blick auf letztere kann man der ganz vorherrschenden Ansicht in der Literatur[79] und auch dem Bundesverfassungsgericht[80] darin zustimmen, daß das Grundgesetz einen sich prinzipiell aus Steuereinnahmen finanzierenden Staat zumindest voraussetzt. In dieser Formulierung wird aber bereits die insgesamt begrenzte Reichweite dieser These vom Steuerstaat deutlich, die allenfalls eine prinzipielle Festlegung auf die Steuererhebung als das zentrale Mittel der staatlichen Einnahmebeschaffung enthält, der Zulässigkeit anderweitiger staatlicher Einnahmeerzielung im Einzelfall aber nicht entgegensteht. Schon die verfassungsrechtliche Anerkennung staatlicher Wirtschaftsbetätigung auf staatlicher Ebene spricht jedenfalls gegen ihre strikte Anwendung.

b. Art. 28 Abs. 2 GG als kompetentielle Begrenzung kommunaler Wirtschaftsbetätigung

Eine weitere verfassungsrechtliche Grenze kommunaler Wirtschaftsbetätigung könnte sich aus Art. 28 Abs. 2 GG ergeben. Die Bestimmung ist unstreitig nicht nur die verfassungsrechtliche Grundlage, sondern zugleich auch die kompetentielle Grenze der Selbstverwaltungstätigkeit der Kommunen[81]; in diesem Sinne hat schon früh das Bundesverfassungsgericht formuliert, daß »die Gemeinde als hoheitlich handelnde Gebietskörperschaft, soweit ihr nicht Auftragsangelegenheiten vom Staat zugewiesen sind, von Rechts wegen darauf beschränkt ist, sich mit Angelegenheiten des örtlichen Wirkungskreises zu befassen.«[82] Fraglich ist, ob diese begrenzende Wirkung, die sich wegen der gemeindlichen Allzuständigkeit weniger unmittelbar gegenständlich als viel-

---

[78] *Ehlers*, DVBl. 1998, 497 (499); vgl. dazu weiter *Isensee*, in: Festschrift Ipsen, S. 410 (416 f., 431 f.); *Stober*, ZHR 145 (1981), 565 (586 ff.).

[79] *Isensee*, in: Festschrift Ipsen, S. 409 (420 f.); *Vogel*, in: Isensee/Kirchhof (Hrsg.), Handbuch des Staatsrechts I, § 27 Rn. 69 ff. Krit. etwa *Wilke*, Gebührenrecht und Grundgesetz, S. 89 und öfter.

[80] BVerfGE 67, 256 (278); 78, 249 (267); 82, 159 (178), 84, 239 (269); 91, 186 (201); 92, 91 (120); 93, 121 (134).

[81] *Britz*, Örtliche Energieversorgung nach nationalem und europäischem Recht, S. 67; *Löwer*, in: v. Münch/Kunig, GG, Art. 28 Rn. 37; *Nierhaus*, in: Sachs, GG, Art. 28 Rn. 32; *Schmidt-Aßmann*, in: Festschrift Sendler, S. 121 (131); *ders.*, in: ders. (Hrsg.), Besonderes Verwaltungsrecht, S. 1 (17 f. Rn. 15); *Tettinger*, NWVBl. 1989, 1 (4). Vgl. zuletzt etwa OVG NW, NWVBl. 1995, 170 (171).

[82] BVerfGE 8, 122 (134).

mehr räumlich, durch eine Beschränkung auf das jeweilige Gemeindegebiet auswirkt, sich auch auf die wirtschaftliche Betätigung der Kommunen erstreckt.

aa. Wirtschaftliche Betätigung als kompetenzgebundene Selbstverwaltung

Die generelle These, die Kompetenzbestimmungen des Grundgesetzes, namentlich also Art. 30, 83 ff. GG, setzten auch der wirtschaftlichen Betätigung der öffentlichen Hand Grenzen, findet wohl zunehmend Unterstützung[83]. Verbreiteter noch ist die speziell auf die Kommunen zielende Annahme, für ihre wirtschaftliche Betätigung bilde auf Grund von Art. 28 Abs. 2 GG das Gemeindegebiet grundsätzlich die räumliche Begrenzung[84].

Hergeleitet wird diese These zunächst aus der Perspektive der handelnden Kommune. Ihr wird – regelmäßig verbunden mit der Ablehnung der Fiskustheorie und einer allgemeinen Privatrechtsfähigkeit einzelner Verwaltungsträger – das Recht zu einer quasi privatautonomen, nicht kompetenzrechtlich begründeten und zugleich begrenzten Betätigung abgesprochen; das Grundgesetz kenne keine andere als konstituierte öffentliche Gewalt, so daß auch alle Betätigung der öffentlichen Gewalt unter dem Grundgesetz den kompetentiellen Bindungen des jeweiligen Verwaltungsträgers unterfalle[85]. Auch die wirtschaftliche Betätigung der öffentlichen Gewalt gründe in Kompetenzen und finde in ihnen ihre Grenze[86]. Entsprechend gilt auch eine gemeindliche Wirtschaftsbetätigung, die insoweit als Teil der Verwaltungstätigkeit und daher nur auf Grund von Kompetenzen zulässig angesehen wird, als – soweit sie nicht gesetzlich zugelassen bzw. übertragen wird – durch Art. 28 Abs. 2 GG kompetentiell begrenzt[87].

Hinzu tritt der Gesichtspunkt der Wahrung der Belange anderer öffentlicher Aufgabenträger, insbesondere anderer Kommunen. Hieraus soll folgen, daß eine Kommune grundsätzlich auf dem Gemeindegebiet einer anderen

---

[83] Vgl. etwa *Ehlers*, Verwaltung in Privatrechtsform, S. 113 ff.; *ders.*, JZ 1990, 1089 (1095); *Lerche*, in: Maunz/Dürig, GG, Art. 83 Rn. 42; *Ronellenfitsch*, in: Handbuch des Staatsrechts III, § 84 Rn. 3 f.

[84] *Cronauge*, Kommunale Unternehmen, Rn. 769v; *Ehlers*, DVBl. 1998, 497 (504); *Gern*, Deutsches Kommunalrecht, Rn. 731; *Held*, NWVBl. 1995, 325 (328); *ders.*, WiVerw 1998, 264 (266, 280 f.); *Henneke*, NdsVBl. 1998, 273 (278 f.); *ders.*, NdsVBl. 1999, 1 (9); *Hill*, BB 1997, 425 (429).

[85] Vgl. allgemein dazu *Hesse*, Grundzüge des Verfassungsrechts der Bundesrepublik Deutschland, Rn. 348.

[86] *Gramlich*, BB 1990, 1493 (1497); *Lerche/Pestalozza*, Die Deutsche Bundespost als Wettbewerber, S. 32 ff.

[87] So insbes. *Burmeister*, in: Festgabe v. Unruh, S. 623 (645 f., 649 f.); *Erichsen*, Kommunalrecht des Landes Nordrhein-Westfalen, S. 273 f.; *Glauben*, ZG 1997, 148 (153).

Gemeinde auch wirtschaftlich nicht tätig werden dürfe; ein solches Tätigwerden setze deren Zustimmung voraus[88]. Wo dies nicht in einem strikten Sinne aus der Geltung räumlicher Kompetenzgrenzen abgeleitet wird, wird – etwas weicher – jedenfalls die Beachtung des Gebots der Gemeindetreue eingefordert, das das Durchkreuzen der Pläne anderer Gemeinden mit dem Ziel, mit eigenen Einrichtungen deren Stelle einnehmen zu können, untersage[89].

bb. Die funktionale Unterscheidung von kompetenzgebundener Selbstverwaltung und privatwirtschaftlicher Betätigung

Nach den bisherigen Überlegungen zur wirtschaftlichen Betätigung der Kommunen überzeugen diese Argumente nicht. Danach ist auch innerhalb der kommunalen Betätigung eine funktionale Differenzierung zwischen spezifisch hoheitlichen und wirtschaftlichen Betätigungen von Verfassungs wegen geboten. Die wirtschaftliche Betätigung der Kommunen, auch wenn sie der Verfolgung von örtlichen Gemeinwohlzwecken der Daseinsvorsorge dient und in dieser Funktion von der Selbstverwaltungsgarantie erfaßt wird, ist danach doch immer noch eine wirtschaftliche Betätigung und keine Verwaltungstätigkeit. Als wirtschaftliche Tätigkeit unterliegt sie dann auch nicht den für die Verwaltung geltenden Kompetenzgrenzen. Das entspricht der wohl generell nach wie vor vorherrschenden Auffassung, die die grundgesetzlichen Kompetenzgrenzen auf die wirtschaftliche Betätigung der öffentlichen Hand nicht anwenden will[90]. Sie erscheint – entgegen der insoweit dominierenden Auffassung – auch mit Blick auf Art. 28 Abs. 2 GG folgerichtig[91]. Das gilt gerade dann, wenn man annimmt, daß die kommunalwirtschaftliche Betätigung um der Verfolgung ihrer Gemeinwohlzwecke willen gestattet und garantiert ist, denn auch als Mittel hierzu ist die wirtschaftliche Betätigung nur tauglich, wenn den Kommunen ein wettbewerbsgerechter

---

[88] *Cronauge*, Kommunale Unternehmen, Rn. 769t; *Held*, WiVerw 1998, 264 (266 f.); *Spannowsky*, RdE 1995, 135 (137). Vgl. auch *Otting*, Neues Steuerungsmodell und rechtliche Betätigungsspielräume der Kommunen, S. 198 f., in Bezug auf die Versorgung mit »öffentlichen Leistungen«.

[89] *Schauwecker*, in: HKWP V, S. 317 (325), in Anknüpfung an *Stern/Püttner*, Die Gemeindewirtschaft, S. 185.

[90] *Blümel*, in: Handbuch des Staatsrechts IV, § 101 Rn. 8; *Dickersbach*, WiVerw 1983, 186 (193 f.); *Klein*, Die Teilnahme des Staates am wirtschaftlichen Wettbewerb, S. 149 f., 195 f.; *Ossenbühl*, Bestand und Erweiterung des Wirkungskreises der Deutschen Bundespost, S. 129 ff.; *Püttner*, Die Öffentliche Unternehmen, S. 163 f., zwischen erwerbswirtschaftlichen und verwaltungsergänzenden Unternehmen einerseits, verwaltungsersetzenden Unternehmen andererseits differenzierend; *Stern*, Staatsrecht II, S. 783, 831.

[91] So auch *Moraing*, WiVerw 1998, 233 (244 ff.); *Wieland*, in: Henneke (Hrsg.), Optimale Aufgabenerfüllung im Kreisgebiet?, S. 193 (196 f.).

Einsatz dieses Mittels erlaubt ist. Dieser Notwendigkeit würde eine Bindung der wirtschaftlichen Betätigung an die Verwaltungskompetenzen nicht Rechnung tragen.

Die Folgen sind ambivalent. Einerseits erweitert sich der verfassungsrechtlich zulässige Tätigkeitsbereich in räumlicher Hinsicht, da die Beschränkung auf das eigene Gemeindegebiet entfällt; das erweitert die Möglichkeiten für ein wettbewerbsgerechtes Verhalten am Markt und ein erfolgreiches Wirtschaften. Andererseits gibt es danach – soweit nicht Wettbewerbsbeschränkungen möglich und zulässig sind, wie das bis zur Energiewirtschaftsrechtsreform auf Grund der Zulässigkeit geschlossener kommunaler Versorgungsgebiete in der örtlichen Stromversorgung der Fall gewesen ist – rechtlich auch keinen Schutz vor Konkurrenz durch Unternehmen anderer Kommunen[92]; den gibt es freilich im Verhältnis zu privater Konkurrenz ohnehin nicht.

c. Zum verfassungsrechtlichen Vorrang der Privatwirtschaft

Mit Blick auf die Privatisierungsthema von besonderer Relevanz ist die Frage, ob die Kommunen dort, wo sie im Rahmen ihrer wirtschaftlichen Betätigung in (potentielle) Konkurrenz zur Privatwirtschaft geraten, von Verfassungs wegen einen Vorrang der privaten Wirtschaft zu beachten haben, den gegebenenfalls auch der Gesetzgeber ihnen gegenüber geltend machen kann.

aa. Die einzelnen verfassungsrechtlichen Ansatzpunkte

Für die Annahme eines solchen Vorrangs werden – nicht immer isoliert, sondern häufig miteinander verknüpft – verschiedene verfassungsrechtliche Argumentationsansätze vorgebracht, denen jedoch in der bisherigen verfassungsrechtlichen Diskussion jeweils gewichtige Einwände entgegengehalten worden sind. Diese Debatten können und sollen hier nicht in vollem Umfang dargestellt und neu aufgerollt werden. Vielmehr beschränken die folgenden Überlegungen sich zum einen auf Aspekte, die in der neueren Diskussion, angeregt vor allem durch die europäische Einigung und die deutsche Wiedervereinigung, mit Bezug auf die Privatisierungsfrage aufgebracht worden sind, und zum anderen auf speziell die Gemeinden betreffende Gesichtspunkte.

---

[92] *Moraing*, WiVerw 1998, 233 (246 f.); *Otting*, Neues Steuerungsmodell und rechtliche Betätigungsspielräume der Kommunen, S. 198 f., für den Bereich jenseits der Versorgung mit »öffentlichen Leistungen«; *Schulz*, BayVBl. 1998, 449 (452).

(1) Der Verfassungsgrundsatz der Wirtschaftlichkeit. Vereinzelt ist ein verfassungsrechtliches Wirtschaftlichkeitsgebot als Verfassungsgebot zur Privatisierung diskutiert worden[93]. Nach dem weitestgehenden Verständnis soll es zur Privatisierung verpflichten, wenn – bei Wahrung der mit der bisherigen öffentlichen Leistungserstellung angestrebten Zwecke – die entstehenden Kosten sich verringern oder auch der anfallende Gewinn eines öffentlichen Überschußunternehmens unter der bei einer Veräußerung des Unternehmens möglichen Zinsersparnis bleibt[94].

Allerdings ist bereits ungewiß, ob es ein allgemeines Verfassungsprinzip der Wirtschaftlichkeit (und Sparsamkeit) überhaupt gibt. Aus Art. 114 Abs. 2 GG, wo seit 1969 die Wirtschaftlichkeit der Haushalts- und Wirtschaftsführung verfassungsrechtlich ausdrücklich genannt ist, beantwortet sich die Frage noch nicht, da hier nur ein Maßstab für die Prüfung durch den Bundesrechnungshof festgelegt, nicht aber eine entsprechende verfassungsrechtliche Verpflichtung der staatlichen Hoheitsträger angeordnet wird[95]. Gleichwohl wird aus allgemeineren Erwägungen heraus wohl zunehmend angenommen, daß das Grundgesetz die staatlichen Stellen – einschließlich der Gemeinden[96] – zu wirtschaftlichem Handeln verpflichte[97]. Auch das Bundesverfassungsgericht sieht dem Staat finanzielle Mittel ausschließlich zur Verwendung für das gemeine Wohl anvertraut und erklärt deren Verschleuderung für einen Verstoß gegen die selbstverständliche Gemeinwohlverpflichtung der staatlichen Organe[98].

Seine verfassungsrechtliche Verankerung unterstellt, bleibt aber nach der sachlichen Reichweite des Wirtschaftlichkeitsprinzips zu fragen. Es wird als ein auf die Kosten-Nutzen-Relation abzielendes Optimierungsgebot verstanden, das in zwei Varianten auftritt: zum einen – insoweit den Grundsatz der Sparsamkeit in sich einschließend – als so genanntes Minimalprinzip, wonach ein vorgegebenes Ziel mit geringstmöglichem Aufwand an Mitteln zu erreichen ist, zum anderen als so genanntes Maximalprinzip, welches verlangt, mit den vorhandenen Mitteln ein Ziel bestmöglich zu verwirklichen[99]. Insbeson-

---

93 *v. Arnim*, Rechtsfragen der Privatisierung, S. 95 ff., insbes. 102 ff.; nur für Extremfälle: *Püttner*, LKV 1994, 193 (194). Zur Bedeutung der Wirtschaftlichkeitskontrolle durch den Rechnungshof in diesem Zusammenhang vgl. *Schulze-Fielitz*, in: VVDStRL 55 (1996), S. 231 (247).

94 *v. Arnim*, Rechtsfragen der Privatisierung, S. 103, 106.

95 A.A. wohl *Fischer-Menshausen*, in: v. Münch/Kunig, GG, Art. 110 Rn. 7.

96 Dazu speziell *Glauben*, ZG 1997, 148 (160 f.).

97 *v. Arnim*, Wirtschaftlichkeit als Rechtsprinzip, S. 67 ff.; *ders.*, Rechtsfragen der Privatisierung, S. 98 f.; *Schliesky*, DÖV 1996, 109 (110).

98 Vgl. BVerfGE 12, 354 (364).

99 Vgl etwa *Fischer-Menshausen*, in: v. Münch/Kunig, GG, Art. 114 Rn. 18; *Kisker*, in:

dere das Maximalprinzip, das eine Bewertung des mit bestimmtem Mitteleinsatz angezielten Erfolges eröffnet, scheint auch eine Kritik der staatlichen Aufgabenwahl mit Blick auf die Alternative des privaten Sektors einzuschließen. Die Loslösung von vorgegebenen konkreten Verwaltungszwecken führt die Wirtschaftlichkeitsprüfung jedoch in ein Dilemma, weil sie damit zugleich konturenloser und notwendig politischer wird[100], indem die Diskussion über alternative Zwecksetzungen eröffnet wird. Daraus folgt, daß der Begriff der Wirtschaftlichkeit »kein axiomatisches Entscheidungskriterium liefert, aus dem sich für das Verwaltungshandeln schon rein deduktiv exakte Folgerungen ableiten ließen«; Kriterien für Verwaltungsentscheidungen lassen sich daraus nur diskursiv entwickeln[101]. Danach mag ein offenes Verständnis des Wirtschaftlichkeitsprinzips sich rechtfertigen, solange es um materiellrechtlich nicht bindende Beiträge zur Wirtschaftlichkeitskontrolle geht; dem Rechnungshof wird überwiegend zugestanden, unter dem Gesichtspunkt der Wirtschaftlichkeit politische Entscheidungen einer kritischen Bewertung daraufhin zu unterziehen, ob die Verfolgung bestimmter Ziele in Relation zu den dafür eingesetzten Mitteln vertretbar ist. Art. 114 Abs. 2 GG selbst zeigt aber schon, indem er den Wirtschaftlichkeitsmaßstab neben das auf die Rechtmäßigkeit abzielende Kriterium der Ordnungsmäßigkeit stellt, daß offenbar vom Rechnungshof als unwirtschaftlich kritisierte politische Zwecksetzungen nicht ohne weiteres zugleich rechts- und verfassungswidrig sein sollen. Eine materiellrechtlich verbindliche Begrenzung staatlichen Handelns beinhaltet das Wirtschaftlichkeitsprinzip nicht, jedenfalls nicht als – über das bloße Sparsamkeitsgebot hinausgehende – Beschränkung der staatlichen Zwecksetzung und Aufgabenwahl im Hinblick auf die Angemessenheit des nötigen Mitteleinsatzes. Die politische Entscheidung darüber, ob der Einsatz bestimmter Mittel für bestimmte Zwecke angemessen ist, verteilt das Grundgesetz nach verschiedenen Sachmaterien an die einzelnen, demokratisch legitimierten Kompetenzträger und überantwortet sie ihrer sachgerechten Abwägung; Wirtschaftlichkeitsgesichtspunkte bilden keinen vorgeordneten, die verfassungsrechtliche Kompetenzverteilung und andere Ziele und Zwecke übertrumpfenden Verfassungsgrundsatz[102].

Handbuch des Staatsrechts IV, § 89 Rn. 111 f.; *Schulze-Fielitz*, in: VVDStRL 55 (1996), S. 231 (254 f.).

[100] Vgl. dazu *Schulze-Fielitz*, in: VVDStRL 55 (1996), S. 231 (257 f.).

[101] *Vogel/Kirchhof*, in: BK, Art. 114 (Zweitbearb.) Rn. 91; zustimmend *Wieland*, DVBl. 1995, 894 (897).

[102] So auch *v. Arnim*, Rechtsfragen der Privatisierung, S. 100, unter zustimmendem Hinweis auf BVerfGE 79, 127 (153). Vgl. auch – zum haushaltsrechtlichen Wirtschaftlichkeitsprinzip – *Osterloh*, in: VVDStRL 54 (1995), S. 204 (221).

Verfassungsrechtlich kann das Wirtschaftlichkeitsprinzip also im wesentlichen nur – im Sinne des Sparsamkeitsprinzips – einen ineffizienten Mitteleinsatz für die einem Verwaltungsträger gestellten oder von ihm selbst gewählten Aufgaben untersagen. Die Aufgabenwahl selbst kann es hingegen – unter Hinweis auf die Unangemessenheit der dafür benötigten Mittel – nicht verbindlich steuern. Im Ergebnis liefert das Wirtschaftlichkeitsprinzip deshalb auch keine generelle verfassungsrechtliche Vorgabe für die Verteilung der Aufgaben zwischen staatlichem und privatem Sektor[103].

(2) Die Wirtschaftsverfassung des Grundgesetzes. Eben diese Frage der verfassungsrechtlichen Aufgabenverteilung zwischen staatlichem und privatem Sektor ist hingegen unmittelbar Gegenstand des Streits um die Wirtschaftsverfassung des Grundgesetzes.

Die These, das Grundgesetz enthalte eine Festlegung auf ein bestimmtes Wirtschaftssystem, nämlich das der sozialen Marktwirtschaft, ist bekanntlich vor allem von Hans Carl Nipperdey[104], in Variationen auch einigen anderen[105] vertreten worden. Das Bundesverfassungsgericht hat freilich schon 1954 in seiner Entscheidung zum Investitionshilfegesetz entgegengehalten, daß das Grundgesetz sich nicht auf ein bestimmtes Wirtschaftssystem festgelegt habe; der Gesetzgeber könne daher die ihm sachgemäß erscheinende Wirtschaftspolitik verfolgen, sofern er dabei das Grundgesetz, insbesondere die Grundrechte beachte[106]. Die verfassungsrechtliche Verpflichtung des Gesetzgebers auf ein bestimmtes Wirtschaftssystem hat es damit zurückgewiesen. Es hat insoweit auch in der Literatur ganz überwiegend Zustimmung gefunden[107], so daß der Streit um das Bestehen einer Wirtschaftsverfassung des Grundgesetzes als erledigt gelten durfte.

Die Diskussion hat allerdings im Zuge der deutschen Wiedervereinigung noch einmal neue Nahrung erhalten. Der Vertrag über die Schaffung einer Währungs-, Wirtschafts- und Sozialunion zwischen der Bundesrepublik

---

[103] So im Ergebnis auch *König/Benz*, in: dies. (Hrsg.), Privatisierung und staatliche Regulierung, S. 13 (56 f.); *Lange*, JZ 1981, 698 (700); *Lecheler*, ZBR 1980, 69 (71 f.).

[104] *Nipperdey*, Soziale Marktwirtschaft und Grundgesetz, S. 44.

[105] Vgl. etwa *Scholz*, Paritätische Mitbestimmung und Grundgesetz, S. 31 ff.; *Zuck*, NJW 1967, 1301. Zuletzt noch einmal ausführlich *Rupp*, in: Handbuch des Staatsrechts IX, § 203 Rn. 16 ff. (m.w.N. in Rn. 16 Fn. 34).

[106] BVerfGE 4, 7 (17 f.); vgl. auch BVerfGE 50, 290 (336 ff.).

[107] *Ehlers*, JZ 1990, 1089; *Frotscher*, Wirtschaftsverfassungs- und Wirtschaftsverwaltungsrecht, Rn. 24 ff.; *Papier*, in: Benda/Maihofer/Vogel (Hrsg.), Handbuch des Verfassungsrechts der Bundesrepublik Deutschland, S. 799 (800 m.w.N. in Fn. 2); *Rinck/Schwark*, Wirtschaftsrecht, Rn. 60 ff.; Vgl. auch *Basedow*, Von der deutschen zur europäischen Wirtschaftsverfassung, S. 20.

Deutschland und der Deutschen Demokratischen Republik vom 18. Mai 1990[108] erklärte in der Präambel und in seinem Art. 1 Abs. 3 die Soziale Marktwirtschaft zur Grundlage der Wirtschaftsunion und sah in Art. 1 Abs. 4 eine der Sozialen Marktwirtschaft entsprechende Arbeitsrechtsordnung vor; auch der Einigungsvertrag vom 31. August 1990[109], der in seinem Art. 40 die Verpflichtungen aus dem Vertrag über die Schaffung einer Währungs-, Wirtschafts- und Sozialunion übernimmt, enthält wirtschaftsverfassungsrechtlich relevante Festlegungen. Diese vertraglichen Regelungen sind vereinzelt als verfassungsgestaltende Entscheidungen über die Wirtschaftsordnung gewertet worden[110]. Dem steht freilich nicht nur bereits entgegen, daß der Vertrag nach seiner innerstaatlichen Umsetzung nicht im Rang von Verfassungsrecht steht[111]. Auch der mit ihm verfolgte Zweck trägt eine so weitreichende Interpretation nicht. Mit diesen Vereinbarungen sollte auch für das bis dahin einer abweichenden Wirtschaftsverfassung unterliegende Gebiet der neu hinzukommenden Länder das in der alten Bundesrepublik tatsächlich bestehende Wirtschaftssystem verpflichtend vorgegeben werden; nicht aber ging es darum, die wirtschaftspolitische Ordnung der Bundesrepublik insgesamt in einen höheren, verfassungsrechtlichen Rang zu heben. Auch nach diesen vertraglichen Festlegungen im Zusammenhang mit der deutschen Einigung bleibt es also dabei, daß das Wirtschaftssystem der Bundesrepublik marktwirtschaftlich geprägt ist[112], dieses Wirtschaftssystem als solches jedoch vom Grundgesetz nicht zwingend vorgegeben ist. Auch einer staatlichen einschließlich der kommunalen Wirtschaftsteilnahme kann es deshalb verfassungsrechtlich nicht entgegengehalten werden.

(3) Subsidiaritätsprinzip. Mit der Annahme einer verfassungsrechtlichen Festlegung auf ein marktwirtschaftliches System der Sache nach verwandt, jedoch konkreter gefaßt ist die Berufung auf eine grundgesetzliche Gewährleistung des so genannten Subsidiaritätsprinzips. Dieses – der katholischen Soziallehre entstammende – Prinzip sagt allgemein, daß eine Einheit die Erfüllung einer Aufgabe nur dann soll übernehmen dürfen, wenn die jeweils kleinere Einheit dazu nicht in der Lage ist. Bezogen auf die Aufgabenteilung zwischen Staat

---

[108] BGBl. II S. 537.

[109] BGBl. II S. 889.

[110] *Badura*, in: Schmidt-Aßmann (Hrsg.), Besonderes Verwaltungsrecht, S. 219 (237 Rn. 21); *Rupp*, in: Handbuch des Staatsrechts IX, § 203 Rn. 2 ff., 14; *Schmidt-Preuß*, DVBl. 1993, 236.

[111] *Frotscher*, Wirtschaftsverfassungs- und Wirtschaftsverwaltungsrecht, Rn. 30; *Heinemann*, Grenzen staatlicher Monopole im EG-Vertrag, S. 29; *Püttner*, LKV 1994, 193 (194). Vgl. auch *Brohm*, NJW 1994, 281 (282 Fn. 14).

[112] So auch BVerfGE 30, 292 (311); 32, 311 (317).

und Gesellschaft soll es staatlichen Stellen die Übernahme einer Aufgabe erst dann erlauben, wenn gesellschaftliche Kräfte diese nicht angemessen erledigen können oder wollen.

Über die verfassungsrechtliche Anerkennung dieses Prinzips hat es in der Bundesrepublik eine erste Diskussion in den 50'er und 60'er Jahren gegeben. Eine Reihe von Autoren hat den Versuch unternommen, aus einer Zusammenschau verschiedener dem Subsidiaritätsgedanken verpflichteter Einzelregelungen des Grundgesetzes ein allgemeines Verfassungsprinzip mit einer über eine bloße politische Klugheitsregel hinausreichenden normativen Wirkung abzuleiten[113]. Diese Argumentation hat sich jedoch mit Recht weder in der Rechtsprechung[114] noch im Schrifttum[115] am Ende durchsetzen können. Ihr wird entscheidend entgegengehalten, daß das Grundgesetz sich gerade nicht für eine verfassungsrechtlich vorgegebene, dem liberalen Modell entsprechende Beschränkung der staatlichen Aufgaben zugunsten der gesellschaftlichen Kräfte entschieden, sondern sich von diesem liberalen Modell mit dem Sozialstaatsprinzip distanziert und die staatliche Aufgabenwahrnehmung grundsätzlich der demokratischen Entscheidung überlassen habe. Dieser allgemeine Einwand gilt gleichermaßen auch für den speziellen Bereich der gemeindlichen Aufgaben: Indem das Grundgesetz den Kommunen eine Zuständigkeit für alle Angelegenheiten der örtlichen Gemeinschaft zugewiesen hat, widerspricht es einer vorgegebenen Beschränkung möglicher gemeindlicher Aufgaben durch ein Subsidiaritätsprinzip und überläßt die Bestimmung der gemeindlichen Aufgaben der demokratischen Entscheidung der Gemeindeglieder.

Noch einmal einen neuen Anstoß bekommen hat die Diskussion durch Art. 23 Abs. 1 S. 1 GG, der den Begriff der Subsidiarität erstmals in das Grundgesetz eingeführt hat, indem er der Bundesrepublik die Mitwirkung an einer diesem Grundsatz verpflichteten Europäischen Union aufgegeben hat.

---

[113] So insbes. *Isensee*, Subsidiaritätsprinzip und Verfassungsrecht, S. 220 ff., 295 ff. Vgl. *v. Arnim*, Rechtsfragen der Privatisierung, S. 76 f. m.w.N.

[114] Das Bundesverfassungsgericht hat die Annahme eines verfassungsrechtlichen Subsidiaritätsprinzips zwar nicht verworfen, aber auch nicht bestätigt; vgl. BVerfGE 10, 59 (83); 58, 233 (253). Ablehnend: BGH, NJW 1974, 785 (786); BVerwGE 23, 304 (306); 39, 329 (338); OVG NW, GewArch 1986, 157 (158).

[115] *Badura*, ZHR 146 (1982), 448 (459); *ders.*, in: Festschrift Steindorff, S. 835 (838); *Dickersbach*, WiVerw 1983, 187 (209); *Ehlers*, Verwaltung in Privatrechtsform, S. 98 f.; *ders.*, JZ 1990, 1089 (1096); *Erichsen*, Gemeinde und Private im wirtschaftlichen Wettbewerb, S. 32; *Jarass*, Wirtschaftsverwaltungsrecht mit Wirtschaftsverfassungsrecht, S. 202; *Klein*, Die Teilnahme des Staates am wirtschaftlichen Wettbewerb, S. 161 ff.; *Lerche/Pestalozza*, Die Deutsche Bundespost als Wettbewerber, S. 109; *Papier*, DVBl. 1984, 801 (809); *Schmidt*, Öffentliches Wirtschaftsrecht. Allgemeiner Teil, S. 520 ff.; *Scholz*, in: Maunz/Dürig, GG, Art. 12 Rn. 211 f.; *Stober*, Allgemeines Wirtschaftsverwaltungsrecht, S. 147 f.

Einzelne Autoren sehen darin ein weitergehendes Bekenntnis des Grundgesetzes zum Subsidiaritätsprinzip, das daher auch für die innerstaatliche Ordnung verfassungsrechtliche Bedeutung gewinne[116]. Die hier in Bezug genommene, entstehungsgeschichtlich und inhaltlich an die gemeinschaftsrechtliche Festlegung des Subsidiaritätsprinzips in Art. 5 Abs. 2 EGV anknüpfende Subsidiarität betrifft jedoch allein das Verhältnis von Europäischer Union und Mitgliedstaaten und eignet sich nicht zur Erstreckung auf die innerstaatliche Ordnung[117]. Die von Art. 23 Abs. 1 S. 1 GG eingeforderte Verpflichtung der Europäischen Union auf das Subsidiaritätsprinzip ist auch von Mitgliedstaaten begründet worden und gegenüber Mitgliedstaaten einzuhalten, die innerstaatlich weder einen dezentralen Staatsaufbau noch einen Vorrang des privaten Sektors kennen, also weder innerhalb der Staatsorganisation noch im Verhältnis von Staat und Gesellschaft nach dem Prinzip der Subsidiarität konstituiert sind. Das schließt es auch für die Bundesrepublik aus, aus der Übernahme dieses Begriffs in das Grundgesetz darauf zu schließen, daß nunmehr innerstaatlich das Subsidiaritätsprinzip verfassungsrechtlich umfassend vor- und festgeschrieben wäre. Ebensowenig wie eine Reihe anderer Grundgesetzbestimmungen, in denen der Subsidiaritätsgedanke in verschiedenen einzelnen Hinsichten aufgenommen wird, erlaubt nun der hinzugekommene Art. 23 Abs. 1 S. 1 GG, ein generelles, insbesondere ganz allgemein das Verhältnis von Staat und Wirtschaftssubjekten erfassendes Subsidiaritätsprinzip dem Grundgesetz zu unterlegen.

(4) Die Grundrechte. Das Investitionshilfe-Urteil hatte die These von der wirtschaftspolitischen Neutralität des Grundgesetzes unter den ausdrücklichen Vorbehalt gestellt, daß der Gesetzgeber das Grundgesetz, insbesondere die Grundrechte wahren müsse[118]. Diese Bemerkung des Bundesverfassungsgerichts hat Versuchen Vorschub geleistet, aus den Grundrechten eine weitergehende Beschränkung der wirtschaftspolitischen Offenheit des Grundgesetzes herzuleiten und die staatliche Wirtschaftsteilnahme insgesamt unter grundrechtlichen Rechtfertigungszwang zu stellen. Die Argumentation unterscheidet sich im einzelnen. Am wenigsten überzeugt der bloße Hinweis darauf, daß die Kommunen sich zur Rechtfertigung ihres Rechts auf wirtschaftliche Betätigung gegenüber der Privatwirtschaft nicht auf die Grundrechte berufen können[119]; dieser Umstand enthält ihnen einen besonderen

---

[116] *Oppermann*, JuS 1996, 569 (570 f.); *Pieper*, Subsidiarität, S. 139 f.
[117] So auch *Otting*, DVBl. 1997, 1258 (1260).
[118] BVerfGE 4, 7 (17 f.).
[119] So aber *Schmidt*, Die Verwaltung 28 (1995), 281 (284).

verfassungsrechtlichen Schutz gegenüber gesetzlichen Beschränkungen vor, begründet aber noch nicht die verfassungsrechtliche Illegitimität, Nachrangigkeit oder Rechtfertigungsbedürftigkeit der staatlichen und kommunalen Wirtschaftsteilnahme. Die Herleitung dieser weitergehenden These aus den Grundrechten sieht teilweise – bei einem subjektiv-abwehrrechtlichen Grundrechtsverständnis ansetzend und dieses großzügig ausdehnend – die staatliche Konkurrenzwirtschaft als einen faktischen Eingriff in die Grundrechte der privaten Wirtschaftssubjekte an[120]; teilweise wird ein objektivrechtliches Grundrechtsverständnis zugrundegelegt[121]. Das Ergebnis ist weitgehend übereinstimmend, daß die staatliche Wirtschaftsbetätigung für grundrechtlich rechtfertigungsbedürftig erklärt, insbesondere das Vorliegen eines rechtfertigenden öffentlichen Zwecks und die Beachtung des Verhältnismäßigkeitsgrundsatzes gefordert wird[122].

Die höchstrichterliche Rechtsprechung hat diese Ansätze – mit Recht – nicht aufgegriffen. Vielmehr hat das Bundesverfassungsgericht in seinem Mitbestimmungsurteil[123] überzeugend klargestellt, daß die Grundrechte keine – über die Bindungen durch die Einzelgrundrechte hinausgehende – Einschränkung der wirtschaftspolitischen Gestaltungsfreiheit des Gesetzgebers bewirken. Es betont dort die zentrale Funktion der Grundrechte als individuelle Rechte, die den Schutz konkreter, besonders gefährdeter Bereiche menschlicher Freiheit zum Gegenstand haben. Eine objektiv-rechtliche Funktion will es ihnen nur zuerkennen, soweit diese im Sinne einer prinzipiellen Verstärkung ihrer Geltungskraft ihre Wurzeln noch in dieser primären Funktion hat. Einen hiervon verselbständigten, den individualrechtlichen Gehalt überhöhenden objektiv-rechtlichen Gehalt spricht es ihnen – insbesondere mit Blick auf die institutionelle Ausgestaltung des Wirtschaftslebens durch den Gesetzgeber – ab. Auch die Erwartung einer veränderten, strengeren grundrechtlichen Beurteilung der staatlichen Eigenwirtschaft durch das Bundesverwaltungsgericht auf Grund seiner Transparenzlisten-Entscheidung[124], weil diese in anderem Zusammenhang die faktische Einwirkung des Staates auf den wirtschaftlichen Wettbewerb als Grundrechtseingriff angesehen habe[125], hat sich nicht erfüllt; in einer nachfolgenden Entscheidung aus dem Jahr 1995 hat

---

[120] *Breuer*, in: Handbuch des Staatsrechts VI, § 148 Rn. 59 ff.; *Scholz*, in: Maunz/Dürig, GG, Art. 12 Rn. 401 ff.; *Stober*, Allgemeines Wirtschaftsverwaltungsrecht, S. 261.

[121] *König/Benz*, in: dies. (Hrsg.), Privatisierung und staatliche Regulierung, S. 13 (59).

[122] Vgl. etwa *v. Arnim*, Rechtsfragen der Privatisierung, S. 66 f.; *Grupp*, ZHR 140 (1976), 367 (387 ff.); *König/Benz*, in: dies. (Hrsg.), Privatisierung und staatliche Regulierung, S. 13 (59).

[123] BVerfGE 50, 292 (336 ff.).

[124] BVerwGE 71, 183 (191 ff.).

[125] *v. Arnim*, Rechtsfragen der Privatisierung, S. 62 f.

das Bundesverwaltungsgericht mit derselben Selbstverständlichkeit wie bereits früher entschieden, daß die Grundrechte grundsätzlich vor Konkurrenz, auch vor staatlicher Konkurrenz nicht schützen[126]. Dem entspricht die Feststellung, daß im Hinblick auf eine bestimmte staatliche Wirtschaftsbetätigung eine konkrete Grundrechtsprüfung gar nicht vorgenommen wird und werden kann; über die Forderung, daß privates Wirtschaften prinzipiell möglich sein muß, führt auch die Berufung auf die Grundrechte nicht hinaus[127].

bb. Die staatliche Aufgabenwahl als Gegenstand der demokratischen Entscheidung

Das zentrale Gegenargument gegen alle diese Versuche einer verfassungsrechtlichen Herleitung eines Vorrangs privatwirtschaftlicher Aufgabenwahrnehmung liegt in dem Hinweis darauf, daß das Grundgesetz die Entscheidung über die Verstaatlichung einer Aufgabe – zumindest weitgehend – der demokratischen Entscheidung durch die zuständigen Hoheitsträger überläßt. Es schränkt diese demokratische Entscheidungsfreiheit nicht durch eine generelle verfassungsrechtliche Festlegung auf wirtschaftsverfassungsrechtliche Modelle, Vorrangregelungen oder Rechtfertigungslasten nach einer Seite hin ein. Soweit ihm generelle Aussagen für die Aufgabenverteilung zwischen Staat und Wirtschaft zu entnehmen sind, sind diese janusköpfig: Einerseits kann man den Gewährleistungen grundrechtlicher Wirtschaftsfreiheiten, vielleicht auch dem Rechtsstaatsprinzip entnehmen, daß der Gesetzgeber den Privaten Freiräume zur privatwirtschaftlichen Betätigung lassen muß; andererseits verpflichtet das Sozialstaatsprinzip des Grundgesetzes den Staat aber auch dazu, die Versorgung der Bürger nicht allein den Marktgesetzen zu überlassen, sondern in staatliche Verantwortung zu nehmen. Den Ausgleich zwischen diesen widerstreitenden generellen Verfassungsanforderungen zu finden, überantwortet das Grundgesetz der demokratischen Entscheidung durch die jeweils zuständigen staatlichen Hoheitsträger[128].

Dieser Verweis auf die demokratische Entscheidung gilt auch und gerade auf kommunaler Ebene, wo er durch die verfassungsrechtliche Gewährleistung der kommunalen Selbstverwaltung gestützt wird. Die dort institutionalisierte, demokratisch verfaßte Selbstverwaltung erstreckt sich auf einen Wirkungskreis, der alle – und nicht etwa nur die privat nicht angemessen erledig-

---

[126] BVerwG, NJW 1995, 2938 (2939). Zur früheren Rechtsprechung vgl. BVerwGE 39, 329 (336). Vgl. auch VGH Mannheim, NJW 1995, 274 (274 f.); HessVGH, DÖV 1996, 476 (477).

[127] *Gusy*, JA 1995, 253.

[128] *Osterloh*, in: VVDStRL 54 (1995), S. 204 (208).

ten bzw. zu erledigenden – Angelegenheiten der örtlichen Gemeinschaft erfaßt. Schon der »alle« Angelegenheiten einschließende Wortlaut spricht gegen eine Einengung des gemeindlichen Wirkungskreises – über das Erfordernis örtlich radizierter Gemeinwohlaufgaben hinaus – im Sinne einer Nachrangigkeit gegenüber privater Wahrnehmung. Das bestätigen entstehungsgeschichtliche und historische, auf die Situation nach der Deutschen Gemeindeordnung des Jahres 1935 zurückgehende Überlegungen; das Recht zur wirtschaftlichen Betätigung schloß auch nach den dort erstmals vorgenommenen Einschränkungen das Recht zu rentablen wirtschaftlichen Unternehmungen ein, die in gleicher Weise auch von Privaten hätten betrieben werden können.

2. Der Vorbehalt des Gesetzes im Staat-Bürger-Verhältnis

In zweiter Linie stellt sich die Frage, ob und inwieweit die Verfassung ein gemeindliches Tätigwerden im Verhältnis zur Privatwirtschaft von einer Ermächtigung durch den staatlichen Gesetzgeber abhängig macht. Soweit kommunale Betätigungen aus dem Gemeinde-Bürger-Verhältnis heraus dem Vorbehalt des Gesetzes unterfallen, sind die Kommunen von vornherein abhängig von der gesetzlichen Ermächtigung, so daß die Berufung auf Art. 28 Abs. 2 S. 1 GG gegenüber gesetzgeberischen Privatisierungsbestrebungen von vornherein nicht greift.

Der Vorbehalt des Gesetzes erfaßt jedenfalls hoheitliche und damit auch gemeindliche Grundrechtseingriffe; sie bedürfen einer parlamentsgesetzlichen Ermächtigung. Es ist aber heute wohl unbestritten, daß der Vorbehalt des Gesetzes im Staat-Bürger-Verhältnis über Grundrechtseingriffe hinausreicht und auch andere, nicht eingreifende hoheitliche Maßnahmen erfaßt. Die Grundlage hierfür bildet die Rechtsprechung des Bundesverfassungsgerichts zur so genannten Wesentlichkeitstheorie[129]. Danach muß der Gesetzgeber in grundlegenden normativen Bereichen, zumal im Bereich der Grundrechtsausübung, soweit diese staatlicher Regelung zugänglich ist, alle wesentlichen Entscheidungen selbst treffen, darf sie also nicht der Exekutive überlassen[130].

---

[129] Zur Grundlegung vgl. insbes. BVerfGE 33, 1 (10 ff.); 33, 125 (158 f., 163); 33, 303 (307, 346); 34, 165 (192 f.); 41, 251 (259 f.); 45, 400 (417 f.); 47, 46 (48 f.); 58, 257 (268).

[130] BVerfGE 61, 260 (275); 88, 103 (116).

a. Die Wesentlichkeitstheorie und die staatliche Wirtschaftsbetätigung

In Anknüpfung hieran ist in der Literatur auch die – Daseinsvorsorgeaufgaben dienende – wirtschaftliche Betätigung des Staates einschließlich der Kommunen im Verhältnis zur privaten Konkurrenz einem Gesetzesvorbehalt unterstellt worden. Vereinzelt wurde die These vertreten, die wirtschaftliche Betätigung des Staates setze wegen der faktischen Beeinträchtigung der Grundrechte privater Konkurrenten und auf Grund der Wesentlichkeitstheorie eine gesetzliche Grundlage voraus[131]. Noch weitergehend, den Gesetzesvorbehalt hin zu einem Totalvorbehalt für jegliches gemeindliches Tätigwerden in Konkurrenz zum privaten Sektor erweiternd ist insbesondere Löwer unter Berufung auf die Wesentlichkeitstheorie zu dem Schluß gekommen: »Der Wirkungskreis, in dem sich die autonome Gestaltung vollzieht, muß also gesetzlich umschrieben sein, obliegt parlamentsgesetzlicher Fixierung.«[132]. Daran schließt sich die These an, die Gemeinden seien zu wirtschaftlicher Betätigung »nur kraft ausdrücklicher kompetenzrechtlicher Ermächtigung befugt«[133].

Jedenfalls in der Ablehnung eines solchen Totalvorbehalts für jegliches, auch nicht eingreifendes staatliches Tätigwerden besteht heute weithin Einigkeit[134]. Ob darüber hinaus auch die Wesentlichkeitstheorie wieder verabschiedet werden kann, nachdem sie dem Defizit an gesetzlicher Regelung in einzelnen Bereichen, insbesondere der Schule, abgeholfen und damit ihren Dienst getan hat[135], erscheint fraglich. Jedenfalls stößt sie auf zunehmende Kritik[136]. Auch das Bundesverfassungsgericht hat verschiedentlich der Berufung auf den Wesentlichkeitsvorbehalt die eigene demokratische Legitimation der Exekutive und das Gebot einer funktionsgerechten, auf die geeignete Organisation, Zusammensetzung, Funktion und Verfahrensweise der verschiedenen Organe achtende Verteilung der Zuständigkeiten entgegengehalten[137]. Mit Recht gehen danach die Staatspraxis, die sich insoweit auf Bundes- und Landesebene im allgemeinen mit den – im Außenverhältnis keine Rechte und Pflichten begründenden – haushaltsrechtlichen Regelungen in der Bundeshaushaltsordnung und den Landeshaushaltsordnungen begnügt, und die

---

[131] *Emmerich*, AG 1985, 293 (295); *Gallwas*, Faktische Beeinträchtigungen im Bereich der Grundrechte, S. 106; *Püttner*, Die öffentlichen Unternehmen, S. 123.

[132] *Löwer*, Energieversorgung zwischen Staat, Gemeinde und Wirtschaft, S. 146 f.

[133] *Löwer*, Energieversorgung zwischen Staat, Gemeinde und Wirtschaft, S. 224.

[134] Vgl. BVerfGE 68, 1 (109); BGHZ 111, 229 (234). *Maurer*, Allgemeines Verwaltungsrecht, § 6 Rn. 10; *Ossenbühl*, in: Handbuch des Staatsrechts III, § 62 Rn. 18 ff.

[135] So *Ronellenfitsch*, in: Handbuch des Staatsrechts III, § 84 Rn. 38.

[136] *Maurer*, Allgemeines Verwaltungsrecht, § 6 Rn. 11.

[137] BVerfGE 49, 89 (124 ff.); 68, 1 (86). Vgl. dazu *Ossenbühl*, in: Handbuch des Staatsrechts III, § 62 Rn. 48 f. Vgl. zuletzt auch BVerfGE 95, 1 (15).

überwiegende Auffassung im Schrifttum[138] nach wie vor davon aus, daß die staatliche Wirtschaftsteilnahme weder aus rechtsstaatlichen noch aus demokratischen Gründen einem Gesetzesvorbehalt unterfällt.

Diese Zurückhaltung in der Anwendung der Wesentlichkeitstheorie erklärt sich aus den Sachgesetzlichkeiten wirtschaftlicher Betätigung, die sich einer gesetzlichen Regelung widersetzen. Unternehmerische Entscheidungen wie etwa die über die Aufnahme oder Aufgabe eines Geschäftszweiges, die Beteiligung an anderen Unternehmen usw. müssen wirtschaftlichen Notwendigkeiten nach Maßgabe der Wettbewerbsbedingungen folgen und können nicht nach gesetzlichen Vorgaben erfolgen. Gilt eine wirtschaftliche Betätigung des Staates überhaupt als zulässig, muß deshalb jedenfalls die Intensität einer für erforderlich gehaltenen gesetzlichen Ermächtigung hierauf Rücksicht nehmen. Danach bleibt aber für eine mögliche gesetzliche Regelung kaum mehr als die Begründung der Existenz des Unternehmens, die allein aber noch nicht jene konkreten Grundrechtsberührungen begründet[139], um deretwegen der Gesetzesvorbehalt doch gefordert wird. Das spricht ausschlaggebend dafür, den Vorbehalt des Gesetzes insoweit mit Rücksicht auf das Staat-Bürger-Verhältnis überhaupt zu verwerfen.

b. Der Vorbehalt des Gesetzes für die staatliche Wirtschaftsbetätigung und die Garantie der kommunalen Selbstverwaltung

Eine auf die Wesentlichkeitstheorie gestützte Erweiterung des Gesetzesvorbehalts, die – die Unterscheidung von einzelnen bürgergerichteten Befugnissen insbesondere zu Grundrechtseingriffen und allgemeiner Aufgabenwahrnehmung verwischend – tendenziell die Aufgabenwahrnehmung im Verhältnis zum privaten Sektor als solche einem Gesetzesvorbehalt unterstellen wollte, stünde darüber hinaus in einem speziellen Widerspruch zu Art. 28 Abs. 2 GG. Wie gesehen, gewährt die verfassungsrechtliche Garantie der kommunalen Selbstverwaltung den Gemeinden eine Allzuständigkeit im Sinne eines von speziellen Kompetenztiteln unabhängigen Aufgabenzugriffsrechts hinsichtlich der Angelegenheiten der örtlichen Gemeinschaft, und zwar nicht nur im Sinne einer staatsinternen Kompetenzverteilung, sondern auch mit Blick auf die Aufgabenabgrenzung zum privaten Sektor. Es ist danach ein zentrales Element dieser institutionellen Gewährleistung, daß die Kommunen eigenverantwortlich, ohne spezielle gesetzliche Grundlage nach außen hin tätig werden dürfen. Dieser institutionellen Gewährleistung würde der Boden entzogen, wenn das Tätigwerden der Kommunen nun auf Grund eines im Staat-

---

[138] *Gusy*, JA 1995, 253; *Ronellenfitsch*, in: Handbuch des Staatsrechts III, § 84 Rn. 38.
[139] *Gusy*, JA 1995, 253.

Bürger-Verhältnisses wurzelnden Vorbehalts von einer gesetzlichen Ermächtigung abhängig gemacht würde; im Ergebnis wären die Kommunen – zwar ohne direkte Beeinträchtigung ihrer staatsinternen Autonomie, aber auf Grund der verfassungsrechtlichen Gestaltung des Gemeinde-Bürger-Verhältnisses – doch umfassend von einer gesetzlichen Aufgabenzuweisung abhängig. Eine solche Auslegung der Grundrechte und bzw. oder des Rechtsstaats- und Demokratieprinzips ist systematisch nicht gerechtfertigt. Vielmehr muß die interpretatorische Herleitung des Gesetzesvorbehalts im Staat-Bürger-Verhältnis auch Rücksicht nehmen auf die institutionelle Gewährleistung staatlicher Verwaltungsträger und ihres Tätigkeitsfeldes. In diesem Sinne hat Ossenbühl zutreffend davon gesprochen, daß Art. 28 Abs. 2 GG dem Gesetzesvorbehalt einen Verwaltungsvorbehalt entgegensetze, der diesem eine Grenze ziehe[140].

Im Bereich dieses Verwaltungsvorbehalts liegt grundsätzlich, soweit nicht einzelne Grundrechtseingriffe damit verbunden sind, auch die wirtschaftliche Betätigung der Kommunen zu Zwecken der örtlichen Daseinsvorsorge. Sie macht einen wesentlichen Teil der Ausübung gemeindlicher Selbstverwaltung aus. Ein Gesetzesvorbehalt, der über einzelne konkrete Grundrechtseingriffe hinaus die wirtschaftliche Betätigung als solche einem Vorbehalt des Gesetzes unterstellte, würde die kommunale Selbstverwaltung in ihrem Kern treffen. Die Gewährleistung des Art. 28 Abs. 2 GG steht einer solchen Auslegung des Demokratie- und Rechtsstaatsprinzips entgegen.

III. Verfassungsrechtliche Grenzen für Privatisierungs- und Deregulierungsvorgaben des staatlichen Gesetzgebers

Die Entscheidung darüber, ob und wie sie die im Verhältnis zur Privatwirtschaft von Verfassungs wegen bestehenden Spielräume zu wirtschaftlicher Betätigung nutzen will, steht gemäß Art. 28 Abs. 2 GG zunächst jeder Kommune selbst zu. Es schließt sich jedoch die Frage an, inwieweit der Gesetzge-

---

[140] *Ossenbühl*, in: Handbuch des Staatsrechts III, § 62 Rn. 57. Zustimmend *Hermes*, Der Staat 31 (1992), 281 (293 f.); *Krebs*, Rechtliche Grundlagen und Grenzen kommunaler Energieversorgung, S. 60; *Wieland*, der landkreis 1994, 259 (261). Vgl. auch *Ehlers*, in: Erichsen (Hrsg.), Kommunalverfassung heute und morgen, S. 101 (105); *Schmidt-Aßmann*, in: Festschrift Sendler, S. 121 (133), mit dem Hinweis, daß »den allgemeinen rechtsstaatlichen Bestimmtheitsanforderungen in Art. 28 Abs. 2 GG eine Position gegenübertritt, die auf eine Reduktion eines zu hohen Detaillierungsgrades gesetzlicher Tatbestände drängt«, sowie *Stober*, NJW 1984, 449 (453).

ber diese kommunale Entscheidungsfreiheit durch Vorgaben beschränken darf, die eine Verlagerung zum privaten Sektor hin bewirken sollen.

Auch insoweit ist Art. 28 Abs. 2 S. 1 GG einschlägig. Das beruht darauf, daß die Bestimmung den Kommunen das Recht zum Aufgabenzugriff auch im Verhältnis zum privaten Sektor gewährleistet[141]. Ihr Schutz kommt deshalb nicht nur gegenüber der Hochzonung von Aufgaben, also der gesetzlichen Verlagerung bislang kommunaler Aufgaben auf einen übergeordneten staatlichen Verwaltungsträger zur Geltung; der verfassungsrechtliche Schutz der gemeindlichen Allzuständigkeit greift auch bei gesetzgeberischen Privatisierungsvorgaben an die Gemeinden[142]. Daß der Regelungsadressat der Gewährleistung des Art. 28 Abs. 2 GG der Staat ist, darf nicht dazu verleiten, die Garantie auch in ihrem Regelungsgehalt auf Aufgabenverschiebungen zugunsten des Staates zu beschränken; die vom staatlichen Gesetzgeber als Gewährleistungsadressat veranlaßte Entkommunalisierung bestimmter Aufgaben zugunsten der Privatwirtschaft und des Wettbewerbs hat die nämliche Wirkung einer Beschneidung der gemeindlichen Aufgabenfelder wie auch der gesetzliche Aufgabenentzug zugunsten anderer Verwaltungsträger. Eine unterschiedliche Beurteilung von Hochzonung und Privatisierung käme nur mit Blick auf eine unterschiedliche verfassungsrechtliche Beurteilung des Verhältnisses der Kommunen zu übergeordneten staatlichen Aufgabenträgern einerseits und zur Privatwirtschaft andererseits in Betracht, etwa auf Grund der Annahme eines verfassungsrechtlichen Subsidiaritätsprinzips[143]; eine solche die Allzuständigkeit der Kommunen im Verhältnis zum privaten Sektor beschränkende Vorrangregel besteht jedoch – wie gesehen – verfassungsrechtlich nicht.

Den Kommunen ist damit jedoch weder gegenüber der Hochzonung von Aufgaben noch gegenüber Privatisierungs- und Deregulierungsvorgaben ein absoluter Schutz verbürgt. Institutionelle Garantien sind von vornherein von der Ausgestaltung und Formung durch den Gesetzgeber abhängig, damit auch der gesetzlichen Begrenzung zugänglich. Auch Art. 28 Abs. 2 GG gewährleistet die Einrichtung der gemeindlichen Selbstverwaltung »im Rahmen

---

[141] Vgl. oben in diesem Kap. I. 1. b. bb.

[142] *Frenz*, Die Verwaltung 28 (1995), 33 (50); *Friauf*, in: Baur/Friauf, Energierechtsreform zwischen Europarecht und kommunaler Selbstverwaltung, S. 55 (75); *Grabbe*, Verfassungsrechtliche Grenzen der Privatisierung kommunaler Aufgaben, S. 87; *Gröpl*, in: Hoffmann u.a. (Hrsg.), Kommunale Selbstverwaltung im Spiegel von Verfassungsrecht und Verwaltungsrecht, S. 99 (104); *Krölls*, GewArch 1995, 129 (142), freilich unter unzulässiger Verkürzung auf den Schutz des Kernbereichs; *Waechter*, Kommunalrecht, Rn. 147; *Wieland/Hellermann*, Der Schutz des Selbstverwaltungsrechts der Kommunen gegenüber Einschränkungen ihrer wirtschaftlichen Betätigung im nationalen und europäischen Recht, S. 28.

[143] Vgl. in diesem Sinne *Peters*, AfK 1967, 5 (18).

der Gesetze« und eröffnet damit eine gesetzgeberische Ausgestaltungsmöglichkeit für den gesamten Umfang der objektiven Rechtsinstitutionsgarantie, d.h. in Bezug sowohl auf den gegenständlichen Bereich der gemeindlichen Zuständigkeit wie auch auf die Art und Weise der Erledigung[144].

1. Der Kernbereich der institutionellen Garantie

Gegenüber gesetzlicher Ausgestaltung und Beschränkung soll jedoch zunächst der Kernbereich der Garantie geschützt sein.

a. Der Kernbereich des gemeindlichen Aufgabenkreises

Hinsichtlich der Bestimmung des Kernbereichs des gemeindlichen Aufgabenkreises hat das Bundesverfassungsgericht mit der Rastede-Entscheidung eine grundlegende Veränderung vorgenommen.

aa. Inhaltliche Bestimmung des Kernbereichs gemeindlicher Aufgaben

In Anknüpfung an das Weimarer Verständnis galt herkömmlich allein der Kernbereich der Garantie als gegenüber dem Gesetzgeber veränderungsfest. In der Formulierung von Stern wurde er etwa umschrieben als das »Essentiale einer Einrichtung, das man aus einer Institution nicht entfernen kann, ohne deren Struktur und Typus zu verändern«[145]. Zur naheren inhaltlichen Bestimmung dieses Kerngehalts gemeindlicher Selbstverwaltung wurde insbesondere auf die geschichtliche Entwicklung zurückgegriffen[146]. Zu dem Kernbereich wurden in zahlreichen Stellungnahmen gerade auch die Daseinsvorsorgeaktivitäten der Kommunen einschließlich ihrer wirtschaftlichen Betätigung[147] gezählt.

---

[144] Die früher geäußerte Gegenmeinung, die mit Rücksicht auf die Stellung der Worte »im Rahmen der Gesetze« in Art. 28 Abs. 2 GG den Gesetzesvorbehalt auf die Art und Weise der Aufgabenerledigung beschränken wollte (vgl. *Erlenkämper*, NVwZ 1986, 989 [992]; *Knemeyer*, in: Festgabe v. Unruh, S. 209 [224]), ist schon früher von der vorherrschenden Auffassung (*Blümel*, in: Festgabe v. Unruh, S. 265 [270]; *v. Mutius*, in: Festgabe v. Unruh, S. 227 [250]) und auch vom Bundesverfassungsgericht ausdrücklich und mit ausführlicher Begründung zurückgewiesen worden (BVerfGE 79, 127 [143 f.]).

[145] *Stern*, Staatsrecht I, S. 416.

[146] Vgl. BVerfGE 1, 167 (174); 59, 216 (226); 76, 107 (118).

[147] *Burmeister*, in: Festgabe v. Unruh, S. 623 (m.w.N. in Fn. 2 und 3); *ders.*, in: HKWP V, S. 3 (4); *Gerke*, Jura 1985, 349 (351); *Gönnenwein*, Gemeinderecht, S. 55; *Müller*, Die Entscheidung des Grundgesetzes für die gemeindliche Selbstverwaltung im Rahmen der europäischen Integration, S. 38 (m.w.N. in Fn. 65); *Scholz*, DÖV 1976, 441 (442).

Diese Kernbereichs-Vorstellung hat das Bundesverfassungsgericht in der Rastede-Entscheidung mit der Bemerkung verabschiedet, zum Wesensgehalt der gemeindlichen Selbstverwaltung gehöre »kein gegenständlich bestimmter oder nach feststehenden Merkmalen bestimmbarer Aufgabenkatalog«[148]. Diese – in der Entscheidung jedenfalls explizit nicht näher begründete – Neukonzeption trägt nicht nur dem Umstand Rechnung, daß eine positive und vor allem konkrete Bestimmung des Essentiale der Institution sich als kaum möglich erwiesen hatte[149]. Der Verzicht auf inhaltliche Festlegungen zieht auch die Konsequenz aus der gegenüber der Weimarer Reichsverfassung veränderten Garantie des Grundgesetzes, die zum einen einen ausdrücklich *alle* Angelegenheiten der örtlichen Gemeinschaft umfassenden Wirkungskreis umfaßt und zum anderen eine verstärkte demokratische Organisation der gemeindlichen Selbstverwaltung vorschreibt und damit dem Aspekt der demokratischen Entscheidung über die Aufgaben der jeweiligen Gemeinde größeres Gewicht verleiht.

bb. Das gesetzesunabhängige Aufgabenzugriffsrecht als Wesensgehalt gemeindlicher Selbstverwaltung

Die materielle Umschreibung des Kernbereichs hat das Bundesverfassungsgericht in der Rastede-Entscheidung durch eine neue, eher formale Konzeption des Kernbereichs ersetzt. Danach besteht der Wesensgehalt der gemeindlichen Selbstverwaltung, aus der »... Befugnis, sich aller Angelegenheiten der örtlichen Gemeinschaft, die nicht durch Gesetz bereits anderen Trägern öffentlicher Verwaltung übertragen sind, ohne besonderen Kompetenztitel anzunehmen (›Universalität‹ des gemeindlichen Wirkungskreises).«[150]

(1) Schutz vor rechtlicher Aufhebung. Art. 28 Abs. 2 GG verbietet dem Gesetzgeber danach kategorisch jedenfalls die rechtliche Beseitigung dieses Aufgabenzugriffsrechts im örtlichen Wirkungskreis. Gesetzliche Bestimmungen, die ein gemeindliches Tätigwerden im Aufgabenkreis des Art. 28 Abs. 2 GG von einer gesetzlichen Ermächtigung abhängig machen und die Gemeinden damit auf die ihnen gesetzlich zugeschriebenen Aufgaben beschränken, sind verfassungswidrig.

Gegenüber der gesetzlichen Entziehung einzelner gemeindlicher Aufgaben – sei es durch Hochzonung zugunsten anderer Verwaltungsträger, sei es durch Privatisierung zugunsten Privater – kann dieses Verbot der rechtlichen Besei-

---

[148] BVerfGE 79, 127 (146).
[149] *Schoch*, VerwArch 81 (1990), 18 (29).
[150] BVerfGE 79, 127 (146).

tigung des freien Aufgabenzugriffsrechts jedoch keinen Schutz gewähren[151]. Auch wenn noch so viele konkrete Aufgaben den Kommunen durch Übertragung auf andere entzogen werden, ist damit ihr Recht zum gesetzesunabhängigen Zugriff auf andere, noch nicht anderweitig zugewiesene Aufgaben rechtlich nicht ausgeschlossen.

(2) Verbot faktischer Aushöhlung. Das Bundesverfassungsgericht trägt diesem Einwand ein Stück weit Rechnung, indem es auch in der Rastede-Entscheidung nicht nur die rechtliche Aufhebung des gesetzesunabhängigen Aufgabenzugriffrechts, sondern auch dessen faktische Beseitigung als Verletzung des Kernbereichs kommunaler Selbstverwaltung ansieht[152]. Durch diese Erstreckung auf den Fall faktischer Aushöhlung wird der Kernbereich kommunaler Selbstverwaltung prinzipiell in den Stand gesetzt, nicht nur der Entziehung des Aufgabenzugriffsrechts als solchen, sondern auch einzelnen gesetzlichen Aufgabenentziehungen und -beschränkungen zu wehren. Wenn auf diesem Wege die verworfene inhaltliche Bestimmung unentziehbarer Kernbereichsaufgaben nicht doch wiederholt werden soll, kann der so hergeleitete Kernbereichsschutz jedoch nicht weitreichend sein; er kann erst dann greifen, wenn tatsächlich keine sinnvolle Betätigungsmöglichkeiten für die kommunale Selbstverwaltung mehr verbleiben. Das konzediert bereits der Rastede-Beschluß mit der Bemerkung, dieser Schutz greife »... erst, wenn sich positiv feststellen ließe, daß der den Gemeinden nach einem Aufgabenentzug verbleibende Aufgabenbestand einer Betätigung ihrer Selbstverwaltung keinen hinreichenden Raum mehr beläßt. Dann aber wäre der Minimumstandard schon erreicht; er würde allenfalls verteidigt, aber nicht verhindert.«[153] Das läßt eine Verletzung des Kernbereichs durch die gesetzliche Privatisierung kommunaler Aufgaben immerhin nicht von vornherein ausgeschlossen erscheinen[154].

b. Der Kernbereich der Eigenverantwortlichkeit

Daran anknüpfend hat das Bundesverfassungsgericht im Gleichstellungsbeauftragten-Beschluß auch für die in Art. 28 Abs. 2 GG garantierte Eigenverantwortlichkeit, insbesondere die gemeindliche Organisationshoheit den Kernbereich umschrieben. Seine Herleitung nimmt einen grundsätzlich anderen Ausgangspunkt, weil – wie insbesondere mit Rücksicht auf die historische

---

[151] *Ipsen*, ZG 1994, 194 (197); *Kronisch*, Aufgabenverlagerung und gemeindliche Aufgabengarantie, S. 67 f.; *Stern/Püttner*, Die Gemeindewirtschaft, S. 152 f.
[152] BVerfGE 79, 127 (148, 155).
[153] BVerfGE 79, 127 (148).
[154] Vgl. *Witte-Wegmann*, in: Festgabe Sandrock, S. 333 (339 f.).

Entwicklung dargelegt wird – zum Wesensgehalt der Selbstverwaltung gerade nicht die grundsätzlich freie Bestimmung über die Organisation der Gemeinde überhaupt gehöre; vielmehr sei die Festlegung der äußeren Grundstrukturen stets Sache des Gesetzgebers gewesen. Im Ergebnis soll hier der Kernbereich Regelungen unterbinden, die eine eigenständige organisatorische Gestaltungsfähigkeit der Kommunen im Ergebnis ersticken würden; das soll insbesondere der Fall sein, wenn die Kommunen keinen Entscheidungsspielraum für den Erlaß einer Hauptsatzung mehr hätten oder einem beliebigen, jederzeit aktualisierbaren staatlichen Weisungsrecht in Organisationsfragen unterworfen würden[155].

2. Der so genannte Randbereich der institutionellen Garantie

Nach dieser veränderten Kernbereichs-Konzeption hat der schon früher angenommene Schutz der Selbstverwaltungsgarantie in dem vorgelagerten so genannten Randbereich, in dem einerseits die kommunale Selbstverwaltung verfassungsrechtlich nicht schutzlos ist, der andererseits aber dem Gesetzgeber auch nicht von vornherein verschlossen ist[156], noch an Bedeutung gewonnen.

a. Der Verhältnismäßigkeitsgrundsatz als allgemeine Begrenzung gesetzlicher Beschränkungen kommunaler Selbstverwaltung

aa. Anwendung des Verhältnismäßigkeitsgrundsatzes

Einer allgemeinen Tendenz zu einem grundrechtsähnlichen Verständnis der Selbstverwaltungsgarantie[157] folgend hatten Rechtsprechung und Literatur bis zur Rastede-Entscheidung die verfassungsrechtliche Bindung des Gesetzgebers verbreitet im Verhältnismäßigkeitsgrundsatz gesucht; Beeinträchtigungen der kommunalen Selbstverwaltung im Randbereich der Garantie sollten verfassungsgemäß sein, soweit sie zur Erreichung eines legitimen Zwecks geeignet und erforderlich sind und keine unzumutbare Einschränkung darstellen[158]. Auch nach der Rastede-Entscheidung ist in dem Bemühen, der Selbstverwaltungsgarantie angesichts der Schwäche des Kernbereichsschutzes

---

155 BVerfGE 91, 228 (238 f.).

156 Vgl. früher etwa BVerfGE 56, 298 (313 f.), sowie jetzt BVerfGE 79, 127 (143, 147); 91, 228 (239).

157 *Schoch*, VerwArch 81 (1990), 18 (24 m.w.N. in Fn. 39, 40).

158 Vgl. BVerfGE 56, 298 (313); *Blümel*, in: Festgabe v. Unruh, S. 265 (284); *v. Mutius*, in: Festgabe v. Unruh, S. 227 (252).

einen dogmatisch ausgereiften und sachlich angemessenen Schutz zu verleihen, für die Anwendung des allgemeinen Verhältnismäßigkeitsgrundsatzes plädiert worden[159].

bb. Unanwendbarkeit des Verhältnismäßigkeitsgrundsatzes

Dieser Annahme ist das Bundesverfassungsgericht in seiner jüngeren Rechtsprechung – jedenfalls für die generelle gesetzliche Regelung der gemeindlichen Rechtsstellung, für Eingriffe in die Rechtspositionen einzelner Gemeinden mag anderes gelten[160] – entgegengetreten[161]. In der Rastede-Entscheidung hat es die Anwendung des Verhältnismäßigkeitsgrundsatzes im Rahmen von Art. 28 Abs. 2 GG zwar nicht explizit für unzulässig erklärt, der Sache nach aber doch verworfen, indem es andere Maßstäbe angewandt hat. Deutlich bestätigt hat es dies, indem es im Gleichstellungsbeauftragten-Beschluß das Vorbringen der Antragsteller, der Verhältnismäßigkeitsgrundsatz sei verletzt[162], wortlos übergangen und wiederum abweichende Maßstäbe entwickelt hat. Im übrigen stehen diese Entscheidungen zu Art. 28 Abs. 2 GG in Zusammenhang mit anderen Entscheidungen, in denen das Gericht eine Übertragung des für das Staat-Bürger-Verhältnis einschlägigen Verhältnismäßigkeitsgrundsatzes auf verfassungsrechtliche Beziehungen zwischen Hoheitsträgern abgelehnt hat[163].

Dahinter steht die zutreffende Erkenntnis, daß der Verhältnismäßigkeitsgrundsatz als allgemeines Prinzip der Rechtfertigung gesetzgeberischer Eingriffe auf der prinzipiellen Ungleichheit von Staat und Bürger beruht. In diesem Verhältnis unterbindet er einerseits alle hoheitlichen Beschränkungen der prinzipiell unbegrenzt gedachten individuellen Freiheit, die kein geeignetes

---

[159] *Arndt*, Kreislaufwirtschaft und kommunale Entsorgung, S. 19, 27; *Bleckmann*, JuS 1994, 177 (180); *Erichsen*, Kommunalrecht des Landes Nordrhein-Westfalen, S. 375 f.; *Ipsen*, ZG 1994, 194 (207 ff.); *Kronisch*, Aufgabenverlagerung und gemeindliche Aufgabengarantie, S. 95, 99 ff.; *Maurer*, DVBl. 1995, 1037 (1044 f.); *Püttner*, Zur Wahl der Privatrechtsform für kommunale Unternehmen und Einrichtungen, S. 30 f.

[160] Vgl. BVerfGE 86, 90 (109), mit deutlichen Anklängen an eine Verhältnismäßigkeitsprüfung, sowie BVerfGE 95, 1 (27), wo das Gericht den – unterstellten – Eingriff in die Planungshoheit einer einzelnen Gemeinde der Sache nach am Verhältnismäßigkeitsgrundsatz überprüft. Für die Anwendbarkeit des Verhältnismäßigkeitsgrundsatzes insoweit *Clemens*, NVwZ 1990, 834 (835); *Schmidt-Aßmann*, in: Festschrift Sendler, S. 121 (135 f.).

[161] So zutreffend *Clemens*, NVwZ 1990, 834 (835 f.); *Frenz*, Die Verwaltung 28 (1995), 33 (37 ff.); *ders.*, VerwArch 86 (1995), 378 (381); *Schmidt-Aßmann*, in: Festschrift Sendler, S. 121 (135 ff.); *Schoch*, VerwArch 81 (1990), 18 (26 ff.). A.A. hingegen *v. Mutius*, Städte- und Gemeindebund 1989, 299 (300, 303 f.); *Schink*, VerwArch 81 (1990), 385 (399 ff).

[162] BVerfGE 91, 228 (231, 233 ff.).

[163] BVerfGE 79, 311 (341 f.); 81, 310 (338). Zu diesem Zusammenhang auch *Schmidt-Aßmann*, in: Festschrift Sendler, S. 121 (135 f.).

und erforderliches, außerdem zumutbares Mittel zur Erreichung eines legitimen Zwecks darstellen; andererseits überläßt er aber die Bestimmung der staatlich zu verfolgenden Zwecke zumindest weithin dem demokratisch legitimierten Gesetzgeber. Im Verhältnis zweier Hoheitsträger hingegen ist die Grundkonstellation anders, weil nicht der eine prinzipiell frei und der andere prinzipiell gebunden ist, vielmehr beide in ihrer Rechtsstellung prinzipiell gebunden sind, materiell an das Gemeinwohl und kompetentiell durch die staatliche Zuständigkeitsordnung[164]. Das hat zur Folge, daß weder einer von beiden eine vorrechtlich bestehende und prinzipiell unbegrenzt gedachte Freiheit gegenüber Eingriffen des anderen geltend machen kann noch einer von beiden eine alleinige Kompetenz zur Konkretisierung der Gemeinwohlzwecke in Anspruch nehmen kann. Das gilt – trotz ihrer hervorgehobenen, grundrechtsähnlich garantierten Rechtsstellung – auch für das Verhältnis von Kommunen und staatlichem Gesetzgeber. Das Verhältnismäßigkeitsprinzip ist deshalb im Verhältnis zweier Hoheitsträger allgemein und auch hier, in Bezug auf die kommunale Selbstverwaltung, als allgemeines Prinzip der Rechtfertigung hoheitlicher Maßnahmen nicht anwendbar; vielmehr gelten abweichende, teils strengere, teils mildere Anforderungen. Einerseits kann es hier Regelungen geben, die keiner Rechtfertigung durch außer ihrer selbst liegende, legitime Gemeinwohlgründe bedürfen[165]. Andererseits kann für gesetzliche Beschränkungen die Rechtfertigung durch legitime Gemeinwohlgründe nicht zureichend sein, wo der betroffene Hoheitsträger die Bestimmung der staatlich zu verfolgenden Gemeinwohlzwecke durch einen anderen nicht hinzunehmen hat, weil deren Festlegung nach der innerstaatlichen Kompetenzverteilung in seinem eigenen Aufgabenbereich liegt.

b. Rechtmäßigkeitsanforderungen an gesetzliche Regelungen im so genannten Randbereich

Die Herleitung der spezifischen Verfassungsbindungen des Gesetzgebers im so genannten Randbereich der Garantie durch das Bundesverfassungsgericht geht davon aus, daß Art. 28 Abs. 2 GG eine gemeindliche Zuständigkeit für alle Angelegenheiten der örtlichen Gemeinschaft begründet hat und » ... diese Festlegung eines Regel-Ausnahme-Verhältnisses nicht bloße Rechtstechnik, sondern Ausdruck eines auch materiell verstandenen Prinzips dezentraler Aufgabenansiedlung war.«[166]

---

164 Vgl. BVerfGE 81, 310 (338).

165 Vgl. BVerfGE 91, 228 (240), hinsichtlich gesetzlicher Regelungen der inneren Gemeindeorganisation.

166 BVerfGE 79, 127 (149).

aa. Grenzen der gesetzgeberischen Aufgabenentziehung

Die Frage nach diesen Grenzen stellt sich – der Unterscheidung zwischen Aufgabenwahl und Eigenverantwortlichkeit folgend – zunächst und vor allem für den Fall der gesetzgeberischen Entziehung von bislang gemeindlichen Aufgaben.

(1) Das Aufgabenverteilungsprinzip für die »Hochzonung«. Das Bundesverfassungsgericht hat insoweit verfassungsrechtliche Maßstäbe in der Rastede-Entscheidung für den Fall der Aufgabenverlagerung auf andere, höherstufige Verwaltungsträger, den Fall der Hochzonung, entwickelt.

Danach enthält Art. 28 Abs. 2 GG »auch außerhalb des Kernbereichs der Garantie ein verfassungsrechtliches Aufgabenverteilungsprinzip hinsichtlich der Angelegenheiten der örtlichen Gemeinschaft zugunsten der Gemeinden, das der zuständigkeitsverteilende Gesetzgeber zu berücksichtigen hat. Auf diese Weise sichert Art. 28 Abs. 2 Satz 1 GG den Gemeinden einen Aufgabenbereich, der grundsätzlich *alle* Angelegenheiten der örtlichen Gemeinschaft umfaßt ...«[167]. Der den Gemeinden damit eingeräumte Vorrang läßt eine Entziehung von Aufgaben, die einen relevanten örtlichen Bezug aufweisen und daher im Gewährleistungsbereich von Art. 28 Abs. 2 S. 1 GG liegen, nur aus eingeschränkten Gründen zu. Die den Aufgabenentzug tragenden Gründe müssen gegenüber dem verfassungsrechtlichen Aufgabenverteilungsprinzip des Art. 28 Abs. 2 S. 1 GG überwiegen[168]. Dieser Anforderung genügende Gründe des Gemeininteresses sieht das Gericht vor allem dann, wenn der Verbleib in der gemeindlichen Zuständigkeit eine ordnungsgemäße Aufgabenerfüllung nicht sicherstellen oder zu einem unverhältnismäßigen Kostenanstieg führen würde; das bloße Ziel der Verwaltungsvereinfachung oder der Zuständigkeitskonzentration, Gründe der Wirtschaftlichkeit und Sparsamkeit der öffentlichen Verwaltung allein sollen hingegen eine Aufgabenentziehung nicht rechtfertigen können, weil derartige Effektivitätseinbußen im Vergleich zu einer zentralistisch organisierten Verwaltung notwendig mit der dezentralen Aufgabenansiedlung verbunden sind, für die das Grundgesetz sich mit Rücksicht auf den politisch-demokratischen Gesichtspunkt der Teilnahme der örtlichen Bürgerschaft an der Erledigung ihrer öffentlichen Aufgaben entschieden hat[169].

---

[167] BVerfGE 79, 127 (150).

[168] BVerfGE 79, 127 (154). BVerfGE 83, 363 (384), stellt auf das Vorliegen zwingender Gründe des gemeinen Wohls ab.

[169] BVerfGE 79, 127 (153).

Das Bundesverfassungsgericht nimmt insofern keine uneingeschränkte Prüfungskompetenz in Anspruch, sondern gesteht dem Gesetzgeber bei der Einschätzung der örtlichen Bezüge einer Aufgabe und ihres Gewichts eine Einschätzungsprärogative zu, deren Umfang davon abhängt, wie substantiell die Beeinträchtigung der kommunalen Selbstverwaltung ist[170]. Das hat zur Folge, daß dem Gesetzgeber eine – in ihrem Umfang wiederum vom Ausmaß der Beeinträchtigung kommunaler Selbstverwaltung abhängige – Darlegungs- und Argumentationslast auferlegt wird. Dem Gericht bleibt die Aufgabe, die gesetzgeberischen Erwägungen – in einer dem Maß der Beeinträchtigung korrespondierenden Intensität – daraufhin zu kontrollieren, ob sie den dargelegten Anforderungen des Aufgabenverteilungsprinzips genügen.

(2) Übertragung auf staatliche Deregulierungs- und Privatisierungsvorgaben. Das mit Blick auf die Hochzonung insbesondere zu den Kreisen entwickelte Aufgabenverteilungsprinzip der Rastede-Entscheidung ist zwar nicht unmittelbar auf staatliche Deregulierungs- und Privatisierungsvorgaben zu übertragen, doch müssen für sie gleich strenge verfassungsrechtliche Maßstäbe angelegt werden[171]. Das von gesetzlicher Zuweisung unabhängige Aufgabenzugriffsrecht der Kommunen besteht – wie gesehen – nicht nur im Verhältnis zu anderen staatlichen Verwaltungsträgern, sondern als staatsaufgabenrechtliche Befugnis mit mehrdimensionaler, auch gegenüber dem privaten Sektor geltender Wirksamkeit. Dieses der politisch-demokratischen Entscheidung durch die örtliche Bürgerschaft und ihre Organe überantwortete kommunale Aufgabenzugriffsrecht wird durch Hochzonung und durch Deregulierungs- oder Privatisierungsvorgaben gleichermaßen beschränkt. Auch insoweit greift deshalb der dem Prinzip der gemeindlichen Allzuständigkeit abgewonnene Vorrang der gemeindlichen Aufgabenwahl gegenüber der gesetzgeberischen Regelungsbefugnis. Vor gesetzlichen Regelungen, die den gemeindlichen Aufgabenzugriff zugunsten »anderer« beschränken, ohne zwischen staatlichen und privaten anderen zu unterscheiden, müßten differenzierende Rechtfertigungsanforderungen ohnehin versagen[172].

Auch die gesetzliche Verlagerung von gemeindlichen Aufgaben zum privaten Sektor bedarf daher der Rechtfertigung durch überwiegende Interessen des Gemeinwohls, die insbesondere dann vorliegen, wenn die Gemeinden zur

---

170 BVerfGE 79, 127 (153 f.); 83, 363 (382 f.).

171 Unentschieden insoweit *Waechter*, Kommunalrecht, Rn. 117.

172 Vgl. *Britz*, Örtliche Energieversorgung nach nationalem und europäischem Recht, S. 81 f., die Art. 28 Abs. 2 GG – ungeachtet ihrer Annahme einer bloß staatsgerichteten Funktion der Garantie – gegenüber der kommunalwirtschaftsrechtlichen Funktionssperre anwendet.

Erledigung einer Aufgabe nicht oder nur unter unverhältnismäßigem Kostenaufwand in der Lage sind. Unterhalb dieser Schwelle aber können Effektivitäts- oder Wirtschaftlichkeitserwägungen des staatlichen Gesetzgebers einen Aufgabenentzug zugunsten der Privatwirtschaft nicht rechtfertigen. Insbesondere genügt nicht der Hinweis auf eine allgemeine staatliche Privatisierungsprogrammatik; die politische Entscheidung über die Aufgabenverteilung zwischen dem gemeindlichen und dem privatwirtschaftlichen Sektor ist für den örtlichen Wirkungskreis durch Art. 28 Abs. 2 S. 1 GG prinzipiell gerade nicht dem staatlichen Gesetzgeber, sondern der jeweiligen Gemeinde selbst zugewiesen[173]. In diesem Sinne trifft zu, daß auf Grund der verfassungsrechtlichen Sicherungen im Randbereich der Garantie kommunaler Selbstverwaltung der staatliche Gesetzgeber im Verhältnis zu den Kommunen im Ergebnis Privatisierungsneutralität zu wahren hat[174].

bb. Anforderungen an Beschränkungen der Eigenverantwortlichkeit

Auf Beschränkungen der gemeindlichen Eigenverantwortlichkeit ist das Aufgabenverteilungsprinzip jedenfalls nicht unmittelbar und umfassend übertragbar[175]. Für sie gelten differenzierte Maßstäbe.

Soweit gesetzliche Beschränkungen der kommunalen Eigenverantwortlichkeit, auch und insbesondere der kommunalen Organisationshoheit, die Art und Weise der Erledigung konkreter Selbstverwaltungsaufgaben betreffen, verlangt der vom Bundesverfassungsgericht herausgearbeitete Vorrang der gemeindlichen Aufgabenwahrnehmung auch hier Beachtung; inhaltliche Vorgaben des Gesetzgebers bedürfen eines rechtfertigenden Gemeinwohlgrundes, insbesondere mit Blick auf eine ordnungsgemäße gemeindliche Aufgabenwahrnehmung[176]. Es ist bereits deutlich geworden, daß gerade hinsichtlich der gemeindlichen Selbstverwaltungsangelegenheiten eine strikte Unterscheidung zwischen Aufgabenwahl und Art und Weise der Aufgabenwahrnehmung problematisch ist, weil überhaupt erst einzelne Formen der Aufgabenwahrnehmung den Kommunen die Möglichkeit zum Aufgabenzugriff eröffnen; das gilt auch und gerade für das Instrument der gemeindlichen Wirtschaftsbetätigung. Entsprechend können Beschränkun-

---

[173] Vgl. dazu bereits *Wieland/Hellermann*, Der Schutz des Selbstverwaltungsrechts der Kommunen gegenüber Einschränkungen ihrer wirtschaftlichen Betätigung im nationalen und europäischen Recht, S. 43.

[174] *Gröpl*, in: Hoffmann u.a. (Hrsg.), Kommunale Selbstverwaltung im Spiegel von Verfassungsrecht und Verwaltungsrecht, S. 99 (104).

[175] Vgl. dazu *Schoch*, Die aufsichtsbehördliche Genehmigung der Kreisumlage, S. 63.

[176] BVerfGE 83, 363 (382). Vgl. auch, allgemein für Eingriffe in die Eigenverantwortlichkeit, *Schmidt-Aßmann*, in: Festschrift Sendler, S. 121 (136).

gen der Eigenverantwortlichkeit in organisatorischen Fragen durchschlagen auf die Möglichkeiten der Gemeinden, bestimmte Aufgaben überhaupt aufzugreifen. Der in dem Aufgabenverteilungsprinzip zum Ausdruck kommende Vorrang einer dezentralen, gemeindlichen Wahrnehmung der Angelegenheiten im örtlichen Wirkungskreis muß deshalb auch hier zur Geltung kommen; er setzt sich insoweit in den Anforderungen an gesetzliche Regelungen der Eigenverantwortlichkeit fort und führt auch hier zu einer Regelvermutung zugunsten der kommunalen Selbstverwaltung. Nicht nur materiellrechtliche Beschränkungen des Zugriffs auf bestimmte Aufgaben, sondern auch organisatorische Beschränkungen, die den Gemeinden den Zugriff auf bestimmte Aufgaben des örtlichen Wirkungskreises unmöglich machen oder erschweren, etwa mit dem Ziel einer Aufgabenverlagerung zum privaten Sektor, stehen danach unter den erhöhten Rechtfertigungsanforderungen, wie sie in der Rastede-Entscheidung entwickelt worden sind.

Wo hingegen die Wahrnehmung konkreter Selbstverwaltungsaufgaben nicht tangiert wird, kommt der bereits erwähnte, bei der Bestimmung des Kernbereichs noch nicht folgenreiche Umstand, daß für die gemeindliche Organisation – anders als für den örtlichen Wirkungskreis – keine Regelvermutung zugunsten der Kommunen gilt, im vorgelagerten Randbereich der Garantie mit Recht zur Geltung[177]. Das Bundesverfassungsgericht sieht hier eine weitgehende Gestaltungsbefugnis des Gesetzgebers. Gesetzliche Beschränkungen der Organisationshoheit sollen nicht in jedem Falle einer spezifischen Rechtfertigung bedürfen, sondern auch aus Gründen, die nicht außerhalb ihrer selbst liegen müssen, zulässig sein können; die Organisationshoheit werde auch als Prinzip selbst durch staatliche Regelungen inhaltlich ausgeformt und mit Grenzen versehen. Gesetzliche Organisationsvorgaben können danach auch »mit dem Ziel der Verwaltungsvereinfachung sowie der Wirtschaftlichkeit und Sparsamkeit der Verwaltung oder dem Wunsch nach Übersichtlichkeit begründet werden«[178]. Entsprechend wird auch für – nicht auf konkrete Selbstverwaltungsaufgaben bezogene – Beschränkungen der kommunalen Finanzhoheit ein großzügiger Rechtfertigungsmaßstab vertreten[179].

---

[177] BVerfGE 91, 228 (240). Vgl. auch *Frenz*, VerwArch 86 (1995), 378 (388).

[178] BVerfGE 91, 228 (240).

[179] *Clemens*, NVwZ 1990, 834 (838); *Otting*, DVBl. 1997, 1258 (1263).

6. Kapitel

Privatisierungsvorgaben für die kommunale Daseinsvorsorge und Verteilung der Gesetzgebungskompetenzen

Nach der Grundregel des Art. 70 GG haben im Bundesstaat des Grundgesetzes die Länder das Recht der Gesetzgebung, soweit nicht das Grundgesetz dem Bund Zuständigkeiten zuweist. Die einschlägigen Bestimmungen des Grundgesetzes kennen keinen eigenständigen Kompetenzbereich des Kommunalrechts, so daß insoweit auch eine Zuweisung an den Bund nicht vorliegt. Vielmehr zeigt das Grundgesetz schon in Art. 28 Abs. 2 S. 1 GG, daß es das Kommunalrecht im Kern als einen Regelungsbereich der Länder sieht, indem es das Recht der kommunalen Selbstverwaltung nicht selbst gewährleistet, sondern – an die Adresse der zuständigen Länder gerichtet – anordnet, daß dieses Recht den Gemeinden gewährleistet sein muß[1]. Entsprechend ist es verbreitete Ansicht, daß das Kommunalrecht – jedenfalls im Kern – im Kompetenzbereich der Länder liegt[2]. Das Bundesverfassungsgericht formuliert: »Nach Art. 70 ff. GG gehören ... Gemeindeangelegenheiten grundsätzlich zur Gesetzgebungsbefugnis der Länder ... Eingriffe des Bundesgesetzgebers in das kommunale Selbstverwaltungsrecht sind hiernach von Verfassungs wegen grundsätzlich ausgeschlossen, soweit nicht die Verfassung besondere Kompetenznormen bereithält, deren Ausnutzung den Bund zu einer Einschränkung der Gemeindeselbstverwaltung befähigt...«[3].

Die Kompetenzzuweisung an die Länder ist unumstritten und unproblematisch, soweit es um die Regelung der allgemeinen Rechtsstellung der Kommunen und ihrer inneren Organisation geht; entsprechend wird häufig darauf hingewiesen, das in der Länderkompetenz liegende Kommunalrecht sei im

---

[1] *Maurer*, DVBl. 1995, 1037 (1041).

[2] *Blümel*, in: HKWP I, S. 229 (230); *Gönnenwein*, Gemeinderecht, S. 168; *Maunz*, in: Maunz/Dürig, GG, Art. 28 Rn. 68; *Pieroth*, in: Jarass/Pieroth, GG, Art. 74 Rn. 24; *Püttner*, Das Recht der kommunalen Energieversorgung, S. 26; *Rengeling*, in: BK, Art. 74 Nr. 11 (Zweitbearb.) Rn. 56; *ders.*, in: Handbuch des Staatsrechts IV, § 100 Rn. 25; *Stern*, Staatsrecht I, S. 429.

[3] BVerfGE 56, 296 (310). Vgl. auch BVerfGE 8, 122 (137); 22, 180 (210); 26, 172 (181 f.); 77, 288 (298 f.), sowie BVerwGE 6, 101 (104); 40, 276 (281).

wesentlichen Organisationsrecht[4]. Die Zuständigkeit für die Regelung der kommunalen Handlungsbefugnisse nach außen ist hingegen weniger eindeutig verteilt. Das gemeindliche Handeln unterliegt nicht nur dem Gemeinderecht der Länder, sondern einer Vielzahl von fachgesetzlichen Vorschriften sowohl der einzelnen Länder als auch des Bundes, wie allein die Beispiele des Baugesetzbuchs, der Gewerbeordnung, des Energiewirtschaftsrechts, des Personenbeförderungsrechts oder des Sozialrechts belegen, die alle – auf unterschiedliche Weise – gemeindliche Selbstverwaltungsaktivitäten betreffen. Die prinzipielle Bejahung der Länderkompetenz sieht sich hier mit Einwirkungskompetenzen des Bundesgesetzgebers konfrontiert[5]. Die Reichweite der bundesgesetzlichen Regelungszuständigkeiten für die gemeindlichen Handlungsbefugnisse, insbesondere die zur wirtschaftlichen Betätigung, ist auch für die Möglichkeit von Privatisierungs- und Deregulierungsvorgaben des Bundes an die Gemeinden ausschlaggebend.

Die Reichweite der Bundeszuständigkeiten wird insoweit unterschiedlich beurteilt: Manche Autoren sehen – durch Art. 74 Abs. 1 Nr. 11 GG – den Bund zur Regelung auch der wirtschaftlichen Betätigung der öffentlichen Hand einschließlich der Kommunen, zumindest in Grundfragen, ermächtigt[6]; andere erkennen eine Konfliktlage zwischen der Bundeskompetenz für wirtschaftsrechtliche Regelungen mit Wirkung für private und öffentliche Unternehmen und der Landeskompetenz für spezielle Regelungen der öffentlichen Unternehmenstätigkeit im Landesverwaltungs-, insbesondere Landeskommunal(wirtschafts)recht, die durch eine harmonisierende Auslegung unter Berücksichtigung der Zwischenstellung der kommunalen Unternehmen zwischen Wirtschaft und Verwaltung gelöst werden soll[7]; schließlich finden sich Stimmen, die eine Bundeszuständigkeit für das Recht der Gemeindewirtschaft rundweg verneinen[8]. Hinter den widersprüchlichen Stellungnahmen verbirgt sich eine prinzipielle Unsicherheit und Uneinigkeit darüber, ob und in welchem Umfang es ein eigenständiges, den Bundeskompetenzen entgegenzusetzendes, sich mit diesen teils überschneidendes und von diesen abzu-

---

[4] Vgl. etwa *Blümel*, in: HKWP I, S. 229 (230 Fn. 4); *Püttner*, Das Recht der kommunalen Energieversorgung, S. 26; *Stern*, Staatsrecht I, S. 429.

[5] Vgl. etwa *Stern*, Staatsrecht I, S. 429.

[6] *Rüfner*, Formen öffentlicher Verwaltung im Bereich der Wirtschaft, S. 219, unter Hinweis auf einen entsprechenden Gesetzentwurf der FDP-Fraktion aus dem Jahr 1956, BT-Drs. 2/2712.

[7] *Rengeling*, in: BK, Art. 74 Nr. 11 (Zweitbearb.) Rn. 27, *Stern/Püttner*, Die Gemeindewirtschaft, S. 93 ff.

[8] *Klein*, Die Teilnahme des Staates am wirtschaftlichen Wettbewerb, S. 194; *Köttgen*, in: Festschrift zum hundertjährigen Bestehen des DJT I, S. 577 (580 f., 601); *Schneider*, NJW 1965, 937 (941 f.).

grenzendes Regelungsgebiet des Kommunalrechts überhaupt gibt; dieser Vorfrage soll in einem ersten Schritt nachgegangen werden (I.). Darauf aufbauend soll dann versucht werden, die Reichweite der bundesgesetzlichen Regelungsbefugnisse in ihrem Verhältnis zur Länderzuständigkeit für das Kommunalrecht zu skizzieren (II.).

I. Das Kommunalrecht als kompetenzrechtliches Regelungsgebiet

Ob und in welchem Umfang, vor allem ob auch einschließlich des Rechts der kommunalen Handlungsbefugnisse das Kommunalrecht überhaupt eine kompetenzrechtlich relevante eigenständige Regelungsmaterie darstellt, hängt eng zusammen mit der Sicht der materiellrechtlichen Gewährleistung der kommunalen Selbstverwaltung[9]. Das wird in der Gegenüberstellung zweier entgegengesetzter kompetenzrechtlicher Beurteilungen deutlich.

1. Die kommunalen Handlungsbefugnisse als Gegenstand der sachgebietsbestimmten Regelungsbefugnisse des Bundes

Eine deutliche Gegenposition zu der stillschweigenden Annahme eines eigenen Kompetenzbereichs des Kommunalrechts, wie sie der verbreiteten Anerkennung der Länderzuständigkeit hierfür zugrunde liegt, hat – auf die von ihm vertretene Neukonzeption der Garantie kommunaler Selbstverwaltung gestützt – Burmeister formuliert.

a. Burmeisters Position

Burmeister bestreitet, daß das Kommunalrecht eine eigenständige Regelungsmaterie im Sinne der grundgesetzlichen Kompetenzkataloge der Art. 73 bis 75 GG darstelle[10]. Der entscheidende Grund dafür soll sein, daß diese Bestimmungen sachgebundene Kompetenzen für die Setzung staatlichen Außenrechts zwischen Bund und Ländern aufteilten; das Kommunalrecht hingegen gehöre nach zutreffendem, unter dem Grundgesetz zwingendem Verständnis

---

[9] Diesen Zusammenhang aktualisiert im übrigen das Bundesverfassungsgericht sozusagen in umgekehrter Richtung, wenn es Verstöße gegen die bundesstaatliche Kompetenzverteilung zugleich als Verletzung der Garantie kommunaler Selbstverwaltung qualifiziert; vgl. BVerfGE 56, 298 (310).

[10] *Burmeister*, Verfassungstheoretische Neukonzeption der kommunalen Selbstverwaltung, S. 66; *ders.*, in: HKWP V, S. 3 (28).

nicht dem Bereich des staatlichen Außenrechts, sondern dem staatlichen Innenrechtskreis an. In der Folge sollen das gemeindliche Organisationsrecht und die kommunalen Handlungsbefugnisse unterschiedlichen Kompetenzverteilungsregeln unterfallen.

Die Regelungen der gemeindlichen Organisation sollen ihre Kompetenzgrundlage in der staatlichen Organisationsgewalt für den exekutiven Bereich haben; die Gestaltung der innerstaatlichen Organisation, auch soweit sie durch Gesetz erfolgen müsse, verweise das Grundgesetz in die Zuständigkeit des jeweiligen Trägers der Verwaltungszuständigkeit[11]. Aus diesem Grunde, den Vorgaben der Art. 83 ff. GG entsprechend, liege die Kompetenz für das Organisationsrecht der Kommunen, das eigentliche Kommunalverfassungsrecht, bei den Ländern[12]. Allerdings gesteht Burmeister dem Bund, soweit er über die Gesetzgebungskompetenz zur sachlichen Regelung einer Verwaltungsaufgabe verfügt, einen relativ großzügigen Zugriff auf die Kommunen über die organisatorischen Sonderkompetenzen der Art. 84 Abs. 1, Art. 85 Abs. 1 GG zu; insoweit soll dem Bund die Regelung der »an sich« der Organisationsgewalt der Länder zugehörigen kommunalen Organisation, auch der kommunalen Unternehmen, möglich sein[13].

Für die ebenfalls vom Begriff des Gemeinderechts umschlossenen außenbezogenen, die administrativen Funktionen der Gemeinde umschreibenden Kompetenzvorschriften[14] gelte hingegen nach dem Grundgesetz eine andere Verteilung der Gesetzgebungskompetenzen; sie folge nicht aus der Regelung der innerstaatlichen Organisationsgewalt, sondern aus der der gegenständlichen Gesetzgebungskompetenzen nach Art. 70 ff. GG. Die Annahme, daß im Rahmen dieser Kompetenzvorschriften das Kommunalrecht eine eigenständige Regelungsmaterie darstelle, führt er auf das herrschende Verständnis des Art. 28 Abs. 2 GG zurück, welches das materielle Substrat dieser Garantie und folglich auch des Kommunalrechts gerade in den Gegenständen eigenverantwortlicher Betätigungsbefugnis der Kommunen, den Angelegenheiten der örtlichen Gemeinschaft, sehe[15]; diese Sicht erscheint ihm als Relikt eines – unter dem Grundgesetz überholten – grundrechtlichen Verständnisses der Selbstverwaltungsgarantie, das die kommunalen Handlungsbefugnisse als subjektiv-private Rechte, nicht als kompetenzrechtlich begründete Wahrneh-

---

[11] *Burmeister*, Verfassungstheoretische Neukonzeption der kommunalen Selbstverwaltung, S. 66, 146; *ders.*, in: HKWP V, S. 3 (28 ff.).

[12] *Burmeister*, in: HKWP V, S. 3 (33).

[13] *Burmeister*, Verfassungstheoretische Neukonzeption der kommunalen Selbstverwaltung, S. 168 ff.; *ders.*, in: HKWP V, S. 3 (38).

[14] *Burmeister*, in: HKWP V, S. 3 (33).

[15] *Burmeister*, in: HKWP V, S. 3 (26).

mungszuständigkeiten ansehe. Da für die einzelnen Tätigkeitsfelder der kommunalen, insbesondere kommunalwirtschaftlichen Betätigung unbestritten weithin bundesgesetzliche Kompetenzgrundlagen bestünden, führe diese Sicht der kommunalen Handlungsbefugnisse die herrschende Meinung in unauflösbare Schwierigkeiten der Kompetenzabgrenzung. Burmeister setzt diesem Verständnis seine Neukonzeption der Garantie kommunaler Selbstverwaltung als einer Gewährleistung der prinzipiellen Ausführungszuständigkeit für alle staatlichen Verwaltungsaufgaben entgegen[16], die die Beschränkung der Garantie kommunaler Selbstverwaltung auf örtlich radizierte Aufgaben beseitigt, die von den Kommunen ausgeführten Aufgaben aber auch nicht als eigene, sondern als staatliche Aufgaben qualifiziert. Die nähere Bestimmung der Ausführungszuständigkeiten für die Wahrnehmung der staatlichen Verwaltungsaufgaben, auch für deren gemeindliche Wahrnehmung aber dürfe und müsse der für die Regelung der einzelnen Verwaltungsaufgaben kompetentiell zuständige Gesetzgeber vornehmen. Wegen seiner weiten Gesetzgebungszuständigkeiten für einzelne Aufgabengebiete gewinnt der Bund auch einen weitreichenden Einfluß auf die kommunale Aufgabenwahrnehmung. Das hat insbesondere zur Folge, daß die kommunalwirtschaftliche Betätigung nach Art. 74 Abs. 1 Nr. 11 i.V.m. Art. 72 Abs. 2 GG dem Zugriff des Bundesgesetzgebers unterliegen soll[17].

b. Immanente Kritik

Gerade an diesem letzten, für ihn zentralen Beispiel wird deutlich, daß Burmeisters Position nicht überzeugen kann; sie ist in doppelter Hinsicht zu undifferenziert, indem sie die kommunalwirtschaftliche Betätigung insgesamt als Ausführung von staatlichen Verwaltungsaufgaben sieht, zugleich aber auch umfassend der Regelungsbefugnis des Bundesgesetzgebers für das Recht der Wirtschaft unterwerfen will. Das führt in einen inneren Widerspruch. Die Kompetenzbestimmung des Art. 74 Abs. 1 Nr. 11 GG wird zur Grundlage von Bundesrecht, dem unausweichlich eine Doppelqualität beigemessen werden muß. Im Verhältnis zu privaten Wirtschaftssubjekten ist es außenrechtlicher Natur, sei es privatrechtlicher, sei es öffentlich-rechtlicher Gestalt. Zugleich sollen diese Normen aber auch die als Verwaltung verstandene wirtschaftliche Betätigung der Kommunen steuern, insoweit von den Kommunen »ausgeführt« werden. Von diesem Ausgangspunkt aber ist dann »die Anwen-

[16] Vgl. *Burmeister*, Verfassungstheoretische Neukonzeption der kommunalen Selbstverwaltung, S. 70 f.; *ders.*, in: HKWP V, S. 3 (35).

[17] *Burmeister*, in: HKWP V, S. 3 (34 ff.).

dung von privat(wirtschafts)rechtlichen Normen auf die wirtschaftliche Betätigung der Gemeinden methodisch und dogmatisch nur haltbar, wenn diesen Bestimmungen insoweit die Qualität von kompetenzbegründenden oder -limitierenden Regelungen, d.h. die *Geltungsqualität von organisationsrechtlichen Zuständigkeitsregelungen*, beigemessen wird«[18]. Die von Burmeister ins Zentrum gerückte Unterscheidung und Trennung von Innen- und Außenrechtskreis, von subjektiv-privaten Freiheiten und kompetenzrechtlichen Wahrnehmungszuständigkeiten hebt er selbst so in der Kompetenzbestimmung des Art. 74 Abs. 1 Nr. 11 GG und in dem darauf gegründeten Bundesrecht wieder auf.

2. Die kommunalen Handlungsbefugnisse als spezifisch kommunalrechtlicher Regelungsgegenstand

Daß Burmeisters Neukonzeption der kommunalen Selbstverwaltung ebenso wie auch andere, einen eigenen Aufgabenbereich der Kommunen verneinende Interpretationsansätze in materiell-verfassungsrechtlicher Hinsicht mit Art. 28 Abs. 2 S. 1 GG nicht zu vereinbaren ist, ist mit dem Bundesverfassungsgericht und der heute ganz vorherrschenden Auffassung bereits festgestellt worden; Art. 28 Abs. 2 GG garantiert den Gemeinden als staatlichen Selbstverwaltungsträgern einen eigenen Kreis von örtlich radizierten Verwaltungsaufgaben[19]. Durch dieses materiellrechtliche Verständnis des Art. 28 Abs. 2 S. 1 GG wird die kommunale Wahrnehmung öffentlicher Aufgaben, die gemeindliche Verwaltungstätigkeit nach außen als ein eigenständiger Regelungsgegenstand verfassungsrechtlich etabliert. Ebenso wie hinsichtlich der materiellrechtlichen Garantiewirkung muß allerdings auch in kompetenzrechtlicher Hinsicht differenziert werden.

Einerseits muß die Auslegung der Kompetenzvorschriften davon ausgehen, daß es für den staatlichen Gesetzgeber einen eigenständigen Regelungsgegenstand des Kommunalrechts gibt, der nicht nur das Gemeindeverfassungsrecht, sondern auch die Regelung gemeindlicher Verwaltungstätigkeit nach außen einschließt. Dieser eigene Regelungsgegenstand der kommunalen Handlungsbefugnisse beruht gerade nicht – wie Burmeister dem herrschenden institutionellen Verständnis zu Unrecht vorwirft – auf einer besonderen quasi-grundrechtlichen, subjektiv-privaten Rechtsposition der Kommunen, sondern auf der Gewährleistung ihrer besonderen hoheitlichen Position. Die kommunalen Handlungsbefugnisse sind als hoheitliche Kompetenzen eines

---

[18] *Burmeister*, in: HKWP V, S. 3 (23).
[19] Vgl. oben 5. Kap. I. 1. b. aa.

Selbstverwaltungsträgers ein eigenständiges Regelungsobjekt für den Gesetzgeber, weil die Verfassung diese Kompetenzen als eigenständigen Aufgabenkreis von dem der Staatsgewalt von Bund und Ländern unterscheidet und dieser gegenüber gewährleistet, indem sie den Gemeinden die Allzuständigkeit für den örtlichen Wirkungskreis verleiht und nur kraft des ausdrücklichen Gesetzesvorbehalts Regelungen zuläßt; auf Grund dieser verfassungsrechtlichen Vorgabe handelt es sich aus der Sicht des staatlichen Gesetzgebers in Bund und Ländern bei der Wahrnehmung von kommunalen Selbstverwaltungsaufgaben um etwas Drittes neben der staatlichen Begründung und Wahrnehmung von Verwaltungsaufgaben und der privat(wirtschaftlich)en Betätigung. Gerade weil es sich um besondere hoheitliche Handlungsbefugnisse handelt, kann die Kompetenz zu deren gesetzlicher Regelung nicht aufgehen in den Gesetzgebungszuständigkeiten, die das Grundgesetz in Bezug auf private bzw. privatwirtschaftliche Betätigungsfelder bereithält.

Andererseits ist ebenso wie in materiell-verfassungsrechtlicher Hinsicht auch in kompetentieller Hinsicht die kommunalwirtschaftliche Betätigung nicht als solche und insgesamt Selbstverwaltungsbetätigung, die von privatwirtschaftlicher Betätigung unterschieden werden müßte und von den für private bzw. privatwirtschaftliche Betätigung bestehenden Kompetenztiteln nicht erfaßt werden könnte. In der kommunalwirtschaftlichen Betätigung sind – wie gesehen – hoheitliche Aufgabenwahrnehmung und wirtschaftliche Betätigung der Kommunen in der Weise miteinander verbunden, daß die Kommune sich in Verfolgung von Selbstverwaltungsaufgaben des Mittels der (privat-)wirtschaftlichen Betätigung bedient[20]. Diese Differenzierung zwischen den spezifisch hoheitlichen Aktivitäten zur Wahrnehmung örtlicher Gemeinwohlbelange und der privatwirtschaftlichen Betätigung der kommunalen Unternehmen schlägt sich auch kompetenzrechtlich nieder und verursacht die Notwendigkeit und Schwierigkeit, insbesondere die Landeskompetenz für das Kommunalrecht, die den spezifisch hoheitlichen Handlungsbefugnissen gilt, und die Bundeskompetenz für das Recht der Wirtschaft, die auf das eingesetzte Mittel der wirtschaftlichen Betätigung zielt, in ihrer Reichweite in Bezug auf die kommunalwirtschaftliche Betätigung voneinander abzugrenzen.

---

[20] Vgl. oben 5. Kap. I. 2. b. bb.

II. Privatisierungskompetenzen des Bundes im Bereich der kommunalen Daseinsvorsorge

Es hat danach seine Berechtigung, wenn verbreitet davon ausgegangen wird, daß es ein eigenes Regelungsgebiet des Kommunalrechts im Kompetenzbereich der Länder gebe, das grundsätzlich auch das Handeln der Kommunen nach außen im allgemeinen und in der örtlichen Daseinsvorsorge im speziellen erfaßt. Für die Verteilung der Gesetzgebungszuständigkeiten in diesem Bereich folgt daraus, daß grundsätzlich den Ländern das Kommunalrecht (einschließlich des Kommunalhaushalts- und Kommunalwirtschaftsrechts) als Regelungsmaterie zusteht; unter Berücksichtigung dieses geschlossenen Regelungsgebiets der Landesgesetzgebung ist zu fragen, inwieweit spezielle Regelungstitel des Bundes reichen[21].

Für diese kompetenzrechtliche Prüfung bieten sich hier zwei entgegengesetzte Ansatzpunkte, von denen her bundesgesetzliche Privatisierungsvorgaben an die Kommunen denkbar sind. Zum einen kann der Bund die Kommunen in ihrer Funktion als Hoheitsträger ansprechen und ihnen als solchen Vorgaben für Aufgabenwahl, Haushaltsmittelverwendung etc. machen, die im Ergebnis den Zugang zu wirtschaftlichen Betätigungen verengen oder verschließen und so eine privatisierungsfördernde Wirkung haben. Zum anderen kann der Bund ansetzen bei der Regelung des Wirtschaftslebens und im Zuge seiner Ordnung auch Regelungen für die Kommunen als (potentielle) Teilnehmer hinsichtlich des »Ob« und »Wie« ihrer wirtschaftlichen Betätigung treffen.

1. Bundeskompetenzen zum Durchgriff auf die Kommunen als Selbstverwaltungsträger – Insbesondere: Art. 109 Abs. 3 GG

Zunächst sollen jene Kompetenzbestimmungen des Grundgesetzes interessieren, die dem Bund – möglicherweise – einen direkten Zugriff auf die Kommunen als Selbstverwaltungsträger erlauben.

In der bundesstaatlichen Ordnung des Grundgesetzes sind die Kommunen – ungeachtet ihrer besonderen Rechtsstellung nach Art. 28 Abs. 2 GG – ein Bestandteil der Staatsgewalt der Länder[22]. Aus diesem Grund ist die Regelung

---

[21] Vgl. etwa *Emmerich*, BB 1972, 457 (459, 460), *Püttner*, BB 1971, 881 (882); *Stern*, Die verfassungsrechtliche Position der kommunalen Gebietskörperschaften in der Energieversorgung, S. 14.

[22] BVerfGE 86, 148 (215): »Im Bundesstaat des Grundgesetzes stehen sich Bund und Länder und die Länder untereinander gegenüber; die Kommunen sind staatsorganisato-

des gemeindlichen Organisationsrechts grundsätzlich Sache der Landergesetzgebung. Dennoch sind die Kommunen in ihrer spezifischen Funktion als Selbstverwaltungsträger nicht gänzlich außerhalb der Reichweite der Bundesgesetzgebung; einzelne Kompetenzbestimmungen gestatten dem Bund allgemeine Regelungen auch mit unmittelbarer Wirkung für die Kommunen. So ermächtigt Art. 75 Abs. 1 Nr. 1 GG den Bund zur Rahmengesetzgebung über die Rechtsverhältnisse der im öffentlichen Dienst unter anderem auch der Gemeinden stehenden Personen und erlaubt so bundesgesetzliche Regelungen, die die gemeindliche Personalhoheit ausformen und beschränken. Vor allem Art. 84 Abs. 1, auch Art. 85 Abs. 1 GG erlauben organisatorische und verwaltungsverfahrensrechtliche Regelungen, soweit die Gemeinden Bundesgesetze ausführen, wobei allerdings die Reichweite dieser Kompetenzbestimmung, insbesondere hinsichtlich der direkten Aufgabenübertragung auf die Gemeinden durch den Bund, im einzelnen umstritten ist[23]. Auch die gemeindliche Finanzhoheit ist von bundesgesetzlichen Entscheidungen abhängig. Schließlich stellt sich die Frage, inwieweit die Zuständigkeit des Bundesgesetzgebers für die Aufstellung von für Bund und Länder gemeinsam geltenden Grundsätzen für das Haushaltsrecht, eine konjunkturgerechte Haushaltswirtschaft und eine mehrjährige Finanzplanung gemäß Art. 109 Abs. 3 GG sich auch auf die gemeindliche Haushaltswirtschaft erstreckt.

Die Frage nach den bundesgesetzlichen Möglichkeiten, mit dem Ziel der Privatisierung durch allgemeine Regelungen den gemeindlichen Aufgabenkreis einzuschränken, entscheidet sich an dieser letztgenannten Bestimmung des Art. 109 Abs. 3 GG. Ein hierauf gestütztes, auch auf die verstärkte Privatisierung kommunaler Aufgaben und Unternehmen zielendes Gesetzesänderungsvorhaben hat der Bund in der zwölften Legislaturperiode, im Ergebnis allerdings erfolglos, betrieben. Die dort beabsichtigte Änderung von § 6 HGrG hätte freilich – was im Gesetzgebungsverfahren unklar geblieben war[24] – noch keine rechtlich verbindliche Wirkung für die Gemeinden gewonnen, auch nicht auf dem mittelbaren Weg einer Verpflichtung der Landesge-

---

risch den Ländern eingegliedert.« Vgl. auch *Isensee*, in: Handbuch des Staatsrechts IV, § 98 Rn. 165 ff.

[23] Vgl. nur *Schoch/Wieland*, Finanzierungsverantwortung für gesetzgeberisch veranlaßte kommunale Aufgaben, S. 116 ff.

[24] Die Gesetzentwurfsbegründung sah einerseits die Länder nur zur Änderung der jeweiligen Landeshaushaltsordnungen verpflichtet, bezog sich andererseits jedoch insbesondere auch auf das Privatisierungspotential in der gemeindlichen Infrastruktur (vgl. BT-Drs. 12/6720, S. 3); im weiteren Verlauf der Beratungen wurden von Befürwortern des Gesetzesvorhabens die erforderlichen Privatisierungsanstöße für die Kommunen (vgl. BT-Drs. 12/7292, S. 4), von den Gegnern die Beeinträchtigung der kommunalen Selbstverwaltung ins Feld geführt (vgl. BT-Drs. 12/7292, S. 5; BR-Drs. 326/1/94, S. 1).

setzgeber zur Änderung des jeweiligen Kommunalhaushaltsrechts[25]; § 6 HGrG befindet sich in dem ersten Teil des Haushaltsgrundsätzegesetzes, der nach § 1 S. 1 HGrG Grundsätze für die Gesetzgebung des Bundes und der Länder enthält und nach Gesetzessystematik und Entstehungsgeschichte nur das eigentliche Landeshaushaltsrecht, nicht aber das kommunale Haushaltsrecht der Länder erfaßt[26]. Desungeachtet stellt sich die Frage, ob die Gesetzgebungskompetenz des Bundes für das Haushaltsgrundsätzerecht bundesgesetzliche Privatisierungsdirektiven für die Kommunen verfassungsrechtlich zuließe.

a. Die Erstreckung auf das Gemeindehaushaltsrecht

Eine erste Frage ist, ob die Kompetenz, für Bund und Länder gemeinsam geltende Haushaltsgrundsätze aufzustellen, auch die Befugnis zur Normierung von Grundsätzen für die Gemeindehaushalte einschließt.

aa. Gemeindehaushaltsrecht als Teil des Haushaltsrechts der Länder

Das setzt zunächst und vor allem voraus, daß die durch Art. 109 Abs. 3 GG eröffnete Möglichkeit der Aufstellung von Haushaltsgrundsätzen nicht nur für Bundes- und Landeshaushalte, sondern auch für die Gemeindehaushalte gilt.

Anlaß zu Zweifeln daran könnte der Wortlaut von Art. 109 Abs. 3 GG geben, der – abweichend von Art. 109 Abs. 4 S. 1 Nr. 1 GG, wo umfassend von Gebietskörperschaften die Rede ist – nur von Bund und Ländern spricht. Auf einfachrechtlicher Ebene differenziert das Haushaltsgrundsätzegesetz entsprechend: Der erste, der Gesetzgebung von Bund und Ländern geltende Teil des Gesetzes soll in der Sache nur die Bundes- und Landeshaushaltsgesetzgebung betreffen, nicht auch das Gemeindehaushaltsrecht der Länder. Entsprechend sind auch auf verfassungsrechtlicher Ebene Bedenken gegen die Erstreckung der Gesetzgebungskompetenz auf Grundsätze für die Gemeindehaushaltswirtschaft erhoben worden[27].

---

[25] So aber *Schliesky*, DÖV 1996, 109 (114), unter Berufung auf *Schmidt-Jortzig*, Kommunalrecht, Rn. 832.

[26] *Piduch*, Bundeshaushaltsrecht, Einführung III. 2., S. 22 f.; *Vogel/Wiebel*, in: BK, Art. 109 (Zweitbearb.) Rn. 177. Vgl. dazu, im Hinblick auf den Änderungsentwurf zu § 6 HGrG, ausführlicher *Wieland/Hellermann*, Der Schutz des Selbstverwaltungsrechts der Kommunen gegenüber Einschränkungen ihrer wirtschaftlichen Betätigung im nationalen und europäischen Recht, S. 65 ff.

[27] *Böckenförde*, DÖV 1969, 744 (744 f.); *Möller* (Hrsg.), Gesetz zur Förderung der Stabilität und des Wachstums der Wirtschaft, Art. 109 GG Rn. 12.

Mit Recht herrscht jedoch eine andere Auffassung vor. Danach nötigt Art. 109 Abs. 3 GG den Bundesgesetzgeber – trotz der Erforderlichkeit gemeinsamer Grundsätze – nicht zur Aufstellung übereinstimmender Regeln für alle öffentlich-rechtlichen Körperschaften, so daß der Haushaltsgrundsätzegesetzgeber sich teils auf Regelungen für die Haushalte von Bund und Ländern beschränken durfte; Art. 109 Abs. 3 GG läßt aber auch die Aufstellung von Grundsätzen für die Gemeindehaushaltswirtschaft zu. Die 1969 vorgenommene Einfügung »für Bund und Länder« im Wortlaut der Bestimmung soll nicht diese Gebietskörperschaften von anderen unterscheiden, sondern klarstellen, daß eine beiderseitige Bindung der Gesetzgeber auf Bundes- und Landesebene durch die gesetzliche Fixierung gemeinsam geltender Grundsätze intendiert ist. Entsprechend dem zweistufigen Aufbau des Bundesstaats unterfallen dabei dem Begriff der Länder auch die Gemeinden, so daß die Kompetenz zur Aufstellung verbindlicher Haushaltsgrundsätze auch für die Länder die Befugnis zur Einbeziehung der Kommunen mit ihrer Haushaltswirtschaft mitumfaßt[28]. Ein Ausschluß der Kommunen wäre vor allem mit Blick auf die von Art. 109 Abs. 3 GG auch begründete Kompetenz zur Aufstellung von Grundsätzen für eine konjunkturgerechte Haushaltswirtschaft in der Sache nicht überzeugend[29].

bb. Direkte Verpflichtung der Gemeinden durch den Bundesgesetzgeber

Noch nicht entschieden ist damit, ob der Bundesgesetzgeber nach Art. 109 Abs. 3 GG Grundsätze für die Gemeindehaushaltswirtschaft nur als Gesetzgebungsverpflichtungen für den jeweiligen Landesgesetzgeber oder aber auch mit unmittelbarer Verbindlichkeit für die Kommunen aufstellen darf.

Ein solcher Durchgriff kollidiert mit dem Grundsatz, wonach die Gemeinden im zweistufig aufgebauten Bundesstaat des Grundgesetzes der Staatsorganisation der Länder zugehören und daher ihrer Gesetzgebung unterfallen. Mit Rücksicht auf die Eigenständigkeit der Länder hat das Bundesverfassungsgericht verschiedentlich betont, daß dem Bund grundsätzlich ein Recht zum unmittelbaren Durchgriff auf die Kommunen nicht zustehe[30], und auch speziell zur Finanzverfassung ausgeführt, daß der Bund »weder berechtigt

---

[28] *Siekmann*, in: Sachs, GG, Art. 109 Rn. 44; *Vogel/Wiebel*, in: BK, Art. 109 (Zweitbearb.) Rn. 174. Vorausgesetzt wird diese Reichweite des Art. 109 Abs. 3 GG, indem aus dem HGrG eine Umsetzungspflicht der Landesgesetzgeber für das Gemeindehaushaltsrecht abgeleitet wird, bei *Schliesky*, DÖV 1996, 109 (114); *Schmidt-Jortzig*, Kommunalrecht, Rn. 832.

[29] *Vogel/Wiebel*, in: BK, Art. 109 (Zweitbearb.) Rn. 175.

[30] Vgl. BVerfGE 8, 122 (137); 26, 172 (181).

noch verpflichtet (ist), die finanziellen Verhältnisse der Gemeinden unmittelbar ohne Einschaltung der Länder zu ordnen.«[31] Auch hinsichtlich Art. 109 Abs. 3 GG ist deshalb – mit Blick auf § 16 StabG[32], aber auch auf das Haushaltsgrundsätzegesetz[33] – eine unmittelbare gesetzliche Verpflichtung der Gemeinden durch den Bundesgesetzgeber für verfassungsrechtlich unzulässig gehalten worden.

Art. 109 Abs. 3 GG wird jedoch überwiegend als eine Sonderkompetenz begriffen, die dem Bundesgesetzgeber die Möglichkeit zur Aufstellung gemeinsam geltender Grundsätze mit unmittelbarer Verbindlichkeit auch für die Kommunen als Untergliederungen der Länder eröffnet[34]. Ist die Gemeindehaushaltswirtschaft erst einmal in den Kompetenzbereich des Art. 109 Abs. 3 GG einbezogen, erscheint diese Auffassung, auch wenn man sonst das grundsätzliche Verbot des bundesgesetzlichen Durchgriffs auf die Kommunen streng versteht, mit Blick auf die sachliche Eingrenzung der Gesetzgebungskompetenz des Bundes vertretbar. Die Beschränkung auf die Aufstellung *gemeinsam* geltender Regeln nimmt den Ländern jedenfalls – anders etwa als eine auf Art. 84 Abs. 1 GG gestützte Zuständigkeitsbestimmung von Kommunen durch den Bund – keine in ihrem Ermessen liegende Verteilungsentscheidung, und die Beschränkung auf *Grundsätze* sichert den Ländern jedenfalls immer noch Spielräume für angemessene Einzel- und Detailregelungen.

b. Sachliche Reichweite

Ausschlaggebend wird damit die anschließende zweite Frage, ob und inwieweit Art. 109 Abs. 3 GG – mit Wirkung für Bund, Länder und auch Gemeinden – der Sache nach zur Aufstellung von Privatisierungsvorgaben ermächtigt und so den bundesgesetzlichen Zugriff auf die Aufgabenwahl der anderen Gebietskörperschaften kompetentiell eröffnet.

---

[31] BVerfGE 26, 172 (182).

[32] *Niemeier*, Bund und Gemeinden, S. 70 ff.

[33] *Schliesky*, DÖV 1996, 109 (111).

[34] *Jarass*, in: Jarass/Pieroth, GG, Art. 109 Rn. 3; *Mahrenholz*, in: AK-GG, Art. 109 Rn. 26; *Maunz*, in: Maunz/Dürig, GG, Art. 109 Rn. 52; *Stern*, in: Stern/Münch/Hansmeyer, Gesetz zur Förderung der Stabilität und des Wachstums der Wirtschaft, S. 300; *Vogel/Wiebel*, in: BK, Art. 109 (Zweitbearb.) Rn. 174.

aa. Privatisierungsdirektiven als Gegenstand des Haushaltsrechts

Das setzt zunächst voraus, daß die Kompetenzmaterie des Haushaltsrechts sich – sozusagen in die Breite – auf gesetzliche Privatisierungsverpflichtungen erstrecken kann. Die Kompetenzbestimmung des Art. 109 Abs. 3 GG bedarf insoweit der Abgrenzung von der Gewährleistung der Haushaltsautonomie gemäß Art. 109 Abs. 1 GG, die zunächst den Ländern, nach vorherrschender Auffassung aber auch den Gemeinden als Untergliederungen der Länder zukommt; im übrigen ist die Finanzautonomie den Gemeinden jedenfalls nach Art. 28 Abs. 2 S. 1 GG garantiert[35].

Das Haushaltsrecht umfaßt nach einer allgemeinen Definition alle die Haushaltswirtschaft regelnden Rechtsnormen[36]. Nach herkömmlicher – und teils auch heute noch geteilter[37] – Auffassung sind das die Verfahrensregeln für die Haushaltswirtschaft; nach wie vor gilt das Haushaltsrecht jedenfalls in erster Linie als formelles Recht. Die strikte Begrenzung auf eine bloß formale Ordnungsfunktion ist allerdings spätestens seit den Änderungen von Art. 109 GG in den Jahren 1967 und 1969 hinfällig. Sie haben in Art. 109 Abs. 2 bis 4 GG die zu den klassischen Budgetfunktionen hinzutretende wirtschaftspolitische Funktion der Haushaltswirtschaft verfassungsrechtlich anerkannt und insoweit die Materie des Haushaltsrechts auch zu einem Recht der materiellen Steuerung der Haushaltswirtschaft erweitert; jedenfalls nach vorherrschendem Verständnis umfaßt in Art. 109 Abs. 3 GG die Materie des Haushaltsrechts auch die nachfolgend genannten Regelungsgegenstände der konjunkturgerechten Haushaltswirtschaft sowie der mehrjährigen Finanzplanung[38]. Das Haushaltsrecht umschließt somit auch die Regelungen zur Sicherstellung einer konjunkturgerechten Haushaltswirtschaft und insoweit materielle Regelungselemente.

Privatisierungsvorgaben des Bundesgesetzgebers in Richtung der Gebietskörperschaften einschließlich der Kommunen enthalten eine – von dieser verfassungsrechtlichen Verpflichtung auf eine konjunkturgerechte Haushaltswirtschaft noch nicht gedeckte und darüber hinausgehende – inhaltliche Steuerung ihrer jeweiligen Haushaltswirtschaft. Den einzig in Betracht kommenden haushaltsrechtlichen Anknüpfungspunkt dafür, den im übrigen auch die 1993 vollzogene Änderung des § 7 BHO und die geplante Änderung des

---

[35] Vgl. *Schliesky*, DÖV 1996, 109 (114).

[36] Vgl. *Piduch*, Bundeshaushaltsrecht, Art. 109 GG Rn. 32; *Siekmann*, in: Sachs, GG, Art. 109 Rn. 29; *Vogel/Wiebel*, in: BK, Art. 109 (Zweitbearb.) Rn. 145.

[37] *Fischer-Menshausen*, in: v. Münch/Kunig, GG, Art. 109 Rn. 18; *Jarass*, in: Jarass/Pieroth, GG, Art. 109 Rn. 3.

[38] Vgl. *Vogel/Wiebel*, in: BK, Art. 109 (Zweitbearb.) Rn. 146.

§ 6 HGrG gewählt haben, liefert der haushaltsrechtliche Grundsatz der Wirtschaftlichkeit und Sparsamkeit[39]. Er ist als solcher heute im allgemeinen anerkannt, jedoch schließt sich die – parallel bereits mit Blick auf die materiellrechtliche Bindung der einzelnen Hoheitsträger durch das verfassungsrechtliche Wirtschaftlichkeitsprinzip erörterte[40] – Frage an, inwieweit der haushaltsrechtliche Wirtschaftlichkeitsgrundsatz ein bloß formales Prinzip der sparsamen und wirtschaftlichen Mittelverwendung für bestimmte, vorgegebene Zwecke darstellt oder aber weitergehend eine materielle Beschränkung der staatlichen Aufgabenwahl begründen kann. Die dort, für die verfassungsrechtliche Bindung und damit für die interne politisch-demokratische Freiheit des jeweiligen Hoheitsträgers in Aufgabenwahl und Haushaltswirtschaft gefundenen Ergebnisse lassen sich übertragen auf die hier interessierende Bestimmung der Regelungskompetenz des Bundesgesetzgebers im Verhältnis zu den anderen Gebietskörperschaften und damit die externe Sicherung ihrer haushaltswirtschaftlichen und politischen Autonomie; auch hier darf das Wirtschaftlichkeitsprinzip als haushaltsrechtlicher Grundsatz nicht so ausgelegt werden, daß es zu einem anderen Abwägungsgesichtspunkten vorgeordneten Wertungsprinzip bei der Entscheidung über Begründung und Wahrnehmung bestimmter staatlicher Aufgaben wird[41]. Gerade in dieser kompetentiellen Bedeutung, mit Blick auf die externe Kontrolle oder Beschränkung der Aufgabenwahl selbständiger Verwaltungsträger, namentlich der öffentlich-rechtlichen Rundfunkanstalten[42] und der Gemeinden[43], hat auch das Bundesverfassungsgericht eine zurückhaltende Auslegung des Wirtschaftlichkeitsprinzips für verfassungsrechtlich geboten erklärt. Das schließt im Rahmen des Art. 109 Abs. 3 GG ein weites Verständnis von Wirtschaftlichkeit nicht aus, solange nicht unmittelbar materiellrechtlich bindende Regelungen etwa über die Rechnungshofkontrolle (vgl. § 42 HGrG) darauf gestützt werden; einen unmittelbaren rechtlichen Zugriff auf die Aufgabenwahl der ande-

[39] Dazu, daß er die Pflicht zur Prüfung von Privatisierungsmöglichkeiten bereits einschließe, vgl. die Stellungnahme in BR-Drs. 326/1/94, S. 2; zustimmend *Schliesky*, DÖV 1996, 109 (113).

[40] Vgl. oben 5. Kap. II. 1. c. aa. (1).

[41] Krit. zu einem solchen Verständnis des Wirtschaftlichkeitsprinzips in diesem Zusammenhang *Osterloh*, in: VVDStRL 54 (1995), S. 204 (221).

[42] Vgl. BVerfGE 90, 60 (103), zur Kontrolle des Finanzbedarfs: »Diese Kontrolle darf sich aber nicht auf die Vernünftigkeit oder Zweckmäßigkeit der Programmentscheidungen der Rundfunkanstalten beziehen, sondern allein darauf, ob sie sich im Rahmen des rechtlich umgrenzten Programmauftrags halten und ob der aus den Programmentscheidungen abgeleitete Finanzbedarf zutreffend und im Einklang mit den Grundsätzen von Wirtschaftlichkeit und Sparsamkeit ermittelt worden ist. Bei dieser Kontrolle handelt es sich folglich nicht um eine politische, sondern um eine fachliche Aufgabe.«

[43] BVerfGE 79, 127 (153).

ren Gebietskörperschaften, d.h. auch eine materiellrechtliche Verpflichtung zur Privatisierung erlaubt der haushaltsrechtliche Grundsatz der Wirtschaftlichkeit dem Bund nicht.

bb. Die Beschränkung auf Grundsätze des Haushaltsrechts

Im übrigen ist im Rahmen von Art. 109 Abs. 3 GG die Beschränkung auf die Festlegung von Grundsätzen zu beachten. Hinsichtlich dieser gegenständlichen Beschränkung wird die Grundsatzgesetzgebung nach Art. 109 Abs. 3 GG in der Regel mit der Rahmengesetzgebung gemäß Art. 75 GG verglichen[44], die seit 1994 durch Art. 75 Abs. 2 GG eine weitere Einschränkung erfahren hat. Diese Änderung, die in ihrer Tendenz durch die Änderung auch von Art. 72 Abs. 2 GG bestätigt wird, spricht in systematischer Interpretation dafür, auch die Grundsatzgesetzgebungskompetenz des Bundes gemäß Art. 109 Abs. 3 GG im Interesse von Haushaltsautonomie und Aufgabenwahlfreiheit der Länder und auch Gemeinden zurückhaltend zu interpretieren. Daß in dem gescheiterten Gesetzgebungsverfahren zur Änderung von § 6 HGrG nicht nur Zweifel an der politischen Vernünftigkeit der bundesweiten Festschreibung eines bestimmten Prüfverfahrens, sondern auch kompetentielle Bedenken dagegen angemeldet worden sind[45], erscheint im Hinblick auf diese Begrenzung der zulässigen Regelungsintensität berechtigt.

2. Bundeskompetenzen zur Regelung der wirtschaftlichen Betätigung

Der zweite Ansatz zu bundesgesetzlichen Privatisierungsvorgaben an die Kommunen könnte sozusagen von der anderen Seite, nämlich von der Regelung der wirtschaftlichen Betätigung – allgemein oder auf einem bestimmten Sektor – her kommen. In Betracht zu ziehen sind dafür einzelne Kompetenztitel wie etwa die der Art. 73 Nr. 7 GG (Telekommunikation), Art. 74 Abs. 1 Nr. 12 GG (Arbeitsvermittlung) oder Art. 74 Abs. 1 Nr. 24 GG (Abfallbeseitigung), vor allem aber die allgemeineren Kompetenzen des Bundes für die Verhütung des Mißbrauchs wirtschaftlicher Machtstellung (Art. 74 Abs. 1 Nr. 16 GG) und für das Recht der Wirtschaft gemäß Art. 74 Abs. 1 Nr. 11 GG. Die Frage ist jeweils, ob und inwieweit der Bundesgesetzgeber danach das Recht hat, im Rahmen seiner Regelung der wirtschaftlichen Betätigung die Stellung der Kommunen als (potentieller) Wirtschaftsteilnehmer beschränkend zu regeln.

---

[44] *Fischer-Menshausen*, in: v. Münch/Kunig, GG, Art. 109 Rn. 17.

[45] Vgl. BT-Drs. 12/7292, S. 5; wohl zustimmend *Osterloh*, in: VVDStRL 54 (1995), S. 204 (221).

a. Zur Reichweite der Kompetenz für das Recht der Wirtschaft gegenüber den Kommunen

Die Frage sei exemplarisch anhand des allgemeinen Kompetenztitels für das Recht der Wirtschaft diskutiert. Nach der gängigen Definition des Bundesverfassungsgerichts umfaßt er »nicht nur diejenigen Vorschriften, die sich in irgendeiner Form auf die Erzeugung, Herstellung und Verteilung von Gütern des wirtschaftlichen Bedarfs beziehen ..., sondern auch alle anderen das wirtschaftliche Leben und die wirtschaftliche Betätigung als solche regelnden Normen ... Hierzu zählen Gesetze mit wirtschaftsregulierendem oder wirtschaftslenkendem Inhalt.«[46] Die Regelungszuständigkeit reicht in ihrer Ausdehnung auf die verschiedenen Sektoren der Daseinsvorsorge weit. Mit Recht hat sich beispielsweise im Streit um den Begriff der Energiewirtschaft eine extensive, etwa über Gas und Elektrizität hinaus auch neue Energiearten einbeziehende Interpretation durchgesetzt[47]. Auch gilt der herrschenden Auffassung die Aufzählung der Wirtschaftszweige im Klammerzusatz nicht als erschöpfend und abschließend[48]. Schließlich erlaubt Art. 74 Abs. 1 Nr. 11 GG auch die Setzung allgemeiner Regeln der Wirtschaftsordnung und -lenkung[49]. Hinsichtlich der Regelungstiefe ergibt sich jedoch mit Blick auf die hier interessierende Frage nach speziellen Regelungen für die Kommunen eine wesentliche Begrenzung daraus, daß allein das Recht der »Wirtschaft« insgesamt oder in den einzelnen Branchen geregelt werden darf; Art. 74 Abs. 1 Nr. 11 GG begründet daher beispielsweise von vornherein nicht – wie vielfach formuliert wird[50] – eine Energierechtskompetenz des Bundes, sondern eine Kompetenz für das Recht der Wirtschaft im Energiesektor, das Energiewirtschaftsrecht. Hierin gründen besondere Kompetenzabgrenzungsprobleme hinsichtlich der kommunalen Daseinsvorsorge, die einerseits teils durch wirtschaftliche Betätigung erfolgt, andererseits aber auch – mit dem Mittel der wirtschaftlichen Betätigung oder auch auf andere Weise – die Wahrnehmung von hoheitlichen Funktionen darstellt.

---

46 BVerfGE 68, 319 (330). Vgl. auch BVerfGE 8, 143 (148 f.); 29, 402 (409); 55, 274 (308).

47 *Evers*, Das Recht der Energieversorgung, S. 57.

48 *Rengeling*, in: BK, Art. 74 Nr. 11 (Zweitbearb.) Rn. 15 f.; *ders.*, in Handbuch des Staatsrechts IV, § 100 Rn. 169. Offengelassen in BVerfGE 68, 319 (331).

49 Vgl. *Rengeling*, in: BK, Art. 74 Nr. 11 (Zweitbearb.) Rn. 41 f.

50 Vgl. z.B. die Titel der Aufsätze von *Emmerich*, BB 1972, 457, und *Püttner*, BB 1971, 881.

aa. Die Einbeziehung der kommunalen Unternehmen in allgemeine Regelungen des Rechts der Wirtschaft

Im Grundsatz unumstritten ist zunächst die Kompetenz des Bundes, für einzelne Branchen oder auch für die wirtschaftliche Betätigung insgesamt gesetzliche Regelungen zu erlassen, die die Wirtschaftsteilnehmer ohne Rücksicht auf ihren Status oder ihre Rechtsform und damit auch öffentliche einschließlich der kommunalen Unternehmen binden[51], und zwar auch dann, wenn sie in öffentlich-rechtlicher Form handeln[52]. Diese Kompetenz gilt auch insoweit, wie wirtschaftsrechtliche Regelungen eine indirekte Beschränkung kommunaler Unternehmen zur Folge haben, etwa indem sie eine bestimmte wirtschaftliche Betätigung natürlichen Personen vorbehalten[53]. So unterfällt etwa das materielle, Geschäftspolitik und Wirtschaftsführung steuernde Sparkassenrecht der Bundeskompetenz für das Recht des Bankwesens[54], und unstreitig dürfen die bundesrechtlichen Regelungen des Energiewirtschaftsrechts auch die Wirtschaftstätigkeit der kommunalen Energieversorgungsunternehmen erfassen.

Allein daß kommunale Unternehmen Zwecken der Daseinsvorsorge dienen, steht dieser Bundeskompetenz nicht entgegen; mit Recht wird diesem Begriff aus sich heraus eine kompetenzrechtliche Bedeutung abgesprochen[55]. Daseinsvorsorge nimmt eine kommunale Betätigung nicht insgesamt aus der wirtschaftlichen Betätigung heraus. Der Berufung der Kommune darauf, staatliche Daseinsvorsorge zu betreiben, kann ja gerade entgegengehalten werden, daß sich in den Reglementierungen wirtschaftlicher Betätigung durch den Gesetzgeber die staatliche Daseinsvorsorgeverantwortung realisiere.

---

[51] BVerfG (Vorprüfungsausschuß), NVwZ 1982, 306 (307), für die gemeindliche Wasserversorgung in öffentlich-rechtlicher Form; *Hantke*, Bundesstaatliche Fragen des Energierechts unter besonderer Berücksichtigung des hessischen Energiespargesetzes, S. 61 (m.w.N. in Fn. 80).

[52] *Püttner*, BB 1971, 881 (884 Fn. 30).

[53] *Rengeling*, in: BK, Art. 74 Nr. 11 (Zweitbearb.) Rn. 54.

[54] *Rengeling*, in: BK, Art. 74 Nr. 11 (Zweitbearb.) Rn. 76.

[55] BVerwG, NVwZ 1986, 754 (755); *Emmerich*, BB 1972, 457 (462); *Kunig*, in: v. Münch/Kunig, GG, Art. 74 Rn. 33. A.A. *Knemeyer/Emmert*, JZ 1982, 284; *Stober*, NVwZ 1982, 294.

bb. Spezielle Regelungen für die kommunalen Unternehmen und die Kommunen als Unternehmensträger

Problematisch wird die Gesetzgebungskompetenz dort, wo die kommunalen Unternehmen – und damit mittelbar die Kommunen in ihrer Rolle als Unternehmensträger – speziell zum Gegenstand von Regelungen werden, indem das »Ob« oder »Wie« gerade der kommunalen Wirtschaftsbetätigung reglementiert wird. Solche Regelungen betreffen die Kommunen nicht mehr nur als einen unter anderen Wirtschaftsteilnehmern, sondern spezifisch als öffentlich-rechtliche Gebietskörperschaft in ihrem Zugang zu wirtschaftlicher Betätigung bzw. hinsichtlich der Randbedingungen dieser Betätigung. Damit entstehen sachliche Bezüge sowohl zum Recht der Wirtschaft wie auch zum Kommunalrecht, da der Regelungsgegenstand eine wirtschaftliche Betätigung ist, zugleich aber die Errichtung und Innehabung von wirtschaftlichen Unternehmen eine von der Kommune als Hoheitsträgerin wahrgenommene Verwaltungsaufgabe ist, so daß die Kommunen als Hoheitsträger betroffen sind, sei es mit Rücksicht auf die kommunale Haushaltswirtschaft, sei es darüber hinaus auch im Hinblick auf die Wahrnehmung von (Selbst-)Verwaltungsaufgaben durch das Instrument der wirtschaftlichen Betätigung. Nach den allgemeinen Grundsätzen soll es insoweit, im Überschneidungsbereich verschiedener Gesetzgebungskompetenzen, insbesondere im Überschneidungsbereich von Bundes- und Landesgesetzgebungskompetenzen, auf den stärkeren Sachzusammenhang ankommen[56].

Ausgehend von dem unbestrittenen Kompetenzgegenstand des »Rechts der Wirtschaft«, das Verhalten der Wirtschaftssubjekte zu ordnen und zu lenken, erscheint insofern ein gewisser Kompetenzspielraum für bundesgesetzliche Regelungen hinsichtlich einzelner Sachbereiche nicht ausgeschlossen. Danach kann für die Zulässigkeit einer bundesgesetzlichen Regelung über die wirtschaftliche Betätigung der öffentlichen Hand aber nicht schon genügen, daß sie in einem Gesamtzusammenhang mit anderen den konkreten Wirtschaftszweig betreffenden Normen steht und sich in diesen Zusammenhang einfügt[57]. Vielmehr wird man strenger fragen müssen, ob die Umsetzung der allgemeinen, wirtschaftsrechtlichen Ziele des Bundesgesetzgebers mit Rücksicht auf die hoheitlichen Funktionen der Kommunen als Unternehmensträgerin über ihre Unterwerfung unter die allgemeinen Regeln hinaus ergänzen-

---

[56] *Maunz*, in: Maunz/Dürig, GG, Art. 74 Rn. 12; *Pieroth*, in: Jarass/Pieroth, GG, Art. 70 Rn. 4.

[57] So *Hantke*, Bundesstaatliche Fragen des Energierechts unter besonderer Berücksichtigung des hessischen Energiespargesetzes, S. 62 f. Ähnlich *Emmerich*, BB 1972, 457 (459).

de Regelungen erfordert[58]. Begründbar erscheinen danach insbesondere Regelungen zur organisatorischen, personellen oder finanziellen Trennung zwischen den beiden Bereichen hoheitlicher und wirtschaftlicher Betätigung, wo dies aus Gründen der Wettbewerbsbedingungen angezeigt ist. Ein spezielles Verbot kommunaler Unternehmen wird sich hingegen, wie auch Vertreter einer weiten Auslegung des Art. 74 Abs. 1 Nr. 11 GG konzedieren, von diesem Ausgangspunkt kaum rechtfertigen lassen[59].

Die kommunale Unternehmensträgerschaft als solche unterfällt nicht der Regelungskompetenz des Bundes aus Art. 74 Abs. 1 Nr. 11 GG. Die Bestimmung vermittelt deshalb – mit Blick auf das »Ob« – keine Kompetenz zur (allgemeinen) Regelung des Umfangs öffentlicher Wirtschaftstätigkeit[60]. Eine solche Bundeskompetenz ist vereinzelt bejaht worden, weil zum Recht der Wirtschaft auch die Festlegung der Wirtschaftsverfassung in dem Sinne gehöre, daß die Abgrenzung des privatwirtschaftlichen Sektors vom öffentlichen Sektor als zentrale Frage der Wirtschaftsverfassung mitumfaßt sei[61]. Dem steht jedoch im Kern entgegen, daß gerade angesichts der gegenständlichen, nahezu alle Lebensbereiche erfassenden Weite des Begriffs »Wirtschaft« die funktionelle Begrenzung der Kompetenznorm auf das Verhalten der Wirtschaftssubjekte in diesen Lebensbereichen ernst genommen werden muß; eine auch insoweit großzügige Interpretation würde Art. 74 Abs. 1 Nr. 11 GG zu einer systemstörenden Sammel- und Auffangkompetenz erweitern, die viele andere Kompetenzbereiche des Bundes und vor allem der Länder, z.B. für das Kulturwesen, die Polizei oder das Gemeinderecht, überlagern und hinfällig machen würde[62]. Diese funktionale Eingrenzung spiegelt sich in der bundesverfassungsgerichtlichen Definition darin wieder, daß die Wirtschaft »als solche« der Regelungsgegenstand sein soll[63]. Die Regelung der wirtschaftlichen Betätigung des Bundes selbst steht dem Bund dennoch, unabhängig von

---

[58] *Hermes*, Der Staat 31 (1992), 281 (301).

[59] So – trotz einer insgesamt weiten Auslegung von Art. 74 Abs. 1 Nr. 11 GG – *Emmerich*, BB 1972, 457 (462); *Evers*, Das Recht der Energieversorgung, S. 58 f.; *Hantke*, Bundesstaatliche Fragen des Energierechts unter besonderer Berücksichtigung des hessischen Energiespargesetzes, S. 63 (m.w.N. in Fn. 87). Vgl. auch *Maunz*, in: Maunz/Dürig, GG, Art. 74 Rn. 154.

[60] So zu Recht *Köttgen*, in: Festschrift zum hundertjährigen Bestehen des DJT I, S. 577 (580); *Püttner*, BB 1971, 881 (884); *ders.*, Die öffentlichen Unternehmen, S. 147; *Rengeling*, in: BK, Art. 74 Nr. 11 (Zweitbearb.) Rn. 40, 80 (Öffentliche Wirtschaftsbetätigung).

[61] *Emmerich*, BB 1972, 457 (459 Fn. 28, 462); *Klein*, Die Teilnahme des Staates am wirtschaftlichen Wettbewerb, S. 194, der nur kraft Tradition das Gemeindewirtschaftsrecht ausnehmen will; *Rüfner*, Formen öffentlicher Verwaltung im Bereich der Wirtschaft, S. 219.

[62] Zu diesem systematischen Einwand vgl. *Püttner*, Die öffentlichen Unternehmen, S. 146 f.

[63] *Rengeling*, in: BK, Art. 74 Nr. 11 (Zweitbearb.) Rn. 40.

Art. 74 Abs. 1 Nr. 11 GG, zu[64]; die gesetzliche Begrenzung der wirtschaftlichen Betätigung eines Landes oder der der Landeshoheit unterstehenden öffentlich-rechtlichen Körperschaften, insbesondere auch das Gemeindewirtschaftsrecht gehört als Ausdruck staats- und verwaltungsrechtlicher Organisationshoheit zur Landesgesetzgebung[65]. Darüber hinaus ist auch das »Wie« der Unternehmensträgerschaft, die Ausgestaltung des internen Verhältnisses zwischen der Kommune als Unternehmensträgerin und ihrem Unternehmen, solange nicht Rechtsfolgen für die Geschäftsführung nach außen daran normativ geknüpft werden, nicht Gegenstand des Rechts der Wirtschaft, sondern gehört – vorbehaltlich der Kompetenz nach Art. 74 Abs. 1 Nr. 1 GG bei der Wahl privatrechtlicher Unternehmensformen – zur Kompetenz der Länder, die Verfassung und Organisation kommunaler Einrichtungen gesetzlich zu regeln[66]; so hat das Bundesverwaltungsgericht die Regelung der Gewährträgerhaftung für Sparkassen zutreffend als Ländersache angesehen[67].

b. Art. 72 Abs. 2 GG

Nur kurz sei abschließend hingewiesen auf die in Bezug auf Art. 74 Abs. 1 Nr. 11 GG einschlägigen Beschränkungen des Art. 72 Abs. 2 GG. Während diesem Umstand früher – mit Rücksicht auf die ältere bundesverfassungsgerichtliche Rechtsprechung mit Recht – keine große Bedeutung beigemessen worden ist[68], kann diese Einschätzung seit der Neufassung von Art. 72 Abs. 2 GG im Zuge der Verfassungsreform des Jahres 1994 nicht mehr ohne weiteres aufrechterhalten bleiben.

---

[64] *Püttner*, Die öffentlichen Unternehmen, S. 147 Fn. 21, erwägt insoweit eine Kompetenz kraft Natur der Sache.

[65] *Klein*, Die Teilnahme des Staates am wirtschaftlichen Wettbewerb, S. 194, unter Hinweis auf die Tradition; *Köttgen*, in: Festschrift zum hundertjährigen Bestehen des DJT I, S. 577 (601); *Rengeling*, in: BK, Art. 74 Nr. 11 (Zweitbearb.) Rn. 27, 68.

[66] Vgl. BVerfG (Vorprüfungsausschuß), NVwZ 1982, 306 (307). Vgl. auch *Glauben*, ZG 1997, 148 (157); *Pieroth*, in: Jarass/Pieroth, GG, Art. 74 Rn. 24; *Püttner*, BB 1971, 881 (882); *Rengeling*, in: BK, Art. 74 Nr. 11 (Zweitbearb.) Rn. 56.

[67] BVerwGE 75, 292 (299 f.).

[68] Vgl. z.B. *Püttner*, BB 1971, 881.

III. Teil

Die einfachrechtliche Aufgabenverteilung zwischen Kommunen und Privatwirtschaft nach Maßgabe von Europa- und Verfassungsrecht

1. Abschnitt

Der allgemeine Rahmen kommunaler Betätigung in der Daseinsvorsorge

7. Kapitel

Das Kommunalwirtschaftsrecht

Wie sich aus den vorangegangenen Überlegungen ergibt, ist die einfachrechtliche Ausgestaltung des – allgemeinen, nicht nur auf einzelne Sachbereiche bezogenen – Rechts der gemeindlichen Betätigung in der örtlichen Daseinsvorsorge, insbesondere der gemeindlichen Wirtschaftsbetätigung, im wesentlichen Sache der deutschen Länder, ihres Gemeinde(wirtschafts)rechts. Das Europäische Gemeinschaftsrecht bietet insoweit allein in Art. 86 Abs. 3 EGV einen Ansatzpunkt für speziell auf die öffentlichen einschließlich der kommunalen Unternehmen zielende Regelungen, die die Anforderungen der gemeinschaftsrechtlichen Wettbewerbsordnung gerade für diese Unternehmen konkretisieren[1]; im übrigen aber überläßt das Gemeinschaftsrecht die allgemeine Regelung der staatlichen Verwaltungstätigkeit und insbesondere auch – wie aus Art. 295 EGV folgt – der Voraussetzungen staatlicher einschließlich kommunaler Wirtschaftsteilnahme der mitgliedstaatlichen Regelung. Innerhalb der Bundesrepublik ist das spezifische Recht der Gemeindewirtschaft nach der grundgesetzlichen Verteilung der Gesetzgebungskompetenzen prinzipiell Ländersache. Wie gesehen, bieten weder Art. 109 Abs. 3 GG (»Recht der Haushaltsgrundsätze«) noch Art. 74 Abs. 1 Nr. 11 GG (»Recht der Wirtschaft«) dem Bund einen Kompetenztitel für eine allgemeine Regelung kommunaler Wirtschaftstätigkeit, auf Grund deren der Bund Privatisierungsvorgaben in Richtung der Gemeinden erlassen könnte. Im Zentrum dieses Kapitels stehen daher die kommunalwirtschaftsrechtlichen Regelungen der einzelnen Länder, die in den letzten Jahren – nachdem zuvor der Beitrag des Gemeindewirtschaftsrechts zur materiellen Privatisierung sehr zurückhaltend beurteilt worden ist[2] – teilweise einen verstärkten Privatisierungsdruck auf die Gemeinden anstreben.

---

[1] Hiervon ist – mit Wirkung auch für einen Teil der kommunalen Unternehmen – allgemein, nicht auf spezielle Sektoren bezogen insbesondere in der so genannten Transparenzrichtlinie zur Sicherstellung der Transparenz der finanziellen Beziehungen Gebrauch gemacht worden; vgl. Richtlinie 80/723/EWG, ABl. EG 1980 Nr. L 195/35, i.d.F. der Richtlinien 85/413 vom 24. Juli 1985, ABl. EG 1985 Nr. L 229/20, und 93/84 vom 30. September 1993, ABl. EG 1993 Nr. L 254/16.

[2] *Schoch*, DÖV 1993, 377 (383).

Die – beim Landesgesetzgeber liegende – mitgliedstaatliche Regelungsbefugnis wird insoweit durch das Europäische Gemeinschaftsrecht nicht beschränkt. Zwar ist die Frage aufgeworfen worden, ob allfällige Beschränkungen der kommunalen Wirtschaftsteilnahme mit dem gemeinschaftsrechtlichen Gebot der Wettbewerbsgleichheit für öffentliche und private Unternehmen kollidieren könnten, weil diesem Gebot auch die Benachteiligung öffentlicher Unternehmen zuwiderlaufe[3]. Dieses Gebot zielt freilich auf die Herstellung fairer Wettbewerbsbedingungen im Verhältnis zwischen den Wettbewerbsteilnehmern, insbesondere auf die Vermeidung unfairer Wettbewerbsvorteile der öffentlichen Unternehmen auf Grund ihrer besonderen Nähe zu der staatlichen Hoheitsgewalt. Es zielt hingegen nicht auf die Gewährleistung gleicher Wettbewerbschancen für ein Unternehmen im Verhältnis zu seinem Unternehmensträger; insoweit verleiht es einem privaten Unternehmen keine Rechtsposition gegenüber seinem privaten Träger, und es richtet sich folglich auch nicht gegen den Staat, wo er in der Rolle des Unternehmensträgers (gesetzlich) darüber befindet, unter welchen Voraussetzungen seine Unternehmen tätig werden sollen, und damit unter Umständen Wettbewerbsnachteile für sie begründet. Diese Regelungen bleiben gemäß Art. 295 EGV den Mitgliedstaaten überlassen. Innerstaatlich aber stellt sich in der Bundesrepublik die Frage nach der Vereinbarkeit landesrechtlicher Privatisierungsvorgaben mit der Verfassungsgarantie des Art. 28 Abs. 2 GG. Vor dem Hintergrund der institutionellen Garantie der kommunalen Selbstverwaltung handelt es sich bei den Nachfolgebestimmungen der §§ 67 ff. DGO – wie auch schon bei diesen Bestimmungen selbst – nicht um gesetzgeberische Ermächtigungen zu wirtschaftlicher Betätigung, sondern um gesetzliche Ausgestaltungen und Beschränkungen der verfassungsrechtlich garantierten Autonomie, deren Verfassungsmäßigkeit an Art. 28 Abs. 2 S. 1 GG zu messen ist[4].

Vor dem Hintergrund dieser Verfassungsgarantie will das Kapitel den Möglichkeiten und Grenzen privatisierungsbegünstigender Regelungen im Gemeindewirtschaftsrecht der Länder nachgehen. Dabei ist es nicht möglich,

---

[3] *Nagel*, Gemeindeordnung als Hürde?, S. 47 ff., 54; *Püttner*, Zur Reform des Kommunal-Wirtschaftsrechts in Rheinland-Pfalz, S. 11.

[4] A.A. *Burmeister*, in: HKWP V, S. 3 (18); *Löwer*, Energieversorgung zwischen Staat, Gemeinde und Wirtschaft, S. 224, vgl. auch S. 148, der zu Unrecht meint, daß die – in Reaktion auf das von den Kommunen während der Weimarer Zeit in Anspruch genommene, sachlich unbeschränkte Recht zur wirtschaftlichen Betätigung ergangenen – §§ 67 ff. DGO klargestellt hätten, daß die Gemeinde nur kraft ausdrücklicher kompetenzrechtlicher Ermächtigung durch den Gesetzgeber zum Wirtschaften ermächtigt sei; die in der Weimarer Zeit bis hin zu den §§ 67 ff. DGO vorgenommenen Regelungen der Kommunalwirtschaft haben diese zwar zunehmenden Beschränkungen unterworfen, damit aber doch nicht das Prinzip der gesetzesunabhängigen Aufgabenwahl und -wahrnehmung als solches beseitigt.

eine umfassende Darstellung und Überprüfung der verschiedenen landesgesetzgeberischen Regelungen und Regelungsabsichten vorzunehmen. Ungeachtet des gemeinsamen historischen Vorbilds in den Regelungen der §§ 67 ff. DGO ist das Gemeindewirtschaftsrecht im Kommunalrecht der verschiedenen Bundesländer von Beginn an im einzelnen durchaus unterschiedlich geregelt gewesen; diese Vielgestaltigkeit ist in den letzten Jahren nicht nur durch die neuen Gemeindeordnungen im Beitrittsgebiet, sondern auch durch eine ganze Reihe von – in sich wiederum keineswegs einheitlich ausgerichteten – Reformgesetzen in den alten Bundesländern noch verstärkt worden. Es gibt jedoch eine Reihe von übereinstimmenden Regelungsansätzen, die für den von den Landesgesetzgebern intendierten Privatisierungsdruck sorgen sollen. Im Vordergrund stehen dabei materiellrechtliche Einschränkungen der Kommunalwirtschaft zugunsten der Privatwirtschaft (I.); hinzu treten ergänzend Regelungen organisatorischer Art, die den Spielraum der Kommunalwirtschaft im Vergleich zur Privatwirtschaft einengen (II.).

I. Sachliche Beschränkungen der kommunalen Wirtschaftstätigkeit

Die Gemeindeordnungen nehmen bestimmte kommunale Betätigungen als nichtwirtschaftliche Betätigungen von materiellen Einschränkungen aus; es handelt sich dabei – mit Unterschieden im einzelnen – um Unternehmen, zu deren Betrieb die Gemeinde gesetzlich verpflichtet ist, um Einrichtungen vor allem der Kultur und der Bildung, des Sports und der Erholung, des Umweltschutzes und des Gesundheits- und Sozialwesens sowie um Hilfsbetriebe zur Deckung des Eigenbedarfs der Gemeinde. An der gemeinderechtlichen Qualifizierung einzelner dieser Betätigungen, insbesondere der Abfallentsorgung, als nichtwirtschaftlich ist zuletzt gelegentlich Kritik geübt worden, weil sie der Lebenswirklichkeit nicht mehr entsprächen, so daß eine Novellierung geboten sei[5]; rechtlich ist freilich diese – die kommunale (Wirtschafts-)Betätigung von Beschränkungen frei haltende – Qualifizierung nicht zu beanstanden. Das nordrhein-westfälische Gemeinderecht hat den Kreis der nichtwirt-

---

[5] *Schoch*, Privatisierung der Abfallentsorgung, S. 66 f.; *ders.*, DÖV 1993, 377 (379); *Tettinger*, DÖV 1996, 764 (769). Vgl. auch die Stellungnahme des Nordrhein-Westfälischen Städte- und Gemeindebundes, abgedruckt bei *Cronauge*, StuGR 1994, 310 (312), dort allerdings mit Blick auf die Freiheit der Rechtsformenwahl auch im nichtwirtschaftlichen Tätigkeitsbereich.

schaftlichen Einrichtungen 1994 sogar noch – wenn auch wohl nur dem Wortlaut, nicht der Sache nach[6] – erweitert.

Gegenstand der kommunalwirtschaftsrechtlichen Einschränkungen sind die als wirtschaftlich gekennzeichneten Unternehmen, worunter allgemein insbesondere die kommunalen Energie- und Wasserversorgungs- sowie Verkehrsbetriebe fallen[7], daneben aber auch eine Fülle anderer Betätigungen wie etwa der Betrieb von Gaststätten oder Beerdigungsinstituten.

1. Anforderungen an die Aufnahme einer wirtschaftlichen Betätigung

Der zentrale Ansatzpunkt für eine Verstärkung des gesetzgeberischen Privatisierungsdrucks auf die Kommunen sind die materiellrechtlichen Beschränkungen, die das Gemeindewirtschaftsrecht an die Gründung, Übernahme oder (wesentliche) Erweiterung eines Unternehmens oder die Beteiligung an einem solchen stellt.

a. Das Erfordernis eines rechtfertigenden öffentlichen Zwecks

Dem Beispiel des § 67 Abs. 1 Nr. 1 DGO folgend verlangen die Gemeindeordnungen in der Regel zunächst, daß ein öffentlicher Zweck das zu errichtende, (wesentlich) zu erweiternde oder zu übernehmende Unternehmen rechtfertigt.

aa. Auslegung des Gesetzes

Fast völlig übereinstimmend wird aus diesem Erfordernis heute gefolgert, daß das reine Gewinnstreben eine kommunale Wirtschaftsbetätigung nicht rechtfertigen könne[8]. Allerdings kann die Erzielung von Einnahmen für den staatlichen Haushalt nicht von vornherein als illegitimer Zweck staatlichen Handelns ausgeschieden werden. In systematischer Interpretation zeigt jedoch die Entgegensetzung einerseits der Zweckbindung und andererseits des Ertrags-

---

[6] *Decker*, in: Held u.a. (Hrsg.), Kommunalverfassungsrecht Nordrhein-Westfalen. GO, § 107 Erl. 10.1.

[7] *Oebbecke*, StuGR 1995, 387 (389). Davon abweichend hat BayVerfGH, VGH n.F. 10 II, 113 (120 ff.), auch die Versorgungs- und Verkehrsbetriebe mit Rücksicht auf die strenge Subsidiaritätsklausel der BayGO als nichtwirtschaftliche Unternehmen der Daseinsvorsorge qualifiziert.

[8] *Gern*, Deutsches Kommunalrecht, Rn. 727; *Gönnenwein*, Gemeinderecht, S. 477; *Stober*, Kommunalrecht in der Bundesrepublik Deutschland, S. 339; *Waechter*, Kommunalrecht, Rn. 604. Krit. dazu *Backhaus*, Öffentliche Unternehmen, S. 177; *Otting*, Neues Steuerungsmodell und rechtliche Betätigungsspielräume der Kommunen, S. 121 ff.

gebots in § 109 Abs. 1 GO NW und vergleichbaren Bestimmungen, daß Ertragserzielung nicht zu den geforderten öffentlichen Zwecken zählen soll. Außerdem kann entstehungsgeschichtlich auf die Amtliche Begründung zu § 67 Abs. 1 DGO zurückverwiesen werden, die dazu bereits ausgeführt hatte, es könne »einer Gemeinde nie erlaubt sein, zu wirtschaften, wenn ihr einziges Ziel dabei das der Gewinnerzielung ist...«[9].

Im übrigen ist es die herrschende Meinung, daß vielfältige öffentliche Zwecke denkbar sind[10] und bei der rechtlichen Prüfung des legitimierenden öffentlichen Zwecks Zurückhaltung geboten ist[11]. Der Gemeinde steht insoweit ein Einschätzungsspielraum zu[12].

bb. Die verfassungsgebotene Offenheit der gemeindlichen Zwecksetzung

Das gesetzliche Erfordernis eines rechtfertigenden öffentlichen Zwecks wiederholt nicht nur eine verfassungsrechtlich vorgegebene Grenze, sondern ist eine eigenständige Beschränkung gemeindlicher Wirtschaftstätigkeit[13].

Daß das Gemeindewirtschaftsrecht überhaupt einen öffentlichen Zweck des Unternehmens fordert und den Kommunen eine rein gewinnorientierte Betätigung untersagt, ist – jedenfalls unter den Bedingungen einer Finanzlage der Kommunen, die noch ein Mindestmaß an freiwilliger Aufgabenwahrnehmung zuläßt – verfassungsrechtlich nicht zu beanstanden. Allerdings berührt auch dieses Verbot die Garantie des Art. 28 Abs. 2 GG. Es beschränkt zwar nicht die Wahrnehmung von Selbstverwaltungsaufgaben der Kommunen, da nur Unternehmungen ausgeschlossen werden, die keinen den Angelegenheiten der örtlichen Gemeinschaft dienenden öffentlichen Zweck erfüllen. Es tangiert jedoch die kommunale Finanzhoheit, die schon immer als in Art. 28 Abs. 2 GG verankert galt und in Art. 28 Abs. 2 S. 3 GG eine zusätzliche Absicherung erfahren hat[14]. Sie überantwortet grundsätzlich auch eine rein gewinnorientierte unternehmerische Anlage des Gemeindevermögens der ei-

[9] Abgedruckt bei *Surén/Loschelder*, DGO, § 67 Erl. 1 (S. 89). Hierauf verweist etwa *Dickersbach*, WiVerw 1983, 187 (200).

[10] *Hill*, BB 1997, 425 (429).

[11] *Osterloh*, in: VVDStRL 54 (1995), S. 204 (229); *Schoch*, DÖV 1993, 377 (388).

[12] BVerwGE 39, 329 (334).

[13] Als Bestätigung dieser Sichtweise kann man werten, daß der nordrhein-westfälische Gesetzgeber sich frei gesehen hat, durch eine Änderung von § 107 Abs. 1 GO NW mit Gesetz vom 25. November 1997 (GVBl. S. 422) den Gemeinden den Betrieb von Telekommunikationsnetzen unabhängig vom Vorliegen eines (dringenden) öffentlichen Zwecks zu erlauben; vgl. dazu unten 10. Kap. II. 2. a. aa.

[14] Vgl. dazu *Dreier*, in: ders., GG, Art. 28 Rn. 132, 141 ff.; *Löwer*, in: v. Münch/Kunig, GG, Art. 28 Rn. 88 ff.

genverantwortlichen Entscheidung der Gemeinde[15]. Allerdings stehen dem Gesetzgeber insoweit, da es nicht um die Erledigung von Angelegenheiten der örtlichen Gemeinschaft geht, also der Grundsatz der gemeindlichen Allzuständigkeit und die Regelvermutung für ihre Eigenverantwortlichkeit nicht greifen, großzügigere Regelungsmöglichkeiten offen. Im Ergebnis wird, auch mit Rücksicht auf die historische Entwicklung, diese Einschränkung der gemeindlichen Selbstverwaltung unter dem Aspekt der Finanzhoheit mit Recht nicht beanstandet[16].

Eine weitere Einengung der eine kommunale Wirtschaftsbetätigung rechtfertigenden Unternehmenszwecke, die den Kommunen das Instrument der wirtschaftlichen Betätigung zur Verfolgung von (bestimmten) Angelegenheiten der örtlichen Gemeinschaft entzöge, steht – soweit ersichtlich – nicht in Rede und bedarf daher hier keiner intensiveren Diskussion. Ihr stünde die durch Art. 28 Abs. 2 GG garantierte eigenverantwortliche Wahrnehmung von Selbstverwaltungsaufgaben entgegen. Wenn sie weite Bereiche der Daseinsvorsorge der Erledigung durch gemeindliche Wirtschaftstätigkeit entzöge, könnte sie – durch faktische Aushöhlung – den Kernbereich der Garantie verletzen und wäre deshalb verfassungswidrig. Eine so weit nicht reichende Einschränkung der rechtfertigenden Zwecke, die den Randbereich der Garantie tangierte, bedürfte immer noch einer Rechtfertigung durch überwiegende Gründe des Gemeinwohls. Insoweit soll hier der Hinweis genügen, daß die – sogleich darzulegenden – Bedenken gegen die Verfassungsmäßigkeit einer Subsidiaritätsklausel für die Kommunalwirtschaft im Verhältnis zur Privatwirtschaft hier noch verstärkt gelten, da der Gesetzgeber den Gemeinden eine wirtschaftliche Betätigung zur Wahrnehmung von Selbstverwaltungsaufgaben sogar da untersagen würde, wo eine – gleich gute und wirtschaftliche – Erledigung durch andere, insbesondere die private Wirtschaft nicht gewährleistet wäre.

b. Die räumliche Beschränkung kommunaler Wirtschaftstätigkeit auf das Gemeindegebiet

Einige Gemeindeordnungen schreiben ausdrücklich vor, daß die Gemeinden sich nur »zur Erledigung von Angelegenheiten der örtlichen Gemeinschaft« wirtschaftlich betätigen dürfen[17]. Nach Auffassung der entsprechenden Lan-

---

[15] Vgl. *Waechter*, Kommunalrecht, Rn. 605, der die Fortführung eines Unternehmens, dessen öffentlicher Zweck entfallen ist, auf die gemeindliche Befugnis zur Verwaltung des eigenen Vermögens stützt.

[16] *Stern/Püttner*, Die Gemeindewirtschaft, S. 182.

[17] § 100 Abs. 2 BbgGO; § 108 Abs. 1 S. 1 NGO; vgl. auch § 107 Abs. 1 S. 1 GO NW i.d.F.

desgesetzgeber und maßgeblicher Kommentatoren wird damit eine bereits verfassungsrechtlich vorgegebene Beschränkung des zulässigen räumlichen Betätigungsfeldes kommunaler Unternehmen gesetzlich ausdrücklich aufgenommen. Hoheitsgebiet der Kommunen sei ihr Gemeindegebiet. Diese Beschränkung gelte auch dann, wenn sich die Gemeinde des Mittels eines privatrechtlich organisierten Unternehmens zur Aufgabenerfüllung bediene. Der Gesellschaftszweck auch einer privatrechtlich organisierten Gesellschaft sei zwingend auf das jeweilige Gemeindegebiet zu begrenzen[18]. Dieses Argument ist bereits zurückgewiesen worden; Art. 28 Abs. 2 GG, der als Kompetenzbestimmung die Grundlage und Grenze für die das Verwaltungshandeln der Gemeinde darstellt, erfaßt das wirtschaftliche Handeln der Gemeinde mit seinen sachlichen und räumlichen Kompetenzgrenzen nicht[19]. Die gesetzliche Beschränkung der wirtschaftlichen Betätigung der Kommunen auf ihr jeweiliges Gemeindegebiet folgt daher nicht aus Art. 28 Abs. 2 GG, sondern muß sich an Art. 28 Abs. 2 GG messen lassen.

aa. Zwecke der örtlichen Gemeinschaft als Zulässigkeitsgrenze kommunaler Wirtschaftstätigkeit

Mit der Einfügung der einschlägigen Regelung in § 107 Abs. 1 GO NW a.F. sollte, wie die zugrunde liegende Begründung des Regierungsentwurfs ausführte, »der örtliche Bezug der Betätigung als Grundvoraussetzung für die Zulässigkeit« kommunaler Wirtschaftstätigkeit hervorgehoben werden[20]. Hieraus ist gefolgert worden, daß die Gemeinde danach in ihrer wirtschaftlichen Betätigung nicht in jedem Falle an das Gemeindegebiet gebunden sein solle, ein räumlich darüber hinausreichendes Tätigwerden jedoch in dem auf die örtliche Gemeinschaft bezogenen öffentlichen Zweck seine Beschränkung finde[21].

Gegen eine solche gesetzliche Klarstellung ist auch verfassungsrechtlich nichts zu erinnern. Nach Art. 28 Abs. 2 GG ist das Recht der Kommunen zur wirtschaftlichen Betätigung – nach dem hier vertretenen Verständnis – zwar nicht von vornherein derart eingegrenzt; gegen eine entsprechende gesetzliche Beschränkung bestehen jedoch auch keine verfassungsrechtlichen Bedenken.

---

der Bekanntmachung vom 14. Juli 1994 (GVBl. S. 666), insoweit geändert durch das Erste Modernisierungsgesetz vom 15. Juni 1999 (GVBl. S. 386).

[18] *Held*, NWVBl. 1995, 325 (328). Vgl. auch *Erichsen*, Kommunalrecht des Landes Nordrhein-Westfalen, S. 279; *Stein*, VR 1992, 389 (393).

[19] Vgl. oben 5. Kap. II. 1. b. bb.

[20] LT-Drs. 11/4983, S. 25.

[21] *Decker*, in: Held u.a. (Hrsg.), Kommunalverfassungsrecht Nordrhein-Westfalen. GO, § 107 Erl. 4.1.

Das Verbot wirtschaftlicher Betätigungen, die einem örtlichen Gemeinwohlzweck nicht dienen, sondern das Gemeindeinteresse allenfalls durch mögliche Unternehmensgewinne fördern, tangiert Art. 28 Abs. 2 GG nicht hinsichtlich der Gewährleistung der eigenverantwortlichen Wahrnehmung von Angelegenheiten der örtlichen Gemeinschaft, sondern lediglich im Hinblick auf die kommunale Finanzhoheit. Gegenüber ihrer gesetzlichen Beschränkung bestehen insoweit – wie bereits gesehen – keine Bedenken.

bb. Das Gemeindegebiet als räumliche Begrenzung der Betätigung kommunaler Unternehmen

Wenn der genannten Gesetzesregelung – wie auch bereits Art. 28 Abs. 2 GG – die allem Handeln der Kommune geltende Beschränkung auf das Gebiet der eigenen Gemeinde bzw. darauf, »in ihrem Gebiet – und an sonst keiner anderen Stelle – die örtlichen Angelegenheiten zu gestalten«[22], entnommen wird, klingt das nach einem strengeren Verständnis, das die wirtschaftlichen Betätigungen des gemeindlichen Unternehmens auf das Gemeindegebiet beschränkt wissen will. Diese im Ansatz striktere Interpretation wird freilich nicht nur durch ein – häufiger konstatiertes – Vollzugsdefizit vor allem bei der Kommunalaufsicht abgemildert[23], sondern auch rechtlich nicht durchgehalten. So soll nicht nur ein überörtliches Tätigwerden im Wege der öffentlich-rechtlich oder privatrechtlich organisierten Kooperation mehrerer Kommunen zulässig sein, wenn das aus wirtschaftlichen Gründen angezeigt ist[24]. Darüber hinaus ist – für die Ausnahmesituation nach der deutschen Wiedervereinigung – auch eine Beteiligung westdeutscher Kommunalunternehmen an Unternehmen von Kommunen in den neuen Bundesländern als eine Mitwirkung an wirtschaftlichen Vorhaben ohne jeden räumlichen Bezug zum eigenen Gemeindegebiet zugelassen worden[25].

Eine Interpretation im Sinne strikter Begrenzung der wirtschaftlichen Betätigungen gemeindlicher Unternehmen auf das eigene Gemeindegebiet wäre auch mit Art. 28 Abs. 2 GG nicht zu vereinbaren, soweit nicht bloß erwerbs-

---

22 *Held*, NWVBl. 1995, 325 (328).

23 *Spannowsky*, RdE 1995, 135 (137); *Weigt*, RdE 1994, 209 (210).

24 *Decker*, in: Held u.a. (Hrsg.), Kommunalverfassungsrecht Nordrhein-Westfalen. GO, § 107 Erl. 4.2; *Erichsen*, Kommunalrecht des Landes Nordrhein-Westfalen, S. 279; *Moraing*, Möglichkeiten und Grenzen kommunalwirtschaftlicher Betätigung, S. 31; *Otting*, Neues Steuerungsmodell und rechtliche Betätigungsspielräume der Kommunen, S. 135; *Pünder*, DVBl. 1997, 1353 (1359); *Schauwecker*, in: HKWP V, S. 317 (324 ff.); *Stein*, VR 1992, 389 (393).

25 Vgl. *Decker*, in: Held u.a. (Hrsg.), Kommunalverfassungsrecht Nordrhein-Westfalen. GO, § 107 Erl. 4.3.

wirtschaftlich motivierte kommunale Wirtschaftstätigkeiten erfaßt würden, sondern auch solche, die einen hinreichenden Bezug zur Verfolgung von Angelegenheiten der örtlichen Gemeinschaft aufweisen. Wenn Art. 28 Abs. 2 GG den Kommunen das Recht garantiert, örtliche Gemeinwohlzwecke auf dem Wege wirtschaftlicher Betätigung zu verfolgen, setzt diese Garantie, soll sie nicht leerlaufen, voraus, daß die rechtlichen Rahmenbedingungen den Kommunen ein erfolgreiches Wirtschaften ermöglichen. Das Kommunalwirtschaftsrecht muß dieses Gebot schon deshalb beachten, weil es doch selbst regelmäßig die Zulässigkeit kommunaler Unternehmungen von einem Vergleich mit privatwirtschaftlichen Unternehmen im Hinblick auf Güte und auch Wirtschaftlichkeit der Zweckerfüllung abhängig macht. Welche Anforderungen sich dabei an das Kommunalwirtschaftsrecht stellen, hängt auch von den jeweils herrschenden Wettbewerbsbedingungen ab. Solange eine kommunale Betätigung auf einem durch staatliche Wettbewerbsbeschränkungen monopolisierten oder regulierten Markt stattfindet, bedarf es geringerer Spielräume für marktgerechtes Verhalten. Auf einem deregulierten Markt mit intensivem Wettbewerb ist das anders[26]. Hier bedeutet eine räumliche Einschränkung des Betätigungsfeldes eine strukturelle Benachteiligung kommunaler Unternehmen gegenüber privaten Konkurrenten, indem sie sie auf einen lokalen Markt beschränkt, während jene räumlich unbeschränkt tätig werden können[27]. Unter diesen Bedingungen bedarf es der Zulassung auch überörtlicher Wirtschaftsbetätigungen, soweit sie als Marktreaktion oder zur Wahrung der Unabhängigkeit geboten sind[28]. Daß diese überörtliche wirtschaftliche Betätigung die Aufgabenwahrnehmung anderer Gebietskörperschaften beeinträchtige, kann dagegen nicht eingewandt werden. Wenn Kommunen Angelegenheiten der örtlichen Gemeinschaft mit dem Mittel wirtschaftlicher Betätigung verfolgen, sind sie dabei – soweit ihnen nicht über das Recht zur eigenen wirtschaftlichen Betätigung hinaus rechtliche Möglichkeiten zur Beschränkung des Wettbewerbs zu Gebote stehen, wie bislang vor allem in der örtlichen Energieversorgung kraft ihres Wegerechts der Fall – grundsätzlich auch den Ge-

---

[26] Vgl. *Moraing*, WiVerw 1998, 233 (254 f.), sowie – ausgehend insbesondere von den Deregulierungsvorgaben des Europäischen Gemeinschaftsrechts – *Nagel*, Gemeindeordnung als Hürde?, S. 31 f., 38, 56. Auch *Ehlers*, DVBl. 1998, 497 (498), sieht, daß kommunale Anbieter im Wettbewerb gleiche Handlungsspielräume wie die privaten Konkurrenten benötigen.

[27] Vgl. etwa, mit Blick auf den Energiesektor, *Spannowsky*, RdE 1995, 135 (137).

[28] In diesem Sinne bereits *Stern/Püttner*, Die Gemeindewirtschaft, S. 171: »Wenn die Versorgungswirtschaft zum Wesensgehalt der Selbstverwaltung gehört, dann muß auch ein solches Maß von überörtlicher Zusammenarbeit, das zur Garantie der Unabhängigkeit der kommunalen Unternehmen notwendig ist, mitgarantiert sein.« Vgl. auch ebd., S. 182 Fn. 263.

setzmäßigkeiten des wirtschaftlichen Wettbewerbs unterworfen; sie genießen weder im Verhältnis zu Privaten noch zu anderen, sich ebenfalls wirtschaftlich betätigenden Kommunen Schutz vor Konkurrenz. Der Schutz auch überörtlicher Aktivitäten durch Art. 28 Abs. 2 GG endet erst da, wo die Tätigkeit außerhalb des Gemeindegebiets in keinem sachlichem Bezug zur Versorgungstätigkeit im eigenen Gemeindegebiet steht, sondern ohne solchen sachlichen Zusammenhang allein noch über die Gewinnerzielung der örtlichen Gemeinschaft dient[29].

c. Funktionssperre und Subsidiaritätsklausel im Verhältnis zur Privatwirtschaft

Am direktesten kommt der kommunalwirtschaftsrechtliche Privatisierungsdruck dort zur Geltung, wo die Zulässigkeit gemeindlicher Wirtschaftsbetätigung mit Blick auf die Alternative der Aufgabenwahrnehmung durch einen Dritten, insbesondere einen Privaten eingeschränkt wird.

aa. Die Gesetzeslage

Das Gemeindewirtschaftsrecht der einzelnen Länder differiert in diesem Punkte nicht unerheblich.

Eine wirkliche Subsidiarität gemeindlicher Wirtschaftsbetätigung haben erst die strengeren Regelungen insbesondere in den Gemeindeordnungen einiger neuer Länder herbeiführen wollen. Eindeutig ist die Subsidiaritätsregelung, wenn die Gemeinde sich wirtschaftlich nur soll betätigen dürfen, sofern »sie die gemeindlichen Aufgaben besser und wirtschaftlicher als Dritte erfüllen kann«[30]. Nur wenn die Gemeinde dartun kann[31], daß sie die verfolgte Aufgabe sowohl besser als auch wirtschaftlicher als ein anderer Anbieter erfüllen kann, darf sie selbst zu diesem Zweck wirtschaftlich tätig werden; bei nur gleich guter, dabei vielleicht sogar wirtschaftlicherer oder bei nur gleich wirtschaftlicher, womöglich aber besserer Aufgabenerfüllung ist ihr die eigene wirtschaftliche Betätigung verwehrt. Im Ergebnis gilt Ähnliches auch bereits

---

[29] Im Ergebnis ähnlich, jedoch immer noch recht eng in der Zulassung überörtlicher Betätigung *Otting*, Neues Steuerungsmodell und rechtliche Betätigungsspielräume der Kommunen, S. 135; vgl. auch *Schulz*, BayVBl. 1998, 449 (451).

[30] So die Formulierung von § 68 Abs. 1 Nr. 3 KV M-V i.d.F. des Gesetzes vom 18. Februar 1994 (GVBl. S. 249), insoweit geändert durch Gesetz vom 26. November 1997 (GVBl. S. 694).

[31] Zur Darlegungslast vgl. *Darsow*, in ders. u.a. (Hrsg.), Schweriner Kommentierung der Kommunalverfassung des Landes Mecklenburg-Vorpommern, Vorbemerkung (vor § 68) Rn. 6, § 68 Rn. 11.

für die milder anmutende Voraussetzung der Zulässigkeit gemeindlicher Wirtschaftsbetätigung, daß der verfolgte Zweck nicht ebenso gut und wirtschaftlich durch einen (privaten) Dritten erfüllt wird oder werden kann[32]. Danach verdrängt bereits die gleich gute und wirtschaftliche Zweckerfüllung durch andere (private) Anbieter die kommunale Unternehmung. Zusätzlich wird die gemeindliche Position dadurch erschwert, daß – da es sich nicht etwa um einen z.B. von der Aufsichtsbehörde geltend zu machenden Verbotsgrund, sondern um eine von der Gemeinde zu erfüllende Zulässigkeitsvoraussetzung handelt – die Darlegungslast und objektive Beweislast hierfür ihr aufgebürdet werden, so daß gegebenenfalls verbleibende Unsicherheiten sich zu ihrem Nachteil auswirken. Im Ergebnis ist die kommunale Wirtschaftsbetätigung danach nur zulässig, wenn feststeht, daß die Gemeinde im Vergleich zu anderen zu einer – jedenfalls unter einem der beiden Kriterien der Güte und der Wirtschaftlichkeit – überlegenen Leistungserbringung in der Lage ist.

Die meisten Bundesländer verlangen – dem Vorbild von § 67 Abs. 1 Nr. 3 DGO folgend – nach wie vor, daß der mit dem gemeindlichen Wirtschaftsunternehmen verfolgte Zweck nicht besser und wirtschaftlicher durch einen anderen erfüllt wird oder erfüllt werden kann[33]. Häufig wird bereits in dieser Regelung die Anordnung der Subsidiarität gemeindlicher Wirtschaftsbetätigung gesehen[34]. Diese Kennzeichnung ist nicht überzeugend[35]. Gegen sie spricht zunächst, daß die gemeindliche Wirtschaftsbetätigung nicht nur mit der Zweckerfüllung durch die Privatwirtschaft, sondern durch einen beliebigen anderen, also auch einen anderen, gegebenenfalls höherstufigen staatli-

---

[32] Vgl. § 71 Abs. 1 Nr. 3 ThürKO, § 85 Abs. 1 Nr. 3 GemO RhPf sowie – für ein Tätigwerden außerhalb der kommunalen Daseinsvorsorge – Art. 87 Abs. 1 S. 1 Nr. 3 BayGO. Zur Charakterisierung dieser Formulierung als Ausdruck der Subsidiaritätsidee vgl. mit Blick auf Art. 75 BayGO (a.F.) *Isensee*, Subsidiaritätsprinzip und Verfassungsrecht, S. 84.

[33] Vgl. z.B. § 108 Abs. 1 Nr. 3 NGO; § 108 Abs. 1 KSVG Saarl.; § 97 Abs. 1 S. 1 Nr. 3 SächsGemO, eingefügt durch Gesetz vom 13. Dezember 1996 (GVBl. S. 531). Vgl. auch § 107 Abs. 1 S. 1 Nr. 3 GO NW i.d.F. des Ersten Modernisierungsgesetzes vom 15. Juni 1999 (GVBl. S. 386).

[34] *Broß*, in: Festschrift Piper, S. 107 (109); *Dürig*, JZ 1953, 193 (198); *ders.*, in: Maunz/Dürig, GG, Art. 2 Abs. I Rn. 52; Art. 19 Abs. III Rn. 47; *Erichsen*, Kommunalrecht des Landes Nordrhein-Westfalen, S. 280; *Gerke*, Jura 1985, 349 (352); *Gönnenwein*, Gemeinderecht, S. 56; *Gröpl*, in: Hoffmann u.a. (Hrsg.), Kommunale Selbstverwaltung im Spiegel von Verfassungsrecht und Verwaltungsrecht, S. 99 (107); *Grünewald*, in: Ipsen (Hrsg.), Privatisierung öffentlicher Aufgaben, S. 5 (13); *Heinemann*, Grenzen staatlicher Monopole im EG-Vertrag, S. 31; *Schönershofen/Binder-Falcke*, VR 1997, 109 (112); *Schumacher*, LKV 1995, 135 (139); *Siedentopf*, Grenzen und Bindungen der Kommunalwirtschaft, S. 43 f.; *Stern*, DÖV 1961, 325 (328); *Stern/Püttner*, Die Gemeindewirtschaft, S. 176.

[35] Vgl. dazu *Burmeister*, in: HKWP V, S. 3 (13 f.); *Haupt*, Wirtschaftliche Betätigung von Kommunen im Gewande der privatrechtlichen Gesellschaft, S. 82 f.

chen Träger verglichen wird; damit fehlt den Bestimmungen bereits die dem Subsidiaritätsprinzip eigene Zielrichtung zugunsten der kleineren und hier insbesondere der gesellschaftlichen Einheit. Vor allem aber muß die gemeindliche Wirtschaftsbetätigung danach erst zurücktreten, wenn ein anderer zu einer besseren und wirtschaftlicheren Erfüllung des angestrebten Zwecks in der Lage ist, nicht hingegen schon bei gleich guter und wirtschaftlicher Zweckerfüllung; die vom Subsidiaritätsprinzip postulierte Nachrangigkeit der gemeindlichen Aufgabenwahrnehmung würde auch in dieser Konstellation fordern, die Tätigkeit der Privatwirtschaft zu überlassen.

Einzelne Länder verzichten auf jede Funktionssperre oder Subsidiaritätsklausel für die kommunale im Verhältnis zur privaten Wirtschaft[36]. Das hat Anstoß zu einzelnen, wohl zunehmenden Versuchen gegeben, ein Subsidiaritätsgebot aus dem Erfordernis eines rechtfertigenden öffentlichen Zwecks abzuleiten, wofür die schärfere Fassung des § 107 Abs. 1 S. 1 Nr. 1 GO NW (a.F.) sich besonders anzubieten scheint; ein (dringender) öffentlicher Zweck soll danach eine eigene wirtschaftliche Betätigung der Gemeinde nur rechtfertigen bzw. erfordern können, wenn dieser Zweck nicht schon gleichermaßen durch die wirtschaftliche Aktivität anderer (privater) Unternehmen erreicht wird[37]. Eine solche Interpretation ist bislang mit Recht in der höchstrichterlichen Rechtsprechung[38] und auch in der Literatur[39] auf Ablehnung gestoßen. Schon der Wortlaut – auch der auf die Erforderlichkeit abstellenden nordrhein-west-

---

[36] § 102 Abs. 1 GemO BW; § 121 Abs. 1 HGO; vgl. auch § 102 Abs. 2 und 3 BbgGO. Auch § 107 Abs. 1 S. 1 GO NW i.d.F. der Bekanntmachung vom 14. Juli 1994 (GVBl. S. 666) wies keine Funktionssperre-Klausel auf.

[37] *Badura*, DÖV 1998, 818 (821 f.); *Depenbrock*, Die Stellung der Kommunen in der Versorgungswirtschaft, S. 30; *Ehlers*, DVBl. 1998, 497 (501); *Erichsen*, Kommunalrecht des Landes Nordrhein-Westfalen, S. 280; *Gerke*, Jura 1985, 349 (355 f.); *Held*, WiVerw 1998, 264 (278); *Isensee*, Subsidiaritätsprinzip und Verfassungsrecht, S. 79 Fn. 14, 84 Fn. 27; *Knemeyer*, in: Achterberg/Püttner (Hrsg.), Besonderes Verwaltungsrecht, Bd. II, S. 53 (64 Rn. 131, 75 Rn. 161); *Krell/Wesseler*, Das neue Kommunalverfassungsrecht in Nordrhein-Westfalen, Rn. 256; *Löwer*, Energieversorgung zwischen Staat, Gemeinde und Wirtschaft, S. 237 f. (unter Rückgriff auf den verfassungsrechtlichen Verhältnismäßigkeitsgrundsatz); *Pünder*, DVBl. 1997, 1353 (1359); *Schliesky*, Öffentliches Wettbewerbsrecht, S. 442 Fn. 1285; *Schmidt-Jortzig*, Kommunale Organisationshoheit, S. 115 f.; *ders.*, Kommunalrecht, Rn. 686 Fn. 42; *ders.*, in: HKWP V, S. 50 (61); *Stern/Püttner*, Die Gemeindewirtschaft, S. 73; *Waechter*, Kommunalrecht, S. 334 f. Vgl. jüngst auch OLG Düsseldorf, WRP 1997, 42 (44).

[38] BVerwGE 39, 329 (336); VGH BW, NJW 1984, 251 (252). Vgl. auch BGH, NJW 1987, 60 (61).

[39] *Maurer*, in: Maurer/Hendler (Hrsg.), Baden-Württembergisches Staats- und Verwaltungsrecht, S. 173 (244); *Moraing*, WiVerw 1998, 233 (266); *Oebbecke*, StuGR 1995, 387 (389 Fn. 22); *Otting*, Neues Steuerungsmodell und rechtliche Betätigungsspielräume der Kommunen, S. 133; *Schoch*, DÖV 1993, 377 (380); *Schönershofen/Binder-Falcke*, VR 1997, 109 (112 f.).

fälischen Klausel – gibt dafür Anhaltspunkte. Er verlangt die Erforderlichkeit der »Betätigung« für den (dringenden) öffentlichen Zweck, stellt also auf eine Relation zwischen der intendierten Tätigkeit und dem damit verfolgten öffentlichen Zweck ab, fragt aber nicht nach der Erforderlichkeit gerade der gemeindlichen Wahrnehmung dieser Betätigung, nimmt also keine Rücksicht auf den Träger der wirtschaftlichen Unternehmung. Gegen eine Berücksichtigung vorhandener privater Leistungsangebote spricht weiter schon dem Wortlaut nach, daß es um die Erforderlichkeit einer »wirtschaftlichen« Betätigung der Gemeinden zur Verfolgung öffentlicher Zwecke geht; der Erforderlichkeit einer wirtschaftlichen Betätigung aber kann – da sie zwar auch bei Fehlen von Konkurrenz, unter Monopolbedingungen möglich sein mag, typischerweise aber im Wettbewerb stattfindet – das Vorhandensein von Konkurrenz auf dem Markt kaum entgegengehalten werden. Die Berücksichtigung privater Konkurrenzanbieter ist im Kommunalwirtschaftsrecht nicht Gegenstand des öffentlichen Zweckerfordernisses, sondern – wie sich in historischer, entstehungsgeschichtlicher und systematischer Interpretation zeigen läßt – gegebenenfalls erst weiterer Zulässigkeitsbeschränkungen. Das belegen § 67 Abs. 1 DGO und Parallelvorschriften in anderen Gemeindeordnungen, wo der Vergleich mit anderen, insbesondere privaten Leistungserbringern in einer eigenen Funktionssperre- oder Subsidiaritätsklausel thematisiert wird. § 100 BbgGO verzichtet in Abs. 2 zwar auf eine Funktionssperre- oder Subsidiaritätsklausel, hat aber in Abs. 3 eine besondere Regelung, die unter bestimmten Voraussetzungen zur Übertragung von Leistungen auf private Anbieter verpflichtet. § 107 Abs. 1 GO NW hat das dort normierte öffentliche Zweckerfordernis unverändert aus § 88 Abs. 1 GO NW a.F. übernommen, wo sich zusätzlich eine Funktionssperre-Klausel fand; diese wurde 1994 – unter Zurückweisung der Forderung nach Einführung einer echten Subsidiaritätsklausel – gestrichen[40]. Gegen die Erstreckung der Erforderlichkeitsprüfung darauf, ob private Anbieter den öffentlichen Zweck bereits erfüllen, spricht schließlich – in teleologischer Perspektive – deren überaus weitreichende, den von der Funktionssperre oder auch einer echten Subsidiaritätsklausel geforderten Vergleich mit privaten Konkurrenzanbietern noch deutlich übertreffende Wirkung. Während danach die Gemeinden nur dort an wirtschaftlicher Betätigung gehindert werden sollen, wo andere, private Unternehmen eine mindestens gleich gute und wirtschaftliche Aufgabenerfüllung bieten, wären die Gemeinden nach der vorgeschlagenen Erforderlichkeitsprüfung selbst dann von wirtschaftlicher Betätigung ausgeschlossen, wenn sie zu besserer und

[40] Zum entstehungsgeschichtlichen Einwand gegen die erwähnte Auslegung von § 107 Abs. 1 S. 1 GO NW a.F. vgl. *Moraing*, NWVBl. 1997, 355 (356).

wirtschaftlicherer Betätigung in der Lage wären, sofern nur Private – möglicherweise auch weniger gut und wirtschaftlich, als die Gemeinde es könnte – die Aufgabe bereits erfüllen. Die Gemeinden würden auf Felder zurückgedrängt, wo Private überhaupt nicht mehr zur Betätigung bereit wären, also letztlich auf die gänzlich unrentablen Felder. Spätestens diese – von den gesetzgeberischen Regelungsabsichten nicht mehr getragene – Restriktionswirkung spricht deutlich dafür, daß im Rahmen des öffentlichen Zweckerfordernisses allein darauf abzustellen ist, ob die beabsichtigte Betätigung einem (dringenden) öffentlichen Zweck förderlich ist, der Vergleich mit konkurrierenden Anbietern derselben Leistung dort jedoch nicht anzustellen ist.

bb. Vereinbarkeit der Subsidiaritätsklauseln mit Art. 28 Abs. 2 S. 1 GG

Die – die traditionelle kommunalwirtschaftsrechtliche Grenzlinie zwischen Kommunal- und Privatwirtschaft durch eine Subsidiaritätsklausel deutlich verschiebenden – Neuregelungen werfen die Frage auf, inwieweit eine gesetzliche Zurückdrängung der kommunalen Wirtschaftsbetätigung zugunsten der Privatwirtschaft mit Art. 28 Abs. 2 S. 1 GG vereinbar ist.

(1) Der Kernbereich der Selbstverwaltungsgarantie. Auch Subsidiaritätsklauseln in der Art von § 71 Abs. 1 Nr. 3 ThürKO und § 85 Abs. 1 Nr. 3 GemO RhPf verletzen den Kernbereich der Selbstverwaltungsgarantie noch nicht durch die rechtliche Aufhebung des gesetzesfreien Aufgabenzugriffsrechts, das das Bundesverfassungsgericht in der Rastede-Entscheidung als das eigentlich identitätsbestimmende Element der Garantie herausgearbeitet hat. Zwar wird für das gesamte Feld der wirtschaftlich wahrzunehmenden Aufgaben, soweit sie nicht kommunalwirtschaftsrechtlich als nichtwirtschaftlich definiert sind, der gemeindliche Zugriff unter den Vorbehalt der gleich guten und wirtschaftlichen Erledigung durch andere gestellt. Rechtlich bleibt aber doch noch das Zugriffsrecht der Gemeinde auf solche Aufgaben, die weder einem anderen Aufgabenträger gesetzlich zugewiesen sind noch von einem anderen besser und wirtschaftlicher wahrgenommen werden können.

Weniger eindeutig ist die Frage zu beantworten, ob Subsidiaritätsklauseln den Kernbereich dadurch verletzen, daß sie die Garantie kommunaler Selbstverwaltung faktisch aushöhlen[41]. Das hängt davon ab, ob sie den Kommunen überhaupt noch einen Spielraum zu nennenswerter wirtschaftlicher Betätigung lassen oder aber den nötigen Raum für ihre Selbstverwaltung insoweit

---

[41] Eine Verletzung des Wesensgehalts im Falle einer generellen Verdrängung der Kommunalwirtschaft durch eine »gleichwertige« Privatwirtschaft bejaht *Stern*, AfK 1964, 81 (100).

nehmen. Das ist nicht völlig ausgeschlossen, wenn auf den rentablen Tätigkeitsfeldern gleich gut und wirtschaftlich anbietende Private die Kommunen verdrängen und die verbleibenden unrentablen Leistungen aus wirtschaftlichen Gründen von den Kommunen nicht mehr angeboten werden können.

(2) Der so genannte Randbereich der Selbstverwaltungsgarantie. Jedenfalls aber muß die Einführung von Subsidiaritätsklauseln sich vor den verfassungsrechtlichen Anforderungen rechtfertigen, die Art. 28 Abs. 2 GG bereits im so genannten Randbereich der Gewährleistung der eigenverantwortlichen Wahrnehmung von Selbstverwaltungsaufgaben stellt. Danach bedarf es überwiegender Gründe des Gemeinwohls für die gesetzliche Regelung.

Nach der Rastede-Entscheidung des Bundesverfassungsgerichts sprechen überwiegende Gemeinwohlgründe insbesondere für solche gesetzlichen Regelungen, die eine ordnungsgemäße Aufgabenerfüllung durch die Gemeinde selbst sicherstellen[42]. Solche Gesichtspunkte, die dem Schutz der Gemeinde selbst bei der Wahrnehmung ihrer Aufgaben gelten, bilden den tragenden Grund für die § 67 Abs. 1 Nr. 3 DGO nachfolgenden Funktionssperre-Klauseln[43]. Zur Rechtfertigung auch der weitergehenden Subsidiaritätsregelungen reichen diese Erwägungen, obgleich sie auch zu deren Begründung angeführt worden sind[44], nicht mehr hin. Sie entziehen den Kommunen das Recht zur wirtschaftlichen Erledigung von Aufgaben, die zu dem garantierten Aufgabenkreis der Angelegenheiten der örtlichen Gemeinschaft zählen, obgleich die Gemeinde eine ordnungsgemäße Aufgabenerfüllung gewährleisten kann, sobald ein anderer auch nur zur gleich guten und wirtschaftlichen Zweckerfüllung in der Lage ist.

Wie die ordnungspolitischen, auf einen Schutz der Privatwirtschaft zielenden Argumente in den entsprechenden Gesetzentwurfsbegründungen andeuten[45], können Subsidiaritätsregelungen nicht mehr allein mit dem Blick auf die ordnungsgemäße Aufgabenerfüllung durch die Gemeinde selbst gerechtfertigt werden, sondern nur noch mit Erwägungen zur – möglichst effizienten oder ordnungspolitisch gewollten – Aufgabenverteilung zwischen den Kommunen und den anderen Teilnehmern am Wirtschaftsleben insgesamt. Solchen

---

[42] BVerfGE 79, 127 (153); vgl. dazu näher oben 5. Kap. III. 2. b. aa. (1).

[43] Vgl. *Burmeister*, in: HKWP V, S. 3 (13 f.); *Gusy*, JA 1995, 253 (253 f.); *Isensee*, Subsidiaritätsprinzip und Verfassungsrecht, S. 79; *Schmidt-Jortzig*, in: HKWP V, S. 50 (60).

[44] Vgl. *Darsow*, in: ders. u.a. (Hrsg.), Schweriner Kommentierung der Kommunalverfassung des Landes Mecklenburg-Vorpommern, Vorbemerkung (vor § 68) Rn. 3.

[45] Vgl. die Begründung der Landesregierung zu § 68 Abs. 1 KV M-V, Landtag Mecklenburg-Vorpommern, Drs. 1/3545, S. 125, sowie die Begründung der Landesregierung zu § 71 Abs. 1 ThürKO, Thüringer Landtag, Drs. 1/2149, S. 103.

Gründen aber tritt – wie wiederum in Anlehnung an die Rastede-Entscheidung dargelegt worden ist – Art. 28 Abs. 2 GG mit dem ihm zu entnehmenden Prinzip der gemeindlichen Allzuständigkeit entgegen. Das durch Art. 28 Abs. 2 GG verbürgte Recht zur gemeindlichen Wirtschaftsbetätigung muß verfassungsrechtlich keinen Vorrang der Privatwirtschaft beachten, auch nicht auf Grund des – in diesem Zusammenhang bemühten – verfassungsrechtlich verankerten Wirtschaftlichkeitsprinzips[46]; dieses reicht gerade nicht soweit, einem Selbstverwaltungsträger verfassungsrechtlich gewährleistete Aufgaben mit der Begründung zu entziehen, ein anderer Aufgabenträger sei zu einer wirtschaftlicheren Erledigung in der Lage. Der damit eröffnete verfassungsrechtliche Entscheidungsspielraum hinsichtlich des Umfangs gemeindlicher Wirtschaftsbetätigung steht nach Art. 28 Abs. 2 GG vorrangig der einzelnen Kommune selbst zu, nicht aber dem Gesetzgeber, der nur sehr begrenzt aus Gründen der Aufgabenverteilung in der Gesamtwirtschaft anderen Wirtschaftssubjekten einen Vorrang einräumen kann. Zwar sollte bereits die – von vielen bundesdeutschen Gemeindeordnungen unbeanstandet übernommene – Funktionssperre in § 67 Abs. 1 Nr. 3 DGO auch der möglichst zweckmäßigen und rationellen Organisation der deutschen Wirtschaft insgesamt dienen[47]. Insoweit gilt freilich zu beachten, daß die Deutsche Gemeindeordnung nicht vor dem Hintergrund einer wirksamen Verfassungsgarantie der kommunalen Selbstverwaltung zustandegekommen ist, vielmehr staatsautoritären und zentralwirtschaftlichen Einflüssen unterlag, die die überkommene gemeindliche Bewegungsfreiheit erheblich einengten. Der Rekurs auf eine bereits § 67 Abs. 1 DGO eigene gesamtwirtschaftliche Ordnungsfunktion[48] ist deshalb unter der Geltung von Art. 28 Abs. 2 GG nicht mehr ohne weiteres zulässig. Wenn auch den § 67 DGO entsprechenden bundesdeutschen Regelungen eine wirtschaftspolitische, die ungehemmte wirtschaftliche Betätigung der Gemeinden zu Lasten der Privatwirtschaft bremsende Funktion zugesprochen wird[49], trifft das für den Ausschluß der reinen Erwerbswirtschaft zu;

---

[46] Hierauf verweisen *Darsow*, in: ders. u.a. (Hrsg.), Schweriner Kommentierung der Kommunalverfassung des Landes Mecklenburg-Vorpommern, Vorbemerkung (vor § 68) Rn. 5, sowie *Stober*, Kommunalrecht in der Bundesrepublik Deutschland, S. 340, zur Rechtfertigung der Subsidiaritätsklauseln.

[47] Vgl. die Amtliche Begründung zur DGO, abgedruckt bei *Surén/Loschelder*, DGO, § 67 Erl. 1 (S. 89). Vgl. dazu ausführlich *Isensee*, Subsidiaritätsprinzip und Verfassungsrecht, S. 76 ff.

[48] Vgl. *Stober*, Kommunalrecht in der Bundesrepublik Deutschland, S. 340: Die Kommunalwirtschaft solle nur im Rahmen einer sinnvollen Einordnung in die Gesamtorganisation der Wirtschaft zugelassen werden.

[49] *Gern*, Deutsches Kommunalrecht, Rn. 722, 729; *Stober*, Kommunalrecht in der Bundesrepublik Deutschland, S. 340.

für eine Beschränkung der wirtschaftlichen Betätigung, soweit sie der Wahrnehmung von Selbstverwaltungsaufgaben dient, ist diese Funktionsbeschreibung zu weitgehend. Deshalb bedarf schon die aus § 67 Abs. 1 Nr. 3 DGO übernommene Formel einer zurückhaltenden Anwendung, die der Gemeinde jedenfalls eine Einschätzungsprärogative hinsichtlich der besseren Zweckerfüllung gewährt[50]; der auch im Hinblick auf diese Einschätzungsprärogative der Gemeinde besseren und wirtschaftlicheren Erledigung durch einen anderen, privaten Leistungserbringer darf der Gesetzgeber den Vorrang geben, ohne daß die Garantie kommunaler Selbstverwaltung entgegengehalten werden könnte. Mit der Entscheidung, bereits die gleich gute und wirtschaftliche Leistungserbringung durch private Dritte vorgehen zu lassen, aber usurpiert der Gesetzgeber eine ordnungspolitische Regelungskompetenz, die nach Art. 28 Abs. 2 GG für die Angelegenheiten der örtlichen Gemeinschaft nicht ihm, sondern der jeweiligen Gemeinde zusteht[51].

2. Erstreckung der Anforderungen auf bestehende Unternehmungen

Als ein zentraler Grund für den geringen Beitrag des kommunalen Wirtschaftsrechts zur Privatisierung öffentlicher Aufgaben oder Unternehmen ist angesehen worden, daß es, solange die soeben behandelten Zulässigkeitsvoraussetzungen allein auf die Aufnahme einer unternehmerischen Betätigung bezogen blieben, an einer dauernden oder jedenfalls periodisch wiederkehrenden Aufgabenkritik fehle[52]. Das führt zu der Frage nach der Erstreckung dieser Zulässigkeitsanforderungen auch auf bestehende Betriebe.

a. Die Gesetzeslage

Ob bereits die Formulierung des § 67 Abs. 1 DGO und der ihm folgenden gemeindewirtschaftsrechtlichen Bestimmungen über die Begründung hinaus auch die Beibehaltung kommunaler Unternehmen erfassen will, ist nicht ganz unumstritten. In der Literatur ist eine enge Auslegung gelegentlich als zu formal, dem Sinn der Vorschrift nicht entsprechend kritisiert worden[53]; bereits

---

50 *Schmidt-Jortzig*, NJW 1983, 967 (970); *Waechter*, Kommunalrecht, Rn. 607.

51 I.Erg. ebenso *Moraing*, WiVerw 1998, 233 (249 f.). A.A. *Ehlers*, DVBl. 1998, 497 (502), und *Henneke*, NdsVBl. 1999, 1 (2), insbesondere unter Verweis auf die verbleibende gemeindliche Einschätzungsprärogative, sowie *Stober*, Kommunalrecht in der Bundesrepublik Deutschland, S. 340.

52 Vgl. dazu *König*, VOP 1992, 279 (281); *Schoch*, DÖV 1993, 377 (380).

53 *v. Arnim*, Rechtsfragen der Privatisierung, S. 130; *Lecheler*, ZBR 1980, 69 (73). *v. Mutius*, in: v. Mutius/Rentsch, Kommunalverfassungsrecht Schleswig-Holstein, § 101 GO

nach den vorläufigen Ausführungsbestimmungen zu § 67 Abs. 1 DGO habe es den Absichten des Gesetzes entsprochen, wenn die Gemeinden auf den Abbau der bereits bestehenden Unternehmen Bedacht nähmen[54]. Rechtsprechung[55] und Literatur[56], die insoweit verbreitet von einem Bestandsschutz der einmal zulässig begründeten Unternehmen spricht, sind diesen Argumenten für eine weitere Auslegung jedoch zumeist – mit Recht – nicht gefolgt. Für das engere Verständnis streitet nicht nur der Wortlaut, der – dabei etwa noch wesentliche von unwesentlichen Erweiterungen unterscheidend – gerade auf die verschiedenen Formen der Begründung kommunaler Wirtschaftsbetätigungen abstellt. Hinzu kommt, daß die Differenzierung zwischen Begründung und Fortführung eines Unternehmens nicht bloß formalen Charakters ist. Das mag aus dem Blickwinkel etwa der privaten Konkurrenz bei der Suche nach Privatisierungspotentialen so scheinen. Aus der Perspektive der Kommune als Unternehmensträgerin wird deutlich, daß sie auf sachlichen Gründen beruht, denn für sie haben das gesetzliche Verbot der Aufnahme einer wirtschaftlichen Betätigung und das gesetzliche Gebot zur Aufgabe eines etablierten Unternehmens – wie sogleich noch auszuführen ist – sehr unterschiedliche Auswirkungen. Dem trägt es Rechnung, wenn § 67 DGO unmittelbar normative Wirkung nur für die Aufnahme, für die Fortführung bestehender Unternehmen hingegen in den vorläufigen Ausführungsbestimmungen nur eine appellative Funktion zugesprochen wurde. Entsprechend gilt das Verbot der § 67 DGO folgenden Gemeindeordnungen rechtlich nur der Aufnahme einer wirtschaftlichen Betätigung.

Einzelne Gemeindeordnungen zunächst der neuen Länder und – nach Gesetzesänderungen – auch einiger alter Länder setzen nun jedoch fest, daß die Gemeinde sich nur dann »wirtschaftlich betätigen«[57] bzw. Unternehmen nur dann »unterhalten«[58] darf, wenn alle oder jedenfalls einzelne der genannten Zulässigkeitsvoraussetzungen erfüllt sind. Mit dieser von § 67 Abs. 1 DGO abweichenden, neuen Formulierung ist eine Beschränkung der Anforderungen auf die Neubegründung wirtschaftlicher Unternehmungen durch Errichtung oder Übernahme, Beteiligung oder (wesentliche) Erweiterung nicht

---

Rn. 8, bejaht, indem er den Grundsatz der Wirtschaftlichkeit und Sparsamkeit mit heranzieht, die Möglichkeit einer objektiv-rechtlichen Verpflichtung zur Aufgabenkritik.

54 *v. Arnim*, Rechtsfragen der Privatisierung, S. 130.

55 Vgl. etwa BayVerfGH, VGH n.F. 10 II, 113 (123); BSGE 63, 173 (179). Das Bundesverwaltungsgericht hat die Frage in BVerwGE 39, 329 (333), offengelassen.

56 Vgl. *Gern*, Deutsches Kommunalrecht, Rn. 727; *Püttner*, LKV 1994, 193 (194), *Schmidt-Jortzig*, Kommunalrecht, Rn. 693; *Stober*, Kommunalrecht in der Bundesrepublik Deutschland, S. 339; *Waechter*, Kommunalrecht, Rn. 605.

57 § 100 Abs. 2 BbgGO; § 107 Abs. 1 S. 1 GO NW. Vgl. auch § 68 Abs. 1 KV M-V.

58 § 97 Abs. 1 S. 1 SächsGemO, § 116 Abs. 1 GO LSA.

mehr vereinbar[59]. Wie sich schon aus dem Vergleich mit dem Wortlaut der § 67 Abs. 1 DGO folgenden Gemeindeordnungen, auch aus der Entstehungsgeschichte[60] und in systematischer Hinsicht aus dem Vergleich mit den Tatbeständen für Anzeige- und Genehmigungspflichten[61] ergibt, werden damit dauerhaft zu erfüllende Anforderungen gestellt, so daß auch die Beibehaltung bestehender Unternehmungen von ihrer Erfüllung abhängig gemacht wird[62].

b. Verfassungsrechtliche Beurteilung

Die gesetzliche Begründung solcher Dauerverpflichtungen der Gemeinde ist von vornherein verfassungswidrig hinsichtlich materiellrechtlicher Anforderungen, die schon die Aufnahme einer kommunalen Wirtschaftsbetätigung unzulässig einengen; insbesondere das Verlangen der ständigen Beachtung der Subsidiaritätsklausel erscheint schon aus diesem Grund mit Art. 28 Abs. 2 GG nicht vereinbar. Aber auch die Verpflichtung zur dauerhaften Einhaltung solcher Voraussetzungen, die zulässigerweise an die Begründung kommunaler Unternehmungen gestellt werden, etwa des Erfordernisses eines rechtfertigenden öffentlichen Zwecks, ist eine gravierende, aus dem Blickwinkel der verfassungsrechtlichen Garantie kommunaler Selbstverwaltung problematische Verschärfung[63].

Sie beruht im Kern darauf, daß die ständige Bindung an materiellrechtliche Zulässigkeitsvoraussetzungen mit den Sachgesetzlichkeiten wirtschaftlicher

---

[59] So aber *Cronauge*, StuGR 1994, 310 (313), der die Bedeutung des § 107 Abs. 1 S. 1 GO NW auf eine Verdeutlichung des Dauercharakters der wirtschaftlichen Betätigung für die Gemeinde selbst reduzieren will; *Darsow*, in: ders. u.a. (Hrsg.), Schweriner Kommentierung der Kommunalverfassung des Landes Mecklenburg-Vorpommern, Vorbemerkung (vor § 68) Rn. 7 ff., § 68 Rn. 2, der nur die Errichtung oder Übernahme von bzw. die Beteiligung an neuen Unternehmen sowie die Ausdehnung vorhandener Betriebe auf neue Wirtschaftszweige erfaßt und für vorhandene wirtschaftliche Aktivitäten Bestandsschutz gegeben sieht; *Doose*, in: Dieckmann/Heinrichs (Hrsg.), Gemeindeordnung für das Land Nordrhein-Westfalen, § 107 Erl. 1, unter Hinweis auf den vorrangigen Gesetzeszweck einer besseren Lesbarkeit und Anwendbarkeit der Bestimmung.

[60] In Mecklenburg-Vorpommern hatte die SPD-Fraktion erfolglos einen Änderungsantrag, der zur Formulierung des § 67 Abs. 1 DGO zurückkehren wollte, gestellt; vgl. LT-Drs. 1/4005.

[61] Vgl. etwa § 115 GO NW, der nach wie vor auf die Gründung, Übernahme, wesentliche Erweiterung etc. eines Unternehmens abstellt.

[62] *Ehlers*, DVBl. 1998, 497 (498); *Hofmann/Muth/Theisen*, Kommunalrecht in Nordrhein-Westfalen, S. 610; *Otting*, Neues Steuerungsmodell und rechtliche Betätigungsspielräume der Kommunen, S. 108 f.; *Schoch*, DÖV 1993, 377 (380 Fn. 48); *Stein*, VR 1992, 389 (393).

[63] Kritisch dazu – unter Hinweis auf Rechtssicherheit und Bestandsschutz – etwa die Stellungnahme des Nordrhein-Westfälischen Städte- und Gemeindebundes, abgedruckt bei *Cronauge*, StuGR 1994, 310 (312).

Betätigung in Konflikt steht. Daraus resultieren nicht nur Abwicklungsprobleme, wenn ein Unternehmen aufzugeben ist[64]. Eine unbedingte und sofortige Verpflichtung der Kommune hierzu könnte in der Tat erhebliche – fiskalische – Belastungen auslösen. Mit einer wirtschaftlichen Betätigung ist notwendig, jedenfalls regelmäßig der Aufbau eines Betriebs mit bestimmtem Personal und bestimmten sächlichen Produktionsmitteln verbunden. Der Zwang zu einer unvermittelten Betriebsaufgabe kann Schwierigkeiten und Kosten hervorrufen, die unter Umständen bei einem wirtschaftlich orientierten Vorgehen, etwa einer vorübergehenden Fortführung des Betriebs, gemindert werden können. Wesentlicher noch, weil die Tauglichkeit des kommunalen Unternehmens als Mittel der Selbstverwaltung über fiskalische Folgelasten hinaus einschränkend, sind die davor liegenden Probleme hinsichtlich der Möglichkeiten zur (Weiter-)Führung eines kommunalen Unternehmens; hier ist die ständige Gesetzesbindung der wirtschaftlichen Betätigung mit der erforderlichen Flexibilität des unternehmerischen Handelns unter sich verändernden Wettbewerbsbedingungen unter Umständen nicht in Einklang zu bringen. So würde eine ständige Unterwerfung unter die Funktionssperre oder gar eine Subsidiaritätsklausel kommunale Unternehmen erheblich in ihren Möglichkeiten einschränken, eine durch Wettbewerbsbedingungen erforderte Aufnahme neuer Betriebszweige oder andere betriebliche Umstellungen vorzunehmen, weil das unter Umständen – schon mit Blick auf anfallende Anlaufverluste – auch eine im Vergleich vorübergehend unwirtschaftlichere Betätigung erfordert. Die Beschränkung in der Fähigkeit zur Wettbewerbsanpassung und die daraus folgende Verschlechterung der Überlebensfähigkeit eines kommunalen Unternehmens wirkt bereits nachteilig zurück auf die Tätigkeitsbedingungen des Unternehmens, solange es kommunalwirtschaftsrechtlich zulässig betrieben werden kann; so sind Unternehmensplanungen, Personalentwicklung und die Möglichkeit zur Gewinnung qualifizierten Personals erschwert. Im Ergebnis macht das schon die Gründung eines – zu diesem Zeitpunkt zulässigen, im übrigen an sich auch wettbewerbsfähigen – kommunalen Unternehmens unattraktiver.

Diese Erschwernisse der kommunalen Wirtschaftsbetätigung können nicht zur Folge haben, daß kommunalwirtschaftsrechtliche Beschränkungen allein auf den Zeitpunkt der Gründung, Übernahme oder (wesentlichen) Erweiterung eines Unternehmens bezogen sein dürften. Bestehende kommunale Unternehmen, die den hierfür geltenden, zulässigen Beschränkungen dauerhaft nicht genügen, gänzlich unangetastet zu lassen, würde die kommunalwirt

---

[64] *v. Arnim*, in: Festgabe Weitnauer, S. 163 (177 f.); *ders.*, Rechtsfragen der Privatisierung, S. 131 f.; *Waechter*, Kommunalrecht, Rn. 605.

schaftsrechtlichen Regelungen ein gutes Stück weit leerlaufen lassen. Jene Gründe des Gemeinwohls, die eine materiellrechtliche Beschränkung der Aufnahme einer wirtschaftlichen Betätigung rechtfertigen, tragen grundsätzlich auch eine Regelung der Fortführung eines Unternehmens. Die Erstrekkung der Rechtmäßigkeitsanforderungen hierauf muß aber – gegebenenfalls im Wege verfassungskonformer Reduktion – den aufgezeigten spezifischen Problemen für die gemeindliche Wirtschaftsbetätigung Rechnung tragen. Entsprechend müssen kommunalwirtschaftsrechtliche Anforderungen an bestehende kommunale Unternehmen – hinsichtlich der Tatbestandsseite – die nach den Regeln des privatwirtschaftlichen Wettbewerbs erforderlichen Spielräume für eine zeitweise Abweichung von den Zulässigkeitsvoraussetzungen gewähren; insbesondere mit Blick auf das Gebot gleich wirtschaftlicher und guter Zweckerfüllung wird man nicht jede zeitweise, noch nicht als dauerhaft erkennbare Abweichung zum Anlaß nehmen dürfen, ein kommunales Unternehmen zu untersagen. Darüber hinaus ist es auch dann, wenn ein kommunales Unternehmen auch unter Berücksichtigung dieser Erleichterungen dauerhaft nicht in der Lage ist, den kommunalwirtschaftsrechtlichen Grenzen zu genügen, auf der Rechtsfolgenseite geboten, der Kommune Spielräume für eine wirtschaftlich möglichst unschädliche Beendigung des unternehmerischen Engagements zu lassen[65].

II. Organisation sowie Kontrolle und Steuerung kommunaler Unternehmen

Organisationsrechtlich folgt die kommunale Wirtschaftsbetätigung, solange sie von gemeindlichen Regiebetrieben wahrgenommen wird, dem allgemeinen kommunalen Organisationsrecht. Darüber hinaus stellen die Gemeindeordnungen besondere öffentlich-rechtliche Organisationsformen zur Verfügung, namentlich den Eigenbetrieb, in einigen Landesrechten die Anstaltsform sowie – für Zwecke der interkommunalen Zusammenarbeit – den Zweckverband. Nähere, beschränkende Regelungen enthalten sie schließlich hinsichtlich der Zulässigkeit der Wahl privater Rechtsformen für gemeindliche Unternehmen und hinsichtlich des Verhältnisses zwischen Kommune und privatrechtsförmigem Unternehmen. Diese gesetzlichen Regelungen interessieren hier nicht unmittelbar im Hinblick auf die Einschränkung der eigenen (Orga-

---

[65] Für die Gewährung angemessener Übergangsfristen zur Liquidation eines Unternehmens auch *v. Arnim*, Rechtsfragen der Privatisierung, S. 132. Vgl. zu diesem Aspekt auch *Waechter*, Kommunalrecht, Rn. 605.

nisations-)Privatisierungsbefugnis der Kommunen, die als solche nicht Gegenstand dieser Untersuchung sein soll. In vorliegendem Zusammenhang sind sie jedoch von Bedeutung, weil durch sie der staatliche Gesetzgeber unter Umständen indirekt die materielle Privatisierung gemeindlicher Aufgaben begünstigt, indem er durch organisatorische und verfahrensmäßige Vorgaben die Randbedingungen kommunaler Wirtschaftsbetätigung im Vergleich zu der mit ihr konkurrierenden Privatwirtschaft nachteilig gestaltet, so daß unter Umständen diese Betätigung selbst in ihren wirtschaftlichen Grundlagen gefährdet wird. Aus diesem Blickwinkel sollen im folgenden die gesetzlichen Beschränkungen näher untersucht werden.

1. Die Organisation gemeindlicher Unternehmen vor dem Hintergrund der gemeindlichen Aufgabenwahlfreiheit

Die organisatorische Ausgestaltung der gemeindlichen Unternehmungen steht in einem schon häufig benannten Zielkonflikt[66]: Sie soll einerseits sicherstellen, daß die kommunalen Unternehmen an den sie rechtfertigenden öffentlichen Zweck gebunden und der Kontrolle und Steuerung durch Gemeindeorgane und Bürgerschaft unterworfen bleiben; andererseits soll die Organisationsform die Voraussetzungen für eine effektive, konkurrenzfähige Gemeindewirtschaft bieten. Es besteht im Grundsatz – zumindest weitgehende – Einigkeit darüber, daß den Kommunen nach Art. 28 Abs. 2 GG auch das Recht zusteht, in diesem Zielkonflikt über die Organisation und Rechtsform ihrer Einrichtungen und Unternehmen zu befinden[67], und erst bei der näheren Bestimmung der möglichen Voraussetzungen und Grenzen dieses organisatorischen Wahlrechts der Kommunen und der gesetzgeberischen Beschränkungsmöglichkeiten treten gewisse Differenzen auf, die sich auf grundsätzlich unterschiedliche Sichtweisen des Problems zurückführen lassen.

---

[66] Vgl. etwa *Knemeyer*, der städtetag 1992, 317 (318); *Püttner*, Zur Wahl der Privatrechtsform für kommunale Unternehmen und Einrichtungen, S. 21 ff.; *Schön*, ZGR 1996, 429 (429 f.); *Scholz/Pitschas*, in: HKWP V, S. 128 (142).

[67] *Ehlers*, DÖV 1986, 897 (897 f.); *Engel*, Grenzen und Formen der mittelbaren Kommunalverwaltung, S. 207 ff.; *Erichsen*, Die Vertretung der Kommunen in den Mitgliederorganen von juristischen Personen des Privatrechts, S. 16 ff.; *Püttner*, Die öffentlichen Unternehmen, S. 76 f., 85 ff.; *ders.*, Zur Wahl der Privatrechtsform für kommunale Unternehmen und Einrichtungen, S. 18 f.; *Scholz/Pitschas*, Gemeindewirtschaft zwischen Verwaltungs- und Unternehmensstruktur, S. 128 ff.; *Stober*, NJW 1984, 449 (453); *Vitzthum*, AöR 104 (1978), 580. Vgl. auch *Koch*, Der rechtliche Status kommunaler Unternehmen in Privatrechtsform, S. 24 m.w.N. zu Rspr. und Lit. in Fn. 2 und 3.

a. Die vorherrschende Sicht als Problem der Organisation staatlicher Aufgabenwahrnehmung

Für die ganz überwiegende Auffassung handelt es sich hierbei allein um eine Frage der verfassungsrechtlich angemessenen Organisation der Wahrnehmung staatlicher bzw. kommunaler Aufgaben.

aa. Die Wahl der Unternehmensform als gemeindliche Organisationsentscheidung

Die Grundlage für diese Sicht ist die Annahme, daß nicht nur die Tätigkeit der Kommune selbst, sondern auch die ihrer verselbständigten, privatrechtsförmigen Unternehmen materiell Verwaltungstätigkeit darstellt[68]. Diese These wird verbreitet angenommen für solche Unternehmen, die im alleinigen Eigentum einer Kommune stehen[69], darüber hinaus teils auch für solche Gesellschaften, die im mehrheitlichen Eigentum oder aus anderem Grund unter beherrschendem Einfluß der Kommune stehen[70]. Die Einbeziehung gerade der kommunalen Unternehmen privater Rechtsform in die Verwaltung im funktionellen oder materiellen Sinn wird vor allem damit begründet, daß die kommunale Wirtschaftsbetätigung insgesamt durch die Nachfolgebestimmungen zu §§ 67 ff. DGO an die Verfolgung eines öffentlichen Zwecks gebunden sei[71]. Dieser erforderliche öffentliche Zweck sei nicht bloße Zulassungsvoraussetzung[72], sondern »für jedes gemeindliche Wirtschaftsunternehmen ein begriffliches Essentiale, ja sein zentrales Kriterium«, jede öffentliche Unternehmung stehe »unter dem Gesetz des ihr eingestifteten Zwecks«[73]. Dieses Erfordernis

---

[68] *Burmeister*, in: Festgabe v. Unruh, S. 623 (646); *Dreier*, Hierarchische Verwaltung im demokratischen Staat, S. 257; *Knemeyer*, in: Biernat u.a. (Hrsg.), Grundfragen des Verwaltungsrechts und der Privatisierung, S. 318 (327 f.); *Siedentopf*, Grenzen und Bindungen der Kommunalwirtschaft, S. 68 f.

[69] *v. Danwitz*, AöR 120 (1995), 595 (619); *Ehlers*, JZ 1990, 1089 (1096); *Kluth*, Grenzen kommunaler Wettbewerbsteilnahme, S. 19.

[70] *Dreier*, Hierarchische Verwaltung im demokratischen Staat, S. 257; *Haverkate*, in: VVDStRL 46 (1988), S. 217 (222 Fn. 17); *Klein*, Die Teilnahme des Staates am wirtschaftlichen Wettbewerb, S. 93 f.; *Steiner*, Öffentliche Verwaltung durch Private, S. 206. Insoweit a.A. *Ehlers*, Verwaltung in Privatrechtsform, S. 112, 249; *ders.*, JZ 1990, 1089 (1096); *ders.*, in: Erichsen (Hrsg.), Allgemeines Verwaltungsrecht, § 2 Rn. 84; *Gusy*, DÖV 1984, 872 (879); *Kluth*, Grenzen kommunaler Wettbewerbsteilnahme, S. 22; *Schmidt-Aßmann*, AöR 116 (1991), 329 (346).

[71] *Badura*, in: Festschrift Steindorff, S. 835 (836 f.); *Löwer*, Energieversorgung zwischen Staat, Gemeinde und Wirtschaft, S. 127 f.; *Siedentopf*, Grenzen und Bindungen der Kommunalwirtschaft, S. 54, 68 f.

[72] *Köttgen*, in: Festschrift zum hundertjährigen Bestehen des DJT I, S. 577 (593); *Stern*, BayBl. 1962, 129 (130).

[73] *Köttgen*, in: Festschrift zum hundertjährigen Bestehen des DJT I, S. 577 (591).

eines öffentlichen Zwecks durchdringe den Unternehmenscharakter derart, daß damit die gemeindliche Wirtschaftstätigkeit insgesamt in die Verwaltungstätigkeit der Gemeinden überführt werde[74].

Die Entscheidung darüber, ob die Aufgabe von der Kommune selbst wahrgenommen oder einer solchen Gesellschaft übertragen wird, gilt dann als eine bloße Frage der Organisation der gemeindlichen Aufgabenwahrnehmung. Die kommunale Wahlfreiheit hinsichtlich der Organisation der kommunalen Unternehmen wird entsprechend in der von Art. 28 Abs. 2 GG garantierten Organisationshoheit verortet[75]. Die Wahl der Privatrechtsform ist nicht mehr als die Entscheidung für eine andere organisatorische Erscheinungsform gemeindlicher Verwaltung[76], im Fall des Wechsels von einer öffentlich- zu einer privatrechtlichen Form eine Maßnahme der bloß formellen oder Organisationsprivatisierung[77].

bb. Verfassungsrechtliche Einschränkungen der gemeindlichen Organisationsfreiheit

Auf dieser Basis erscheint die kommunale Gestaltungsfreiheit von vornherein verfassungsrechtlichen Vorbehalten und Einschränkungen unterstellt.

Dafür werden verschiedene normative Anknüpfungspunkte gewählt. So sind aus dem Funktionsvorbehalt des Art. 33 Abs. 4 GG Grenzen für die Aufgabenwahrnehmung durch privatrechtsförmige Organisationen abgeleitet worden, die freilich, wenn man ihrer Ableitung zustimmt, jedenfalls nicht sehr weit tragen. Auch wenn die Anwendung des Art. 33 Abs. 4 GG nicht nur auf den Bereich staatlicher Eingriffsverwaltung, sondern auch auf den nicht-obrigkeitlichen, leistungsstaatlichen Handelns bejaht wird, wird nämlich zugestanden, daß die geforderte regelmäßige Übertragung staatlicher Aufgaben auf Beamte in diesem Bereich jedenfalls nur weniger strenge Anforderungen begründen kann[78]. Auch den Art. 83 ff. GG ist, weil dort nur öffentlich-recht-

---

[74] Vgl. dazu *Badura*, in: Festschrift Steindorff, S. 835 (836); *Burmeister*, in: Festgabe v. Unruh, S. 623 (637 f., 649); *Köttgen*, in: Festschrift zum hundertjährigen Bestehen des DJT I, S. 577 (593 f.).

[75] *Erichsen*, Gemeinde und Private im wirtschaftlichen Wettbewerb, S. 13 m.w.N. in Fn. 19; *Glauben*, ZG 1997, 148 (149 m.w.N. in Fn. 5); *Löwer*, in: v. Münch/Kunig, GG, Art. 28 Rn. 70. Weitere Nachweise bei *Koch*, Der rechtliche Status kommunaler Unternehmen in Privatrechtsform, S. 28 Fn. 27. Insbesondere zur Gründung privatrechtsförmiger gemeindlicher Unternehmen: *Stober*, NJW 1984, 449 (453).

[76] Vgl. BVerfGE 15, 63 (80); BGHZ 91, 81 (98).

[77] Statt vieler anderer vgl. *Dreier*, Hierarchische Verwaltung im demokratischen Staat, S. 252 f.; *Lerche*, in: Maunz/Dürig, GG, Art. 86 Rn. 65.

[78] *Ehlers*, Verwaltung in Privatrechtsform, S. 122 f.; *Grabbe*, Verfassungsrechtliche Grenzen der Privatisierung kommunaler Aufgaben, S. 54 f.

liche Verwaltungseinrichtungen (Behörden, Anstalten und Körperschaften des öffentlichen Rechts etc.) genannt seien, eine beschränkende Wirkung im Hinblick auf die Wahl der Privatrechtsform beigemessen worden[79]. Diese Bestimmungen taugen jedoch, auch wenn einzelnen von ihnen fraglos eine organisationsrechtliche Bedeutung zukommt, nicht als Grundlage für allgemeine organisatorische, der Privatrechtsform entgegenstehende Deduktionen. Dagegen spricht immer schon, daß ihre vornehmliche Funktion nicht in organisatorischen Festlegungen, sondern in der bundesstaatlichen Verteilung der Verwaltungszuständigkeiten liegt[80]; hinzu kommt, daß der Abschnitt seit einigen Jahren ausdrücklich auch privatrechtliche Organisationsformen für wirtschaftliche wie auch verwaltende Tätigkeiten aufführt (vgl. Art. 87d Abs. 1 S. 2, 87e Abs. 3 S. 1, 87f Abs. 2 GG). Es bleibt schließlich – als die grundlegendste und tragfähigste – die auf Art. 20 Abs. 2 GG gestützte Argumentation aus den demokratischen und rechtsstaatlichen Bindungen staatlichen Handelns[81].

Aus diesen Bindungen und Verantwortlichkeiten dürfe sich die Verwaltung – wie in Anknüpfung an Fleiner[82] formuliert wird – nicht durch Flucht in das Privatrecht entziehen[83]. Auch die Selbstverwaltungsgarantie vermittele nicht nur Rechte, sondern auch Pflichten im Hinblick auf die Wahrung dieser demokratischen und rechtsstaatlichen Bindungen des staatlichen, hier: des kommunalen Handelns[84]. Von daher liegt der Schluß nahe, die demokratisch-rechtsstaatlich gebotene Rückbindung der gemeindlichen Wirtschaftsbetätigung müsse im Sinne einer Optimierungspflicht so gut als möglich gewährleisten werden[85].

b. Die Organisation der gemeindlichen Unternehmen und die kommunale Aufgabenverantwortlichkeit

Diese rein organisatorische Betrachtung neigt zu einer Verkürzung des Bedeutungsgehalts der kommunalen Entscheidung für oder gegen die Wahrnehmung einer bestimmten Aufgabe durch ein privatrechtsförmiges Unterneh-

---

[79] *Ehlers*, Verwaltung in Privatrechtsform, S. 115 ff.

[80] *Däubler*, Privatisierung als Rechtsproblem, S. 70 ff.; *Grabbe*, Verfassungsrechtliche Grenzen der Privatisierung kommunaler Aufgaben, S. 55; *Schoch*, DVBl. 1994, 962 (969).

[81] Vgl. dazu insbes. *Ehlers*, Verwaltung in Privatrechtsform, S. 268 ff.

[82] *Fleiner*, Institutionen des deutschen Verwaltungsrechts, S. 326.

[83] *Ehlers*, JZ 1990, 1089 (1092); *Püttner*, DVBl. 1975, 353; *ders.*, Zur Wahl der Privatrechtsform für kommunale Unternehmen und Einrichtungen, S. 21. Vgl. auch *Dreier*, Hierarchische Verwaltung im demokratischen Staat, S. 256.

[84] *Ehlers*, DÖV 1986, 897 (903 Fn. 51).

[85] So z.B. *Glauben*, ZG 1997, 148 (153).

men und über die nähere Ausgestaltung des Verhältnisses zwischen der Kommune und dem kommunalen Unternehmen. Diese Entscheidung hat darüber hinaus Teil an der kommunalen Freiheit, über den Umfang und die Art und Weise der Wahrnehmung kommunaler Selbstverwaltungsaufgaben autonom zu befinden.

aa. Die Tätigkeit privatrechtsförmiger kommunaler Unternehmen als privatwirtschaftliche Verwaltungshilfe

Die Grundannahme, in der Errichtung eines privatrechtsförmigen Unternehmens zur Wahrnehmung bestimmter Aufgaben insbesondere der Daseinsvorsorge durch eine Kommune liege ohne weiteres die Übertragung einer kommunalen Verwaltungsaufgabe, stößt auf Bedenken. Sie setzt zunächst voraus, daß die Wahrnehmung von Daseinsvorsorgeaufgaben bzw. die Verfolgung öffentlicher Zwecke durch die Kommunen überhaupt – im Sinne der Unterscheidung von Verwaltungsaufgaben und Privatwirtschaft – durchgängig als Verwaltungstätigkeit qualifiziert werden kann; das ist bereits mit Blick auf die verfassungsrechtliche Gewährleistung kommunaler Wirtschaftstätigkeit kritisch diskutiert worden[86]. Darüber hinaus gibt es auch Einwände gegen die Annahme, für den Aufgabencharakter sei es irrelevant, wenn eine Aufgabe durch ein verselbständigtes Unternehmen im alleinigen oder überwiegenden Eigentum der Kommune wahrgenommen wird.

(1) Allgemeine Bedenken gegen die Qualifizierung der Tätigkeit privatrechtsförmiger öffentlicher Unternehmen als Verwaltung. Wenn die Annahme, auch von der öffentlichen Hand dominierte Unternehmen privater Rechtsform übten materiell Verwaltung aus, damit begründet wird, die private Rechtsform vermöge »nichts an der materiellen Qualität der zu erfüllenden Aufgaben als staatlicher (zumindest: öffentlicher) zu ändern«[87], ist diese Begründung an dem entscheidenden Punkt des Übergangs von öffentlichen zu staatlichen Aufgaben nicht ohne Grund unscharf formuliert. In dieser Unschärfe verbirgt sich das entscheidende Problem: Wie heute weithin konsentiert ist, werden öffentliche Aufgaben auch von privaten Unternehmen erfüllt, ohne daß deren Tätigkeit deshalb zu materieller Verwaltungstätigkeit würde; zu staatlichen Aufgaben werden sie erst dadurch, daß die zuständige staatliche Stelle sie als solche aufgreift.

---

[86] Vgl. oben 5. Kap. I. 2. b. aa.
[87] *Dreier*, Hierarchische Verwaltung im demokratischen Staat, S. 256.

Mit Recht wird deshalb vor allem der Annahme widersprochen, auch die Tätigkeit gemischtwirtschaftlicher Unternehmen sei Verwaltung im materiellen Sinn[88]. Vielmehr sind sie gerade auf eine Aufgabenwahrnehmung in geteilter Verantwortung angelegt. In ihnen nehmen die kommunalen Unternehmensträger, soweit sie mit dem Unternehmen örtliche Gemeinwohlinteressen verfolgen, die ihnen zugewiesenen öffentlichen Interessen wahr, die privaten Teilhaber aber ihre privaten (Erwerbs-)Interessen, die regelmäßig eine unternehmerische Orientierung erfordern und einer Unterwerfung unter die Bindungen öffentlicher Verwaltung entgegenstehen[89].

Auch unabhängig von der Beteiligung Privater, ohne daß es also auf die gleitenden Übergänge von vollständiger staatlicher Beherrschung über gemischte Eigentums- und Einflußverhältnisse bis hin zu privater Dominanz in dem Unternehmen ankommen könnte[90], verlangt jedoch die rechtliche Selbständigkeit des privatrechtsförmigen Unternehmens im Verhältnis zu seinem staatlichen Unternehmensträger Beachtung. Das ist anerkannt, wo es um die Erfüllung von gesetzlich auferlegten Pflichtaufgaben durch den zuständigen staatlichen Verwaltungsträger geht; hier gilt allgemein das von ihm errichtete privatrechtliche Unternehmen als nicht mit diesem identisch, sondern als »Dritter«, der allenfalls – wie auch private Unternehmen – als Verwaltungshelfer agiert, jedoch nicht die Aufgabe als solche übernehmen kann[91]. Entsprechendes gilt aber auch für die einem Verwaltungsträger zustehende Befugnis zum Zugriff auf freiwillige staatliche Aufgaben: Auch dieser staatliche Aufgabenzugriff steht nur dem staatlichen Hoheitsträger selbst, nicht aber einem vom ihm beherrschten privatrechtsförmigen Unternehmen zu[92], so daß dieses allein durch seine Aufgabenwahrnehmung keine staatliche Aufgabe begründen kann. Auch eine Aufgabenübertragung durch die errichtende staatliche

---

[88] *Ehlers*, Verwaltung in Privatrechtsform, S. 112, 249; *ders.*, JZ 1990, 1089 (1096); *ders.*, in: Erichsen (Hrsg.), Allgemeines Verwaltungsrecht, § 2 Rn. 84; *Gusy*, DÖV 1984, 872 (879); *Kluth*, Grenzen kommunaler Wettbewerbsteilnahme, S. 22; *Schmidt-Aßmann*, AöR 116 (1991), 329 (346).

[89] Zu diesem Gesichtspunkt vgl. *Kluth*, Grenzen kommunaler Wettbewerbsteilnahme, S. 22.

[90] Hierin sieht *Dreier*, Hierarchische Verwaltung im demokratischen Staat, S. 253 Fn. 181, 257, das entscheidende Problem.

[91] *Ehlers*, Verwaltung in Privatrechtsform, S. 111 f.; *Osterloh*, in: VVDStRL 54 (1995), S. 204 (233); *Schoch*, DVBl. 1994, 1 (8); *Stober*, NJW 1984, 449 (454). Mit Recht wird weiter die Frage aufgeworfen, ob diese Einschaltung nicht unter Umständen spezielle gesetzliche Regelungen zur Sicherstellung hinreichender Kontrolle und Steuerung erforderlich macht; vgl. *Lübbe-Wolff/Steenken*, ZUR 1993, 263 (267); *Schoch*, DVBl. 1994, 962 (970).

[92] Entsprechend können rechtlich verselbständigte Gemeindeunternehmen sich auch nicht selbst auf die Garantie der kommunalen Selbstverwaltung berufen; vgl. *Glauben*, ZG 1997, 148 (159); *Stern/Püttner*, Die Gemeindewirtschaft, S. 158.

Stelle ist, wo kein besonderer Hoheitsakt sie vornimmt, nicht erkennbar; mit Recht wird der Annahme, die Gründung einer juristischen Person des Privatrechts und die Aufgabenübertragung seien uno actu Gegenstand eines einheitlichen Organisationsaktes, der privatrechtliche Charakter der Rechtsbeziehungen zwischen dem Verwaltungsträger und dem privatrechtsförmigen Unternehmen entgegengehalten[93]. Auch außerhalb des Bereichs der Wahrnehmung gesetzlicher Pflichtaufgaben sind deshalb öffentliche oder gemischtwirtschaftliche Unternehmen privater Rechtsform richtigerweise nicht selbst als Verwaltungsträger, sondern allenfalls als Verwaltungshelfer zu charakterisieren[94], die der staatliche Aufgabenträger – wie auch private Unternehmen – ausführend in die Wahrnehmung von staatlichen bzw. kommunalen Aufgaben einschaltet. Dieser Deutung stehen im übrigen auch solche Äußerungen in Rechtsprechung und Literatur, die die privatrechtsförmigen Unternehmen als eine andere Erscheinungsform von Verwaltung[95] oder als Instrumente der mittelbaren Erfüllung von Verwaltungsaufgaben[96] ansehen, jedenfalls nicht zwingend entgegen.

(2) Insbesondere: Der kommunalwirtschaftsrechtlich erforderliche öffentliche Zweck. Hinsichtlich der hier interessierenden Einschaltung gemeindlicher Eigen- und Beteiligungsgesellschaften in die Wahrnehmung von örtlichen Daseinsvorsorgeaufgaben ist auf das spezielle Argument der Bindung an einen rechtfertigenden öffentlichen Zweck durch die Nachfolgebestimmungen zu §§ 67 ff. DGO zurückzukommen. Sie soll nicht nur die wirtschaftliche Betätigung der Kommune selbst funktionell in deren Verwaltungstätigkeit einbeziehen. Darüber hinaus soll von Gesetzes wegen auch die Tätigkeit kommunaler Eigen- und Beteiligungsgesellschaften diesem Bereich zugewiesen sein, da das Erfordernis eines öffentlichen Zwecks nicht nur die Befugnis der Kommunen zur Errichtung von privatrechtsförmigen Unternehmen bzw. zur Beteiligung daran beschränke, sondern auch die von ihnen errichteten und unterhaltenen privatrechtsförmigen Unternehmen derart in ihrem Wesen präge, daß auch sie materiell notwendig eine staatliche Verwaltungstätigkeit ausübten. Im Kern

---

93 *Osterloh*, in: VVDStRL 54 (1995), S. 204 (233 Fn. 117), gegen die Auffassung von *Ossenbühl*, in: VVDStRL 29 (1971), S. 137 (169 ff.). Vgl. auch *Koch*, Der rechtliche Status kommunaler Unternehmen in Privatrechtsform, S. 207, der allein im An- und Verkauf von Gesellschaftsanteilen keine Aufgabendelegation erblicken kann.

94 *Dickersbach*, WiVerw 1983, 187 (207); *Gusy*, DÖV 1984, 872 (879); *Osterloh*, in: VVDStRL 54 (1995), S. 204 (233); *Schliesky*, Öffentliches Wettbewerbsrecht, S. 453; *Stern*, BayVBl. 1962, 129 (130); anders wohl *ders.*, AfK 1964, 81 (90, 98).

95 So zutreffend *Osterloh*, in: VVDStRL 54 (1995), S. 204 (233 Fn. 117), in Bezug auf BVerfGE 45, 63 (80).

96 *Wolff/Bachof/Stober*, Verwaltungsrecht II, § 104a Rn. 6. Vgl. auch BGHZ 91, 84 (96).

wird damit eine an die Unternehmensgründung bzw. -beteiligung anknüpfende gesetzliche Aufgabendelegation behauptet.

Auch dieser Rekurs auf das Kommunalwirtschaftsrecht überzeugt bei näherer Betrachtung nicht. Ohnehin ist nach der Fassung der Vorschriften unklar, ob der geforderte öffentliche Zweck im Hinblick auf das privatrechtsförmige Unternehmen selbst oder aber im Hinblick auf die Beteiligung der Gemeinde daran gegeben sein muß[97]. Auch wenn sie auf das Unternehmen selbst bezogen wird, erlaubt diese materiellrechtlich vorgegebene Anforderung jedoch nicht die Annahme, daß deshalb die gemeindliche Eigen- oder Beteiligungsgesellschaft wesensmäßig zu einem Träger öffentlicher Verwaltung würde. Vielmehr handelt es sich bei diesem Zweckerfordernis um nichts anderes als eine an die Kommune als (potentielle) Unternehmensträgerin bzw. -teilhaberin adressierte Zulässigkeitsvoraussetzung ihrer wirtschaftlichen Betätigung, insbesondere der Gründung privatrechtsförmiger Unternehmen bzw. der Beteiligung daran. Schon der Wortlaut der einschlägigen Bestimmungen, die sich an die Kommune wenden und deren Handlungsbefugnis beschränken, verdeutlicht das. Das bestätigt weiter insbesondere die schärfere Fassung des § 107 Abs. 1 Nr. 1 GO NW a.F., die einen dringenden öffentlichen Zweck erforderte; schon Köttgen hat mit Recht, freilich ohne die Konsequenz daraus ziehen, darauf hingewiesen, daß eine derart gesteigerte Zweckanforderung sinnvoll nur als Zulassungsvoraussetzung an die Errichtung, nicht aber als konstitutives Merkmal der gemeindlichen Unternehmen möglich ist[98]. Die regelmäßig daneben stehende, weitere Anforderung des angemessenen Verhältnisses zur gemeindlichen Leistungsfähigkeit und zum voraussichtlichen Bedarf trägt bereits ganz deutlich den Charakter einer bloßen Zulassungsvoraussetzung. Noch deutlicher aber machen den Charakter des Zweckerfordernisses die Funktionssperre- bzw. Subsidiaritätsklauseln, indem sie davon ausgehen, daß der dem gemeindlichen Unternehmen zugedachte Zweck möglicherweise besser und wirtschaftlicher durch einen anderen, insbesondere auch privaten Dritten erfüllt werden kann; wenn auch private Unternehmen denselben Zweck verfolgen können, kann dieser den ihn verfolgenden gemeindlichen Unternehmen nicht das Wesensmerkmal öffentlicher Verwaltung einpflanzen.

---

[97] Vgl. dazu *Koch*, Der rechtliche Status kommunaler Unternehmen in Privatrechtsform, S. 224 ff.

[98] *Köttgen*, in: Festschrift zum hundertjährigen Bestehen des DJT I, S. 577 (593).

bb. Art. 28 Abs. 2 GG und gesetzliche Organisations- und Verfahrensanforderungen

Die Wahl und nähere Ausgestaltung der Organisationsform für kommunale Unternehmen läßt danach den Aufgabencharakter nicht unberührt, entzieht die Aufgabenwahrnehmung aber auch im Falle der Errichtung einer kommunalen Eigengesellschaft oder eines gemischtwirtschaftlichen Unternehmens nicht gänzlich dem Bereich der Verwaltungsaufgaben. Wenn ein solches privatrechtsförmiges Unternehmen selbst nicht Träger staatlicher Verwaltungsaufgaben ist, ist doch jedenfalls die Wahrnehmung der Aufgaben der Kommune als Unternehmensträgerin bzw. -beteiligte Verwaltungstätigkeit[99]. Der Umfang dieser Verwaltungstätigkeit ist abhängig davon, welche Möglichkeiten zur Einflußnahme auf das Unternehmen der Kommune als Unternehmensträgerin oder als Teilhaberin rechtlich zur Verfügung stehen. Damit wird deutlich, daß die Wahl und Ausgestaltung der privaten Rechtsform und ggf. die Einbeziehung privater Teilhaber nicht nur eine Organisationsentscheidung ist, sondern auch Einfluß auf das Maß an staatlich/kommunaler und an privater Aufgabenverantwortlichkeit hat; sie ist deshalb auch eine Entscheidung über Art und Umfang der gemeindlichen Aufgabenwahrnehmung, über das Maß an Kommunalisierung oder Privatisierung einer Aufgabe in der Sache.

Damit gewinnt Art. 28 Abs. 2 GG gegenüber gesetzlichen Einschränkungen der organisatorischen Wahl- und Ausgestaltungsfreiheit der Kommunen ein stärkeres Gewicht, als ihm zugestanden wird, wenn er allein unter dem Aspekt der gemeindlichen Organisationsfreiheit eingebracht wird. Danach scheinen – in Anwendung der großzügigen Vorgaben des Bundesverfassungsgerichts in seinem Gleichstellungsbeauftragten-Beschluß[100] – gesetzliche Vorgaben für eine effektive, insbesondere den rechtsstaatlich-demokratischen Anforderungen genügende Organisation der Gemeindeverwaltung schon aus sich heraus gerechtfertigt und allenfalls eine Aushöhlung der eigenen organisatorischen Gestaltungsfähigkeit der Kommunen vermeiden zu müssen[101]. Dem entspricht es, wenn der Berufung auf Art. 28 Abs. 2 GG in vorliegendem Zusammenhang allgemein entgegengehalten wird, daß diese Garantie kein Freiheitsgrundrecht, sondern eine Kompetenzvorschrift sei, die deshalb not-

---

[99] *Ehlers*, in: Erichsen (Hrsg.), Allgemeines Verwaltungsrecht, § 2 Rn. 85; *Gusy*, DÖV 1984, 872 (880); *Püttner*, Öffentliche Unternehmen, S. 120 (mit Blick auf die Grundrechtsverpflichtung des Staates als Gesellschafter), 137 (zur demokratischen Verantwortlichkeit des staatlichen Unternehmensinhabers).

[100] BVerfGE 91, 228 (240 ff.).

[101] Vgl. BVerfGE 91, 228 (239). Den Vorwurf der Aushöhlung der organisatorischen Wahlfreiheit erhebt *Schink*, in: Bauer/Schink (Hrsg.), Organisationsformen in der öffentlichen Abfallwirtschaft, S. 5 (11), in Bezug auf § 89 Abs. 2 S. 2 GO NW a.F.

wendig und untrennbar auch das Element der Pflichtigkeit einschließe und die Gemeinde daher auch von den rechtsstaatlich-demokratischen Verfassungsbindungen nicht dispensiere[102]. Dieser Einwand überzeugt in Bezug auf die kommunale Organisationshoheit bei der Erfüllung gesetzlicher Pflichtaufgaben. Er erschöpft den Gehalt des Art. 28 Abs. 2 GG jedoch dann nicht, wenn gesetzliche Organisationsvorgaben die Kommune im Bereich ihrer freiwilligen Selbstverwaltungsaufgaben an einer von ihr gewollten Teilprivatisierung hindern bzw. zu einer von ihr nicht gewollten, weitergehenden Kommunalisierung nötigen. Hier greift – anders als bei allgemeinen Organisationsvorgaben – das Prinzip der gemeindlichen Allzuständigkeit ein, das in erster Linie der Kommune selbst das Recht zuweist zu bestimmen, welche Aufgaben ihres örtlichen Wirkungskreises sie in welcher Weise als gemeindliche Aufgaben aufgreifen und erledigen will – und ob und inwieweit sie Aufgaben nicht wahrnehmen will, denn dem kommunalen Recht zum Aufgabenzugriff entspricht auch das Recht zum Nichtaufgreifen bzw. zur Niederlegung einer Verwaltungsaufgabe[103]. Deshalb sind Organisationsvorgaben, die der Kommune in diesem Bereich für den Fall, daß sie überhaupt tätig wird, die Übernahme eines bestimmten Maßes an demokratisch-rechtsstaatlicher Steuerung und Kontrolle und damit an kommunaler Aufgabenverantwortlichkeit auferlegen, nicht schon aus sich heraus gerechtfertigt, sondern besonders rechtfertigungsbedürftig. Zwar wird der vorgeschlagenen Prüfung anhand des Verhältnismäßigkeitsgrundsatzes[104] mit Recht dessen – in der Rechtsprechung des Bundesverfassungsgerichts geklärte – Unanwendbarkeit auf gesetzliche Beschränkungen der kommunalen Selbstverwaltung entgegengehalten[105]. Es bleibt jedoch dort, wo gesetzliche Organisations- und Verfahrensvorgaben die gemeindliche Allzuständigkeit tangieren, nach deren Rechtfertigung durch hinreichende Gründe des Gemeinwohls zu fragen.

---

[102] *Schoch*, DVBl. 1994, 1 (5 f.); *ders.*, Privatisierung der Abfallentsorgung, S. 52 f. Vgl. auch *Ehlers*, DÖV 1986, 897 (903 mit Fn. 51), zur Selbstverwaltungsgarantie als einer Begrenzung der Organisationsprivatisierungsfreiheit der Kommunen; *Däubler*, Privatisierung als Rechtsproblem, S. 99, dort zu Art. 28 Abs. 2 GG als Verbot *materieller* Privatisierung gemeindlicher Aufgaben durch die Gemeinde selbst.

[103] *Schoch*, DVBl. 1994, 962 (970).

[104] *Püttner*, Zur Wahl der Privatrechtsform für kommunale Unternehmen und Einrichtungen, S. 30 ff.

[105] *Schoch*, DVBl. 1994, 1 (6).

2. Folgerungen für gesetzliche Beschränkungen von Formenwahlfreiheit und Autonomiegewährung an kommunale Unternehmen

Die Folgerungen aus diesen verfassungsrechtlichen Vorüberlegungen betreffen zwei zentrale gemeinderechtliche Regelungsgegenstände: zunächst die Wahl der – öffentlich- oder privatrechtlichen – Rechtsform des Unternehmens, daran anschließend die Kontroll- und Ingerenzpflichten der Kommune als Unternehmensträgerin insbesondere gegenüber ihren privatrechtsförmigen Unternehmen.

a. Vorrangregelungen zugunsten öffentlich-rechtlicher Rechtsformen

Vereinzelt ist schon von Verfassungs wegen die Zulässigkeit der Wahl privatrechtlicher Organisationsformen bestritten worden, weil der Staat nicht nur das Recht zur Inanspruchnahme des öffentlich-rechtlichen Sonderrechts, sondern auch die verfassungsrechtliche Pflicht dazu habe und auf das für seine Aufgabenerfüllung nicht zugeschnittene Privatrecht nicht zugreifen dürfe[106]. Häufiger, inzwischen vielleicht sogar von einem überwiegenden Teil des Schrifttums[107] wird die weniger einschneidende Folgerung gezogen, daß die öffentlich-rechtliche Rechtsform jedenfalls die Regelform staatlichen Handelns sein müsse, die Wahl privater Rechtsformen hingegen die rechtfertigungsbedürftige Ausnahme bleiben müsse. Entsprechend ist auch mit Blick auf die Kommunen mitunter ein Vorrang von Regie- und vor allem Eigenbetrieb vor privatrechtlichen Unternehmensformen vertreten worden[108]. Gerade den Kommunen wird jedoch von der wohl vorherrschenden Auffassung zunächst ein freies und nicht von vornherein verfassungsrechtlich eingeschränktes, gegenüber gesetzlichen Beschränkungen garantiertes Wahlrecht zuerkannt[109]; eine verfassungsunmittelbare Beschränkung der kommunalen Freiheit der Rechtsformenwahl werde als eine allgemeine und absolute Vorrangregel den praktischen Notwendigkeiten und Gestaltungsbedürfnissen der

---

[106] *Schachtschneider*, Staatsunternehmen und Privatrecht, insbes. S. 181 ff., 185 f.

[107] Als vorherrschend beurteilt diese Position *Dreier*, Hierarchische Verwaltung im demokratischen Staat, S. 255. Allgemein zurückhaltend dazu etwa *Lerche*, in: Maunz/Dürig, GG, Art. 86 Rn. 60; *Schoch*, DVBl. 1994, 962 (970).

[108] *Ehlers*, DÖV 1986, 897 (902 f.), will den Kommunen die Wahl der Privatrechtsform nur zugestehen, wenn andere Formen der Verselbständigung nicht ausreichen und öffentlich-rechtliche Organisationsformen die Regel bleiben. Vgl. auch *ders.*, DVBl. 1997, 137 (141); *Scholz/Pitschas*, Gemeindewirtschaft zwischen Verwaltungs- und Unternehmensstruktur, S. 27; *Süß*, BayVBl. 1986, 257 (258 ff.), sowie *Janson*, in: HKWP V, S. 194 (203).

[109] Nachweise bei *Ehlers*, DÖV 1986, 897 (903 Fn. 53); *Glauben*, ZG 1997, 148 (149).

Verwaltung, deren Wahrung Art. 28 Abs. 2 GG in die Eigenverantwortlichkeit der Kommunen lege, nicht gerecht[110].

Es schließt sich jedoch die Frage an, inwieweit dieses verfassungsrechtlich zunächst freie Wahlrecht durch den Gesetzgeber – aus Gründen der Gewährleistung der Einheit der Gemeindeverwaltung oder der Effektivität der Gemeindeaufsicht, die in einschlägigen Gesetzentwurfsbegründungen[111] als Motiv und in der Literatur[112] zur Rechtfertigung genannt werden – zugunsten der öffentlich-rechtlichen Organisationsformen eingeschränkt wird und werden darf. Die von den Landesgesetzgebern unternommenen Versuche der gemeindewirtschaftsrechtlichen Beschränkung der Rechtsformenwahlfreiheit sind in den Gesetzgebungsverfahren verschiedentlich mit Blick auf Art. 28 Abs. 2 GG als verfassungswidrig kritisiert worden[113].

aa. Beteiligungsgesellschaften

Ungeachtet ihrer im einzelnen unterschiedlichen Fassungen lassen die einschlägigen Regelungen im Ergebnis die Wahl der Privatrechtsform weiterhin im allgemeinen zu, wenn die Kommune sich an gemischtwirtschaftlichen Unternehmen beteiligen will. Eine Reihe von Vorschriften erkennen diesen Tatbestand ausdrücklich an. Bei den anderen, die auf Gründe des öffentlichen Wohls oder ein wichtiges Interesse der Gemeinde oder ähnliche allgemeine Bedingungen abstellen, wird man diese Voraussetzung regelmäßig zu bejahen haben, wenn die Kommune ein Unternehmen gemeinsam mit anderen privaten oder auch anderen öffentlichen, insbesondere kommunalen Unternehmensträgern betreiben will, um sich deren besondere Kenntnisse und Fähigkeiten oder auch Kapital zunutze zu machen[114].

Die Bereitstellung der Organisationsformen des Privatrechts erscheint insoweit – jedenfalls außerhalb des Bereichs gesetzlicher Pflichtaufgaben – auch verfassungsgeboten. Eine gleichwertige Alternative im Bereich öffentlich-

[110] *Püttner*, Zur Wahl der Privatrechtsform für kommunale Unternehmen und Einrichtungen, S. 27.

[111] Zur Berufung hierauf vgl. etwa die Amtliche Begründung zu § 74 DGO, abgedruckt bei *Surén/Loschelder*, DGO, § 74 Erl. 1 (S. 139); Begründung zum Gesetzentwurf zur Änderung der GO NW, LT-Drs. 11/4983, S. 25; Landtag Mecklenburg-Vorpommern, LT-Drs. 1/3645, S. 125.

[112] *Engel*, Grenzen und Formen der mittelbaren Kommunalverwaltung, S. 230 ff.

[113] Vgl. etwa die Stellungnahme des Nordrhein-Westfälischen Städte- und Gemeindebundes zu dem – später veränderten – Gesetzentwurf der Landesregierung zur Änderung der §§ 88 ff. GO NW, abgedruckt bei *Cronauge*, StuGR 1994, 310 (312).

[114] *Decker*, in: Held u.a. (Hrsg.), Kommunalverfassungsrecht Nordrhein-Westfalen. GO, § 108 Erl. 2.2, 4.3; *Ehlers*, DÖV 1986, 897 (902), mit Kritik für den Fall der Beteiligung Privater zur bloßen Kapitalbeschaffung.

rechtlicher Rechtsformen gibt es insoweit nicht; insbesondere der Zweckverband, soweit er auch eine ausnahmsweise (Minderheits-)Beteiligung Privater zuläßt, kommt schon auf Grund seiner relativ schwerfälligen, privatwirtschaftlichen Handlungsmaximen wenig zugänglichen Organisation hierfür kaum in Betracht[115]. Mit Recht ist deshalb das gemischtwirtschaftliche Unternehmen auch funktionell zu den unverzichtbaren Instrumenten der Wahrnehmung von Selbstverwaltungsaufgaben durch wirtschaftliche Betätigung gezählt worden[116]. Die Vorenthaltung der Privatrechtsform bedeutete insoweit zugleich die Verhinderung, jedenfalls wesentliche Erschwernis der Kooperation mit Privaten. Sie würde damit das Recht der Kommunen, im Rahmen ihrer Allzuständigkeit für die Angelegenheiten der örtlichen Gemeinschaft nicht nur über den prinzipiellen Aufgabenzugriff, sondern auch über die Art und Weise und den Umfang der Aufgabenwahrnehmung zu entscheiden, um die Alternative verkürzen, eine örtliche Angelegenheit nur in teilweise kommunaler Obhut, unter Beteiligung Privater wahrzunehmen. Diese materiellrechtliche Gestaltungsfreiheit der Kommunen darf durch Regelungen der zulässigen Rechts- und Organisationsformen der gemeindlichen Wirtschaftsbetätigung nicht überspielt werden.

bb. Eigengesellschaften

Schärfer wirken einige der einschlägigen gesetzlichen Vorrangregelungen zugunsten öffentlich-rechtlicher Organisationsformen gegenüber der Gründung von Gesellschaften privater Rechtsform im alleinigen Eigentum einer Kommune.

Auch auf solche privatrechtsförmigen Unternehmen aber können nicht ohne weiteres die für die Kommune als Selbstverwaltungskörperschaft geltenden Legitimationsanforderungen übertragen werden[117]. Damit würde ignoriert, daß die Kommune eine bestimmte Aufgabe gerade nicht in der Hand der Verwaltung, sondern durch ein privatrechtsförmig organisiertes, wenn auch in ihrem Eigentum stehendes und dadurch ihrem Einfluß unterliegendes Unternehmen ausführen lassen will, die Aufgabe also gerade nicht in vollem Umfang als Selbstverwaltungsaufgabe, sondern in einer gewissen Distanz zum Selbstverwaltungsträger wahrgenommen wissen will. Auch in der Gründung einer Eigengesellschaft realisiert sich damit die Freiheit der Kommune, über Art und Umfang ihrer Wahrnehmung von Angelegenheiten der örtlichen Ge-

---

[115] *Schink*, in: Bauer/Schink (Hrsg.), Organisationsformen in der öffentlichen Abfallwirtschaft, S. 5 (24).

[116] *Scholz*, DÖV 1976, 441 (448).

[117] So aber *Schliesky*, Öffentliches Wettbewerbsrecht, S. 453 Fn. 1331.

meinschaft selbst zu entscheiden, sozusagen in Form einer Teilprivatisierung der Aufgabe. Allerdings wird der Gesetzgeber hier Beschränkungen der Wahl der Privatrechtsform vorgeben dürfen, ohne über das gesetzgeberische Ziel der Einheit der Gemeindeverwaltung hinaus weiterer wichtiger Gemeinwohlgründe zu bedürfen, solange die Überlassung der Aufgabe an eine Eigengesellschaft nicht auf sachlichen, in der Aufgabenwahrnehmung gründenden Erwägungen beruht; insoweit trifft zu, daß Selbstverwaltung auch ein Pflichtmoment, eine Aufgabenverantwortlichkeit einschließt und der Gesetzgeber einer Flucht aus dieser öffentlich-rechtlichen Bindung in das Privatrecht entgegentreten darf. Erhöhte, aus dem Prinzip der gemeindlichen Allzuständigkeit abzuleitende Rechtfertigungsanforderungen stellen sich dem Gesetzgeber jedoch auch hier, wo die Vorenthaltung des Verwaltungsinstruments des privatrechtsförmigen Unternehmens die eigenverantwortliche Wahrnehmung konkreter Selbstverwaltungsaufgaben nachhaltig beeinträchtigt. Den Kommunen steht im Rahmen ihrer eigenverantwortlichen Aufgabenwahrnehmung auch das Recht zu, für ihre wirtschaftliche Betätigung jeweils günstige organisatorische Gestaltungsformen zu wählen; auch rechtsformabhängige rechtliche Randbedingungen der gemeindlichen Wirtschaftsbetätigung, auch und insbesondere steuerliche Gründe erscheinen dabei grundsätzlich berücksichtigungsfähig[118]. Will der Gesetzgeber so begründete kommunale Entscheidungen für die Eigengesellschaft untersagen, muß er dafür überwiegende Gemeinwohlgründe dartun. Der Gesetzgeber darf deshalb den Kommunen die Privatrechtsform auch für die Gründung von Eigengesellschaften nicht grundsätzlich vorenthalten.

b. Besondere Kontroll- und Ingerenzpflichten im Verhältnis von Kommune und Unternehmen

Soweit danach die Wahl rechtlich selbständiger, privatrechtlicher Unternehmensformen zulässig ist und bleiben muß, so daß die innerhalb der öffentlich-rechtlichen Organisation der Kommune bestehenden Befugnisse der kommunalen Leitungsorgane nicht greifen, schließt sich die Frage an, in welchem Umfang die Kommune gegenüber diesen Unternehmen zur politisch-demokratischen Kontrolle und Steuerung verpflichtet ist. Die die unternehmerische Autonomie der kommunalen Unternehmen zugunsten der Einwirkungsmöglichkeiten der kommunalen Trägergemeinwesen beschränkenden Reformansätze einzelner Länder sind – anders als die Beschränkungen hinsichtlich der

---

[118] *Decker*, in: Held u.a. (Hrsg.), Kommunalverfassungsrecht Nordrhein-Westfalen. GO, § 108 Erl. 4.3. Kritisch dazu *Ehlers*, DÖV 1986, 897 (902).

Wahl der privaten Rechtsform – rechtlich und politisch wenig umstritten und haben Zustimmung auch von kommunaler Seite aus gefunden; auch hier ist die Notwendigkeit zusätzlicher Steuerungs- und Kontrollmechanismen der Gemeinden bejaht worden[119]. Insoweit bedarf es allerdings der Differenzierung zwischen zwei verschiedenen Fragen.

aa. Die Reichweite der Einwirkungsmöglichkeiten der Kommune unter dem Vorbehalt des Gesellschaftsrechts

Eine erste Frage ist, wie weitreichende Einwirkungsmöglichkeiten das Kommunalwirtschaftsrecht den Kommunen gegenüber ihren privatrechtsförmigen Unternehmen mit Rücksicht auf das Gesellschaftsrecht einräumen darf. Einige Gemeindeordnungen stellen ihre Einwirkungsregelungen zuletzt ausdrücklich unter den Vorbehalt der Vereinbarkeit mit gesellschaftsrechtlichen Regelungen[120], ohne freilich den Konflikt zwischen beiden Normkomplexen inhaltlich zu lösen[121]. Aber auch unabhängig davon müßten gemeinderechtliche Regelungen zurückstehen, soweit ein Vorrang des bundesgesetzlich geregelten Gesellschaftsrechts besteht.

(1) Die These vom Vorrang des Gesellschaftsrechts. Der Bundesgerichtshof[122] und die gesellschaftsrechtliche Literatur[123], aber auch viele öffentlich-rechtliche Autoren[124] sprechen den Regeln des Gesellschaftsrechts in der Tat inhaltlich unverändert Geltung auch für kommunale Eigengesellschaften und Vorrang vor kommunalwirtschaftsrechtlichen Regelungen der Länder zu. Das bundesgesetzliche Gesellschaftsrecht erscheint danach als eine abschließende, Modifikationen und Ergänzungen nicht zugängliche Regelung, die als solche – kraft Art. 31 GG – Vorrang namentlich vor kommunalrechtlichen Regelungen der Länder genießen soll. Es verlangt deshalb auch von den Kommunen, wenn sie Unternehmen gründen und halten, umfassende Beachtung; sind die privatrechtlichen Gesellschaftsformen für die spezifischen, von öffentlichen Zwecksetzungen geprägten kommunalen Bedürfnisse nicht geeignet, können

---

[119] Stellungnahme des Nordrhein-Westfälischen Städte- und Gemeindebundes, abgedruckt bei *Cronauge*, StuGR 1994, 310 (312).

[120] Vgl. etwa §§ 108 Abs. 5 S. 5, 113 Abs. 1 S. 4, 113 Abs. 5 S. 2 GO NW.

[121] Kritisch zu diesem Versäumnis des Gesetzgebers *Cronauge*, StuGR 1994, 310 (314); *Erichsen*, Kommunalrecht des Landes Nordrhein-Westfalen, S. 286.

[122] Vgl. BGHZ 36, 296 (304 ff.); 69, 334 (340 f.).

[123] Vgl. etwa *Habersack*, ZGR 1996, 544 (555); *Lutter/Grunewald*, WM 1984, 385 (394 ff.).

[124] *Ehlers*, DVBl. 1997, 137 (139); *Erichsen*, Kommunalrecht des Landes Nordrhein-Westfalen, S. 284; *Püttner*, Die öffentlichen Unternehmen, S. 234 f.; *Schmidt*, ZGR 1996, 345 (351); *Spannowsky*, DVBl. 1992, 1072 (1074); *ders.*, ZGR 1996, 400 (422 ff.).

die Kommunen nicht diese modifizieren, sondern müssen nötigenfalls auf andere, öffentlich-rechtliche Organisationsformen ausweichen.

Das Gesellschaftsrecht begrenzt danach eine Reihe von kommunalrechtlich eröffneten Einwirkungsrechten. Einer gemeinderechtlichen Verpflichtung zur Einheitlichkeit der Stimmabgabe durch den (kommunalen) Eigentümer in der Gesellschafter- bzw. Hauptversammlung steht es zwar, wenn es diese nicht ohnehin selbst fordert, jedenfalls nicht entgegen. Hingegen stellt es sich den kommunalrechtlichen Regelungen über die Weisungsabhängigkeit und den Zwang zur Einheitlichkeit in Bezug auf die Vorstände sowie die Aufsichtsräte einer Aktiengesellschaft und die Aufsichtsräte in einem obligatorischen GmbH-Aufsichtsrat entgegen, weil diesen Organen – wie aus §§ 76 Abs. 1, 116 i.V.m. 93 AktG bzw. aus § 52 Abs. 1 GmbHG folgt – nach dem Gesellschaftsrecht Unabhängigkeit verbürgt ist[125].

(2) Zulässige Modifikationen des Gesellschaftsrechts durch das Kommunalwirtschaftsrecht. Diese Annahme eines umfassenden und strikten Vorrangs des bundesgesetzlichen Gesellschaftsrechts läßt sich jedoch mit guten verfassungsrechtlichen Gründen in Frage stellen. Zunächst können materiellrechtliche Erwägungen entgegengehalten werden. Wer die Tätigkeit kommunaler Eigen-, vielleicht auch der Beteiligungsgesellschaften funktional als staatliche Verwaltung sieht, kann insofern – gestützt auf Art. 20 Abs. 2 und 3 GG – die besonderen Anforderungen an die Legitimation und Kontrolle und die rechtsstaatlichen Bindungen bei der Wahrnehmung staatlicher Aufgaben als verfassungsrechtliche Grundlage besonderer Ingerenzrechte anführen[126]. Wenn man – mit der hier vertretenen Position – nicht die Tätigkeit dieser Unternehmen selbst, sondern nur die Tätigkeit der Kommune als Unternehmensträgerin als Wahrnehmung staatlicher Verwaltungsaufgaben sieht, trägt dieses Argument noch nicht; die demokratisch und rechtsstaatlich gebundene Verwaltungstätigkeit hat dann eben nur den gesellschaftsrechtlich dem Unternehmensträger eingeräumten Spielraum. Die Kommunen als Unternehmensträger haben aber eine besondere verfassungsrechtliche Position aus Art. 28 Abs. 2 GG, die ihnen das Recht verleiht, über die Art und Weise der Wahrnehmung ihrer Selbstverwaltungsaufgaben einschließlich der Organisation der dazu eingesetzten Unternehmen zu befinden; auch die Wahrnehmung einer besonders intensiven Kontrolle und Steuerung im Innenverhältnis von Kommune und kommunalen Unternehmen im Interesse der Erreichung örtlicher

---

125 Vgl. *Schmidt*, ZGR 1996, 345 (353 f.).

126 *v. Danwitz*, AöR 120 (1995), 595 (616 f.); *Stober*, NJW 1984, 449 (455).

Gemeinwohlzwecke ist von Art. 28 Abs. 2 GG geschützte Selbstverwaltung. Sachlich verwandte Überlegungen greifen, wenn man das Problem als Kollision von Bundes- und Landesrecht sieht[127], auch in kompetentieller Hinsicht. Die im Selbstverwaltungsrecht gründenden, der Verfolgung örtlicher Gemeinwohlzwecke durch die Kommune dienenden besonderen Kontroll- und Steuerungsinstrumente im Verhältnis von Kommune und kommunalen Unternehmen bilden einen spezifischen Regelungsgegenstand, der von dem des bundesrechtlichen, auf die Regelung privater Rechtsbeziehungen bedachten Gesellschaftsrechts unterscheidbar und nicht voll abgedeckt ist. An vom Gesellschaftsrecht abweichenden Regelungen, denen eine größere Sachnähe zur kommunalen Selbstverwaltung eigen ist, ist der Landesgesetzgeber daher kompetentiell nicht gehindert.

Diese verfassungsrechtlichen Erwägungen verwehren eine pauschale Berufung auf Art. 31 GG, der nur im Kollisionsfall greift, d.h. bei inhaltlich sich widersprechender Regelung ein und desselben Sachverhalts; sie legen statt dessen eine – durch einen abschließenden Charakter des Gesellschaftsrechts nicht verhinderte[128] – verfassungskonforme Auslegung nahe, die den Weg zu einer öffentlich-rechtlichen Überlagerung des Gesellschaftsrechts und einem modifizierten, auf spezifisch öffentlich-rechtliche Bedingungen differenziert eingehenden Verwaltungsgesellschaftsrechts öffnet[129]. Diese öffentlich-rechtliche Überlagerung muß Halt machen vor dem originären Regelungsgegenstand des Gesellschaftsrechts, das in erster Linie ein Schutzrecht ist[130]; insbesondere die gesellschaftsrechtlich geregelte Rechtsstellung privater Dritter, namentlich also privater Mitanteilseigner, muß deshalb unangetastet bleiben. Sie kann allein auf Grund der Beteiligung einer Kommune an dem Unternehmen keine Modifikation erfahren, denn ihre Ausgestaltung ist weder materiellrechtlich ein Bestandteil der durch Art. 28 Abs. 2 GG garantierten kommunalen Selbstverwaltung noch kompetentiell ein spezifisch kommunalrechtlicher und damit landesgesetzlicher Regelungsgegenstand. In Fällen bloßer (Minderheits-)Beteiligung der Kommune muß es daher – mit Rück-

---

[127] So insbes. *Schwintowski*, NJW 1995, 1316 (1317), mit dem Ergebnis eines Vorrangs des Gesellschaftsrechts; gegen diese Sichtweise vorrangig als Kollision von Bundes- und Landesrecht *v. Danwitz*, AöR 120 (1995), 595 (616).

[128] Vgl. dazu *v. Danwitz*, AöR 120 (1995), 595 (617 ff.).

[129] *v. Danwitz*, AöR 120 (1995), 595; *Haverkate*, in: VVDStRL 46 (1988), S. 217 (226 ff.); *Kraft*, Das Verwaltungsgesellschaftsrecht, S. 254 ff.; *Stober*, NJW 1984, 449 (454 f.), *Wahl*, in: Schmidt-Aßmann/Hoffmann-Riem (Hrsg.), Verwaltungsorganisationsrecht als Steuerungsressource, S. 301 (332 f.). Vgl. auch *Ossenbühl*, ZGR 1996, 504 (516 ff.), im Hinblick auf die Mitbestimmung in öffentlichen Unternehmen.

[130] *Schön*, ZGR 1996, 429 (429 f.).

sicht auf die Rechtsstellung der privaten Miteigentümer[131] – bei den allgemeinen gesellschaftsrechtlichen Regeln bleiben[132]. Soweit es hingegen um die spezifischen Beziehungen zwischen Kommune und kommunalem Unternehmen geht, ohne daß daraus unmittelbare Rückwirkungen auf die gesellschaftsrechtlich geregelte Rechtsstellung privater Dritter folgten, steht das Gesellschaftsrecht der Begründung weitergehender Kontroll- und Steuerungsinstrumente der Kommune als Trägerkörperschaft nicht entgegen; insbesondere für Unternehmen in vollständigem Eigentum der Kommune können danach verstärkte Ingerenzrechte begründet werden.

bb. Die Verpflichtung zur Kontrolle und Steuerung des privatrechtsförmigen Unternehmens

Von dieser ersten Frage nach den gesellschaftsrechtlich eröffneten Spielräumen für eine kommunale Steuerung der Eigen- und Beteiligungsgesellschaften muß deutlich unterschieden werden die zweite Frage, ob und inwieweit der Gesetzgeber die Kommunen zur Wahrnehmung dieser Spielräume – wo auch immer deren Grenzen genau liegen mögen – verpflichten darf.

(1) Die verfassungsrechtliche Einwirkungspflicht. Überwiegend wird aus den verfassungsrechtlichen Bindungen durch das Rechtsstaats- und Demokratieprinzip abgeleitet, daß im Falle der Wahl der Privatrechtsform eine verfassungsrechtliche Einwirkungspflicht des kommunalen Unternehmensträgers auf sein Unternehmen bestehe[133]. Bei einer solchen Auslagerung öffentlicher Aufgaben soll eine Absicherungspflicht bestehen, die daraus folgt, daß kommunale Wirtschaftstätigkeit weiterhin die Erfüllung öffentlicher Aufgaben darstellt und deshalb demokratisch verantwortet werden muß[134]. Der Unter-

---

[131] Zur sonst drohenden Schlechterstellung der privaten Teilhaber vgl. BGHZ 69, 334 (341).

[132] Noch großzügiger insoweit *v. Danwitz*, AöR 120 (1995), 595 (619 f.), der auch bei sehr geringfügiger privater Beteiligung und bei privater Minderheitsbeteiligung, die durch Teilprivatisierung von Eigengesellschaften zum Zwecke der Kapitalzuführung entstanden ist, eine öffentlich-rechtliche Überlagerung des privaten Gesellschaftsrechts zulassen will; wohl zustimmend *Wahl*, in: Schmidt-Aßmann/Hoffmann-Riem (Hrsg.), Verwaltungsorganisationsrecht als Steuerungsressource, S. 301 (332).

[133] *Dreier*, Hierarchische Verwaltung im demokratischen Staat, S. 258 f.; *Ehlers*, Verwaltung in Privatrechtsform, S. 124 ff.; *Engel*, Grenzen und Formen der mittelbaren Kommunalverwaltung, S. 240 ff.; *Püttner*, Die öffentlichen Unternehmen, S. 86, 137 f.; *Spannowsky*, DVBl. 1992, 1072 (1073 f.).

[134] *Ehlers*, DÖV 1986, 897 (902); *Knemeyer*, der städtetag 1992, 317 (319); *Püttner*, DVBl. 1975, 353 (354 f.); *ders.*, Zur Wahl der Privatrechtsform für kommunale Unternehmen und Einrichtungen, S. 27.

nehmensträger soll verpflichtet sein, sich – im Rahmen der gesellschaftsrechtlichen Möglichkeiten – Kontroll- und Einwirkungsmöglichkeiten zu sichern, um die Erfüllung der ihr zukommenden öffentlichen Aufgaben durch die Eigen- oder Beteiligungsgesellschaft in seinem Sinne zu gewährleisten[135]. Wenn die gegebenen rechtlichen Einwirkungsmöglichkeiten der verfassungsrechtlichen Einwirkungspflicht nicht genügen und weitergehende, hinreichende Einwirkungsmöglichkeiten auch nicht zu gewinnen sind, soll die Kommune ihre Unternehmensträgerschaft bzw. -beteiligung aufgeben müssen[136].

(2) Art. 28 Abs. 2 GG. Gegen gesetzliche Regelungen, die den Kommunen selbst bestimmte Steuerungs- und Kontrollinstrumente im Verhältnis zu ihren privatrechtsförmigen Unternehmen verpflichtend vorschreiben oder auch staatliche Aufsichtsinstanzen wie die Kommunalaufsichtsichtsbehörde oder den Landesrechnungshof mit Befugnissen ausstatten, werden bislang wenig Bedenken formuliert. Jedoch liegt – wie schon hinsichtlich der Regelung der Wahl privater Organisationsformen – auch hinsichtlich der Setzung näherer organisatorischer und verfahrensmäßiger Rahmenbedingungen für privatrechtsförmige kommunale Unternehmen in ihrem Verhältnis zu Kommune und staatlichen Aufsichtsinstanzen ein möglicher Konflikt mit der Garantie gemeindlicher Selbstverwaltung. Das durch 28 Abs. 2 S. 1 GG garantierte Recht der Kommunen zu freier Aufgabenwahl und eigenverantwortlicher Aufgabenerledigung gewährt zunächst ihnen die Entscheidung darüber, ob ein privatrechtsförmiges kommunales Unternehmen unter intensiverer politischer Steuerung und Kontrolle oder in größerer unternehmerischer Autonomie tätig sein soll.

Welche Grenzen sich daraus für den Gesetzgeber ergeben, kann – angesichts der großen Vielzahl und Unterschiedlichkeit der landesgesetzlichen Regelungen – hier im einzelnen nicht untersucht werden. Gewiß darf der Gesetzgeber solche Regelungen treffen, die erforderlich sind, um jenes Mindestmaß an öffentlicher Zweckbindung dauerhaft sicherzustellen, das den Schutz der Selbstverwaltungsgarantie überhaupt erst begründet. Das rechtfertigt etwa die gesetzliche Forderung nach einer Verankerung des öffentlichen Zwecks in dem Gesellschaftsvertrag bzw. der Satzung[137], freilich unter Beachtung der kommunalen Einschätzungsprärogative hinsichtlich dieses öffentlichen Zwecks, die unter Umständen schon die Angabe des bloßen Unterneh-

---

[135] *Dreier*, Hierarchische Verwaltung im demokratischen Staat, S. 258 f.; *Spannowsky*, DVBl. 1992, 1072; weitere Nachweise bei *Osterloh*, in: VVDStRL 54 (1995), S. 204 (234 Fn. 118, 119).

[136] *Püttner*, DVBl. 1975, 353 (356); *Spannowsky*, DVBl. 1992, 1072 (1076).

[137] Vgl. etwa § 108 Abs. 1 Nr. 7 GO NW.

mensgegenstands genügen lassen[138] und weitere Absicherungen eines besonderen gemeinwohlorientierten Unternehmenszwecks entbehrlich machen kann. Die Rückbindung der wirtschaftlichen Betätigung in der Eigengesellschaft an einen öffentlichen Zweck rechtfertigt jedoch nicht ohne weiteres weitergehende Inpflichtnahmen der Kommunen im Sinne eines – demokratisch und rechtsstaatlich begründeten – Optimierungsgebots; vielmehr kann auch hier die verfassungsrechtlich verbürgte Befugnis zur Aufgabenwahrnehmung durch *wirtschaftliche* Betätigung der Gemeinde das Recht garantieren, dem Unternehmen ein größeres Maß an Autonomie im Verhältnis zur Kommune als Unternehmensträgerin (und zu staatlichen Aufsichtsinstanzen) zu lassen. Grenzen der Auferlegung kommunaler Kontroll- und Einwirkungspflichten bestehen danach wieder insbesondere mit Blick auf gemischtwirtschaftliche Beteiligungsgesellschaften. Dieses Mittel kommunaler Aufgabenwahrnehmung wird entwertet, wenn die Kommune gesetzlich gezwungen ist, das Unternehmen so starken Steuerungs- und Einflußinstrumenten zu unterwerfen, daß der Anteilserwerb für Private – nach den auch insoweit grundsätzlich eingreifenden Marktmechanismen[139] – unattraktiv wird. Aber auch bei Eigengesellschaften darf – wie mit Recht vermerkt worden ist – die Verpflichtung der Kommune zu Kontrolle und Steuerung sich nicht am Modell der hierarchischen Verwaltungsorganisation orientieren und damit jene unternehmerische Autonomie zurücknehmen, die mit der Organisationsform der Gesellschaft privaten Rechts gerade angestrebt worden ist, um eine erfolgreiche wirtschaftliche Betätigung zu ermöglichen[140]; vielmehr ist mit Recht eine Anknüpfung der Einwirkungspflicht an die Instrumente des Gesellschaftsrechts und nicht des öffentlichen Organisationsrechts als sachgerechter angesehen worden[141]. Art. 28 Abs. 2 GG gibt – solange ein rechtfertigender öffentlicher Zweck noch gesichert ist – den Kommunen auch das Recht, ihren Eigengesellschaften um einer wirtschaftlicheren Aufgabenerledigung willen ein größeres Maß an unternehmerischer Autonomie einzuräumen.

---

[138] *Decker*, in: Held u.a. (Hrsg.), Kommunalverfassungsrecht Nordrhein-Westfalen. GO, § 108 Erl. 4.5, sieht deshalb die geforderte Ausrichtung des Unternehmens auf den öffentlichen Zweck erfüllt, wenn der Gesellschaftsvertrag die öffentliche Versorgung mit Strom, Gas, Wasser, Fernwärme und den öffentlichen Personennahverkehr als Unternehmensgegenstand festlegt. Krit. zur zulässigen Zwecksetzung durch bloße Umschreibung des Unternehmensgegenstandes *Ehlers*, in: Erichsen (Hrsg.), Kommunalverfassung heute und morgen, S. 101 (105).

[139] *Wahl*, in: Schmidt-Aßmann/Hoffmann-Riem (Hrsg.), Verwaltungsorganisationsrecht als Steuerungsressource, S. 301 (331).

[140] Vgl. *Ehlers*, DVBl. 1997, 137 (145); *Püttner*, Zur Wahl der Privatrechtsform für kommunale Unternehmen, S. 39; *Schmidt-Aßmann*, AöR 116 (1991), 329 (386).

[141] *Schmidt-Aßmann*, AöR 116 (1991), 329 (386).

8. Kapitel

Das allgemeine Wirtschafts-, insbesondere das Wettbewerbsrecht

Während das »Ob« kommunalwirtschaftlicher Betätigung Gegenstand einer im öffentlichen Recht getroffenen politischen Bewertung des Landesgesetzgebers sei, die – so die frühere Rechtsprechung des Bundesgerichtshofs[1] und die ihr folgende Literatur[2] – dem Wettbewerbsrecht und seiner Anwendung durch die Zivilgerichte entzogen sei, soll das »Wie« dieser kommunalwirtschaftlichen Betätigung den Regeln des Wettbewerbsrechts folgen. Damit verbindet sich die Vorstellung, daß das einmal zugelassene kommunale Unternehmen wettbewerbsrechtlich als ein Wettbewerber unter anderen, den Privaten gleich, anzusehen sei[3].

Dieser herkömmlichen Annahme soll im folgenden in zwei Richtungen nachgegangen werden. Zum einen gibt die nicht nur offenbar in ihrer Zahl wachsende, sondern auch in ihren Anforderungen schärfer werdende Rechtsprechung der Zivilgerichte zur wirtschaftlichen Betätigung der öffentlichen Hand, hier insbesondere der Kommunen, Anlaß zu der Prüfung, ob und inwieweit die kommunale Wirtschaftstätigkeit besonderen wettbewerbsrechtlichen Restriktionen unterworfen werden darf; insoweit geht es sozusagen um die Reichweite die kommunale Wirtschaftstätigkeit begrenzender, privatisierungsfördernder Impulse des Wettbewerbsrechts (I.). Zum zweiten soll aber auch gefragt werden, unter welchen Voraussetzungen die Möglichkeit besteht, kommunale, u.U. auch von den Kommunen eingeschaltete private Unternehmen von der Bindung an die allgemeinen Regeln des Wettbewerbsrechts im Interesse einer gemeinwohlgerechten Daseinsvorsorge zu dispensieren; inso-

---

[1] Vgl. früher bereits RGZ 138, 174 (176), sowie BGH, GRUR 1959, 244 (246); GRUR 1964, 210 (212); GRUR 1971, 168 (169); GRUR 1974, 733 (734); BGHZ 67, 81 (87 f.); GRUR 1987, 116 (118).

[2] Vgl. etwa *Hill*, BB 1997, 425 (428); *Klein*, Die Teilnahme des Staates am wirtschaftlichen Wettbewerb, S. 242 f.; *Püttner*, GRUR 1964, 359 (361); *Scholz*, ZHR 132 (1969), 97 (132 ff.).

[3] Vgl. BGH, GRUR 1965, 373 (375); GRUR 1973, 530 (531), sowie *Schricker*, Wirtschaftliche Tätigkeit der öffentlichen Hand und unlauterer Wettbewerb, S. 91 ff.; *Ulmer*, ZHR 146 (1982), 466 (467 ff.).

weit geht es um die deregulierende Wirkung des Wettbewerbsrechts und deren mögliche Grenzen (II.).

I. Die kommunale Wirtschaftsbetätigung unter dem Wettbewerbsrecht

In einem ersten Schritt soll gefragt werden, welche Beschränkungen der wirtschaftlichen Betätigungsmöglichkeiten sich aus dem Wettbewerbsrecht für die kommunalen Unternehmen ergeben.

1. Unterwerfung unter die allgemeinen Regeln

Dabei ist zunächst festzustellen, daß auch die kommunalen Unternehmen grundsätzlich den allgemeinen Anforderungen des Wettbewerbs- und Kartellrechts unterfallen.

a. Anwendbarkeit

Die Anwendbarkeit sowohl des Gesetzes gegen den unlauteren Wettbewerb als auch des Gesetzes gegen Wettbewerbsbeschränkungen ist im Ergebnis kaum bestritten.

Das bundesdeutsche Wettbewerbsrecht, sowohl das Kartell- wie auch das Unlauterkeitsrecht, ist in seinem personellen Anwendungsbereich grundsätzlich nicht beschränkt, so daß seine Bestimmungen – wie beinahe einhellig angenommen wird[4] – auch auf Kommunen und kommunale Unternehmen Anwendung finden können. Die Vorschriften des Gesetzes gegen Wettbewerbsbeschränkungen wenden sich – bis auf wenige Ausnahmen – an Unternehmen. Zu diesen Unternehmen zählen, wie § 130 Abs. 1 S. 1 GWB ausdrücklich bestimmt, auch die so genannten öffentlichen, ganz oder teilweise im Eigentum der öffentlichen Hand stehenden oder von ihr verwalteten oder betriebenen Unternehmen; das Gesetz bestätigt ihre Einbeziehung indirekt noch in einzelnen Bestimmungen – besonders deutlich wurde das in den §§ 99 ff. GWB a.F. – durch die explizite Einschränkung seiner Anwendung in Bezug auf einzelne öffentliche Unternehmen bzw. einzelne, herkömmlich (vor allem) von öffentlichen Unternehmen bediente Ausnahmebereiche. Das handelnde Wirt-

---

[4] Die Anwendbarkeit des Wettbewerbsrechts auf die öffentliche Hand bestreitet prinzipiell wohl nur *Schachtschneider*, Staatsunternehmen und Privatrecht, insbes. S. 281 ff., 302 ff., 363 ff. Vgl. auch *Renck*, BayVBl. 1978, 692 (693).

schaftssubjekt muß auch nicht, wie gelegentlich mit Rücksicht auf die im Wortlaut von § 98 Abs. 1 GWB a.F. bzw. § 130 Abs. 1 S. 1 GWB angelegte Differenzierung zwischen der öffentlichen Hand und ihren Unternehmen angenommen worden ist[5], eine gegenüber dem staatlichen Träger rechtlich selbständige Rechtsform aufweisen[6]. Mit Blick auf die personelle Reichweite des Gesetzes können ihm also auch verselbständigte kommunale Unternehmen und die Kommunen selbst unterfallen. Entscheidend für die Anwendbarkeit des Gesetzes gegen Wettbewerbsbeschränkungen ist auch im Hinblick auf sie der dem Gesetz zugrunde liegende funktionale Unternehmensbegriff, der als unternehmerisches Handeln alle Tätigkeit der öffentlichen Hand erfaßt, durch die sie Leistungen auf Güter- oder Dienstleistungsmärkten anbietet (oder nachfragt)[7]. Kommunale Daseinsvorsorgeleistungen, etwa im Bereich der örtlichen Elektrizitätsversorgung, der Wohnraumvermittlung etc., fallen danach als unternehmerische Betätigungen unter die Vorschriften des Gesetzes gegen Wettbewerbsbeschränkungen. Für das Unlauterkeitsrecht ergibt sich die Anwendbarkeit aus den einzelnen Bestimmungen des Gesetzes gegen den unlauteren Wettbewerb, namentlich aus der zentralen Bestimmung des § 1 UWG, der – ohne den in Betracht kommenden Personenkreis einzugrenzen – auf Handlungen im geschäftlichen Verkehr zu Zwecken des Wettbewerbs abstellt. Damit sind – neben privaten auch – amtliche Handlungen ausgenommen; wirtschaftliche Betätigungen der Kommunen aber unterfallen danach grundsätzlich den Verboten unlauteren Wettbewerbs[8].

Im Ergebnis darf – ohne auf die ausgiebige Diskussion darüber näher eingehen zu müssen – die Anwendbarkeit des Wettbewerbsrechts auch unabhängig von der gewählten Rechtsform des Handelns, also auch für den Fall öffentlich-rechtlichen Handelns, angenommen werden. Der Bundesgerichtshof[9] begründet dies – unter weitgehender Zustimmung insbesondere des wirtschaftsrechtlichen Schrifttums[10] – mit der These von der Doppelnatur des Handelns,

---

[5] *Müller-Henneberg*, NJW 1971, 113 (116); *Püttner*, Das Recht der kommunalen Energieversorgung, S. 174 f.

[6] *Erichsen*, Gemeinde und Private im wirtschaftlichen Wettbewerb, S. 36 f.; *Säcker/Busche*, VerwArch 83 (1992), 1 (3 m.w.N. in Fn. 4).

[7] Vgl. *Emmerich*, Das Wirtschaftsrecht der öffentlichen Unternehmen, S. 255; *Säcker/Busche*, VerwArch 83 (1992), 1 (3); *Schliesky*, Öffentliches Wettbewerbsrecht, S. 408.

[8] Vgl. *Hubmann*, WiVerw 1982, 41 (41 f.); *Ulmer*, ZHR 146 (1982), 466 (474).

[9] Grundlegend dafür die Beschlüsse des Großen Senats in BGHZ 66, 229 (237); 67, 81 (86 ff.). Vgl. weiter BGHZ 68, 132 (136); 82, 375 (383); GRUR 1982, 433 (434); BGHZ 121, 126 (128 ff.).

[10] *Baumbach/Hefermehl*, Wettbewerbsrecht, § 1 UWG Rn. 919; *Emmerich*, Kartellrecht, 8. Aufl., S. 22; *v. Gamm*, WRP 1984, 303 (306); *ders.*, Kartellrecht, § 1 Rn. 9; *Grupp*, ZHR 140 (1976), 367 (392); *Harms*, BB Beil. 17/1986, 1 (14 ff.); *Mestmäcker*, NJW 1969, 1

das ungeachtet der öffentlich-rechtlichen Qualität in der Leistungsbeziehung in der Wettbewerbsbeziehung als privatrechtlich anzusehen sei. Diese Annahme einer Doppelnatur stößt zwar auf verbreitete Kritik vor allem von öffentlich-rechtlicher Seite; die Mehrzahl der Kritiker vermeidet jedoch das Ergebnis einer Unanwendbarkeit des Wettbewerbsrechts auf öffentlich-rechtliches Handeln, indem sie das Wettbewerbsrecht entweder als Privatrecht auf öffentlich-rechtliches Handeln entsprechend anwenden[11] oder aber als neutrales, dem öffentlichen und dem Privatrecht gemeinsames, beide Rechtsgebiete überspannendes Recht qualifizieren wollen[12]. Nur selten wird im Ergebnis die Anwendbarkeit insbesondere von § 1 UWG auf das öffentlich-rechtliche Handeln öffentlicher Unternehmen in Zweifel gezogen[13].

b. Gleiche Regeln und Maßstäbe

Kommunale Unternehmen unterfallen danach grundsätzlich den gleichen Wettbewerbsbestimmungen wie auch private Unternehmen, also insbesondere den Verhaltensanforderungen des § 1 UWG und den Verboten des § 20 GWB. Dabei hat die Rechtsprechung über Konstellationen zu entscheiden gehabt und die Literatur Fallgruppen[14] systematisierend herausgearbeitet, die als Sondertatbestände für das Wettbewerbsverhalten der öffentlichen Hand nur bei ihr auftreten können, weil sie auf der – nur ihr eigenen – Doppelstellung als wirtschaftlich und hoheitlich handelndem Subjekt beruhen; es sind dies insbesondere die Fälle des so genannten Mißbrauchs amtlicher Autorität sowie der sonstigen Verquickung öffentlicher und erwerbswirtschaftlicher Interessen durch Ausnutzung amtlicher Beziehungen und Kenntnisse. Man mag darüber streiten, ob es sich dabei tatsächlich um echte Sondertatbestände für die öffentliche Hand handelt oder lediglich eine Übertragung auch für private Unternehmen geltender Verbote unlauteren Verhaltens[15]. Solange die

---

(3); *Möschel*, Recht der Wettbewerbsbeschränkungen, Rn. 106; *Odersky*, in: Festschrift Lerche, S. 949 (952 f.); *Scholz*, ZHR 132 (1969), 97 (127); *Ulmer*, ZHR 146 (1982), 466 (477 ff.).

[11] *Klein*, Die Teilnahme des Staates am wirtschaftlichen Wettbewerb, S. 245; *Menger*, VerwArch 68 (1977), 293 (298 f.); *Schricker*, Wirtschaftliche Tätigkeit der öffentlichen Hand und unlauterer Wettbewerb, S. 66 f., 119, 125.

[12] *Bettermann*, DVBl. 1977, 180 (182 f.); *Hubmann*, WiVerw 1982, 41 (46); *Röhl*, VerwArch 86 (1995), 531 (572); *Scholz*, ZHR 132 (1969), 97 (121 ff.). Vgl. auch *Ehlers*, Verwaltung in Privatrechtsform, S. 364.

[13] Vgl. etwa *Erichsen*, Gemeinde und Private im wirtschaftlichen Wettbewerb, S. 37 ff.

[14] Vgl. insbes. *Schricker*, Wirtschaftliche Tätigkeit der öffentlichen Hand und unlauterer Wettbewerb, S. 177 ff., sowie weiter *Gusy*, JA 1995, 253 (254 f.); *Kluth*, Grenzen kommunaler Wettbewerbsteilnahme, S. 101 ff.; *Otting*, DVBl. 1997, 1258 (1263); *Ulmer*, ZHR 146 (1982), 466 (481 ff.), jeweils m.w.N.

[15] So *Schliesky*, Öffentliches Wettbewerbsrecht, S. 405.

Anwendung namentlich des § 1 UWG auf der Konkretisierung allgemeiner Verhaltensanforderungen im Wettbewerb beruht, stehen ihr – vorbehaltlich des Eingreifens besonderer privilegierender Regelungen des öffentlichen Rechts zugunsten öffentlicher, insbesondere kommunaler Unternehmen – keine Bedenken entgegen. Das gilt – entgegen der mißverständlichen Aussage, daß das Wettbewerbsrecht sich auf die Regelung des »Wie« der Wettbewerbsteilnahme der öffentlichen Hand beschränke, die Entscheidung über das »Ob« hingegen dem öffentlichen Recht vorbehalten sei – auch dann, wenn die Anwendung des Wettbewerbsrecht im Einzelfall die Untersagung einer bestimmten kommunalen Wirtschaftsbetätigung zur Folge hat[16].

2. Maßstabsverschärfungen und Rückgriff auf öffentlich-rechtliche Sondervorschriften

Problematisch wird die Unterwerfung der kommunalen Unternehmen jedoch, sobald über die Anwendung der gleichen Regeln hinausgehend verschärfte Maßstäbe angelegt werden.

a. Die Tendenz zur Anwendung verschärfter Maßstäbe

Es läßt sich eine Tendenz dazu feststellen, besondere Maßstäbe an die öffentliche Hand als Wettbewerber anzulegen.

Ein erster Weg dazu ist die Anlegung verschärfter Maßstäbe in der Auslegung und Anwendung der wettbewerbsrechtlichen Bestimmungen auf die öffentliche Hand. Hatte der Bundesgerichtshof in früheren Entscheidungen noch betont, daß die öffentliche Hand grundsätzlich keinen weitergehenden Beschränkungen unterworfen sei als ein privater Mitbewerber[17], machen sich in jüngeren Entscheidungen und in Stellungnahmen der Literatur zunehmend Maßstabsverschärfungen gegenüber der öffentlichen Hand bemerkbar. Das betrifft insbesondere den Sittenwidrigkeitsmaßstab des § 1 UWG. Aber auch im Kartellrecht stellt sich die nämliche Frage nach einer Maßstabsverschärfung; für die kartellrechtliche Beurteilung des Marktverhaltens öffentlicher Unternehmens als unbillig behindernd oder ungerechtfertigt diskriminierend im Sinne von § 20 Abs. 1 GWB wird – ähnlich wie mit Blick auf § 1 UWG – eine solche Maßstabsverschärfung bejaht[18]. Begründet wird sie zunächst – sehr pauschal und rechtlich wenig tragfähig – mit einer allgemeinen Vorbild-

---

[16] Vgl. *Otting*, Neues Steuerungsmodell und rechtliche Betätigungsspielräume der Kommunen, S. 228.

[17] Vgl. etwa BGH, GRUR 1973, 530 (531).

[18] So – in Bezug auf § 26 Abs. 2 GWB a.F. – *Ulmer*, ZHR 146 (1982), 466 (493).

funktion der öffentlichen Hand[19] und weiter damit, daß die öffentliche anders als die private Wirtschaftstätigkeit nicht ihren Selbstzweck in sich trage, sondern der Verfolgung öffentlicher Zwecke zu dienen habe und außerdem auch im Verhältnis zu privaten Konkurrenten deren Grundrechte zu beachten habe[20].

Der andere, noch weiterführende Weg liegt darin, unmittelbar auf besondere öffentlich-rechtliche Begrenzungen des wirtschaftlichen Handelns des öffentlichen Unternehmens zu rekurrieren. Auch insoweit ist eine – erkennbar in der Unzufriedenheit mit der Schwäche des subjektivrechtlichen Schutzes von Konkurrenten vor den Verwaltungsgerichten begründete[21] – Tendenz zur Verschärfung der wettbewerbsrechtlichen Anforderungen an kommunale Unternehmen zu konstatieren. Erste Entscheidungen, die den Grundsatz, daß die Frage der Zulässigkeit einer kommunalwirtschaftlichen Betätigung als Gegenstand einer politischen Bewertung dem Wettbewerbsrecht und seiner Anwendung durch die Zivilgerichte entzogen sei, durchbrachen und der öffentlichen Hand bestimmte wirtschaftliche Betätigung auf der Grundlage des § 1 UWG untersagten[22], wurden noch auf Besonderheiten der Einzelfälle zurückgeführt und als nicht verallgemeinerungsfähig angesehen[23]. Als prinzipielle Wende hin zur Prüfung der Einhaltung der öffentlich-rechtlichen Zulässigkeitsvoraussetzungen für die umstrittene wirtschaftliche Betätigung gilt die Entscheidung des Bundesgerichtshofs zur Selbstabgabe von Brillen durch die Allgemeine Ortskrankenkasse an pflichtversicherte Mitglieder[24], in der das Gericht die Sittenwidrigkeit dieser Betätigung nach § 1 UWG im Kern, unter ergänzendem Hinweis auf Art. 12 Abs. 1 GG, mit der Überschreitung der öffentlich-rechtlichen Betätigungsgrenzen begründet hat. Weitere, vergleichbar argumentierende Entscheidungen des Bundesgerichtshofs sind gefolgt[25]. In der Dogmatik des § 1 UWG eröffnet die in der Entscheidung zur Brillenselbstabgabe als Zugangsschranke eingesetzte Fallgruppe der so genannten Marktstörung[26], im übrigen auch die Fallgruppe des Vorsprungs durch

---

[19] *Broß*, VerwArch 87 (1996), 731 (738).

[20] *Ulmer*, ZHR 146 (1982), 466 (486 f.).

[21] *Emmerich*, AG 1985, 293 (296); *Klein*, Die Teilnahme des Staates am wirtschaftlichen Wettbewerb, S. 243.

[22] BGH, GRUR 1956, 227; GRUR 1964, 210; GRUR 1965, 373. Vgl. auch VGH Mannheim, GewArch 1969, 141 (142 f.); GRUR 1973, 82 f.

[23] *Emmerich*, AG 1985, 293 (296); *Ulmer*, ZHR 146 (1982), 466 (494 f., 498).

[24] BGHZ 82, 375 (insbes. 384 ff.); vgl. auch BGH, GRUR 1982, 433.

[25] BGH, WRP 1995, 475 (479); BGHZ 130, 13 (18).

[26] Vgl. *Schliesky*, Öffentliches Wettbewerbsrecht, S. 397 ff.; *Ulmer*, ZHR 146 (1982), 466 (499 f.).

Rechtsbruch[27] die Möglichkeit zur Einbeziehung der spezifisch öffentlich-rechtlichen Vorschriften in die wettbewerbsrechtliche Prüfung. Dabei ist hinsichtlich der letzteren Fallgruppe im Grundsatz unumstritten, daß nicht jeder Rechtsbruch die Sittenwidrigkeit begründen kann. Die Zivilrechtsprechung stellt herkömmlich auf die Differenzierung zwischen wertneutralen und wertbezogenen Normen ab; ein Verstoß gegen eine wertbezogene Norm, deren Verletzung die Sittenwidrigkeit begründen soll, soll vorliegen, wenn die Norm selbst eine Ordnung des Wettbewerbs bezweckt oder ihr eine sittlich fundierte Wertung zugrunde liegt. Andere stellen maßgeblich darauf ab, ob die verletzte Norm dem Schutz des Wettbewerbers zu dienen bestimmt ist[28]. Vor allem Emmerich zieht – zustimmend – den Schluß, § 1 UWG verweise auf das öffentliche Recht zurück, welches auf diese Weise in toto in das private Wettbewerbsrecht inkorporiert werde[29]; bei der öffentlichen Hand führe Gesetzwidrigkeit generell zum Sittenwidrigkeitsurteil, da die Mißachtung selbstgesetzter Normen in besonderem Maße anstößig sei[30].

b. Kritik

Die in diesen verschiedenen wettbewerbsrechtlichen Ansätzen sich zeigende Tendenz dazu, an die öffentlichen einschließlich der kommunalen Unternehmen besondere, strengere Maßstäbe anzulegen, verdient – ohne daß auf dogmatische Feinheiten des Wettbewerbsrechts, insbesondere auch auf Unterschiede zwischen den verschiedenen oben genannten Fallkonstellationen im einzelnen eingegangen werden müßte – generell Kritik. Sowohl die Einbeziehung der öffentlich-rechtlichen Vorschriften über den Zugang zur wirtschaftlichen Betätigung wie auch die strengere Beurteilung einzelnen Wettbewerbsverhaltens widersprechen im Kern dem Gesetzeszweck des Wettbewerbsrechts, der der interpretatorischen Herleitung spezifisch auf die Person des Wirtschaftsteilnehmers abstellender, allgemeiner Regeln der Wettbewerbsteilnahme entgegensteht. Dieser prinzipielle Einwand wird am deutlichsten als Argument gegen die Annahme, die Verletzung kommunalwirtschaftsrechtlicher Zulässigkeitsvoraussetzungen stelle einen Fall des Vorsprungs durch Rechtsbruch dar. Mit Recht wird entgegengehalten, daß diese Fallgruppe nur Anwendung finden könne auf solche Rechtsnormen, die nicht nur einen Teil der Wettbewerber, hier also nicht nur die Kommunen, sondern alle verpflich-

---

[27] Vgl. *Ulmer*, ZHR 146 (1982), 466 (496 ff.).

[28] OLG Düsseldorf, WRP 1997, 42 (43); OLG Hamm, NJW 1998, 3504 (3504 f.).

[29] *Emmerich*, AG 1985, 293 (298); vgl. auch *Broß*, VerwArch 87 (1996), 731 (738, 751 f.).

[30] *Emmerich*, AG 1985, 293 (298).

ten[31], und deshalb hier ausscheide. Alle Versuche zu begründen, warum gerade die den Kommunen und ihren Unternehmen geltenden Vorschriften im Wettbewerbsrecht Berücksichtigung verdienten, aber vermögen nicht zu überzeugen.

Allein der Hinweis auf eine öffentlichen Unternehmen abzuverlangende Vorbildfunktion[32] kann dazu jedenfalls nicht reichen. Auch der Einwand, der Staat handele in besonderer Weise anstößig, wenn er von ihm selbst gesetztes Recht nicht beachte[33], überzeugt nicht, weil er die staatliche Binnengliederung mißachtet. Dagegen steht nicht nur der schlichte Einwand, der wirtschaftlich handelnden Exekutive könne nicht umwegslos die staatliche Gesetzgebungstätigkeit zugerechnet werden[34], sondern mit Blick auf die Kommunen als Selbstverwaltungskörperschaften mit verfassungsrechtlich garantiertem eigenem Aufgabenkreis der noch spezifischere Hinweis, daß die Kommunen weniger Miturheber als vielmehr Adressat der für sie beschränkenden gesetzlichen Bestimmungen sind[35].

Hingewiesen wird weiter auf besondere öffentlich-rechtliche Bindungen der Kommunen bzw. ihrer Unternehmen im Wettbewerbsverhalten, insbesondere auf die Grundrechtsbindung im Verhältnis zu privaten Konkurrenten[36] sowie auf die als drittschützend angesehenen kommunalwirtschaftsrechtlichen Zulässigkeitsvoraussetzungen[37]. Diesem Hinweis steht ein doppelter Einwand entgegen: Zum einen ist fraglich, ob diese Bindungen bestehen, da der Grundrechtsschutz jedenfalls in konkreten Wettbewerbsbeziehungen höchst ungewiß ist und die Verwaltungsgerichte nach wie vor mit Recht auch die kommunalwirtschaftsrechtlichen Bestimmungen nicht als drittschützend ansehen. Zum anderen ist aber, selbst wenn sie bestehen, fraglich, ob die Zivilgerichte zu ihrer Anwendung berufen sind oder nicht vielmehr diese tatsächlich oder vermeintlich gegebenen öffentlich-rechtlichen Bindungen dann auch vor Verwaltungsgerichten geltend zu machen sind[38].

---

[31] *Ehlers*, JZ 1990, 1089 (1098); *ders.*, DVBl. 1998, 497 (503); *Schliesky*, Öffentliches Wettbewerbsrecht, S. 391; *Ulmer*, ZHR 146 (1982), 466 (497).

[32] *Broß*, VerwArch 87 (1996), 731 (738).

[33] *Emmerich*, AG 1985, 293 (298).

[34] *Schliesky*, Öffentliches Wettbewerbsrecht, S. 391.

[35] *Otting*, Neues Steuerungsmodell und rechtliche Betätigungsspielräume der Kommunen, S. 234.

[36] Vgl. BGHZ 82, 375 (390).

[37] OLG Düsseldorf, WRP 1997, 42 (43); OLG Hamm, NJW 1998, 3504 (3504 f.). Vgl. auch *Badura*, DÖV 1998, 818 (821 f.), der den gemeindewirtschaftsrechtlichen Vorschriften zwar keine öffentlich-rechtlichen Unterlassungsansprüche entnehmen, ihre Verletzung jedoch wegen des Schutzzwecks zugunsten der Privatwirtschaft als sittenwidrig i.S.v. § 1 UWG ansehen will.

[38] So zu Recht *Ehlers*, JZ 1990, 1089 (1098). Vgl. auch *Erichsen*, Gemeinde und Private

Der Hinweis darauf, daß die kommunalwirtschaftliche Betätigung insgesamt öffentlichen Aufgaben diene und einem öffentlichen Zweck unterstellt sei[39], schließlich verkehrt sich sogar eher in sein Gegenteil. Zwar ist Kommunen gemeinderechtlich die Aufnahme einer wirtschaftlichen Betätigung nur gestattet, wenn ein öffentlicher Zweck sie rechtfertigt. Liegt diese Voraussetzung vor, ist ihnen die wirtschaftliche Betätigung aber nach Maßgabe der allgemeinen Regeln der wirtschaftlichen Betätigung gestattet. Die kommunalwirtschaftsrechtlich begründete öffentliche Zweckbindung besteht deshalb – wettbewerbsrechtlich betrachtet – allein im Hinblick auf die Leistungsbeziehung, nicht aber in Bezug auf das Wettbewerbsverhältnis. Aus der Zweckbindung in der Leistungsbeziehung auf verschärfte Verhaltensanforderungen im Wettbewerbsverhältnis zu schließen, erscheint unzulässig; der Schluß kann sogar zur Folge haben, daß die Verwirklichung des öffentlichen Zwecks noch erschwert wird. Jedenfalls erscheint es aber nicht angängig, die sonst betonte Unterscheidung beider Beziehungen hier mit dem Ziel einer Maßstabsverschärfung zu Lasten kommunaler Unternehmen zu vernachlässigen.

Auch hierin zeigt sich am Ende, daß alle Versuche, kommunale Unternehmen einem verschärften Maßstab zu unterwerfen, insbesondere ihre kommunalwirtschaftsrechtlichen Bindungen auch im Wettbewerbsrecht zur Geltung zu bringen, deshalb nicht überzeugen, weil die Gesetzeszwecke von Wettbewerbs- und Kommunalwirtschaftsrecht in verschiedene Richtungen weisen.

II. Voraussetzungen der Privilegierung kommunaler Daseinsvorsorge

Es bleibt die Frage, unter welchen Voraussetzungen wirtschaftliche Betätigung, die Zwecken der Daseinsvorsorge dient, um dieser Zwecke willen eine Privilegierung von den allgemeinen Wettbewerbsbedingungen erlangen kann.

---

im wirtschaftlichen Wettbewerb, S. 40, der wegen des bestehenden öffentlich-rechtlichen Schutzprogramms – weitergehend – grundsätzliche Bedenken gegen die Anwendung von § 1 UWG (im Wege analoger Anwendung) erhebt, sowie *Henneke*, NdsVBl. 1999, 1 (7 f.); *Tettinger*, NJW 1998, 3473 (3474).

[39] *Piper*, GRUR 1986, 574 (576).

1. Der öffentliche Zweck bzw. die Daseinsvorsorgeaufgabe als Privilegierungsgrund

Gelegentlich ist die These vertreten worden, für eine Bindung öffentlicher Unternehmen an das Wettbewerbsrecht sei insgesamt kein Raum, soweit öffentliche Aufgaben wahrgenommen würden; insoweit sei immer die Berücksichtigung der besonderen, öffentlichen Zwecke der staatlichen Unternehmungen geboten[40]. Daraus ist insbesondere eine Freistellung aller Daseinsvorsorgeaktivitäten der öffentlichen Hand von wettbewerbsrechtlichen Beschränkungen gefolgert worden[41]. Dasselbe Argument kehrt wieder bei der Annahme, die legitime Berufung auf öffentliche Zwecke oder Daseinsvorsorgeaufgaben könne in der Anwendung der Wettbewerbsvorschriften – auch ohne besondere rechtliche, insbesondere gesetzliche Regelung – eine Maßstabserleichterung für öffentliche Unternehmen rechtfertigen, sowohl bei der über die Unlauterkeit einer Wettbewerbshandlung entscheidenden Abwägung wie auch bei der Beurteilung der diskriminierenden Wirkung des Verhaltens eines marktbeherrschenden Unternehmens[42].

Der Begriff der öffentlichen Aufgabe oder der Daseinsvorsorge ist aus sich heraus jedoch nicht in der Lage, eine Freistellung von wettbewerbsrechtlichen Bindungen zu begründen. Eine wirtschaftliche Betätigung bleibt, auch wenn sie einem öffentlichen Zweck dient oder Daseinsvorsorgeaufgaben erfüllt, doch eine wirtschaftliche Betätigung. Zutreffend hat Brohm betont, daß »maßgeblich für die Sonderrechtsstellung der Verwaltung bei der Wahrnehmung bestimmter Aufgaben die Qualifizierung einer Sachmaterie als Staatsfunktion ist und daß diese Zuordnung sich im allgemeinen nicht schon einem an dieser Sachmaterie bestehenden ›öffentlichen Interesse‹, noch aus der ›Natur der Sache‹ noch direkt aus der Verfassung entnehmen läßt«[43]. Mit Recht wird deshalb eine allgemeine Freistellung der Verfolgung öffentlicher Zwecke bzw. der Wahrnehmung von Daseinsvorsorgeaufgaben durch die öffentliche Hand im wettbewerbsrechtlichen[44], aber auch im öffentlich-rechtlichen Schrifttum[45] zurückgewiesen. Entsprechend kann dann allerdings auch

---

[40] *Püttner*, Das Recht der kommunalen Energieversorgung, S. 175 f.; vgl. auch *Stern/Püttner*, Die Gemeindewirtschaft, S. 95 f.

[41] *Schwarz*, Die wirtschaftliche Betätigung der öffentlichen Hand im Kartellrecht, S. 204 ff. Vgl. auch *Forsthoff*, Verwaltungsrecht I, S. 371 f.

[42] Vgl. *Ulmer*, ZHR 146 (1982), 466 (487, 489 f., 493 f.).

[43] *Brohm*, NJW 1994, 281 (283).

[44] *Dehmer*, Energieversorgungskonzepte – Vorranggebiete – Kartellrecht, S. 173 ff.; *Emmerich*, Kartellrecht, 8. Aufl., S. 23; *Hubmann*, WiVerw 1982, 41 (42); *Säcker/Busche*, VerwArch 83 (1992), 1 (9); *Ulmer*, ZHR 146 (1982), 466 (476).

[45] *Ehlers*, Verwaltung in Privatrechtsform, S. 366 Fn. 373.

die Annahme einer Maßstabserleichterung für öffentliche Unternehmen bei der Verfolgung von Daseinsvorsorgeaufgaben jedenfalls insofern nicht überzeugen, als damit eine die wettbewerbsrechtlichen Regeln derogierende Rechtsposition begründet werden soll[46]. Das schließt nicht aus, daß die fraglichen öffentlichen Interessen im Rahmen von § 1 UWG oder § 20 Abs. 1 GWB Berücksichtigung finden, dann aber kraft der in diesen Bestimmungen selbst angeordneten Abwägung, welche über die Sittenwidrigkeit von Wettbewerbshandlungen oder die unbillige Behinderung bzw. ungerechtfertigte Diskriminierung entscheiden soll[47]. Soweit das Wettbewerbsrecht selbst eine Berücksichtigung von Gemeinwohlzwecken in diesem Rahmen zuläßt oder fordert, muß das freilich – entsprechend dem Geltungsanspruch des Wettbewerbsrechts für alle Unternehmen – grundsätzlich auch allen, also auch privaten Unternehmen zugute kommen können, soweit diese nicht nur erwerbswirtschaftlich, sondern in Wahrnehmung anderer berechtigter Interessen agieren[48].

2. Gesetzliche Privilegierungen kommunaler Daseinsvorsorge

Wenn allein der öffentliche Zweck oder der Daseinsvorsorgecharakter nicht genügen, schließt sich die Frage an, ob bzw. unter welchen näheren Voraussetzungen der Gesetzgeber eine Privilegierung bewirken kann.

a. Das Kommunalwirtschaftsrecht

Für die kommunale Wirtschaftsbetätigung stellt sich dabei die Frage, ob nicht bereits die kommunalwirtschaftsrechtliche Zulässigkeit zur Folge hat, daß das Wettbewerbsrecht die erlaubte Betätigung hinzunehmen hat.

aa. Die Annahme einer Privilegierung durch das Kommunalwirtschaftsrecht

Nur vereinzelt klingt der Versuch an, schon die kommunalrechtlichen Zulässigkeitsvoraussetzungen für eine wirtschaftliche Betätigung der Kommunen als eine öffentlich-rechtliche Sonderregelung zu verstehen, die der Anwendung des Wettbewerbsrechts entgegensteht, also eine Privilegierung bewirkt. So hat Erichsen erwogen, das Wettbewerbsrecht auf kommunalwirtschaftliche Betätigungen insgesamt nicht anzuwenden, weil unter anderem, neben

---

[46] *Otting*, Neues Steuerungsmodell und rechtliche Betätigungsspielräume der Kommunen, S. 228 f.

[47] *Odersky*, in: Festschrift Lerche, S. 949 (956).

[48] *Hubmann*, WiVerw 1978, 41 (54).

den Grundrechten, auch diese Bestimmungen bereits einen hinreichenden Schutz der Interessen privater Konkurrenten verbürgten[49]. Etwas zurückhaltender sieht Kluth im Kommunalwirtschaftsrecht jedenfalls das »Ob« der kommunalwirtschaftlichen Betätigung garantiert, weil allein das öffentliche Recht den normativen Maßstab für die Verstaatlichung einer Aufgabe bereithalte, und daher das Wettbewerbsrecht auf eine Kontrolle des »Wie« beschränkt[50].

Daß diese These vom Ausschluß des Wettbewerbs- durch das Kommunalwirtschaftsrecht nur so vergleichsweise selten und vorsichtig vertreten worden ist, ist im übrigen erstaunlich angesichts des Umstandes, daß dem kommunalwirtschaftsrechtlich gebotenen öffentlichen Zweck gemeindlicher Unternehmen verwaltungsrechtlich eine entscheidende Bedeutung beigemessen wird; er soll nicht nur das Recht der Kommunen zur wirtschaftlichen Betätigung im Sinne einer Zulassungsvoraussetzung begrenzen, sondern ihre Unternehmen derart in ihrem Wesen prägen, daß sie selbst zu Verwaltungsträgern werden. Von dieser Warte aus läge es nahe, ihre Tätigkeit als hoheitliche den Beschränkungen des Wettbewerbsrechts zu entziehen[51].

bb. Kritik

Wie bereits deutlich geworden ist, kommt den kommunalwirtschaftsrechtlichen Bestimmungen, insbesondere dem Erfordernis eines rechtfertigenden öffentlichen Zwecks, nach der hier vertretenen Auffassung eine solche Bedeutung nicht zu. Sie erlauben den Kommunen – in gewissen, dem Schutz der Gemeinden selbst dienenden Grenzen – die wirtschaftliche Betätigung, ändern aber nichts daran, daß die danach zugelassenen Unternehmen sich wirtschaftlich betätigen. Sie enthalten deshalb keine für das Wettbewerbsverhältnis relevanten Regelungen. Das gilt in zwei Richtungen: Weder begrenzen sie die Zulässigkeit der kommunalen Wettbewerbsteilnahme mit Rücksicht auf die Interessen der Konkurrenten, noch privilegieren sie die kommunale Wirtschaftsbetätigung in ihrem Marktverhalten. Die Funktion eines gegenüber dem Wettbewerbsrecht privilegierenden Sonderrechts kommt ihnen also – sowohl im Hinblick auf die nichtwirtschaftlichen wie auch auf die wirtschaftlichen Unternehmen – nicht zu[52]. Das gilt auch nicht nur für das »Wie« der wirt-

---

[49] *Erichsen*, Gemeinde und Private im wirtschaftlichen Wettbewerb, S. 40; *ders.*, Kommunalrecht des Landes Nordrhein-Westfalen, S. 288 f.

[50] *Kluth*, Grenzen kommunaler Wettbewerbsteilnahme, S. 100 f.

[51] In diese Richtung *Püttner*, Das Recht der kommunalen Energieversorgung, S. 175 f.

[52] So zu Recht bereits BVerwGE 39, 329 (337), wonach die – kommunalwirtschaftsrechtlich zulässig – im Bestattungswesen tätige Gemeinde im Wettbewerb keine rechtliche Vorzugstellung genießt. Vgl. auch *Engel*, Gemischtwirtschaftliche Abfallentsorgung, S. 36,

schaftlichen Betätigung; sofern aus den wettbewerbsrechtlichen Bestimmungen nicht nur das Verbot bestimmter Modalitäten, sondern die Verpflichtung zur Aufgabe einer bestimmten wirtschaftlichen Betätigung folgen sollte, steht ihrer Anwendung allein die Vereinbarkeit der Betätigung mit den kommunalwirtschaftsrechtlichen Bestimmungen noch nicht entgegen.

b. Spezielle gesetzliche Regelungen

Es bestehen jedoch auch einzelne spezialgesetzliche Privilegierungen zugunsten der Kommunen, die in der Tat der Anwendung des Wettbewerbsrechts entgegengehalten werden können. Ein markantes Beispiel dafür sind die gesetzlichen Grundlagen für die Anordnung eines Anschluß- und Benutzungszwangs. Das Bestehen eines Anschluß- und Benutzungszwangs muß zwar nicht notwendig der Anwendung des Wettbewerbsrechts auf das dadurch privilegierte Unternehmen insgesamt entgegenstehen; vielmehr kann es Bedeutung dafür behalten, einer Ausdehnung der Marktstellung auch auf angrenzende Gebiete durch leistungsfremde Wettbewerbsmethoden zu wehren[53]. Das wirtschaftliche Verhalten im unmittelbaren Bereich des Anschluß- und Benutzungszwangs aber ist durch die spezialgesetzliche Regelung der wettbewerbsrechtlichen Beschränkung entzogen, weil insoweit kraft der gesetzlich ermächtigten hoheitlichen Anordnung jeglicher Wettbewerb ausgeschlossen ist[54].

3. Privilegierung durch die Kommune

Schließlich stellt sich die Frage, ob die Kommune auf den Gesetzgeber angewiesen ist, wenn sie um der Verfolgung bestimmter örtlicher Gemeinwohlzwecke willen ein eigenes oder auch fremdes, in die Zweckverfolgung eingeschaltetes Unternehmen von wettbewerbsrechtlichen Beschränkungen freistellen möchte.

---

zur Anwendbarkeit des GWB auf nichtwirtschaftliche Unternehmungen im kommunalrechtlichen Sinne, sowie *Schliesky*, Öffentliches Wettbewerbsrecht, S. 447.

[53] *Ulmer*, ZHR 146 (1982), 466 (478 f.); zustimmend *Engel*, Gemischtwirtschaftliche Abfallentsorgung, S. 40.

[54] Vgl. dazu *Brohm*, NJW 1994, 281 (283); *Ehlers*, Verwaltung in Privatrechtsform, S. 366 Fn. 374.

a. Die gesetzesunabhängige kommunale Begründung von Sonderrecht

Das setzt zunächst voraus, daß die Begründung von privilegierendem Sonderrecht nicht zwingend der Gesetzesform bedarf.

Insbesondere in der wettbewerbsrechtlichen Literatur, aber nicht nur dort findet sich verbreitet die Auffassung, eine Freistellung kommunaler Unternehmen vom Wettbewerbsrecht könne nur der Gesetzgeber vornehmen[55]; Vorrechte im Wettbewerb sollen sie nur beanspruchen können, wenn der Gesetzgeber sie privilegiert hat. »Denn in einer freiheitlichen Demokratie kann nur der Gesetzgeber privilegieren.«[56]. Das zentrale Argument dafür ist die Gesetzesbindung der Exekutive, die deshalb auch von den Bestimmungen des Gesetzes gegen Wettbewerbsbeschränkungen und des Gesetzes gegen den unlauteren Wettbewerb nicht aus eigener Kraft, sondern nur kraft sondergesetzlicher Ermächtigung abweichen könne.

Dieser Annahme einer generellen Notwendigkeit sonder*gesetzlicher* Regelung des Wettbewerbsverhaltens öffentlicher Unternehmen ist mit Recht widersprochen worden[57]. Ihr stehen zunächst kompetentielle Bedenken entgegen. Die Bindung an das bundesgesetzliche Wettbewerbsrecht reicht nur soweit, wie der Geltungsanspruch dieser Gesetze sich im Rahmen ihrer verfassungsrechtlichen Kompetenzgrundlage hält. Diese Grenze der Bindung verlangt bereits im Verhältnis zu den Landesgesetzgebern Beachtung[58]; nur dann können landesgesetzliche Sonderregelungen für die örtliche Daseinsvorsorge, also etwa die Begründung von Monopolen durch Landesgesetz, die einzelne Bereiche aus den Regelungen des Wettbewerbsrechts herausnehmen, überhaupt rechtlich anerkannt werden. Entsprechend endet die Bindungskraft des bundesgesetzlichen Wettbewerbsrechts in dem der Kompetenz des Landesgesetzgebers unterstehenden Bereich auch für die Kommunen als Selbstverwaltungsträger; allein die Bindung an die Bundesgesetze kann insoweit die Notwendigkeit einer speziellen gesetzlichen Sonderregelung nicht erfordern und einer gesetzesfreien Wahrnehmung von Selbstverwaltungsaufgaben nicht entgegenstehen. Das allgemeine Wirtschaftsrecht und insbesondere das Wettbe-

---

[55] Vgl. *Emmerich*, Das Wirtschaftsrecht der öffentlichen Unternehmen, S. 290; *ders.*, in: Immenga/Mestmäcker, GWB, § 98 Rn. 36 f.; *ders.*, Kartellrecht, 8. Aufl., S. 23; *Engel*, Gemischtwirtschaftliche Abfallentsorgung, S. 37; *Kluth*, Grenzen kommunaler Wettbewerbsteilnahme, S. 101; *Krebs*, Rechtliche Grundlagen und Grenzen kommunaler Energieversorgung, S. 194 ff.

[56] *Emmerich*, Die kommunalen Versorgungsunternehmen zwischen Wirtschaft und Verwaltung, S. 62.

[57] *Brohm*, NJW 1994, 281 (285); *Ehlers*, Verwaltung in Privatrechtsform, S. 366 Fn. 376, insbes. mit Blick auf gesetzlich nicht ermächtigte staatliche Subventionen.

[58] *Brohm*, NJW 1994, 281 (286).

werbsrecht beruhen auf den Gesetzgebungskompetenzen des Bundes für das Recht der Wirtschaft aus Art. 74 Abs. 1 Nr. 11 GG und das Recht zur Vermeidung des Mißbrauchs wirtschaftlicher Macht aus Art. 74 Abs. 1 Nr. 16 GG. Beide Kompetenztitel zielen allein auf die Regelung wirtschaftlicher Betätigung. Ihr Regelungsfeld endet aus kompetentiellen Gründen aber auch, wo nicht mehr wirtschaftlich begründete Beschränkungen und Störungen des Wettbewerbs, sondern der staatlichen Hoheitsgewalt zurechenbare Wettbewerbsbeschränkungen in Rede stehen[59]. Das gilt auch mit Blick auf die hoheitliche Betätigung der Kommunen: »Aufgabe des Kartellrechts ist ... die Kontrolle wirtschaftlicher Macht, nicht aber der Eingriff in die kommunale Selbstverwaltungskompetenz ...«[60]. Der These, es bedürfe in jedem Falle eines besonderen Gesetzes, liegt offenkundig die Annahme zugrunde, eine besondere hoheitliche Aufgabe, die nicht dem Wettbewerbsrecht unterfalle, könne nur der Gesetzgeber begründen. Diese Auffassung gerät darüber hinaus auch mit der materiellrechtlichen Verfassungsgarantie des Art. 28 Abs. 2 GG in Konflikt, weil sie die Kommunen für den gesamten Bereich der wettbewerbsrelevanten Betätigung ihres Selbstverwaltungsrechts von vornherein von gesetzlicher Ermächtigung abhängig machen und ihnen die Möglichkeit nehmen würde, autonom in Wahrnehmung ihres Selbstverwaltungsrechts tätig zu werden. Das begründet einen so weitreichenden Gesetzesvorbehalt, daß diese Auffassung mit der von Art. 28 Abs. 2 GG garantierten Allzuständigkeit, die ein gesetzesunabhängiges Aufgabenzugriffsrecht begründet, kaum vereinbar scheint.

b. Art. 28 Abs. 2 GG als Grundlage von Privilegierungen

Die Kommunen können danach – auch ohne besondere gesetzliche Regelung – aus eigener Kraft hoheitlich auf die Wettbewerbsbedingungen in der örtlichen Daseinsvorsorge einwirken, soweit Art. 28 Abs. 2 S. 1 GG sie dazu ermächtigt, Aufgaben des örtlichen Wirkungskreises in spezifisch hoheitlicher Weise aufzugreifen.

aa. Die Garantie eigener wirtschaftlicher Betätigung zu Zwecken der örtlichen Daseinsvorsorge

Wie gesehen garantiert Art. 28 Abs. 2 S. 1 GG den Gemeinden das Recht, zu Zwecken der örtlichen Daseinsvorsorge sich wirtschaftlich zu betätigen. In ihrer Rolle als Unternehmensträger nehmen sie Aufgaben der kommunalen

---

[59] *Püttner*, Das Recht der kommunalen Energieversorgung, S. 176.
[60] *Säcker/Busche*, VerwArch 83 (1992), 1 (6).

Selbstverwaltung wahr und genießen insoweit verfassungsrechtlichen Schutz. Kraft dieser verfassungsrechtlichen Position haben sie das Recht, Unternehmungen zu gründen und zu betreiben, darüber hinaus auch das Verhältnis zwischen Kommune und Unternehmen eigenverantwortlich zu gestalten. Das rechtfertigt es, im Innenverhältnis von Kommune und kommunalem Unternehmen mit Rücksicht auf Art. 28 Abs. 2 GG unter Umständen besondere Regeln anzuwenden, die der Tatsache Rechnung tragen, daß die Kommune sich ihres Unternehmens um der Verfolgung örtlicher Gemeinwohlzwecke willen bedient. Hingegen folgt allein hieraus noch kein verfassungsrechtliches Recht dazu, die kommunalen Unternehmen auch im Außenverhältnis zu Nachfragern oder Konkurrenten von den allgemeinen wirtschaftsrechtlichen Regeln zu dispensieren. Art. 28 Abs. 2 GG gewährleistet den Kommunen als Unternehmensträgern den Zugang zur wirtschaftlichen Betätigung so, wie diese rechtlich durch das allgemeine Wirtschaftsrecht ausgestaltet ist. Die These, Art. 28 Abs. 2 GG gewähre keinen Schutz vor der Anwendung der für alle Wirtschaftsteilnehmer unabhängig von der Rechtsform geltenden wirtschaftsrechtlichen Bestimmungen[61], trifft daher jedenfalls insoweit zu, als allein die verfassungsrechtliche Garantie der eigenen wirtschaftlichen Betätigung eine Selbst-Dispensierung durch die Kommune zugunsten ihrer eigenen Unternehmen nicht erlaubt.

bb. Kommunale Befugnisse zu Marktstruktureingriffen

Für eine Dispensierung kommunaler, aber auch anderer, privater Wirtschaftsbetätigung in der örtlichen Daseinsvorsorge von den allgemeinen wettbewerbsrechtlichen Einschränkungen ist danach entscheidend, ob die Kommune kraft der ihr garantierten Selbstverwaltung das Recht hat, in hoheitlicher Funktion Angelegenheiten der örtlichen Gemeinschaft mit Wirkung auch nach außen, d.h. auch mit Wirkung auf die Wettbewerbsverhältnisse zu regeln. Insoweit gilt dann, daß »...nicht nur die durch Legislative und Exekutive gesetzten Rechtsvorschriften, sondern auch die von den Gemeinden und Gemeindeverbänden in eigener Verantwortung getroffenen Regelungen über Angelegenheiten der örtlichen Gemeinschaft« den Charakter privilegierender Sonderregelungen haben[62]. Die Kommunen sind zu regulierenden Eingriffen in das Marktgeschehen berechtigt, die auch ein (fiktiver) Wettbewerber zu beachten hätte und folglich auch die Nachfrager hinzunehmen haben[63]. Dadurch veranlaßtes Marktverhalten von kommunalen Unternehmen, seien es Eigen-

[61] *Tettinger*, NWVBl. 1989, 1 (5 m.w.N. in Fn. 52).
[62] *Säcker/Busche*, VerwArch 83 (1992), 1 (4 f.).
[63] *Säcker/Busche*, VerwArch 83 (1992), 1 (7).

betriebe oder auch Eigengesellschaften, und auch von privaten Unternehmen widerspricht nicht dem Wettbewerbsrecht[64].

Als Beispiel für solche kommunalen Regelungen von Angelegenheiten der örtlichen Gemeinschaft gilt insbesondere die satzungsmäßige Regelung, etwa in der Bauleitplanung. Darüber hinaus kommen aber auch schlichthoheitliche Mittel in Betracht, so insbesondere die Vergabe von Subventionen durch die Gemeinde[65]. Am Beispiel der – nicht selten in privatrechtlicher Form gewährten – Subvention ist im übrigen zu verdeutlichen, daß es – mit Rücksicht auf die grundsätzlich bestehende Wahlfreiheit der Verwaltung hinsichtlich ihrer Handlungsform – nicht entscheidend darauf ankommt, ob ein öffentlich-rechtliches Handeln der Gemeinde vorliegt, sondern auch eine privatrechtliche Wahrnehmung von spezifisch hoheitlichen Aufgabe hinreicht[66].

---

64 *Säcker/Busche*, VerwArch 83 (1992), 1 (6).

65 Vgl., im Ergebnis übereinstimmend, *Püttner*, in: Ehlers (Hrsg.), Kommunale Wirtschaftsförderung, S. 259 (264).

66 *Brohm*, NJW 1994, 281 (284).

2. Abschnitt

Die Ordnung exemplarischer Bereiche der Daseinsvorsorge aus kommunaler Perspektive

9. Kapitel

Elektrizitätsversorgung

Die herausgehobene Rolle der Kommunen in der Energie-, insbesondere der Elektrizitätsversorgung beruht auf verschiedenen Positionen und Funktionen[1]: Sie haben als Hoheitsträger einschlägige Steuerungsmöglichkeiten gegenüber dem Bürger, etwa durch die Anordnung eines Anschluß- und Benutzungszwangs oder durch städtebauliche Festsetzungen; sie nehmen als Planungsträger Einfluß auf Energiebedarf und -versorgung; sie sind selbst ein großer Nachfrager von Energie; sie können als Anteilseigner an regionalen oder auch großen überregionalen Energieversorgungsunternehmen Einfluß ausüben und besorgen auf lokaler Ebene selbst bzw. durch gemeindeeigene Unternehmen die Verteilung, teils auch die Erzeugung von Elektrizität; schließlich und vor allem verfügen sie über das gemeindliche Wegenetz, ohne dessen Inanspruchnahme eine Versorgung der Bürger mit leitungsgebundener Energie nicht möglich ist und das ihnen deshalb von Beginn an die Möglichkeit gegeben hat, die örtliche Stromversorgung unter Ausschluß anderer Energieversorgungsunternehmen entweder ihrem eigenen Unternehmen vorzubehalten oder aber einem fremden, privaten Unternehmen zu übertragen, auf dessen Tätigkeit sie vertraglich Einfluß nehmen können. In den zuletzt genannten Funktionen als Verfügungsberechtigter über das Wegenutzungsrecht und als Träger von Energieversorgungsunternehmen stehen die Kommunen unmittelbar im Fokus des Energiewirtschaftsrechts. Insoweit hat ihre Position eine erhebliche Veränderung erfahren durch die in den letzten Jahren vollzogene Neuregelung des Energiesektors, die eine gemeinschaftsrechtliche Grundlage in der Richtlinie vom 19. Dezember 1996 betreffend gemeinsame Vorschriften für den Elektrizitätsbinnenmarkt[2] gefunden hat und in dem am 29. April 1998 in Kraft getretenen Gesetz zur Neuregelung des Energiewirtschaftsrechts[3] unmittelbar rechtlich wirksam geworden ist.

Die rechtliche Bewertung der kommunalen Stellung in der Energieversorgung hat schon unter dem früheren Energiewirtschaftsrecht darunter gelitten,

---

[1] Vgl. *Schmidt-Aßmann*, in: Festschrift Fabricius, S. 251 (252 f.).

[2] ABl. EG 1997 Nr. L 27/20.

[3] BGBl. I S. 730; vgl. dazu oben 2. Kap. I. 2. a. dd.

daß die Abgrenzung zwischen staatlichen und privatwirtschaftlichen Aufgabenbereichen und entsprechend auch die Verortung des kommunalen Engagements grundsätzlich unklar und umstritten ist; da es sich um eine Vorfrage von grundlegender Bedeutung auch für die verfassungs- und gemeinschaftsrechtliche Beurteilung des neuen Energiewirtschaftsrechts handelt, soll ihr in einem ersten Schritt vorab nachgegangen werden (I.). Darauf aufbauend sollen dann die aus kommunaler Perspektive bedeutsamen Veränderungen durch das neue Energiewirtschaftsrecht näher beleuchtet werden (II.).

I. Das kommunale Engagement zwischen staatlicher Daseinsvorsorge und privatwirtschaftlicher Betätigung

Wieweit das durch Art. 28 Abs. 2 S. 1 GG vermittelte Recht der Gemeinden zur Betätigung auf dem Sektor der Elektrizitätsversorgung reicht, ist unklar und umstritten: Während die einen die örtliche Energieversorgung zu den wesentlichen, dem unentziehbaren Kernbereich zugehörigen Bestandteilen kommunaler Selbstverwaltung zählen[4], handelt es sich für andere um eine wirtschaftliche Tätigkeit, deren Wahrnehmung den Kommunen allenfalls nach den gleichen Regeln wie auch privaten Unternehmen[5] oder verfassungsrechtlich überhaupt nicht gewährleistet, sondern nur kraft ausdrücklicher gesetzlicher Ermächtigung im Kommunalwirtschaftsrecht gestattet ist[6].

1. Energieversorgung als staatliche Aufgabe oder privatwirtschaftliche Betätigung

Dieser Dissens über die gemeindliche Rolle ist eingebunden in einen grundsätzlichen Streit über die Verortung der Energieversorgung zwischen Staat und Wirtschaft. Zwar ist wohl allgemein anerkannt, daß an einer funktionierenden Energieversorgung ein großes öffentliches Interesse besteht[7]; ob

---

[4] BayVerfGH, VGH n.F. 10 II, 113 (121 f.); *Damm*, JZ 1988, 840 (841); *Friauf*, in: Baur/Friauf, Energierechtsreform zwischen Europarecht und kommunaler Selbstverwaltung, S. 55 (78 ff., 88); *Püttner*, Das Recht der kommunalen Energieversorgung, S. 27; *Scholz*, Gemeindliche Gebietsreform und regionale Energieversorgung, S. 38 f.; *ders.*, ArchivPT 1996, 95 (104); *Stern*, Die verfassungsrechtliche Position der kommunalen Gebietskörperschaften in der Elektrizitätsversorgung, S. 33; *Stern/Püttner*, Die Gemeindewirtschaft, S. 162 f.

[5] *Emmerich*, Die kommunalen Versorgungsunternehmen zwischen Wirtschaft und Verwaltung, insbes. S. 22, 62.

[6] *Lecheler*, NVwZ 1995, 8 (10); *Löwer*, Energieversorgung zwischen Staat, Gemeinde und Wirtschaft, S. 224, 233 f.; *ders.*, DVBl. 1991, 132 (140 ff.).

[7] BVerfGE 66, 248 (258). Vgl. *Hermes*, Staatliche Infrastrukturverantwortung, S. 92 m.w.N. in Fn. 201.

es sich aber um eine insgesamt öffentliche bzw. staatliche Aufgabe handelt oder dessen ungeachtet um eine privatwirtschaftliche Betätigung, ist umstritten.

a. Die widerstreitenden Positionen

Die widerstreitenden Positionen haben verschiedentlich ausführliche Darstellungen und Würdigungen[8] gefunden, die hier eine umfassende Wiedergabe entbehrlich machen und eine kurze Erinnerung genügen lassen.

aa. Energieversorgung als staatliche Aufgabe der Daseinsvorsorge

Auf der einen Seite steht das Verständnis der Energieversorgung als einer notwendig staatlichen und – soweit die örtliche Radizierung reicht – kommunalen Aufgabe[9].

Der tragende Grund für diese Qualifizierung liegt in dem auf Forsthoff zurückgehenden Konzept der Daseinsvorsorge. Zu den von diesem Begriff erfaßten Maßnahmen der Verwaltung, deren Zweck in der Befriedigung allgemeiner Bedürfnisse der Allgemeinheit oder nach allgemeinen Kriterien bestimmter Personenkreise zu sozial angemessenen Bedingungen liegt, zählt geradezu prototypisch die Versorgung der Bürger mit Elektrizität[10]. Gemäß der von Forsthoff vorgenommenen Umkehrung dieser Definition, wonach alle öffentliche Daseinsvorsorge, in welchen Formen auch immer ausgeübt, öffentliche Verwaltung ist[11], wird auch die öffentliche Elektrizitätsversorgung zu einer Aufgabe der öffentlichen Verwaltung. Diese Einschätzung der Energieversorgung als Aufgabe der Daseinsvorsorge, als öffentliche Aufgabe von großer Bedeutung für die Sicherung einer menschenwürdigen Existenz der Bürger findet bis heute vielfach Gefolgschaft. Auch das Bundesverfassungsgericht hat in einer Kammerentscheidung aus dem Jahr 1989 »die Durchführung der Wasser- und Energieversorgung zu den typischen, die Daseinsvorsorge betreffenden Aufgaben der kommunalen Gebietskörperschaften« gezählt[12].

---

[8] Vgl. etwa, jeweils mit umfangreichen Nachweisen, *Büdenbender*, Energierecht, Rn. 966 ff.; *Hermes*, Staatliche Infrastrukturverantwortung, S. 92 ff., 114 ff.; *Löwer*, Energieversorgung zwischen Staat, Gemeinde und Wirtschaft, S. 109 ff.; *Notthoff*, DZWir 1995, 147; *Trzeciak*, Rechtsformen und Grenzen kommunalen Handelns bei der Energieversorgung, S. 126 ff.

[9] *Damm*, JZ 1988, 840 (841); *Ronellenfitsch*, Straße und Energieversorgung im Konflikt, S. 22; *ders.*, in: König/Benz (Hrsg.), Privatisierung und staatliche Regulierung, S. 118 (121); *Wesener*, Energieversorgung und Energieversorgungskonzepte, S. 165 ff.

[10] Vgl. bereits *Forsthoff*, Die Verwaltung als Leistungsträger, S. 7.

[11] *Forsthoff*, Verwaltungsrecht I, S. 370.

[12] BVerfG (3. Kammer des Ersten Senats), NJW 1990, 1783.

Kommunale Energieversorgungsunternehmen gelten danach nicht als Wirtschaftsunternehmen, sondern als Träger öffentlicher Verwaltung[13]. Prominenten Ausdruck hat das in der Entscheidung des Bayerischen Verfassungsgerichtshofs vom 23. Dezember 1957 gefunden, in der er neben den örtlichen Verkehrs- auch die Energieversorgungsunternehmen als nichtwirtschaftliche Unternehmen deklariert hat, die aus Verfassungsgründen nicht den gemeindewirtschaftsrechtlichen Beschränkungen für wirtschaftliche Betätigungen unterworfen werden dürften[14].

Die Energieversorgung soll auch dann eine staatliche Aufgabe bleiben, wenn sie nicht von der Kommune selbst übernommen, sondern – auf der Grundlage eines mit der Kommune geschlossenen Konzessionsvertrages – von einem rechtlich selbständigen, gemeindeeigenen oder privaten Energieversorgungsunternehmen durchgeführt wird. In früheren Jahren hat insbesondere Huber – in Anknüpfung an die vom französischen service public inspirierte Theorie des beliehenen öffentlichen Unternehmens bei Otto Mayer – die Energieversorgungsunternehmen für beliehene Unternehmen gehalten, denen durch die Wegekonzession die Befugnis zur Ausübung einer Wirtschaftsbetätigung verliehen werde, für die der öffentlichen Verwaltung kraft der Wegehoheit eine Verleihungsbefugnis zustehe[15]; gegenüber dem engeren, heute von der so genannten Rechtsstellungstheorie geprägten Beleihungsbegriff des deutschen Verwaltungsrechts hat sich diese Auffassung nicht durchsetzen können, weil es an der danach erforderlichen Betrauung mit der hoheitlichen Wahrnehmung bestimmter Verwaltungsaufgaben im eigenen Namen fehlt[16]. Nach wie vor sollen die Energieversorgungsunternehmen jedoch entweder durch das Energiewirtschaftsgesetz[17] oder durch den Konzessionsver-

---

[13] Nach *Schmidt*, Öffentliches Wirtschaftsrecht. Allgemeiner Teil, S. 504, ist dies die mehrheitliche Beurteilung.

[14] BayVerfGH, VGH n.F. 10 II, 113 (121 ff.). Zustimmend *Forsthoff*, Verwaltungsrecht I, S. 567; *Knemeyer*, Bayerisches Kommunalrecht, S. 215, 218; *Scholz/Pitschas*, Gemeindewirtschaft zwischen Verwaltungs- und Unternehmensstruktur, S. 14 f.

[15] *Huber*, Wirtschaftsverwaltungsrecht, Bd. 1, S. 548 f., 565 ff. Vgl. weiter *Friesenhahn*, Ew 1957 (Sonderdruck Nr. 453), 12 (13 f.); *Köttgen*, in: Festschrift zum hundertjährigen Bestehen des DJT I, S. 577 (615).

[16] *Emmerich*, Die kommunalen Versorgungsunternehmen zwischen Wirtschaft und Verwaltung, S. 36 f.; *Hermes*, Staatliche Infrastrukturverantwortung, S. 82; *Löwer*, Energieversorgung zwischen Staat, Gemeinde und Wirtschaft, S. 211; *Niederleithinger*, Die Stellung der Versorgungswirtschaft im Gesetz gegen Wettbewerbsbeschränkungen, S. 81 ff. Vgl. allgemein zu dem Problem der Integration des vom französischen service public geprägten Konzessions- bzw. Beleihungsbegriffs Otto Mayers in das deutsche Verwaltungsrecht *Wieland*, Die Konzessionsabgaben, S. 96 ff.

[17] *Forsthoff*, Verwaltungsrecht I, S. 373, der das Energiewirtschaftsgesetz als Beispiel einer gesetzlichen Indienststellung sieht, die Unternehmen durch Festsetzung konkreter Lei-

trag[18] in besonderer Weise in die Erledigung einer staatlichen Aufgabe einbezogen sein. Diese Sichtweise klingt auch beim Bundesverfassungsgericht an, wenn es den Energieversorgungsunternehmen die Erfüllung einer öffentlichen, dem Gemeinwohl dienenden Aufgabe zugewiesen sieht[19].

bb. Die Energieversorgung als privatwirtschaftliche Betätigung

Schon früh hat sich hierzu eine Gegenposition gebildet[20]. Ihr Ausgangspunkt ist die Kritik am Begriff der Daseinsvorsorge, der zwar als ein soziologischer Begriff akzeptiert, dem jedoch jeder normative Gehalt abgesprochen wird, so daß er irgendwelche Rechtsfolgen, auch die Zugehörigkeit einer bestimmten Tätigkeit zur öffentlichen Verwaltung nicht begründen könne[21]. Die Rechtsordnung aber nehme eine Einbeziehung in den staatlichen Aufgabenbereich im Energiewirtschaftsrecht – anders als etwa im Abfallrecht[22] – nicht vor. Aus der fehlenden gesetzlichen Verstaatlichung der Energieversorgungsaufgabe folge, daß die Erzeugung und Verteilung von Energie keine staatliche und damit auch keine kommunale Verwaltungsaufgabe sein könne[23]. Vielmehr handele es sich nach der rechtlichen Ausgestaltung der Energieversorgung, die das private, gemischtwirtschaftliche oder öffentliche Eigentum an den Energieversorgungsunternehmen nicht beachte und das gegebene Nebeneinander der verschiedenen Akteure unterschiedslos akzeptiere, um eine jedermann freistehende, privatwirtschaftliche Betätigung[24].

---

stungspflichten in den Dienst der Daseinsvorsorge stellt und einer besonderen Verantwortung gegenüber der Verwaltung unterwirft.

[18] Nach *Wesener*, Energieversorgung und Energieversorgungskonzepte, S. 175 f., übertragen die Gemeinden im Konzessionsvertrag »primär – dies ist nämlich der Kerngehalt derartiger Verträge – die Durchführung (Erledigung) einer durch Art. 28 Abs. 2 Satz 1 GG geschützten (Selbst-)Verwaltungsaufgabe auf Privatrechtssubjekte, ...; gleichwohl bleiben die Gemeinden für die ordnungsgemäße Erfüllung dieser Verwaltungsaufgaben verantwortlich«.

[19] BVerfGE 66, 248 (257 und 258).

[20] *Maunz*, VerwArch 50 (1959), 315 (327); *Ossenbühl*, DÖV 1971, 513 (523); *Stern/Püttner*, Die Gemeindewirtschaft, S. 56 ff.

[21] Vgl. *Emmerich*, Das Wirtschaftsrecht der öffentlichen Unternehmen, S. 98 ff.; *ders.*, Die kommunalen Versorgungsunternehmen zwischen Wirtschaft und Verwaltung, S. 55 f., 60; *Maunz*, VerwArch 50 (1959), 315 (317 ff.).

[22] *Löwer*, Energieversorgung zwischen Staat, Gemeinde und Wirtschaft, S. 192.

[23] *Hartung*, DÖV 1992, 393 (398 f.); *Löwer*, Energieversorgung zwischen Staat, Gemeinde und Wirtschaft, S. 178 ff., 200 ff., 210 f.

[24] Vgl. BGHZ 89, 226 (237 f.), sowie *Evers*, Das Recht der Energieversorgung, S. 38; *Krebs*, Rechtliche Grundlagen und Grenzen kommunaler Elektrizitätsversorgung, S. 228; *Löwer*, Energieversorgung zwischen Staat, Gemeinde und Wirtschaft, S. 144 f.; *Metzenthin*, EuR 1990, 70 (72); *Osterloh*, in: VVDStRL 54 (1995), S. 204 (226).

Danach ist nicht nur die Tätigkeit der privaten Energieversorgungsunternehmen privatwirtschaftliche Betätigung[25]. Auch das kommunale Engagement auf dem Sektor der Energieversorgung gilt als eine wirtschaftliche Betätigung[26]. Daraus folgt jedenfalls, daß den Kommunen jegliche hoheitliche Sonderstellung, namentlich ein originäres Versorgungsrecht abgesprochen wird[27]. Das Engagement von Kommunen bzw. kommunalen Unternehmen in der Energieversorgung soll energierechtlich in keiner Weise privilegiert, sondern nur nach Maßgabe des Energiewirtschaftsgesetzes, nach den gleichen Regeln zulässig sein, wie sie auch für die privaten Energieversorgungsunternehmen gelten. Darüber hinaus unterfällt die kommunale Betätigung als öffentliche Wirtschaftstätigkeit noch besonderen Beschränkungen, weil sie die kommunalwirtschaftsrechtlichen Einschränkungen beachten muß oder – nach der Auffassung insbesondere Löwers[28] – sogar nur kraft besonderer gesetzlicher Ermächtigung zulässig sein soll.

b. Die Unauflöslichkeit des Konflikts

Der Konflikt zwischen den beiden konträren Einschätzungen auf dieser Argumentationsebene hat sich als unauflöslich und nicht weiterführend erwiesen[29].

Seinen wesentlichen Grund hat das darin, daß beide Positionen eine pauschale Zuordnung der Energieversorgung entweder zum Bereich der staatlichen Aufgaben oder aber zu dem privatwirtschaftlicher Betätigung vornehmen, für eine differenziertere Betrachtung der spezifisch staatlichen Funktion und der privatwirtschaftlichen Betätigung auf dem Sektor der Energieversorgung aber nicht behilflich sind. Der Begriff der Daseinsvorsorge sieht die Erbringung von Leistungen zur Befriedigung der Lebensbedürfnisse als Verwaltungstätigkeit an; gegenüber dem Einwand, daß solche notwendigen Leistun-

---

[25] *Schmidt-Aßmann*, in: Festschrift Fabricius, S. 251 (262), mit Blick auf die Grundrechtsberechtigung der privaten Energieversorgungsunternehmen. Weitere Nachweise bei *Büdenbender*, Energierecht, Rn. 977 ff.; *Evers*, Das Recht der Energieversorgung, S. 69 f.; *Steiner*, in: Festschrift Fabricius, S. 271 (273 f.).

[26] *Dickersbach*, WiVerw 1983, 187 (195); *Ehlers*, JZ 1990, 1089 (1091); *Krölls*, GewArch 1992, 281; *Niederleithinger*, Die Stellung der Versorgungswirtschaft im Gesetz gegen Wettbewerbsbeschränkungen, S. 116 ff.

[27] *Emmerich*, Die kommunalen Versorgungsunternehmen zwischen Wirtschaft und Verwaltung, S. 62.

[28] *Löwer*, Energieversorgung zwischen Staat, Gemeinde und Wirtschaft, S. 224.

[29] *Tettinger*, NWVBl. 1989, 1 (2 Fn. 11), etwa sieht in dem Streit um den verfassungsrechtlichen Schutz kommunaler Energieversorgungsaktivitäten seit Beginn der 70'er Jahre kaum mehr eine argumentative Bewegung.

gen auch – unter mehr oder minder intensiver staatlicher Kontrolle – privatwirtschaftlich erbracht werden, wofür die Versorgung mit Lebensmitteln ein beliebtes Beispiel ist[30], fehlen ihm die Kriterien für eine genauere Unterscheidung der staatlichen und privatwirtschaftlichen Betätigungsfelder[31] – mit der Folge, daß die Aussagekraft des Begriffs der Daseinsvorsorge entschwindet, sobald das Problem der Einbeziehung privater Wirtschaftssubjekte in die Aufgabenerledigung thematisiert wird[32]. Dies ist der zentrale Grund dafür, daß im neueren Schrifttum dem Konzept der Daseinsvorsorge die rechtliche Tragfähigkeit zur Begründung spezifisch staatlicher Aufgaben in der Regel abgesprochen wird[33]. Umgekehrt vermag aber auch die Qualifizierung der Energieversorgung als materiell oder funktionell privatwirtschaftliche Betätigung dem Einwand nicht gerecht zu werden, daß gerade die Versorgung mit leitungsgebundener Energie keineswegs nur nach allgemeinen privat- und wirtschaftsrechtlichen Regeln erfolgt, sondern unter intensiver staatlicher Mitwirkung, z.B. durch die staatliche Begründung von (nach früherer Gesetzeslage: geschlossenen) Versorgungsgebieten im Konzessionsvertrag oder die staatliche Gewährung des Enteignungsrechts[34]. Kann diese Position demnach nicht jegliche staatliche Ingerenz in diesem Sektor ausschließen, fehlen auch ihr dann die Kriterien für eine gesicherte Grenzziehung zwischen staatlichen und privaten Verantwortungsbereichen.

Nur eine differenziertere Sicht wird aber der Struktur des Energiesektors gerecht. Er ist von Beginn an von einem Neben- und Miteinander privater und staatlicher Akteure, privatwirtschaftlicher und hoheitlicher Aufgabenwahrnehmung gekennzeichnet[35]. Mit Recht wird die Energieversorgung beschrieben als ».. ein typischer Bereich ..., in dem die Ausdifferenzierung sozialstaat-

---

[30] Vgl. *Bull*, Die Staatsaufgaben nach dem Grundgesetz, S. 189; *Ossenbühl*, DÖV 1971, 513 (515 f.); *Stern/Püttner*, Die Gemeindewirtschaft, S. 56 f.

[31] *Hermes*, Staatliche Infrastrukturverantwortung, S. 131.

[32] Vgl. BVerfGE 66, 248 (258): »Die Sicherstellung der Energieversorgung ... ist eine öffentliche Aufgabe von größter Bedeutung. Die Energieversorgung gehört zum Bereich der Daseinsvorsorge; sie ist eine Leistung, deren der Bürger zur Sicherung einer menschenwürdigen Existenz unumgänglich bedarf... Die Erfüllung dieser öffentlichen Aufgabe ist auch den privatrechtlich organisierten Energieversorgungsunternehmen durch das Energiewirtschaftsgesetz zugewiesen.« BGH RdE 1986, 115 (116), wonach die Kommune mit dem – als Kartellvertrag qualifizierten – Konzessionsvertrag »sich der ihr im Rahmen der Daseinsvorsorge obliegenden Aufgabe einer ordentlichen und gesicherten Energieversorgung« entledigt und das private Unternehmen diese Aufgabe der Stadt übernimmt; deutlich auch BGHZ 89, 226 (230, 237).

[33] *Löwer*, Energieversorgung zwischen Staat, Gemeinde und Wirtschaft, S. 149 ff.; *Rüfner*, in: Handbuch des Staatsrechts III, § 80 Rn. 28; *Schmidt-Aßmann*, in: Festschrift Fabricius, S. 251 (253); *Wesener*, Energieversorgung und Energieversorgungskonzepte, S. 96.

[34] *Hermes*, Staatliche Infrastrukturverantwortung, S. 133 f.

[35] Vgl. *Evers*, Das Recht der Energieversorgung, S. 23 ff.

licher Aufgaben und Organisationsformen einen Grad erreicht hat, der sich einer einfachen Entgegensetzung von Staat und Wirtschaft, von öffentlichem und privatem (Gewinn-)Interesse, von Staatsaufgabe und individueller Freiheitsbetätigung entzieht.«[36] Der Streit um den Aufgabencharakter der Energieversorgung mit derart pauschalisierenden Etikettierungen bleibt, weil er die differenzierte Verteilung zwischen spezifisch staatlicher Verantwortung und privatwirtschaftlicher Betätigung auf diesem Aufgabenfeld – wie im übrigen auch auf anderen – nicht wahrnehmen kann, unauflösbar[37].

2. Die Unterscheidung wirtschaftlicher und hoheitlich-regulierender Betätigungen der Kommunen

Entsprechend bedarf es auch mit Blick auf die Stellung der Kommunen und die Reichweite der Garantie kommunaler Selbstverwaltung einer feineren Differenzierung zwischen dem spezifisch staatlichen bzw. kommunalen Verantwortungsbereich und dem Feld privatwirtschaftlicher Betätigung in der Energieversorgung. In einer solcherart differenzierenden Betrachtungsweise lassen sich – von den hier nicht näher interessierenden, auf anderen gesetzlichen Grundlagen etwa im Bauplanungsrecht beruhenden hoheitlichen Befugnissen abgesehen – zwei kommunale Funktionen jedenfalls analytisch unterscheiden: zum einen und zunächst die Tätigkeit der Energieerzeugung und -verteilung, die sowohl der normativen Ausgangslage wie auch, jedenfalls im Falle der Fremdversorgung durch ein rechtlich selbständiges Energieversorgungsunternehmen auf der Grundlage eines Konzessionsvertrages, dem tatsächlichen Erscheinungsbild nach als ein isolierbarer Teilaspekt der Energieversorgung erscheint; zum anderen die Zurverfügungstellung des gemeindlichen Wegenetzes für Zwecke der leitungsgebundenen Energieversorgung, sei es zugunsten des eigenen Stadtwerks, sei es zugunsten anderer Energieversorgungsunternehmen[38].

a. Energieverteilung und -erzeugung

Die energieerzeugende und -verteilende Betätigung der Kommunen, für sich genommen und isoliert von anderen Funktionen der Kommunen in der Energieversorgung, ist eine wirtschaftliche Betätigung, die den Regelungen des

---

[36] *Hermes*, Staatliche Infrastrukturverantwortung, S. 134 f.

[37] *Hermes*, Staatliche Infrastrukturverantwortung, S. 160.

[38] Mit Recht beklagt *Büdenbender*, Energierecht, Rn. 973, 980 Fn. 23, daß die gesamte bisherige Diskussion an der mangelnden Beachtung dieser Unterscheidung leide.

Energiewirtschaftsrechts und des allgemeinen Wirtschaftsrechts, insbesondere des Kartellrechts unterfällt.

Für diesen Teilbereich der Energieversorgung treffen die oben angeführten Argumente für einen privatwirtschaftlichen Charakter der Energieversorgung zu. Es handelt sich um eine allen offenstehende wirtschaftliche Betätigung. Eine gesetzliche Aufgabenverstaatlichung durch das Energiewirtschaftsrecht ist schon nach der früheren Gesetzeslage ungeachtet der vergleichsweise intensiven staatlichen Kontrollbefugnisse gegenüber den Energieversorgungsunternehmen nicht feststellbar gewesen. Der Begriff der Daseinsvorsorge, dem die Energieversorgung geradezu prototypisch unterfällt, ist aus sich heraus nicht geeignet, die Aufgabe als eine staatliche zu qualifizieren. Auch die kommunale Betätigung in der Elektrizitätserzeugung und -verteilung ist daher, wie insbesondere der Entscheidung des Bayerischen Verfassungsgerichtshofs vom 23. Dezember 1957[39] – insoweit überzeugend – entgegengehalten worden ist[40], eine wirtschaftliche Betätigung.

Diese Qualifizierung der Energieerzeugung und -verteilung als eine wirtschaftliche Betätigung hat nicht – wie insbesondere Löwer vertreten hat – zur Folge, daß ihre Wahrnehmung den Kommunen nur als Chance nach den kommunalwirtschafts- und energierechtlichen Maßgaben des einfachen Rechts zustünde[41]. Die dieser Annahme zugrunde liegende These, die Verfassungsgarantie kommunaler Selbstverwaltung wirke allein in Bezug auf die innerstaatliche Kompetenzverteilung, nicht jedoch im Verhältnis zur Privatwirtschaft kompetenzbegründend, weshalb eine wirtschaftliche Betätigung der Kommunen nicht schon von Verfassungs wegen, sondern nur kraft ausdrücklicher gesetzlicher Ermächtigung zulässig sei, ist bereits allgemein kritisiert und widerlegt worden[42]. Art. 28 Abs. 2 S. 1 GG schließt vielmehr auch das Recht zur Betätigung auf Feldern der Privatwirtschaft ein, soweit die (privat-)wirtschaftliche Betätigung der Wahrnehmung von Angelegenheiten der örtlichen Gemeinschaft dient. Deshalb unterfällt, wie das Bundesverwaltungsgericht zuletzt treffend ausgeführt hat, die kommunale Energieversorgung als in der örtlichen Gemeinschaft wurzelnde Angelegenheit der Daseinsvorsorge den verfassungsrechtlich geschützten Selbstverwaltungsangelegenheiten der Gemeinden »... unabhängig davon, ob die örtliche Energieversorgung eine Aufgabe kommunaler Leistungsverwaltung oder wesentlich durch Elemente wirtschaftlicher Betätigung geprägt ist. Denn die Gemeinde ist im Rahmen

[39] BayVerfGH, VGH n.F. 10 II, 113.

[40] *Stern/Püttner*, Die Gemeindewirtschaft, S. 56 (m.w.N. in Fn. 20).

[41] *Löwer*, Energieversorgung zwischen Staat, Gemeinde und Wirtschaft, S. 250; *ders.*, DVBl. 1991, 132 (140 ff.); zustimmend *Lecheler*, NVwZ 1995, 8 (10).

[42] Vgl. oben 5. Kap. I. 2. b.

ihrer verfassungsrechtlich garantierten Allzuständigkeit für Angelegenheiten der örtlichen Gemeinschaft ... auch zur versorgungswirtschaftlichen Betätigung befugt.«[43] Auch soweit also das Engagement der Kommunen in der Energieversorgung ein wirtschaftliches ist, unterfällt es daher dem Schutz des Art. 28 Abs. 2 GG. Den Gemeinden steht von Verfassungs wegen der Zugang zu dieser wirtschaftlichen Betätigung offen, ohne daß es dafür eines ermächtigenden Gesetzes bedürfte und ungerechtfertigte kommunalwirtschaftsrechtliche Einschränkungen, etwa durch eine Subsidiaritätsklausel, vorgenommen werden dürften[44]. Der so verfassungsrechtlich eröffnete Zugang erlaubt und gewährleistet den Kommunen freilich zunächst nur die wirtschaftliche Betätigung in der Energieversorgung nach Maßgabe der allgemeinen Regeln des hierfür geltenden Wirtschaftsrechts; gegenüber den für alle Unternehmen ohne Rücksicht auf ihren Unternehmensträger geltenden, im übrigen verfassungskonformen wirtschaftsrechtlichen Bestimmungen entfaltet Art. 28 Abs. 2 S. 1 GG keinen spezifischen materiellen Schutz[45].

b. Die Entscheidung über die Nutzung des kommunalen Wegenetzes

Die Eigen- wie auch die Fremdversorgung mit elektrischer Energie ist faktisch angewiesen auf die Nutzung des gemeindlichen Wegenetzes[46]; deshalb stellt, wie der Bundesgerichtshof formuliert hat, »... die Verfügungsmöglichkeit über die öffentlichen Wege die Grundlage für die Durchführung der Stromversorgung dar. Ohne diese Verfügungsmöglichkeit ist eine Lieferung von elektrischer Energie praktisch nicht möglich und für eine Zuweisung der Stromversorgung an einen bestimmten Versorgungsträger kein Raum...«[47]. Ungeachtet der Übereinstimmung über ihre elementare faktische Bedeutung herrscht über die rechtliche Einordnung dieser Verfügungsmöglichkeit über das gemeindliche Wegenetz und ihrer Weitergabe durch Konzessionsvertrag

---

[43] BVerwGE 98, 273 (275).

[44] Deshalb verdient die Entscheidung des BayVerfGH, VGH n.F. 10 II, 113, die die Energieversorgung als nichtwirtschaftliche Betätigung der Daseinsvorsorge der Beschränkung durch die Subsidiaritätsklausel der BayGO entziehen wollte, in ihrem Ergebnis Zustimmung; fraglich bleibt allein, ob die Subsidiaritätsklausel der BayGO als verfassungswidrig hätte verworfen werden müssen oder der vorgenommenen verfassungskonformen Reduktion – unter unmittelbarem Rückgriff auf den Begriff der Daseinsvorsorge – zugänglich war.

[45] *Stern*, in: BK, Art. 28 (Zweitbearb.) Rn. 164; *Tettinger*, NWVBl. 1989, 1 (5).

[46] Vgl. dazu nur *Niederleithinger*, Die Stellung der Versorgungswirtschaft im Gesetz gegen Wettbewerbsbeschränkungen, S. 116; *Stern*, Die verfassungsrechtliche Position der kommunalen Gebietskörperschaften in der Elektrizitätsversorgung, S. 7; *Stern/Püttner*, Die Gemeindewirtschaft, S. 169.

[47] BGHZ 89, 226 (238).

grundlegende Uneinigkeit. Während sie aus der einen Perspektive eine im Interesse der Energiewirtschaft zu kontrollierende wirtschaftliche Machtposition der Gemeinden darstellt, für die Art. 28 Abs. 2 S. 1 GG ohne Belang zu sein scheint[48], begründet sie in anderer Sichtweise eine verfassungsrechtlich garantierte Befugnis der Kommunen zur hoheitlich-regulierenden Einwirkung auf die Energieversorgung.

aa. Die Vergabe des Wegenutzungsrechts als privatwirtschaftliches Handeln der Kommune

In der vorherrschenden Sichtweise besteht zwischen der Verfügung über das erforderliche Wegerecht und der wirtschaftlichen Betätigung der Energieversorgung funktionell kein wesentlicher Unterschied. Im Falle der Eigenversorgung durch ein rechtlich unselbständiges Stadtwerk, in dem ein in der Praxis gleichwohl häufig geschlossener, »unechter« Konzessionsvertrag[49] wegen Identität der Vertragspartner rechtlich unbeachtlich ist, werden die Nutzung des Wegerechts und die Versorgungstätigkeit als in einem Gesamtzusammenhang stehende wirtschaftliche Betätigung gesehen[50]; im Falle der Versorgung durch ein rechtlich selbständiges Elektrizitätsversorgungsunternehmen gilt der Abschluß eines Konzessionsvertrages mit diesem als eine Alternative zu der – als wirtschaftliche Betätigung anerkannten – Eigenversorgung[51]. In beiden Konstellationen handelt die Kommune auch bei der Entscheidung über die Nutzung des Wegenetzes nach herrschender Auffassung privatwirtschaftlich oder unternehmerisch[52].

Für eine abweichende Beurteilung der Entscheidung über die Konzessionsvergabe als nicht unternehmerische, sondern spezifisch hoheitliche Betätigung der Kommunen wird vielfach eine sondergesetzliche Regelung ver-

---

[48] *Dehmer*, et 1987, 274, weist darauf hin, daß die Entscheidungen BGH, RdE 1986, 115; RdE 1986, 118, im Zusammenhang mit der Beurteilung von Konzessionsverträgen, die ein so genanntes gespaltenes Wegerecht vorsahen, auf Art. 28 Abs. 2 GG nicht eingehen, weil sie ihn offenbar für unerheblich halten.

[49] *Büdenbender*, Energierecht, Rn. 521.

[50] *Krebs*, Rechtliche Grundlagen und Grenzen kommunaler Elektrizitätsversorgung, S. 226. A.A. insoweit jedoch *Britz*, Örtliche Energieversorgung nach nationalem und europäischem Recht, S. 260 f., die die Wegerechtsüberlassung an einen Eigenbetrieb als eine hoheitliche Maßnahme ansehen will, weil hier – anders als beim Konzessionsvertragsschluß mit einem fremden Unternehmen – eine erwerbswirtschaftliche Gewinnerzielungsabsicht fehle und ausschließlich ein Umsetzungsakt einer kommunalpolitischen Entscheidung vorliege.

[51] BKartA, RdE 1996, 160 (161).

[52] Vgl. zum Konzessionsvertrag *Britz*, Örtliche Energieversorgung nach nationalem und europäischem Recht, S. 33 m.w.N. in Fn. 85, sowie *Hamann*, et 1992, 398 (399 m.w.N. in Fn. 40).

mißt, die als öffentlich-rechtliches Sonderrecht diese dem Bereich privatwirtschaftlich-unternehmerischer Betätigung entzieht[53]. Mit Blick auf das frühere Energiewirtschaftsrecht wurde darauf verwiesen, daß es den Kommunen keine hoheitliche Regelungskompetenz für die Gestaltung der Energieversorgung in ihrem Stadtgebiet zuweise; vielmehr werde etwa die erforderliche Versorgungsgenehmigung nicht von der Kommune, sondern von der zuständigen Landesbehörde erteilt[54]. Umgekehrt gilt als ein Anhaltspunkt für den privatwirtschaftlichen Charakter der Konzessionsvergabe, daß nach § 8 Abs. 10 BFernStrG und entsprechenden landesstraßenrechtlichen Bestimmungen die Einräumung von Rechten zu einer den Gemeingebrauch nicht oder – so die für die Verlegung von Leitungen zur Elektrizitätsverteilung bedeutsame Ergänzung – zu Zwecken der öffentlichen Versorgung nur vorübergehend beeinträchtigenden Benutzung des Eigentums an Straßen sich nach bürgerlichem Recht richtet[55]. Die Grundlage der Konzessionsvergabe soll danach im privatrechtlichen Eigentum der Kommune liegen[56]. Die Berechtigung zur Benutzung von Grundstücken erscheint als ein wirtschaftliches Gut, das rechtlich gesehen auch von privaten Eigentümern zur Verfügung gestellt werden könnte[57]. Daß als einzige Eigentümer die Kommunen über die für die leitungsgebundene Versorgung notwendigen zusammenhängenden Grundstücke in Gestalt ihres Wegenetzes verfügen, erscheint als eher zufällig und technisch bedingt, nicht aber systematisch oder sachlich begründet[58]. Die Bedeutung dieser gemeindlichen Position abschwächend wird darauf hingewiesen, daß auch die Einrichtung von Fernmeldelinien ungeachtet der Inanspruchnahme des gemeindlichen Wegenetzes nicht als Angelegenheit des gemeindlichen Wirkungskreises gelte[59]. Die aus dem Wegeeigentum resultierende besondere,

---

[53] So insbesondere *Dehmer*, Energieversorgungskonzepte – Vorranggebiete – Kartellrecht, S. 185 ff.; *Emmerich*, Die kommunalen Versorgungsunternehmen zwischen Wirtschaft und Verwaltung, S. 62; *Krebs*, Rechtliche Grundlagen und Grenzen kommunaler Elektrizitätsversorgung, S. 194 ff.

[54] BKartA, RdE 1996, 160 (161).

[55] Vgl. *Evers*, Das Recht der Energieversorgung, S. 180 ff.; *Krebs*, Rechtliche Grundlagen und Grenzen kommunaler Elektrizitätsversorgung, S. 194.

[56] *Niederleithinger*, Die Stellung der Versorgungswirtschaft im Gesetz gegen Wettbewerbsbeschränkungen, S. 79 f., 148 ff.; *Notthoff*, DZWir 1995, 147 (149); *Ossenbühl*, et 1997, 773 (777); *Schmidt-Aßmann*, in: Festschrift Fabricius, S. 251 (254).

[57] BKartA, RdE 1996, 160 (161); *Dehmer*, et 1987, 274 (275; vgl. jedoch auch 277).

[58] *Dehmer*, Energieversorgungskonzepte – Vorranggebiete – Kartellrecht, S. 207; *Gröner*, Die Ordnung der deutschen Elektrizitätswirtschaft, S. 128; *Schmidt-Aßmann*, in: Festschrift Fabricius, S. 251 (255). Vgl. auch *Friesenhahn*, Ew 1957 (Sonderdruck Nr. 453), 12 (13).

[59] *Löwer*, Energieversorgung zwischen Staat, Gemeinde und Wirtschaft, S. 228 Fn. 38, unter Hinweis auf BVerwGE 77, 128 (132). Bereits hier sei kritisch angemerkt, daß dieser

im Vergleich zu anderen hervorgehobene Position der Kommunen in der örtlichen Energieversorgung erscheint als eine wirtschaftliche Monopolstellung, die zur Monopolisierung weiterer Märkte, namentlich auch der Stromversorgung, eingesetzt werden kann[60]. Folge dieser Einschätzung ist die rechtliche Beurteilung der von den Kommunen abgeschlossenen Konzessionsverträge als der Rechtsform nach privatrechtlich und dem Aufgabencharakter nach nicht spezifisch hoheitliche, sondern privatwirtschaftliche oder unternehmerische Betätigung. Die Beteiligung der Kommunen an den Konzessionsverträgen gilt als unternehmerisches Handeln im Sinne des Wettbewerbsrechts[61]. Konzessionsverträge zwischen Kommunen und Energieversorgungsunternehmen unterfallen dem Kartellrecht und werden als Kartellvertrag i.S.v. § 1 GWB angesehen[62]. Entsprechend galt die kartellrechtliche Freistellung ausschließlicher Konzessionsverträge durch §§ 103, 103a GWB a.F. als konstitutiv, d.h. als eine Gewährung oder Privilegierung durch den staatlichen Wirtschaftsgesetzgeber[63], nicht als bloß deklaratorische Anerkennung einer autonomen, hoheitlichen Regulierungsbefugnis der Kommunen.

bb. Die Wegerechtsvergabe zu Zwecken der örtlichen Energieversorgung als Wahrnehmung einer Aufgabe kommunaler Selbstverwaltung

Diese Sichtweise wird der Bedeutung der gemeindlichen Verfügungsmöglichkeit über das Wegenetz nicht gerecht. Sie ist nicht etwa nur ein Bestandteil der privatwirtschaftlich erfolgenden Elektrizitätsversorgung, sondern liegt ihr als eine spezifisch hoheitliche, von der Selbstverwaltungsgarantie geschützte Gestaltungsbefugnis voraus und zugrunde; die gemeindliche Hoheit über das Wegenetz ist die Grundlage für die Befugnis der Kommunen zur hoheitlich-regulierenden Einwirkung auf die örtliche Elektrizitätsversorgung. Die Kommunen agieren insoweit – in ihrer Funktion im Verhältnis zur Energiewirt-

---

Hinweis die Bedeutung von Art. 87 Abs. 1 GG a.F., der insoweit verfassungsrechtlich eine den Selbstverwaltungsbereich gemäß Art. 28 Abs. 2 S. 1 GG einschränkende Verwaltungszuständigkeit der Bundespost begründete, nicht hinreichend beachtet; vgl. dazu näher unten 10. Kap. I. 1. a.

[60] *Emmerich*, Das Wirtschaftsrecht der öffentlichen Unternehmen, S. 359.

[61] BGH, RdE 1986, 115, (116); RdE 1986, 118 (119). *Dehmer*, et 1987, 274 (275); *Hamann*, et 1992, 398 (400); *Markert*, RdE 1995, 60 (61); *Niederleithinger*, Die Stellung der Versorgungswirtschaft im Gesetz gegen Wettbewerbsbeschränkungen, S. 148 ff.; *Scholz*, Gemeindliche Gebietsreform und regionale Energieversorgung, S. 95 ff. Ausführliche Nachweise bei *Dehmer*, Energieversorgungskonzepte – Vorranggebiete – Kartellrecht, S. 173 ff.

[62] BGH, RdE 1986, 115; RdE 1986, 118, haben die Einschlägigkeit von § 1 GWB (a.F.) geklärt.

[63] Vgl. *Dehmer*, Energieversorgungskonzepte – Vorranggebiete – Kartellrecht, S. 167 f.; *Hamann*, et 1992, 398 (398 mit Fn. 6, 7).

schaft sozusagen neben dem Bundesgesetzgeber stehend, wenn auch nicht wie dieser hoheitlich-eingreifend, sondern schlicht-hoheitlich und ggf. in privatrechtlichen Formen regulierend tätig – als Hoheitsträger. In Ausübung ihrer aus der Wegehoheit folgenden, von Art. 28 Abs. 2 S. 1 GG geschützten Befugnis treffen sie örtliche Marktstrukturvorgaben, die sowohl im Falle der Versorgung durch rechtlich selbständige, fremde Unternehmen wie auch im Falle der Eigenversorgung durch rechtlich unselbständige Stadtwerke Wirksamkeit erlangen können: Im ersten Fall realisiert sich diese Gestaltungsbefugnis im Konzessionsvertrag; im zweiten Fall verwirklicht sie sich im Zusammenspiel mit den Steuerungsmöglichkeiten der Kommune als Unternehmensträgerin. In dieser regulierenden Funktion sind die Kommunen nicht selbst auf dem Markt und damit wirtschaftlich tätig[64]; sie sind insoweit also auch nicht dem Energiewirtschafts- und Kartellrecht des Bundes unterworfene Wirtschaftssubjekte[65]. Soweit sie den Energieversorgungsunternehmen, den eigenen wie auch den fremden, zulässige Vorgaben machen, kann auch deren darauf beruhendes Verhalten in der Folge nicht als ein gegen die wirtschaftsrechtlichen Regeln des Bundes verstoßendes unternehmerisches Verhalten sanktioniert werden.

Diese – hier knapp umrissene – rechtliche Beurteilung der kommunalen Wegehoheit in ihrer Bedeutung für die örtliche Elektrizitätsversorgung soll im folgenden näher begründet und dargelegt werden.

(1) Die Sachherrschaft über das gemeindliche Wegenetz als Selbstverwaltungskompetenz. Die Ausübung der Sachherrschaft über das örtliche Wegenetz ist eine von der Selbstverwaltungsgarantie erfaßte Angelegenheit der örtlichen Gemeinschaft.

Daß die staatliche Herrschaft über die öffentlichen Straßen und Wege sich grundlegend von dem privaten Grundstückseigentum unterscheidet und insgesamt dem Bereich hoheitlicher Aufgabenwahrnehmung zuzurechnen ist, findet im deutschen Straßenrecht auf Grund der ihm zugrunde liegenden dualistischen Konzeption allerdings nur unvollkommen Ausdruck. Es unterscheidet zwischen dem privatrechtlichen Eigentum an der Straße und der darauf liegenden, durch die Widmung begründeten öffentlich-rechtlichen Dienstbarkeit, die dem Eigentümer die Duldung der Benutzung zum Zwecke des Verkehrs im Rahmen des Gemeingebrauchs auferlegt und – umgekehrt – die Wegehoheit als Inbegriff der besonderen öffentlich-rechtlichen Befugnisse

[64] *Säcker/Busche*, VerwArch 83 (1992), 1 (6 ff.).

[65] *Bartlsperger*, DVBl. 1980, 249 (254, 259 f.); *Hermes*, Staatliche Infrastrukturverantwortung, S. 386. Vgl. auch – mit Blick auf die neue Gesetzeslage – *Bechtold*, NJW 1998, 2769 (2773).

der Straßenaufsichtsbehörde und insbesondere des Straßenbaulastträgers in Bezug auf die Straße begründet[66]. Dieses dualistische Konzept, das unterhalb der öffentlich-rechtlichen Wegehoheit ein privates Eigentum anerkennt, führt freilich zu einer ganzen Reihe von Friktionen. Mit Recht wird festgestellt, daß in den aufgetretenen Konflikten Gesetzgebung, Rechtsprechung und Literatur seit langem zunehmend davon ausgehen, daß das Eigentum gegenüber der öffentlichen Zweckbindung ganz in den Hintergrund trete[67]. Auch das Bundesverfassungsgericht hat – mit Blick auf die Gesetzgebungskompetenz – festgestellt, daß die » ... für den allgemeinen Verkehr geschaffene und hierfür gewidmete sowie für seine Zwecke unterhaltene Verkehrsfläche ... in tatsächlicher und rechtlicher Hinsicht durch Besonderheiten geprägt (ist), die mit dem Wesen und der Funktion des bürgerlichen Rechts kaum noch einen Zusammenhang aufweisen. Die öffentliche Straße kann als eine Verwaltungsleistung weder mit dem für das Privatrecht und keineswegs allgemein geltenden Sachbegriff des § 90 BGB noch mit dem Eigentumsbegriff des Bürgerlichen Gesetzbuchs sachgerecht erfaßt werden, sondern fordert ihrer Funktion nach eine vom bürgerlichen Recht abweichende Regelung der ›Sachherrschaft‹. Ihr Inhalt wird durch das öffentlich-rechtliche, auf die Allgemeinheit ausgerichtete Element bestimmt.«[68] Es fährt dann fort, daß das bürgerlich-rechtliche Eigentum am Straßengrund zwar formell bestehen bleibe, aber durch Vorschriften des öffentlichen Rechts derart überlagert und beschränkt werde, daß »... der Straßengrund in der Wirklichkeit einer allgemeinen Aufgabe dient und einer öffentlich-rechtlichen Ordnung unterstellt wird, um eine sachgerechte Nutzung der Straße durch die Allgemeinheit zu ermöglichen.«[69] Hieran anknüpfend hat in der Literatur früher schon vor allem Bartlsperger den Charakter der Straße als Verwaltungsleistung herausgestellt[70], und zuletzt hat Hermes – unter anderem unter Hinweis auf die regelmäßig erforderliche Enteignung von Flächen, die dem Wohl der Allgemeinheit zu dienen hat – ausführlich die Besonderheiten der (staatlichen) Herrschaft über das Straßennetz dargelegt[71]. Die in Bezug auf die Straße als Verwaltungsleistung bestehenden Aufgaben und Befugnisse sind danach nicht mehr mit dem Rechtsbegriff des (bürgerlichen) Eigentums, sondern als Elemente einer hoheitlichen Sachherrschaft zu erfassen[72].

---

66 Vgl. *v. Danwitz*, in: Schmidt-Aßmann (Hrsg.), Besonderes Verwaltungsrecht, S. 827 (840 f. Rn. 17 f., m.w.N.)

67 *Bullinger*, ArchivPT 1998, 24 (32).

68 BVerfGE 42, 20 (32).

69 BVerfGE 42, 20 (34).

70 *Bartlsperger*, in: Festschrift Faller, S. 81 (86).

71 *Hermes*, Staatliche Infrastrukturverantwortung, insbes. S. 356 ff.

72 *Bartlsperger*, DVBl. 1980, 249 (251); *ders.*, in: Festschrift Faller, S. 81 (86).

Diese rechtliche Beurteilung der öffentlichen Straße ist nicht auf ihre Verkehrsfunktion beschränkt. Schon Bartlsperger hat den der Wegehoheit unterstehenden Straßen polyvalente Funktionen zugesprochen und sie im Hinblick auf ihre versorgungswirtschaftliche Ordnungsfunktion als öffentliche Mehrzweckinstitute verstanden[73]. Hermes hat dies auf den Begriff gebracht mit der Kennzeichnung des Straßen- und Wegenetzes als eines Universal- oder Basisinfrastrukturnetzes, dessen öffentlicher Zweck über die Verkehrsfunktion im engeren Sinne hinaus immer schon auch die Erschließungs- und Versorgungsfunktion einschließt, auch soweit sie den Luftraum über dem Straßen- und Wegenetz oder dieses unterirdisch in Anspruch nimmt[74]. Die systematische Zusammengehörigkeit dieser verschiedenen Funktionen wird schon dadurch dokumentiert, daß die Straßenplanung regelmäßig den Aufbau des Netzes von Versorgungsleitungen planerisch bereits mitbewältigt und mitumfaßt, worin sich die weitgehende Identität möglicher Konflikte öffentlicher und privater Interessen erweist; im Straßen- und Wegenetz findet sich dann eine Einrichtung, die zugleich auch die Möglichkeit einer Erschließung des jeweiligen Gebiets mit Ver- und Entsorgungsleitungen gewährleistet[75]. Gerade die Zugehörigkeit der Versorgungsfunktion zur hoheitlichen Funktion des Straßen- und Wegenetzes spiegelt sich nun allerdings im Straßen- und Wegerecht nur unvollkommen wider, da die besonderen Regelungen in § 8 Abs. 10 BFernStrG und entsprechenden landesgesetzlichen Bestimmungen[76] – unter Durchbrechung der allgemeinen straßenrechtlichen Dogmatik, nach der über eine den widmungsgemäßen Gemeingebrauch beeinträchtigende Benutzung der öffentlichen Wege im Rahmen der so genannten Wegehoheit durch Sondernutzungserlaubnis zu entscheiden ist – für den Fall kurzzeitiger Beeinträchtigungen für Zwecke der öffentlichen Versorgung auf das Privatrecht verweisen. Diese Bestimmungen sind deshalb von öffentlich-rechtlicher Seite auf Kritik gestoßen; gegen die darauf gestützte Beurteilung der Konzessionsverträge als insgesamt privatrechtlich sind ebenso Bedenken erhoben worden wie auch gegen die Verfassungsmäßigkeit dieser – dem Gebot der Systemgerechtigkeit widersprechenden, gleichheitswidrigen – Sonderregelungen[77]. Auch wenn man die gesetzlich deutlich vorgegebene privatrechtliche Form akzeptiert, können diese Bestimmungen aber jedenfalls nicht so ver-

[73] *Bartlsperger*, DVBl. 1980, 249 (252, 259).

[74] *Hermes*, Staatliche Infrastrukturverantwortung, S. 382, 452.

[75] *Hermes*, Staatliche Infrastrukturverantwortung, S. 382.

[76] Vgl. z.B. § 23 StrWG NW.

[77] *Wieland*, Die Konzessionsabgaben, S. 383 f.; vgl. auch *Bartlsperger*, DVBl. 1980, 249 (250 ff.); *ders.*, in: Festschrift Faller, S. 81 (90, 109); *Kempfer*, in: Kodal/Krämer (Hrsg.), Straßenrecht, S. 694 Rn. 18.1 f.

standen werden, daß sie auch funktionell die Entscheidung über Benutzungsrechte an Straßen und Wegen im Hinblick auf (ober- oder unterirdische) Versorgungsleitungen aus den hoheitlichen Befugnissen herausnähmen und dem Bereich der bloßen Nutzung privaten Eigentums zuordneten. Vielmehr handelt es sich allein um die gesetzgeberische Vorgabe der privatrechtlichen Handlungsform bei der Wahrnehmung von Verwaltungsaufgaben.

Die Wahrnehmung der spezifisch hoheitlichen Aufgaben im Hinblick auf das örtliche Wegenetz ist als kommunale Wegehoheit durch Art. 28 Abs. 2 S. 1 GG den Gemeinden garantiert[78]; es handelt sich insoweit um Angelegenheiten der örtlichen Gemeinschaft. Der besondere örtliche Bezug des gemeindlichen Wegenetzes liegt mit Blick auf dessen Verkehrsfunktion auf der Hand: Es stellt ein unerläßliches Substrat einer örtlichen Gemeinschaft dar, weil die Möglichkeit der Einwohner, über das gemeindliche Wegenetz miteinander in Verbindung zu treten, eine Gemeinschaft überhaupt erst konstitutiert[79]. An dem relevanten örtlichen Charakter der Hoheit über das örtliche Straßen- und Wegenetz haben dann auch die anderen, mit der Verkehrsfunktion – wie gesehen – untrennbar verbundenen Versorgungsfunktionen der örtlichen Straßen und Wege Anteil. Kommunale Entscheidungen über die Nutzung des örtlichen Wegenetzes haben deshalb ihre Grundlage in der Selbstverwaltung gemäß Art. 28 Abs. 2 GG. Das Straßen- und Wegerecht erkennt diese gemeindliche Selbstverwaltungsaufgabe an, indem es nicht nur für die Gemeindestraßen, sondern auch für die Ortsdurchfahrten von Bundes-, Landes- und Kreisstraßen die Gemeinde regelmäßig als Straßenbaulastträger einsetzt[80] und eine den Gemeingebrauch überschreitende Benutzung der Straßen – für den Fall, daß die Gemeinde nicht Straßenbaulastträger ist, zumindest auch – von der Erlaubnis der Gemeinde abhängig macht[81]. Auch die genannten Regelungen, nach denen über die Inanspruchnahme des Straßen- und Wegenetzes für Versorgungsleitungen nach Privatrecht zu entscheiden ist, verweisen diese Entscheidung nicht aus dem Bereich der (Selbst-)Verwaltungsaufgaben hinaus in den Bereich der bloßen Nutzung privaten Eigentums der Gemeinde. Das ergibt sich schon aus den vorherigen Überlegungen und wird mit Blick auf die weitreichenden verfassungsrechtlichen Folgerungen eines anderen Verständnisses dieser Vorschriften für die Kommunen besonders deutlich: Die kom-

---

[78] Zur Wegehoheit als Ausfluß des Selbstverwaltungsrechts vgl. *Büdenbender*, Energierecht, Rn. 973, 980; *Tettinger*, NWVBl. 1989, 1 (3).

[79] Vgl. bereits *Wieland/Hellermann*, Der Schutz des Selbstverwaltungsrechts der Kommunen gegenüber Einschränkungen ihrer wirtschaftlichen Betätigung im nationalen und europäischen Recht, S. 97.

[80] Vgl. etwa § 5 BFernStrG, § 43 f. StrWG NW.

[81] Vgl. § 8 Abs. 1 S. 2 BFernStrG.

munale Wegehoheit wäre insoweit insgesamt der Gewährleistung durch Art. 28 Abs. 2 S. 1 GG entzogen und allein in das private Eigentum der Kommune verwiesen, das nach vorherrschender Ansicht gar nicht, jedenfalls aber nur insoweit durch Art. 14 GG geschützt ist, wie die Kommune sich in einer grundrechtstypischen Gefährdungslage befindet; gegenüber jedem weiteren staatlichen Zugriff auf die kommunale Herrschaft über das örtliche Straßennetz wären die Kommunen verfassungsrechtlich schutzlos gestellt[82].

(2) Gemeindliche Wegehoheit und örtliche Energieversorgung. Die – in der Literatur weithin anerkannte, wenn auch in ihrer Grundlage und Reichweite oft undeutlich bleibende – gemeindliche Verantwortlichkeit für die Versorgung der Einwohnerschaft mit elektrischer Energie[83] hat in der kommunalen Wegehoheit ihre Grundlage und das Instrument zu ihrer Wahrnehmung. Aus ihr ergibt sich, wie das Bundesverwaltungsgericht jüngst zutreffend formuliert hat, daß wie »... immer auch die örtliche Stromversorgung durchgeführt wird, ... jedenfalls die Entscheidung hierüber der gemeindlichen Selbstverwaltung« unterfällt[84].

Diese Entscheidungsbefugnis ist nicht zufällig oder systemfremd. Vielmehr folgt aus der staatlichen Hoheit über das Wegenetz für deren jeweiligen Inhaber, hinsichtlich des lokalen Wegenetzes also für die Gemeinden, eine besondere Gestaltungsposition in Bezug auf die unter Inanspruchnahme dieses Netzes erfolgende Versorgung der Einwohner, auch und insbesondere mit Elek-

---

[82] Vgl. *Krebs*, Rechtliche Grundlagen und Grenzen kommunaler Elektrizitätsversorgung, S. 318 f., die durch eine energiewirtschaftsrechtliche Verpflichtung zur diskriminierungsfreien Zurverfügungstellung der gemeindlichen Wege Art. 28 Abs. 2 GG nicht verletzt sieht, weil die insoweit unternehmerisch handelnde Gemeinde nicht die Aufrechterhaltung wettbewerbsrechtlicher Privilegien verlangen könne, Art. 14 GG der Gemeinde jedoch vorenthält.

[83] Vgl. etwa BGH, RdE 1986, 115 (116); *Evers*, Das Recht der Energieversorgung, S. 88 f.; *Scholz*, Gemeindliche Gebietsreform und regionale Energieversorgung, S. 39 f.; *Stern*, Die verfassungsrechtliche Position der kommunalen Gebietskörperschaften in der Elektrizitätsversorgung, S. 37; *Stern/Püttner*, Die Gemeindewirtschaft, S. 162; *Tettinger*, NVwZ 1989, 1 (2); *Würtenberger*, WiVerw 1985, 188 (199); *Zeiß*, DÖV 1969, 821. Auch der Kartellrechtsgesetzgeber hat sich dieser Einsicht nicht ganz verschlossen: Im Zuge der 4. Kartellrechtsnovelle ist das in § 103a Abs. 2 GWB a.F. für Demarkationsverträge vorgesehene Prüfverfahren entgegen ursprünglichen Plänen für Konzessionsverträge nicht eingeführt worden, weil diese – auch hinsichtlich der kartellrechtlich relevanten Ausschließlichkeitsklausel – im Zusammenhang mit dem Wegerecht der Kommunen und ihren autonomen Möglichkeiten zur Bestimmung der Energieversorgung in ihrem Gebiet stünden; vgl. Bericht des Ausschusses für Wirtschaft, WuW 1980, 366 (379); *Klaue*, in: Immenga/Mestmäcker, GWB, Vor § 103 Rn. 5.

[84] BVerwGE 95, 273 (276).

trizität[85]. Bereits historisch ist der Vorwurf einer künstlichen Herstellung eines Bezugs zu den örtlichen Angelegenheiten über das Wegenetz unberechtigt[86]; dic Vcrfügung über das Wegenetz ist von Beginn an der Grund dafür, daß die Kommunen auf die Auswahl und die Tätigkeit der zunächst meist privaten Unternehmer Einfluß hatten und die Versorgung dann zunehmend von ihnen übernehmen konnten[87]. Die Gestaltungsbefugnis ist – wie soeben allgemein dargelegt – auch systematisch begründet in der Funktion des Straßen- und Wegenetzes als eines öffentlichen Mehrzweckinstituts bzw. eines Universal- oder Basisinfrastrukturnetzes, die auch die ober- und unterirdische Nutzung des Straßen- und Wegenetzes für Stromversorgungsleitungen einschließt.

Daß der staatliche Gesetzgeber die Energieversorgung als privatwirtschaftliche Betätigung geregelt und eine Aufgabenverstaatlichung nicht vorgenommen hat, steht dieser Annahme einer kommunalen Selbstverwaltungsaufgabe nicht entgegen. Den Regelungen des früheren wie auch des neuen Energiewirtschafts- (und Kartell-)rechts ist zwar in der Tat keine Aufgabenverstaatlichung zu entnehmen. Einer solchen bedarf es jedoch auch nicht. Art. 28 Abs. 2 S. 1 GG verleiht den Gemeinden die Allzuständigkeit für die Angelegenheiten der örtlichen Gemeinschaft und erlaubt ihnen insoweit den Aufgabenzugriff gerade ohne eine besondere gesetzliche Ermächtigung[88]. Vielmehr muß umgekehrt eine gesetzliche Entscheidung für die Privatisierung der Energieversorgung, die die aus der Wegehoheit folgenden Selbstverwaltungsbefugnissse der Kommunen beschneiden will, sich vor Art. 28 Abs. 2 GG rechtfertigen.

Die gesetzliche Ausgestaltung der kommunalen Verfügungsmacht über das örtliche Wegenetz im Straßen- und Wegerecht steht nach den vorangegangenen Überlegungen dieser hoheitlichen Qualifikation der Stellung der Kommunen nicht entgegen; der Gesetzgeber hat insofern nur die – an sich und zunächst der Kommune selbst zustehende – Formenwahlfreiheit bei der Wahrnehmung von Verwaltungsaufgaben ausgeübt und zugunsten der privatrechtlichen Handlungsform entschieden. Auch mit Rücksicht auf § 8 Abs. 10 BFernStrG und entsprechende Regelungen gilt: Der Abschluß von Konzessionsverträgen ist die – privatrechtsförmige – Wahrnehmung von (Selbst-)Verwaltungsaufgaben[89]. Das erkennt im übrigen auch der Bundesgerichtshof in-

---

[85] *Hermes*, Staatliche Infrastrukturverantwortung, S. 505 f.

[86] *Hermes*, Der Staat 31 (1992), 281 (297); *ders.*, Staatliche Infrastrukturverantwortung, S. 382.

[87] *Stern/Püttner*, Die Gemeindewirtschaft, S. 57.

[88] Dies betont mit Recht *Püttner*, in: Ipsen/Tettinger (Hrsg.), Zukunftsperspektiven der kommunalen Energieversorgung, S. 19 (21), freilich bezogen auf die Energieversorgung als kommunale Aufgabe allgemein, nicht auf den speziellen Aspekt der Wegenutzung.

[89] Vgl. auch *Püttner*, DÖV 1990, 461 (466).

soweit an, als er annimmt, mit dem Konzessionsvertrag entledige sich die Kommune der ihr im Rahmen der Daseinsvorsorge obliegenden Aufgabe einer ordentlichen und gesicherten Energieversorgung durch Übertragung auf ein privates Unternehmen[90]. Diese gemeindliche Entscheidung über die Nutzung des gemeindlichen Wegenetzes soll deshalb ungeachtet der privatrechtlichen Handlungsform nicht von allen öffentlich-rechtlichen Bindungen freigestellt, sondern dem so genannten Verwaltungsprivatrecht unterworfen sein[91]; wie für allfällige rechtliche Beschränkungen gilt entsprechend aber auch hinsichtlich der rechtlichen Grundlage dieser kommunalen Entscheidungsbefugnis, daß sie sich nicht allein im privaten Eigentum findet, sondern Ausfluß der kommunalen Wegehoheit[92] als der Gesamtheit gerade der hoheitlichen Befugnisse in Bezug auf die öffentlichen Straßen ist.

Daß die aus der verfassungsrechtlich garantierten Wegehoheit folgenden Regulierungsbefugnisse der Kommunen die *örtliche Elektrizitätsverteilung* erfassen, entspricht der praktisch einhelligen Auffassung, daß es sich insoweit um eine Angelegenheit der örtlichen Gemeinschaft handele[93]. Die jeweilige Gemeinde darf also darüber entscheiden, ob sie diese für ihr Gebiet selbst vornimmt oder einem privaten Monopolversorger überträgt – oder auch mehreren konkurrierenden Unternehmen überläßt. Vereinzelt geäußerte Zweifel an der örtlichen Radizierung unter Hinweis darauf, daß nur noch etwa 10 Prozent der Gemeinden die Stromverteilung selbst vornehmen[94], überzeugen nicht; ausschlaggebend bleibt, daß auf Grund der Wegehoheit die Entscheidung über die örtliche Stromverteilung auch dann als örtliche Angelegenheit bei der Gemeinde liegt und bleibt, wenn sie die Wahrnehmung dieser wirtschaftlichen Aufgabe für eine begrenzte Zeit einem fremden Unternehmen überlassen hat.

Umstrittener ist die Erfassung auch der *Stromerzeugung*. Hier wird häufiger vorgebracht, daß schon sehr früh die Energieerzeugung keine von den einzelnen Gemeinden typischerweise eigenverantwortlich und selbständig zu erledigende Aufgabe gewesen sei und im Laufe der Zeit ein weiterer Entörtli-

---

[90] BGH, RdE 1986, 115 (116); RdE 1986, 118 (120); BGHZ 119, 101 (105). Vgl. allerdings auch BGHZ 89, 226 (230).

[91] Vgl. BGHZ 91, 84 (96 f.).

[92] *Friauf*, in: Baur/Friauf, Energierechtsreform zwischen Europarecht und kommunaler Selbstverwaltung, S. 55 (89); *Tettinger*, NWVBl. 1989, 1 (3); *ders.*, RdE 1989, 214 (216).

[93] *Albrecht*, ZUR 1995, 233 (238); *Friauf*, in: Baur/Friauf, Energierechtsreform zwischen Europarecht und kommunaler Selbstverwaltung, S. 55 (71); *Krebs*, Rechtliche Grundlagen und Grenzen kommunaler Elektrizitätsversorgung, S. 40 ff.; *Tettinger*, NWVBl. 1989, 1 (2).

[94] *Kuhnt*, RdE 1992, 125 (132); *Löwer*, DVBl. 1991, 132 (142); *Ossenbühl*, DÖV 1992, 1 (9).

chungsprozeß stattgefunden habe, auf Grund dessen heute jedenfalls die Energieerzeugung keine örtlich radizierbare Angelegenheit mehr sei[95]. Dem zugrunde gelegten tatsächlichen Befund, daß die Energieerzeugung schon seit langem zu einem wesentlichen Teil und zunehmend auf überörtlicher Ebene erfolgt, ist nicht zu widersprechen; allerdings dürfen auch einzelne Tendenzen der Rekommunalisierung und Dezentralisierung der letzten Jahre nicht übersehen werden. Wenn mit Rücksicht hierauf die Stromerzeugung nur für den einen spezifischen Bezug gerade zur örtlichen Gemeinschaft aufweisenden Teil, namentlich für Kraft-Wärme-Kopplungsanlagen wegen der Anknüpfung an die kleinräumige Gemeinschaft der Wärmeabnehmer und für die Energieerzeugung aus regenerativen Energiequellen wegen der Abhängigkeit von örtlichen Gegebenheiten, als Selbstverwaltungsangelegenheit angesehen wird[96], weist das in eine richtige Richtung, ohne bereits den Kern zu treffen. Nicht diese besonderen Formen der Energieerzeugung als solche – im Gegensatz zu der in Großkraftwerken – sind eine spezifische Selbstverwaltungsaufgabe. Ausschlaggebend ist, daß die Kommunen, wie auch immer die Energieerzeugung für ihr Gebiet erfolgt, immer noch die Entscheidungsbefugnis darüber behalten haben. Soweit die Energieerzeugung zu regionalen und überregionalen Energieversorgungsunternehmen abgewandert ist, beruht dies auf freien, nicht unumkehrbaren, sondern rückholbaren Entscheidungen der einzelnen Gemeinden[97]. Die genannten Formen einer dezentralisierten und rekommunalisierten Energieerzeugung belegen, daß die Energieerzeugung sich nicht vollständig und endgültig auf die Ebene überörtlicher privatwirtschaftlicher Erledigung verlagert hat, sondern den Kommunen ein Gestaltungsspielraum für eine Entscheidung nach örtlichen Gemeinwohlaspekten geblieben ist. In diesem Sinne umfaßt die besondere Versorgungsverantwortlichkeit und -zuständigkeit der Kommunen nach wie vor auch die Energieerzeugung[98], also das Recht, sich selbst über die Stromverteilung hinaus auch die Stromerzeugung vorzubehalten oder auch im Rahmen des Konzessionsvertrags auf die Stromerzeugung regelnd einzuwirken. Welche Gemeinwohlgesichtspunk-

---

95 *Emmerich*, Die kommunalen Versorgungsunternehmen zwischen Wirtschaft und Verwaltung, S. 21; *Löwer*, Energieversorgung zwischen Staat, Gemeinde und Wirtschaft, S. 228 ff.; *ders.*, DVBl. 1991, 132 (142); *Ossenbühl*, DÖV 1992, 1 (8 f.), der insoweit sogar – freilich nicht überzeugend – Übereinstimmung für die Diskussion im Bereich der alten Länder sieht.

96 *Albrecht*, ZUR 1995, 233 (239).

97 Vgl. bereits *Wieland/Hellermann*, Der Schutz des Selbstverwaltungsrechts der Kommunen gegenüber Einschränkungen ihrer wirtschaftlichen Betätigung im nationalen und europäischen Recht, S. 99 f.; zustimmend *Friauf*, in: Baur/Friauf, Energierechtsreform zwischen Europarecht und kommunaler Selbstverwaltung, S. 55 (72 f.).

98 Vgl. – teils mit gewissen Vorbehalten und Differenzierungen – *Britz*, Örtliche Ener-

te die Kommunen in diese Entscheidung über die Energieerzeugung einzubringen berechtigt sind, ist vor allem im Zusammenhang mit dem politischen Ziel einzelner Kommunen, aus der Nutzung der Atomkraft »auszusteigen«, aber auch mit Blick auf andere Umweltschutzgesichtspunkte diskutiert worden. Insoweit wird zwar – in Übereinstimmung mit der Beurteilung paralleler Konfliktlagen[99] – eine allgemeine energiepolitische Befassungskompetenz der Kommunen, ebenso aber mit Recht auch eine allgemeine Verpflichtung der Kommunen zur energiepolitischen Gleichgestimmtheit mit Bund oder Ländern verneint[100]. Die einzelne Kommune darf deshalb auch vom Bund nicht unterstützte oder über dessen Ziele hinausgehende Gemeinwohlziele verfolgen, solange der hinreichende örtliche Bezug gewahrt ist. Hinsichtlich der Anforderungen hieran ist eine zentrale Frage, ob die verfolgten Gemeinwohlziele sich gerade auf die örtliche Gemeinschaft auswirken müssen; hiernach würde etwa allein der Bezug von Strom aus Kernkraftwerken für das Gemeindegebiet noch keinen hinreichenden örtlichen Bezug herstellen, der eine kommunale Entscheidung dagegen legitimieren könnte[101], auch das Ziel der CO_2-Minderung wäre – wegen seiner großräumigen Bedeutsamkeit – kein spezifisch örtliches Anliegen[102] und ebenso das allgemeine Ziel der Ressourcenschonung und Energieeinsparung[103]. Solchen Verengungen wird mit Recht entgegengehalten, daß die Kommune sich in Wahrnehmung ihrer Entscheidungsbefugnisse auch von Umweltschutzgesichtspunkten leiten lassen solle und müsse[104]. Diese Auffassung kann sich auf die These stützen, daß es für den örtlichen Bezug hinreicht, wenn eine Aufgabe örtlich anfällt, und es auf die örtliche Auswirkung ihrer Wahrnehmung nicht ankomme[105]. Danach ist es den Kommunen im Rahmen der bei ihnen anfallenden Entscheidung über die Energieerzeugung gestattet, sich auch von Gemeinwohl-, insbesondere Umweltschutzzielen leiten zu lassen, deren Verfolgung sich nicht spezifisch auf das Gemeindegebiet auswirkt.

---

gieversorgung nach nationalem und europäischem Recht, S. 69 f.; *Damm*, JZ 1988, 840 (841); *Hermes*, Der Staat 31 (1992), 281 (298 f.); *Krebs*, Rechtliche Grundlagen und Grenzen kommunaler Elektrizitätsversorgung, S. 45 ff.; *Püttner*, DÖV 1990, 461 (463); *Schmidt-Aßmann*, in: Festschrift Fabricius, S. 251 (258 f.); *Würtenberger*, WiVerw 1985, 188 (189).

[99] Vgl. BVerwGE 87, 228 (229 ff.), zur verteidigungspolitischen Befassungskompetenz anläßlich der Erklärung zur atomwaffenfreien Zone.

[100] *Schmidt-Aßmann*, in: Festschrift Fabricius, S. 251 (263 f.).

[101] *Schmidt-Aßmann*, in: Festschrift Fabricius, S. 251 (264).

[102] *Albrecht*, ZUR 1995, 233 (239).

[103] *Dehmer*, Energieversorgungskonzepte – Vorranggebiete – Kartellrecht, S. 216.

[104] *Albrecht*, ZUR 1995, 233 (239), unter Rückgriff auf Art. 20a GG; *Britz*, Örtliche Energieversorgung nach nationalem und europäischem Recht, S. 79 f.

[105] *Clemens*, NVwZ 1990, 834 (840); zustimmend *Britz*, Örtliche Energieversorgung nach nationalem und europäischem Recht, S. 79 f.

II. Die gesetzliche Neuregelung des Energiesektors

Diesen Vorüberlegungen zur rechtlichen Stellung der Kommunen und ihrer Unternehmen in der Energieversorgung folgend ist auch das neue Energiewirtschaftsrecht des Bundes aus Sicht der Kommunen in erster Linie danach zu beurteilen, wie es sich auf ihre Stellung als Inhaber der Wegehoheit auswirkt. Die hierauf zielende Neuregelung der Nutzung der gemeindlichen Wege und bestehender Elektrizitätsleitungen ist auch aus Sicht des Bundesgesetzgebers das Kernstück der Energierechtsreform; sie vor allem dient dem angestrebten Ziel der Eröffnung von Wettbewerb auf dem Elektrizitätssektor[106]. Nur in zweiter Linie interessieren dann die auf die wirtschaftliche Betätigung der Kommunen als Energieversorger zielenden Neuregelungen.

1. Die Durchbrechung geschlossener kommunaler Versorgungsgebiete

Das frühere Energie- und Wettbewerbsrecht ließ die kommunale Wegehoheit weithin unangetastet, indem es ausschließliche Konzessionsverträge zwischen Kommunen und Energieversorgungsunternehmen – in den Grenzen der §§ 103, 103a GWB a.F. – gestattete und auch eine Durchleitungsverpflichtung der Unternehmen zugunsten anderer Energieversorgungsunternehmen nur in sehr engen Grenzen vorsah, die ihr keine praktische Bedeutung haben zukommen lassen[107]. Das erlaubte den Kommunen die Begründung geschlossener kommunaler Versorgungsgebiete. Sie konnten damit die Versorgung entweder einem eigenen Unternehmen überlassen, das der kommunalen Steuerung und Kontrolle unterlag, oder durch einen Konzessionsvertrag, in dessen Rahmen ebenfalls inhaltliche Einflußnahmen auf die örtliche Energieversorgung möglich waren, einem fremden Unternehmen übertragen.

Das Gesetz zur Neuregelung des Energiewirtschaftsrechts vom 24. April 1998 zielt insoweit auf eine prinzipielle Änderung der Rechtslage[108]. Unmittelbar an die Kommunen adressiert ist die zentrale neue Bestimmung des § 13 Abs. 1 S. 1 EnWG, der sie verpflichtet, ihre öffentlichen Verkehrswege für die Verlegung und den Betrieb von Leitungen (einschließlich Fernwirkleitungen zur Netzsteuerung und Zubehör) zur unmittelbaren Versorgung von Letztverbrauchern im Gemeindegebiet diskriminierungsfrei zur Verfügung zu stel-

---

[106] Vgl. BT-Drs. 13/7274, S. 20, 23.

[107] Vgl. dazu BGHZ 128, 17 (insbes. 34 ff.), wo mit Rücksicht auf die Unternehmensinteressen des Netzbetreibers die Durchleitungsverpflichtung auf Ausnahmefälle reduziert wird. Vgl. *Schmidt-Preuß*, RdE 1996, 1 (4).

[108] Dies betont im Hinblick auf die Durchbrechung geschlossener Versorgungsgebiete mit Recht schon *Cronauge*, StuGR 1995, 363 (364 f.).

len. Hinzu tritt die an die Betreiber von Elektrizitätsversorgungsnetzen gerichtete Verpflichtung zur Gewährung des so genannten verhandelten Netzzugangs gemäß § 6 EnWG, die den Zugang in ein gemeindliches Versorgungsgebiet auch ohne eigene Leitung eröffnet. Die – im Zuge der Beratungen aufgenommene, gemäß § 8 S. 3 EnWG bis zum Ende des Jahres 2005 befristete – Regelung des § 7 EnWG, die anstelle dieses Systems des verhandelten Netzzugangs die Einrichtung des so genannten Alleinkäufermodells für bestimmte Gebiete gestattet, ändert daran nichts Wesentliches[109]. Zwar haben insbesondere kommunale Energieversorgungsunternehmen dieses Modell gefordert, weil sie die Stellung eines Alleinkäufers in ihrem Versorgungsgebiet unter verschiedenen Gesichtspunkten, insbesondere des Last-Managements, des ständigen Kundenkontakts und der Preisübersicht, für vorteilhaft halten[110]. Das Modell mag daher die Unternehmen, die derzeit die allgemeine Versorgung in einem Gebiet betreiben, und insoweit auch kommunale Energieversorgungsunternehmen begünstigen und dadurch auch den Kommunen mittelbar gewisse zusätzliche Steuerungsmöglichkeiten in ihrer Funktion als Unternehmensträger belassen. Die aus der Wegehoheit fließenden Gestaltungsbefugnisse der Kommunen als Selbstverwaltungskörperschaften aber bewahrt oder kompensiert auch dieses Modell nicht. Die Alleinkäuferstellung beruht schon nicht auf einer Selbstverwaltungsentscheidung für das Gemeindegebiet, sondern auf einer bundesgesetzlich umschriebenen Bewilligung durch die staatliche Genehmigungsbehörde in Anknüpfung an die tatsächliche Durchführung der allgemeinen Versorgung für ein bestimmtes Gebiet, nicht notwendig ein Gemeindegebiet, durch ein Elektrizitätsversorgungsunternehmen. Vor allem aber wird auch hier kein geschlossenes Versorgungsgebiet begründet, da auch der Alleinkäufer gemäß § 7 Abs. 1 S. 2, Abs. 2 bis 5 EnWG anderen Elektrizitätsversorgungsunternehmen den Netzzugang gewähren muß. Die genannten Bestimmungen, grundlegend § 13 Abs. 1 S. 1 EnWG, bewirken also im Ergebnis eine zwingende Öffnung der kommunalen Versorgungsgebiete. Die darin liegende Beschneidung der kommunalen Position läßt sich nicht schon damit abtun, daß nun – was bislang auch schon der Fall war – die Vergabe mehrerer einfacher Konzessionen möglich sei[111]. Gerade der Verlust des Rechts zum Abschluß ausschließlicher Konzessionsverträge ist entscheidend, weil nur in geschlossenen Versorgungsgebieten die Möglichkeit besteht,

---

[109] So auch *Britz*, EuZW 1997, 334 (335). *Büdenbender*, JZ 1999, 62 (69 f.), hingegen scheint in § 7 EnWG einen politischen Erfolg der Berufung der Kommunen auf Art. 28 Abs. 2 GG zu sehen.

[110] Vgl. das Positionspapier des Verbandes kommunaler Unternehmen, abgedruckt in: der städtetag 1997, 39 (41), sowie *Kühne/Scholtka*, NJW 1998, 1902 (1906).

[111] *Theobald*, AöR 122 (1997), 372 (400).

durch die eigenen oder auch durch fremde Energieversorgungsunternehmen Gemeinwohlziele verfolgen zu lassen, die unter Wettbewerbsbedingungen nicht realisierbar wären; fehlt das Recht zum Ausschluß des Wettbewerbs in der örtlichen Elektrizitätsversorgung, sind die Möglichkeiten zu deren gemeinwohlorientierter Steuerung durch die Kommunen – auch soweit kommunale Elektrizitätsversorgungsunternehmen als Alleinkäufer agieren – entscheidend geschwächt.

a. Einwirkungen des Europäischen Gemeinschaftsrechts

Vor der Untersuchung der Vereinbarkeit mit dem innerstaatlichen Recht stellt sich die Frage, ob dieses insoweit überlagert und im Ergebnis korrigiert wird durch das – prinzipiell vorrangig anwendbare – Recht der Europäischen Gemeinschaft. Die Kommission, die in geschlossenen Versorgungsgebieten ein Haupthindernis für die Verwirklichung des Binnenmarktes sieht[112], ist in ihren Bemühungen um deren Beseitigung zweispurig verfahren, durch die Einleitung von Vertragsverletzungsverfahren und durch Richtlinienvorschläge. Das zeigt, daß einer möglichen Überlagerung des nationalen Rechts auf zwei Ebenen nachzugehen ist, nämlich auf der des europäischen Primärrechts und auf der des sekundären Richtlinienrechts.

aa. Vereinbarkeit geschlossener kommunaler Versorgungsgebiete mit dem europäischen Primärrecht

Die gelegentlich von europarechtlicher Seite[113] und auch vom Bundeskartellamt[114] verfochtene Annahme, die Zuerkennung eines Rechts der deutschen Kommunen zur Begründung lokaler Energieversorgungsmonopole wäre bereits mit dem europäischen Primärrecht nicht vereinbar, hat sich mit Recht nicht durchsetzen können – auch im Verhalten der Kommission nicht, die die gegen eine Reihe von Mitgliedstaaten angestrengten Vertragsverletzungsverfahren gegen Deutschland gerade nicht erhoben und auf ein eigenes Vorgehen nach Art. 86 Abs. 3 EGV verzichtet hat[115], das ihr möglich gewesen wäre, wenn es allein um die Konkretisierung bestehender mitgliedstaatlicher Ver-

---

[112] Vgl. etwa Kommission der Europäischen Gemeinschaften, Der Binnenmarkt für Energie, KOM (88) 238 endg., S. 19 f. (abgedruckt in BR-Drs. 264/88).

[113] *Ehlermann*, EuZW 1992, 689 (691).

[114] BKartA, RdE 1996, 160 (161).

[115] Ein Vorgehen nach Art. 86 Abs. 3 EGV in vorliegendem Zusammenhang halten für zulässig *Ehlermann*, EuZW 1992, 689 (690); *Tettinger*, DVBl. 1994, 88 (91). Mit Recht krit. hingegen *Hermes*, Staatliche Infrastrukturverantwortung, S. 395 f.; *Slot*, CMLRev. 31 (1994), 511 (543).

pflichtungen gegangen wäre. Zwar gewährt der EG-Vertrag insoweit – entgegen früher häufiger unternommenen Versuchen, den Strom- und Gassektor wegen dessen Besonderheiten der Anwendbarkeit seiner Vorschriften, insbesondere der Wettbewerbsvorschriften zu entziehen[116] – keine ungeschriebene Bereichsausnahme[117]. Die einschlägigen Bestimmungen des EG-Vertrages stehen jedoch der Begründung lokaler Energieversorgungsmonopole – im Kern gerade wegen ihrer Grundlage in der Wegehoheit der Kommunen – nicht entgegen.

(1) Vereinbarkeit mit Grundfreiheiten und Wettbewerbsregeln. Es fehlt schon an einer Verletzung der insoweit in Betracht zu ziehenden Vorschriften über die Grundfreiheiten und die Wettbewerbsbestimmungen des EG-Vertrages.

Die ganz vorherrschende Auffassung im Schrifttum und auch das Bundeskartellamt sehen die Vergabe von Nutzungsrechten am kommunalen Wegenetz – entsprechend der Beurteilung auch im nationalen (Kartell-)Recht – als unternehmerische Betätigung im Sinne der Art. 81, 82 EGV[118]. Diese Beurteilung ist – offenbar auch nach Auffassung des Juristischen Dienstes der Kommission – auch gemeinschaftsrechtlich unzutreffend[119]. Die auf die innerstaatliche Rechtsordnung zurückgehenden Erwägungen, die den unternehmerischen Charakter der Betätigung auch im Gemeinschaftsrecht begründen sollen, sind bereits ausführlich erörtert und im Ergebnis verworfen worden[120]. An der daraus zunächst für das nationale Recht folgenden Beurteilung als hoheitliches Handeln ändert sich auch für das Gemeinschaftsrecht nichts; weder dem EG-Vertrag noch seiner Interpretation durch den Europäischen Gerichtshof lassen sich besondere, weitergehende Anforderungen an ein hoheitliches Handeln im gemeinschaftsrechtlichen Sinne entnehmen. Nach den Ausführungen des Gerichtshofs in der Rechtssache Bodson/Pompes funèbres ist Art. 81 (ex-Art. 85) EGV als unternehmensbezogene Vorschrift unanwendbar auf »Konzessions-

---

[116] Vgl. – mit im einzelnen unterschiedlicher Argumentation – das Vorbringen von Italien und ENEL, in: EuGH, Slg. 1964, 1251 (1266 f.) – Costa/ENEL; *Fischerhof*, BB 1962, 783 (785 f.); *Grawe*, in: Lukes (Hrsg.), Ein EWG-Binnenmarkt für Elektrizität, S. 165 (171 ff.); *ders.*, in: Festschrift Fabricius, S. 219 (230 f.); *Klaue*, et 1987, 74 (78, 80); *Kuhnt*, et 1987, 761 (765); *Schwark*, in: Festschrift Fabricius, S. 203 (205 ff.). Ausführlich dazu *Britz*, Örtliche Energieversorgung nach nationalem und europäischem Recht, S. 156 ff.

[117] Vgl. *Rapp-Jung*, RdE 1997, 133 (134); *Tettinger*, DVBl. 1994, 88 (90).

[118] So etwa *Kuhnt*, et 1989, 254 (260); *Metzenthin*, EuR 1990, 70 (78 f.); *Scholz/Langer*, Europäischer Binnenmarkt und Energiepolitik, S. 121 f.

[119] Zur Position des Juristischen Dienstes der Kommission vgl. *Markert*, RdE 1995, 60 (61). Allgemein zum hoheitlichen Charakter der Errichtung und Unterhaltung von Infrastrukturnetzen mit Blick auf Art. 82 (ex-Art. 86) EGV *Hermes*, Staatliche Infrastrukturverantwortung, S. 496.

[120] Vgl. oben in diesem Kap. I. 2. b.

verträge zwischen Gemeinden, die in ihrer Eigenschaft als Träger öffentlicher Gewalt handeln, und Unternehmen, die mit der Wahrnehmung einer öffentlichen Aufgabe betraut werden«[121]. Zwar beruhten in dem dort anstehenden Sachverhalt die hoheitlichen Befugnisse der französischen Kommunen auf gesetzlicher Grundlage[122]. Daraus läßt sich jedoch weder das gemeinschaftsrechtliche Erfordernis einer formellgesetzlichen Grundlage[123] noch das der öffentlich-rechtlichen Handlungsform[124] für die Annahme eines hoheitlichen Handelns ableiten; beide gemeinschaftsrechtlichen Anforderungen würden die Reichweite der Wettbewerbsbestimmungen von mehr oder minder zufälligen Unterschiedlichkeiten der nationalen Rechtsordnungen abhängig machen und insbesondere mit Blick auf die deutsche Rechtsordnung sowohl das von gesetzlicher Ermächtigung gerade unabhängige gemeindliche Aufgabenzugriffsrecht wie auch die grundsätzliche Formenwahlfreiheit der Verwaltung bei der Wahrnehmung ihrer hoheitlichen Aufgaben mißachten. Erst recht kann nicht aus der Entscheidung in der Rechtssache Almelo, in der der Gerichtshof diese Bemerkung aufgenommen und für den Fall des Abschlusses solcher Verträge im Rahmen eines staatlichen Handelsmonopols nach Art. 31 EGV bestätigt hat[125], geschlossen werden, ein die Anwendbarkeit der Art. 81, 82 EGV ausschließendes, hoheitliches Handeln einer Kommune beim Abschluß von Konzessionsverträgen könne nur anzunehmen sein, wenn alle Merkmale eines Handelsmonopols im Sinne von Art. 31 EGV erfüllt seien[126]. Im übrigen würde die Annahme einer unternehmerischen Betätigung der Kommune bei der Einräumung eines ausschließlichen Wegenutzungsrechts auch zu einem gemeinschaftsrechtlich unbefriedigenden Ergebnis führen: Das Verbot wettbewerbshindernder Vereinbarungen gemäß Art. 81 EGV würde danach den Abschluß von ausschließlichen Konzessionsverträgen zwischen Kommunen und Energieversorgungsunternehmen insgesamt oder jedenfalls partiell, soweit eine spürbare Beeinträchtigung des Handels zwischen den Mitgliedstaaten feststellbar wäre, untersagen[127]; die Wahrnehmung eines ausschließlichen We-

---

121 EuGH, Slg. 1988, 2479 (2512, Tz. 18).

122 Vgl. EuGH, Slg. 1988, 2479 (2481 f.).

123 *Krebs*, Rechtliche Grundlagen und Grenzen kommunaler Elektrizitätsversorgung, S. 228; *Scholz/Langer*, Europäischer Binnenmarkt und Energiepolitik, S. 121 f.; *Wilms*, Das Europäische Gemeinschaftsrecht und die öffentlichen Unternehmen, S. 213.

124 *Hüffer/Ipsen/Tettinger*, Die Transitrichtlinie für Gas und Elektrizität, S. 191.

125 EuGH, Slg. 1994, 1477 (1517, Tz. 30 f.); diese Voraussetzung war dort nicht gegeben, weil der fragliche Vertrag keine ausschließliche Konzession erteilte und nicht mit einem Träger öffentlicher Gewalt, sondern zwischen zwei Versorgungsunternehmen geschlossen war.

126 *Rapp-Jung*, EuZW 1994, 464.

127 Einen Verstoß bejahen: BKartA, RdE 1996, 160 (161); *Krebs*, Rechtliche Grundlagen

genutzungsrechts durch die Kommune bzw. ihr Energieversorgungsunternehmen hingegen müßte als konzerninterne Beschränkung Art. 81 EGV entzogen sein[128].

Entgegen dieser vorherrschenden Ansicht, die in der kommunalen Wegerechtsvergabe kein staatliches Handeln erblickt[129], kommen also die staatsgerichteten Bestimmungen der Grundfreiheiten und des Art. 86 Abs. 1 EGV i.V.m. den Wettbewerbsregeln zur Anwendung, ohne aber im Ergebnis der Begründung ausschließlicher lokaler Versorgungsgebiete entgegenzustehen. Im Bereich der Grundfreiheiten ist nach heutigem Erkenntnisstand, da zwar nicht das Wegenutzungsrecht selbst eine Ware ist[130], wohl aber der elektrische Strom[131], für dessen Vertrieb auf diesem Wege ein Monopol begründet wird, die Warenverkehrsfreiheit einschlägig. Eine Anwendung des Art. 31 EGV scheidet jedoch – wovon auch die Europäische Kommission auszugehen scheint, die in ihr hierauf gestütztes Vorgehen gegen gesetzliche Import- und Exportmonopole mehrerer Mitgliedstaaten die Bundesrepublik nicht einbezogen hat – aus, weil der erforderliche fortdauernde staatliche Einfluß auf den Handel zwischen den Mitgliedstaaten fehlt; ein kommunales Monopol mit Wirkung allein für seinen lokalen Bereich genügt dazu nicht[132], und hinzu

---

und Grenzen kommunaler Elektrizitätsversorgung, S. 227 ff. Differenzierend: *Britz*, Energieversorgung nach nationalem und europäischem Recht, S. 160 ff.

[128] *Markert*, RdE 1995, 60 (61), unter Hinweis auf EuGH, Slg. 1984, 2999 (3016, Tz. 10 ff.) – Hydrotherm/Compact. Nicht zuletzt deshalb will *Britz*, Örtliche Energieversorgung nach nationalem und europäischem Recht, S. 260 f., anders als bei der Vergabe des Wegerechts an ein fremdes Unternehmen hier eine hoheitliche Betätigung annehmen. Eine solche Umqualifizierung der gemeindlichen Entscheidung über das Wegenutzungsrecht überzeugt nicht angesichts der funktionellen, nicht institutionellen oder organisatorischen Begriffsbestimmung des Unternehmens im gemeinschaftsrechtlichen Sinne, nach der das Unternehmen organisatorisch vom Staat nicht unterschieden sein muß, vielmehr der Staat selbst Unternehmen sein kann und ein und dieselbe staatliche Stelle sowohl hoheitlich-verwaltend wie auch wirtschaftlich tätig sein kann. Mit Recht krit. auch *Krebs*, Rechtliche Grundlagen und Grenzen kommunaler Elektrizitätsversorgung, S. 225 f., die dann allerdings für eine einheitlich unternehmerische Qualifikation eintritt.

[129] *Britz*, Örtliche Energieversorgung nach nationalem und europäischem Recht, S. 234 f.; *Krebs*, Rechtliche Grundlagen und Grenzen kommunaler Elektrizitätsversorgung, S. 224, bzgl. Art. 31 (ex-Art. 37) EGV mit dem Argument mangelnder hoheitlicher Begründung des Monopols; *Zahn*, Kommunale Dienstleistungsmonopole, S. 117 ff.

[130] *Krebs*, Rechtliche Grundlagen und Grenzen kommunaler Elektrizitätsversorgung, S. 222.

[131] EuGH, Slg. 1964, 1253 (1274 ff.) – Costa/ENEL; Slg. 1994, I-1477 (1516, Tz. 28) – Almelo. In der Literatur ebenso: *Rapp*, Die gemeinschaftsrechtliche Verwirklichung von Wettbewerb in der leitungsgebundenen Energiewirtschaft, S. 129; *Schwabe*, Die deutsche Stromversorgungsstruktur und der EWG-Vertrag, S. 151 f.; *Schwark*, in: Festschrift Fabricius, S. 203 (209 f.). Dagegen eine Dienstleistung annehmend: *Kuhnt*, et 1989, 254 (256 f.); *Seidel*, EuR 1988, 129 (135).

[132] Vgl. oben 4. Kap. II. 1. a. aa. (1).

kommt der begrenzte Einfluß der Kommune auf das jeweilige Versorgungsunternehmen[133]. Der Rückgriff auf Art. 28 EGV ist schon deshalb wenig aussichtsreich, weil der Europäische Gerichtshof im Anschluß an die Keck-Entscheidung auch staatliche Vertriebsmonopolregelungen nicht in den Anwendungsbereich von Art. 28 EGV fallen läßt, wenn sie für alle im Inland tätigen, betroffenen Wirtschaftsteilnehmer gelten und den Absatz von Erzeugnissen aus anderen Mitgliedstaaten nicht behindern oder stärker erschweren als den Zugang einheimischer Erzeugnisse zum Vertriebsnetz[134]. Noch grundsätzlicher ist zuletzt mit Recht – wieder auf den Charakter der Wegenutzungseinräumung als einer staatlichen Aufgabe zurückverweisend – entgegengehalten worden, daß Art. 28 EGV von vornherein überfordert wäre, wenn er nicht nur der staatlichen Kanalisierung des Vertriebs von Waren wehren, sondern darüber hinaus die Mitgliedstaaten zur Bereitstellung der erforderlichen Infrastrukturnetze verpflichten wollte[135]. Ebenso vermag schließlich auch das staatsgerichtete Verbot des Art. 86 Abs. 1 i.V.m. Art. 82 EGV nicht die Einräumung eines ausschließlichen Versorgungsrechts an ein gemeindeeigenes Energieversorgungsunternehmen oder den Abschluß eines ausschließlichen Konzessionsvertrages mit einem fremden Unternehmen zu untersagen. Da die staatliche Maßnahme hier – wenn man nicht auf die Begründung der kommunalen Wegehoheit durch die Verfassung in Art. 28 Abs. 2 GG zurückgehen will – allein im Handeln der einzelnen Gemeinde für ihr Gebiet zu finden ist, erscheint schon die Begründung einer beherrschenden Stellung auf einem wesentlichen Teil des Gemeinsamen Marktes kaum begründbar. Darüber hinaus wäre darzutun, daß bereits die kommunale Begründung eines Elektrizitätsversorgungsmonopols eine Lage schafft, in der das Unternehmen durch die bloße Ausübung des ihm übertragenen ausschließlichen Rechts seine beherrschende Stellung mißbräuchlich ausnutzt oder zumindest ausnutzen könnte[136]. Wie bereits mit Blick auf die Grundfreiheiten muß auch hier gemeinschaftsrechtlich dem Umstand Rechnung getragen werden, daß die Kommunen nicht einen sonst ohne staatliches Zutun möglichen Wettbewerb der Unternehmen beschränken, sondern die Stromversorgungsunternehmen auf die Zurverfügungstellung des in spezifisch hoheitlicher Verantwortung stehenden Wegenetzes angewiesen sind. Wenn der zuständige Inhaber der Wegehoheit in Wahrnehmung seiner hieraus resultierenden Einwirkungsmöglichkeit auf den Wettbewerb sich für die Einräumung eines ausschließli-

---

[133] *Krebs*, Rechtliche Grundlagen und Grenzen kommunaler Elektrizitätsversorgung, S. 224.

[134] EuGH, Slg. 1995, I-4663 (4694 ff., Tz. 34 ff.) – Banchero.

[135] *Hermes*, Staatliche Infrastrukturverantwortung, S. 493 f.

[136] Vgl. dazu oben 4. Kap. II. 1. a. bb.

chen Nutzungsrechts entscheidet, ist das jedenfalls solange nicht zu beanstanden, wie durch vertragliche Abmachungen im Konzessionsvertrag und ergänzende (energiewirtschafts-)gesetzliche Regelungen angemessene Vorkehrungen gegen einen Monopolmißbrauch getroffen sind und das so etablierte Modell geschlossener Versorgungsgebiete sich als funktionierend erweist.

(2) Art. 86 Abs. 2 EGV. Will man dessen ungeachtet das kommunale Recht zur Begründung lokaler Energieversorgungsmonopole zunächst für unvereinbar mit den staatsgerichteten Verboten des EG-Vertrages halten, muß man den Kommunen – nach der überzeugenden neueren Rechtsprechung des Europäischen Gerichtshofs – insoweit jedenfalls Art. 86 Abs. 2 EGV zugute halten.

Die Entscheidungsbefugnis über die örtliche Energieversorgung, die den Kommunen nach innerstaatlichem Recht – vorbehaltlich der noch auf ihre Verfassungsmäßigkeit zu überprüfenden gesetzlichen Neuregelung jedenfalls zunächst – kraft ihrer Wegehoheit zusteht, gestattet ihnen auch gemeinschaftsrechtlich eine Betrauung des eigenen oder eines fremden Elektrizitätsversorgungsunternehmens im Sinne von Art. 86 Abs. 2 EGV. Das folgt zwar noch nicht bereits aus der organisatorischen Zugehörigkeit der Kommunen zur staatlichen Hoheitsgewalt der Mitgliedstaaten und der daraus folgenden rechtlichen Fähigkeit zu hoheitlichem Handeln[137]; entscheidend ist vielmehr, daß sie tatsächlich hoheitlich – und nicht unternehmerisch – handeln. Das aber ist bei der Beauftragung eines Elektrizitätsversorgungsunternehmens mit der örtlichen Elektrizitätsversorgung der Fall; die Kommunen nehmen insoweit eine Selbstverwaltungsbefugnis wahr, auch wenn die gewählte Handlungsform als privatrechtlich qualifiziert wird. Als kommunaler Betrauungsakt kommt dabei – solange die Kommunen nicht zu anderen, öffentlich-rechtlichen Formen greifen, insbesondere zur Betrauung durch Verwaltungsakt auf satzungsrechtlicher Grundlage[138] – auch der bislang übliche privatrechtliche Konzessionsvertrag zwischen Kommune und Unternehmen in Betracht[139]. Formelle Anforderungen stehen insoweit nicht entgegen, da Art. 86 Abs. 2 S. 1 EGV entgegen vielfach geäußerter Einschätzung – wie gesehen – nach richtigem Verständnis keinen Hoheitsakt im Sinne einer öffentlich-rechtlichen

---

[137] Vgl. *Arndt*, RIW Beil. 7/1989, 1 (14 f.).

[138] Zu dieser Möglichkeit bereits *Wieland/Hellermann*, Der Schutz des Selbstverwaltungsrechts der Kommunen gegenüber Einschränkungen ihrer wirtschaftlichen Betätigung im nationalen und europäischen Recht, S. 172.

[139] So etwa *Fesenmair*, Öffentliche Dienstleistungsmonopole im europäischen Recht, S. 208; *Jarass*, Europäisches Energierecht, S. 88; *Le Nestour/Zirnow*, et 1995, 78 (82); *Rapp-Jung*, RdE 1994, 165 (168); *dies.*, EuZW 1994, 465. Ablehnend hingegen: *Hüffer/Ipsen/Tettinger*, Die Transitrichtlinie für Gas und Elektrizität, S. 191; *Steinberg/Britz/Schaub*, RdE 1996, 165 (172).

Maßnahme erfordert. Den materiellen Anforderungen nach enthält der herkömmliche Konzessionsvertrag mit seinen Regelungen über die Anschluß- und Belieferungspflicht sowie zur Tarifgestaltung eine Betrauung, weil er das Energieversorgungsunternehmen zur Erbringung seiner Dienstleistungen zu einem einheitlichen Preis, in gleichmäßiger Qualität, ohne Rücksicht auf Sonderfälle und die Wirtschaftlichkeit jedes einzelnen Vorgangs verpflichtet[140]. Dieses Ergebnis entspricht der – im deutschen Schrifttum umstrittenen[141], jedoch auch von der Kommission geteilten[142] – Auffassung zur Rechtslage vor der Energierechtsreform, daß die bundesdeutschen Elektrizitätsversorgungsunternehmen mit der Aufgabe der örtlichen Energieversorgung betraute Unternehmen sind; auch danach bedurfte es des Konzessionsvertrags mit der Kommune als des zugrunde liegenden Betrauungsakts, denn eine Betrauung der Elektrizitätsversorgungsunternehmen durch das frühere Energiewirtschaftsrecht und darauf gestützte behördliche Maßnahmen ließ sich schwerlich begründen[143]. Die Genehmigungspflicht gemäß § 5 EnWG a.F.[144] oder die Preisaufsicht gemäß § 7 EnWG a.F. schufen zwar eine intensive staatliche Aufsicht über die Energieversorgungsunternehmen, die aber für eine Betrauung gerade nicht ausreicht. Auch die Bereichsausnahme der §§ 103 f. GWB a.F. nahm selbst noch nicht die für eine Betrauung erforderliche Verpflichtung von Unternehmen zu bestimmten Dienstleistungen vor, sondern ließ lediglich die Einräumung der eine solche Verpflichtung ermöglichenden Sonderrechte im

---

[140] Vgl. zur Erfüllung der Kriterien der einschlägigen EuGH-Rechtsprechung mit Blick auf die Energieversorgung *Löwer*, et 1997, 304 (309).

[141] Eine Betrauung nehmen im Ergebnis u.a. an: *Börner*, in: ders., Studien zum deutschen und europäischen Wirtschaftsrecht, 5. Bd., S. 19 (23 ff.); *Jarass*, Europäisches Energierecht, S. 88; *Rapp-Jung*, RdE 1994, 165 (168). Ablehnend hingegen: *Arndt*, RIW Beil. 7/1989, 1 (20 ff.); *Birkenmaier*, EuR 1988, 144 (150 f.); *Hochbaum* , in: von der Groeben/Thiesing/Ehlermann, EU-/EG-V, Art. 90 EGV Rn. 82 ff., insbes. 85; *Niederleithinger*, in: Lukes (Hrsg.), Ein EWG-Binnenmarkt für Elektrizität, S. 63 (74 ff.); *Stewing*, Gasdurchleitung nach europäischem Recht, S. 145. Auch BKartA, RdE 1996, 160 (162 f.), verneint eine Betrauung.

[142] Vgl. Entscheidung der Kommission vom 16. Januar 1991, ABl. EG 1991 Nr. L 28/32 (43, Tz. 40) – Ijsselcentrale; Entscheidung der Kommission vom 22. Dezember 1992, ABl. EG 1993 Nr. L 50/20 (22, Tz. 28) – Jahrhundertvertrag, wonach die bundesdeutschen Energieversorgungsunternehmen unter Art. 86 (ex-Art. 90) Abs. 2 EGV fallen, soweit sie die Grundversorgung mit Elektrizität gewährleisten. Nach *Löwer*, et 1997, 304 (310), kann danach die Betrauung jedenfalls bezüglich der Flächenversorgung kaum mehr bezweifelt werden; vgl. auch *Tettinger*, DVBl. 1994, 88 (90).

[143] Vgl. zum folgenden *Britz*, Örtliche Energieversorgung nach nationalem und europäischem Recht, S. 195 ff.; *Tettinger*, DVBl. 1994, 88 (89 f. m.w.N).

[144] Hierauf stützen *Börner*, in: ders., Studien zum deutschen und europäischen Wirtschaftsrecht, 5. Bd., S. 19 (23 ff.), und *Grawe*, in: Festschrift Fabricius, S. 219 (232), die Betrauung.

Wettbewerb zu und zog damit allenfalls eine Folgerung aus einer vorausliegenden Betrauung. Der – durch die Möglichkeit der so genannten Abmeierung gemäß § 8 EnWG a.F. gestützte – § 6 EnWG a.F.[145] schließlich erlaubte deshalb wohl noch nicht die Annahme einer Betrauung, weil er die allgemeine Anschluß- und Versorgungspflicht für Tarifkunden nur für den vorausgesetzten und vorgefundenen Fall der Versorgung eines bestimmten Gebiets durch ein Unternehmen als Regelung des Monopolverhaltens auferlegte, nicht aber aus sich heraus hoheitlich die Aufgabe einer allgemeinen Elektrizitätsversorgung auf die Unternehmen übertrug[146].

Die somit den Kommunen gemeinschaftsrechtlich offenstehende Möglichkeit der Betrauung von Unternehmen mit der örtlichen Energieversorgung als einer Dienstleistung von allgemeinem wirtschaftlichem Interesse hat zur Folge, daß die Unternehmen nach Maßgabe von Art. 86 Abs. 2 S. 1 und 2 EGV von Vorschriften des EG-Vertrages freigestellt sind und insoweit auch die Kommunen (und der nationale Gesetzgeber) berechtigt sind, zu ihren Gunsten Sonder- und Ausschließlichkeitsrechte zu begründen, die sonst mit den Vorschriften des EG-Vertrages nicht vereinbar wären. Wie nach der Almelo-Entscheidung des Europäischen Gerichtshofs deutlich ist, erfaßt diese Bestimmung auch die Einräumung einer lokalen Monopolstellung in der Energieversorgung mit dem Ziel einer Versorgung aller Abnehmer im Versorgungsgebiet zu einheitlichen Lieferbedingungen[147]. Die Reichweite der daraus folgenden Freistellung hängt zum einen davon ab, ob die Erfüllung der übertragenen Aufgabe verhindert wird. Das ist nicht allein in der wirtschaftlichen Kategorie quantifizierbarer Absatzeinbußen der betrauten Unternehmen zu bemessen[148], sondern mit Blick auf die der Betrauung zugrundeliegenden allgemeinen Interessen zu beurteilen. Diese dürfen wiederum nicht auf die Zielsetzungen des Energiewirtschaftsgesetzes reduziert werden[149], sondern können weitergehend alle Gemeinwohlzwecke erfassen, die die Kommunen kraft ihrer autonomen, auf der Wegehoheit beruhenden verfassungsrechtlichen Position in der örtlichen Energieversorgung geltend machen können, insbesondere also auch soziale und ökologische Interessen. Als mögliches Korrek-

[145] Hierauf stützen *Jarass*, Europäisches Energierecht, S. 88, und *Scholz/Langer*, Europäischer Binnenmarkt und Energiepolitik, S. 161 f., die Betrauung.

[146] Vgl. *Britz*, Örtliche Energieversorgung nach nationalem und europäischem Recht, S. 199; *Emmerich*, in: Festschrift v. Gamm, S. 581 (589); *Niederleithinger*, in: Lukes (Hrsg.), Ein EWG-Binnenmarkt für Elektrizität, S. 63 (77).

[147] *Hancher*, et 1995, 68 (73); *Hermes*, Staatliche Infrastrukturverantwortung, S. 498 f.; *Rapp-Jung*, EuZW 1994, 464 (465).

[148] So zu Recht *Tettinger*, DVBl. 1994, 88 (90).

[149] Vgl. *Tettinger*, DVBl. 1994, 88 (90 f.), unter Hinweis auf Sicherheit und Preiswürdigkeit der Energieversorgung.

tiv bleibt gemäß Art. 86 Abs. 2 S. 2 EGV der Vorbehalt der entgegenstehenden Interessen der Gemeinschaft an der Entwicklung des Handelsverkehrs zu beachten. Mit Recht ist jedoch mit Blick auf die bisherige Rechtsprechungspraxis die Erwartung geäußert worden, daß der Europäische Gerichtshof in der damit eröffneten komplexen Abwägung den Mitgliedstaaten einen weiten Beurteilungs- und Einschätzungsspielraum einräumen und den gemeinschaftsrechtlichen Grenzen der ihnen gewährten Regulierungsbefugnisse kein großes Gewicht beilegen wird[150]. Das bestätigt sich zuletzt in der Entscheidung des Gerichtshofs zum französischen Gas – und Strommonopol, in der er der Kommission insoweit hohe Darlegungslasten aufbürdet[151].

bb. Sekundärrechtliche Vorgaben zur Beseitigung kommunaler Ausschließlichkeitsrechte

Ein weitergehendes gemeinschaftsrechtliches Verbot der kommunalen Begründung von Ausschließlichkeitsrechten in der örtlichen Energieversorgung könnte sich allein aus dem einschlägigen Sekundärrecht der Gemeinschaft ergeben, wie es nun in der Richtlinie des Europäischen Parlaments und des Rates betreffend gemeinsame Vorschriften für den Elektrizitätsbinnenmarkt vom 19. Dezember 1996[152] vorliegt.

(1) Primärrechtliche Grenzen. Das Verständnis dieser Richtlinie setzt zunachst einen Blick auf die primarrechtlichen Grenzen voraus, denen sie unterliegt. Hinsichtlich der hier interessierenden Durchbrechung geschlossener kommunaler Versorgungsgebiete bestehen solche Grenzen insbesondere in zwei Hinsichten.

Zum einen sind sie kompetentieller Natur. Nach Art. 3 lit. u EGV umfaßt die Tätigkeit der Gemeinschaft zwar auch nach Maßgabe des Vertrages Maßnahmen im Bereich Energie; das begründet jedoch keine, sondern verweist allenfalls auf nach dem EG-Vertrag bestehende energiepolitische Kompetenzen. Der EG-Vertrag enthält bislang jedoch bekanntlich keine ausdrückliche Sachkompetenz für den Energiesektor. Ein entsprechender Vorschlag der Kommission im Rahmen der Verhandlungen über den Vertrag von Maastricht war gescheitert. Die von Rat und Parlament erlassene Richtlinie vom 19. Dezember 1996 ist auf die – hier deshalb näher interessierenden – Bestimmungen der Art. 47 Abs. 2, 55 und 95 (ex-Art. 57 Abs. 2, 66 und 100a) EGV gestützt. Gegen

---

[150] *Baur*, in: Baur/Friauf, Energierechtsreform zwischen Europarecht und kommunaler Selbstverwaltung, S. 13 (27).

[151] EuGH, Slg. 1997, I-5815 (5848 f., Tz. 112 ff.) – Kommission/Frankreich.

[152] ABl. EG 1997 Nr. L 27/20.

die Tragfähigkeit dieser Kompetenzgrundlage sind freilich, anknüpfend an die allgemeine Kritik an der Annahme, diese Bestimmungen gewährten eine Vollregelungskompetenz, triftige Bedenken erhoben worden. Sie stützen sich im Kern darauf, daß in den EG-Vertrag eine Sachkompetenz für die Energiepolitik gerade nicht aufgenommen worden sei. Eine eigenständige Energiepolitik der Europäischen Gemeinschaft könne dann aber nicht auf der Grundlage von Koordinierungs- und Rechtsangleichungskompetenzen betrieben werden. Diese erlaubten keine eigenständige energiepolitische Zielsetzung, sondern forderten die Wahrung der materiellen Zielrichtung der nationalen Regelungen und erlaubten allenfalls deren Harmonisierung[153]. Wenn dagegengehalten wird, daß das Fehlen einer besonderen Sachkompetenz unschädlich sei, weil ein hinreichender Bezug zur Herstellung des Binnenmarkts für Energie bestehe, der mit denselben Mitteln wie auch in anderen Wirtschaftszweigen zu bewirken sei[154], und außerdem das Regelungselement der Durchleitung den nationalen Rechtsordnungen nicht fremd gewesen sei[155], überzeugt das nicht; jedenfalls für Deutschland bedeutet die Herstellung des Binnenmarkts mit den Regelungselementen der Durchleitung und des Direktleitungsbaus einen grundlegenden Wechsel des Versorgungsmodells. Im übrigen bleibt noch zu bedenken, daß die Ausübung der Binnenmarktkompetenzen auch dem Subsidiaritätsprinzip unterliegt.

Darüber hinaus sind auch bei der Wahrnehmung von im Vertrag eingeräumten Rechtsetzungsbefugnissen durch die Gemeinschaftsorgane die materiellrechtlichen Vorgaben des EG-Vertrages zu beachten. Das gilt in vorliegendem Zusammenhang insbesondere für die mitgliedstaatliche Regulierungsbefugnis gemäß Art. 86 Abs. 2 S. 1 EGV[156]. Das sekundäre Gemeinschaftsrecht muß in dem dort vorgezeichneten Rahmen nicht nur gegebenenfalls eine im bundesdeutschen Energiewirtschaftsrecht vorgenommene Betrauung von Energieversorgungsunternehmen mit Aufgaben von allgemeinem wirtschaftlichem Interesse respektieren[157], sondern – wie gesehen – auch die Befugnis zur Betrauung von Unternehmen mit der Aufgabe der örtlichen Energieversorgung, die nach innerstaatlichem bundesdeutschem Recht den Kommunen aus ihrer Wegehoheit erwächst. Sie darf daher kein Richtlinienrecht erlassen, das den von den Kommunen betrauten Unternehmen die Erfüllung der ihnen übertragenen besonderen Aufgaben rechtlich oder tatsächlich

---

[153] Vgl. *Scholz/Langer*, Europäischer Binnenmarkt und Energiepolitik, S. 212 ff.; *Steinberg/Britz*, DÖV 1993, 313 (314 ff.)

[154] *Ehlermann*, EuZW 1992, 689 (689 f.); *Jarass*, Europäisches Energierecht, S. 82 f.

[155] *Löwer*, et 1997, 304 (308).

[156] *Jarass*, Europäisches Energierecht, S. 86 f.; *Löwer*, et 1997, 304 (308 f., 310).

[157] Allein hierauf hebt *Löwer*, et 1997, 304 (309), ab.

unmöglich machen bzw. den Kommunen die Begründung erforderlicher Ausschließlichkeits- und Sonderrechte untersagen würde. Eine gewisse Erweiterung ihrer Regelungsbefugnis kann sich allein daraus ergeben, daß das im Rahmen der durch Art. 86 Abs. 2 S. 2 EGV vorgeschriebenen Abwägung einzustellende Interesse an der Entwicklung des Handelsverkehrs durch das einschlägige Sekundärrecht der Gemeinschaft konkretisiert wird[158]. Den EG-Binnenmarkt für Energie beförderndes Richtlinienrecht könnte danach dem maßgeblichen Interesse der Gemeinschaft im Rahmen der Abwägung nach Art. 86 Abs. 2 S. 2 EGV ein höheres Gewicht verleihen.

(2) Sekundärrechtliche Anpassungsanforderungen an das nationale Recht. Diese primärrechtlichen Beschränkungen der gemeinschaftsrechtlichen Rechtsetzungsbefugnisse spiegeln sich wider in der EG-Richtlinie betreffend gemeinsame Vorschriften für den Elektrizitätsbinnenmarkt vom 19. Dezember 1996. Das insbesondere von der Kommission primär verfolgte Ziel der Marktöffnung und der Stärkung des Wettbewerbs im Elektrizitätssektor hat im Laufe der Beratungen Relativierungen erfahren zum einen durch die Anerkennung des besonderen Charakters der Energieversorgung als einer öffentlichen Dienstleistung, die besonderer rechtlicher Behandlung bedarf, zum anderen durch die Einräumung eines großen Spielraums für die Mitgliedstaaten[159]. Die mit Rücksicht hierauf geübte Zurückhaltung macht sich auch bemerkbar im Hinblick auf die Anpassungsanforderungen, die die Richtlinie an das bundesdeutsche System der geschlossenen kommunalen Versorgungsgebiete stellt.

In ihrer schließlich beschlossenen Gestalt läßt die Richtlinie nach wie vor die Existenz lokaler Monopole zur Versorgung der Endverbraucher zu. Zunächst verlangt Art. 10 Abs. 2 der Richtlinie die – durch den Mitgliedstaat vorzunehmende oder zu veranlassende, d.h. auch durch die Kommunen mögliche – Benennung eines für den Betrieb, die Wartung und ggf. den Ausbau des Verteilersystems in einem bestimmten Gebiet verantwortlichen Netzbetreibers. Dieses Verteilerunternehmen darf, ohne insoweit einem Diskriminierungsverbot, insbesondere dem gemäß Art. 11 Abs. 2 der Richtlinie gegenüber Netzbenutzern geltenden Diskriminierungsverbot zu unterliegen, bevorzugt eigene Energieerzeugungsanlagen in Anspruch nehmen[160]. Weiter erlaubt Art. 18 der Richtlinie den Mitgliedstaaten bei der Wahl des so genannten Alleinabneh-

---

[158] *Hochbaum*, in: von der Groeben/Thiesing/Ehlermann, EU-/EG-V, Art. 90 EGV Rn. 69; *Müller-Graff/Zehetner*, Öffentliche und privilegierte Unternehmen im Recht der Europäischen Gemeinschaften, S. 153.

[159] Vgl. Begründungserwägungen 10 und 11 sowie 13; dazu *Britz*, RdE 1997, 85 (85 f.).

[160] *Britz*, RdE 1997, 85 (88).

mersystems für das von einem Netzbetreiber abgedeckte Gebiet die Benennung eines Alleinabnehmers, der für die zentralisierte Abnahme und den zentralisierten Verkauf der Elektrizität verantwortlich ist (vgl. Art. 2 Ziff. 22 der Richtlinie). Nach diesen Richtlinienbestimmungen ist das Alleinabnehmersystem nicht nur auf umfassende Elektrizitätsversorgungsmonopole für das gesamte Gebiet (oder größere Regionen eines Mitgliedstaats) nach dem Vorbild Frankreichs, das dieses Modell in die Diskussion eingebracht hat, sondern auch auf die dezentrale, von kommunalen Versorgungsgebieten geprägte Stromversorgungsstruktur der Bundesrepublik anwendbar, in der es danach eine Vielzahl jeweils lokaler Alleinabnehmer geben kann. Wie Art. 2 Ziff. 22 der Richtlinie durch die Formulierung »und/oder« deutlich macht, muß die Verantwortlichkeit eines Alleinabnehmers für die Ebenen des Übertragungs- und des Verteilungssystems nicht einheitlich begründet werden, sondern kann sich auf letzteres beschränken. Da Art. 18 Abs. 1 S. 1 der Richtlinie allein auf das vom Netzbetreiber abgedeckte Gebiet abstellt, können für den Fall, daß verantwortliche Netzbetreiber jeweils für das Gebiet einer Kommune benannt werden, für dieses Gebiet einer Kommune jeweils auch Alleinabnehmer benannt werden. Erzeugungs- und Verteilungsaktivitäten können von einem integrierten Unternehmen wahrgenommen werden, das die Entflechtungs- und Transparenzvorgaben des Art. 14 der Richtlinie zu beachten hat.

Die Monopolstellung wird allerdings insoweit durchbrochen, als anderen Elektrizitätserzeugern oder -versorgern der Marktzutritt zur Belieferung von so genannten zugelassenen Kunden im Wege des verhandelten oder des geregelten Netzzugangs (Art. 17 der Richtlinie) oder im Rahmen des Alleinabnehmersystems mit oder ohne Abnahmeverpflichtung (Art. 18 der Richtlinie), schließlich unter Umständen auch über Direktleitungen (Art. 21 der Richtlinie) eröffnet wird. Diese – im einzelnen in mancher Hinsicht undeutlichen – Vorschriften führen jedoch keineswegs zu einer vollständigen Marktöffnung. Dagegen steht schon die Beschränkung auf die nach Maßgabe von Art. 19 der Richtlinie zu bestimmenden, so genannten zugelassenen Kunden. Außerdem äußern Art. 17 und 18 der Richtlinie sich nur undeutlich zur Verpflichtung zur Netzzugangsgewährung bzw. zur Zulässigkeit seiner Verweigerung. Sie enthalten keine explizite Grundentscheidung für die Gewährung des Netzzugangs, und es ergibt sich auch nicht ohne weiteres, daß dessen Verweigerung nur ausnahmsweise zulässig sei[161]. Dagegen spricht vor allem, daß nach Art. 17 Abs. 5 S. 2 und Art. 18 Abs. 4 S. 2 der Richtlinie eine Verweigerung »insbesondere unter Berücksichtigung des Artikels 3 entsprechend zu begründen« ist; die Verweigerung soll danach offenbar nicht nur aus Gründen mangelnder

---

[161] So *Britz*, RdE 1997, 85 (89); *dies.*, EuZW 1997, 334 (335).

Kapazität (vgl. Art. 17 Abs. 5 S. 1, 18 Abs. 4 S. 1 der Richtlinie) oder bei Uneinigkeit über die Benutzungsgebühr erfolgen dürfen, sondern auch mit Rücksicht auf die in Art. 3 der Richtlinie behandelten Gesichtspunkte. Das deutet auf eine vom Netzbetreiber zu treffende, ggf. von der in Art. 20 Abs. 3 der Richtlinie vorgesehenen Streitschlichtungsstelle zu prüfende Abwägungsentscheidung unter Berücksichtigung der Interessen des Netzzugang begehrenden Unternehmens und eventuell entgegenstehender Interessen der Allgemeinheit[162].

Dieser Hinweis führt zu der zentralen Ausnahmeklausel des Art. 3 Abs. 3 der Richtlinie[163], die offenkundig die auch im Richtlinienrecht zu beachtende mitgliedstaatliche Regulierungsbefugnis gemäß Art. 86 Abs. 2 S. 1 EGV aufgreift[164], ohne sie aber nur zu wiederholen. Sie erlaubt den Mitgliedstaaten zu beschließen, die zentralen Regelungen der Art. 5, 6, 17, 18 und 21 mit Rücksicht auf die Erfüllung der den Elektrizitätsunternehmen übertragenen gemeinwirtschaftlichen Verpflichtungen nicht anzuwenden. Das läßt auch eine Nichtanwendung dieser Bestimmungen mit Rücksicht auf konzessionsvertraglich begründete Verpflichtungen des örtlichen Energieversorgers zu[165], zumal eine Betrauung – mit ihren umstrittenen Anforderungen – anders als in Art. 86 Abs. 2 S. 1 EGV hier nicht verlangt ist[166]. Die in Art. 3 Abs. 3 S. 1 der Richtlinie angesprochenen, der Nichtanwendung unter Umständen entgegenstehenden Interessen der Gemeinschaft an der Entwicklung des Handelsverkehrs werden in dem zweiten Satz konkretisiert; zu ihnen gehört danach insbesondere der Wettbewerb um zugelassene Kunden[167]. Auch diese Konkretisierung führt noch nicht zwingend dazu, daß eine mitgliedstaatliche Betrauung den Wettbewerb um zugelassene Kunden in keinem Falle ausschließen oder beschränken dürfte; das Interesse der Gemeinschaft daran wird lediglich als ein im Rahmen der Abwägung nach Art. 3 Abs. 3 der Richtlinie bzw. Art. 86 Abs. 2 S. 2 EGV zu beachtender Gesichtspunkt herausgestellt. Auch wenn die Kommission ihn – etwa in ihrer Überwachungsfunktion gemäß

---

162 *Baur*, in: Baur/Friauf, Energierechtsreform zwischen Europarecht und kommunaler Selbstverwaltung, S. 13 (21).

163 Weitere Ausnahmeklauseln finden sich in Art. 19 Abs. 5 und Art. 24 Abs. 3 der Richtlinie.

164 Vgl. dazu Erwägungsgrund (3): »Die uneingeschränkte Anwendung der Bestimmungen des Vertrages, insbesondere der Bestimmungen über den Binnenmarkt und den Wettbewerb, wird durch diese Richtlinie nicht berührt.« sowie die Erwägungsgründe (16) und (17), die auf Art. 86 (ex-Art. 90) Abs. 1 und Abs. 2 Satz 2 EGV Bezug nehmen.

165 *Britz*, RdE 1997, 85 (91 f.).

166 *Baur*, in: Baur/Friauf, Energierechtsreform zwischen Europarecht und kommunaler Selbstverwaltung, S. 13 (26 f.); *Britz*, RdE 1997, 85 (91 f.).

167 Vgl. dazu *Lindemann/Köster*, DVBl. 1997, 527 (533).

Art. 86 Abs. 3 EGV – mit einigem Gewicht versehen wollte[168], eröffnet Art. 3 Abs. 3 der Richtlinie doch einen weiten mitgliedstaatlichen Spielraum[169].

Im Ergebnis verlangt die Richtlinie wegen dieses Vorbehalts von der Bundesrepublik ein Aufbrechen des kommunalen Rechts zur Begründung geschlossener Versorgungsgebiete (durch die Verpflichtung des Alleinkäufers zur Abnahme, im Wege der Durchleitung oder der Direktleitung) nur insoweit, wie es das gemeinschaftsrechtliche Interesse am Wettbewerb um zugelassene Kunden auch gegenüber mitgliedstaatlichen Regulierungsinteressen zwingend erfordert[170]. Für die Ermöglichung eines größeren Wettbewerbs um diese Kunden im Binnenmarkt läßt die Richtlinienvorgabe dem einzelnen Mitgliedstaat weitreichende Gestaltungsfreiheit. Die über die von der Richtlinie geforderten Quoten der Marktöffnung (vgl. Art. 19) weit hinausreichende, vollständige Beseitigung des auf die kommunale Wegehoheit gestützten Rechts zur Begründung geschlossener Versorgungsgebiete, wie das neue Energiewirtschaftsgesetz sie vorsieht, fordert die Richtlinie nicht.

b. Verfassungsrechtliche Zulässigkeit

Die Energierechtsreform des Bundesgesetzgebers bedeutet also mehr als nur »europarechtlichen Gehorsam durch nationalrechtliche Transformation«[171]. Soweit sie sich nicht auf zwingende gemeinschaftsrechtliche Vorgaben berufen kann, muß sie sich daher vor dem nationalen Verfassungsrecht rechtfertigen. Ob das Gesetz zur Neuregelung des Energiewirtschaftrechts dessen Anforderungen genügt, ist bereits während des Gesetzgebungsverfahrens und auch danach – namentlich im Hinblick auf die Rechtsstellung der Kommunen – umstritten gewesen; vor dem Bundesverfassungsgericht sind ein Normenkontrollantrag und Kommunalverfassungsbeschwerden gegen zentrale Bestimmungen des Energiewirtschaftsgesetzes anhängig.

aa. Grundrechtlicher Vorbehalt des Gesetzes

Die gesetzgeberische Beseitigung der geschlossenen kommunalen Versorgungsgebiete könnte ihre Rechtfertigung zunächst schon aus deren verfassungsrechtlicher Beurteilung im Verhältnis zwischen Kommunen und betrof-

---

168 *Löwer*, et 1997, 304 (311).

169 Vgl. dazu *Baur*, et 1996, 474 (476), *Theobald*, AöR 122 (1997), 372 (395), sowie früher bereits *Cronenberg*, in: Hoffmann-Riem/Schneider (Hrsg.), Umweltpolitische Steuerung in einem liberalisierten Strommarkt, S. 127 (132 f.).

170 Vgl. auch, nicht ganz einheitlich in der Einschätzung, *Löwer*, et 1997, 304 (310 f.).

171 So die Formulierung bei *Büdenbender*, JZ 1999, 62 (64).

fenen Energieversorgungsunternehmen erhalten. Mit Blick hierauf hat früher schon Emmerich die Auffassung vertreten, daß ein gemeindliches Vorrecht zur Versorgung des Gemeindegebiets, das im Ergebnis ein Verwaltungs- oder eigentlich ein Finanzmonopol darstelle, nur auf der Grundlage eines Gesetzes bestehen könnte, welches freilich seinerseits vor Art. 12 Abs. 1 GG keinen Bestand haben könnte[172]. Zuletzt hat vor allem Löwer die Vergabe ausschließlicher Wegenutzungsrechte für die örtliche Energieversorgung im Verhältnis zu den privatwirtschaftlich agierenden Energieversorgungsunternehmen als eine grundrechtseingreifende Aufgabenmonopolisierung angesehen[173]. Ein gemeindliches Recht zur Vergabe ausschließlicher Wegenutzungsrechte könnte danach allenfalls kraft gesetzlicher Begründung bestehen. Diese These sucht Rückhalt in Rechtsprechung und Lehre zu den grundrechtlichen Grenzen öffentlicher Wirtschaftstätigkeit, wonach jedenfalls ein staatlicher Verdrängungswettbewerb bzw. die staatliche Verschaffung einer Monopolstellung zugunsten eines staatlichen oder auch eines privaten Unternehmens in die Grundrechte der privaten Konkurrenz eingreifen und der gesetzlichen Grundlage bedürfen soll[174].

Dieser Auffassung wird – im Ergebnis zu Recht – entgegengehalten, daß es sich bei der Vergabe eines ausschließlichen Wegenutzungsrechts im Verhältnis zu anderen, konkurrierenden Energieversorgungsunternehmen nicht um einen gemeindlichen Eingriff in deren grundrechtlich geschützte Betätigungsfreiheit handele, sondern um die Vorenthaltung einer Leistung, deren sie bedürfen, um energieversorgend tätig werden zu können[175]. Die Überzeugungskraft dieses Einwands hängt allerdings davon ab, daß die Wegerechtsvergabe nicht mehr dem Bereich privatwirtschaftlicher Betätigung der Kommunen zugerechnet wird. Andernfalls müßte das Wegenutzungsrecht als ein privatwirtschaftliches Gut angesehen werden, wie es auch die sonstigen Produktions- und Arbeitsmittel oder die Eigenkapitalausstattung eines Betriebs sind, und es müßte auch in Bezug auf das Wegenutzungsrecht gelten, daß die übermäßige, auf Verdrängung von Konkurrenz und Verschaffung einer Monopolstellung abzielende staatliche Ausstattung eines gemeindlichen oder auch eines einzelnen privaten Unternehmens – und natürlich die Vorenthaltung entsprechender Leistungen an private Konkurrenten – gerade die inkriminierte

---

[172] *Emmerich*, Die kommunalen Versorgungsunternehmen zwischen Wirtschaft und Verwaltung, S. 62.

[173] *Löwer*, RdE 1992, 85 (86).

[174] Vgl. dazu nur BVerwG, NJW 1995, 2938 (2939), m.w.N.

[175] So *Britz*, Örtliche Energieversorgung nach nationalem und europäischem Recht, S. 64, unter Bezugnahme auf *Hermes*, Der Staat 31 (1992), 281 (295 f.); zustimmend *Moraing*, Möglichkeiten und Grenzen kommunalwirtschaftlicher Betätigung, S. 46 Fn. 84.

Fallgruppe des staatlichen Verdrängungswettbewerbs und der staatlichen Monopolverschaffung darstellt. Den ausschlaggebenden Unterschied zu dieser Fallgruppe begründet erst die Erkenntnis, daß das Wegenutzungsrecht eine spezifisch hoheitliche Leistung darstellt, deren Gewährung überhaupt erst die Grundlage schafft, auf der dann die wirtschaftliche Betätigung in der Energieversorgung möglich wird. Hieraus folgt, daß der Grundrechtsschutz der wirtschaftlichen Betätigung sich auf die Wegerechtsvergabe nicht erstreckt. Der durch die Entscheidung hierüber begünstigte Energieversorger kann sich aus diesem Grunde gegenüber der damit erfolgenden Konkretisierung seiner Pflichtenstellung nicht auf die Grundrechte berufen, und zwar unabhängig davon, ob es sich um ein rechtlich selbständiges oder unselbständiges Unternehmen der Gemeinde selbst, ein gemischtwirtschaftliches oder auch ein privates Unternehmen handelt[176]; ebenso können sich auch private Konkurrenten gegenüber der staatlichen Entscheidung über die Vergabe des Wegenutzungsrechts nicht auf ihre grundrechtlich geschützte Betätigungsfreiheit berufen. Sowohl für das begünstigte wie auch für die konkurrierenden Energieversorgungsunternehmen ist grundrechtlich geschützt erst die wirtschaftliche Betätigung in dem durch die Wegerechtsvergabe vorgegebenen Rahmen.

bb. Materielle Vereinbarkeit mit der Garantie kommunaler Selbstverwaltung

Wenn der staatliche Gesetzgeber die im Verhältnis zum privatwirtschaftlichen Sektor von Verfassungs wegen bestehende Befugnis der Kommunen zur Einräumung eines ausschließlichen Nutzungsrechts am kommunalen Wegenetz beschränkt, ist im verfassungsrechtlichen Verhältnis der Gemeinden zum Gesetzgeber Art. 28 Abs. 2 GG einschlägig. Auf Grund der bisherigen Überlegungen können vorab einige prinzipielle Einwände gegen die Anwendbarkeit und Wirkkraft dieser Garantie in vorliegendem Zusammenhang ausgeräumt werden. So wäre es verfehlt, statt auf die Garantie des Art. 28 Abs. 2 GG auf den – im Ergebnis für die Kommunen nicht behilflichen – Grundrechtsschutz durch Art. 14 GG zu rekurrieren, da gerade nicht die freie Verfügung über das private Eigentum betroffen ist. Aus dem gleichen Grund kann der Berufung auf die Selbstverwaltungsgarantie nicht entgegengehalten werden, daß die Kommunen nur die Aufrechterhaltung einer bislang bestehenden gesetzlichen Privilegierung gegenüber anderen Wirtschaftsteilnehmern mit Monopolstellung forderten[177]; es handelt sich nicht um eine privilegierte privatwirtschaftli-

---

[176] *Hermes*, Staatliche Infrastrukturverantwortung, S. 381, 480 ff.

[177] So *Krebs*, Rechtliche Grundlagen und Grenzen kommunaler Elektrizitätsversorgung, S. 318.

che Monopolstellung, sondern eine spezifisch hoheitliche, von gesetzgeberischer Gewährung unabhängig bestehende Gestaltungsbefugnis, die ihre Grundlage in der von Art. 28 Abs. 2 GG umschlossenen kommunalen Wegehoheit hat. Schließlich steht der Anwendbarkeit von Art. 28 Abs. 2 GG auch nicht entgegen, daß der Gesetzgeber diese kommunale Befugnis nicht etwa auf eine andere staatliche Stelle übertragen, »hochzonen« will, sondern mit seiner Neuregelung eine an die Kommunen adressierte Deregulierungsvorgabe macht, indem er ihnen eine verfassungsrechtlich begründete Befugnis zum regulierenden Eingriff in den Wettbewerb der Energieversorgungsunternehmen nimmt; auch ein solcher Entzug von kommunalen Aufgaben zugunsten der Privatwirtschaft und der Steuerung durch den Wettbewerb muß sich vor Art. 28 Abs. 2 S. 1 GG rechtfertigen. Die Neuregelung muß daher vor den allgemeinen Rechtfertigungsanforderungen des Art. 28 Abs. 2 GG bestehen können.

(1) Der Kernbereich der Garantie. Das frühere Schrifttum, aber auch literarische Äußerungen noch nach der Rastede-Entscheidung des Bundesverfassungsgerichts halten einer solchen gesetzlichen Neuregelung entgegen, daß die Energieversorgung zu dem unentziehbaren Kernbereich gemeindlicher Selbstverwaltung gehöre[178]. Dies ist mit Blick auf die Rastede-Entscheidung, wenn man ihrer Konzeption des Kernbereichs folgt, nicht mehr angängig[179], da der Kernbereich danach keinen gegenständlich bestimmten oder bestimmbaren Aufgabenkatalog aufweist. Allerdings zählt das Bundesverfassungsgericht nach wie vor auch das Verbot der faktischen Aushöhlung zum Kerngehalt der Selbstverwaltungsgarantie, doch verbietet sich die Annahme seiner Verletzung schon deshalb, weil das neue Energiewirtschaftsgesetz nur einen einzelnen – wenn auch wichtigen – Sektor gemeindlicher Daseinsvorsorgeaktivitäten betrifft und auch insoweit den Gemeinden nicht jegliche Betätigungsmöglichkeiten nimmt.

(2) Der so genannte Randbereich der Garantie. Die Vereinbarkeit der Neuregelung mit Art. 28 Abs. 2 S. 1 GG kann aber noch nicht damit bejaht werden, daß die entzogene Befugnis zur Entscheidung über die Art und Weise der ört-

---

[178] *Damm*, JZ 1988, 840 (841); *Scholz*, Gemeindliche Gebietsreform und regionale Energieversorgung, S. 38; *Wesener*, Energieversorgung und Energieversorgungskonzepte, S. 174. Auch nach der Rastede-Entscheidung noch: *Friauf*, in: Baur/ Friauf, Energierechtsreform zwischen Europarecht und kommunaler Selbstverwaltung, S. 55 (88 ff.).

[179] So auch *Löwer*, Energieversorgung zwischen Staat, Gemeinde und Wirtschaft, S. 233 f.; *ders.*, DVBl. 1991, 131 (142); *Püttner*, DÖV 1990, 461 (463 f.); *Schmidt-Aßmann*, in: Festschrift Fabricius, S. 251 (260). Vgl. dazu oben 5. Kap. III. 1. a.

lichen Energieversorgung nicht zum Kern der gemeindlichen Daseinsvorsorge gehöre[180]. Vielmehr fordern weiter die vom Bundesverfassungsgericht entwickelten Anforderungen an beschränkende Regelungen im so genannten Randbereich der Selbstverwaltungsgarantie Beachtung. Wie allgemein dargelegt, bedarf es zur verfassungsrechtlichen Rechtfertigung insoweit überwiegender Gründe des Gemeinwohls, die vor allem dann gegeben sein sollen, wenn die Gemeinden zu einer ordnungsgemäßen Aufgabenerfüllung nicht oder nur unter unverhältnismäßigem Kostenaufwand in der Lage sind; allein Gründe der Effizienzsteigerung oder größerer Wirtschaftlichkeit sollen hingegen regelmäßig nicht hinreichen[181]. Die gesetzgeberische Beseitigung des bisherigen, auf dem Recht der Kommunen zur Schaffung geschlossener kommunaler Versorgungsgebiete aufbauenden Systems der Stromversorgung wäre danach vor Art. 28 Abs. 2 GG verfassungsrechtlich gerechtfertigt, wenn sie geboten wäre, um eine in diesem Sinne ordnungsgemäße Aufgabenerfüllung sicherzustellen. Zur ausschlaggebenden Frage wird damit, ob nach der früheren Gesetzeslage eine ordnungsgemäße Erfüllung der Stromversorgungsaufgabe durch die Kommunen im Rahmen ihrer hoheitlichen Gestaltungsbefugnisse – im Zusammenspiel mit den anderen Beteiligten – gewährleistet gewesen ist.

Außer Frage steht insoweit, daß nach der früheren Gesetzeslage jedenfalls die elementare Forderung nach einer flächendeckenden, sicheren Stromversorgung erfüllt war, und auch der weitere Aspekt der hinreichenden Beachtung von Umweltverträglichkeit und Ressourcenschonung bei der Versorgung mit Elektrizität rechtfertigt keine Abkehr davon. Zwar ist an der früheren Rechtslage in dieser Hinsicht Kritik geübt worden[182], und die Gesetzesbegründung zum neuen Energiewirtschaftsrecht nennt als Ziel auch einen verbesserten Umwelt- und Klimaschutz[183]. Diese Kritik trifft aber nicht die hier fragliche Grundentscheidung des bisherigen Systems für die Zulässigkeit geschlossener kommunaler Versorgungsgebiete auf der Grundlage ausschließlicher Konzessionsverträge, deren Beseitigung ihrerseits neue Belastungen und Risiken für Umweltschutz und Ressourcenschonung begründet, insbesondere für den Betrieb von Kraft-Wärme-Kopplungsanlagen.

Wie die Gesetzentwurfsbegründung der Bundesregierung deutlich macht, ist das wesentliche Ziel der Reform vielmehr die – von einem verstärkten Wettbewerb der Energieversorger erhoffte – Senkung des Strompreises[184]. Ob

---

[180] So aber *Lindemann/Köster*, DVBl. 1997, 527 (531).
[181] Vgl. oben 5. Kap. III. 2. b. aa.
[182] Vgl. dazu unten in diesem Kap. II. 2. b. aa. (1).
[183] BT-Drs. 13/7274, S. 10.
[184] Vgl. BT-Drs. 13/7274, S. 1, 12.

und inwieweit dieses Ziel in der Sache zu erreichen ist, ist dabei umstritten: Während die Bundesregierung von Preisvorteilen für alle Wirtschaftsunternehmen und im Ergebnis für alle Verbraucher auszugehen scheint, wird von Seite der Kommunen und kommunalen Unternehmen befürchtet, daß allenfalls für industrielle Großverbraucher durch die Möglichkeit der Belieferung durch andere, externe Energieversorgungsunternehmen Preisvorteile eintreten werden, wegen dieses so genannten Rosinenpickens die Stromversorgung der privaten Verbraucher durch lokale Versorgungsunternehmen hingegen eher teurer als günstiger werden wird[185]. Auch die Prognose günstigerer Strompreise für alle Verbraucher – deren Plausibilität hier nicht näher untersucht werden soll – könnte die gesetzgeberische Beseitigung geschlossener kommunaler Versorgungsgebiete mit Blick auf Art. 28 Abs. 2 GG verfassungsrechtlich jedoch nur rechtfertigen, wenn sie die Annahme zuließe, daß das bisherige Preisniveau den Anforderungen an eine ordnungsgemäße Erfüllung der Stromversorgungsaufgabe nicht (mehr) genügt hätte; das wäre – nach den an der Rechtsprechung des Bundesverfassungsgerichts orientierten Vorgaben – erst dann der Fall, wenn das überkommene System einen ganz unverhältnismäßigen Kostenaufwand verursacht hätte. Das bisherige System der Stromversorgung hat sich jedoch grundsätzlich, und zwar auch im Hinblick auf die Preiswürdigkeit, bewährt. Das konzediert selbst ein – entschieden gegen eine verfassungskräftige Vorrangstellung der Gemeinden in der Energieversorgung und für ein privatwirtschaftliches Primat votierender – Autor wie Löwer mit der Feststellung, die Beteiligten hätten zunächst ohne gesetzliche Steuerung, dann vom Energiewirtschafts- und Kartellrecht gebilligt, »ein System entwickelt, das das Ziel einer Vollversorgung mit elektrischer Energie zu erträglichen Preisen für alle effizient verwirklicht hat«[186]. Allein die Hoffnung auf eine – unterhalb der genannten Schwelle bleibende – Steigerung der Effizienz und Wirtschaftlichkeit der Wahrnehmung der Stromversorgungsaufgabe mit der Folge von Preissenkungen für alle oder einzelne Verbraucher aber ist als Rechtfertigungsgrund unzureichend[187]. Bloße Gründe der Effizienz oder Wirtschaftlichkeit, namentlich auch der wirtschaftlicheren Aufgabenwahrnehmung durch einen anderen erlauben es nicht, die Wahrnehmung von Angelegenheiten der örtlichen Gemeinschaft der Gemeinde zu entziehen, weil – um den zentralen Gesichtspunkt des Bundesverfassungsgerichts in Er-

---

[185] Vgl. dazu etwa die Position des Verbandes kommunaler Unternehmen, abgedruckt in: der städtetag 1997, 39, sowie *Weigt*, RdE 1994, 209 (209, 211).

[186] *Löwer*, et 1997, 304 (306).

[187] *Albrecht*, ZUR 1995, 233 (240); *Wieland/Hellermann*, Der Schutz des Selbstverwaltungsrechts der Kommunen gegenüber Einschränkungen ihrer wirtschaftlichen Betätigung im nationalen und europäischen Recht, S. 107.

innerung zu rufen – Art. 28 Abs. 2 GG insoweit dem politisch-demokratischen Gesichtspunkt der Teilnahme der örtlichen Bürgerschaft an der Erledigung ihrer öffentlichen Aufgaben den Vorrang gibt.

Aus diesem Grunde kann schließlich auch eine grundsätzliche politische Entscheidung des Gesetzgebers für eine Stärkung des Wettbewerbs im Bereich der Stromversorgung die Beschneidung der kommunalen Position vor den Anforderungen des Art. 28 Abs. 2 GG nicht rechtfertigen. Diese allgemeine politische Zielvorstellung klingt in der Gesetzentwurfsbegründung an[188], und in der Literatur ist sie mit der Überlegung begründet worden, daß der Abschluß der Auf- und Ausbauphase in der Fläche, die das bisherige System der Stromversorgung legitimiert habe, nun die Frage der Liberalisierung mit dem Ziel des günstigsten Preises, insbesondere für Industriekunden, aufkommen lasse[189]. Für den Bereich der Angelegenheiten der örtlichen Gemeinschaft liegt die wirtschafts- und ordnungspolitische Entscheidungskompetenz prinzipiell jedoch gerade nicht beim staatlichen Gesetzgeber, sondern bei der jeweiligen Gemeinde. Ihr steht deshalb auch – kraft ihrer Wegehoheit – primär die Entscheidungsbefugnis über das Versorgungsmodell in der örtlichen Energieversorgung, über die fortdauernde Legitimität oder die Reformbedürftigkeit des Modells örtlicher Monopolversorgung zu. Der Gesetzgeber darf ihr diese prinzipielle Entscheidungszuständigkeit, wo es an konkreten überwiegenden Gemeinwohlgründen für eine gesetzliche Beschränkung fehlt, nicht schon aus einer eigenen ordnungspolitischen Grundentscheidung zugunsten des Wettbewerbs heraus nehmen.

cc. Kompetenzrechtliche Grenzen

Das Verständnis der kommunalen Wegerechtsvergabe nicht als einer wirtschaftlichen Betätigung, sondern als einer hoheitlichen Befugnis der Kommunen gewinnt schließlich auch Bedeutung für die kompetenzrechtliche Beurteilung der bundesgesetzlichen Beseitigung der Möglichkeit geschlossener kommunaler Versorgungsgebiete.

(1) Der Kompetenztitel des Art. 74 Abs. 1 Nr. 11 GG und seine Grenzen. Der Bund kann seine Gesetzgebungsbefugnis insoweit allein auf den Kompetenztitel des Art. 74 Abs. 1 Nr. 11 GG für das Recht der Wirtschaft, insbesondere auch der Energiewirtschaft stützen. Mit dem lapidaren Hinweis, daß »die Energieversorgung Teil des Wirtschaftens – und nicht des Kommunalrechts –«

---

188 Vgl. BT-Drs. 13/7274, S. 9.

189 *Löwer*, et 1997, 304 (306); vgl. auch *Hoffmann-Riem/Schneider*, in: dies. (Hrsg.), Umweltpolitische Steuerung in einem liberalisierten Strommarkt, S. 13 (15 f.).

sei[190], ist hierauf zuletzt eine umfassende, auch auf die Nutzung des kommunalen Wegenetzes zu Energieversorgungszwecken sich erstreckende Regelungsbefugnis gegründet worden. Dahinter steht die Auffassung, daß die Energieversorgung insgesamt ein privatwirtschaftlicher Sektor sei; auch die kommunale Wegerechtsvergabe erscheint als energiewirtschaftliche Betätigung, die als solche dem Anwendungsbereich des Wirtschaftsrechts des Bundes unterfallen kann. Auch in dieser Perspektive sind zwar mögliche Überschneidungen und Konflikte mit den Kompetenzen für das Straßen- sowie das Kommunalrecht erkennbar, jedoch allein wegen der Auswirkungen auf die straßenrechtlich geregelte Verkehrsfunktion der Straße oder auf die Kommunalfinanzen, nicht aber wegen einer eigenständigen kommunalen Kompetenz in Bezug auf die Energieversorgung[191]. Die zugrunde liegende Annahme hat sich jedoch als nicht zutreffend erwiesen: Die Energieversorgung erfolgt nicht umfassend privatwirtschaftlich; vielmehr wird die energiewirtschaftliche Betätigung erst auf der Grundlage der hoheitlichen Entscheidung über die Nutzung des kommunalen Wegenetzes möglich. Das ist auch in kompetentieller Hinsicht bedeutsam: Da die Energieversorgung nicht insgesamt durch energiewirtschaftliche Betätigung wahrgenommen wird, folgt aus der Gesetzgebungskompetenz für das Recht der Energiewirtschaft auch nicht die Befugnis zur umfassenden Regelung der Energieversorgung; das Recht der Energiewirtschaft ist nicht identisch mit dem Energierecht oder dem Recht der Energieversorgung. Das hat zur Folge, daß der Bundesgesetzgeber zwar – der allgemeinen Definition folgend – das wirtschaftliche Leben und die wirtschaftliche Betätigung auf dem Energiesektor umfassend regeln darf; die nicht wirtschaftliche, sondern hoheitliche Funktion, die die Kommunen bei der Entscheidung über die Wegenutzung zu Stromversorgungszwecken ausüben, aber liegt als solche außerhalb seiner Kompetenz. Bemerkenswerterweise hat das Wirtschaftsrecht des Bundes bis zur Energierechtsreform diese Begrenzung respektiert, indem es die Wegerechtsvergabe durch die Gemeinden als solche im Energiewirtschafts- oder Kartellrecht nicht geregelt hat. Diesem Befund stehen die wettbewerbsrechtlichen Vorschriften der §§ 103, 103a GWB a.F. nicht entgegen. Sie erfordern noch nicht die – mit dem dargelegten Verständnis der kommunalen Wegehoheit nicht vereinbare – Annahme, daß

---

190 *Theobald*, AöR 122 (1997), 372 (397).

191 Nach *Evers*, Das Recht der Energieversorgung, S. 58, soll etwa der Bundesgesetzgeber auf der Grundlage von Art. 74 Abs. 1 Nr. 11 GG auch eine Regelung über die entgeltliche oder unentgeltliche Benutzung der öffentlichen Wege für die Verlegung von Energieleitungen treffen dürfen, wenn er das – insbesondere zur Verbilligung der Versorgung – als notwendig ansehen dürfe, weil eine solche Vorschrift auf eine Regelung der Energiepreisfaktoren, nicht auf eine der Gemeindefinanzierung ziele.

sie ihren Anknüpfungspunkt in der Unternehmenseigenschaft der Gemeinden haben, sondern lassen sich verstehen und kompetentiell rechtfertigen als Regelung der marktbeherrschenden Stellung der Versorgungsunternehmen, die durch den Abschluß ausschließlicher Konzessionsverträge mit den Kommunen entsteht, und der dadurch erforderlich werdenden Mißbrauchsaufsicht[192]. Sie haben deshalb nicht die gemeindliche Wegehoheit und deren Wahrnehmung als solche zum Gegenstand, sondern treffen für den Fall, daß auf dieser Grundlage ausschließliche Wegenutzungsrechte zugunsten eines Unternehmens begründet werden, eine wirtschaftsrechtliche Folgeregelung. Ähnliches gilt für die kompetenzrechtliche Rechtfertigung der Konzessionsabgabenverordnung; sie kann nicht unmittelbar als Preisregelung für die Vergabe des Wegenutzungsrechts, wohl aber als Regelung zur Begrenzung eines Faktors der Energiepreise im Verhältnis der Energieversorgungsunternehmen zu ihren Kunden auf die Kompetenz für das Recht der Wirtschaft zurückgeführt werden[193].

Die wegerechtliche Position der Kommunen in der örtlichen Energieversorgung hingegen hat kompetentiell ihren eigentlichen Standort im Straßenrecht. Das gilt ungeachtet ihrer gesetzlichen Anknüpfung an das Straßeneigentum. Ebenso wie dessen Regelung insgesamt mit Rücksicht auf seine völlige Überlagerung durch das öffentlich-rechtliche Straßenrechtsregime der Landeskompetenz für das Straßen- und Wegerecht und nicht der Bundeskompetenz für das bürgerliche Recht unterfällt[194], ist auch für den Abschluß von Konzessionsverträgen durch die Kommunen nicht das Recht der Wirtschaft, sondern das Straßenrecht einschlägig; wie gesehen, ist es nicht die Stellung eines privaten Eigentümers oder Wirtschaftssubjekts, sondern die Wegehoheit, die sich hierin aktualisiert. Vorschriften darüber, unter welchen Voraussetzungen und in welchem Umfang die Straße im Rahmen ihrer hoheitlichen Funktion dem Einzelnen zur Verfügung steht, gehören zum Straßen- und Wegerecht[195], und zwar nicht nur hinsichtlich der zunächst ins Auge springenden Verkehrsfunktion, sondern auch hinsichtlich der Versorgungsfunktion, also der Nutzung für Zwecke der leitungsgebundenen Versorgung. Das entspricht der bisherigen Gesetzeslage, nach der die Wegerechtsvergabe durch die Gemeinden ihre Regelung in dem – auf dem besonderen Kompetenztitel des Art. 74 Abs. 1 Nr. 22 GG beruhenden – Bundesfernstraßengesetz und ansonsten in den Landesstraßengesetzen gefunden hat. Hinzu treten ergänzend ein-

[192] *Bartlsperger*, DVBl. 1980, 249 (254, 260).
[193] Vgl. BGHZ 15, 113 (120 f.); BVerwGE 22, 203 (204 f.).
[194] BVerfGE 42, 20 (32 ff.).
[195] BVerfGE 40, 371 (378).

zelne gemeinderechtliche Vorschriften[196], die die Vertragsschlußbefugnis der Kommunen mit Rücksicht auf Gemeinwohlgründe, die Wahrung ihrer eigenen wirtschaftlichen Interessen und die der Bürger in der Daseinsvorsorge, begrenzen.

Zwischen dem Kompetenzbereich des Straßenrechts, soweit er die leitungsgebundene Energieversorgung betrifft, und dem des Energiewirtschaftsrechts gibt es selbstverständlich Wechselbezüglichkeiten. Das haben schon die §§ 103, 103a GWB a.F. verdeutlicht, die einerseits die wirtschaftsrechtlichen Folgen der kommunalen Begründung geschlossener Versorgungsgebiete, andererseits in den Beschränkungen für Demarkationsverträge auch die wirtschaftsrechtlichen Voraussetzungen für die Wahrnehmung der kommunalen Wegehoheit in den Blick genommen haben. Die Erwägung, wegen des engen Sachzusammenhangs zwischen Status und Pflichten des Netzbetreibers und der Funktionsfähigkeit des gesamten Infrastruktursystems einschließlich der zu erbringenden Dienstleistungen müsse die Regelungsbefugnis des Bundesgesetzgebers – ebenso wie für Telekommunikationsleitungen – auch für Energieversorgungsleitungen die »Kompetenz umfassen, im Rahmen einer Gesamtregelung der Energieinfrastruktur die Benutzung von Landes- und Gemeindestraßen zu regeln«[197], übergeht jedoch vorschnell, daß der Bund – anders als nach Art. 73 Nr. 7 GG – eben keine Kompetenz zur Gesamtregelung der Energieversorgung oder der Energieinfrastruktur besitzt, sondern lediglich eine Kompetenz für das Recht der Energie*wirtschaft*. Unter die Regelung der Energiewirtschaft aber umstandslos auch die Regelung der – als hoheitlich qualifizierten – Einräumung des Nutzungsrechts am gemeindlichen Wegenetz fassen zu wollen, erscheint schon in sich widersprüchlich. Der Bund besitzt eben für die Energieversorgung – anders als z.B. für die Abfallbeseitigung gemäß Art. 74 Abs. 1 Nr. 24 GG oder für die Telekommunikation gemäß Art. 73 Nr. 7 GG – keine umfassende, die wirtschaftliche wie auch die hoheitliche Wahrnehmung der Aufgabe und die Abgrenzung zwischen beiden Aufgabenbereichen einschließende Regelungsbefugnis, sondern allein den aus Art. 74 Abs. 1 Nr. 11 GG folgenden Kompetenztitel für das Recht der Energiewirtschaft. Die wechselseitigen Auswirkungen erlauben es dem Wirtschaftsrechtsgesetzgeber nicht, auf den straßenrechtlichen Kompetenzgegenstand der kommunalen Wegehoheit selbst zuzugreifen. Dafür gibt es treffende höchstrichterliche Belege sowohl aus der straßenrechtlichen wie auch aus der wirtschaftsrechtlichen Perspektive. Vom Straßenrecht aus hat das Bundesverfassungsgericht im Verhältnis von Straßen- und Straßenverkehrsrecht deutlich

---

196 § 107 GemO BW; § 101 SächsGemO; § 76 KV M-V; § 109 BbgGO; § 124 GO LSA.
197 *Hermes*, Staatliche Infrastrukturverantwortung, S. 388.

formuliert: »Das Wegerecht dient der Bereitstellung des Weges für die in der Widmung festgelegte besondere Verkehrsfunktion; ... Im Bereich der öffentlichen Straßen, die nicht dem ›Fernverkehr‹ dienen, ist die (konkurrierende) Befugnis des Bundes zur Gesetzgebung mithin darauf beschränkt, den wegerechtlich zugelassenen Verkehr zu regeln; weitergehende Regelungen, insbesondere der Rechtsverhältnisse der Verkehrswege selbst, sind gemäß Art. 30, 70 Abs. 1 GG ausschließlich Sache des Landes.«[198] Mit der Erkenntnis, daß die öffentlich-rechtliche Wegehoheit über die hier angesprochene Verkehrsfunktion hinaus auch die Versorgungsfunktion einschließt, muß auch kompetentiell für diese die parallele Abgrenzung gelten; die Bereitstellung des Wegenetzes für die Zwecke leitungsgebundener Versorgung als solche einschließlich der damit verbundenen Entscheidung über das – monopolistische oder wettbewerbliche – Versorgungsmodell ist Gegenstand des Straßen- und Wegerechts. Umgekehrt hat das Bundesverwaltungsgericht deutlich gemacht, daß die Kompetenz für das Recht der Wirtschaft den Bundesgesetzgeber nicht ermächtigt, auf Landeskompetenztitel gestützte Befugnisse zu wirtschaftsregulierenden Maßnahmen auszuhöhlen; nachdem es dem Landesgesetzgeber die Kompetenz zugesprochen hat, die Gemeinden kommunalrechtlich zur Anordnung des Benutzungszwangs aus Gründen der Volksgesundheit zu ermächtigen, sieht es den Bund auf der Grundlage von Art. 74 Abs. 1 Nr. 11 GG » ... nicht zu Regelungen berechtigt, die die landesrechtliche Befugnis der Gemeinden zur Anordnung des Benutzungszwangs aushöhlen ...«[199].

Die Neuregelungen des Energiewirtschaftsgesetzes, in erster Linie die Verpflichtung der Kommunen zur diskriminierungsfreien Vergabe von Wegenutzungsrechten, in zweiter Linie auch die Umformung der Durchleitungsverpflichtung der Versorgungsunternehmen von einem bloßen Ausnahme- und Mißbrauchstatbestand zum Regeltatbestand des offenen Netzzugangs, aber nehmen die Stellung der Kommunen als Inhaber der Wegehoheit selbst ins Visier, indem sie deren Recht zur Begründung geschlossener kommunaler Versorgungsgebiete beseitigen und ihnen so die Möglichkeit nehmen, über das für ihr Wegenetz gültige Versorgungsmodell zu befinden. Insbesondere § 13 Abs. 1 EnWG hat die Kommunen als Hoheitsträger unmittelbar zum Regelungsadressaten und macht weiter die ihnen zustehende Wegehoheit unmittelbar zum Regelungsgegenstand, denn die dort getroffene Entscheidung über die Beseitigung des Systems der Monopolversorgung ist Teil der Wegehoheit und damit auch kompetenzrechtlich dem Straßenrecht zugehörig. Dieser Zugriff des Bundesgesetzgebers auf die kommunale Wegehoheit als solche ist

[198] BVerfGE 67, 299 (314 f.).
[199] BVerwG, NVwZ 1988, 1126 (1127).

durch seine Kompetenz für das Recht der Wirtschaft nicht mehr zu rechtfertigen; vielmehr ist insoweit der Kompetenztitel des Straßenrechts maßgeblich, so daß für die Bundesfernstraßen die konkurrierende Bundeskompetenz gemäß Art. 74 Abs. 1 Nr. 22 GG besteht und im übrigen die Landesgesetzgeber zuständig sind.

(2) Art. 72 Abs. 2 GG. Nur ergänzend bleibt darauf hinzuweisen, daß die Gesetzgebungsbefugnis des Bundes – unterstellt, der Kompetenztitel des Art. 74 Abs. 1 Nr. 11 GG erfasse ungeachtet der vorgebrachten Einwände doch auch die Regelung der kommunalen Wegerechtsvergabe zu Zwecken der Stromversorgung – darüber hinaus im Hinblick auf Art. 72 Abs. 2 GG Bedenken begegnet. Daß die Herstellung gleichwertiger Lebensverhältnisse im Bundesgebiet oder die Wahrung der Rechts- oder Wirtschaftseinheit im gesamtstaatlichen Interesse eine bundeseinheitliche Neuregelung der kommunalen Wegerechtsvergabe zu Energieversorgungszwecken erforderlich gemacht hätte, erscheint schwer begründbar, da sich unter der Geltung der bis dahin maßgeblichen landesrechtlichen Regelung ein funktionierendes System der Energieversorgung herausgebildet hat, das weder die Gleichwertigkeit der Lebensverhältnisse noch die Rechts- oder Wirtschaftseinheit beeinträchtigt hat[200].

2. Regelungen der Tätigkeit kommunaler Energieversorgungsunternehmen

Gegenüber dem – nach der hier vertretenen, soeben dargelegten Auffassung: verfassungswidrigen und auch gemeinschaftsrechtlich nicht gerechtfertigten – Verlust ihrer eigenen, auf die Wegehoheit gestützten hoheitlichen Regelungskompetenz sind die Regelungen für das unternehmerische Tätigwerden der Kommunen auf dem Energiesektor von vornherein nur von sekundärem Interesse. Nach dem Konzept der Energierechtsnovelle gewinnen sie allerdings besondere Bedeutung für die Kommunen und ihre Unternehmen. In einer anläßlich seines Gesetzesbeschlusses über das neue Energiewirtschaftsgesetz gefaßten Entschließung bekräftigt der Deutsche Bundestag »die aus dem kommunalen Selbstverwaltungsrecht abgeleiteten Rechte der Gemeinden auf dem Gebiet der örtlichen Energieversorgung« und sieht in dem neuen Energiewirtschaftsgesetz »diese Rechte unberührt, wobei die allgemeine unternehmerische Betätigungsfreiheit auf dem Gebiet der Energieversorgung gewahrt

200 Vgl. dazu bereits *Wieland/Hellermann*, Der Schutz des Selbstverwaltungsrechts der Kommunen gegenüber Einschränkungen ihrer wirtschaftlichen Betätigung im nationalen und europäischen Recht, S. 93.

bleibt.«[201] Daß eine solche Bekräftigung der kommunalen Rechte für angezeigt gehalten wurde, ist aber wohl bereits ein Indiz dafür, daß die kommunale Position nicht völlig unberührt ist, sondern auch hinsichtlich der unternehmerischen Betätigung als Energieversorger – auf Grund der Beschränkung der gemeindlichen Wegehoheit und der Intensivierung des Wettbewerbs auf dem Sektor der Energieversorgung – veränderten Rahmenbedingungen unterliegt.

a. Gleiche Wettbewerbschancen der örtlichen Verteilungsunternehmen

Beachtung verlangt dabei zunächst der Aspekt der allgemeinen Wettbewerbsfähigkeit der kommunalen Unternehmen unter den veränderten Bedingungen.

aa. Energiewirtschaftsrechtliche Regelungen

In erster Linie ist insoweit ein Blick auf die Regelungen des neuen Energiewirtschaftsrechts selbst zu werfen.

Eine energiewirtschaftsrechtliche Benachteiligung der kommunalen Versorgungsunternehmen war auf Grund der EG-Richtlinie vom 16. Dezember 1996 befürchtet worden. Der Grund dafür ist, daß die Richtlinie die Öffnung des Energiemarkts gemäß ihrem Art. 19 Abs. 3 zwingend nur für Endverbraucher vorschreibt, zu denen – wie sich aus Art. 2 Nr. 7 der Richtlinie ergibt – Verteilerunternehmen nicht zählen; die Mitgliedstaaten müssen danach zwar industriellen Großabnehmern die Möglichkeiten des Netzzugangs gewähren, können aber die örtlichen Verteilerunternehmen hiervon ausschließen. Diese Nichtberücksichtigung der Verteilerunternehmen im Kreis der zugelassenen Kunden war die von Seite kommunaler Unternehmen wohl meistkritisierte Einzelregelung der Richtlinie, weil sie diese von günstigen Stromimporten abschneide und damit auch den weiter auf die örtlichen Verteiler angewiesenen kleinen und mittleren Abnehmern die von der Marktöffnung erhofften Preisvorteile vorenthalte[202].

Das neue Energiewirtschaftsgesetz läßt diese Bedenken hinfällig werden, indem es sich für eine vollständige Marktöffnung entscheidet[203]. Damit steht auch kommunalen Stromversorgungsunternehmen der Zugang zum Strommarkt in gleicher Weise offen wie industriellen Großabnehmern. Eine rechtli-

---

[201] Auf die Beschlußempfehlung des Ausschusses für Wirtschaft, BT-Drs. 13/9211, beschlossen vom Deutschen Bundestag am 28. November 1997, vgl. Zu BR-Drs. 941/97, S. 1.

[202] Vgl. dazu das Positionspapier des Verbandes kommunaler Unternehmen, abgedruckt in: der städtetag 1997, 39 (39 f.), sowie *Britz*, RdE 1997, 85 (90).

[203] *Mombaur*, DÖV 1997, 571 (577); *Treffer*, ZG 1997, 38 (39).

che Verankerung von Wettbewerbsnachteilen der Verteilerunternehmen im Energiewirtschaftsrecht gibt es nicht.

bb. Kommunalwirtschaftsrechtliche Zulässigkeit wettbewerbsgerechter energiewirtschaftlicher Betätigung

Die eigentlichen rechtlichen Probleme der kommunalen Wettbewerbsteilnahme unter den veränderten Rahmenbedingungen des neuen Energiewirtschaftsrechts ergeben sich aus der Anwendung des Kommunalwirtschaftsrechts. Insoweit steht die elementare Voraussetzung eines rechtfertigenden öffentlichen Zwecks für die energiewirtschaftliche Betätigung kommunaler Unternehmen, dessen Vorliegen bislang umstandslos bejaht worden ist[204], nicht in Frage; auch unter Geltung des neuen, die Energieversorgung weiter liberalisierenden Energiewirtschaftsrechts gibt es unbestritten Gründe des öffentlichen Wohls, die die wirtschaftliche Betätigung in der Energieversorgung durch die Kommunen rechtfertigen. Die Veränderung der energiewirtschaftsrechtlichen Rahmenbedingungen richtet die Aufmerksamkeit jedoch auf die spezifischen kommunalwirtschaftsrechtlichen Einschränkungen der wirtschaftlichen Betätigung kommunaler Unternehmen, insbesondere auf die Frage nach der räumlichen Beschränkung ihrer wirtschaftlichen Betätigung[205].

Dieses generelle Problem stellt sich wegen der zu erwartenden Intensivierung des Wettbewerbs auf Grund der Durchbrechung der geschlossenen kommunalen Versorgungsgebiete auf dem Strommarkt besonders akut[206]. Den kommunalen Stromversorgungsunternehmen entsteht hier eine Konkurrenz durch gebietsübergreifend tätige private Stromversorgungsunternehmen, die unabhängig von territorialen Beschränkungen nach wirtschaftlichen Kriterien agieren und insbesondere einzelne Großkunden innerhalb städtischer Versorgungsgebiete gewinnen können; das setzt sie einem erhöhten Wettbewerbsdruck aus und verstärkt das Interesse an wirtschaftlich rentablen Geschäften außerhalb des eigenen Gemeindegebietes zur Erhaltung ihrer Wettbewerbsfähigkeit. Es ist deshalb nicht verwunderlich, daß von Seite der kommunalen Unternehmen im Zusammenhang mit der Energiewirtschaftsrechtsreform gefordert worden ist, in den Gemeindeordnungen die Zulässigkeit einer Wettbewerbsteilnahme auch außerhalb des jeweiligen Gemeindegebiets klarzustel-

---

[204] So auch *Löwer*, Energieversorgung zwischen Staat, Gemeinde und Wirtschaft, S. 235 f.; *ders.*, DVBl. 1991, 132 (142). Vgl. weiter *Britz*, Örtliche Energieversorgung nach nationalem und europäischem Recht, S. 73 m.w.N. in Fn. 325.

[205] Vgl. dazu bereits allgemein oben 5. Kap. II. 1. b. und 7. Kap. I. 1. b.

[206] Vgl. etwa *Cronauge*, Kommunale Unternehmen, Rn. 769t.

len[207]. Umgekehrt ist aber auch die Besonderheit der Stellung der Kommunen und ihrer Unternehmen im Wettbewerb der Energieversorgungsträger betont worden, die eine gleichberechtigte Teilnahme am überregionalen Wettbewerb weitgehend ausschließe[208].

Schon bislang ist insoweit eine auffällige Diskrepanz zu beobachten: Einerseits wird mehrheitlich angenommen, daß die staatliche Kompetenzordnung einschließlich der räumlichen Begrenzung gemeindlichen Handelns auf das Gemeindegebiet auch für die wirtschaftliche Betätigung gelte; andererseits ist diese Begrenzung der wirtschaftlichen Betätigung jedoch nach allgemein geteilter Einschätzung bislang, gerade auch auf dem Energiesektor, nur sehr großzügig gehandhabt und von der Kommunalaufsicht überwacht worden[209]. Diese Diskrepanz löst sich auf, wenn die oben allgemein angestellten Überlegungen zur räumlichen Begrenzung kommunaler Wirtschaftstätigkeit auf den Energiesektor übertragen werden. Danach besteht nämlich keine unmittelbare, strikte Begrenzung energiewirtschaftlicher kommunaler Betätigung auf das Gebiet der jeweiligen Gemeinde im Sinne einer auf Art. 28 Abs. 2 GG zurückzuführenden örtlichen Zuständigkeitsgrenze. Vielmehr gibt es allein eine nur mittelbar räumlich sich auswirkende Begrenzung durch die Bindung der kommunalwirtschaftlichen Betätigung an einen – auf die örtliche Gemeinschaft bezogenen – öffentlichen Zweck. Sie schließt wirtschaftliche Betätigungen der Kommunen aus, die ohne sachlichen Bezug auf die Versorgung der eigenen Einwohnerschaft außerhalb des eigenen Gemeindegebiets stattfinden. Sie erlaubt einem kommunalen Unternehmen, das einem öffentlichen Zweck der örtlichen Gemeinschaft dient, jedoch auch einzelne wirtschaftliche Aktivitäten außerhalb des eigenen Gemeindegebietes, soweit diese – auch aus wirtschaftlichen Gründen – erforderlich sind. Indem er von vornherein offen ist für eine je nach Maßgabe der Wettbewerbsverhältnisse mehr oder weniger strenge Beurteilung der zulässigen räumlichen Ausdehnung der kommunalwirtschaftlichen Betätigung, gibt dieser Ansatz der insoweit gebotenen dynamischen Auslegung und Anwendung des Kommunalwirtschaftsrechts[210] Raum. Das entspricht dessen eigentlichem Anliegen; in diesem Sinne ist mit Recht vor einer voreiligen rechtlichen Verurteilung überörtlicher Beteiligungen gewarnt worden, da das Kommunalwirtschaftsrecht auf den – hierdurch

---

[207] Vgl. das Positionspapier des Verbandes kommunaler Unternehmen, abgedruckt in: der städtetag 1997, 39 (40).

[208] *Spannowsky*, RdE 1995, 135 (137).

[209] Vgl. *Spannowsky*, RdE 1995, 135 (137); *Weigt*, RdE 1994, 209 (210).

[210] Vgl. dazu, unter anderem mit Blick auf das Territorialprinzip, *Cronauge*, Kommunale Unternehmen, Rn. 770.

gerade nicht gefährdeten – Schutz der Wirtschaftskraft der einzelnen Gemeinde ziele[211].

b. Die Ermöglichung von Umweltschutz und Ressourcenschonung durch kommunale Unternehmen

Mit der Intensivierung des Wettbewerbs zusammen hängt die weitere Frage, inwieweit die Kommunen in der Lage bleiben bzw. in die Lage versetzt werden, in ihrer wirtschaftlichen Betätigung das Anliegen einer umwelt- und ressourcenschonenden Elektrizitätsversorgung zu verfolgen.

aa. Energiewirtschaftsrecht

Diese Frage stellt sich aus kommunaler Perspektive zunächst an die energiewirtschaftsrechtlichen Bestimmungen: Inwieweit lassen bzw. schaffen sie Spielräume für eine gemeinwohlgerechte, d.h. insbesondere umweltgerechte und ressourcenschonende Energieversorgung durch die kommunalen Energieversorgungsunternehmen?

(1) Bisherige Situation. Daß das Recht der Energieversorgung sich notwendig auch der Aufgaben des Umweltschutzes und – sich teils damit überschneidend – der Ressourcenschonung annehmen muß, ist heute im Grundsatz wohl unbestritten[212]. Die frühere Gesetzeslage ist insofern auf deutliche Kritik gestoßen[213], insbesondere weil die vorgesehenen ordnungsrechtlichen Mittel der Anlagengenehmigung notwendig nur punktuell wirksam geworden und die planerischen Instrumente – abgesehen insbesondere von einzelnen bauplanungsrechtlichen Festsetzungsmöglichkeiten – rechtlich unverbindlich geblieben sind; als intensivster umweltpolitisch motivierter gesetzgeberischer Eingriff in die Energiewirtschaft galt bislang das – politisch und rechtlich entsprechend umstrittene – Stromeinspeisungsgesetz[214], das insbesondere die Einspeisung von Strom aus privaten Windenergieerzeugungsanlagen in das öffentliche Netz durch Abnahme- und Vergütungsverpflichtungen gefördert hat.

---

211 *Osterloh*, in: VVDStRL 54 (1995), S. 204 (228).

212 Vgl. *Hermes*, Staatliche Infrastrukturverantwortung, S. 515 ff.

213 Vgl. *Hermes*, Staatliche Infrastukturverantwortung, S. 519 ff.

214 Gesetz über die Einspeisung von Strom aus erneuerbaren Energien in das öffentliche Netz (Stromeinspeisungsgesetz) vom 7. Dezember 1990 (BGBl. I S. 2633), geändert durch Art. 5 des Gesetzes vom 19. Juli 1994 (BGBl. I S. 1618) sowie durch Art. 3 des Gesetzes zur Neuregelung des Energiewirtschaftsrechts vom 24. April 1998 (BGBl. I. S. 730).

Sind diese gesetzlichen Regelungsansätze unzureichend geblieben, hat die frühere Rechtslage aber immerhin den Kommunen einen gewissen Spielraum zur hoheitlichen Wahrnehmung des Anliegens des Umweltschutzes und der Ressourcenschonung gelassen. Zwar gibt es auch insoweit berechtigte kritische Einwände: So sind einerseits die Gestaltungsspielräume der Kommunen – auch nachdem die 4. Kartellrechtsnovelle die Befristung der Demarkationsverträge auf 20 Jahre eingeführt und ihre Verlängerung einem Prüfverfahren unterworfen hat – dadurch begrenzt, daß sie bereits eine durch Demarkationsverträge abgesicherte Gebietsaufteilung insbesondere zwischen den überörtlichen Energieerzeugungs- und -verteilungsunternehmen vorfinden[215]; andererseits wird etwa bemängelt, daß das Energiewirtschaftsrecht durch die Verbrauchsabhängigkeit der Höhe der Konzessionsabgaben den Anreiz für die Kommunen zum Energiesparen mindere[216]. Dennoch sind die Kommunen, angeregt durch die Bundesregierung[217], seit Ende der 70'er Jahre nicht nur zentraler Träger der informellen Planung einer gemeinwohlgerechten Energieversorgung in Gestalt so genannter kommunaler Energieversorgungskonzepte geworden[218]; die vom Energiewirtschafts- und Kartellrecht unangetastete Zulässigkeit geschlossener Versorgungsgebiete hat ihnen rechtlich auch gewisse Möglichkeiten zur Umsetzung ihrer energiepolitischen Gemeinwohlziele an die Hand gegeben. Im Rahmen von Konzessionsvertragsverhandlungen mit fremden Energieversorgungsunternehmen haben sie davon nur zurückhaltend Gebrauch gemacht[219] oder machen können. Im Zuge der seit einigen Jahren beobachteten Tendenz zur Dezentralisierung und Rekommunalisierung der Stromerzeugung aber hat die umwelt- und ressourcenschonende Energieerzeugung durch die kommunalen Unternehmen an Bedeutung gewonnen; im Vordergrund steht dabei die Kraft-Wärme-Kopplung, die den Einsatz der bei der Stromerzeugung anfallenden Wärme zur Deckung

---

[215] Vgl. – zur Rechtslage vor 1980 – sehr kritisch *Bartlsperger*, DVBl. 1980, 249 (254 f.).

[216] *Hermes*, Staatliche Infrastrukturverantwortung, S. 530 f.; *Hoffmann-Riem/Schneider*, in: dies. (Hrsg.), Umweltpolitische Steuerung in einem liberalisierten Strommarkt, S. 13 (27).

[217] Vgl. Zweite Fortschreibung des Energieprogramms der Bundesregierung, BT-Drs. 8/1357, Tz. 18 (» Für den örtlichen Ausbau der leitungsgebundenen Energien werden die Gemeinden aufgefordert, Versorgungskonzepte zu entwickeln, um ein sinnvolles Zusammenwirken von Strom, Gas, der Nutzung des wirtschaftlichen Fernwärmepotentials auf der Basis der Kraft-Wärme-Kopplung und der industriellen Abwärme zu unterstützen. Dabei sollte auch den Möglichkeiten der Energierückgewinnung Rechnung getragen werden.«), sowie Dritte Fortschreibung des Energieprogramms, BT-Drs. 9/983, Tz. 92.

[218] Vgl. dazu *Krebs*, Rechtliche Grundlagen und Grenzen kommunaler Elektrizitätsversorgung, S. 22 ff.

[219] *Krebs*, Rechtliche Grundlagen und Grenzen kommunaler Elektrizitätsversorgung, S. 27.

des lokalen Wärmebedarfs und damit einen rationelleren Energieeinsatz ermöglicht, daneben der Einsatz erneuerbarer Energien.

(2) Umweltschutz und Ressourcenschonung nach dem neuen Energiewirtschaftsrecht. Daß die Liberalisierung des Strommarktes zwingend der umweltpolitischen Flankierung bedarf, wenn nicht allein eine ungesteuerte Strompreissenkung und Verbrauchssteigerung bewirkt werden und darüber das im Grundsatz unbestrittene Ziel einer umweltgerechten und ressourcenschonenden Versorgung verloren gehen soll[220], gilt gerade auch aus Perspektive der deutschen Kommunen. Die vom neuen Energiewirtschaftsrecht bewirkte Durchbrechung der geschlossenen Versorgungsgebiete gefährdet ihre bisherigen Möglichkeiten zur Umsetzung lokaler energiepolitischer Gemeinwohlziele. Insbesondere der Einsatz kommunaler Stromerzeugungsanlagen mit Kraft-Wärme-Kopplung erscheint unter den Bedingungen offenen Wettbewerbs um die Stromkunden gefährdet, weil diese Anlagen aus technisch-wirtschaftlichen Gründen auf einen kontinuierlichen Absatz von Wärme und Strom angewiesen sind, der durch den Verlust einzelner Stromgroßabnehmer an andere, konkurrierende Energieversorger entscheidend gestört werden kann[221]. Sollen die Stadtwerke, die in den zurückliegenden Jahren in diese Techniken investiert haben, wettbewerbsfähig bleiben und zu deren Einsatz auch in Zukunft wirtschaftlich in der Lage sein, bedarf es nunmehr flankierender Regelungen zum Schutz dieser Techniken im Energiewirtschaftsrecht[222]. Aus kommunaler Perspektive ist es deshalb nicht schon ohne weiteres ein Fortschritt gegenüber der bisherigen Situation, sondern zunächst eine notwendige Kompensation für den Fortfall ihrer durch die Zulässigkeit geschlossener Versorgungsgebiete eröffneten Möglichkeiten, wenn das neue Energiewirtschaftsrecht selbst Gesichtspunkte des Umweltschutzes und der Ressourcenschonung berücksichtigt, insbesondere zu ihren Gunsten Beschränkungen des Wettbewerbs vorsieht.

Die EG-Richtlinie vom 16. Dezember 1996 eröffnet den Mitgliedstaaten dafür unter anderem in Art. 11 Abs. 3 Spielräume, indem sie die Verpflichtung des Betreibers des Verteilernetzes zur vorrangigen Inanspruchnahme von Erzeugungsanlagen zuläßt, die erneuerbare Energien oder Abfälle einsetzen oder nach dem Prinzip der Kraft-Wärme-Kopplung arbeiten. Auch der Bundesgesetzgeber hat, nachdem vorangegangene Gesetzesentwürfe darauf noch

---

220 *Hoffmann-Riem/Schneider*, in: dies. (Hrsg.), Umweltpolitische Steuerung in einem liberalisierten Strommarkt, S. 13 (51), mit Blick insbesondere auf umweltabgabenrechtliche Flankierung.

221 Vgl. dazu aus Sicht der kommunalen Unternehmen *Weigt*, RdE 1994, 209 (210).

222 *Lindemann/Köster*, DVBl. 1997, 527 (531).

verzichtet hatten, diese Gesichtspunkte in das neue Energiewirtschaftsrecht aufgenommen. In § 1 EnWG wird erstmals neben der sicheren und preisgünstigen auch die umweltverträgliche Energieversorgung als Regelungsziel aufgeführt, wozu nach § 2 Abs. 4 EnWG der rationelle und sparsame Umgang mit Energie, die schonende und dauerhafte Ressourcennutzung und die möglichst geringe Umweltbelastung zählen sollen; der Nutzung von Kraft-Wärme-Kopplung und erneuerbaren Energien wird besondere Bedeutung beigemessen. In §§ 6 Abs. 3, 7 Abs. 2 S. 2, 13 Abs. 1 S. 2 EnWG wird eine Vorrangregelung[223] im Rahmen der Entscheidung über die Gewährung des Netzzugangs sowie – befristet bis Ende des Jahres 2005 – des Wegenutzungsrechts für Elektrizitätsversorgungsleitungen getroffen; bei der Beurteilung der Zumutbarkeit der Gewährung soll besonders zu berücksichtigen sein, inwieweit dadurch Elektrizität aus fernwärmeorientierten, umwelt- und ressourcenschonenden sowie technisch-wirtschaftlich sinnvollen Kraft-Wärme-Kopplungsanlagen oder aus Anlagen zur Nutzung erneuerbarer Energien verdrängt und ein wirtschaftlicher Betrieb solcher Anlagen verhindert würde, wobei Möglichkeiten zum Verkauf dieser Elektrizität an Dritte zu nutzen sind. Inwieweit diese Regelungen geeignet sind, die wirtschaftlichen Rahmenbedingungen insbesondere für den Einsatz der Kraft-Wärme-Kopplung sicherzustellen, erscheint allerdings – da es sich um ein bloßes Berücksichtigungsgebot handelt und auch die Möglichkeiten des Verkaufs an Dritte in Betracht zu ziehen sind – ungewiß.

bb. Kommunalwirtschaftsrechtliche Zulässigkeit der Betätigung zu Zwecken des Umweltschutzes und der Ressourcenschonung

Die Frage nach der kommunalwirtschaftsrechtlichen Zulässigkeit eigener energiewirtschaftlicher Betätigung aus Gründen der gemeinwohlorientierten, insbesondere umweltorientierten und ressourcenschonenden Stromversorgung zielt vor allem auf die so genannte Funktionssperreklausel.

Unter dem früher geltenden Energiewirtschaftsrecht ist hierzu die Auffassung vertreten worden, diese Funktionssperre erlaube unter den gegebenen Voraussetzungen einer vollversorgten Landschaft eine kommunale Wirtschaftstätigkeit erst dann, wenn die Eigenversorgung für die örtliche Gemeinschaft insgesamt vorteilhafter als die mögliche Fremdversorgung sei, wobei der anzulegende Maßstab ein rein wirtschaftlicher sei. Dies folge aus dem Zweck des Gemeindewirtschaftsrechts, das die Gemeinde selbst wie auch die Privatwirtschaft vor einem kommunalen Engagement schützen wolle, das

---

[223] Zu dieser Forderung vgl. *Lindemann/Köster*, DVBl. 1997, 527 (532).

nicht zu einem Zuwachs an Versorgungssicherheit und Preiswürdigkeit führe. Das entspreche im übrigen auch den Zielsetzungen des Energiewirtschafts- und Kartellrechts[224].

Dieser Interpretation steht schon der Wortlaut der § 67 Abs. 1 Nr. 3 DGO folgenden Funktionssperreklauseln entgegen, die auf die wirtschaftlichere und bessere Zweckerfüllung durch einen anderen abstellen; danach muß das letztere Kriterium offenkundig anderes als einen bloßen Wirtschaftlichkeitsvergleich meinen[225]. Auch die Zweckausrichtung des Kommunalwirtschaftsrechts kann der Einbeziehung nichtwirtschaftlicher Aspekte nicht entgegengehalten werden, da es die Zulässigkeit einer wirtschaftlichen, auch energiewirtschaftlichen Betätigung der Kommunen gerade nicht allein unter wirtschaftlichen Kriterien, sondern mit Blick auf die damit verfolgten öffentlichen Zwecke regelt. Die wirtschaftliche Betätigung der Kommunen ist kommunalwirtschaftsrechtlich zulässig und durch die Selbstverwaltungsgarantie geschützt, weil und soweit sie auf dem Wege wirtschaftlicher Betätigung bestimmte, in ihrer Einschätzungsprärogative liegende öffentliche Zwecke der örtlichen Gemeinschaft verfolgt. Eine Verengung der zulässigen kommunalen Zielsetzungen auf die im Wirtschaftsrecht des jeweiligen Sektors festgelegten Gemeinwohlziele ist nicht angängig. Hinsichtlich des Energiewirtschaftsrechts wird dieses Argument darüber hinaus schon in sich dadurch schwächer, daß § 1 EnWG nicht mehr nur Sicherheit und Preisgünstigkeit, sondern auch die Umweltverträglichkeit der Elektrizitätsversorgung als Gesetzeszweck aufführt. Darüber hinaus ist es aber nach den vorangegangenen Überlegungen auch nicht zulässig, die Kommunen hinsichtlich der örtlichen Energieversorgung darauf zu beschränken, als Unternehmensträger die den Versorgungsunternehmen energiewirtschaftsrechtlich vorgegebenen Zielsetzungen zu verfolgen. Vielmehr haben sie auf Grund ihrer Stellung als Trägerin der Wegehoheit ein eigenes verfassungsrechtliches Mandat zur Verfolgung von Gemeinwohlzwecken der örtlichen Gemeinschaft hinsichtlich ihrer leitungsgebundenen Versorgung, und zwar sowohl gegenüber privaten Energieversorgungsunternehmen wie auch mit Blick auf ihre eigenen. Die von diesem Mandat gedeckten Zielsetzungen können sie deshalb legitimerweise auch ihren gemeindlichen Unternehmen als zu verfolgende öffentliche Zwecke vorgeben. Aus diesem Grunde wird im Ergebnis zu Recht auch Art. 28 Abs. 2 GG einer Beschränkung auf einen rein ökonomischen Maß-

---

224 *Löwer*, Energieversorgung zwischen Staat, Gemeinde und Wirtschaft, S. 238 ff.; *ders.*, DVBl. 1991, 132 (142). Vgl. auch *Tettinger*, NWVBl. 1989, 1 (7): »im wesentlichen körperschaftsbezogene Wirtschaftlichkeitsüberlegungen«.

225 *Britz*, Örtliche Energieversorgung nach nationalem und europäischem Recht, S. 76.

stab entgegengehalten, weil dieser ohne zureichende Rechtfertigung durch überwiegende Gemeinwohlgründe die kommunalen Gestaltungsrechte in der örtlichen Energieversorgung verkürzt[226].

---

[226] Im Ergebnis übereinstimmend *Britz*, Örtliche Energieversorgung nach nationalem und europäischem Recht, S. 76 ff.

10. Kapitel

Telekommunikation

Während im Energiesektor nach der Verfassungs- und Gesetzeslage klärungsbedürftig geblieben war, ob und inwieweit es sich um einen Bereich staatlicher Aufgabenwahrnehmung oder aber privatwirtschaftlicher Betätigung handelt, hat der maßgeblich von der Europäischen Gemeinschaft angestoßene und im nationalen Recht vollzogene Prozeß der Privatisierung und Deregulierung im Telekommunikationssektor zu einer vergleichsweise deutlichen Aufgabendefinition in der Verfassung geführt. Nach Art. 87f GG obliegt dem Bund als Hoheitsaufgabe die Verpflichtung zur Gewährleistung flächendeckend angemessener und ausreichender Dienstleistungen im Bereich der Telekommunikation; diese Dienstleistungen selbst werden »als privatwirtschaftliche Tätigkeiten durch die aus dem Sondervermögen Deutsche Bundespost hervorgegangenen Unternehmen und durch andere private Anbieter erbracht«. Die verfassungsrechtliche Aufgabenteilung kennt nur den Bund als hoheitlichen Aufgabenträger einerseits und private Dienstleistungsanbieter andererseits.

Vor diesem Hintergrund ist die rechtliche Position der Kommunen sowohl auf dem Feld der hoheitlichen Aufgaben wie auch auf dem privatwirtschaftlichen Tätigkeitsfeld zu bestimmen. In der ersten Hinsicht interessiert, ob und inwieweit die kommunale Wegehoheit, die sich als Grundlage spezifisch hoheitlicher Gestaltungsbefugnisse der Kommunen in der örtlichen Energieversorgung erwiesen hat, ihnen auch in Bezug auf den Telekommunikationssektor, der ebenfalls nach wie vor im wesentlichen auf die Nutzung des gemeindlichen Wegenetzes für Telekommunikationslinien angewiesen ist, noch eine vergleichbare Position verschaffen kann; dieses Interesse konzentriert sich auf die gesetzliche Regelung des § 50 TKG, der dem Bund zu Lasten vor allem der Kommunen ein unentgeltliches Benutzungsrecht am Wegenetz für Telekommunikationslinien zuspricht (I.). In zweiter Hinsicht ist der Frage nachzugehen, ob und inwieweit es den Kommunen verfassungs- und einfachrechtlich gestattet ist, auf dem neu eröffneten Markt privatwirtschaftlich zu erbringender Telekommunikationsdienstleistungen selbst wirtschaftlich tätig zu werden (II.).

I. Das Wegerecht für Telekommunikationslinien

§ 50 Abs. 1 TKG bestimmt, daß der Bund befugt ist, Verkehrswege für die öffentlichen Zwecken dienenden Telekommunikationslinien unentgeltlich zu benutzen, soweit nicht dadurch der Widmungszweck dauernd beschränkt wird. Dieses Benutzungsrecht gibt der Bund gemäß § 50 Abs. 2 TKG im Rahmen der Lizenzerteilung an die privaten Betreiber von Netzen, die für Telekommunikationsdienstleistungen für die Öffentlichkeit genutzt werden, weiter.

Diese Regelung trifft vornehmlich die Kommunen als die Inhaber der Wegehoheit für das örtliche Wegenetz. Sie ist daher bereits im Gesetzgebungsverfahren von kommunaler Seite besonders angegriffen[1] und auch von Bundesrat[2] und Opposition[3] kritisiert worden. Gegen § 50 Abs. 1 S. 1, Abs. 3 und 4 TKG sind Kommunalverfassungsbeschwerden erhoben worden, die das Bundesverfassungsgericht mit Kammerbeschluß vom 7. Januar 1999 jedoch nicht zur Entscheidung angenommen hat[4]. Die verfassungsrechtlichen Bedenken, die gegen die bundesgesetzliche Regelung geltend gemacht worden sind, zielen sowohl auf ihre materiellrechtliche wie auch auf die kompetenzrechtliche Vereinbarkeit mit dem Grundgesetz.

1. Die materiellrechtliche Zulässigkeit der Inanspruchnahme des kommunalen Wegenetzes

Materiellrechtlich umstritten ist die Vereinbarkeit der zentralen Regelung des § 50 Abs. 1 TKG mit dem Recht auf kommunale Selbstverwaltung, daneben auch mit dem Eigentumsgrundrecht der Kommunen.

a. Gemeindliche Wegehoheit und Verwaltungszuständigkeit des Bundes für die Telekommunikation

Durch die Regelung des § 50 Abs. 1 TKG trifft der Bund die maßgebliche Entscheidung über die Zurverfügungstellung der öffentlichen Wege für Telekommunikationsleitungen. Der für die Neuverlegung oder Änderung von Telekommunikationslinien in § 50 Abs. 3 und 4 TKG vorgesehene Zustimmungsvorbehalt zugunsten der Wegebaulastträger, für das örtliche Wegenetz also re-

---

[1] Vgl. etwa zur Position des Deutschen Städtetags in: der städtetag 1996, 402.
[2] Vgl. BT-Drs. 13/4438, S. 15.
[3] Vgl. den Änderungsantrag der SPD-Fraktion, BT-Drs. 13/4893.
[4] BVerfG (2. Kammer des Zweiten Senats), NVwZ 1999, 520; vgl. dazu *Pünder*, DVBl. 1997, 1353 (1356 Fn. 44 f.).

gelmäßig der Kommunen, ändert daran nichts Grundlegendes, da es sich grundsätzlich um eine gesetzlich gebundene Entscheidung handelt und die für die Verlegung oberirdischer Leitungen angeordnete Abwägung eine Versagung nur erlaubt, wenn überwiegende städtebauliche Belange sie rechtfertigen[5]; eine originäre Entscheidungskompetenz in Bezug auf die – auf das gemeindliche Wegenetz angewiesene – Telekommunikationsversorgung läßt § 50 TKG den Kommunen nicht.

Diese bundesgesetzliche Regelung für den Telekommunikationssektor kollidiert – anders als die Neuregelung des Energiewirtschaftsrechts – im Grundsatz nicht mit der Garantie kommunaler Selbstverwaltung, weil die hiervon mitumfaßte kommunale Wegehoheit den Kommunen insoweit – anders als hinsichtlich der örtlichen Energieversorgung – keine hoheitliche Regulierungsbefugnis vermittelt[6]. Wie das Bundesverfassungsgericht mit Recht festgestellt hat, scheiden hoheitliche Aufgaben im Bereich der Telekommunikation als Angelegenheiten der örtlichen Gemeinschaft im Sinne von Art. 28 Abs. 2 S. 1 GG aus, weil die Verfassung sie als staatliche Angelegenheiten dem Bund zuweist[7].

aa. Die Verfassungslage bis zur Postreform II

Die prinzipielle Entscheidungszuständigkeit des Bundes für die Telekommunikation einschließlich der ihr dienenden Wegenutzung bestand bereits vor der Postreform II, die die heute maßgebliche Verfassungsrechtslage begründet hat. Bereits § 1 des Telegraphenwegegesetzes vom 18. Dezember 1899 bestimmte, daß die Telegraphenverwaltung befugt ist, Verkehrswege für ihre zu öffentlichen Zwecken dienenden Telegraphenlinien zu benutzen, soweit nicht dadurch der Gemeingebrauch der Verkehrswege dauernd beschränkt wird. Dieses Recht stand unter dem Grundgesetz zunächst der Deutschen Bundespost bzw. nach der Postreform I des Jahres 1989 der Deutschen Bundespost TELEKOM zu, die nach Art. 87 GG a.F. in bundeseigener Verwaltung geführt wurde und die Aufgaben des Fernmeldewesens wahrnahm.

Das Verhältnis dieser Bundesverwaltungszuständigkeit zum kommunalen Selbstverwaltungsrecht ist insbesondere im Zusammenhang mit der vom Bund auf § 1 TWG gestützten, von den Kommunen wegen ihrer mangelnden Beteiligung angegriffenen Breitbandverkabelung durch die Deutsche Bundespost diskutiert worden. Dieser Streit hat seinen Abschluß in einer Entschei-

---

[5] Vgl. *Schütz*, in: Büchner u.a. (Hrsg.), Beck'scher TKG-Kommentar, § 50 Rn. 39, 41.

[6] So im Ergebnis auch *Scherer*, NJW 1996, 2953 (2962); *Scholz*, ArchivPT 1996, 95 (107 ff.).

[7] BVerfG (2. Kammer des Zweiten Senats), NVwZ 1999, 520 (521).

dung des Bundesverwaltungsgerichts gefunden, die im Ausgangspunkt eindeutig feststellte: »Die Einrichtung von Fernmeldelinien ist ... nicht Angelegenheit des gemeindeeigenen, durch Art. 28 Abs. 2 GG geschützten Wirkungskreises, sondern gehört zu den staatlichen Aufgaben. Das Fernmeldewesen und damit auch die Breitbandverkabelung fallen in die Verwaltungszuständigkeit der Bundespost (Art. 87 Abs. 1 GG)«[8]. Damit ist klargestellt, daß die Wegehoheit hier keine originäre Entscheidungskompetenz der Kommunen begründet. Der entscheidende Unterschied zur örtlichen Energieversorgung liegt dabei nicht allein in der Tradition[9], sondern darüber hinaus in der verfassungsrechtlichen Rechtfertigung durch Art. 87 GG a.F., der als spezielle Regelung der Verwaltungszuständigkeit eine verfassungsimmanente Beschränkung der gemeindlichen Allzuständigkeit für die Angelegenheiten der örtlichen Gemeinschaft bewirkt. Nur indirekt, mit Rücksicht auf sonstige Belange des Selbstverwaltungsbereichs, auf die die Planung und Verlegung von Fernmeldeleitungen nachhaltig einwirken können, verlangt Art. 28 Abs. 2 GG Beachtung mit der Folge, daß die betroffenen Kommunen am Verfahren beteiligt und die zu ihrem Wirkungsbereich gehörenden Belange ermessensfehlerfrei in der Abwägung berücksichtigt werden müssen[10].

bb. Der Infrastruktursicherungsauftrag des Bundes gemäß Art. 87f GG

Mit der Postreform II des Jahres 1994 ist die Bundespost aus den in Art. 87 Abs. 1 GG aufgeführten Gegenständen bundeseigener Verwaltung herausgenommen worden, und es ist Art. 87f GG eingefügt worden, der nunmehr den Bund dazu verpflichtet, im Bereich der Telekommunikation flächendeckend angemessene und ausreichende – privatwirtschaftlich zu erbringende – Dienstleistungen zu gewährleisten. Dieser in Art. 87f Abs. 1 GG begründete Gewährleistungs- oder Infrastruktursicherungsauftrag des Bundes ist damit, insoweit an der Stelle von Art. 87 Abs. 1 GG a.F., die spezielle Regelung des Grundgesetzes über die nach der Privatisierung noch verbleibenden, spezifisch hoheitlichen Funktionen in Bezug auf die Telekommunikation. Wie die Gesetzentwurfsbegründung dazu ausdrücklich betont, » ... bleibt – ausschließlich – der Bund für die hoheitlichen Aufgaben im Post- und Telekommunikationsbereich zuständig«[11]. Die hoheitlichen Aufgaben in Bezug auf die Telekommunikation sind damit von Verfassungs wegen überörtliche, dem Bund vorbehaltene Funktionen.

---

[8] BVerwGE 77, 128 (132).
[9] Hierauf verweist *Tettinger*, NWVBl. 1989, 1 (3). Vgl. auch BT-Drs. 13/4438, S. 36.
[10] BVerwGE 77, 128 (132).
[11] BT-Drs. 12/7269, S. 4.

Die hier festgelegte Verantwortlichkeit des Bundes erlaubt auch nach der Privatisierung der Telekommunikation noch die Inanspruchnahme des Wegenutzungsrechts zunächst zugunsten des Bundes und mittelbar dann zugunsten der privaten Anbieter. Das beruht im Kern darauf, daß die Entscheidung über die Nutzung des Straßen- und Wegenetzes für Telekommunikationslinien – wie hinsichtlich der Energieversorgung ausführlich dargelegt – eine notwendig hoheitliche Aufgabe darstellt, die hier – anders als in der örtlichen Energieversorgung, wo sie kraft der Wegehoheit bei den Kommunen liegt – auf Grund von Art. 87f Abs. 1 GG dem Bund zusteht und von ihm gemäß Art. 87f Abs. 2 S. 2 GG in bundeseigener Verwaltung wahrzunehmen ist. Der Regelung des § 50 TKG kann deshalb nicht entgegengehalten werden, daß der Bundesgesetzgeber sich widersprüchlich und systemfehlerhaft verhalte, indem er einerseits den Telekommunikationssektor privatisiere und liberalisiere, andererseits aber den Unternehmen weiter ein in der Hoheitsgewalt wurzelndes Wegenutzungsrecht einräume[12]. Der Telekommunikationssektor ist eben auch nach der Privatisierung nicht in vollständig privatwirtschaftliche Erledigung überführt, denn die privatwirtschaftlich zu erbringenden Leistungen leitungsgebundener Versorgung bleiben notwendig auf die voraus und zugrunde liegende Entscheidung über die Benutzung des Straßen- und Wegenetzes als eine spezifisch hoheitliche Verwaltungsleistung angewiesen; würde sie der Bund nicht auf der Grundlage von Art. 87f Abs. 1 GG durch die Regelung des § 50 TKG treffen, läge sie kraft der Wegehoheit für ihr jeweiliges Wegenetz bei der einzelnen Kommune und wäre damit zwar auf verschiedene Träger verteilt, bliebe aber auch dann jeweils eine hoheitliche Entscheidung über die Wegenutzung. Der Beibehaltung des Wegenutzungsrechts des Bundes unter den veränderten Vorzeichen steht auch Art. 143b Abs. 2 S. 1 GG nicht entgegen. Ein solcher Verstoß ist damit begründet worden, daß entgegen dieser Grundgesetzbestimmung ein ausschließliches Recht des Bundes auch nach der dort vorgesehenen Übergangszeit weitergeführt werde[13]. Dieser Einwand verkennt jedoch, daß Art. 143b Abs. 2 S. 1 GG nicht die Zulässigkeit des (Fort-)Bestehens ausschließlicher Rechte des Bundes im Bereich der Telekommunikation regelt, sondern lediglich die Zulässigkeit der Verleihung bisheriger ausschließlicher Rechte des Bundes an die aus der Deutschen Bundespost hervorgegangenen Unternehmen; die Begründung eines ausschließlichen Wegerechts des Bundes durch § 50 Abs. 1 TKG berührt also Art. 143b Abs. 2 S. 1 GG nicht. Die Weitergabe des Wegenutzungsrechts an die Deutsche Telekom AG (und an andere Telekommunikationsunternehmen), die allein Rege-

---

[12] *Püttner*, ArchivPT 1996, 307 (314).

[13] *Püttner*, ArchivPT 1996, 307 (313 f.).

lungsgegenstand des Art. 143b Abs. 2 S. 1 GG ist, aber erfolgt gemäß § 50 Abs. 2 TKG gerade nicht als ausschließliches Recht.

Art. 87f Abs. 1 GG legt die Art und Weise der Wahrnehmung der Infrastruktursicherungsaufgabe in das bundesgesetzgeberische Ermessen[14]. Das schließt auch die Entscheidung über die Wegenutzung für Telekommunikationslinien ein. Insoweit fungiert jetzt Art. 87f Abs. 1 GG als spezielle Sondervorschrift zu Art. 28 Abs. 2 S. 1 GG[15], die der Herleitung einer originären, hoheitlichen Entscheidungskompetenz der Kommunen über die örtliche Telekommunikation entgegensteht; die von der Selbstverwaltungsgarantie erfaßte kommunale Wegehoheit, die die spezifisch hoheitliche Zuständigkeit der Kommunen für die örtliche Energieversorgung begründet und nach der Privatisierung auch eine kommunale, als Selbstverwaltungsaufgabe geschützte Zuständigkeit für die Telekommunikation über das lokale Leitungsnetz hätte begründen können, bleibt insoweit verfassungsrechtlich zurückgedrängt. Es ist deshalb vor dem Hintergrund des Art. 87f Abs. 1 GG auch nicht angängig, die Begründung des Wegenutzungsrechts des Bundes als nicht erforderlichen Eingriff in die gemeindliche Selbstverwaltung zu verwerfen, weil der Gesetzgeber zunächst auf das Zustandekommen freiwilliger Vereinbarungen zwischen Kommunen und Telekommunikationsunternehmen hätte vertrauen und sich auf eine Reserveregelung für den Fall des Scheiterns solcher Einigungsversuche hätte beschränken können[16]. Die Annahme einer solchen Erforderlichkeitsprüfung legt ein der Struktur nach grundrechtliches Verständnis der Garantie kommunaler Selbstverwaltung zugrunde, nach welchem der als frei geschützte Selbstverwaltungsbereich und der prinzipiell rechtfertigungsbedürftige staatliche Gesetzgeber einander gegenüberstehen und die Selbstverwaltungsgarantie in der Art eines grundrechtlichen Abwehrrechts jeden nicht erforderlichen Eingriff des Gesetzgebers in seinen Schutzbereich zurückweist. Dieses Verständnis wird dem Verhältnis von Kommune und Staat, die beide Hoheitsträger und demokratisch legitimiert sind, ihre jeweiligen staatlichen Aufgaben gemeinwohlverpflichtet wahrzunehmen, nicht gerecht. Aus diesem Grund darf der staatliche Gesetzgeber im Bereich kommunaler Selbstverwaltungsaufgaben nicht jede Regelung treffen, die zur Erreichung von ihm gewählter, legitimer Zwecke erforderlich ist[17]. Umgekehrt unterliegt der Gesetzgeber aber in Bezug auf Aufgaben, die dem Bund (oder Land) zugewiesen und dem Bereich der kommunalen Selbstverwaltungsaufgaben entzogen sind, auch keinem Rechtfertigungszwang hinsichtlich der Art

---

[14] *Scherer*, NJW 1996, 2953 (2958).

[15] So auch *Heun/Lohmann*, ArchivPT 1996, 113 (118).

[16] *Püttner*, ArchivPT 1996, 307 (314).

[17] Vgl. oben 5. Kap. III. 2. a. bb.

und Weise ihrer Wahrnehmung gegenüber den Kommunen, auch wenn diese von seinen Regelungen betroffen sind. Daraus folgt hier, daß die Beurteilung, ob ein generelles Wegenutzungsrecht geboten ist, allein in dem durch Art. 87f Abs. 1 GG dem Bund übertragenen Aufgabenbereich liegt; die Kommunen können von ihm keine Erforderlichkeitsprüfung im Hinblick auf die Erreichung des Infrastruktursicherungsauftrags einfordern, weil dessen Wahrnehmung außerhalb ihres verfassungsgeschützten Aufgabenbereichs liegt.

Art. 28 Abs. 2 GG verleiht den Kommunen auch weiterhin nur den Anspruch darauf, daß der Bund in Wahrnehmung seiner hoheitlichen Aufgaben in Bezug auf die Telekommunikation auf die davon betroffenen sonstigen Selbstverwaltungsangelegenheiten der Kommunen Rücksicht nimmt. Diese Anforderung dürfte durch die Regelung in 50 Abs. 3 TKG, der die Verlegung neuer und Änderung vorhandener Telekommunikationslinien von der Zustimmung des Wegebaulastträgers abhängig macht und bei der Verlegung oberirdischer Leitungen eine Abwägung der Interessen der Wegebaulastträger und der Lizenznehmer sowie der städtebaulichen Belange vorschreibt, gesetzlich gewahrt sein[18].

b. Insbesondere: Die Unentgeltlichkeit des Nutzungsrechts des Bundes

Die Auseinandersetzung um die Vorschrift des § 50 Abs. 1 TKG konzentriert sich daher auf den fiskalischen Aspekt der Unentgeltlichkeit des Nutzungsrechts des Bundes. Gegen dessen Fortbestand auch nach der Privatisierung der Telekommunikation haben sich die Kommunen insbesondere gewandt.

aa. Art. 28 Abs. 2 GG

Auch unter dem fiskalischen Aspekt steht als materiellrechtlicher Maßstab Art. 28 Abs. 2 GG im Vordergrund, freilich nicht mit Blick auf die kommunale Allzuständigkeit für die Angelegenheiten der örtlichen Gemeinschaft, sondern unter dem Aspekt der kommunalen Finanzhoheit. Daß auch sie zum Recht auf Selbstverwaltung gemäß Art. 28 Abs. 2 GG gehört, ist seit langem anerkannt[19] und durch die Einfügung von Art. 28 Abs. 2 S. 3 GG – ohne daß

---

[18] BVerfG (2. Kammer des Zweiten Senats), NVwZ 1999, 520 (520 f.), sieht insoweit schon den Schutzbereich der Selbstverwaltungsgarantie durch § 50 Abs. 1 TKG nicht berührt, weil gemeindliche Selbstverwaltungsangelegenheiten (Verwaltung der Gemeindestraßen, Bauleitplanung) nicht entzogen würden und die Art und Weise ihrer Wahrnehmung nicht in dem Sinne spezifisch betroffen sei, daß der Gesetzgeber hierfür unmittelbar regelnde Vorgaben setzt oder zielgerichtet hierauf Einfluß nimmt.

[19] Vgl. BVerfGE 26, 228 (244); 52, 95 (117); 71, 25 (36); BVerfG (1. Kammer des Zweiten Senats), NVwZ 1987, 123.

damit eine inhaltliche Änderung vorgenommen werden sollte – bestätigt und bekräftigt worden. Zwar wird mit Recht festgestellt, daß der Kernbereich dieser Garantie durch § 50 Abs. 1 TKG nicht verletzt werde[20]; auch die Finanzhoheit ist jedoch nicht nur in ihrem Kernbereich, sondern auch in dem vorgelagerten so genannten Randbereich durch Art. 28 Abs. 2 GG geschützt, und zwar in zwei Richtungen.

Wie das Bundesverfassungsgericht zwar bislang noch offen gelassen hat[21], aber doch als gesichert gelten darf, gewährt Art. 28 Abs. 2 GG den Kommunen zum einen eine gewisse materielle Position, namentlich ein Recht auf eine dem Aufgabenbestand angemessene Finanzausstattung[22]. Daraus folgt freilich zunächst nur ein allgemeiner Anspruch auf eine angemessene, auch die Wahrnehmung freiwilliger Selbstverwaltungsaufgaben in gewissem Umfang ermöglichende Finanzausstattung, den grundsätzlich das jeweilige Land zu erfüllen hat[23]. Art. 28 Abs. 2 GG gewährt deshalb keine bestimmten Finanzausstattungsansprüche gegen den Bund und entsprechend – jedenfalls solange die hinreichende Finanzausstattung insgesamt gewahrt bleibt – auch keinen Schutz gegen die Auferlegung einzelner Ausgabepflichten[24] bzw. die hier fragliche bundesgesetzliche Vorenthaltung einer einzelnen Einnahmequelle. So ist die Angewiesenheit der Kommunen auf die aus dem Wegenutzungsrecht zu erzielenden Einnahmen zwar in früheren Diskussionen um die Abschaffung der – bestehenden, für die Gemeindehaushalte wesentlichen – Konzessionsabgaben in der leitungsgebundenen Energieversorgung ins Feld geführt worden, schon dort nicht für deren notwendige Beibehaltung, aber doch gegen ihre kompensationslose Streichung[25]. Die gesetzliche Vorenthaltung einer bestimmten neuen Einnahmequelle, hier in Gestalt eines Wegenutzungsentgelts für die Verlegung von Telekommunikationsli-

---

[20] *Etling-Ernst*, TKG, § 50 Rn. 12.

[21] BVerfGE 71, 25 (36); 83, 363 (386); vgl. auch BVerfG (2. Kammer des Zweiten Senats), NVwZ 1999, 520 (521).

[22] *Schoch/Wieland*, Finanzierungsverantwortung für gesetzgeberisch veranlaßte kommunale Aufgaben, S. 177 ff. Dazu, daß auch dieser Anspruch entgegen der Auffassung von VerfGH NW, NVwZ 1994, 68, nicht auf einen Kernbereichsschutz reduziert ist, vgl. *Schoch/Wieland*, a.a.O., S. 181, sowie *Schoch*, Die aufsichtsbehördliche Genehmigung der Kreisumlage, S. 58.

[23] Vgl. BVerfGE 26, 172 (181).

[24] BVerfGE 83, 363 (386).

[25] Vgl. dazu *Evers*, Das Recht der Energieversorgung, S. 58, 88 f., 183 ff., 188; *Krebs*, Rechtliche Grundlagen und Grenzen kommunaler Elektrizitätsversorgung, S. 320; *Stern*, Die verfassungsrechtliche Position der kommunalen Gebietskörperschaften in der Elektrizitätsversorgung, S. 85.

nien, aber kann mit Rücksicht auf die kommunale Finanzausstattung nicht beanstandet werden[26].

Zum anderen sichert die kommunale Finanzhoheit den Kommunen in kompetenzrechtlicher Hinsicht im Rahmen eines gesetzlich geordneten Haushaltswesens die Befugnis zu einer eigenverantwortlichen Einnahmen- und Ausgabenwirtschaft[27]. Ob diese Eigenverantwortlichkeit durch die gesetzliche Vorgabe, daß das Wegenutzungsrecht für Telekommunikationslinien unentgeltlich zu gewähren sei, verletzt ist, bedarf etwas näherer Betrachtung.

(1) Der Einwand der unzulässigen Subventionierung eines Wirtschaftszweigs. Die Kritik an dieser Bestimmung zielt teils darauf, daß die Unentgeltlichkeit des Wegenutzungsrechts bereits deshalb die kommunale Finanzhoheit unzulässig einschränke, weil sie im Verhältnis zu den Telekommunikationsunternehmen eine unzulässige Subventionierung bewirke. Rechtlich abgestützt wird dieser Einwand zum einen gemeinschaftsrechtlich mit dem Hinweis darauf, daß eine durch Art. 87 EGV verbotene staatliche Beihilfe vorliege könne[28], zum anderen auch verfassungsrechtlich unter Berufung auf Art. 3 Abs. 1 GG, weil eine verfassungswidrige Ungleichbehandlung der Telekommunikationsunternehmen im Verhältnis insbesondere zu den Energieversorgungsunternehmen erfolge.

Diese Einwände werden freilich schon der Konstruktion des § 50 Abs. 1 und 2 TKG, der die beiden Stufen der Begründung des Wegenutzungsrechts für den Bund und seiner Übertragung auf lizenzierte Unternehmen unterscheidet, nicht gerecht; eine mögliche Unzulässigkeit der unentgeltlichen Weitergabe an die privatwirtschaftlichen Unternehmen muß danach nicht ohne weiteres zur Folge haben, daß auch in dem hier interessierenden Verhältnis von Bund und Kommunen die unentgeltliche Inanspruchnahme des Wegenutzungsrechts unzulässig wäre. Im übrigen überzeugen aber auch die Einwände gegen die Zulässigkeit einer unentgeltlichen Weitergabe an die Unternehmen nicht. Gemeinschaftsrechtlich liegt in der kostenfreien Zurverfügungstellung staatlicher Infrastruktur an einen ganzen Wirtschaftszweig und nicht nur an einzelne Unternehmen schwerlich eine verbotene Subvention; überzeugender scheint insoweit die Annahme, daß das sekundäre Gemeinschaftsrecht eine kostenlose Zurverfügungstellung nahelegt, um neuen Marktteilnehmern ei-

---

[26] So zu Recht nun auch BVerfG (2. Kammer des Zweiten Senats), NVwZ 1999, 520 (521).

[27] BVerfGE 26, 228 (244); 71, 25 (36); 83, 363 (386).

[28] *Püttner*, ArchivPT 1996, 307 (316), der letztlich aber offenläßt, ob eine Beihilfe i.S.v. Art. 87 (ex-Art. 92) EGV vorliegt bzw. eine solche gemäß Art. 86 (ex-Art. 90) Abs. 2 EGV gerechtfertigt werden könnte.

nen diskriminierungsfreien Zugang zum Markt zu verschaffen[29]. Auch verfassungsrechtlich liegt darin kaum eine gleichheitswidrige Bevorzugung der Telekommunikationsunternehmen, denn zum einen kann die besondere, durch den bisherigen Monopolisten geprägte Marktsituation in der Telekommunikation eine abweichende Entgeltregelung für die Wegenutzung sachlich rechtfertigen[30], zum anderen erscheint es ohnehin nicht angängig, die Entscheidung verschiedener Hoheitsträger, des Bundesgesetzgebers auf der einen und der einzelnen Kommunen auf der anderen Seite, über die Erhebung von Wegenutzungsentgelten mit Hilfe von Art. 3 Abs. 1 GG aneinander zu messen[31].

(2) Die Unentgeltlichkeit als ungerechtfertigter Eingriff im Verhältnis zu den Kommunen. Es bleibt danach zu überlegen, ob der gesetzlichen Begründung eines unentgeltlichen Wegenutzungsrechts des Bundes rechtliche Gründe aus dem Verhältnis von Bund und betroffenen Kommunen entgegenstehen.

Dafür werden mehrere Argumente vorgebracht. Die Benutzung von fremder Infrastruktur erfolge grundsätzlich nur gegen Entgelt, so daß die gesetzliche Regelung gegen das Gebot der Systemgerechtigkeit verstoße[32]. Auch die Nutzung des gemeindlichen Wegenetzes für Zwecke der leitungsgebundenen Energieversorgung sei kostenpflichtig, und zwar auch nach der früheren Gesetzeslage nicht nur wegen der Einräumung eines ausschließlichen Versorgungsrechts, sondern jedenfalls auch wegen der Nutzung des in gemeindlichem Privateigentum stehenden Wegenetzes[33]. Das wohl meistgeäußerte und auf Anhieb plausibelste Bedenken verweist schließlich auf die Konnexität von staatlicher Aufgabe und Ausgabenlast[34]: Da derjenige Hoheitsträger, der eine staatliche Aufgabe begründe, auch deren Kosten tragen müsse, dürfe der Bundesgesetzgeber, wenn er in Ausübung der ihm zustehenden Gestaltungsfreiheit den Telekommunikationsunternehmen die Kostenfreiheit der Wegenutzung gewähren wolle, diese Subventionierung nicht auf Kosten eines anderen Hoheitsträgers vornehmen, d.h. hier nicht auf Kosten der Kommunen, denen diese Kosten durch die Verpflichtung zur kostenfreien Überlassung ihres Wegenetzes angelastet würden[35]. Ergänzend und bekräftigend wird dem Bund

---

[29] *Schütz*, in: Büchner u.a. (Hrsg.), Beck'scher TKG-Kommentar, § 50 Rn. 4 f.

[30] Vgl. dazu *Scholz*, ArchivPT 1996, 95 (109 ff.).

[31] Vgl. dazu allgemein nur *Jarass*, in: Jarass/Pieroth, GG, Art. 3 Rn. 7.

[32] *Püttner*, ArchivPT 1996, 307 (315 f.), unter Hinweis auf *Fehling*, VerwArch 86 (1995), 600.

[33] Stellungnahme des Bundesrates, in: BT-Drs. 13/4438, S. 15.

[34] Vgl. die Stellungnahme des Bundesrates, in: BT-Drs. 13/4438, S. 15, sowie *Hiltl/Großmann*, BB 1996, 169 (176); *Pünder*, DVBl. 1997, 1353 (1356); *Püttner*, ArchivPT 1996, 307 (316).

[35] *Ehlers*, DVBl. 1998, 497 (501).

schließlich entgegengehalten, daß er sich widersprüchlich verhalte, wenn er den Gemeinden die Unentgeltlichkeit der Wegenutzung auferlege, dann aber selbst von den Lizenznehmern erhebliche Abgaben fordere, so daß er im Grunde sich selbst zu Lasten der Kommunen bereichere[36].

Alle diese Argumente – besonders deutlich der Hinweis auf die generelle Entgeltlichkeit der Nutzung fremder Infrastruktur, der nur für die Nutzung in privatem Eigentum stehender Infrastrukturen zutrifft – gehen davon aus, daß den Gemeinden ein Vermögenswert zustehe, dessen eigenverantwortliche fiskalische Nutzung ihnen durch die Vorschrift des § 50 Abs. 1 TKG verwehrt werde; dieser Vermögenswert soll in dem kommunalen Eigentum an dem örtlichen Wegenetz begründet sein. Diese Voraussetzung trifft – wie sich in Anknüpfung an die Überlegungen zur kommunalen Wegehoheit als Grundlage der kommunalen Entscheidungsbefugnis über die örtliche Energieversorgung ergibt – nicht zu, weil nicht das private Eigentum, sondern die spezifisch hoheitliche Verfügungsbefugnis über das Straßen- und Wegenetz die Grundlage für seine Zurverfügungstellung zu Zwecken leitungsgebundener Versorgung auch mit Telekommunikationsdienstleistungen ist; ein gegebenenfalls von Unternehmen zu leistendes Entgelt für die Zurverfügungstellung des Wegenetzes wird daher nicht, auch nicht teilweise als Gegenleistung für das Recht zur Nutzung privaten Eigentums geleistet, sondern im Rahmen der spezifisch hoheitlichen Regelung der Nutzung des Wegenetzes. Auch das – als Parallelerscheinung genannte – Recht der Kommunen zur Forderung von Konzessionsabgaben von den Unternehmen der örtlichen Energieversorgung hat seinen Grund nicht in dem kommunalen Eigentum, sondern in der aus ihrer Wegehoheit folgenden, hoheitlichen Entscheidungsbefugnis über die leitungsgebundene Versorgung mit Strom unter Inanspruchnahme des Wegenetzes. Das führt aber auch zu dem entscheidenden Unterschied zwischen der örtlichen Energieversorgung und der Telekommunikation. Im Bereich der Telekommunikation nämlich fehlt ihnen eben diese hoheitliche Versorgungszuständigkeit und mit ihr auch das Recht, über die Entgeltlichkeit oder Unentgeltlichkeit der Nutzung des benötigten Wegenetzes zu befinden; diese Entscheidungskompetenz ist mit der hoheitlichen Versorgungskompetenz und -verantwortlichkeit für den Telekommunikationssektor auf den Bund übergegangen[37]. Seine Entscheidung für die Unentgeltlichkeit des Wegenutzungsrechts zu Telekommunikationszwecken verletzt deshalb die Garantie kommunaler Selbstverwaltung nicht[38].

---

[36] *Pünder*, DVBl. 1997, 1353 (1356 f.); krit. auch *Schacke/Rosin*, DVBl. 1997, 471 (478 Fn. 63).

[37] So im Ergebnis auch *Lammich*, Telekommunikationsgesetz, § 50 Rn. 5 f.

[38] So, im Ergebnis übereinstimmend, auch *Etling-Ernst*, TKG, § 50 Rn. 12; *Lammich*,

bb. Das Eigentumsgrundrecht

Nach diesen Überlegungen versteht sich, daß auch das Grundrecht aus Art. 14 GG den Kommunen insoweit keinen Schutz bieten kann. Ausgehend von der Annahme, daß die Kommunen hier die Entgeltlichkeit der Wegenutzung auf der Grundlage ihres privatrechtlichen Eigentums forderten, ist der Rekurs auf dieses Grundrecht erwogen worden[39]. Ihm steht freilich nicht nur entgegen, daß die Kommunen als öffentlich-rechtliche Körperschaften sich nach der Rechtsprechung des Bundesverfassungsgerichts und der ihm folgenden herrschenden Literaturmeinung grundsätzlich nicht auf die Grundrechte sollen berufen können[40]. Auch wenn man weitergehend eine Grundrechtsfähigkeit juristischer Personen des öffentlichen Rechts insbesondere dann bejahen will, wenn sie sich in einer grundrechtstypischen Gefährdungslage befinden, kommt hier ein Grundrechtsschutz nicht in Betracht. Die Kommunen stehen hier nicht in einer grundrechtstypischen Gefährdungslage, denn der Gesetzgeber nimmt sie in § 50 Abs. 1 GG nicht nur als Privateigentümer wie andere auch in Anspruch; er greift nicht auf ihr privates Eigentum an einzelnen Wegen zu, sondern auf ihr Wegenetz in seiner spezifischen Funktion als Basisinfrastrukturnetz, über dessen Verwendung für Zwecke der leitungsgebundenen Versorgung ansonsten auf der Grundlage der Wegehoheit zu entscheiden wäre. Aus diesem Grunde war die staatsorganisationsrechtliche Garantie des Art. 28 Abs. 2 GG der im Ansatzpunkt zutreffende, im Ergebnis freilich durch Art. 87f Abs. 1 GG verfassungsimmanent beschränkte Maßstab. Gegenüber dem hierdurch verfassungsrechtlich gedeckten, gesetzgeberischen Zugriff auf die gemeindliche Wegehoheit ist auch ein Rückgriff auf das Grundrecht aus Art. 14 GG ausgeschlossen.

2. Die Gesetzgebungskompetenz des Bundes

Auch die Gesetzgebungskompetenz des Bundes für die Regelung des Wegenutzungsrechts ist – wiederum insbesondere mit Blick auf die Anordnung seiner Unentgeltlichkeit – umstritten.

Telekommunikationsgesetz, § 50 Rn. 5 f.; *Scherer*, NJW 1996, 2953 (2962); *Schütz*, NVwZ 1996, 1053 (1056); *ders.*, in: Büchner u.a. (Hrsg.), Beck'scher TKG-Kommentar, § 50 Rn. 6 f., 30.

[39] Vgl. *Püttner*, ArchivPT 1996, 307 (312).

[40] BVerfG (2. Kammer des Zweiten Senats), NVwZ 1999, 520 (521). Hierauf stellt auch *Scholz*, ArchivPT 1996, 95 (104), entscheidend ab; vgl. weiter *Fangmann*, Das neue Telekommunikationsgesetz, S. 202; *Schütz*, NVwZ 1996, 1053 (1057); *ders.*, in: Büchner u.a. (Hrsg.), Beck'scher TKG-Kommentar, § 50 Rn. 7.

Einige, zur kompetentiellen Rechtfertigung des § 50 Abs. 1 TKG in Erwägung gezogene Titel scheiden schnell aus: Art. 74 Abs. 1 Nr. 11 GG (Recht der Wirtschaft) erfaßt, wie schon aus den Überlegungen zur Wegenutzungsregelung im neuen Energiewirtschaftsrecht folgt, nicht die Regelung der hoheitlichen Wegerechtsvergabe durch andere Gebietskörperschaften; § 50 Abs. 1 TKG überschreitet den Kompetenzrahmen des Rechts der Wirtschaft besonders deutlich, indem er die Wegehoheit insbesondere der Gemeinden nicht zugunsten bestimmter Wirtschaftssubjekte, sondern zugunsten des Bundes in seiner hoheitlichen Funktion beschränkt[41]. Art. 74 Abs. 1 Nr. 18 GG (Bodenrecht) ist mit Rücksicht auf die Kompetenz für das Straßen- und Wegerecht eng auszulegen und deshalb keine taugliche Grundlage[42]. Eine straßen- und wegerechtliche Regelungskompetenz aber hat der Bund nur für die Bundesfernstraßen (Art. 74 Abs. 1 Nr. 22 GG). So konzentriert sich die Suche nach einem möglichen Kompetenztitel des Bundes auf die speziell der Telekommunikation geltenden Bestimmungen des Grundgesetzes. Hier verschafft Art. 143b GG dem Bund nur Regelungszuständigkeiten für Umwandlungsregelungen und deshalb aus sich heraus keine eigenständige, weiterreichende Befugnis zur Begründung und näheren Regelung von Wegenutzungsrechten[43]; es bleiben daher als mögliche Kompetenztitel Art. 73 Nr. 7 GG (Telekommunikation) sowie Art. 87f GG, der – sei es als eigenständiger Kompetenztitel, sei es als in Verbindung mit Art. 73 Nr. 7 GG zu verstehende Bestimmung – die Gesetzgebungskompetenz im Telekommunikationsbereich in bestimmter Hinsicht inhaltlich konkretisiert und um einen Gesetzgebungsauftrag ergänzt.

Mit Recht wird darauf hingewiesen, daß hinsichtlich der Regelungsbefugnis des Bundesgesetzgebers das Recht zur unentgeltlichen Wegenutzung traditionell als dem verfassungsrechtlichen Versorgungsauftrag im Telekommunikationsbereich akzessorisch behandelt worden ist[44]. Auf der Grundlage von § 1 TWG stand dieses Wegenutzungsrecht unter dem Grundgesetz zunächst der Deutschen Bundespost als staatlichem Träger der Leistungsverwaltung zu, dann nach der Postreform II auf Grund eines geänderten § 1 TWG[45] als übergangsweises Ausschließlichkeitsrecht der Deutsche Telekom AG als privatem Monopolisten. Daran knüpft § 50 TKG an, indem er dem Bund ein unentgeltliches Wegenutzungsrecht einräumt, das nun allerdings nicht mehr

[41] So im Ergebnis auch *Püttner*, ArchivPT 1996, 307 (312); a.A. *Schacke/Rosin*, DVBl. 1997, 471 (476 ff.).

[42] *Püttner*, ArchivPT 1996, 307 (312).

[43] *Püttner*, ArchivPT 1996, 307 (312); *Schacke/Rosin*, DVBl. 1997, 471 (475).

[44] *Scholz*, ArchivPT 1996, 95 (102 f.).

[45] Gesetz vom 14. September 1994 (BGBl. I S. 2315).

seiner eigenen Verwaltung oder einem einzelnen Monopolunternehmen zur Verfügung steht, sondern von allen privaten Anbietern genutzt werden kann, denen nach Art. 87f Abs. 2 S. 1 GG nunmehr die Erbringung der Telekommunikationsdienstleistungen überlassen ist. Während die Bundeskompetenz zur Regelung des Wegenutzungsrechts für Telekommunikationslinien als solchen auch unter diesen veränderten Vorzeichen wohl allgemein akzeptiert ist[46], ist umstritten, ob der Bund weiterhin auch die Regelung der Unentgeltlichkeit des Wegenutzungsrechts auf Art. 73 Nr. 7, Art. 87f Abs. 1 GG stützen kann. Der zentrale Einwand lautet, daß die Regelung der Bedingungen und Modalitäten der Wegenutzung durch die privaten, miteinander auf einem freien Markt konkurrierenden Anbieter weder mit dem herkömmlichen Begriff des Postwesens und der Telekommunikation im Sinne von Art. 73 Nr. 7 GG noch mit der Hoheitsaufgabe gemäß Art. 87f GG hinreichend zu tun habe[47]; insbesondere sei das ihnen gewährte unentgeltliche Wegerecht – entgegen der Annahme der Gesetzentwurfsbegründung[48] – kein unverzichtbares Mittel für die Erfüllung der Infrastruktursicherungspflicht gemäß Art. 87f Abs. 1 GG[49]. Schon der Einwand gegen die vom Gesetzgeber herangezogene Kompetenzgrundlage des Art. 87f Abs. 1 GG überzeugt jedoch letztlich nicht. Für die Zulässigkeit der Berufung hierauf ist nicht ausschlaggebend, ob das den Telekommunikationsunternehmen gewährte Wegenutzungsrecht in der Tat unentgeltlich sein muß; darüber kann man gewiß streiten. Entscheidend ist, daß dem Bund kompetentiell die Entscheidung über die Entgeltlichkeit oder Unentgeltlichkeit der Wegenutzung durch die Telekommunikationsunternehmen zusteht; dafür aber spricht mit Blick auf Art. 87f Abs. 1 GG, daß die mögliche Unterschiedlichkeit landesgesetzlicher Regelungen der Wegenutzungsmodalitäten die aufgegebene Sicherstellung der flächendeckenden Versorgung – unter den Bedingungen eines neu eröffneten Wettbewerbsmarktes – wesentlich erschweren könnte[50]. Unabhängig davon erscheint es aber vor allem nicht überzeugend, die aus Art. 73 Nr. 7 GG folgende Regelungskompetenz für die Telekommunikation in ihrer früher anerkannten Reichweite von der Zuordnung dieses Bereichs zur Leistungsverwaltung abhängig machen und nach der Privatisierung die Modalitäten der privatwirtschaftlichen Erbringung von Telekommunikationsdienstleistungen nicht mehr darunter fassen zu wollen[51].

---

[46] Vgl. *Püttner*, ArchivPT 1996, 307 (311 f.); *Schacke/Rosin*, DVBl. 1997, 471 (473); *Schütz*, NVwZ 1996, 1053 (1055).
[47] *Püttner*, ArchivPT 1996, 307 (311); *Schacke/Rosin*, DVBl. 1997, 471 (475).
[48] BT-Drs. 13/3609, S. 48 f.; vgl. auch *Scholz*, ArchivPT 1996, 95 (102).
[49] *Pünder*, DVBl. 1997, 1353 (1356 Fn. 47); *Schacke/Rosin*, DVBl. 1997, 471 (475).
[50] *Schütz*, NVwZ 1996, 1053 (1055).
[51] *Püttner*, ArchivPT 1996, 307 (311); *Schacke/Rosin*, DVBl. 1997, 471 (475 ff.).

Dagegen spricht entscheidend die im Zuge der Postreform II erfolgte Änderung des Art. 73 Nr. 7 GG, nach deren Begründung die » ... ausschließliche Gesetzgebungskompetenz des Bundes für das Postwesen und die Telekommunikation ... unverändert (bleibt). Während diese Kompetenznorm bislang sowohl eine Verwaltungsaufgabe als auch eine Wirtschaftstätigkeit bezeichnete, erfaßt sie nun – im betrieblichen Bereich – ausschließlich eine Wirtschaftstätigkeit«; ihre Reichweite soll – wie es mit Blick auf den im Vergleich zum Begriff der Telekommunikation weniger unterscheidungskräftigen Kompetenzbegriff des Postwesens anschließend heißt – nach der Privatisierung für die Abgrenzung zum Recht der Wirtschaft »für den gesamten Markt unter Rückgriff auf das traditionelle Erscheinungsbild postalischer Dienstleistung definiert« werden[52]. Entsprechend hat auch der Kompetenzbegriff der Telekommunikation – unbeeinflußt durch die Privatisierung der Dienstleistungserbringung – seine traditionelle Reichweite, nun für den Wirtschaftssektor der Telekommunikation, behalten und erfaßt in diesem Rahmen auch die wirtschaftlichen Rahmenbedingungen des Telekommunikationssektors. Dazu gehört auch die Regelung der Entgeltlichkeit der Wegenutzung für Telekommunikationslinien[53].

Die so aus Art. 73 Nr. 7, 87f Abs. 1 GG herleitbare Bundeskompetenz ist auch durch den Hinweis auf die entgegenstehende Landeskompetenz für das Straßen- und Wegerecht[54] (mit Ausnahme des Bundesfernstraßenrechts) nicht zu erschüttern. Allerdings erlaubt die Kompetenz für das Straßen- und Wegerecht den Ländern Regelungen darüber, unter welchen Voraussetzungen und in welchem Umfang die Straße dem Einzelnen zur Verfügung steht[55], und zwar grundsätzlich auch – wie hinsichtlich der örtlichen Energieversorgung dargelegt – die Regelung der Nutzung der Straßen und Wege für Zwecke der leitungsgebundenen Versorgung. Diese grundsätzliche Landeskompetenz gilt jedoch nach übereinstimmendem Urteil für den Sektor der Telekommunikation als durch eine spezielle Kompetenznorm jedenfalls insoweit eingeschränkt, als dem Bundesgesetzgeber zugestanden wird, gemäß Art. 73 Nr. 7, 87f Abs. 1 GG eine Regelung des Wegenutzungsrechts als solchen für Telekommunikationslinien vorzunehmen. Damit ist für diesen Sektor der auch aus der Perspektive des Straßen- und Wegerechts zentrale Regelungsgegenstand der Entscheidung über die Nutzung zu Versorgungszwecken der Landeskompetenz entzogen; danach ist es aber nicht mehr überzeugend, den wei-

---

[52] BT-Drs. 12/6717, S. 3.

[53] So auch *Scherer*, NJW 1996, 2953 (2962); *Schütz*, in: Büchner u.a. (Hrsg.), Beck'scher TKG-Kommentar, § 50 Rn. 7.

[54] *Pünder*, DVBl. 1997, 1353 (1356); *Püttner*, ArchivPT 1996, 307 (310 ff.).

[55] BVerfGE 40, 371 (378).

teren Aspekt der Entgeltlichkeit der Wegenutzung, der auch straßen- und wegerechtlich nur noch von akzidentieller Bedeutung ist, kompetentiell abweichend beurteilen zu wollen.

II. Das Angebot von Telekommunikationsnetzen und -diensten

Eine Betätigung der Kommunen in der Telekommunikation kommt danach nur noch in dem Bereich der privatwirtschaftlichen Erbringung von Dienstleistungen gemäß Art. 87f Abs. 2 GG in Betracht. Derartige kommunale Aktivitäten werfen rechtliche Fragen sowohl mit Blick auf das Telekommunikationsrecht selbst als auch mit Blick auf die Anwendung des Kommunalwirtschaftsrecht in diesem Sektor auf.

1. Telekommunikationsrechtliche Zulässigkeit wirtschaftlicher Betätigung der Kommunen

Die maßgeblichen telekommunikationsrechtlichen Regelungen haben ihre verfassungsrechtliche Grundlage in Art. 87f GG und finden ihre nähere Ausgestaltung im Telekommunikationsgesetz.

a. Das Telekommunikationsgesetz

Das Telekommunikationsgesetz – dessen Regelungen hier nicht im einzelnen, sondern nur mit Blick auf den Marktzutritt kommunaler Unternehmen interessieren sollen – erfaßt seinem sachlichen Anwendungsbereich nach von vornherein nicht sämtliche Telekommunikationsaktivitäten der Kommunen. Es läßt insbesondere Betätigungen einschließlich des Aufbaus und Betriebs von Telekommunikationsnetzen unberührt, die allein der Erfüllung der Verwaltungsaufgaben dienen, sei es im Verhältnis zwischen kommunalen Dienststellen, Einrichtungen und Unternehmen, sei es auch im Kontakt der Verwaltung mit dem Bürger; auch für die bloße Vermietung von Trassen und Leerrohren oder das Angebot leitungsbezogener Planungs-, Beratungs- oder Wartungsdienste sind die Regelungen des Gesetzes nicht einschlägig[56]. Ihnen unterfällt erst das Angebot von Telekommunikationsdienstleistungen am Markt. Nach § 4 i.V.m. § 3 Nr. 18 TKG setzt das gewerbliche Angebot von Telekommunikation einschließlich des Angebots von Übertragungswegen für Dritte eine Anzeige voraus; in diesen anzeigepflichtigen Bereich fallen etwa das Angebot von

---

[56] *Pünder*, DVBl. 1997, 1353 (1354).

Tele- oder Mediendiensten oder auch der Betrieb eines Telekommunikationsnetzes für geschlossene Benutzergruppen, etwa zur Verbindung verschiedener Filialen eines Unternehmens untereinander oder mit einem Rechenzentrum[57]. Darüber hinaus bedarf es für Tätigkeiten im Bereich des bisherigen Netz- und Telefondienstmonopols, d.h. für den Betrieb von grundstücksübergreifenden, für Telekommunikationsdienstleistungen für die Öffentlichkeit genutzten Übertragungswegen und für das Angebot von Sprachtelefondienst auf der Basis selbstbetriebener Telekommunikationsnetze, gemäß § 6 Abs. 1 TKG einer Lizenz, auf deren Erteilung nach Maßgabe der §§ 8 bis 11 TKG ein Rechtsanspruch besteht.

Nach Maßgabe dieser allgemeinen Regeln erlaubt das Telekommunikationsgesetz auch kommunalen Unternehmen die wirtschaftliche Betätigung auf dem Sektor der Telekommunikation. Obgleich schon im Gesetzgebungsverfahren das Interesse von Kommunen und Energieversorgungsunternehmen an einem Engagement in der Telekommunikation bekannt und in seiner Problematik bewußt war, hat das Telekommunikationsgesetz insoweit keine besondere Verbotsbestimmung aufgenommen; es ist im Grundsatz unabhängig von Rechtsnatur und Rechtsform der Telekommunikationsunternehmen formuliert und macht insbesondere die Lizenzvergabe auch an kommunale Unternehmen nur von den Voraussetzungen der §§ 6 ff. TKG, in subjektiver Hinsicht insbesondere § 8 TKG abhängig[58]. In weiteren Bestimmungen offenbart es, daß auch die öffentliche Hand in seinem Regelungsbereich unternehmerisch tätig werden können soll. Die – inhaltlich umstrittene, von den erfolglos angestrengten Kommunalverfassungsbeschwerden mitangegriffene – Vorschrift des § 50 Abs. 4 TKG setzt voraus, daß Wegebaulastträger, also Träger öffentlicher Gewalt, selbst Lizenznehmer sein oder mit einem solchen zusammengeschlossen sein können[59]. Als eine indirekte Bestätigung kann nach Entstehungsgeschichte und Funktion auch das in § 14 Abs. 1 TKG verankerte Gebot der so genannten strukturellen Separierung aufgefaßt werden, das auf anderen Märkten marktbeherrschende Unternehmen zur Führung ihrer Telekommunikationsdienstleistungen in rechtlich selbständigen Unternehmen verpflichtet. Diese Bestimmung zielt insbesondere auf die – wegen der ihnen gehörenden Netzinfrastrukturen als potentielle Anbieter auf dem Telekommunikationsmarkt besonders prädestinierten – Energieversorgungsunterneh-

---

[57] *Pünder*, DVBl. 1997, 1353 (1354).

[58] *Lammich*, Telekommunikationsgesetz, § 6 Rn. 5. Vgl. auch BVerfG (2. Kammer des Zweiten Senats), NVwZ 1999, 520: den beschwerdeführenden Gemeinden bleibe durch § 50 Abs. 1 TKG unbenommen, zum Zwecke des Betriebs von Übertragungswegen oder des Angebots von Sprachtelefondiensten eine Lizenz zu beantragen.

[59] *Fangmann*, Das neue Telekommunikationsgesetz, S. 199.

men, die zu einem großen Teil in staatlichem bzw. kommunalem Eigentum oder unter starkem staatlichem bzw. kommunalem Einfluß stehen, und soll der Sorge Rechnung tragen, sie könnten Finanzmittel aus ihrem bisherigen Monopolbereich in die neuen Märkte transferieren[60].

b. Verfassungsrechtliche Vorgaben

Gelegentlich ist jedoch der grundgesetzlichen Bestimmung des Art. 87f GG eine abweichende Beurteilung entnommen worden. Mit der hier verfassungsrechtlich vorgegebenen Privatisierung des Telekommunikationssektors, die eine privatwirtschaftliche Leistungserbringung vorsieht und die verbleibende staatliche Daseinsvorsorgeverantwortung dem Bundesgesetzgeber zuweist, soll danach ein kommunales Engagement unvereinbar sein.

aa. Art. 87f Abs. 2 S. 1 GG

Die vorliegenden kritischen Stellungnahmen gehen zumeist von Art. 87f Abs. 2 S. 1 GG aus, der die Erbringung von Telekommunikationsdienstleistungen als privatwirtschaftliche Tätigkeiten durch die Nachfolgeunternehmen der Deutschen Bundespost und andere private Anbieter vorsieht; hieraus soll ein Verbot der Betätigung öffentlicher Unternehmen auf dem Telekommunikationsmarkt folgen. Mit Blick gerade auf die Kommunen hat daraus die Monopolkommission in ihrem Elften Hauptgutachten den Schluß gezogen: »Der Rückzug des Staates als Betreiber von Telekommunikationsnetzen und Anbieter von Telekommunikationsdiensten ist durch die Verfassung vorgegeben und steht damit nicht zur Disposition des einfachen Gesetzgebers, sei es auf der Bundes- oder Landesebene. Daraus ergibt sich zwingend, daß weder Gemeinden noch ihre Verbände oder andere mehrheitlich in öffentlichem Eigentum stehende Unternehmen Telekommunikationsleistungen erbringen dürfen. Dies liefe auf eine grundgesetzwidrige mittelbare *Rückverstaatlichung* hinaus«[61].

---

[60] *Lammich*, Telekommunikationsgesetz, § 6 Rn. 4, § 14 Rn. 5.

[61] Elftes Hauptgutachten der Monopolkommission 1994/95, BT-Drs. 13/5309, Tz. 61; vgl. auch Monopolkommission, Die Telekommunikation im Wettbewerb, S. 29 f. (Tz. 43 f.), S. 35 (Tz. 54). Nach *Etling-Ernst*, TKG, § 1 Rn. 8, haben die Professoren Bullinger und Möschel im Rahmen eines öffentlichen Hearings zum TKG-Entwurf am 13. März 1996 in Bonn ebenfalls diese Auffassung geäußert. Ebenso: *Lehmann/Stolz*, CR 1997, 97 (100), die für verfassungsrechtlich unbedenklich nur Unternehmungen halten, die von der öffentlichen Hand, insbesondere den Kommunen, nicht beherrscht werden; *Müller*, DVBl. 1998, 1256 (1257 f.); *Stober*, Allgemeines Wirtschaftsverwaltungsrecht, S. 260 f. Entsprechende Bedenken sind auch gegen die Änderung von § 107 Abs. 1 S. 1 Nr. 1 GO NW a.F. durch Gesetz vom 25. November 1997 (GVBl. S. 422) erhoben worden; vgl. LT-Drs. 12/2566, S. 8.

Gegen eine solche Interpretation sind – wenn und soweit sie öffentliche Unternehmen anderer Mitgliedstaaten betrifft – bereits gemeinschaftsrechtliche Bedenken erhoben worden[62]. Aber auch ein Ausschluß deutscher öffentlicher Unternehmen ist Art. 87f Abs. 2 S. 1 GG nicht zu entnehmen[63]. Die Bestimmung stellt mit dem Begriff »privatwirtschaftlich« nicht auf den institutionellen Aspekt der Zugehörigkeit des Unternehmens zum staatlichen oder privaten Sektor ab. Das wird schon dadurch verdeutlicht, daß die Bestimmung auch die aus der Deutschen Bundespost TELEKOM hervorgegangene Deutsche Telekom AG als einen neben möglichen anderen privaten Anbietern tituliert[64], obgleich die Deutsche Telekom AG zum Zeitpunkt der Einfügung von Art. 87f GG sich noch in vollständigem Eigentum des Bundes befand, sich weder Art. 87f GG noch dem zeitgleich eingefügten Art. 143b GG ein Gebot zur (Vermögens-)Privatisierung dieses Unternehmens entnehmen läßt[65] und der Bund nach wie vor die Anteilsmehrheit hält. Allerdings greift es auch zu kurz, Art. 87f GG allein als Anordnung einer Organisationsprivatisierung zu verstehen[66]. Vielmehr enthält er darüber hinaus eine Aufgabenprivatisierung in dem Sinne, daß der Telekommunikationssektor – abgesehen von Aufgaben des Bundes gemäß Art. 87f Abs. 1 GG – von Verfassungs wegen als Bereich privatwirtschaftlicher Betätigung und nicht staatlicher (Leistungs-)Verwaltung definiert wird. Es handelt sich – über die Organisationsprivatisierung hinaus – um eine Aufgabenprivatisierung ohne gleichzeitige Verpflichtung zur Vermögensprivatisierung mit der Folge, daß die zulässig bleibenden öffentlichen Unternehmen in rein erwerbswirtschaftliche, im gleichberechtigten Wettbewerb mit anderen privaten Anbietern stehende Unternehmungen um-

---

[62] *Pünder*, DVBl. 1997, 1353 (1353 f.), sieht einen Verstoß gegen das Diskriminierungsverbot gemäß Art. 2 Abs. 2 der Wettbewerbsrichtlinie für Telekommunikationsdienste. Vgl. auch *Decker*, in: Held u.a. (Hrsg.), Kommunalverfassungsrecht Nordrhein-Westfalen. GO, § 107 Erl. 8.1, der auch die Art. 43 ff. (ex-Art. 52 ff.) EGV verletzt sieht. Zutreffend weist *Müller*, DVBl. 1998, 1256 (1256 f.), allerdings darauf hin, daß der Umfang zulässiger Betätigung der deutschen Kommunen auf dem Telekommunikationsmarkt nicht gemeinschaftsrechtlich vorgegeben ist, sondern sich nach nationalem Recht richtet.

[63] So auch bereits die Bundesregierung in ihrer Stellungnahme zum Elften Hauptgutachten der Monopolkommission 1994/95, BT-Drs. 13/7998, Tz. 29. Im Ergebnis ebenso: Ebsen, DVBl. 1997, 1039 (1042); Fangmann, Das neue Telekommunikationsgesetz, S. 199 f.; Pünder, DVBl. 1997, 1353.

[64] So auch *Etling-Ernst*, TKG, § 1 Rn. 10 f.; *Lerche*, in: Maunz/Dürig, GG, Art. 87f Rn. 58; *Pünder*, DVBl. 1997, 1353.

[65] A.A. *Müller*, DVBl. 1998, 1256 (1260), der von dem für ihn zentralen Argument, Art. 87f Abs. 2 S. 1 GG ziele über die Organisationsprivatisierung hinaus auf eine Aufgabenprivatisierung, auf die Notwendigkeit einer Vermögensprivatisierung schließt.

[66] *Pünder*, DVBl. 1997, 1353 (1354).

zuformen sind[67]. Die Begriffe »privatwirtschaftlich« und »private Anbieter« in Art. 87f Abs. 2 S. 1 GG sind also in einem funktionellen Sinn, bezogen auf die Qualifikation der wahrgenommenen Aufgaben zu verstehen; wie die Gesetzentwurfsbegründung (in Bezug auf Art. 87f Abs. 1 GG) sagt, soll dem Staat »das verwaltungsmäßige Erbringen postalischer Dienstleistungen« untersagt werden[68]. Ob ein nicht verwaltungsmäßig, sondern privatwirtschaftlich tätiges Telekommunikationsunternehmen sich in privatem oder öffentlichem Eigentum befindet, ist nicht Regelungsgegenstand des Art. 87f Abs. 2 GG[69]. Das bestätigt sich gesetzessystematisch dadurch, daß die Vermögensprivatisierung des Telekommunikationsunternehmens Deutsche Telekom AG nicht in Art. 87f GG, sondern erst in Art. 143b GG ihre Regelung findet.

bb. Art. 87f Abs. 1 GG und Art. 28 Abs. 2 GG

Seltener vorgetragen, aber ebenso erwägenswert ist auch die umgekehrt ansetzende These, Art. 87f Abs. 1 GG hindere mit der Zuweisung der hoheitlichen Funktionen in Bezug auf die Telekommunikation an den Bund andere staatliche Hoheitsträger, namentlich auch die Gemeinden, daran, sich auf dem Sektor zu betätigen[70]. Den Ausgangspunkt dafür hat man mit der Feststellung, daß »Daseinsvorsorge auf dem Felde der Telekommunikation ... unter keinem Aspekt Angelegenheit des gemeindeeigenen, durch Art. 28 Abs. 2 GG geschützten Wirkungskreises« sei[71]. Bezieht man diese These nicht nur auf die spezifisch hoheitliche Aufgabe der Entscheidung über die Nutzung des kommunalen Wegenetzes, sondern erstreckt sie auch auf das Angebot von Telekommunikationsdienstleistungen, läßt sich entsprechend sagen, daß »Telekommunikationsdienstleister ... keine Aufgabe der *örtlichen* Daseinsvorsorge erfüllen«[72], also auch kommunale Telekommunikationsunternehmen nicht in der örtlichen Daseinsvorsorge im Sinne von Art. 28 Abs. 2 GG tätig sind. Wer die staatliche Kompetenzordnung auf das staatliche Handeln insgesamt an-

---

[67] Vgl. dazu bereits *Hellermann*, in: Festschrift Böckenförde, S. 277 (292 f.), sowie *Lerche*, in: Maunz/Dürig, GG, Art. 87f Rn. 32 ff., 54 ff.; *Rottmann*, ArchPT 1994, 193 (194); *Stern*, DVBl. 1997, 309 (310). Begrifflich enger, wegen des fortbestehenden Mehrheitseigentums des Bundes – mit Blick auf die Deutsche Post AG – eine bloß formelle und keine materielle Privatisierung annehmend *Wieland*, Die Verwaltung 28 (1995), 315 (318, 325).

[68] BT-Drs. 12/7269, S. 5.

[69] So auch *Ebsen*, DVBl. 1997, 1039 (1042).

[70] *Müller*, DVBl. 1998, 1256 (1262). Vgl. auch Abg. Britz, Landtag Nordrhein-Westfalen, Plenarprotokoll 12/71, S. 5915 (B), der der wirtschaftlichen Betätigung der Kommunen in der Telekommunikation den ihnen fehlenden, gemäß Art. 87f Abs. 1 GG dem Bund zugewiesenen Infrastrukturauftrag entgegenhält.

[71] *Scholz*, ArchivPT 1996, 95 (107).

[72] *Schütz*, in: Büchner u.a. (Hrsg.), Beck'scher TKG-Kommentar, § 50 Rn. 7.

wenden will und die Kommunen nur in dem durch Art. 28 Abs. 2 GG erfaßten Umfang zum Handeln, insbesondere auch zum wirtschaftlichen Handeln ermächtigt sieht, muß konsequenterweise eine wirtschaftliche Betätigung auf dem Sektor der Telekommunikation für ausgeschlossen halten.

Eine solche Argumentation würde den kategorialen Unterschied zwischen spezifisch hoheitlichem und wirtschaftlichem Handeln ignorieren und verkennen, daß die Kommunen zur Wahrnehmung von örtlichen Gemeinwohlbelangen nicht nur durch hoheitliche Betätigung, wie sie für den Telekommunikationssektor durch Art. 87f Abs. 1 GG dem Bund vorbehalten ist, sondern gerade auch durch *wirtschaftliche* Betätigung befugt sind. Diese Befugnis kann auch unter Rückgriff auf den dem Begriff der (Erwerbs-)Wirtschaft entgegengesetzten Begriff der staatlichen Daseinsvorsorge nicht eingeschränkt werden; damit würde dem Begriff der Daseinsvorsorge eine unmittelbare und pauschale Bedeutung für die Grenzziehung zwischen Staat und Wirtschaft – hier anders als regelmäßig sonst in einer die Selbstverwaltungsgarantie beschränkenden Weise – beigemessen, die ihm nicht zukommt. In positiver Hinsicht ist das bereits deutlich geworden: Allein der Begriff der Daseinsvorsorge ist nicht in der Lage, eine kommunale Betätigung, z.B. das kommunale Engagement als Stromversorger, von einer wirtschaftlichen in eine hoheitlich-verwaltende zu transformieren, so daß ihr kraft des Schutzes der Selbstverwaltungsgarantie öffentlich-rechtliche Sonderregelungen, Privilegierungen gegenüber privaten Konkurrenten zugute kommen. Dasselbe gilt aber auch umgekehrt, in negativer Hinsicht: Die verfassungsrechtliche oder gesetzliche Zuweisung bestimmter, spezifisch hoheitlicher Aufgaben der Daseinsvorsorge an einen Hoheitsträger kann die Kommunen nicht daran hindern, sich der *wirtschaftlichen* Betätigung auf dem fraglichen Sektor anzunehmen. Aus Art. 87f Abs. 1 i.V.m. Art. 28 Abs. 2 GG ergibt sich deshalb kein Ausschluß der wirtschaftlichen Betätigung der Kommunen in der Telekommunikation.

2. Kommunalwirtschaftsrechtliche Probleme der Betätigung auf dem Telekommunikationssektor

Kommunale Aktivitäten auf dem Telekommunikationsmarkt unterliegen keinen kommunalwirtschaftsrechtlichen Beschränkungen, soweit sie sich als zulässige Randnutzung auf die wirtschaftliche Verwertung vorhandener Verwaltungsressourcen beschränken. Die Vergabe von Wegenutzungsrechten, soweit sie nach § 50 TKG den Kommunen verblieben ist, die bloße Vermarktung vorhandener Trassen und Leerrohre und die Überlassung für eigene Zwecke aufgebauter Telekommunikationsnetze bzw. -leitungen zur Mitbenutzung durch Dritte, solange nicht gezielt neue Kapazitäten aufgebaut werden, fallen hierunter[73]. Es handelt sich dabei um Möglichkeiten der Marktteilnahme, die den Kommunen keine oder nur vergleichsweise geringe zusätzliche Investitionen abverlangen, allerdings auch nur mäßige Gewinne versprechen.

Höhere Gewinnchancen und größere Gestaltungsmöglichkeiten verheißen erst über diese zulässigen Randnutzungen hinausgehende Aktivitäten auf dem Telekommunikationsmarkt, nämlich der gezielte Aufbau neuer Netzkapazitäten zum Zwecke der Vermarktung und vor allem das Angebot von Telekommunikationsdienstleistungen am Markt. Ergreifen Kommunen solche Aktivitäten, werden sie im Sinne des Kommunalwirtschaftsrechts wirtschaftlich tätig; die besonderen kommunalwirtschaftsrechtlichen Beschränkungen greifen ein.

a. Das Erfordernis eines rechtfertigenden öffentlichen Zwecks

Die zentrale, über die prinzipielle Zugangsberechtigung der Kommunen zum Markt der Telekommunikationsdienstleistungen entscheidende Debatte gilt der Frage, ob ihre Aktivitäten durch die erforderlichen öffentlichen Zwecke gerechtfertigt sein können. Das ist hier – anders als in Bezug auf die traditionellen Felder kommunaler Versorgungswirtschaft – nicht unumstritten. In den angemeldeten Zweifeln kehren die schon von der verfassungsrechtlichen Ebene her bekannten Bedenken dagegen wieder, den Kommunen den Zutritt zu diesem neu eröffneten, von Verfassungs wegen explizit als privatwirtschaftlich definierten Sektor der Telekommunikation zu gewähren[74].

aa. Der spezielle Erlaubnistatbestand des § 107 Abs. 1 Nr. 1b GO NW a.F.

Der nordrhein-westfälische Landesgesetzgeber hat es 1997 für erforderlich gehalten, durch eine neu eingeführte Ausnahmeklausel des § 107 Abs. 1 Nr. 1b GO NW a.F. den Gemeinden den Betrieb von Leitungsnetzen für Zwecke der Telekommunikation einschließlich der Telekommunikationsdienstleistungen unabhängig vom Vorliegen eines diese Betätigung erfordernden (dringenden) öffentlichen Zwecks zu gestatten[75]. Nach der Begründung des zugrunde liegenden Gesetzentwurfs läßt die bisherige Regelung »das von den Kommunen angestrebte Engagement auf dem Telekommunikationsmarkt nicht zu, da ein

---

[73] *Decker*, in: Held u.a. (Hrsg.), Kommunalverfassungsrecht Nordrhein-Westfalen. GO, § 107 Erl. 8.1 a), b) und c); *te Reh*, ZögU 19 (1996), 399 (405 f.).

[74] Vgl. die Stellungnahme der Bundesregierung zum Elften Hauptgutachten der Monopolkommission 1994/95, BT-Drs. 13/7998, Tz. 29.

[75] § 107 Abs. 1 S. 1 Nr. 1b GO NW i.d.F. des Gesetzes vom 25. November 1997 (GVBl. S. 422); vgl. jetzt jedoch die Neufassung von § 107 Abs. 1 S. 1 GO NW durch das Erste Modernisierungsgesetz vom 15. Juni 1999 (GVBl. S. 386).

dringender öffentlicher Zweck, der die Betätigung erforderlich macht, nicht ersichtlich ist.«[76]

Wie ein Blick in die Gesetzesberatungen zeigt, beruht diese Einschätzung des Landesgesetzgebers allerdings auf der Annahme, § 107 Abs. 1 Nr. 1 GO NW a.F. erlaube eine wirtschaftliche Betätigung von Kommunen erst dann, wenn das Angebot der privaten Wirtschaft quantitativ und/oder qualitativ nicht ausreicht[77]. Diese – im Ergebnis eine noch verschärfte Subsidiaritätsklausel einführende – Interpretation des Erfordernisses eines rechtfertigenden öffentlichen Zwecks ist bereits eingehend erörtert und zurückgewiesen worden[78]. Weil die Einfügung der besonderen Erlaubnisklausel auf dieser – nach der hier vertretenen Auffassung unzutreffenden – Annahme beruhte, läßt sich ihr kein Argument dafür entnehmen, daß das – richtig verstandene – Erfordernis eines rechtfertigenden öffentlichen Zwecks der kommunalen Betätigung auf dem Telekommunikationssektor entgegenstehen könnte. Das bestätigt die Gesetzentwurfsbegründung im übrigen selbst, wenn sie ausführt, mit der besonderen Aufführung von Telekommunikationsaktivitäten bringe »der Gesetzgeber zugleich zum Ausdruck, daß er für diesen Bereich einen öffentlichen Zweck erkennt«[79].

bb. Rechtfertigende öffentliche Zwecke

Soweit in das öffentliche Zweckerfordernis kein Subsidiaritätsgebot hineingelesen wird, lautet – auch mit Blick auf die strengeren Anforderungen des § 107 GO NW a.F. – die verbreitete Einschätzung, daß ein die Betätigung rechtfertigender oder gebietender (dringender) öffentlicher Zweck zwar nicht in jedem Falle vorliege, in der Regel jedoch dargelegt werden könne. Als solche rechtfertigenden öffentlichen Zwecke kommen Zielsetzungen in Betracht, die den auch für die bisherige versorgungswirtschaftliche Betätigung der Kommunen – weithin unstreitig – aufgeführten nicht unähnlich sind; es geht auch hier – wie im übrigen das Bundesverfassungsgericht implizit bestätigt hat[80] – um gemeindliche Daseinsvorsorge. Genannt werden insbesondere Gründe der

---

[76] LT-Drs. 12/2113, S. 1.

[77] LT-Drs. 12/2113, S. 5. Vgl. auch Innenminister Kniola, Landtag Nordrhein-Westfalen, Plenarprotokoll 12/71 vom 19. November 1997, S. 5918 (B).

[78] Vgl. oben 7. Kap. I. 1. c., insbes. aa. und bb. (2).

[79] LT-Drs. 12/2113, S. 5.

[80] BVerfG (2. Kammer des Zweiten Senats), NVwZ 1999, 520 (520): § 50 Abs. 1 S. 1 TKG entziehe »den Gemeinden keine Aufgaben mit relevantem örtlichem Charakter auf dem Gebiet der örtlichen Daseinsvorsorge. § 50 TKG hindert die Bf. nicht, auf dem Gemeindegebiet Übertragungswege für Telekommunikationslinien selber zu betreiben ... oder Sprachtelefondienste anzubieten ...«.

Wirtschaftsförderung und der Arbeitsplatzsicherung und -förderung, weiter der Aspekt der Sicherung gleichwertiger Lebensverhältnisse im gesamten Bundesgebiet durch die krisenfeste Versorgung der Bevölkerung mit hochwertigen Telekommunikationsdienstleistungen gerade im ländlichen Raum, die Sicherung vor Monopolmißbräuchen bzw. die Förderung des Wettbewerbs auf dem Telekommunikationsmarkt, schließlich auch die Absicht der Gewinnerzielung[81].

Vor dem rechtlichen Hintergrund der verfassungsrechtlich angeordneten Privatisierung und dem tatsächlichen Hintergrund hoher Gewinnerwartungen auf dem Telekommunikationssektor spielt in der Diskussion die Gewinnerzielungsabsicht der Kommunen eine hervorgehobene Rolle. Ohne Frage ist sie für das kommunale Interesse an diesem Sektor von erheblicher Bedeutung. Allerdings reicht sie nach der insoweit – nahezu – unstreitigen Interpretation des »öffentlichen Zwecks« zur Rechtfertigung einer wirtschaftlichen Betätigung nicht aus. Mit Recht ist aber auch anerkannt, daß die Möglichkeit der Erzielung von Gewinnen einer kommunalen Wirtschaftstätigkeit nicht entgegensteht, solange die Kommune dartun kann, daß in erster Linie eine unmittelbare Verfolgung öffentlicher Zwecke der örtlichen Gemeinschaft angestrebt wird. Das gilt auch in Bezug auf den Telekommunikationssektor.

Die Rechtfertigung des kommunalen Engagements wird vor allem darauf zurückgeführt, daß es der Verbesserung der örtlichen Versorgung mit Telekommunikationsleistungen diene; das Angebot hochwertiger, den spezifisch örtlichen Anforderungen entsprechender Telekommunikationsdienstleistungen gilt schon aus sich heraus als legitime kommunale Daseinsvorsorge und soll darüber hinaus auch der Sicherung und Förderung von Standortqualitäten der Kommunen, der Wirtschaftsförderung und Arbeitsplatzsicherung dienen. Der Legitimität dieser kommunalen Zielsetzung können weder der dem Bund verfassungsrechtlich zugewiesene Infrastruktursicherungauftrag[82] noch auch die ihm dienenden Vorschriften des Telekommunikationsgesetzes über die Gewährleistung der so genannten Universaldienstleistungen entgegengehalten werden. Letztere gelten allein der Sicherstellung einer flächendeckenden Grundversorgung zu erschwinglichen Preisen und beziehen sich nur auf Tele-

---

[81] Vgl. *Cronauge*, Kommunale Unternehmen, Rn. 770i; *Decker*, in: Held u.a. (Hrsg.), Kommunalverfassungsrecht Nordrhein-Westfalen. GO, § 107 Erl. 8.1 d); *Ehlers*, DVBl. 1998, 497 (499), mit darauf gestützter Kritik an der Änderung des § 107 Abs. 1 GO NW; *Etling-Ernst*, TKG, § 1 Rn. 17 f.; *Giesen/Gerbrand*, Stadt und Gemeinde 1996, 15 (15, 19); *Lehmann/Stolz*, CR 1997, 97 (101); *Moraing*, Möglichkeiten und Grenzen kommunalwirtschaftlicher Betätigung, S. 28 ff.; *Pünder*, DVBl. 1997, 1353 (1358) ; *te Reh*, ZögU 19 (1996), 399 (408). Krit. insoweit *Müller*, DVBl. 1998, 1256 (1263).

[82] So auch *Pünder*, DVBl. 1997, 1353 (1358).

kommunikationsdienstleistungen in den Bereichen des Sprachtelefondienstes und des Betreibens von Übertragungswegen, ggf. erweitert um damit in unmittelbarem Zusammenhang stehende Telekommunikationsdienstleistungen, soweit deren Erbringung für die Öffentlichkeit als Grundversorgung unabdingbar geworden ist (vgl. §§ 2 Abs. 2 Nr. 3, 17 Abs. 1 TKG). Diese Mindestversorgung, die nach der derzeitigen Fassung der Rechtsverordnung gemäß § 17 Abs. 2 TKG etwa nicht den ISDN-Standard verbürgt, bleibt jedoch hinter den Ansprüchen vieler Bürger, insbesondere aber Unternehmen vor allem hinsichtlich der Möglichkeiten der Datenübertragung zurück[83]. Die Gewährleistung eines besseren Versorgungsstandards ist deshalb ungeachtet der bundesgesetzlichen Regulierung ein legitimer öffentlicher, dem örtlichen Gemeinwohl dienender Zweck; er kann deshalb auch die eigene wirtschaftliche Betätigung der Kommunen auf diesem Feld rechtfertigen.

Mit den aufgeführten öffentlichen Zwecken verbindet sich der Aspekt der Sicherung vor Monopolmißbräuchen bzw. der Förderung des Wettbewerbs auf dem Telekommunikationsmarkt[84]. Er spielt im diesem Sektor, der lange insgesamt und bis zum Ende des Jahres 1997 noch zu einem wesentlichen Teil von der Deutschen Telekom AG als einem öffentlichen Monopolunternehmen bedient worden ist, eine besondere Rolle. Der Aufbau einer echten Konkurrenz zur Deutschen Telekom AG nach der Aufgabenprivatisierung und Liberalisierung fällt auch den großen, überregional aktiven Unternehmen des privaten Sektors ohne die Kooperation mit den kommunalen Unternehmen schwer[85]. Den bei ihnen vorhandenen und ggf. auszubauenden lokalen Netzinfrastrukturen kann insoweit eine wesentliche Bedeutung zukommen.

b. Subsidiarität gegenüber privaten Anbietern

Wie schon im Zusammenhang mit § 107 Abs. 1 Nr. 1 GO NW a.F. angeklungen ist, spielt gerade auch in Bezug auf den verfassungsrechtlich als privatwirtschaftlich qualifizierten Telekommunikationssektor die Frage eine wichtige Rolle, ob und inwieweit das kommunale Engagement auf dem Telekommunikationsmarkt kommunalwirtschaftsrechtlich einem Subsidiaritätsgebot unterworfen ist und von Verfassungs wegen unterworfen werden darf, so daß es unzulässig ist, sobald ein privater Anbieter zu gleich guter und wirtschaftlicher Zweckerfüllung in der Lage ist. Insoweit kann auf die früheren allgemei-

---

[83] Vgl. *Giesen/Gerbrand*, Stadt und Gemeinde 1996, 15 (17f.); *Pünder*, DVBl. 1997, 1353 (1355).

[84] *Pünder*, DVBl. 1997, 1353 (1358).

[85] *Pünder*, DVBl. 1997, 1353 (1358).

nen Darlegungen verwiesen werden. Danach gilt auch für den Telekommunikationssektor, daß mit Rücksicht auf Art. 28 Abs. 2 GG den Kommunen eine wirtschaftliche Betätigung jedenfalls solange nicht untersagt werden darf, wie sie zu einer gleich guten und wirtschaftlichen, vielleicht auch unwirtschaftlicheren, aber besseren Zweckerfüllung in der Lage sind.

c. *Räumliche Begrenzung*

Auf Grund der wirtschaftlichen Ausgangssituation gewinnt auch für den Sektor der Telekommunikation die Frage der räumlichen Beschränkung kommunaler Wirtschaftstätigkeit erhebliche Bedeutung. Unter Umständen werden schon die sehr hohen Investitionen für den Aufbau des Angebots von Telekommunikationsdienstleistungen ein Tätigwerden allein auf dem Gebiet einer Gemeinde nicht rentabel erscheinen und aus wirtschaftlichen Gründen ausscheiden lassen. Darüber hinaus wird ein ausschließlich örtlich begrenztes Telekommunikationsdienstleistungsangebot den Anforderungen des Marktes nicht genügen; die Kunden werden auch von einem primär lokal operierenden Unternehmen den Zugang zu regionalen, nationalen und internationalen Netzen erwarten.

Die vorherrschende Auffassung, die auch die kommunale Wirtschaftstätigkeit als Selbstverwaltungsbetätigung durch das Gemeindegebiet grundsätzlich begrenzt sieht, will damit zwar nicht jegliche wirtschaftliche Betätigung außerhalb dieses Gebiets von vornherein untersagen, kommt aber in der Folge auch für den Telekommunikationssektor zu vergleichsweise engen Spielräumen. Eine überörtliche Betätigung erscheint im wesentlichen nur in der Form möglich, daß eine Kommune durch ihr Telekommunikationsunternehmen im Rahmen einer vertraglichen Vereinbarung auch die Versorgung einer Nachbargemeinde übernimmt oder mit anderen Gemeinden eine gemischt-öffentliche Beteiligungsgesellschaft zur gemeinsamen Betätigung als Telekommunikationsunternehmen im Gebiet der beteiligten Gemeinden gründet[86].

Nach der oben entwickelten Auffassung, nach der die kommunale Wirtschaftstätigkeit nicht selbst räumlichen Zuständigkeitsgrenzen unterfallende Selbstverwaltungsbetätigung ist, sondern lediglich den sachlichen Bezug auf einen in der örtlichen Gemeinschaft wurzelnden öffentlichen Zweck wahren muß, ergeben sich tendenziell großzügigere Betätigungsspielräume. Die Beurteilung muß dem Umstand Rechnung tragen, daß Telekommunikationsdienstleistungen eine Doppelfunktion haben, nämlich sowohl die der örtlichen Kommunikation wie auch der Kommunikation mit Partnern außerhalb

---

[86] *Pünder*, DVBl. 1997, 1353 (1359).

des eigenen Gemeindegebiets. Diese Doppelfunktion hebt nicht nur die Zulässigkeit kommunaler Telekommunikationsdienstleistungen unter dem Aspekt der Verfolgung von Zwecken der örtlichen Gemeinschaft nicht auf[87]; sie rechtfertigt darüber hinaus auch ein wirtschaftliches Verhalten kommunaler Unternehmen, das dem wettbewerbsfähigen Angebot von Telekommunikationsdiensten unter Einschluß der notwendig damit verbundenen überörtlichen Funktion dient. Über die gemeinhin eingeräumten überörtlichen Betätigungsmöglichkeiten hinaus ist deshalb auch die der Versorgung des eigenen Gemeindegebiets förderliche Beteiligung an gemischtwirtschaftlichen Telekommunikationsunternehmen, die darüber hinaus auch auf fremdem Gemeindegebiet operieren, oder das Eingehen von strategischen Allianzen mit überörtlich tätigen Unternehmen zur Sicherung des Zugangs zu überregionalen, nationalen und internationalen Telekommunikationsdienstleistungen kommunalwirtschaftsrechtlich nicht ausgeschlossen[88]. Insoweit kann hier nichts anderes gelten, als bereits mit Blick auf den Energiesektor ausgeführt worden ist.

d. Angemessenes Verhältnis zu Leistungsfähigkeit und Bedarf

Die bedeutsamste kommunalwirtschaftsrechtliche Beschränkung der Möglichkeiten zur Betätigung auf dem Telekommunikationsmarkt dürfte in der Anforderung liegen, daß die wirtschaftliche Betätigung nach Art und Umfang in einem angemessenen Verhältnis zur Leistungsfähigkeit der Gemeinde (und zum voraussichtlichen Bedarf) stehen muß. Sie soll die Kommunen vor einem Engagement bewahren, das ihre Verwaltungs- und Finanzkraft überfordern oder jedenfalls insgesamt in der Relation von erforderlichem Aufwand und erzielbaren Vorteilen keine effektive Verbesserung der gemeindlichen Aufgabenerfüllung erreichen würde. Dies ist jeweils im Einzelfall anhand der tatsächlichen Verhältnisse und örtlichen Gegebenheiten zu prüfen[89]. Der Gemeinde steht insoweit eine Einschätzungsprärogative zu, doch obliegt ihr zugleich eine Darlegungslast. Die Kommunalaufsicht hat ggf. diese gemeindliche Einschätzung daraufhin zu überprüfen, ob sie den maßgebenden Sachverhalt zutreffend und vollständig ermittelt, die entscheidungserheblichen Gesichts-

---

[87] *Decker*, in: Held u.a. (Hrsg.), Kommunalverfassungsrecht Nordrhein-Westfalen. GO, § 107 Erl. 8.1 d) a.E.

[88] Insoweit für eine großzügigere Beurteilung auch *Cronauge*, Kommunale Unternehmen, Rn. 769u.

[89] *Moraing*, Möglichkeiten und Grenzen kommunalwirtschaftlicher Betätigung, S. 32; *te Reh*, ZögU 19 (1996), 399 (408).

punkte erkannt und den möglichen Verlauf der Entwicklung nicht offensichtlich fehlerhaft eingeschätzt hat[90].

Daß dieser Anforderung gerade im Telekommunikationssektor eine begrenzende Wirkung zukommen kann, beruht vor allem auf zwei Gründen. Zum einen erfordern dort, wo die kommunale Wirtschaftsbetätigung nicht schon auf vorhandene Ressourcen zurückgreifen kann, der Aus- oder Neubau der Netzinfrastruktur und das Angebot von Telekommunikationsdienstleistungen sehr hohe Investitionen. Zum anderen ist die Beurteilung des Bedarfs erschwert durch die im Wandel begriffene Marktsituation. In dieser Situation besteht ein nicht unerhebliches Risiko des Fehlschlagens kommunaler Investitionen, das eine sorgfältige vorherige Marktanalyse erforderlich macht[91].

---

[90] Vgl. zu diesen Anforderungen BVerwGE 79, 208 (213).
[91] Vgl. *Voeth*, der städtetag 1996, 97.

Schluß

Die Diskussion um die Aufgabenverteilung zwischen öffentlicher Verwaltung und privater Wirtschaft betrifft – mehr noch als die anderen Gebietskörperschaften, Bund und Länder – die Kommunen in ihrem Aufgabenbestand, ja in ihrer Daseinsberechtigung als selbständige Verwaltungsträger. Die kommunale Wahrnehmung von Angelegenheiten der örtlichen Gemeinschaft besteht ganz wesentlich – insbesondere in den Bereichen der Ver- und Entsorgung und des Verkehrs, aber auch auf vielen anderen Tätigkeitsfeldern – aus Betätigungen in der Daseinsvorsorge, deren Privatisierung und Deregulierung etwa seit Mitte der 80'er Jahre ein zentrales Thema der europäischen und nationalen Politik ist.

In dieser Diskussion vermag der Begriff der Daseinsvorsorge – wie mit einer verbreiteten Kritik an seiner rechtlichen Aussagekraft festzustellen ist – aus sich heraus die Grenzziehung zwischen spezifisch staatlichem und privatwirtschaftlichem Aufgabenbereich nicht zu leisten. Auch das gemeindliche Engagement in der Versorgung der Einwohner mit Gütern und Dienstleistungen zur Sicherung eines angemessenen Lebensstandards läßt sich rechtlich nicht auf diesen einen Begriff der (örtlichen) Daseinsvorsorge bringen. Vielmehr sind die Kommunen – genauer betrachtet – in unterschiedlichen Funktionen in der so genannten Daseinsvorsorge tätig und von der Privatisierungsdiskussion betroffen. Einerseits nehmen sie kraft ihres von Art. 28 Abs. 2 GG garantierten Selbstverwaltungsrechts spezifisch hoheitliche Funktionen in Bezug auf die (wirtschaftliche) Erbringung von Daseinsvorsorgeleistungen wahr. Eine solche spezifisch hoheitliche Funktion kommt ihnen vor allem für den Bereich der leitungsgebundenen Versorgung ihres Gebiets, insbesondere der Stromversorgung, auf Grund ihrer Herrschaft über das gemeindliche Straßen- und Wegenetz zu. Diese Herrschaft gründet – entgegen der vorherrschenden Annahme – nicht auf dem privaten Eigentum der Gemeinde an den Straßen- und Wegegrundstücken, sondern auf der Wegehoheit als einer spezifisch hoheitlichen Position, die Teil der kommunalen Selbstverwaltung ist; sie verleiht den Gemeinden eine hoheitliche Gestaltungsbefugnis in Bezug auch auf die Versorgungsfunktionen, die dem Straßen- und Wegenetz zugleich mit der Verkehrsfunktion eigen sind. Andererseits betätigen sich die Kommunen nicht spezifisch hoheitlich, sondern – etwa durch ihre Stadtwerke – wirtschaftlich und insoweit auch in Konkurrenz zu privaten Unternehmen in der Daseinsvorsorge. Die Selbstverwaltungsgarantie gewährleistet ihnen das Recht zu dieser eigenen wirtschaftlichen Betätigung, nicht weil diese selbst Verwaltungstätigkeit wäre, sondern als ein Mittel zur Verfolgung von örtlichen Gemeinwohlzwecken; sie bleibt aber wirtschaftliche Tätigkeit nach Maßgabe der dafür geltenden rechtlichen Regeln. Das Recht des Staates und damit auch der Kommunen, sich in dieser Weise wirtschaftlich zu betätigen, ist im Verhältnis zum privaten Sektor verfassungsrechtlich nicht begrenzt: Es unterliegt nicht dem verfassungsrechtlichen Erfordernis eines besonderen öffentlichen Zwecks, ist nicht durch die für die Verwaltungstätigkeit geltenden Kompetenzgrenzen eingeschränkt, muß keinen verfassungsrechtlich vorgegebenen Vorrang zugunsten der Privatwirtschaft beachten und bedarf auch keiner parlamentsgesetzlichen Ermächtigung; vielmehr ist es eine Angelegenheit der politischen Entscheidung des jeweiligen Verwaltungsträgers, über seine wirtschaftliche Betätigung zu befinden.

Hinsichtlich der – spezifisch hoheitlichen wie auch wirtschaftlichen – Betätigung in der örtlich radizierten Daseinsvorsorge steht diese Entscheidungsfreiheit nach Art. 28 Abs. 2 GG verfassungsrechtlich primär der jeweiligen Gemeinde zu. Wie das Bundesverfassungsgericht insbesondere in seinem Rastede-Beschluß herausgearbeitet hat, liegt der Wesensgehalt der kommunalen Selbstverwaltung in der Befugnis der Gemeinde, sich aller Angelegenheiten der örtlichen Gemeinschaft ohne besonderen gesetzlichen Kompetenztitel annehmen zu dürfen. Dieses Recht zum gesetzesunabhängigen Zugriff auf örtlich radizierte Gemeinwohlaufgaben ist nicht nur gegenüber der so genannten Hochzonung durch den Gesetzgeber garantiert, sondern – entgegen einer zuletzt zunehmend vertretenen Auffassung – auch gegenüber Privatisierungs- und Deregulierungsvorgaben; auch der gesetzgeberische Entzug von ansonsten den Gemeinden offenstehenden Betätigungsmöglichkeiten zugunsten des privaten Sektors unterliegt den Rechtfertigungsanforderungen des Art. 28 Abs. 2 GG. Der Gesetzgeber darf insoweit – wie wiederum aus dem Rastede-Beschluß entwickelt werden kann – erst deregulierend und privatisierend tätig werden, wenn es dafür überwiegende Gemeinwohlgründe gibt, insbesondere wenn die Gemeinden selbst zu ordnungsgemäßer Aufgabenerfüllung nicht in der Lage sind. Aus diesem Grunde erscheint die zuletzt in das Kommunalwirtschaftsrecht einzelner Bundesländer aufgenommene Subsidiaritätsklausel, die die Aufnahme einer wirtschaftlichen Betätigung der Gemeinde für unzulässig erklärt, sobald der damit verfolgte Zweck von einem (privaten) Dritten gleich gut und wirtschaftlich erreicht wird oder werden kann, nicht mit der Verfassung vereinbar. Sie verdrängt die Kommunen mit ihren

Unternehmen aus Tätigkeiten ihres originären Aufgabenkreises, auch wenn sie diese der Privatwirtschaft ebenbürtig, ordnungsgemäß wahrnehmen können; die für diese Beschränkung der gemeindlichen Selbstverwaltung erforderlichen überwiegenden Gemeinwohlgründe sind nicht ersichtlich. Gerade hierin erweist sich, daß über die Verlagerung kommunaler Aufgaben und Betätigungen in der örtlichen Daseinsvorsorge hin zur privatwirtschaftlichen Erledigung und wettbewerblichen Steuerung primär eben nicht der Gesetzgeber zu entscheiden hat, sondern die jeweilige Gemeinde als Selbstverwaltungskörperschaft, die unter demokratischer Teilhabe ihrer Bürgerschaft eigenverantwortlich, d.h. grundsätzlich gerade unabhängig vom staatlichen Gesetzgeber über den Zugriff auf Aufgaben des örtlichen Wirkungskreises befinden kann.

Die spezifisch hoheitliche Funktion der Kommunen in der Daseinsvorsorge ist exemplarisch näher untersucht worden im Hinblick auf die aus ihrer Wegehoheit erwachsende Position in der örtlichen Elektrizitätsversorgung. Hierauf gegründet haben die Kommunen von Beginn an über die Elektrizitätsversorgung in ihrem Gemeindegebiet als einem geschlossenen Versorgungsgebiet entscheiden können, indem sie entweder mit einem fremden Versorgungsunternehmen einen – ausschließlichen – Konzessionsvertrag schlossen oder aber selbst die Versorgung übernahmen. Diese hoheitliche Entscheidungskompetenz über die örtliche Stromversorgung ist in den letzten Jahren Gegenstand sowohl gemeinschaftsrechtlicher als auch gesetzgeberischer Neuregelungen gewesen, die auf eine Liberalisierung und Deregulierung des Elektrizitätssektors zielen. Gegenüber beiden Regelungsvorhaben hat die auf die Wegehoheit gestützte kommunale Position jedoch – nach den Ergebnissen dieser Untersuchung – rechtlich Bestand. Die Richtlinie des Europäischen Parlaments und des Rates vom 19. Dezember 1996 betreffend gemeinsame Vorschriften für den Elektrizitätsbinnenmarkt strebt ausweislich ihrer Begründungserwägungen auf die Verwirklichung eines Binnenmarktes für Energie und daher einen offenen Zugang zu den Netzen an, ist jedoch so nachgiebig formuliert, daß sie jedenfalls weitgehend die Aufrechterhaltung geschlossener kommunaler Versorgungsgebiete erlaubt. Das ist Ausdruck der beschränkten Regelungsbefugnisse, die der EG-Vertrag insoweit begründet. Grund dafür sind zum einen die begrenzten Rechtsetzungskompetenzen der Europäischen Gemeinschaft; da es ihr an einem Kompetenztitel für das Energierecht fehlt, bleibt nur der Rückgriff auf die Binnenmarktkompetenzen, der aber eine Vollregelung des Elektrizitätssektors durch die Europäische Gemeinschaft nicht zuläßt. Zum anderen verlangt die besondere mitgliedstaatliche Befugnis zur Betrauung von Unternehmen mit Dienstleistungen von allgemeinem wirtschaftlichem Interesse gemäß Art. 86 Abs. 2 EGV, die die betrauten Unternehmen mit Rücksicht auf die übertragenen besonderen Aufgaben von der Beachtung der Bestimmungen des EG-Vertrages freistellt, auch hier Beachtung. Diese Bestimmung hat in der neueren Rechtsprechung des Europäischen Gerichtshofs mit Recht eine größere Bedeutung erlangt; sie begründet auch für die Kommunen besondere Regulierungsbefugnisse in der örtlichen Daseinsvorsorge und kann damit für diesen Bereich ein Stück weit das Fehlen einer besonderen Gewährleistung der kommunalen Selbstverwaltung im Gemeinschaftsrecht kompensieren. Auch der Bundesgesetzgeber, der mit dem Gesetz zur Neuregelung des Energiewirtschaftsrechts vom 24. April 1998 das Recht der Kommunen zur Bildung geschlossene kommunaler Versorgungsgebiete beseitigt hat, kann dieses Ziel nach den Ergebnissen dieser Untersuchung nicht erreichen, weil das Gesetz insoweit nicht verfassungsgemäß ist. Dem Bund fehlt dafür zum einen die Gesetzgebungskompetenz, weil diese kommunale Befugnis nicht dem Kompetenztitel des Rechts der Wirtschaft unterfällt, da es sich gerade nicht um eine wirtschaftliche, sondern eine spezifisch hoheitliche Betätigung handelt; vielmehr ist insoweit die Landeskompetenz für das Straßenrecht einschlägig. Zum anderen steht die Garantie der kommunalen Selbstverwaltung entgegen, die auch insoweit ihren Schutz gegenüber der gesetzgeberischen Entziehung oder Beschränkung kommunaler Aufgaben zugunsten des privaten Sektors entfaltet. Die an die Kommunen gerichtete Vorgabe, auf regulierende Eingriffe in die örtliche Elektrizitätsversorgung auf der Grundlage ihrer Wegehoheit zu verzichten, darf der Gesetzgeber nach Art. 28 Abs. 2 GG nur dann treffen, wenn er für diese Entziehung einer gemeindlichen Aufgabe überwiegende Gemeinwohlgründe geltend machen kann; allein die mit der Liberalisierung des Elektrizitätsmarktes erhoffte Preissenkung für Strom genügt dafür nicht.

Exemplarisch für die nicht spezifisch hoheitliche, sondern wirtschaftliche Betätigung der Kommunen steht im Rahmen dieser Untersuchung das Engagement kommunaler Unternehmen auf dem neu eröffneten Markt der Telekommunikation. Nach der expliziten verfassungsrechtlichen Definition des Art. 87f Abs. 2 S. 1 GG werden Dienstleistungen im Bereich der Telekommunikation als privatwirtschaftliche Tätigkeiten durch private Anbieter erbracht. Auch kommunale Unternehmen sind – auch wenn das wegen ihrer Zugehörigkeit zum staatlichen Sektor angezweifelt worden ist – in diesem Sinne private Anbieter. Darin wird deutlich, daß die kommunalwirtschaftliche Betätigung – im Sinne der grundlegenden funktionalen Unterscheidung von Verwaltung und Wirtschaft – wirtschaftliche Betätigung ist. Die Betätigung auf Wettbewerbsmärkten wie dem der Telekommunikation führt dabei in besondere, zuletzt viel erörterte kommunalwirtschaftsrechtliche Probleme, die ihren Grund letztlich in einem Dilemma haben. Einerseits ist den Kommunen verfassungsrechtlich und kommunalwirtschaftsrechtlich das Recht zu wirtschaftlicher Betätigung nicht allein wegen der möglichen Gewinnerzielung, sondern als ein Mittel der Wahrnehmung von Selbstverwaltungsaufgaben, um der Verfolgung örtlicher Gemeinwohlzwecke willen garantiert. Andererseits kann auch die kommunalwirtschaftliche Betätigung auf Wettbewerbsmärkten, in Konkurrenz zu privaten Unternehmen nur erfolgreich sein, wenn die kommunalen Unternehmen ebenso wie die anderen Anbieter wettbewerbsgerecht, nachfrageorientiert agieren, d.h. entsprechend diesen Erfordernissen ihre Betätigung gegenständlich und vor allem auch räumlich über das eigene Gemeindegebiet hinaus ausdehnen können. Insoweit ist zu bedenken, daß die Verfassungsgarantie der kommunalwirtschaftlichen Betätigung zur Verfolgung örtlicher Gemeinwohlzwecke leer liefe, wenn den Kommunen die erforderlichen Handlungsfreiheiten für ein erfolgreiches Wirtschaften vorenthalten blieben, wobei die veränderten Rahmenbedingungen (kommunal-)wirtschaftlicher Betätigung angesichts einer zunehmenden Liberalisierung der Märkte beachtet werden müssen. Der verfassungsrechtliche Schutz und die kommunalwirtschaftsrechtliche Zulässigkeit der gemeindlichen Wirtschaftsbetätigung schließen deshalb auch die unter diesen Bedingungen nötigen Handlungsfreiheiten ein und enden erst dort, wo über die Gewinnerzielung hinaus kein relevanter sachlicher Bezug zu den Angelegenheiten der örtlichen Gemeinschaft mehr besteht. Der Garantie kommunaler Selbstverwaltung entspricht es, in diesem Konflikt der Kommune einen Vorrang hinsichtlich der gegenständlichen – wie im übrigen auch organisatorischen – Ausgestaltung ihrer Unternehmungen zu lassen.

Literaturverzeichnis

Albrecht, Matthias: Die Stellung der Gemeinden in der Energieversorgung. Der verfassungsrechtlich geschützte Wirkungskreis der Gemeinden in der Elektrizitätsversorgung, in: ZUR 1995, 233

Ambrosius, Gerold: Der Staat als Unternehmer, Göttingen 1984

– Die öffentliche Wirtschaft in der Weimarer Republik, Baden-Baden 1984

– Die wirtschaftliche Entwicklung von Gas-, Wasser- und Elektrizitätswerken (ab ca. 1850 bis zur Gegenwart), in: H. Pohl (Hrsg.), Kommunale Unternehmen. Geschichte und Gegenwart (Zeitschrift für Unternehmensgeschichte Beiheft 42), Stuttgart 1987, S. 125

– Kommunalwirtschaft im Spannungsfeld von Autonomisierung/Privatisierung und Bindung/Regulierung (vom Ende des 19. Jahr-hunderts bis zu den 1930er Jahren), in: J. Wysocki (Hrsg.), Kommunalisierung im Spannungsfeld von Regulierung und Deregulierung im 19. und 20. Jahrhundert, Berlin 1995, S. 141

– Privatisierungen in historischer Perspektive: Zum Verhältnis von öffentlicher und privater Produktion, in: StWissStPr 1994, 415

von Ameln, Ralf: Auswirkungen des Europäischen Binnenmarktes auf Kommunalpolitik und Kommunalrecht der EG-Mitgliedstaaten, in: DVBl. 1992, 477

Arndt, Hans-Wolfgang: Common Carrier bei Strom und Gas, in: RIW Beil. 7/1989, 1

– Kreislaufwirtschaft und kommunale Entsorgung. Zur Rechtsstellung der Kommunen und ihrer Wirtschaftsunternehmen im System des Kreislaufwirtschafts- und Abfallgesetzes, Köln 1996

von Arnim, Hans Herbert: Rechtsfragen der Privatisierung kommunaler Wirtschaftsunternehmen, in: H. Ehmann (Hrsg.), Privatautonomie, Eigentum und Verantwortung. Festgabe für Hermann Weitnauer zum 70. Geburtstag, Berlin 1980, S. 163 (zit.: Festgabe Weitnauer)

– Wirtschaftlichkeit als Rechtsprinzip, Berlin 1988

– Rechtsfragen der Privatisierung. Grenzen staatlicher Wirtschaftstätigkeit und Privatisierungsgebote, Wiesbaden 1995

Baar, Lothar (unter Mitarbeit von Axel Gayko): Unternehmerische Initiativen in der Berliner Versorgungswirtschaft im Spannungsfeld von Regulierung und Deregulierung, in: J. Wysocki (Hrsg.), Kommunalisierung im Spannungsfeld von Regulierung und Deregulierung im 19. und 20. Jahrhundert, Berlin 1995, S. 165

Bach, Albrecht: Wettbewerbsrechtliche Schranken für staatliche Maßnahmen nach europäischem Gemeinschaftsrecht, Tübingen 1992

Backhaus, Jürgen: Öffentliche Unternehmen – zum Wirtschaftsrecht, den Funktionen und Rechtsformen öffentlicher Unternehmen, 2. Aufl., Frankfurt a. M. 1980

Badura, Peter: Die Erfüllung öffentlicher Aufgaben und die Unternehmenszwecke bei der wirtschaftlichen Betätigung der öffentlichen Hand, in: I. von Münch (Hrsg.), Staatsrecht – Völkerrecht – Europarecht. Festschrift für Hans-Jürgen Schlochauer zum 75. Geburtstag, Berlin/New York 1981, S. 3 (zit.: Festschrift Schlochauer)

– Die wirtschaftliche Betätigung der öffentlichen Hand mit besonderer Berücksichtigung der öffentlich-rechtlichen Wettbewerbs-Versicherungsunternehmen, in: ZHR 146 (1982), 448
– Die Wirtschaftstätigkeit der öffentlichen Hand und die neue Sicht des Gesetzesvorbehalts, in: J. F. Baur/K. J. Hopt/K. P. Mailänder (Hrsg.), Festschrift für Ernst Steindorff zum 70. Geburtstag am 13. März 1990, Berlin/New York 1990, S. 835 (zit.: Festschrift Steindorff)
– Das öffentliche Unternehmen im europäischen Binnenmarkt, in: ZGR 1997, 291
– Wirtschaftliche Betätigung der Gemeinde zur Erledigung von Angelegenheiten der örtlichen Gemeinschaft im Rahmen der Gesetze, in: DÖV 1998, 818
– Wirtschaftsverwaltungsrecht, in: E. Schmidt-Aßmann (Hrsg.), Besonderes Verwaltungsrecht, 11. Aufl., Berlin/New York 1999, S. 219
Bartlsperger, Richard: Straßenhoheit und Energiewirtschaft, in: DVBl. 1980, 249
– Hoheitliche Sachherrschaft in der Rechtsprechung des Bundesverfassungsgerichts und bei der Telegraphenpflichtigkeit von Verkehrswegen, in: W. Zeidler/Th. Maunz/G. Roellecke (Hrsg.), Festschrift Hans Joachim Faller, München 1984, S. 81 (zit.: Festschrift Faller)
Basedow, Jürgen: Europarechtliche Grenzen des Postmonopols, in: EuZW 1994, 359
– Von der Deregulierung zur Privatisierung, in: K. Letzgus/H. Hill/D. Kleinert/G.-B. Oschatz/H. de With (Hrsg.), Für Recht und Staat. Festschrift für Herbert Helmrich zum 60. Geburtstag, München 1994, S. 769 (zit.: Festschrift Helmrich)
– Von der deutschen zur europäischen Wirtschaftsverfassung, Tübingen 1992
– Zielkonflikte und Zielhierarchien im Vertrag über die Europäische Gemeinschaft, in: O. Due/M. Lutter/J. Schwarze (Hrsg.), Festschrift für Everling, Baden-Baden 1995, Band 1, S. 49 (zit.: Festschrift Everling)
Bauer, Günter: Wettbewerbsbeschränkungen durch Staaten?, München 1990
Bauer, Hartmut: Privatisierung von Verwaltungsaufgaben, in: VVDStRL 54 (1995), S. 243
Baumbach, Adolf/Hefermehl, Wolfgang: Wettbewerbsrecht. Gesetz gegen unlauteren Wettbewerb, Zugabeverordnung, Rabattgesetz und Nebengesetze, 20. Aufl., München 1998
Baur, Jürgen F.: Die politische Einigung über die Elektrizitäts-Binnenmarkt-Richtlinie, in: et 1996, 474
– Die Elektrizitätsbinnenmarktrichtlinie: Gestaltungsmöglichkeiten von Mitgliedstaaten; Auswirkungen auf die Elektrizitätsunternehmen, in: J. F. Baur/K.-H. Friauf, Energierechtsreform zwischen Europarecht und kommunaler Selbstverwaltung. Zwei Rechtsgutachten, Baden-Baden 1997, S. 13
Bechtold, Rainer: Das neue Kartellgesetz, in: NJW 1998, 2769
Benesch, Rudolf: Die Kompetenzen der EG-Kommission aus Art. 90 Abs. 3 EWGV, Köln/Berlin/Bonn/München 1993
Benz, Angelika: Privatisierung und Deregulierung – Abbau von Staatsaufgaben?, in: Die Verwaltung 28 (1995), 337
Berg, Wilfried: Die wirtschaftliche Betätigung des Staates als Verfassungsproblem, in: GewArch 1990, 225
Bethge, Herbert: Das Selbstverwaltungsrecht im Spannungsfeld zwischen institutioneller Garantie und grundrechtlicher Freiheit, in: A. von Mutius (Hrsg.), Selbstverwaltung im Staat der Industriegesellschaft. Festgabe zum 70. Geburtstag von Georg Christoph von Unruh, Heidelberg 1983, S. 149 (zit.: Festgabe v. Unruh)
Bettermann, Karl August: Juristische Personen des öffentlichen Rechts als Grundrechtsträger, in: NJW 1969, 1321

– Anmerkung zu BGH, Beschluß vom 22.03.76, in: DVBl. 1977, 180

Beutler, Bengt/Bieber, Roland/Pipkorn, Jörn/Streil, Jochen: Die Europäische Union, 4. Aufl., Baden-Baden 1993

Birkenmaier, Dieter: Gemeinsamer Markt, nationales Interesse und Art. 90 EWGV. Zur Debatte über grenzüberschreitende Elektrizitätslieferungen, in: EuR 1988, 144

Blair, Philip: Die Gestaltung der kommunalen Selbstverwaltung in den europäischen Staaten, in: DÖV 1988, 1002

Blanke, Hermann-Josef: Die kommunale Selbstverwaltung im Zuge fortschreitender Integration – Aspekte nationaler und supranationaler Verfassungsentwicklung –, in: DVBl. 1993, 819

Bleckmann, Albert: Die Bindung der Europäischen Gemeinschaft an die Europäische Menschenrechtskonvention, Köln 1986

– Die kommunale Leistungsverwaltung, insbesondere die Subventionsvergabe im europäischen Binnenmarkt, in: NVwZ 1990, 820

– Der Vertrag über die Europäische Union – Eine Einführung, in: DVBl. 1992, 335

– Begründung und Anwendungsbereich des Verhältnismäßigkeitsprinzips, in: JuS 1994, 177

Blümel, Willi: Gemeinden und Kreise vor den öffentlichen Aufgaben der Gegenwart, in: VVDStRL 36 (1978), S. 171

– § 14. Die Rechtsgrundlagen der Tätigkeit der kommunalen Selbstverwaltungskörperschaften, in: G. Püttner (Hrsg.), Handbuch der kommunalen Wissenschaft und Praxis, Band 1, 2. Aufl., Berlin/Heidelberg/New York 1981, S. 229 (zit.: HKWP I)

– Wesensgehalt und Schranken des kommunalen Selbstverwaltungsrechts, in: A. von Mutius (Hrsg.), Selbstverwaltung im Staat der Industriegesellschaft. Festgabe zum 70. Geburtstag von Georg Christoph von Unruh, Heidelberg 1983, S. 265 (zit.: Festgabe v. Unruh)

– § 101. Verwaltungszuständigkeit, in: J. Isensee/P. Kirchhof (Hrsg.), Handbuch des Staatsrechts der Bundesrepublik Deutschland, Band IV, Heidelberg 1990, S. 857 (zit.: Handbuch des Staatsrechts IV)

Blumenwitz, Dieter: Das Subsidiaritätsprinzip und die Stellung der Länder und Regionen in der Europäischen Union, in: A. Randelzhofer/R. Scholz/D. Wilke (Hrsg.), Gedächtnisschrift für Eberhard Grabitz, München 1995, S. 1 (zit.: Gedächtnisschrift Grabitz)

Böckenförde, Christoph: Verfassungswidrig durch Verfassungsänderung!, in: DÖV 1969, 744

Böhret, Carl: Aktionen gegen die „kalte Sozialisierung" 1926 – 1930. Ein Beitrag zum Wirken ökonomischer Einflußverbände in der Weimarer Republik, Berlin 1966

Bonner Kommentar zum Grundgesetz, Gesamthrsg: R. Dolzer, Mithrsg.: K. Vogel, Loseblatt, Heidelberg, Stand: April 1999 (zit.: BK)

Börner, Bodo: Frankreichstrom nach Deutschland? – Art. 90 II EWGV, Teil I, in: ders., Studien zum deutschen und europäischen Wirtschaftsrecht, Fünfter Band, Köln/Berlin/Bonn/München 1988, S. 19

von Borries, Reimer: Das Subsidiaritätsprinzip im Recht der Europäischen Union. Deutscher Landesbericht für den XVI. FIDE-Kongreß 1994 in Rom, in: EuR 1994, 263

Breuer, Rüdiger: § 148. Die staatliche Berufsregelung und Wirtschaftsverfassung, in: J. Isensee/P. Kirchhof (Hrsg.), Handbuch des Staatsrechts der Bundesrepublik Deutschland, Band VI, Heidelberg 1989, S.957 (zit.: Handbuch des Staatsrechts VI)

– Die Sackgasse des neuen Europaartikels (Art. 23 GG), in: NVwZ 1994, 417

Britz, Gabriele: Örtliche Energieversorgung nach nationalem und europäischem Recht.

Unter besonderer Berücksichtigung kommunaler Gestaltungsmöglichkeiten, Baden-Baden 1994
– Öffnung der Europäischen Strommärkte durch die Elektrizitätsbinnenmarktrichtlinie?, in: RdE 1997, 85
– Elektrizitätsbinnenmarkt-Richtlinie und Umsetzung ins deutsche Recht, in: EuZW 1997, 334
Brohm, Winfried: Wirtschaftstätigkeit der öffentlichen Hand und Wettbewerb, in: NJW 1994, 281
Broß, Siegfried: Überlegungen zum Wettbewerb der öffentlichen Hand, in: W. Erdmann/W. Gloy/R. Herber (Hrsg.), Festschrift für Henning Piper, München 1996, S. 107 (zit.: Festschrift Piper)
– Ausgewählte Probleme des Wettbewerbs der öffentlichen Hand, in: VerwArch 87 (1996), 731
Brunckhorst, Hans-Dieter: Kommunalisierung im 19. Jahrhundert, dargestellt am Beispiel der Gaswirtschaft in Deutschland, München 1978
Büchner, Wolfgang/Ehmer, Jörg/Geppert, Martin/Kerkhoff, Bärbel/Piepenbrock, Hermann-Josef/Schütz, Raimund/Schuster, Fabian (Hrsg.): Beck'scher TKG-Kommentar, München 1997
Büdenbender, Ulrich: Energierecht. Eine systematische Darstellung des gesamten Rechts der öffentlichen Energieversorgung, Köln 1982
– Energierecht nach der Energierechtsreform, in: JZ 1999, 62
Bull, Hans Peter: Die Staatsaufgaben nach dem Grundgesetz, 2. Aufl., Kronberg/Ts. 1977
Bullinger, Martin: Die funktionelle Unterscheidung von öffentlichem Recht und Privatrecht als Beitrag zur Beweglichkeit von Verwaltung und Wirtschaft in Europa, in: W. Hoffmann-Riem/E. Schmidt-Aßmann (Hrsg.), Öffentliches Recht und Privatrecht als wechselseitige Auffangordnungen, Baden-Baden 1996, S. 239
– Durchleitungsrechte von Fernmeldeunternehmen in privater Rechtsform, in: ArchivPT 1998, 24
Burgi, Martin: Die öffentlichen Unternehmen im Gefüge des primären Gemeinschaftsrechts, in: EuR 1997, 261
Burmeister, Joachim: Verfassungstheoretische Neukonzeption der kommunalen Selbstverwaltungsgarantie, München 1977
– Verfassungsrechtliche Grundfragen der kommunalen Wirtschaftsbetätigung, in: A. von Mutius (Hrsg.), Selbstverwaltung im Staat der Industriegesellschaft. Festgabe zum 70. Geburtstag von Georg Christoph von Unruh, Heidelberg 1983, S. 623 (zit.: Festgabe v. Unruh)
– § 93 A. Die Zulässigkeit kommunaler Wirtschaftsbetätigung, in: G. Püttner (Hrsg.), Handbuch der kommunalen Wissenschaft und Praxis, Band 5, 2. Aufl., Berlin/Heidelberg/New York/Tokyo 1984, S. 3 (zit.: HKWP V)
Clemens, Thomas: Kommunale Selbstverwaltung und institutionelle Garantie: Neue verfassungsrechtliche Vorgaben durch das BVerfG, in: NVwZ 1990, 834
Cronauge, Ulrich: Die Neufassung des Gemeindewirtschaftsrechts, in: StuGR 1994, 310
– Energierechtsreform und kommunale Selbstverwaltung, in: StuGR 1995, 363
– Kommunale Unternehmen. Eigenbetriebe – Kapitalgesellschaften – Zweckverbände, 3. Aufl., Berlin 1997
Cronenberg, Martin: Notwendigkeit der Liberalisierung des Strommarktes aus der Sicht des Bundeswirtschaftsministeriums, in: W. Hoffmann-Riem/J.-P. Schneider (Hrsg.),

Umweltpolitische Steuerung in einem liberalisierten Strommarkt, Baden-Baden 1995, S. 127

Damm, Reinhard: Verfassungsrechtliche und kartellrechtliche Aspekte kommunaler Energiepolitik, in: JZ 1988, 840

von Danwitz, Thomas: Vom Verwaltungsprivat- zum Verwaltungsgesellschaftsrecht – Zu Begründung und Reichweite öffentlich-rechtlicher Ingerenzen in der mittelbaren Kommunalverwaltung –, in: AöR 120 (1995), 595

– Straßen- und Wegerecht, in: E. Schmidt-Aßmann (Hrsg.), Besonderes Verwaltungsrecht, 11. Aufl., Berlin/New York 1999, S. 827

Darsow, Thomas/Gentner, Sabine/Glaser, Klaus-Michael/Meyer, Hubert (Hrsg.): Schweriner Kommentierung der Kommunalverfassung des Landes Mecklenburg-Vorpommern, Schwerin 1995

Däubler, Wolfgang: Privatisierung als Rechtsproblem, Neuwied/Darmstadt 1980

Dauses, Manfred A. (Hrsg.): Handbuch des EG-Wirtschaftsrechts, Loseblatt, München, Stand: Januar 1996

– Handbuch des EU-Wirtschaftsrechts, Loseblatt, 2. Aufl., München, Stand: Dezember 1997

Dehmer, Rudolf: Die Konzessionsvergabe als energiewirtschaftliches Lenkungsinstrument. Die Ordnung des örtlichen Energiemarktes durch die Kommunen zwischen Selbstverwaltungs- und Kartellrecht, in: et 1987, 274

– Energieversorgungskonzepte – Vorranggebiete – Kartellrecht, Köln/Berlin/Bonn/München 1989

Depenbrock, Johannes: Die Stellung der Kommunen in der Versorgungswirtschaft, München 1961

Deringer, Arved: The Interpretation of Article 90 (2) of the E. E. C. Treaty, in: CMLRev. 2 (1964/65), 129

Deubert, Michael/Liegmann, Gabriele: Rechtsgrundlagen kommunaler Selbstverwaltung und regionale Strukturen in Europa, Köln 1989

Deutscher Städte- und Gemeindebund (Hrsg): Privatisierung in Städten und Gemeinden, Göttingen 1994

Dickersbach, Alfred: Die wirtschaftliche Betätigung der öffentlichen Hand im Verhältnis zur Privatwirtschaft aus öffentlich-rechtlicher Sicht, in: WiVerw 1983, 187

Dieckmann, Jochen/Heinrichs, Friedrich Wilhelm (Hrsg.): Gemeindeordnung für das Land Nordrhein-Westfalen. Kommentar, Köln 1996

Dreier, Horst: Hierarchische Verwaltung im demokratischen Staat. Genese, aktuelle Bedeutung und funktionelle Grenzen eines Bauprinzips der Exekutive, Tübingen 1991

– (Hrsg.): Kommentar zum Grundgesetz. Band I, Tübingen 1996; Band II, Tübingen 1998 (zit.: Dreier, GG)

Dürig, Günter: Verfassung und Verwaltung im Wohlfahrtsstaat, in: JZ 1953, 193

Ebsen, Ingwer: Öffentlich-rechtliche Rahmenbedingungen einer Informationsordnung, in: DVBl. 1997, 1039

Edward, David/Hoskins, Mark: Article 90: Deregulation and EC Law. Reflections arising from the XVI FIDE Conference, in: CMLRev. 32 (1995), 157

Ehlermann, Claus-Dieter: Neuere Entwicklungen im europäischen Wettbewerbsrecht, in: EuR 1991, 307

– Grundfreiheiten und Wettbewerbsregeln des EWG-Vertrages. Bedeutung für die Stromversorgungsunternehmen, in: et 1992, 96

– EG-Binnenmarkt für die Energiewirtschaft, in: EuZW 1992, 689

– Managing Monopolies: The Role of the State in Controlling Market Dominance in the European Communnity, in: ECLR 1993, 61
Ehlers, Dirk: Verwaltung in Privatrechtsform, Berlin 1984
– Die Entscheidung der Kommunen für eine öffentlich-rechtliche oder privatrechtliche Organisation ihrer Einrichtungen und Unternehmen, in: DÖV 1986, 897
– Rechtsprobleme der kommunalen Wirtschaft, in: H.-U. Erichsen (Hrsg.), Kommunalverfassung heute und morgen – Bilanz und Ausblick –, Köln/Berlin/Bonn/München 1989, S. 101
– Das Wirtschaftsverwaltungsrecht im europäischen Binnenmarkt, in: NVwZ 1990, 810
– Die wirtschaftliche Betätigung der öffentlichen Hand in der Bundesrepublik Deutschland, in: JZ 1990, 1089
– Verwaltung und Verwaltungsrecht im demokratischen und sozialen Rechtsstaat, in: H.-U. Erichsen (Hrsg.), Allgemeines Verwaltungsrecht, 11. Aufl., Berlin/New York 1998, S. 1
– Interkommunale Zusammenarbeit in Gesellschaftsform, in: DVBl. 1997, 137
– Rechtsprobleme der Kommunalwirtschaft, in: DVBl. 1998, 497
– Steuerung kommunaler Aufgabenerfüllung durch das Gemeinschaftsrecht, in: H.-U. Erichsen (Hrsg.), Kommunale Verwaltung im Wandel, Köln 1999. S. 21
Ehricke, Ulrich: Der Art. 90 EWGV – eine Neubetrachtung, in: EuZW 1993, 211
Emmerich, Volker: Das Wirtschaftsrecht der öffentlichen Unternehmen, Bad Homburg v.d.H./Berlin/Zürich 1969
– Die kommunalen Versorgungsunternehmen zwischen Wirtschaft und Verwaltung. Zur Stellung der Gemeinden in der Energieversorgung, Frankfurt am Main 1970
– Energierechtskompetenz des Bundesgesetzgebers, in: BB 1972, 457
– Neues zur Zulässigkeit der wirtschaftlichen Betätigung der öffentlichen Hand, in: AG 1985, 293
– Das Ende eines Monopols, in: AfP 1987, 385
– Internationale Personalberatung im Lichte des EWG-Vertrages, in: BB Beil. 3/1989, 9
– Die deutsche Versorgungswirtschaft in der Wettbewerbsordnung der Europäischen Gemeinschaft, in: W. Erdmann/H.-K. Mees/H. Piper/O. Teplitzky/W. Hefermehl/P. Ulmer (Hrsg.), Festschrift für Otto-Friedrich Frhr. v. Gamm, Köln/Berlin/Bonn/München 1990, S. 581 (zit.: Festschrift v. Gamm)
– Kartellrecht, 7. Aufl., München 1994; 8. Aufl., München 1999
Enders, Christoph: Offene Staatlichkeit unter Souveränitätsvorbehalt – oder: Vom Kampf der Rechtsordnungen nach Maastricht, in: R. Grawert/B. Schlink/R. Wahl/J. Wieland (Hrsg.), Offene Staatlichkeit. Festschrift für Ernst-Wolfgang Böckenförde zum 65. Geburtstag, Berlin 1995, S. 29 (zit.: Festschrift Böckenförde)
Engel, Christoph: Gemischtwirtschaftliche Abfallentsorgung. Ein Lehrstück zur Verschränkung des Abfallrechts mit Kartellrecht, Kommunalrecht, dem Recht der öffentlichen Aufträge und Wirtschaftsverfassungsrecht, Köln/Berlin/Bonn/München 1995
Engel, Wolfgang: Grenzen und Formen der mittelbaren Kommunalverwaltung, Köln 1981
Epiney, Astrid: Gemeinschaftsrecht und Föderalismus: Landesblindheit und Pflicht zur Berücksichtigung innerstaatlicher Verfassungsstrukturen, in: EuR 1994, 301
Erichsen, Hans-Uwe: Gemeinde und Private im wirtschaftlichen Wettbewerb, Heidelberg 1987
– Die Vertretung der Kommunen in den Mitgliederorganen von juristischen Personen des Privatrechts, Köln 1990
– Kommunalverfassungsrecht, in: W. Blümel/H. Hill (Hrsg.), Die Zukunft der kommuna-

len Selbstverwaltung. Vorträge und Diskussionsbeiträge der 58. Staatswissenschaftlichen Fortbildungstagung 1990 der Hochschule für Verwaltungswissenschaften Speyer, Berlin 1991, S. 89
– Kommunalrecht des Landes Nordrhein-Westfalen, 2. Aufl., Siegburg 1997
Erlenkämper, Friedel: Entwicklung im Kommunalrecht, in: NVwZ 1986, 989
van der Esch, Bastiaan: Die Artikel 5, 3f, 85/86 90 EWGV als Grundlage der wettbewerbsrechtlichen Verpflichtung der Mitgliedstaaten, in: ZHR 155 (1991), 274
– Les principes d'interprétation dégagés par la Cour de Justice des Communautés européennes et leur pertinence en droit européen de la concurrence, in: Revue de Droit des Affaires Internationales 1992, 419
Etling-Ernst, Martina: TKG – Telekommunikationsgesetz -. Ein erläuternder juristischer Kommentar mit praxisnahem Aufbau, Ratingen 1996
Everling, Ulrich: Überlegungen zur Struktur der Europäischen Union und zum neuen Europaartikel des Grundgesetzes, in: DVBl. 1993, 936
– Der Beförderungsvorbehalt der Post und das Gemeinschaftsrecht, in: EuR 1994, 386
Evers, Hans-Ulrich: Das Recht der Energieversorgung, 2. Aufl., Baden-Baden 1983
Ewenz-Sandten, Rolf: Anmerkung zum Urteil des EuGH vom 17.11.1992, Rs. C-271/90, C-281/90, C-289/90, in: ArchPT 1993, 69
Faber, Angela: Die Zukunft kommunaler Selbstverwaltung und der Gedanke der Subsidiarität in den Europäischen Gemeinschaften, in: DVBl. 1991, 1126
– Europarechtliche Grenzen kommunaler Wirtschaftsförderung – Die Bedeutung der Art. 92 – 94 EWGV für die kommunale Selbstverwaltung –, Köln 1992
Fangmann, Helmut: Das neue Telekommunikationsgesetz. Texte und Kommentierung für die Praxis, Heidelberg 1997
Fehling, Michael: Der finanzielle Ausgleich für die Mitbenutzung fremder Infrastruktur bei Schienenwegen, Energieversorgungs- und Telekommunikationsleitungen, in: VerwArch 86 (1995), 600
Fesenmair, Joseph: Öffentliche Dienstleistungsmonopole im europäischen Recht. Eine juristisch-ökonomische Analyse unter besonderer Berücksichtigung der Theorie der natürlichen Monopole, Berlin/Baden-Baden 1996
Fikentscher, Wolfgang: Wirtschaftsrecht, Band I. Weltwirtschaftsrecht. Europäisches Wirtschaftsrecht, München 1983
Fischer, Andrea: Kommunale Leistungsverwaltung im 19. Jahrhundert. Frankfurt am Main unter Mumm von Schwarzenstein 1868 bis 1880, Berlin 1995
Fischerhof, Hans: „Daseinsvorsorge" und wirtschaftliche Betätigung der Gemeinden, in: DÖV 1960, 41
– Europäisches Wettbewerbsrecht und Energiewirtschaft, in: BB 1962, 783
Fleiner, Fritz: Institutionen des deutschen Verwaltungsrechts, 8. Aufl., Tübingen 1928
Folz, Hans-Ernst: Kommunale Selbstverwaltung und Europäische Einigung, in: A. Weber (Hrsg.), Währung und Wirtschaft. Das Geld im Recht. Festschrift für Prof. Dr. Hugo J. Hahn zum 70. Geburtstag, Baden-Baden 1997, S. 611 (zit.: Festschrift Hahn)
Forsthoff, Ernst: Von den Aufgaben der Verwaltungsrechtswissenschaft, in: Deutsches Recht 5 (1935), 398
– Die Verwaltung als Leistungsträger, Stuttgart/Berlin 1938
– Die Daseinsvorsorge und die Kommunen. Ein Vortrag, Köln-Marienburg 1958
– Lehrbuch des Verwaltungsrechts, Erster Band, Allgemeiner Teil, 10. Aufl., München 1973 (zit.: Verwaltungsrecht I)

Frenz, Walter: Gemeindliche Selbstverwaltungsgarantie und Verhältnismäßigkeit, in: Die Verwaltung 28 (1995), 33
– Der Schutz der kommunalen Organisationshoheit, in: VerwArch 86 (1995), 378
– Kommunale Selbstverwaltung und europäische Integration, in: M. Hoffmann/C. Kromberg/V. Roth/B. Wiegand (Hrsg.), Kommunale Selbstverwaltung im Spiegel von Verfassungsrecht und Verwaltungsrecht. 35. Tagung der Wissenschaftlichen Mitarbeiterinnen und Mitarbeiter der Fachrichtung „Öffentliches Recht" Rostock 1995, Stuttgart/München/Hannover/Berlin/Weimar/Dresden 1996, S. 9
Friauf, Karl Heinrich: Energierechtsreform und kommunale Energieversorgung, in: J. F. Baur/K.-H. Friauf, Energierechtsreform zwischen Europarecht und kommunaler Selbstverwaltung. Zwei Rechtsgutachten, Baden-Baden 1997, S. 55
Friesenhahn, Ernst: Grundgesetz und Energiewirtschaft, in: Ew 1957 (Sonderdruck Nr. 453), 12
Frotscher, Werner: Wirtschaftsverfassungs- und Wirtschaftsverwaltungsrecht. Eine systematische Einführung anhand von Grundfällen, 3. Aufl., München 1999
Fuhrmann, Ursus: Das städtische Amtsblatt – Rechtliche Fragen, in: der städtetag 1995, 623
Gallwas, Hans-Ulrich: Faktische Beeinträchtigungen im Bereich der Grundrechte, Berlin 1970
von Gamm, Otto-Friedrich Freiherr: Verfassungs- und wettbewerbsrechtliche Grenzen des Wettbewerbs der öffentlichen Hand, in: WRP 1984, 303
– Kommentar zum Gesetz gegen Wettbewerbsbeschränkungen und zu Art. 85, 86 EWGV, 2. Aufl., Köln 1990
Ganzer, Uwe F. H.: Kommunale und privatwirtschaftliche Aufgabenverteilung im Bereich der Elektrizitätswirtschaft, Frankfurt a. M. 1992
Genzmer, Stephan: Der Gemeindesozialismus und seine gesetzlichen Schranken im preußischen Kommunalrecht, in: AöR 25 (1909), 161
Gerke, Jürgen: Die wirtschaftliche Betätigung der Gemeinden, in: Jura 1985, 349
Gern, Alfons: Deutsches Kommunalrecht, 2. Aufl., Baden-Baden 1997
– Rechtsschutz der Kommunen in der Europäischen Union, in: NVwZ 1996, 532
Giesen, Ernst/Gerbrand, Horst-Heinrich: Die Kommunen als Partner im Telekommunikationsmarkt, in: Stadt und Gemeinde 1996, 15
Glauben, Paul J.: Wirtschaftliche Betätigung der Kommunen in Privatrechtsform. Zulässigkeit und gesetzliche Einrichtung einer Rechnungsprüfung, in: ZG 1997, 148
Gleitze, Jörg-Michael: Der Kämmerer als Eigner kommunaler Unternehmen, in: Gesellschaft für öffentliche Wirtschaft (Hrsg.), Kommunale Wirtschaft zwischen Wettbewerb und Gemeindewirtschaftsrecht. Referate eines Symposiums der Gesellschaft für öffentliche Wirtschaft am 9. Mai 1995 in Köln, Berlin 1995, S. 33
Gönnenwein, Otto: Gemeinderecht, Tübingen 1963
Götz, Volkmar: Das Maastricht-Urteil des BVerfG, in: JZ 1993, 1081
Grabbe, Jürgen: Verfassungsrechtliche Grenzen der Privatisierung kommunaler Aufgaben, Berlin 1979
Grabitz, Eberhard: Dienstleistungsmonopole im Binnenmarkt, in: EWS 1990, 4
Grabitz, Eberhard/Hilf, Meinhard (Hrsg): Kommentar zur Europäischen Union. Vertrag über die Europäische Union. Vertrag zur Gründung der Europäischen Gemeinschaft, Loseblatt, München, Stand: Mai 1998 (zit.: Grabitz/Hilf, KommEU)
Gramlich, Ludwig: „Öffentliche Unternehmungen" im Verfassungsstaat des Grundgesetzes. Anmerkungen zur Privatisierungsdebatte, in: BB 1990, 1493
– Die Postbank und das Europäische Gemeinschaftsrecht, in: RabelsZ 55 (1991), 91

Grawe, Joachim: Ein gemeinsamer Strommarkt in der EG aus der Sicht der Energieversorgungsunternehmen, in: R. Lukes (Hrsg.), Ein EWG-Binnenmarkt für Elektrizität – Realität oder Utopie, Köln/Berlin/Bonn/München 1980, S. 165

– Rechtliche Möglichkeiten und Grenzen eines europäischen Strommarkts, in: U. Hüffer/ K. Ipsen/ P. J. Tettinger (Hrsg.), Berg- und Energierecht von den Fragen der Gegenwart. Festschrift für Fritz Fabricius zum 70. Geburtstag, Stuttgart 1989, S. 219 (zit.: Festschrift Fabricius)

Grawert, Rolf: Kommunale Finanzhoheit und Steuerhoheit, in: A. von Mutius (Hrsg.), Selbstverwaltung im Staat der Industriegesellschaft. Festgabe zum 70. Geburtstag von Georg Christoph von Unruh, Heidelberg 1983, S. 587 (zit.: Festgabe v. Unruh)

von der Groeben, Hans/Thiesing, Jochen/Ehlermann, Claus-Dieter (Hrsg.): Kommentar zum EU-/EG-Vertrag, 5. Aufl., Band 2/II, Baden-Baden 1999 (zit.: von der Groeben/ Thiesing/Ehlermann, EU-/EG-V)

Gröner, Helmut: Die Ordnung der deutschen Elektrizitätswirtschaft, Baden-Baden 1975

Gröner, Helmut/Knorr, Andreas: Entstaatlichung der Postdienste und EG-Binnenmarkt, in: EWS 1990, 16

Gröpl, Christoph: Möglichkeiten und Grenzen der Privatisierung kommunaler Aufgaben, in: M. Hoffmann/C. Kromberg/V. Roth/B. Wiegand (Hrsg.), Kommunale Selbstverwaltung im Spiegel von Verfassungsrecht und Verwaltungsrecht. 35. Tagung der Wissenschaftlichen Mitarbeiterinnen und Mitarbeiter der Fachrichtung „Öffentliches Recht" Rostock 1995, Stuttgart/München/Hannover/Berlin/Weimar/Dresden 1996, S. 99

Gröttrup, Hendrik: Die kommunale Leistungsverwaltung – Grundlagen der kommunalen Daseinsvorsorge –, Stuttgart/Berlin/Köln/Mainz 1973

Gromoll, Bernhard: Rechtliche Grenzen der Privatisierung öffentlicher Aufgaben: untersucht am Beispiel kommunaler Dienstleistungen, München 1982

Grünewald, Joachim: Privatisierung öffentlicher Aufgaben – Möglichkeiten und Grenzen, in: J. Ipsen (Hrsg.), Privatisierung öffentlicher Aufgaben. Private Finanzierung kommunaler Investitionen, Köln/Berlin/Bonn/München 1994, S. 5

Grupp, Klaus: Wirtschaftliche Betätigung der öffentlichen Hand unter dem Grundgesetz, in: ZHR 140 (1976), 367

Gusy, Christoph: Die Bindung privatrechtlichen Verwaltungshandelns an das öffentliche Recht – Zugleich ein Beitrag zur „Freiheit der Formenwahl" –, in: DÖV 1984, 872

– Die wirtschaftliche Betätigung des Staates, in: JA 1995, 166 und 253

Habersack, Mathias: Private public partnership: Gemeinschaftsunternehmen zwischen Privaten und der öffentlichen Hand – Gesellschaftsrechtliche Analyse –, in: ZGR 1996, 544

Häberle, Peter: Gemeineuropäisches Verfassungsrecht, in: ders., Europäische Rechtskultur. Versuch einer Annäherung in zwölf Schritten, Baden-Baden 1994, S. 33

Hailbronner, Kay: Öffentliche Unternehmen im Binnenmarkt – Dienstleistungsmonopole und Gemeinschaftsrecht, in: NJW 1991, 593

Hamann, Dirk: Die Anwendbarkeit des GWB auf gemeindliche Konzessionsverträge, in: et 1992, 398

Hancher, Leigh: Anmerkung zum Urteil des EuGH vom 19. Mai 1993, Rs. C-320/91, in: CMLRev. 31 (1994), 104

– Die Almelo-Entscheidung des Europäischen Gerichtshofs, in: et 1995, 68

Haneklaus, Winfried: Zur Frage der funktionsgerechten Regionalisierung in einer föderal verfaßten Europäischen Union, in: DVBl. 1991, 295

Hantke, Heike: Bundesstaatliche Fragen des Energierechts unter besonderer Berücksichtigung des hessischen Energiespargesetzes, Stuttgart/München/Hannover 1990

Harms, Wolfgang: Unlauterer Wettbewerb durch wirtschaftliche Aktivitäten öffentlicher Hände, in: BB Beil. 17/1986, 1

Hartung, Roland: Kostbares Kapital: Kundennähe. Chancen und Risiken kommunaler Unternehmen, in: der städtetag 1996, 635

Hartung, Sven: Zur Grundrechtsfähigkeit der Betreiber von Kernkraftwerken, in: DÖV 1992, 393

Hartwig, Karl-Hans: Privatisierung in Westdeutschland: Vertane Chancen bei der deutschen Wiedervereinigung, in: H. J. Thieme (Hrsg.), Privatisierungsstrategien im Systemvergleich, Berlin 1993, S. 41

Haupt, Klaus-Jürgen: Wirtschaftliche Betätigung von Kommunen im Gewande der privatrechtlichen Gesellschaft. Probleme des kommunalen Organisationsrechts in Nordrhein-Westfalen, Diss. Bochum 1988

Haverkate, Görg: Die Einheit der Verwaltung als Rechtsproblem, in: VVDStRL 46 (1988), S. 217

Heberlein, Horst: Der Schutz der kommunalen Selbstverwaltung in der europäischen Integration – eine Replik, in: BayVBl. 1993, 676

– Maastricht – ein Erfolg für die kommunale Selbstverwaltung, in: DVBl. 1994, 1213

– Maastricht II – Einstieg in das „Europa der Kommunen"?, in: BayVBl. 1996, 1

Heinemann, Andreas: Grenzen staatlicher Monopole im EG-Vertrag, München 1996

Held, Friedrich Wilhelm: Die Neufassung des NRW-Gemeindewirtschaftsrechts – Ziele und Wege, in: NWVBl. 1995, 325

– Ist das kommunale Wirtschaftsrecht noch zeitgemäß? – Zugleich ein Beitrag zur wirtschaftlichen und nicht-wirtschaftlichen Betätigung der Gemeinden –, in: WiVerw 1998, 264

Held, Friedrich Wilhelm/Becker, Ernst/Decker, Heinrich/Kirchhof, Roland/Krämer, Franz/Wansleben, Rudolf (Hrsg.): Kommunalverfassungsrecht Nordrhein-Westfalen. Gemeindeordnung für das Land Nordrhein-Westfalen (GO). Kreisordnung für das Land Nordrhein-Westfalen (KrO). Gesetz über kommunale Gemeinschaftsarbeit (GkG). Landschaftsverbandsordnung (LVerbO). Gesetz über den Kommunalverband Ruhrgebiet (KVRG). Kommentare, Wiesbaden, Stand: Januar 1997

Hellermann, Johannes: Der Staat als Akteur auf ausländischen Märkten. Verfassungsrechtliche und staatstheoretische Aspekte der auswärtigen Aktivität öffentlicher Unternehmen, in: R. Grawert/B. Schlink/R. Wahl/J. Wieland (Hrsg.), Offene Staatlichkeit. Festschrift für Ernst-Wolfgang Böckenförde zum 65. Geburtstag, Berlin 1995, S. 277 (zit.: Festschrift Böckenförde)

Henneke, Hans-Günter: Gewinnerzielung und Arbeitsplatzsicherung als Legitimation kommunalwirtschaftlicher Betätigung? – Verfassungsrechtliche Aspekte –, in: NdsVBl. 1998, 273

– Das Recht der Kommunalwirtschaft in Gegenwart und Zukunft, in: NdsVBl. 1999, 1

Herdegen, Matthias: Europäisches Gemeinschaftsrecht und die Bindung deutscher Verfassungsorgane an das Grundgesetz, in: EuGRZ 1989, 309

Hermann, Hans Peter: Der ungelöste Gegensatz zwischen Wettbewerbs- und Gemeinwirtschaftsprinzip in Art. 90 EGV, in: P. J. Tettinger (Hrsg.) Strukturen der Versorgungswirtschaft in Europa, Stuttgart/München/Hannover/Berlin/Weimar/Dresden 1996, S. 105

Hermes, Georg: Kommunale Energieversorgung zwischen hoheitlicher Aufgabenwahrnehmung und wirtschaftlicher Betätigung Privater, in: Der Staat 31 (1992), 281

– Staatliche Infrastrukturverantwortung. Rechtliche Grundstrukturen netzgebundener Transport- und Übertragungssysteme zwischen Daseinsvorsorge und Wettbewerbsregulierung am Beispiel der leitungsgebundenen Energieversorgung in Europa, Tübingen 1998

Hesse, Konrad: Grundzüge des Verfassungsrechts der Bundesrepublik Deutschland, 20. Aufl., Heidelberg 1995

Heun, Sven-Erik/Lohmann, Torsten: Die Verlegung alternativer Telekommunikationsinfrastrukturen in öffentlichen Wegen. Zu den Rechtsproblemen und Gestaltungserfordernissen, die bei der Nutzung des Untergrundes öffentlicher Wege für die Verlegung von Leitungen zum Aufbau alternativer Netzinfrastrukturen entstehen, in: ArchivPT 1996, 113

Hidien, Jürgen: Gemeindliche Betätigungen rein erwerbswirtschaftlicher Art und „öffentlicher Zweck" kommunaler wirtschaftlicher Unternehmen, Berlin 1981

Hill, Hermann: Einwirkungen Europäischen Rechts auf Verwaltungsrecht und Verwaltungshandeln in Deutschland, in: ThürVBl. 1992, 251

– In welchen Grenzen ist kommunalwirtschaftliche Betätigung Daseinsvorsorge?, in: BB 1997, 425

Hiltl, Christoph/Großmann, Klaus: Grundfragen des neuen deutschen Telekommunikationsrechts, in: BB 1996, 169

Himmelmann, Gerhard: Geschichtliche Entwicklung der öffentlichen Wirtschaft, in: H. Brede/A. von Loesch (Hrsg.), Unternehmen der öffentlichen Wirtschaft in der Bundesrepublik Deutschland. Ein Handbuch, Baden-Baden 1989, S. 31

von Hoerner, Hans-Henning: Von Rastede nach Goldenstedt: Bundesverfassungsgericht macht Art. 28 Abs. 2 GG „europafest", in: Stadt und Gemeinde 1994, 80

Hoffmann-Riem, Wolfgang: Verfahrensprivatisierung als Modernisierung, in: DVBl. 1996, 225

Hoffmann-Riem, Wolfgang/Schneider, Jens-Peter: Wettbewerbs- und umweltorientierte Re-Regulierung im Großhandels-Strommarkt, in: dies. (Hrsg.), Umweltpolitische Steuerung in einem liberalisierten Strommarkt, Baden-Baden 1995, S. 13

Hoffschulte, Heinrich A.: Lokale und regionale Selbstverwaltung nach Maastricht, in: der landkreis 1992, 120

Hofmann, Harald/Muth, Michael/Theisen, Rolf-Dieter: Kommunalrecht in Nordrhein-Westfalen. Fachbuch mit Übungsaufgaben und Lösungen, 9. Aufl., Witten 1997

Hofmann, Josef: Verankerung der Grundvoraussetzungen kommunaler Selbstverwaltung in einer Europäischen Verfassung, in: F.-L. Knemeyer (Hrsg.), Die Europäische Charta der kommunalen Selbstverwaltung, Baden-Baden 1989, S. 211

Hofmann, Rainer: Privatisierung kommunaler Verwaltungsaufgaben – Rechtliche Rahmenbedingungen am Beispiel Baden-Württembergs –, in: VBlBW 1994, 121

Hofmann, Wolfgang: § 6. Die Entwicklung der kommunalen Selbstverwaltung von 1848 bis 1918, in: G. Püttner (Hrsg.), Handbuch der kommunalen Wissenschaft und Praxis, Band 1, 2. Aufl., Berlin/Heidelberg/New York 1981, S. 71 (zit.: HKWP I)

– Aufgaben und Struktur der kommunalen Selbstverwaltung in der Zeit der Hochindustrialisierung, in: K. G. A. Jeserich/H. Pohl/G.-C. von Unruh (Hrsg.), Deutsche Verwaltungsgeschichte, Band 3, Stuttgart 1984, S. 578

Hoppe, Werner: Der Einfluß des europäischen Binnenmarktes auf die kommunale Bauleitplanung und das Bauordnungsrecht, in: NVwZ 1990, 816

Hösel, Gottfried: Unser Abfall aller Zeiten. Eine Kulturgeschichte der Städtereinigung, München 1987

Huber, Ernst Rudolf: Wirtschaftsverwaltungsrecht, Band 1, 2. Aufl., Tübingen 1953

Hubmann, Heinrich: Der unlautere Wettbewerb der öffentlichen Hand, in: WiVerw 1982, 41

Hüffer, Uwe/Ipsen, Knut/Tettinger, Peter J.: Die Transitrichtlinie für Gas und Elektrizität, Stuttgart 1991

Immenga, Ulrich: Wettbewerbsrechtliche Grenzen von Standortvorteilen der öffentlichen Hand. Dargestellt anhand der Abgabe von KfZ-Kennzeichen durch Gebietskörperschaften, in: NJW 1995, 1921

Immenga, Ulrich/Mestmäcker, Ernst-Joachim: Kommentar zum Gesetz gegen Wettbewerbsbeschränkungen (GWB), 2. Aufl., München 1992 (zit.: Immenga/Mestmäcker, GWB)

Ipsen, Hans Peter: Als Bundesstaat in der Gemeinschaft, in: E. von Caemmerer/H. J. Schlochauer/E. Steindorff (Hrsg.), Probleme des Europäischen Rechts. Festschrift für Walter Hallstein zu seinem 65. Geburtstag, Frankfurt am Main 1966, S. 248 (zit.: Festschrift Hallstein)

– Europäisches Gemeinschaftsrecht, Tübingen 1972

Ipsen, Hans Peter/Nicolaysen, Gert: Öffentliche Unternehmen im Gemeinsamen Markt und Bericht über die aktuelle Entwicklung des Gemeinschaftsrechts, in: NJW 1964, 2336

Ipsen, Jörn: Schutzbereich der Selbstverwaltungsgarantie und Einwirkungsmöglichkeiten des Gesetzgebers, in: ZG 1994, 194

Isensee, Josef: Subsidiaritätsprinzip und Verfassungsrecht. Eine Studie über das Regulativ des Verhältnisses von Staat und Gesellschaft, Berlin 1968

– Steuerstaat als Staatsform in: R. Stödter/W. Thieme (Hrsg.), Hamburg, Deutschland, Europa: Beiträge zum deutschen und europäischen Verfassungs-, Verwaltungs- und Wirtschaftsrecht. Festschrift Ipsen, Tübingen 1977, S. 410 (zit.: Festschrift Ipsen)

– § 98. Idee und Gestalt des Föderalismus im Grundgesetz, in: J. Isensee/P. Kirchhof (Hrsg.), Handbuch des Staatsrechts der Bundesrepublik Deutschland, Band IV, Heidelberg 1990, S. 517 (zit.: Handbuch des Staatsrechts IV)

Janson, Bernd: § 95 F. Zur Frage einer neuen Rechtsform, in: G. Püttner (Hrsg.), Handbuch der kommunalen Wissenschaft und Praxis, Band 5, 2. Aufl., Berlin/Heidelberg/New York/Tokyo 1984, S. 194 (zit.: HKWP V)

Jarass, Hans D.: EG-Recht und nationales Rundfunkrecht. Zugleich ein Beitrag zur Reichweite der Dienstleistungsfreiheit, in: EuR 1986, 75

– Die Niederlassungsfreiheit in der Europäischen Gemeinschaft. Ein Kernelement der Freiheit selbständiger wirtschaftlicher Betätigung, in: RIW 1993, 1

– Grundfragen der innerstaatlichen Bedeutung des EG-Rechts. Die Vorgaben des Rechts der Europäischen Gemeinschaft für die nationale Rechtsanwendung und die nationale Rechtsetzung nach Maastricht, Köln/Berlin/Bonn/München 1994

– Die Kompetenzverteilung zwischen der Europäischen Gemeinschaft und den Mitgliedstaaten, in: AöR 121 (1996), 173

– Europäisches Energierecht. Bestand – Fortentwicklung – Umweltschutz, Berlin 1996

– Wirtschaftsverwaltungsrecht mit Wirtschaftsverfassungsrecht, 3. Aufl., Neuwied 1997

Jarass, Hans D. /Pieroth, Bodo: Grundgesetz für die Bundesrepublik Deutschland, 4. Aufl., München 1997

Kahl, Wolfgang: Möglichkeiten und Grenzen des Subsidiaritätsprinzips nach Art. 3b EG-Vertrag, in: AöR 118 (1993), 414

– Europäisches und nationales Verwaltungsorganisationsrecht, in: Die Verwaltung 29 (1996), 341

Kaltenborn, Jens: Der Schutz der kommunalen Selbstverwaltung im Recht der Europäischen Union, Baden-Baden 1996

Kämmerer, Jörn Axel: Verfassungsstaat auf Diät? Typologie, Determinanten und Folgen der Privatisierung aus verfassungs- und gemeinschaftsrechtlicher Sicht, in: JZ 1996, 1042

Kilian, Wolfgang: Europäisches Wirtschaftsrecht. EG-Wirtschaftsrecht und Bezüge zum deutschen Recht, München 1996

Kirchhof, Paul: § 88. Staatliche Einnahmen, in: J. Isensee/P. Kirchof (Hrsg.), Handbuch des Staatsrechts der Bundesrepublik Deutschland, Band IV, Heidelberg 1990, S. 87 (zit.: Handbuch des Staatsrechts IV)

Kisker, Günter: § 89. Staatshaushalt, in: J. Isensee/P. Kirchhof (Hrsg.), Handbuch des Staatsrechts der Bundesrepublik Deutschland, Band IV, Heidelberg 1990, S. 235 (zit.: Handbuch des Staatsrechts IV)

Klaue, Siegfried: Der Strombezug von industriellen Sonderabnehmern. Deutsches und europäisches Kartellrecht, in: et 1987, 74

Klein, Eckart: Der Verfassungsstaat als Glied einer europäischen Gemeinschaft, in: VVDStRL 50 (1991), S. 56

Klein, Hans H.: Die Teilnahme des Staates am wirtschaftlichen Wettbewerb, Stuttgart/Berlin/Köln/Mainz 1968

Kluth, Winfried: Grenzen kommunaler Wettbewerbsteilnahme. Grenzen wirtschaftlicher Betätigung von Gemeinden und Gemeindeverbänden im Wettbewerb mit Privaten im Bereich der Sozialwirtschaft. Zur Dogmatik der wirtschaftlichen Betätigung des Staates, Köln/Berlin/Bonn/München 1988

Knemeyer, Franz-Ludwig: Die verfassungsrechtliche Gewährleistung des Selbstverwaltungsrechts der Gemeinden und Landkreise, in: A. von Mutius (Hrsg.), Selbstverwaltung im Staat der Industriegesellschaft. Festgabe zum 70. Geburtstag von Georg Christoph von Unruh, Heidelberg 1983, S. 209 (zit.: Festgabe v. Unruh)

- Die europäische Charta der kommunalen Selbstverwaltung in: DÖV 1988, 997
- (Hrsg.): Die Europäische Charta der kommunalen Selbstverwaltung, Baden-Baden 1989
- Notwendigkeiten und Möglichkeiten einer übergemeindlichen kommunalen Strukturpolitik, in: der landkreis 1990, 108
- Zur notwendigen Garantie kommunaler Selbstverwaltung in den neuen Landesverfassungen, in: LKV 1991, 49
- Kommunale Wirtschaftsunternehmen zwischen Eigenverantwortlichkeit und Kontrollen. Eigengesellschaft oder Eigenbetrieb, in: der städtetag 1992, 317
- Kommunales Wirtschaftsrecht, in: N. Achterberg/G. Püttner (Hrsg.), Besonderes Verwaltungsrecht. Ein Lehrbuch. Band II, Heidelberg 1992, S. 53
- Bayerisches Kommunalrecht, 8. Aufl., Stuttgart 1994
- Kommunalrechtliche Grenzen der wirtschaftlichen Betätigung kommunaler Selbstverwaltungskörperschaften, in: S. Biernat/R. Hendler/F. Schoch/A. Wasilewski (Hrsg.), Grundfragen des Verwaltungsrechts und der Privatisierung, Stuttgart/München/Hannover/Berlin/Weimar/Dresden 1994, S. 318

Knemeyer, Franz-Ludwig/Emmert, Rudolf: Die Verordnung über die Wasserversorgung (AVB-WasserV) ist wegen Verstoßes gegen das Selbstverwaltungsrecht verfassungswidrig – zugleich Anmerkung zum Beschluß des BVerfG vom 2.11.1981 – 2 BvR 671/81 –, in: JZ 1982, 284

Knopf, Peter: Europarecht und kommunale Selbstverwaltung, in: DVBl. 1980, 106

Koch, Manfred: Die wirtschaftliche Betätigung der Gemeinden. Ein Beitrag zur finanzwirtschaftlichen Ordnungspolitik, Berlin 1992

Koch, Thorsten: Der rechtliche Status kommunaler Unternehmen in Privatrechtsform, Baden-Baden 1994

Kodal, Kurt/Krämer, Helmut (Hrsg.): Straßenrecht. Systematische Darstellung des Rechts der öffentlichen Straßen, Wege und Plätze in der Bundesrepublik Deutschland, 5. Aufl., München 1995

König, Klaus: Systemimmanente und systemverändernde Privatisierung in Deutschland, in: VOP 1992, 279

König, Klaus/Benz, Angelika: Privatisierung und staatliche Regulierung, in: K. König/ A. Benz (Hrsg.), Privatisierung und staatliche Regulierung. Bahn, Post und Telekommunikation, Rundfunk, Baden-Baden 1997, S. 13

Köttgen, Arnold: Die Krise der kommunalen Selbstverwaltung, Tübingen 1931

– Die wirtschaftliche Betätigung der Gemeinden. Eine verfassungsrechtliche Untersuchung, in: E. von Caemmerer/E. Friesenhahn/R. Lange (Hrsg.), Hundert Jahre Deutsches Rechtsleben. Festschrift zum hundertjährigen Bestehen des Deutschen Juristentages 1860-1960, Band I, Karlsruhe 1960, S. 577 (zit.: Festschrift zum hundertjährigen Bestehen des DJT I)

Kommentar zum Grundgesetz für die Bundesrepublik Deutschland (Reihe Alternativkommentare), Band 2, 2. Aufl., Neuwied/Frankfurt 1989 (zit.: AK-GG)

Krabbe, Wolfgang R.: Munizipalsozialismus und Interventionsstaat. Die Ausbreitung der Städtischen Leistungsverwaltung im Kaiserreich, in: GWU 30 (1979), 265

– Kommunalpolitik und Industrialisierung. Die Entfaltung der städtischen Leistungsverwaltung im 19. und frühen 20. Jahrhundert, Stuttgart/Berlin/Köln/Mainz 1985

Kraft, Ernst Thomas: Das Verwaltungsgesellschaftsrecht, Frankfurt 1982

Kratzer, Jakob: Gemeindeordnung und kommunale Wirtschaftsbetätigung, in: BayVBl. 1962, 133

Krebs, Andrea: Rechtliche Grundlagen und Grenzen kommunaler Elektrizitätsversorgung, Köln 1996

Krebs, Walter: Der Vorbehalt des Gesetzes für Maßnahmen der kommunalen Wirtschaftsförderung, in: D. Ehlers (Hrsg.), Kommunale Wirtschaftsförderung, Köln 1990, S. 205

Kreiner, Wilhelm: Europarecht und Selbstverwaltungsrecht der Gemeinden, in: RiA 1989, 141

Krell, Dieter/Wesseler Norbert: Das neue kommunale Verfassungsrecht in Nordrhein-Westfalen, Köln 1994

Krölls, Albert: Grundrechtliche Schranken der wirtschaftlichen Betätigung der öffentlichen Hand, in: GewArch 1992, 281

– Rechtliche Grenzen der Privatisierungspolitik, in: GewArch 1995, 129

Kronisch, Joachim: Aufgabenverlagerung und gemeindliche Aufgabengarantie, Baden-Baden 1993

Kühne, Gunther/Scholtka, Boris: Das neue Energiewirtschaftsrecht, in: NJW 1998, 1902

Kuhnt, Dietmar: Atomstrom aus Frankreich. Rechtsprobleme des Stromimports aus Sicht deutscher Stromerzeuger, in: et 1987, 761

– Strommarkt und Dienstleistungsfreiheit, in: et 1989, 254

– Aktuelle Rechtsfragen der Energiewirtschaft, in: RdE 1992, 125

Lambers, Hans-Jürgen: Subsidiarität in Europa – Allheilmittel oder juristische Leerformel?, in: EuR 1993, 229

Lammich, Klaus: Telekommunikationsgesetz. Kommentar, Loseblatt, Neuwied/Kriftel/ Berlin, Stand: März 1998

Lange, Wilfried: Rechtsprobleme der Privatisierung öffentlicher Unternehmen, in: JZ 1981, 698

Lecheler, Helmut: Privatisierung – ein Weg zur Neuordnung der Staatsleistungen?, in: ZBR 1980, 69
– Das Subsidiaritätsprinzip. Strukturprinzip einer europäischen Union, Berlin 1993
– Privatisierung von Verwaltungsaufgaben, in: BayVBl. 1994, 555
– Die Bedeutung des öffentlichen Rechts für das Energierecht, in: NVwZ 1995, 8
– Die Fortentwicklung des Rechts der Europäischen Union durch den Amsterdam-Vertrag, in: JuS 1998, 392
Lehmann, Maik/Stolz, Dirk: Kommunale Telekommunikationsnetze im Wandel, in: CR 1997, 97
Leitermann, Walter: Subsidiarität und kommunale Selbstverwaltung in der Europäischen Gemeinschaft, in: der städtetag 1991, 753
Le Nestour, Chantal/Zinow, Bernd-Michael: Monopolstrukturen in der Elektrizitätsversorgung und europäisches Recht. Eine Betrachtung unter besonderer Berücksichtigung der Fälle Corbeau und Almelo, in: et 1995, 78
Lenz, Carl Otto (Hrsg.): EG-Vertrag. Kommentar zu dem Vertrag zur Gründung der Europäischen Gemeinschaften, Köln 1994 (zit.: Lenz, EGV)
Lerche, Peter: Wirtschaftliche Agenda der Gemeinden und Klagerecht Privater, in: Juristische Analysen 1970, 821
Lerche, Peter/Pestalozza, Christian: Die Deutsche Bundespost als Wettbewerber, Köln 1985
Lindemann, Hans-Heinrich/Köster, Kristina: Energiewirtschaft auf dem Weg zu mehr Wettbewerb – Zum Regierungsentwurf für ein neues Energiewirtschaftsgesetz (EnWG) –, in: DVBl. 1997, 527
von Loesch, Achim: Privatisierung öffentlicher Unternehmen. Ein Überblick über die Argumente, 2. Aufl., Baden-Baden 1987
– Die Privatisierungen mittels Volksaktien im Rahmen der Vermögenspolitik 1959 bis 1965, in: H. Brede (Hrsg.), Privatisierung und die Zukunft der öffentlichen Wirtschaft, Baden-Baden 1988, S. 127
Löwer, Wolfgang: Energieversorgung zwischen Staat, Gemeinde und Wirtschaft, Köln/Berlin/Bonn/München 1989
– Energieversorgung zwischen Staat, Gemeinde und Wirtschaft, in: DVBl. 1991, 132
– Energieversorgung und gemeindliche Selbstverwaltung, in: RdE 1992, 85
– Wegerechte in einem liberalisierten Energiemarkt, in: et 1997, 304
Loschelder, Wolfgang: Strukturreform der Bundeseisenbahnen durch Privatisierung? Zur verfassungsrechtlichen Problematik einer Neuordnung des Bundeseisenbahnwesens nach der Konzeption der Bundesregierung, Köln 1993
Louis, Hans Walter: Die Besteuerung der öffentlichen Unternehmen und Einrichtungen der Daseinsvorsorge, Göttingen 1981
Lübbe-Wolff, Gertrude/Steenken, Annette: Privatisierung umweltbehördlicher Aufgaben, in: ZUR 1993, 263
Lutter, Marcus/Grunewald, Barbara: Öffentliches Haushaltsrecht und privates Gesellschaftsrecht, in: WM 1984, 385
Magiera, Siegfried: Kommunale Selbstverwaltung in der Europäischen Union, in: K. Grupp/M. Ronellenfitsch (Hrsg.), Kommunale Selbstverwaltung in Deutschland und Europa. Symposium zum 65. Geburtstag von Univ.-Prof. Dr. Willi Blümel, Berlin 1995, S. 13
Mandelartz, Herbert: Europäische Integration. Gefährdungen und Chancen für die kommunale Selbstverwaltung, in: R. Grawert/B. Schlink/R. Wahl/J. Wieland (Hrsg.), Offene

Staatlichkeit. Festschrift für Ernst-Wolfgang Böckenförde zum 65. Geburtstag, Berlin 1995, S. 163 (zit.: Festschrift Böckenförde)

Marenco, Giuliano: Public Sector and Community Law, in: CMLRev. 20 (1983), 495

Markert, Kurt: Neueste Entwicklungen im Energie-Kartellrecht, in: RdE 1995, 60

Martini, Alexander: Gemeinden in Europa, Stuttgart 1992

Martini, Alexander/Müller, Wolfgang: Der Schutz der kommunalen Selbstverwaltung in der europäischen Integration durch nationales Verfassungsrecht und gemeinschaftsrechtliche allgemeine Rechtsgrundsätze, in: BayVBl. 1993, 161

Matthiesen, Max: Die staatliche Einwirkung zur Sicherung der Energieversorgung und ihre Grenzen, Berlin 1987

Matzerath, Horst: Nationalsozialismus und kommunale Selbstverwaltung, Stuttgart/Berlin/Köln/Mainz 1970

– § 8. Die Zeit des Nationalsozialismus, in: G. Püttner (Hrsg.), Handbuch der kommunalen Wissenschaft und Praxis, Band 1, 2. Aufl., Berlin/Heidelberg/New York 1981, S. 101 (zit.: HKWP I)

Maunz, Theodor: Grundfragen des Energiewirtschaftsrechts, in: VerwArch 50 (1959), 315

Maunz, Theodor/Dürig, Günter u.a.: Grundgesetz. Kommentar, Loseblatt, München, Stand: Juni 1998 (zit.: Maunz/Dürig, GG)

Maurer, Hartmut: Kommunalrecht, in: H. Maurer/R. Hendler (Hrsg.): Baden-Württembergisches Staats- und Verwaltungsrecht, Frankfurt am Main 1990, S. 173

– Verfassungsrechtliche Grundlagen der kommunalen Selbstverwaltung, in: DVBl. 1995, 1037

– Allgemeines Verwaltungsrecht, 12. Aufl., München 1999

Menger, Christian-Friedrich: Zur Frage des Rechtswegs bei Wettbewerbsstreitigkeiten zwischen privater und öffentlicher Hand, in: VerwArch 68 (1977), 293

Mestmäcker, Ernst-Joachim: Die Abgrenzung von öffentlich-rechtlichem und privatrechtlichem Handeln im Wettbewerbsrecht, in: NJW 1969, 1

– Staat und Unternehmen im europäischen Gemeinschaftsrecht. Zur Bedeutung von Art. 90 EWGV, in: RabelsZ 52 (1988), 526

Metzenthin, Andreas: Kommunen und EG-Binnenmarkt für Energie, in: EuR 1990, 70

Möller, Alex (Hrsg.): Gesetz zur Förderung der Stabilität und des Wachstums der Wirtschaft. Kommentar, 2. Aufl., Hannover 1969

Möschel, Wernhard: Recht der Wettbewerbsbeschränkungen, Köln 1983

– Privatisierung, Deregulierung und Wettbewerbsordnung, in: JZ 1988, 885

– Neuere Entwicklungen im europäischen Wettbewerbsrecht, in: U. Everding (Hrsg.), Europarecht, Kartellrecht, Wirtschaftsrecht. Festschrift für Arved Deringer, Baden-Baden 1993, S. 328 (zit.: Festschrift Deringer)

– Privatisierung als ordnungspolitische Aufgabe, in: H. Lange/K. N. Nörr/H. P. Westermann (Hrsg.), Festschrift für Joachim Gernhuber zum 70. Geburtstag, Tübingen 1993, S. 905 (zit.: Festschrift Gernhuber)

– Zum Subsidiaritätsprinzip im Vertrag von Maastricht, in: NJW 1993, 3025

Mombaur, Peter M.: Energiewirtschaft im Wettbewerb – Vom Vormund zum Treuhänder –, in: DÖV 1997, 571

Mombaur, Peter M./von Lennep, Hans Gerd: Die deutsche kommunale Selbstverwaltung und das Europarecht, in: DÖV 1988, 988

– Europarecht und deutsche kommunale Selbstverwaltung, in: StuGR 1989, 95

Monopolkommission: Die Telekommunikation im Wettbewerb. Sondergutachten der Monopolkommission gemäß § 24 b Abs. 5 Satz 4 GWB, Baden-Baden 1996

Moraing, Markus: Möglichkeiten und Grenzen kommunalwirtschaftlicher Betätigung unter besonderer Berücksichtigung der Telekommunikation, Köln 1995

– Anmerkung zum Urteil des OLG Düsseldorf vom 10. Oktober 1996 – 2 U 65/95, in: NWVBl. 1997, 355

– Kommunales Wirtschaftsrecht vor dem Hintergrund der Liberalisierung der Märkte – Handlungsbedarf und Handlungsmöglichkeiten aus Sicht der Kommunalwirtschaft –, in: WiVerw 1998, 233

Müller, Joachim: Die Entscheidung des Grundgesetzes für die gemeindliche Selbstverwaltung im Rahmen der europäischen Integration. Die Auswirkungen der Übertragung von Hoheitsrechten auf die europäische Gemeinschaft gemäß Art. 24 Abs. 1 GG auf die Garantie der gemeindlichen Selbstverwaltung in Art. 28 Abs. 2 S. 1 GG, Baden-Baden 1992

Müller, Joachim A.: Dienstleistungsmonopole im System des EWG-Vertrages, Baden-Baden 1988

Müller, Martin: Zur verfassungsrechtlichen Problematik kommunaler Unternehmen auf dem Telekommunikationsmarkt, in: DVBl. 1998, 1256

Müller-Graff, Peter-Christian: Binnenmarktziel und Rechtsordnung, Bergisch Gladbach 1989

– Binnenmarktauftrag und Subsidiaritätsprinzip?, in: ZHR 159 (1995), 34

Müller-Graff, Peter-Christian/Zehetner, Franz: Öffentliche und privilegierte Unternehmen im Recht der Europäischen Gemeinschaften, Linz 1991

Müller-Henneberg, Hans: Die Anwendung des Gesetzes gegen Wettbewerbsbeschränkungen auf die öffentliche Hand, in: NJW 1971, 113

Müller-Werth, Helmut: Entwicklung und Grundgedanken der Gegenseitigkeitsbesteuerung – besonders ihre Bedeutung im Bundesstaat und ihre Verfassungsmäßigkeit nach dem Grundgesetz, Diss. Marburg 1969

von Münch, Ingo/Kunig, Philip (Hrsg.): Grundgesetz-Kommentar, Band 1, 4. Aufl., München 1992; Band 2, 3. Aufl., München 1995; Band 3, 3. Aufl., München 1996 (zit.: v. Münch/Kunig, GG)

von Mutius, Albert: Das Selbstverwaltungsrecht der Gemeinden und Gemeindeverbände, in: Jura 1982, 28

– Örtliche Aufgabenerfüllung – Traditionelles, funktionales oder neues Selbstverwaltungsverständnis?, in: A. von Mutius (Hrsg.), Selbstverwaltung im Staat der Industriegesellschaft. Festgabe zum 70. Geburtstag von Georg Christoph von Unruh, Heidelberg 1983, S. 227 (zit.: Festgabe v. Unruh)

– Kommunalverwaltung und Kommunalpolitik, in: K. G. A. Jeserich/H. Pohl/G.-C. von Unruh (Hrsg.), Deutsche Verwaltungsgeschichte, Band 4, Stuttgart 1985, S. 1055

– Ein Sieg für die gemeindliche Selbstverwaltung?, in: Städte- und Gemeindebund 1989, 299

von Mutius, Albert/Rentsch, Harald: Kommunalverfassungsrecht Schleswig-Holstein. Kommentar, 4. Aufl., Kiel 1994

Nagel, Bernhard: Gemeindeordnung als Hürde? Zur Reichweite der Betätigung von kommunalen Unternehmen nach § 107 der nordrhein-westfälischen Gemeindeordnung vor dem Hintergrund des europäischen Gemeinschaftsrechts und des Grundgesetzes, Baden-Baden 1999

de Nanclares, José Martín-Pérez: Fernsehmonopole und Gemeinschaftsrecht, in: ZUM 1992, 607

Niederleithinger, Ernst: Die Stellung der Versorgungswirtschaft im Gesetz gegen Wettbewerbsbeschränkungen, Düsseldorf 1968

– Strommarktproblematik nach deutschem und europäischem Wettbewerbsrecht, in: R. Lukes (Hrsg.), Ein EWG-Binnenmarkt für Elektrizität – Realität oder Utopie, Köln/Berlin/Bonn/München 1980, S. 63

Niemeier, Hans: Bund und Gemeinden. Aktuelle Organisations-, Finanz- und Verfassungsprobleme, Berlin 1972

Nipperdey, Hans Carl: Soziale Marktwirtschaft und Grundgesetz, 3. Aufl., Köln 1965

Notthoff, Martin: Energieversorgung als öffentlich-rechtliche oder privatrechtliche Aufgabe?, in: DZWir 1995, 147

Odersky, Walter: Kartellrechtliche Kontrolle des Handelns der öffentlichen Hand, in: P. Badura/R. Scholz (Hrsg.), Wege und Verfahren des Verfassungslebens. Festschrift für Peter Lerche zum 65. Geburtstag, München 1993, S. 949 (zit.: Festschrift Lerche)

Oebbecke, Janbernd: Die kommunale Beteiligung nach der Reform des nordrhein-westfälischen Kommunalrechts, in: StuGR 1995, 387

Oppermann, Thomas: Europarecht, München 1991

– Subsidiarität als Bestandteil des Grundgesetzes, in: JuS 1996, 569

Ossenbühl, Fritz: Daseinsvorsorge und Verwaltungsprivatrecht, in: DÖV 1971, 513

– Die Erfüllung von Verwaltungsaufgaben durch Private, in: VVDStRL 29 (1971), S. 137

– Bestand und Erweiterung des Wirkungskreises der Deutschen Bundespost, Berlin 1980

– § 62. Vorrang und Vorbehalt des Gesetzes, in: J. Isensee/P. Kirchhof (Hrsg.), Handbuch des Staatsrechts der Bundesrepublik Deutschland, Band III, Heidelberg 1988, S. 315 (zit.: Handbuch des Staatsrechts III)

– Rechtliche Aspekte der Elektrizitätsversorgung in den neuen Bundesländern, in: DÖV 1992, 1

– Mitbestimmung in Eigengesellschaften der öffentlichen Hand, in: ZGR 1996, 504

– Energierechtsreform und kommunale Selbstverwaltung, in: et 1997, 773

Osterloh, Lerke: Privatisierung von Verwaltungsaufgaben, in: VVDStRL 54 (1995), S. 204

Otting, Olaf: Neues Steuerungsmodell und rechtliche Betätigungsspielräume der Kommunen, Köln 1997

– Öffentlicher Zweck, Finanzhoheit und fairer Wettbewerb – Spielräume kommunaler Erwerbswirtschaft, in: DVBl. 1997, 1258

Otto, Gerhard: Entmonopolisierung der Telekommunikation. Netzträgerschaft und „Dienstleistungen“ der Deutschen Bundespost nach Art. 37 EWG-Vertrag, Baden-Baden 1989

Page, Alan C.: Member States, Public Undertakings and Article 90, in: ELR 1982, 19

Papier, Hans-Jürgen: Art. 12 – Freiheit des Berufs und Grundrecht der Arbeit, in: DVBl. 1984, 801

– § 18. Grundgesetz und Wirtschaftsordnung, in: E. Benda/W. Maihofer/H.-J. Vogel (Hrsg.), Handbuch des Verfassungsrechts der Bundesrepublik Deutschland, 2. Aufl., Berlin/New York 1994, S. 799

Pappalardo, Aurelio: State Measures and Public Undertakings: Article 90 of the EEC Treaty Revisited, in: ECLR 1991, 29

Pappermann, Ernst: Privatisierung kommunaler Aufgaben: Möglichkeiten und Grenzen, in: der städtetag 1984, 246

Peine, Franz-Joseph: Grenzen der Privatisierung – verwaltungsrechtliche Aspekte, in: DÖV 1997, 353

Peters, Hans: Die kommunale Selbstverwaltung und das Subsidiaritätsprinzip, in: AfK 1967, 5

Piduch, Erwin Adolf: Bundeshaushaltsrecht. Kommentar zu den Artikeln 109 bis 115 des

Grundgesetzes und zur Bundeshaushaltsordnung mit rechtsvergleichenden Hinweisen auf das Haushaltsrecht der Länder und ihrer Gemeinden, Loseblatt, 2. Aufl., Stuttgart, Stand: Juli 1998

Pieper, Stefan Ulrich: Subsidiarität. Ein Beitrag zur Begrenzung der Gemeinschaftskompetenzen, Köln/Berlin/Bonn/München 1994

Piper, Henning: Zum Wettbewerb der öffentlichen Hand, in: GRUR 1986, 574

Pohl, Hans: Einführung, in: ders. (Hrsg.), Kommunale Unternehmen. Geschichte und Gegenwart (Zeitschrift für Unternehmensgeschichte Beiheft 42), Stuttgart 1987, S. 1

Popitz, Johannes: Der künftige Finanzausgleich zwischen Reich, Ländern und Gemeinden: Gutachten erstattet der Studiengesellschaft für den Finanzausgleich, Berlin 1932

Pünder, Hermann: Die kommunale Betätigung auf dem Telekommunikationssektor, in: DVBl. 1997, 1353

Püttner, Günter: Unlauterer Wettbewerb der öffentlichen Hand, in: GRUR 1964, 359

– Das Recht der kommunalen Energieversorgung. Zum Problem der besonderen öffentlichen Aufgaben der Gemeindeunternehmen, Stuttgart/Berlin/Köln/Mainz 1967

– Die Grenzen der Energierechtskompetenz des Bundesgesetzgebers, in: BB 1971, 881

– Die Einwirkungspflicht – Zur Problematik öffentlicher Einrichtungen in Privatrechtsform –, in: DVBl. 1975, 353

– Die öffentlichen Unternehmen. Ein Handbuch zu Verfassungs- und Rechtsfragen der öffentlichen Wirtschaft, 2. Aufl., Stuttgart/München/Hannover 1985

– Rechtliche Rahmenbedingungen der Privatisierung, in: H. Brede (Hrsg.), Privatisierung und die Zukunft der öffentlichen Wirtschaft, Baden-Baden 1988, S. 257

– Der Konkurrenten- und Wettbewerbsschutz auf dem Gebiet der kommunalen Wirtschaftsförderung, in: D. Ehlers (Hrsg.), Kommunale Wirtschaftsförderung, Köln 1990, S. 259

– Gemeinden und Kreise in der Energieversorgung, in: DÖV 1990, 461

– Energieversorgung als kommunale Aufgabe, in: J. Ipsen/P. J. Tettinger (Hrsg.), Zukunftsperspektiven der kommunalen Energieversorgung, Köln/Berlin/Bonn/München 1992, S. 19

– Öffentliche Unternehmen – Stiefkinder der Entwicklung des Europäischen Gemeinschaftsrechts, in: Gesellschaft für öffentliche Wirtschaft (Hrsg.), Die Zukunft der öffentlichen Wirtschaft in der Europäischen Gemeinschaft. Referate einer Vortragsveranstaltung der Gesellschaft für öffentliche Wirtschaft am 2. Juni 1992 in Leipzig, Berlin 1992, S. 37

– Zur Wahl der Privatrechtsform für kommunale Unternehmen und Einrichtungen, Köln 1993

– Privatisierung, in: LKV 1994, 193

– Subventionierung von Anzeigenblättern – OLG Frankfurt a.M., NVwZ 1993, 706, in: JuS 1995, 1069

– Telekommunikation und gemeindliches Wegerecht, in: ArchivPT 1996, 307

– Zur Reform des Kommunal-Wirtschaftsrechts in Rheinland-Pfalz. Rechtsgutachten dem Verband kommunaler Unternehmen (VKU) erstattet, Tübingen 1997 (maschinenschriftl. Mskr.)

Rapp, Angela: Die gemeinschaftsrechtliche Verwirklichung von Wettbewerb in der leitungsgebundenen Energiewirtschaft, Frankfurt a. M. 1992

Rapp-Jung, Barbara: Zur Tragweite von Art. 90 Abs. 2 EGV für die Energiewirtschaft – Zugleich Anmerkung zu EuGH RdE 1994, 182, in: RdE 1994, 165

– Der Energiesektor zwischen Marktwirtschaft und öffentlicher Aufgabe. Anmerkung zu

EuGH, EuZW 1994, 408 – Gemeinde Almelo u.a./NV Energiebedrijf Ijsselmij, in: EuZW 1994, 464
– Die EU Richtlinie für Elektrizität im Spannungsfeld zwischen den Wettbewerbsregeln des Vertrags und den verbliebenen energiepolitischen Befugnissen der Mitgliedstaaten, in: RdE 1997, 133
Rebentisch, Dieter: § 7. Die Selbstverwaltung in der Weimarer Zeit, in: G. Püttner (Hrsg.), Handbuch der kommunalen Wissenschaft und Praxis, Band 1, 2. Aufl., Berlin/Heidelberg/New York 1981, S. 86 (zit.: HKWP I)
te Reh, Peter: Betätigung kommunaler Unternehmen im Telekommunikationsbereich, in: ZögU 19 (1996), 399
Reich, Norbert: Rundfunkrecht und Wettbewerbsrecht vor dem Forum des europäischen Gemeinschaftsrechts, in: W. Hoffmann-Riem (Hrsg.), Rundfunk im Wettbewerbsrecht. Der öffentlich-rechtliche Rundfunk im Spannungsfeld zwischen Wirtschaftsrecht und Rundfunkrecht, Baden-Baden 1988, S. 224
Renck, Ludwig: Wettbewerbswidrige Leistungsverwaltung? in: BayVBl. 1978, 692
Rengeling, Hans-Werner: § 100. Gesetzgebungszuständigkeit, in: J. Isensee/P. Kirchhof (Hrsg.), Handbuch des Staatsrechts der Bundesrepublik Deutschland, Band IV, Heidelberg 1990, S. 723 (zit.: Handbuch des Staatsrechts IV)
– Die Garantie der kommunalen Selbstverwaltung im Zeichen der europäischen Integration, in: DVBl. 1990, 893
– Rechtsetzung der Europäischen Gemeinschaft und Kommunen, in: ZG 1994, 277
Ress, Georg: Die Europäischen Gemeinschaften und der deutsche Föderalismus, in: EuGRZ 1986, 549
– Die neue Kulturkompetenz der EG, in: DÖV 1992, 944
Richter, Gerd Jürgen: Verfassungsprobleme der kommunalen Funktionalreform, Köln 1977
Rinck, Gerd/Schwark, Eberhard: Wirtschaftsrecht. Wirtschaftsverfassung, Kartellrecht, Wettbewerbsrecht, Wirtschaftsverwaltung, 6. Aufl., Köln/Berlin/Bonn/München 1986
Röhl, Hans Christian: Verwaltung und Privatrecht – Verwaltungsprivatrecht?, in: VerwArch 86 (1995), 531
Ronellenfitsch, Michael: § 84. Wirtschaftliche Betätigung des Staates, in: J. Isensee/P. Kirchhof (Hrsg.), Handbuch des Staatsrechts der Bundesrepublik Deutschland, Band III, Heidelberg 1988, S. 1171 (zit.: Handbuch des Staatsrechts III)
– Straße und Energieversorgung im Konflikt, Berlin 1996
– Rechtliche Probleme der Privatisierung und Regulierung aus der Sicht der Rechtswissenschaften, in: K. König/A. Benz (Hrsg.), Privatisierung und staatliche Regulierung. Bahn, Post und Telekommunikation, Rundfunk, Baden-Baden 1997, S. 118
Roters, Wolfgang: Kommunale Mitwirkung an höherstufigen Entscheidungsprozessen, Bochum 1974
– § 16. Die Beteiligung der Kommunen an höherstufigen Entscheidungsprozessen, in: G. Püttner (Hrsg.), Handbuch der kommunalen Wissenschaft und Praxis, Band 1, 2. Aufl., Berlin/Heidelberg/New York 1981, S. 288 (zit.: HKWP I)
Roth, Wulf-Henning: Versicherungsmonopole und EWG-Vertrag, in: J. F. Baur/K. J. Hopt/K. P. Mailänder (Hrsg.), Festschrift für Ernst Steindorff zum 70. Geburtstag am 13. März 1990, Berlin/New York 1990, S. 1313 (zit.: Festschrift Steindorff)
Rottmann, Michael: Zu den verfassungsrechtlichen Aspekten der Postreform II, in: ArchivPT 1994, 193
Rüfner, Wolfgang: Formen öffentlicher Verwaltung im Bereich der Wirtschaft, Berlin 1967

– § 80. Daseinsvorsorge und soziale Sicherheit, in: J. Isensee/P. Kirchhof (Hrsg.), Handbuch des Staatsrechts der Bundesrepublik Deutschland, Band III, Heidelberg 1988, S. 1037 (zit.: Handbuch des Staatsrechts III)
Rupp, Hans Heinrich: § 203. Die Soziale Marktwirtschaft in ihrer Verfassungsbedeutung, in: J. Isensee/P. Kirchhof (Hrsg.), Handbuch des Staatsrechts der Bundesrepublik Deutschland, Band IX, Heidelberg 1997, S. 129 (zit.: Handbuch des Staatsrechts IX)
Sachs, Michael (Hrsg.): Grundgesetz. Kommentar, München 1996 (zit.: Sachs, GG)
Säcker, Franz Jürgen/Busche, Jan: Kommunale Eigenbetriebe im Spannungsfeld von Selbstverwaltungskompetenz und Kartellaufsicht, in: VerwArch 83 (1992), 1
Schachtschneider, Karl Albrecht: Staatsunternehmen und Privatrecht. Kritik der Fiskustheorie, exemplifiziert an § 1 UWG, Berlin/New York 1986
Schacke, Michael/Rosin, Peter: Die Zuständigkeit des Bundes zur Regelung der unentgeltlichen Benutzung öffentlicher Verkehrswege für Telekommunikationslinien, in: DVBl. 1997, 471
Schatzschneider, Wolfgang: Fernmeldemonopol und Verfassungsrecht. Einige Anmerkungen zur beabsichtigten Deregulierung der Deutschen Bundespost, in: MDR 1988, 529
Schauwecker, Heinz: § 100. Kooperation und Gemeinschaftsunternehmen, in: G. Püttner (Hrsg.), Handbuch der kommunalen Wissenschaft und Praxis, Band 5, 2. Aufl., Berlin/Heidelberg/New York/Tokyo 1984, S. 317 (zit.: HKWP V)
Scherer, Joachim: Das neue Telekommunikationsgesetz, in: NJW 1996, 2953
Scheuner, Ulrich: Der Grundrechtsschutz in der Europäischen Gemeinschaft und die Verfassungsrechtsprechung – Zum Beschluß des Bundesverfassungsgerichts vom 29. Mai 1974 –, in: AöR 100 (1975), 30
Schink, Alexander: Kommunale Selbstverwaltung im kreisangehörigen Raum, in: VerwArch 81 (1990), 385
– Kommunalverfassungsrechtliche und kartellrechtliche Probleme bei der Organisation der öffentlichen Abfallwirtschaft, in: J. Bauer/A. Schink (Hrsg.), Organisationsformen in der öffentlichen Abfallwirtschaft, Köln 1993, S. 5
Schliesky, Utz: Mehr Wirtschaftlichkeit durch ein zusätzliches Verwaltungsverfahren? – Anmerkungen zu haushaltsrechtlichen Gesetzgebungsbemühungen –, in: DÖV 1996, 109
– Öffentliches Wettbewerbsrecht. Verhaltensrechtliche Determinanten von wirtschaftsbezogenem Staatshandeln, Berlin 1997
Schmidhuber, Peter M./Hitzler, Gerhard: Die öffentlichen Unternehmen im EG-Binnenmarkt, in: ZögU 13 (1990), 397
– Die Verankerung des Subsidiaritätsprinzips im EWG-Vertrag – ein wichtiger Schritt auf dem Weg zu einer föderalen Verfassung der Europäischen Gemeinschaft, in: NVwZ 1992, 720
Schmidt, Reiner (unter Mitarbeit von Hartmut Bauer und Rudolf Mögele): Öffentliches Wirtschaftsrecht. Allgemeiner Teil, Berlin/Heidelberg/New York/London/Paris/Tokyo/Hong Kong 1990
– Die Privatisierung öffentlicher Aufgaben als Problem des Staats- und Verwaltungsrechts, in: S. Biernat/R. Hendler/F. Schoch/A. Wasilewski (Hrsg.), Grundfragen des Verwaltungsrechts und der Privatisierung, Stuttgart/München/Hannover/Berlin/Weimar/Desden 1994, S. 210
– Privatisierung und Gemeinschaftsrecht, in: Die Verwaltung 28 (1995), 281
– Der Übergang öffentlicher Aufgabenerfüllung in private Rechtsformen, in: ZGR 1996, 345

Schmidt-Aßmann, Eberhard: Kommunen und örtliche Energieversorgung, in: U. Hüffer (Hrsg.), Berg- und Energierecht vor den Fragen der Gegenwart. Festschrift für Fritz Fabricius zum 70. Geburtstag, Stuttgart 1989, S. 251 (zit.: Festschrift Fabricius)
– Kommunale Selbstverwaltung „nach Rastede" – Funktion und Dogmatik des Art. 28 Abs. 2 GG in der neueren Rechtsprechung –, in: E. Franßen/K. Redeker/O. Schlichter/D. Wilke, Bürger – Richter – Staat. Festschrift für Horst Sendler, Präsident des Bundesverwaltungsgerichts, zum Abschied aus seinem Amt, München 1991, S. 121 (zit.: Festschrift Sendler)
– Verwaltungslegitimation als Rechtsbegriff, in: AöR 116 (1991), 329
– Kommunalrecht, in: ders. (Hrsg.), Besonderes Verwaltungsrecht, 11. Aufl., Berlin/New York 1999, S. 1
Schmidt-Bleibtreu, Bruno/Klein, Franz: Kommentar zum Grundgesetz, 9. Aufl., Neuwied/Kriftel 1999 (zit.: Schmidt-Bleibtreu/Klein, GG)
Schmidt-Jortzig, Edzard: Kommunale Organisationshoheit, Göttingen 1979
– Kommunalrecht, Stuttgart/Berlin/Köln/Mainz 1982
– Kommunalverwaltung und Verwaltungsgerichtsbarkeit, in: NJW 1983, 967
– § 93 B. Die Zulässigkeit kommunaler wirtschaftlicher Unternehmen im einzelnen, in: G. Püttner (Hrsg.), Handbuch der kommunalen Wissenschaft und Praxis, Band 5, 2. Aufl., Berlin/Heidelberg/New York/Tokyo 1984, S. 50 (zit.: HKWP V)
Schmidt-Preuß, Matthias: Soziale Marktwirtschaft und Grundgesetz vor dem Hintergrund des Staatsvertrages zur Währungs-, Wirtschafts- und Sozialunion, in: DVBl. 1993, 236
– Verfassungskonflikt um die Durchleitung?, in: RdE 1996, 1
Schmitt, Carl: Freiheitsrechte und institutionelle Garantien der Reichsverfassung, in: ders., Verfassungsrechtliche Aufsätze aus den Jahren 1924 – 1954, Berlin 1958 (2. Aufl., Berlin 1973 – Nachdruck), S. 140
– Verfassungslehre, 8. Aufl., Berlin 1993
Schmölder, Konstanz: Materialien zur steuerlichen Behandlung öffentlicher Unternehmen, in: H. Ritschl, Die Besteuerung der öffentlichen Unternehmen. Gutachten im Auftrage der Gesellschaft für öffentliche Wirtschaft e.V., Berlin 1960, S. 63
Schneider, Hans: Werbesendungen der Rundfunkanstalten als Gegenstand eines Bundesgesetzes, in: NJW 1965, 937
Schneider, Jens-Peter: Effektiver Rechtsschutz Privater gegen EG-Richtlinien nach dem Maastricht-Urteil des Bundesverfassungsgerichts, in: AöR 119 (1994), 294
Schoch, Friedrich: Zur Situation der kommunalen Selbstverwaltung nach der Rastede-Entscheidung des Bundesverfassungsgerichts, in: VerwArch 81 (1990), 18
– Privatisierung der Abfallentsorgung. Ein Beitrag zu den rechtlichen Determinanten der Privatisierung kommunaler Aufgaben, Köln/Berlin/Bonn/München 1992
– Der Beitrag des kommunalen Wirtschaftsrechts zur Privatisierung öffentlicher Aufgaben, in: DÖV 1993, 377
– Rechtsfragen der Privatisierung von Abwasserbeseitigung und Abfallentsorgung, in: DVBl. 1994, 1
– Kommunalrechtliche Grenzen der wirtschaftlichen Betätigung kommunaler Selbstverwaltungskörperschaften, in: S. Biernat/R. Hendler/F. Schoch/A. Wasilewski (Hrsg.), Grundfragen des Verwaltungsrechts und der Privatisierung, Stuttgart/München/Hannover/Berlin/Weimar/Dresden 1994, S. 329
– Privatisierung von Verwaltungsaufgaben, in: DVBl. 1994, 962
– Die aufsichtsbehördliche Genehmigung der Kreisumlage – Zur Verfassungsmäßigkeit des § 56 Abs. 3 KrO NW –, Köln 1995

– Verfassungsrechtlicher Schutz der kommunalen Finanzautonomie. Darstellung am Beispiel saarländischer Kommunen, Stuttgart/München/Hannover/Berlin/Weimar/Dresden 1997

Schoch, Friedrich/Wieland, Joachim: Finanzierungsverantwortung für gesetzgeberisch veranlaßte kommunale Aufgaben, Baden-Baden 1995

Schön, Wolfgang: Der Einfluß öffentlich-rechtlicher Zielsetzungen auf das Statut privatrechtlicher Eigengesellschaften der öffentlichen Hand: – Gesellschaftsrechtliche Analyse, in: ZGR 1996, 429

Schönershofen, Peter/Binder-Falcke, Doris: Zur wirtschaftlichen Betätigung der Gemeinden, in: VR 1997, 109

Scholz, Rupert: Das Wesen und die Entwicklung der gemeindlichen öffentlichen Einrichtungen. Zugleich ein Beitrag zur Lehre von der Garantie der kommunalen Selbstverwaltung (Art. 28 Abs. 2 GG), Berlin 1967

– Wettbewerbsrecht und öffentliche Hand, in: ZHR 132 (1969), 97

– Paritätische Mitbestimmung und Grundgesetz, Berlin 1974

– Neue Entwicklungen im Gemeindewirtschaftsrecht – Strukturfragen und Verfassungskritik, in: DÖV 1976, 441

– Grenzen staatlicher Aktivität unter der grundgesetzlichen Wirtschaftsverfassung, in: D. Duwendag (Hrsg.), Der Staatssektor in der sozialen Marktwirtschaft, Berlin 1976, S. 113

– Gemeindliche Gebietsreform und regionale Energieversorgung. Zu den Grenzen gemeindlicher Betätigungsfreiheit auf dem Gebiet der leitungsgebundenen Energieversorgung, Berlin 1977

– Grundgesetz und Europäische Einigung, in: NJW 1992, 2593

– Unentgeltliche Durchleitungsrechte für Zwecke der Telekommunikation – Verfassungsrechtliches Korrelat zum Grundversorgungsauftrag, in: ArchivPT 1996, 95

Scholz, Rupert/Langer, Stefan: Europäischer Binnenmarkt und Energiepolitik, Berlin 1992

Scholz, Rupert/Pitschas, Rainer: Gemeindewirtschaft zwischen Verwaltungs- und Unternehmensstruktur. Rechts- und Organisationsfragen zur modernen Wirtschaftsführung von gemeindlichen Eigenbetrieben, Berlin 1982

– § 95 B. Kriterien für die Wahl der Rechtsform, in: G. Püttner (Hrsg.), Handbuch der kommunalen Wissenschaft und Praxis, Band 5, 2. Aufl., Berlin/Heidelberg/New York/Tokyo 1984, S. 128 (zit.: HKWP V)

Schricker, Helmut: Wirtschaftliche Tätigkeit der öffentlichen Hand und unlauterer Wettbewerb, 2. Aufl., Köln 1987

Schulz, Norbert: Neue Entwicklungen im kommunalen Wirtschaftsrecht Bayerns, in: BayVBl. 1996, 97 und 129

– Anmerkungen zur Tätigkeit gemeindlicher Unternehmen außerhalb des Gemeindegebietes, in: BayVBl. 1998, 449

Schulze-Fielitz, Helmuth: Kontrolle der Verwaltung durch Rechnungshöfe, in: VVDStRL 55 (1996), S. 231

Schumacher, Hermann: Die Übertragung öffentlicher Aufgaben der Gemeinden auf Dritte, in: LKV 1995, 135

Schuppert, Gunnar Folke: Die Privatisierungsdiskussion in der deutschen Staatsrechtslehre, in: StWissStPr 1994, 541

Schütz, Raimund: Wegerechte für Telekommunikationsnetze – Chancen für mehr Wettbewerb auf den liberalisierten Telekommunikationsmärkten?, in: NVwZ 1996, 1053

Schwabe, Petra: Die deutsche Stromversorgungsstruktur und der EWG-Vertrag, Baden-Baden 1993

Schwark, Eberhard: Die Struktur der deutschen Elektrizitätswirtschaft im Lichte der Art. 30 ff., 85 ff. EWGV, in: U. Hüffer (Hrsg.), Berg- und Energierecht vor den Fragen der Gegenwart. Festschrift für Fritz Fabricius zum 70. Geburtstag, Stuttgart 1989, S. 203 (zit.: Festschrift Fabricius)

Schwartz, Ivo E.: Subsidiarität und Binnenmarktkompetenzen. Der neue Titel „Kultur". Medienvielfalt und Binnenmarkt, in: AfP 1993, 409

Schwarz, Theo: Die wirtschaftliche Betätigung der öffentlichen Hand im Kartellrecht, Köln 1969

Schwarze, Jürgen: Das Staatsrecht in Europa, in: JZ 1993, 585

Schwintowski, Hans-Peter: Der Begriff des Unternehmens im europäischen Wettbewerbsrecht – Europäischer Gerichtshof vom 17.2.1993, in: ZeuP 1994, 294

– Staatlich veranlaßte Wettbewerbsbeschränkungen auf europäischen und internationalen Märkten, in: RabelsZ 58 (1994), 232

– Gesellschaftsrechtliche Bindungen für entsandte Aufsichtsratsmitglieder in öffentlichen Unternehmen, in: NJW 1995, 1316

Seele, Günter: Der Kreis aus europäischer Sicht. Die übergemeindliche Kommunalverwaltung im Spiegel der nationalstaatlichen Verwaltungsstrukturen und der europäischen Gemeinschaftspolitik, Köln 1991

Seidel, Martin: Die Elektrizitätswirtschaft im System des Gemeinschaftsrechts, in: EuR 1988, 129

Siedentopf, Heinrich: Grenzen und Bindungen der Kommunalwirtschaft. Die wirtschaftliche Betätigung der Gemeinden im System des Privatrechts und Verwaltungsrechts, Stuttgart 1963

– Europäische Gemeinschaft und kommunale Beteiligung, in: DÖV 1988, 981

Slot, Piet Jan: Energy and competition, in: CMLRev. 31 (1994), 511

Spannowsky, Willy: Der Einfluß europäischer Rechtsentwicklungen auf den kommunalen Handlungsrahmen, in: DVBl. 1991, 1120

– Die Verantwortung der öffentlichen Hand für die Erfüllung öffentlicher Aufgaben und die Reichweite ihrer Einwirkungspflicht auf Beteiligungsunternehmen, in: DVBl. 1992, 1072

– Die Stellung der Kommunen im Wettbewerb der Energieversorgungsträger, in: RdE 1995, 135

– Der Einfluß öffentlich-rechtlicher Zielsetzungen auf das Statut privatrechtlicher Eigengesellschaften in öffentlicher Hand: – Öffentlich-rechtliche Vorgaben, insbesondere zur Ingerenzpflicht –, in: ZGR 1996, 400

Starck, Christian: Die Auskiesungsurteile des Bundesgerichtshofs vor dem Bundesverfassungsgericht – BVerfG, NJW 1977, 1960, in: JuS 1977, 732

Steckert, Uwe: Neue Aufgaben für die Kommunalwirtschaft. Im Würgegriff von Privatisierung, Wettbewerb, Staatsaufsicht und „öffentlicher Meinung", in: der städtetag 1996, 281

Stein, Edgar: Zum Referentenentwurf einer Reform des Kommunalverfassungsrechts in Nordrhein-Westfalen, in: VR 1992, 389

Stein, Torsten: Anmerkungen zum EuGH-Urteil vom 24.3.1994 – Rs. C 275/92 – „Dienstleistungsverkehr und Werbung für Lotterien", in: EuZW 1994, 315

Steinberg, Rudolf/Britz, Gabriele: Die Energiepolitik im Spannungsfeld nationaler und europäischer Regelungskompetenzen, in: DÖV 1993, 313

– Der Energieliefer- und -erzeugungsmarkt nach nationalem und europäischem Recht, Baden-Baden 1995

Steinberg, Rudolf/Britz, Gabriele/Schaub, Andrea: Die Bedeutung des Rechts der Europäischen Gemeinschaft für eine umweltorientierte Energiepolitik und Energierechtsetzung – insbesondere für eine Dezentralisierung der Energieversorgung, in: RdE 1996, 165

Steindorff, Ernst: Grenzen der EG-Kompetenzen, Heidelberg 1990

Steiner, Udo: Öffentliche Verwaltung durch Private. Allgemeine Lehren, Hamburg 1975

– Der Bau von Energieversorgungsleitungen – Verfahrensrechtliche Voraussetzungen, in: U. Hüffer/K. Ipsen/P. J. Tettinger (Hrsg.), Berg- und Energierecht vor den Fragen der Gegenwart. Festschrift für Fritz Fabricius zum 70. Geburtstag, Stuttgart 1989, S. 271 (zit.: Festschrift Fabricius)

Stern, Klaus: Gedanken über den wirtschaftslenkenden Staat aus verfassungsrechtlicher Sicht, in: DÖV 1961, 325

– Gemeindeordnung und kommunale Wirtschaftsbetätigung, in: BayVBl. 1962, 129

– Der rechtliche Standort der Gemeindewirtschaft, in: AfK 1964, 81

– Die verfassungsrechtliche Position der kommunalen Gebietskörperschaften in der Elektrizitätsversorgung, Berlin/Frankfurt a.M. 1966

– § 13. Die Verfassungsgarantie der kommunalen Selbstverwaltung, in: G. Püttner (Hrsg.), Handbuch der kommunalen Wissenschaft und Praxis, Band 1, 2. Aufl., Berlin/Heidelberg/New York 1981, S. 204 (zit.: HKWP I)

– Das Staatsrecht der Bundesrepublik Deutschland, Band I, 2. Aufl., München 1984 (zit.: Staatsrecht I); Band II, München 1980 (zit.: Staatsrecht II)

– Europäische Union und kommunale Selbstverwaltung, in: R. Wendt/W. Höfling/U. Karpen/M. Oldiges (Hrsg.), Staat Wirtschaft Steuern. Festschrift für Karl Heinrich Friauf, Heidelberg 1996, S. 75 (zit.: Festschrift Friauf)

– Postreform zwischen Privatisierung und Infrastrukturgewährleistung, in: DVBl. 1997, 309

Stern, Klaus/Münch, Paul/Hansmeyer, Karl-Heinrich: Gesetz zur Förderung der Stabilität und des Wachstums der Wirtschaft, 2. Aufl., Stuttgart 1972

Stern, Klaus/Püttner, Günter: Die Gemeindewirtschaft. Recht und Realität. Zum staats- und kommunalverfassungsrechtlichen Standort der kommunalen Wirtschaft, Stuttgart/Berlin/Köln/Mainz 1965

Stewing, Clemens: Gasdurchleitung nach europäischem Recht, Köln 1989

– Die Richtlinienvorschläge der EG-Kommission zur Einführung eines Third Party Access für Elektrizität und Gas, in: EuR 1993, 41

Stier-Somlo (Hrsg.): Handbuch des kommunalen Verfassungs- und Verwaltungsrechts in Preußen, Zweiter Band, II. Hauptteil. Das Recht der kommunalen Finanzverwaltung, Oldenburg i. Gr. 1917

Stober, Rolf: Rein gewerbliche Betätigung der öffentlichen Hand und Verfassung, in: ZHR 145 (1981), 565

– Bundesrechtliche Regelung kommunaler Wasserversorgungsbedingungen, in: NVwZ 1982, 294

– Die privatrechtlich organisierte öffentliche Verwaltung. Zur Problematik privatrechtlicher Gesellschaften und Beteiligungen der öffentlichen Hand, in: NJW 1984, 449

– Eigenwirtschaftliche Betätigung der öffentlichen Hand – Zulässigkeit und Grenzen, in: BB 1989, 716

– Dimensionen der Deregulierung, in: ders. (Hrsg.), Deregulierung im Wirtschafts- und Umweltrecht, Köln/Berlin/Bonn/München 1990

– Kommunalrecht in der Bundesrepublik Deutschland, 3. Aufl., Stuttgart/Berlin/Köln 1996

– Allgemeines Wirtschaftsverwaltungsrecht. Grundlagen und Prinzipien. Wirtschaftsverfassungsrecht, 11. Aufl., Stuttgart/Berlin/Köln 1998

Streinz, Rudolf: Bundesverfassungsgerichtlicher Grundrechtsschutz und Europäisches Gemeinschaftsrecht, Baden-Baden 1989

– Der Vertrag von Amsterdam. Einführung in die Reform des Unionsvertrages von Maastricht und erste Bewertung der Ergebnisse, in: EuZW 1998, 137

Stüer, Bernhard: Funktionalreform und kommunale Selbstverwaltung, Göttingen 1980

Surén, Friedrich-Karl/Loschelder, Wilhelm: Die Deutsche Gemeindeordnung vom 30. Januar 1935. Kommentar, Band II, Berlin 1940 (zit.: DGO)

Süß, Siegwin: Eigenbetrieb oder Gesellschaft? in: BayVBl. 1986, 257

Tettinger, Peter J.: Rechtliche Markierungen für kommunale Energiepolitik – Zur Stromversorgung auf kommunaler Ebene –, in: NWVBl. 1989, 1

– Rechtliche Markierungen für kommunale Energiepolitik, in: RdE 1989, 214

– Die öffentlichen Unternehmen im primären Gemeinschaftsrecht unter besonderer Berücksichtigung der Energiewirtschaft, in: DVBl. 1994, 88

– Die rechtliche Ausgestaltung von Public Private Partnership, in: DÖV 1996, 764

– Maastricht II – Vertragsergänzung zur Sicherung der Daseinsvorsorge in Europa?, in: DVBl. 1997, 341

– Rechtsschutz gegen kommunale Wettbewerbsteilnahme, in: NJW 1998, 3473

– Für die Versorgungswirtschaft bedeutsame Entwicklungslinien im primären Gemeinschaftsrecht, in: RdE 1999, 45

Theobald, Christian: Rechtliche Steuerung von Wettbewerb und Umweltverträglichkeit in der Elektrizitätswirtschaft, in: AöR 122 (1997), 372

Thieme, Werner: Berufsfreiheit und Verwaltungsmonopole, in: JZ 1961, 280

Toth, A. G.: The principle of subsidiarity in the Maastricht Treaty, in: CMLRev. 29 (1992), 1079

Treffer, Christian: Der europarechtliche Durchleitungstatbestand für Elektrizität und seine Umsetzung in nationales Recht, in: ZG 1997, 38

Trzeciak, Ralph: Rechtsformen und Grenzen kommunalen Handelns bei der Energieversorgung, Köln 1990

Ulmer, Peter: Die Anwendung von Wettbewerbs- und Kartellrecht auf die wirtschaftliche Tätigkeit der öffentlichen Hand beim Angebot von Waren oder Dienstleistungen, in: ZHR 146 (1982), 466

von Unruh, Georg-Christoph: § 5. Ursprung und Entwicklung im frühkonstitutionellen Zeitalter, in: G. Püttner (Hrsg.), Handbuch der kommunalen Wissenschaft und Praxis, Band 1, 2. Aufl., Berlin/Heidelberg/New York 1981, S. 57 (zit.: HKWP I)

Vitzthum, Wolfgang Graf: Gemeinderechtliche Grenzen der Privatisierung kommunaler Wirtschaftsunternehmen, in: AöR 104 (1978), 580

Voeth, Markus: Telekommunikation und kommunale Unternehmen. Zur Notwendigkeit lokaler Marktanalysen, in: der städtetag 1996, 97

Vogel, Klaus: § 27. Der Finanz- und Steuerstaat, in: J. Isensee/P. Kirchhof (Hrsg.), Handbuch des Staatsrechts der Bundesrepublik Deutschland, Band I, Heidelberg 1987, S. 1151 (zit.: Handbuch des Staatsrechts I)

Voßkuhle, Andreas: Glücksspiel zwischen Staat und Markt. Eine Bestandsaufnahme vor dem Hintergrund verfassungs- und europarechtlicher Vorgaben, in: VerwArch 87 (1996), 395

Waechter, Kay: Kommunalrecht. Ein Lehrbuch, 3. Aufl., Köln/Berlin/Bonn/München 1997

Wahl, Rainer: Die Einschaltung privatrechtlich organisierter Verwaltungseinrichtungen in den Straßenbau, in: DVBl. 1993, 517
– Privatorganisationsrecht als Steuerungsinstrument bei der Wahrnehmung öffentlicher Aufgaben, in: E. Schmidt-Aßmann/W. Hoffmann-Riem (Hrsg.), Verwaltungsorganisationsrecht als Steuerungsressource, Baden-Baden 1997, S. 301
Weigt, Norbert: Die Position der kommunalen Energieversorger zum Wettbewerb, in: RdE 1994, 209
Wesener, Wolfgang: Energieversorgung und Energieversorgungskonzepte. Zu den rechtlichen und faktischen Möglichkeiten der Umsetzung von Versorgungskonzepten, Münster 1986
Wessel, Horst A.: Die Versorgung von Kommunen mit Wasser, Gas und elektrischer Energie von etwa 1850 bis 1914, in: J. Wysocki (Hrsg.), Kommunalisierung im Spannungsfeld von Regulierung und Deregulierung im 19. und 20. Jahrhundert, Berlin 1995, S. 49
Wiedmann, Thomas: Der Ausschuß der Regionen nach dem Vertrag von Amsterdam, in: EuR 1999, 49
Wieland, Joachim: Die Konzessionsabgaben. Zur Belastung wirtschaftsverwaltungsrechtlicher Erlaubnisse mit Abgaben, Berlin 1991
– Privatisierung statt Selbstverwaltung?, in: der landkreis 1994, 259
– Der Wandel der Verwaltungsaufgaben als Folge der Postprivatisierung, in: Die Verwaltung 28 (1995), 315
– Rechnungshofkontrolle im demokratischen Rechtsstaat, in: DVBl. 1995, 894
– Kommunalwirtschaftliche Betätigung unter veränderten Wettbewerbsbedingungen, in: H.-G. Henneke (Hrsg.), Optimale Aufgabenerfüllung im Kreisgebiet? Professorengespräch 1998 des Deutschen Landkreistages am 19. und 20. März 1998 im Landkreis Oberhavel, Stuttgart/München/Hannover/Berlin/Weimar/Dresden 1999, S. 193
Wieland, Joachim/Hellermann, Johannes: Der Schutz des Selbstverwaltungsrechts der Kommunen gegenüber Einschränkungen ihrer wirtschaftlichen Betätigung im nationalen und europäischen Recht, Köln 1995
Wilke, Dieter: Gebührenrecht und Grundgesetz: ein Beitrag zum allgemeinen Abgabenrecht, Münster 1973
Wilke, Dieter/Schachel, Jens: Probleme fiskalischer Betätigung der öffentlichen Hand, in: WiVerw 1978, 95
von Wilmowsky, Peter: Mit besonderen Aufgaben betraute Unternehmen unter dem EWG-Vertrag. Ein Beitrag zu Art. 90 Abs. 2 EWGV, in: ZHR 155 (1991), 545
Wilms, Günter: Das Europäische Gemeinschaftsrecht und die öffentlichen Unternehmen. Die Kompetenz der Kommission aus Art. 90 Abs. 3 EG-Vertrag und ihre Anwendung auf die Elektrizitätswirtschaft, Berlin 1996
Windisch, Rupert: Privatisierung natürlicher Monopole. Theoretische Grundlagen und Kriterien, in: ders. (Hrsg.), Privatisierung natürlicher Monopole im Bereich von Bahn, Post und Telekommunikation, Tübingen 1987, S. 1
Winter, Gerd: Subsidiarität und Deregulierung im Gemeinschaftsrecht, in: EuR 1996, 247
Witte, Gertrud: Privatisierung städtischer Aufgaben, in: der städtetag 1994, 524
Witte-Wegmann, Gertrud: Die Privatisierung städtischer Aufgaben, in: E. C. Stiefel/A. Behr/M. V. Jung/E. Klausing/T. Nöcker/R. Trinkner (Hrsg.), Iusto Iure. Festgabe für Otto Sandrock zum 65. Geburtstag, Heidelberg 1995, S 333 (zit.: Festgabe Sandrock)
Wolff, Hans J./Bachof, Otto/Stober, Rolf: Verwaltungsrecht II. Besonderes Organisations- und Dienstrecht, 5. Aufl., München 1987

Würdinger, Hans: Probleme der Auslegung des Artikel 37 EWG-Vertrag betreffend die Handelsmonopole, in: WuW 1965, 265

Würtenberger, Thomas: Energieversorgung und gemeindliche Entwicklungsplanung , in: WiVerw 1985, 188

Zahn, Andreas: Kommunale Dienstleistungsmonopole, Diss. Konstanz 1994

Zeiß, Friedrich: Kommunales Wirtschaftsrecht und Wirtschaftspolitik, in: H. Peters (Hrsg.), Handbuch der kommunalen Wissenschaft und Praxis, Dritter Band, Berlin/Göttingen/Heidelberg 1959, S. 611 (zit: HKWP III [1959])

– Kommunale Wirtschaft als Aufgabe der gemeindlichen Selbstverwaltung, in: DÖV 1969, 821

von Zimmermann-Wienhues, Sigrid: Kommunale Selbstverwaltung in einer Europäischen Union. Deutsche Gemeinden und spanische „municipios" im europäischen Integrationsprozeß, Berlin 1997

Zuck, Rüdiger: Die globalgesteuerte Marktwirtschaft und das neue Recht der Wirtschaftsverfassung, in: NJW 1967, 1301

Zuleeg, Manfred: Selbstverwaltung und europäisches Gemeinschaftsrecht, in: A. von Mutius (Hrsg.), Selbstverwaltung im Staat der Industriegesellschaft. Festgabe zum 70. Geburtstag von Georg Christoph von Unruh, Heidelberg 1989, S. 91 (zit.: Festgabe v. Unruh)

Zundel, Frank P.: Unternehmerische Tätigkeit der öffentlichen Hand – am Beispiel der Vermarktung von Software, in: VR 1996, 340

Sachverzeichnis

Abfall-/Müllentsorgung 2, 6, 8, 10, 18, 20, 26, 30, 32, 36, 40 ff., 50 f., 62, 98, 144, 206
Abfallrecht 8, 44, 268, 310
Abwasserbeseitigung 2, 6, 10, 41 f., 50 f., 98
s. a. Kanalisation
Alleinabnehmer/Alleinkäufer(-system) 49, 55, 287 f., 298 f., 301
Almelo-Urteil 112, 114, 119, 290, 295
Anschluß- und Benutzungszwang 25 f., 29 f., 151, 257, 264, 311
Anstalt des öffentlichen Rechts (als Unternehmensform) 56, 224
Arbeitsplatzsicherung 345
Arbeitsvermittlung(-smonopol) 7, 88, 96, 196
Ausschuß der Regionen 121 ff.

Bauleitplanung 261, 264
Beherrschende Stellung auf dem Gemeinsamen Markt oder einem wesentlichen Teil desselben 84, 99 f., 292
Beihilfe (Art. 87 EGV) 85, 330
Beleihung/beliehene Unternehmen 267
Bereichsausnahmen
- im nationalen Wettbewerbsrecht 5, 45, 53 f., 286, 294
- im EG-Vertrag 86, 289
Berufsfreiheit 135, 250, 302
Besondere/ausschließliche Rechte (Art. 86 Abs. 1 EGV) 88 ff., 96, 98 ff., 109 ff., 117, 120, 292 f., 295 f., 298
s. a. Privilegierte Unternehmen
Betrauung/betraute Unternehmen (Art. 86 Abs. 2 EGV) 83, 87, 103 f., 109 ff., 293 ff., 297 f., 300, 352 f.
Binnenmarkt(-kompetenzen) 9 f., 48, 86, 102, 104 f., 107 ff., 110, 288, 296 f., 352
Bodson-Urteil 289 f.
Breitbandverkabelung 324 f.
Brillenselbstabgabe-Entscheidung 250
Bündeltheorie 83
Bundesstaat 74, 77, 189, 192

CO_2-Minderung 60, 285
Corbeau-Urteil 110 ff., 117, 119

Darlegungslast (der Gemeinde) 213 f., 348
Daseinsvorsorge
- Bedeutung für die Abgrenzung von staatlichen (Verwaltungs-)Aufgaben und privatwirtschaftlichem Aufgabenbereich 132, 147 ff., 266 ff., 272, 342, 350
- Begriff 1, 266
- gemeindliche/kommunale D. (und Privatisierungspolitik) 1 f., 6, 46, 132, 144, 344 f., 351
- und Gemeinde-/Kommunalwirtschaftsrecht 43 f., 56 f., 267, 272
- und Gesetzgebungskompetenz für das Recht der Wirtschaft 197 f.
- und Wettbewerbsrecht 254 f.
Demarkationsverträge 45, 310, 317
Demokratieprinzip
- als Grundsatz des Europäischen Gemeinschaftsrechts 123 f.
- des Grundgesetzes (Art. 20 Abs. 2 GG) 77, 135, 139, 163, 166, 169 f., 228, 233 f., 242, 244, 258
- in Art. 23 Abs. 1 S. 1 GG 72 ff.

Deregulierung(-spolitik) 3 ff., 12, 46, 61, 322, 350
– durch die Europäische Gemeinschaft 9 f., 87 ff., 101 ff.
– und Art. 28 Abs. 2 GG 179
Deutsche Bundespost (TELEKOM)/ Deutsche Telekom AG 55, 324 ff., 334, 340 f., 346
Deutsche Gemeindeordnung 36 f., 42, 167, 205, 208, 219 ff.
Dienste/Dienstleistungen von allgemeinem wirtschaftlichem Interesse 79 f., 87, 111 ff., 295
Dienstleistungsfreiheit 82, 89, 92, 94 ff., 101, 112, 120
Dienstleistungsmonopole 89, 92, 94 ff., 101
Direktleitung(-sbau) 297, 299, 301
Doppelnatur hoheitlichen/kommunalen Handelns 247 f.
Drittes Reich 33
Durchleitung 55, 286, 297, 301, 311

Eigenbetrieb 98, 224, 235
Eigengesellschaft 226, 237 ff., 244
Eigentumsgrundrecht 281, 303, 323, 333
Einheit der Gemeindeverwaltung 236, 238
Einheit der Verfassung 69 f.
Einheitliche Europäische Akte 10
Einigungsvertrag 162
Ein- und Ausfuhrmonopol für Gas und Elektrizität 47 f., 112, 114, 291, 296
Einwirkungspflicht 242 ff.
Elektrizitätsbinnenmarkt-Richtlinie 49, 104, 264, 296, 298 ff., 313, 318, 352
Elektrizitätsversorgung 53 ff., 59 f., 158, 247, 264 ff., 350, 352 f.
– Elektrizitätserzeugung 33, 41, 144, 264, 271 ff., 283 ff., 317 f.
– Elektrizitätsverteilung 41 f., 264, 271 ff., 283
– gemeinschaftsrechtliche Vorgaben 47 ff., 288 ff.
– geschichtliche Entwicklung 21 ff., 27, 30, 32 f., 39 ff.
– staatlicher/privatwirtschaftlicher Aufgabenbereich 265 ff., 308, 322
– und Gemeinde-/Kommunalwirtschaftsrecht 207, 267, 269, 272 f., 314 ff., 319 ff.
– und gemeindliches Wegenetz 42, 54 f., 59, 264, 267, 271, 273 ff., 281 ff., 286 f., 289 ff., 295, 297, 307, 319
– und Verfassungsgarantie der gemeindlichen Selbstverwaltung 265, 271 ff., 276 f., 282 ff., 303 ff., 320 f.
Energieeinsparung 285, 317
Energieversorgung 2, 8, 10 ff., 28, 41, 43, 98, 207, 212 f., 331 f.
s. a. Elektrizitätsversorgung, Gasversorgung
Energieversorgungskonzepte 317
Energieversorgungsunternehmen
– als beliehene Unternehmen 267
– als betraute Unternehmen (i.S.v. Art. 86 Abs. 2 EGV) 293 ff.
Energiewirtschaftsgesetz/-recht 8, 11, 39, 44, 53 ff., 59 ff., 158, 183, 197 f., 264, 267 ff., 272, 275, 277, 282, 286 ff., 294 f., 301, 311 ff., 316 ff., 353
Enteignung 270, 278
Entörtlichung 144, 283 f.
Erforderlichkeit (Art. 5 Abs. 3 EGV) 105 f.
Erneuerbare/regenerative Energien 54, 284, 318 f.
Ertragsgebot 29 f., 37, 207 f.
Erwerbswirtschaftliche/rein gewinnorientierte wirtschaftliche Betätigung 32, 153 f., 207 f., 211, 213, 219, 345
s. a. Gewinnerzielungsabsicht/ Erwerbsorientierung
Europäische Charta der kommunalen Selbstverwaltung 126 ff.
Europäische Gemeinschaft/Union
– Mitwirkungsverhalten bundesdeutscher Organe 75 f.
– Rechtsetzungskompetenzen 101 ff., 296 f.
– Übertragung von Hoheitsrechten auf die E. G. 67 ff., 76
Europäische Konvention zum Schutze der Menschenrechte und Grundfreiheiten 127

Europäisches Gemeinschaftsrecht
- als rahmensetzendes Recht i.S.v. Art. 28 Abs. 2 S. 1 GG 67 f.
- Deregulierungs-/Privatisierungsvorgaben des E. G. 9 f., 87 ff.
- Einwirkung auf kommunale Selbstverwaltung 9 f., 46 f., 67, 121
- Kommunalblindheit 46, 121
- Neutralität gegenüber Eigentumsordnung/Wirtschaftsverfassung der Mitgliedstaaten 9, 79, 81, 84, 86, 204 f.
- Schutz der kommunalen Selbstverwaltung 121 ff., 353
- Vorrang 13, 66 f., 107, 288

Finanzautonomie/Finanzhoheit 181, 190, 194, 208 f., 211, 328 ff.
Finanzkraft 348
Finanzsituation der Kommunen 32 f., 36 f., 60 ff., 208
Fiskustheorie 156
Flucht in das Privatrecht 228, 238
Föderative Grundsätze (Art. 23 Abs. 1 S. 1 GG) 73 ff.
Frühindustrielle Phase 17 ff.
Funktionssperreklausel 35 ff., 43, 56, 214 ff., 218 ff., 223 f., 232, 319 f. s. a. Subsidiaritätsklausel
Funktionsvorbehalt (Art. 33 Abs. 4 GG) 227

Gasversorgung 18 f., 21, 23, 25, 27, 30, 32 f., 39 f., 47 ff., 53 f., 289
Gebot der sog. strukturellen Separierung 338 f.
Gemeinde als Unternehmensträgerin/-teilhaberin 152 f., 199 ff., 230 ff., 235, 238 ff., 242 ff., 259 f., 264, 277, 287, 320
Gemeindegebiet (als räumliche Betätigungsgrenze) 56, 63, 156 ff., 209 ff., 314 f., 347 f., 354
Gemeindehaushaltsrecht/-haushaltswirtschaft 191 ff.
Gemeindetreue 157
Gemeindewirtschaft/gemeindliche Wirtschaftsbetätigung
- als wesentliches Element kommunaler Selbstverwaltung 2, 145, 170
- Ausdehnungstendenzen 61 ff., 354
- geschichtliche Entwicklung 16 ff., 145
- als privatwirtschaftliche und/oder verwaltende Tätigkeit 146 ff., 156 f., 186, 188, 199, 226 f., 229 ff., 240, 256, 347, 351, 353
- unter Wettbewerbsbedingungen 59, 61 ff., 80, 158, 169, 212, 223 f., 288, 313 ff., 348, 354

Gemeinde-/Kommunalwirtschaftsrecht 204 ff.
- als kompetenzrechtliches Regelungsgebiet 182, 184, 187, 189
- als Privatisierungsinstrument 8 f., 56 ff., 204, 220, 225
- Anforderungen an die Gründung, Übernahme, (wesentliche) Erweiterung von/Beteiligung an wirtschaftlichen Unternehmen 43, 207 ff., 221
- Anforderungen an die Unterhaltung bestehender wirtschaftlicher Unternehmen 58, 220 ff.
- drittschützender Charakter 250, 252
- räumliche Beschränkung der Gemeindewirtschaft 56 f., 63, 209 ff., 314 f., 347 f., 354
- und kommunale Energieversorgung 207, 267, 269, 272 f., 314 ff., 319 ff.
- und Telekommunikation 56, 342 ff.
- und Wettbewerbsrecht 53, 250 ff., 255 ff.

Gemeinschaftstreue 128 f.
Gemischt-öffentliche Unternehmen 2, 149, 347
Gemischtwirtschaftliche Unternehmen 2, 22 f., 41, 226, 230 f., 233, 236 f., 240 ff., 244, 303, 348
Geschlossene (kommunale) Versorgungsgebiete 45, 47, 54, 59 f., 158, 286 ff., 301 f., 305 ff., 310 f., 314, 317 f., 352 f.
Gesellschaftsrecht 239 ff., 244
Gesetz gegen Wettbewerbsbeschränkungen s. Wettbewerbsrecht
Gesetzgebungskompetenz
- für das Bodenrecht 334
- für das bürgerliche Recht 309

– für das Kommunal(wirtschafts)recht 182 ff., 188, 204, 241, 308
– für das Recht der Haushaltsgrundsätze 52, 190 ff., 204
– für das Recht der Wirtschaft 183, 186 ff., 196 ff., 204, 259, 307 ff., 334, 336, 353
– für das Straßen- und Wegerecht 308 ff., 334, 336 f., 353
– für die Abfallbeseitigung 196, 310
– für die Telekommunikation 196, 310, 334 ff.
– für die Verhütung des Mißbrauchs wirtschaftlicher Machtstellung 196, 259
– gemäß Art. 84 Abs. 1, 85 Abs. 1 GG 185, 190, 193
Gewerbliche Unternehmungen/Betriebe gewerblicher Art 30 f., 34 f., 40, 45, 50 f.
s. a. Wirtschaftliche Unternehmen
Gewinnerzielungsabsicht/Erwerbsorientierung 21, 23, 30, 32, 61 f., 207 f., 345
s. a. Erwerbswirtschaftliche/rein gewinnorientierte wirtschaftliche Betätigung
Gleichheitssatz 330 f.
Gleichstellungsbeauftragten-Beschluß 174 ff., 233
Goldenstedt-Beschluß 69
Grundfreiheiten 79, 82, 84, 88 f., 103, 110, 120 f., 289, 291 f.
Grundrechte als Begrenzung staatlicher/kommunaler Wirtschaftsbetätigung 164 ff., 250, 252, 256, 302
Grundrechtlicher Schutz gemeindlicher Wirtschaftsbetätigung 133 ff.
Grundrechtsfähigkeit juristischer Personen des öffentlichen Rechts 135 f., 281, 333

Handel(-sverkehr) zwischen den Mitgliedstaaten
– Beeinträchtigung des H. 83, 85, 101, 118, 290
– Gemeinschaftsinteresse an der Entwicklung des H. (Art. 86 Abs. 2 S. 2 EGV) 87, 118 f., 295 f., 298, 300
Handelsmonopole 89 ff., 290 f.
Haushaltsautonomie 52, 194, 196
Haushaltsgrundsätze(gesetz) 8, 51 f., 190 ff.
Haushaltsrecht 194
Herstellung gleichwertiger Lebensverhältnisse/Wahrung der Rechts- oder Wirtschaftseinheit (Art. 72 Abs. 2 GG) 201, 312
Hochindustrialisierung 20 ff.
Hochzonung 138 f., 171, 173, 178 f., 304, 351
Höfner-Urteil 95 ff., 99
Hoheitsbetriebe 34, 40, 45, 50 f.

Infrastruktursicherungsauftrag (Art. 87f Abs. 1 S. 1 GG) 322, 325 ff., 335, 341 f., 345
Institutionelle Garantie 34, 136, 141, 171
Interessenbekundungsverfahren 51 f.
Investitionshilfe-Urteil 161, 164

Kanalisation 18, 20, 26, 30
s. a. Abwasserbeseitigung
Kartellrecht
s. Wettbewerbsrecht
Keck-Urteil 93, 96, 292
Kernkraft 285
Kommunalaufsicht 27, 35, 59, 211, 214, 236, 243 f., 315, 349
Konnexität von Aufgaben und Ausgaben 331
Konzessionsabgaben(-anordnung/-verordnung) 21, 23, 39, 54, 60, 309, 317, 329, 332
Konzessionsvertrag 2, 18, 21 ff., 45, 267 f., 270 f., 273 ff., 282 ff., 300, 317
– Abschluß des K. als privatwirtschaftliche/unternehmerische Betätigung 274 ff., 289
– Abschluß des K. als (Selbst-)Verwaltungsbetätigung 277, 282 f.
– als Kartellvertrag 276
– ausschließlicher K. 18, 42, 54, 286 ff., 305, 309, 352
– privatrechtliche Qualifizierung des K. 276, 279 f., 282

– unechter K. 274
– Zulässigkeit des ausschließlichen K. nach EG-Recht 48, 50, 288 ff.
Kraft-Wärme-Kopplung 54, 60, 284, 305, 317 ff.
Kreislaufwirtschafts- und Abfallgesetz 8
Kreuzberg-Urteil 26

Leistungsfähigkeit der Gemeinde und voraussichtlicher Bedarf 35 f., 43, 232, 348 f.

Maastricht-Urteil 66, 76, 78
Maastrichter Vertrag 79, 101, 121, 296
Markterkundungsverfahren 57
Mißbrauch einer beherrschenden Stellung (Art. 82 EGV) 99 f., 113, 292 f.
Mitbestimmungsurteil 165
Mittelalter 16, 24

Netzzugang 49, 55, 287, 299 f., 311, 313, 319
Neues Steuerungsmodell 62
Nichtwirtschaftliche Einrichtungen/ Unternehmen 36 f., 42 f., 56, 58, 98, 206 f., 217, 256, 267
Niederlassungsfreiheit 82

Öffentlich-rechtliche Organisationsformen 224, 240
– Vorrangregelungen zugunsten ö.-r. O. 56, 58, 235 ff.
Öffentliche Unternehmen (im Europäischen Gemeinschaftsrecht) 81 ff., 87, 96, 102 f., 114, 204 f.
s. a. Betrauung/betraute Unternehmen, Privilegierte Unternehmen
Öffentlicher Zweck (kommunaler Unternehmen)
– als verfassungsrechtliche Anforderung 153 f., 165, 208, 351
– im Gemeinde-/Kommunal-wirtschaftsrecht 30, 35 f., 43 f., 56, 59, 63, 151, 154, 207 ff., 210 f., 215 ff., 222, 225 ff., 231 f., 243 f., 256, 314 f., 320, 343 ff., 347 f.
– und Wettbewerbsrecht 250, 253 f., 256
Ordnungsgemäße (gemeindliche) Aufgabenerfüllung 178 ff., 218, 305 f., 351 f.
Organisationshoheit 174 f., 180 f., 227, 233 f.
Örtlichkeitsprinzip
s. Gemeindegebiet, Gemeinde-/ Kommunalwirtschaftsrecht

Personenbeförderungsgesetz 44
Personennahverkehr/Verkehrsbetriebe 2, 8, 22 f., 32, 35, 40 f., 43 f., 57, 98, 207, 267
Polizei(-gewalt/-recht/-staat) 16, 18, 24 ff.
Popitz-Kriterium 37
Preußische Städteordnung 24 ff.
Privatisierung(-spolitik) 3 ff., 132, 149
– Bund 6 ff., 50 ff.
– Europäische Gemeinschaft /Union 9 f., 81
– Finanzierungsp. 4, 10
– formelle/Organisationsp. 3, 6, 10, 224 f., 227, 340
– funktionale P. 4, 6, 10, 12
– Länder/ Landesrecht 8 f., 56 ff., 204 ff.
– materielle/Aufgabenp. 3, 5 f., 10, 12, 204, 225, 340
– und Gemeinden 5 f., 8 ff., 40, 46, 61, 204, 350
– Vermögensp. 3, 6, 81, 340
Privatrechtliche Organisationsformen
– Kontrolle/Steuerung von kommunalen Unternehmen in p. O. 58 f., 225, 238 ff.
– Tätigkeit von kommunalen Unternehmen in p. O. als privatwirtschaftliche oder verwaltende Tätigkeit 229 ff.
– Wahl p. O. für kommunale Unternehmen 58, 224 f., 228, 235 ff.
Privilegierte Unternehmen (i.S.v. Art. 86 Abs. 1, 2 EGV) 83 f., 87, 96, 98, 102 f., 110
s. a. Besondere/ausschließliche Rechte

Randnutzungen 32, 342 f.
Rastede-Beschluß 136, 138 f., 141 f., 172 ff., 178 f., 181, 217 ff., 304, 351

Rechnungshof(-kontrolle) 59, 159 f., 195, 243
Rechtsstaatsprinzip 139, 154, 166, 169 f., 228, 233 f., 240, 242, 244
Regiebetrieb 21, 29, 224, 235
Rekommunalisierung von Aufgaben 144, 284, 317
Ressourcenschonung 54, 285, 305, 316 ff.
Rosinenpicken 306

Sacchi-Urteil 88, 98
Schlachthäuser 17 f., 20, 25, 28 f., 36, 40
Selbstverwaltung (gemeindliche/ kommunale)
- allgemeiner (gemeinschaftsrechtlicher) Rechtsgrundsatz des Schutzes der kommunalen S. 124 ff.
- als identitätsstiftendes Merkmal der Verfassungsordnung 128 f.
- Europäische Charta der kommunalen S. 126 ff.
- Europafestigkeit 67 ff., 129
- Ewigkeitsgarantie 77
- gemeinschaftsrechtliche Einwirkung auf die kommunale S. 9 f., 46 f., 67, 121
- gemeinschaftsrechtlicher Schutz 121 ff., 353
- geschichtliche Entwicklung 16, 26 f., 34
- in der Weimarer Reichsverfassung 34, 134, 136, 172 f.
- Rechtslage in den EU-Mitgliedstaaten 75, 125 f., 128
- und gemeinschaftsrechtliches Demokratieprinzip 123 f.
- verfassungsrechtlicher Schutz durch Art. 28 Abs. 2 GG s. Verfassungsgarantie der gemeindlichen Selbstverwaltung
Sittenwidrigkeit (§ 1 UWG) 249 ff., 255
Sozialstaatsprinzip 163, 166
Sparkassen(-recht) 8, 18, 27, 41, 47, 198, 201
Steuerrecht 8, 28 f., 32, 40, 45, 50 f.
Steuerstaat 155
Straßenbahnen 22 f., 30
Straßen-/Wegebaulast(-träger) 278, 280, 323 f., 328, 338
Straßenbeleuchtung 18, 25
Straßen- (und Wege-)recht 275, 277 ff., 282
Straßenreinigung 18 ff., 25, 30, 32, 36, 50
Stromeinspeisungsgesetz 316
Subsidiaritätsklausel 43 f., 56 f., 209, 213 ff., 220, 222 f., 232, 273, 344, 346 f., 351 f.
s. a. Funktionssperreklausel
Subsidiaritätsprinzip 7, 162 f., 215
- als verfassungsrechtliches Prinzip 162 ff., 171
- des Art. 5 Abs. 2 EGV 73 f., 105 ff., 164, 297
- des Art. 23 Abs. 1 S. 1 GG 71 ff., 163 f.
- Schutzwirkung zugunsten der kommunalen Selbstverwaltung 71 ff., 75, 108 f.
Subvention(ierung) 151, 261, 330
Systemgerechtigkeit 331

Telegraphenwegegesetz 324, 334
Telekommunikation 7, 10 ff., 55 f., 62 f., 80, 149 f., 322 ff., 353
- hoheitliche Aufgaben im Bereich der T. 322, 324 ff., 341 f.
- privatwirtschaftliche Dienstleistungen im Bereich der T. 322, 337, 339 ff., 353
- und Gemeinde-/Kommunalwirtschaftsrecht 56, 342 ff.
- und gemeindliches Wegenetz 60, 63, 322 ff., 341 f.
- und Verfassungsgarantie der gemeindlichen Selbstverwaltung 323 ff., 327 ff., 333, 341 f.
Telekommunikationsendgeräte (-Entscheidung) 88 f., 92 ff., 98, 102, 110
Telekommunikationsgesetz 11, 55, 63, 323 f., 326 ff., 337 ff.
Telekommunikations- (Fernmelde-/ Telegraphen-)linien 60, 63, 275, 322 ff.
Transitrichtlinien 49
Transparenzrichtlinie(n-Entscheidung) 49, 85, 102

Umweltschutz/Umweltverträglichkeit (in der Energieversorgung) 54, 60, 114, 305, 316 ff.

Unionsbürgerschaft 124
Unlauterer Wettbewerb/Unlauterkeitsrecht
s. Sittenwidrigkeit, Wettbewerbsrecht
Unternehmensbegriff
– des EG-Vertrages 96 ff., 112, 289 f.
– des nationalen Wettbewerbsrechts 246 f., 289

Verfassungsgarantie der gemeindlichen Selbstverwaltung
– Allzuständigkeit/(gesetzesunabhängiges) Aufgabenzugriffsrecht hinsichtlich der Angelegenheiten der örtlichen Gemeinschaft/Universalität des gemeindlichen Wirkungskreises 137, 141 ff., 151, 163, 166 f., 169, 173, 177, 179, 188, 219, 234, 237 f., 259, 282, 290, 351 f.
– als an die Länder adressierte Verpflichtung 182
– als Grundlage kommunaler Daseinsvorsorge 133, 144
– als institutionelle Garantie 34, 136, 141, 171 f.
– als staatsorganisationsrechtliche Bestimmung 133, 135, 139 f., 142 f., 148
– als kompetentielle Grenze kommunaler (Wirtschafts-)Betätigung 155 ff., 210, 315, 341 f., 347 f.
– Anspruch auf angemessene Finanzausstattung 329
– Aufgabenverteilungsprinzip zugunsten der Gemeinden 178 ff.
– ausschließlich staatsgerichtete Funktion/Bedeutung im Verhältnis zum privaten Sektor 138 ff., 169, 171, 179 f., 272, 304, 351
– Eigenverantwortlichkeit 143, 174 f., 180 f., 236, 243
– Finanzhoheit 181, 194, 208 f., 211, 328 ff.
– funktionales Selbstverwaltungsverständnis 137 f.
– Gewährleistung des Rechts auf wirtschaftliche Betätigung 145 ff., 152, 157 f., 170, 212, 219, 259 f., 272 f., 320, 351, 354
– grundrecht(sähn)liches Verständnis 134 f., 175, 185 f., 327
– Kernbereich/Wesensgehalt 2, 47, 172 ff., 209, 217 f., 265, 304, 329, 351
– Neukonzeption der V. (Burmeister) 137, 184, 186 f.
– Organisationshoheit 174 f., 180 f., 227, 233 f.
– politisch-demokratischer Aspekt 77, 141 f., 163, 166, 173, 178 f., 307, 352
– Randbereich 175 ff., 209, 218 ff., 304 ff., 329
– Schutz vor faktischer Aushöhlung 34, 174, 209, 217 f., 304
– und Elektrizitäts-/Energieversorgung 265, 271 ff., 276 f., 282 ff., 303 ff., 320 f.
– und Telekommunikation 323 ff., 327 ff., 333, 341 f.
– und Verhältnismäßigkeitsgrundsatz 175 ff., 234, 327
– und Vorbehalt des Gesetzes 139 f., 142 f., 169 f., 259
– Wegehoheit 274, 276 f., 280 ff., 295, 303 f., 324 f., 327 ff., 350
Verhältnismäßigkeitsgrundsatz 165, 175 ff., 234
– im Verhältnis von Europäischer Gemeinschaft und Mitgliedstaaten 106
Vertrag über die Schaffung einer Währungs-, Wirtschafts- und Sozialunion 161 f.
Verwaltungshilfe 229 ff.
Verwaltungskompetenzbestimmungen (Art. 30, 83 ff. GG) 156 ff., 227 f.
Vorbehalt des Gesetzes
– Totalvorbehalt 140, 168
– und Garantie kommunaler Selbstverwaltung 139 f., 142 f., 169 f., 259
– und Gemeindewirtschaft/gemeindliche Wirtschaftsbetätigung 142, 167 ff., 269, 273, 351
– und Vergabe ausschließlicher Wegenutzungsrechte 301 f.
– Wesentlichkeitstheorie 142, 167 ff.
Vorrang der Privatwirtschaft 2, 7, 158 ff., 171, 219, 351

Vorrang des Bundesrechts (Art. 31 GG) 239 ff.
Vorrang des Europäischen Gemeinschaftsrechts 13, 66 f., 107, 288
Vorsprung durch Rechtsbruch 250 ff.

Wahlfreiheit der Verwaltung
- hinsichtlich der Organisationsform 225, 227, 235 f.
- hinsichtlich der Handlungsform 261, 282, 290, 293
Warenverkehrsfreiheit 48, 82, 89, 92 ff., 120, 291 f.
Wasserversorgung 1, 8, 18 ff., 25 ff., 30, 32, 39 ff., 43, 54, 98, 207, 266
Wegenetz
- Eigentum am W. 275, 277 f., 280 f., 283, 303, 309, 331 ff., 350
- Gesetzgebungskompetenzen in Bezug auf das W. 307 ff., 333 ff.
- Hoheit über das W./Wegehoheit 151, 276 ff., 309, 332, 350
- Unentgeltlichkeit der Nutzung des W. 323, 328 ff.
- Verkehrs- und Versorgungsfunktion des W. 278 ff., 282, 309, 311
- und Art. 28 Abs. 2 GG 274, 276 f., 280 ff., 295, 303 f., 324 f., 327 ff., 350
- und Elektrizitäts-/Energieversorgung 11, 42, 54 f., 59, 264, 267, 271, 273 ff., 281 ff., 286 f., 289 ff., 295, 297, 301 ff., 307, 319 f., 350, 352 f.
- und Telekommunikation 11, 60, 63, 322 ff., 341 f.
Weimarer Reichsverfassung/Republik 31 ff., 38, 41, 134, 136, 172 f.
Wesentlichkeitstheorie 142, 167 ff.
Wettbewerbsförderung 346
Wettbewerbsrecht 4 f., 45, 48, 52 f., 245 ff., 276 f.
- Anwendbarkeit auf kommunale Unternehmen 246 ff.
- Maßstabsverschärfungen gegenüber der öffentlichen Hand 249 f.
- »Ob« und »Wie« hoheitlicher/kommunaler Wettbewerbsteilnahme 245, 249, 256
- Privilegierung kommunaler Daseinsvorsorge 253 ff.
- Rückgriff auf öffentlich-rechtliche/kommunalwirtschaftsrechtliche Vorschriften 53, 250 ff.
- Sondertatbestände für die öffentliche Hand 248
- Unternehmensbegriff 246 f., 289
Wettbewerbsregeln (des EG-Vertrags)
- Bindung öffentlicher/privilegierter/betrauter Unternehmen 83, 87, 103, 119
- und Art. 86 Abs. 2 EGV 87, 119 ff.
- und ausschließliche Konzessionsverträge/geschlossene kommunale Versorgungsgebiete 48, 289 ff.
- und besondere/ausschließliche Rechte 88, 96 ff., 110 f.
- Unternehmensbegriff 96 f., 112, 289 f.
Wirtschaftliche Unternehmen 37, 207, 272
  s. a. Nichtwirtschaftliche Einrichtungen/Unternehmen
Wirtschaftlichkeit (und Sparsamkeit)
- gesetzliche Beschränkung der kommunalen Selbstverwaltung aus Gründen der W. 178, 180 f., 305 f.
- haushaltsrechtlicher Grundsatz der W. 51 f., 195 f.
- Verfassungsprinzip der W. 159 ff., 195, 219
Wirtschaftsförderung 345
Wirtschaftsverfassung
- des EG-Vertrages 79 f., 86
- des Grundgesetzes 161 f., 166
- und Art. 74 Abs. 1 Nr. 11 GG 200
Wohnungsbau 31 f., 41

Zivilgerichte 53, 245, 250 ff.
Zugelassene Kunden 299 ff., 313
Zweckverband 224, 237

Jus Publicum

Beiträge zum Öffentlichen Recht

Alphabetisches Verzeichnis

Axer, Peter: Normsetzung der Exekutive in der Sozialversicherung. 2000. *Band 49.*
Bauer, Hartmut: Die Bundestreue. 1992. *Band 3.*
Böhm, Monika: Der Normmensch. 1996. *Band 16.*
Bogdandy, Armin von: Gubernative Rechtsetzung. 2000. *Band 48.*
Brenner, Michael: Der Gestaltungsauftrag der Verwaltung in der Europäischen Union. 1996. *Band 14.*
Burgi, Martin: Funktionale Privatisierung und Verwaltungshilfe. 1999. *Band 37.*
Claasen, Claus Dieter: Die Europäisierung der Verwaltungsgerichtsbarkeit. 1996. *Band 13.*
Danwitz, Thomas von: Verwaltungsrechtliches System und Europäische Integration. 1996. *Band 17.*
Detterbeck, Steffen: Streitgegenstand und Entscheidungswirkungen im Öffentlichen Recht. 1995. *Band 11.*
Di Fabio, Udo: Risikoentscheidungen im Rechtsstaat. 1994. *Band 8.*
Enders, Christoph: Die Menschenwürde in der Verfassungsordnung. 1997. *Band 27.*
Epping, Volker: Die Außenwirtschaftsfreiheit. 1998. *Band 32.*
Felix, Dagmar: Einheit der Rechtsordnung. 1998. *Band 34.*
Gröschner, Rolf: Das Überwachungsrechtsverhältnis. 1992. *Band 4.*
Gross, Thomas: Das Kollegialprinzip in der Verwaltungsorganisation. 1999. *Band 45.*
Häde, Ulrich: Finanzausgleich. 1996. *Band 19.*
Heckmann, Dirk: Geltungskraft und Geltungsverlust von Rechtsnormen. 1997. *Band 28.*
Hellermann, Johannes: Örtliche Daseinsvorsorge und gemeindliche Selbstverwaltung. 2000. *Band 54.*
Hermes, Georg: Staatliche Infrastrukturverantwortung. 1998. *Band 29.*
Hösch, Ulrich: Eigentum und Freiheit. 2000. *Band 56.*
Holznagel, Bernd: Rundfunkrecht in Europa. 1996. *Band 18.*
Horn, Hans-Detlef: Die grundrechtsunmittelbare Verwaltung. 1999. *Band 42.*
Huber, Peter-Michael: Konkurrenzschutz im Verwaltungsrecht. 1991. *Band 1.*
Ibler, Martin: Rechtspflegender Rechtsschutz im Verwaltungsrecht. 1999. *Band 43.*
Jestaedt, Matthias: Grundrechtsentfaltung im Gesetz. 1999. *Band 50.*
Kadelbach, Stefan: Allgemeines Verwaltungsrecht unter europäischem Einfluß. 1999. *Band 36.*
Korioth, Stefan: Der Finanzausgleich zwischen Bund und Ländern. 1997. *Band 23.*
Kluth, Winfried: Funktionale Selbstverwaltung. 1997. *Band 26.*
Lehner, Moris: Einkommensteuerrecht und Sozialhilferecht. 1993. *Band 5.*

Lücke, Jörg: Vorläufige Staatsakte. 1991. *Band 2.*
Manssen, Gerrit: Privatrechtsgestaltung durch Hoheitsakt. 1994. *Band 9.*
Masing, Johannes: Parlamentarische Untersuchungen privater Sachverhalte. 1998. *Band 30.*
Morgenthaler, Gerd: Freiheit durch Gesetz. 1999. *Band 40.*
Morlok, Martin: Selbstverständnis als Rechtskriterium. 1993. *Band 6.*
Oeter, Stefan: Integration und Subsidiarität im deutschen Bundesstaatsrecht. 1998. *Band 33.*
Pauly, Walter: Der Methodenwandel im deutschen Spätkonstitutionalismus. 1993. *Band 7.*
Puhl, Thomas: Budgetflucht und Haushaltsverfassung. 1996. *Band 15.*
Reinhardt, Michael: Konsistente Jurisdiktion. 1997. *Band 24.*
Rossen, Helge: Vollzug und Verhandlung. 1999. *Band 39.*
Rozek, Jochen: Die Unterscheidung von Eigentumsbindung und Enteignung. 1998. *Band 31.*
Sacksofsky, Ute: Umweltschutz durch nicht-steuerliche Abgaben. 2000. *Band 53.*
Schlette, Volker: Die Verwaltung als Vertragspartner. 2000. *Band 51.*
Schmidt-De Caluwe, Reimund: Der Verwaltungsakt in der Lehre Otto Mayers. 1999. *Band 38.*
Schulte, Martin: Schlichtes Verwaltungshandeln. 1995. *Band 12.*
Sobota, Katharina: Das Prinzip Rechtsstaat. 1997. *Band 22.*
Sodan, Helge: Freie Berufe als Leistungserbringer im Recht der gesetzlichen Krankenversicherung. 1997. *Band 20.*
Sommermann, Karl-Peter: Staatsziele und Staatszielbestimmungen. 1997. *Band 25.*
Trute, Hans-Heinrich: Die Forschung zwischen grundrechtlicher Freiheit und staatlicher Institutionalisierung. 1994. *Band 10.*
Uerpmann, Robert: Das öffentliche Interesse. 1999. *Band 47.*
Wall, Heinrich de: Die Anwendbarkeit privatrechtlicher Vorschriften im Verwaltungsrecht. 1999. *Band 46.*
Wolff, Henrich Amadeus: Ungeschriebenes Verfassungsrecht unter dem Grundgesetz. 2000. *Band 44.*
Volkmann, Uwe: Solidarität - Programm und Prinzip der Verfassung. 1998. *Band 35.*
Voßkuhle, Andreas: Das Kompensationsprinzip. 1999. *Band 41.*
Ziekow, Jan: Über Freizügigkeit und Aufenthalt. 1997. *Band 21.*

Einen Gesamtkatalog erhalten Sie gerne von
Mohr Siebeck, Postfach 2040, D–72010 Tübingen
Aktuelle Informationen im Internet unter http://www.mohr.de

Mohr Siebeck